主編　吴洪澤　尹　波
主審　李文澤　刁忠民

宋人年譜叢刊

第十册

四川大學出版社

全國高等學校古籍整理研究工作委員會規劃項目

全國古籍整理出版規劃項目

國家「211工程」重點學科項目

目録（第十册）

張宣公年譜

（近）胡宗楙 編
李春梅 校點

一九三二年胡氏夢選樓刊本

張栻（一一三三—一一八〇），字敬夫，一作欽夫，號南軒，又號葵軒，祖籍綿竹（今屬四川），徙居長沙（今屬湖南），張浚子。幼穎悟，長師胡宏，以聖賢自期。紹興三十一年，隨父至潭州，築城南書院以教學者。三十二年，孝宗鋭意北伐，浚爲江淮東西路宣撫使，辟爲都督府書寫機宜文字，力主抗金，反對議和。隆興二年，湯思退用事，主和議，隨父罷職。乾道二年，應劉珙之邀主講岳麓書院。五年，知嚴州，與吕祖謙講論爲多。六年，召爲吏部員外郎，兼侍講，遷左司員外郎。明年，出知袁州。七年，歸居長沙，講學著述。淳熙元年，起知静江府、廣南西路經略安撫使。五年，除荆湖北路轉運副使，改知江陵府、荆湖北路安撫使。七年卒，年四十八，謚曰宣。

張栻是湖湘學派的代表人物，與朱熹、吕祖謙並稱「東南三賢」。著有《易説》、《論語解》、《孟子詳説》、《二程粹言》、《南岳倡酬集》、《漢丞相諸葛忠武侯傳》、《南軒先生文集》等，清道光年間合刻爲《南軒全集》，長春出版社一九九九年出版有校點本《張栻全集》。事蹟見朱熹《右文殿修撰張公神道碑》、楊萬里《張左司傳》、《宋史》卷四二九本傳。

清王開琸所編《南軒公年譜》，有道光十九年刊本。日本高畑常信編有《張南軒年譜》，載《中京大學文學部紀要》一九七四年十二月號。本譜爲近人胡宗楙所編，民國二十一年胡氏夢選樓刊本。正譜二卷，考述張栻生平與學問、政績較詳，繫事有據，引述資料豐富，而於譜主遺事與言行録等，則輯爲附録二卷，也可資參考。

自敘

宗楙溺於俗學有年矣，近始讀朱子書而篤嗜之。宋時講學之殷與朱子往還最契、訢合無間者，首遡張子南軒、吕子伯恭，世以朱、張、吕三子並稱。繇是而攷三子之年譜，朱有李果齋、李古沖、洪去蕪、王白田數家，吕有門人所訂載入本集，南軒張氏獨付闕如。嘗攷南軒壬辰以還，學駸駸焉而底於成，與朱子庚寅拈出程子涵養二語，大恉始定，若合符券。使天而永其年，其所造詣或不出朱子下。南軒《致朱子書》云：「兄閑中得嫥精於文字間，殆天意也。」朱子亦於南軒之逝，爲文祭之，以至於再。低徊此語，而不能置學繫於年之説，不其然歟？讀《南軒集》既竟，竊不自揣，編訂成譜。首事實，次引證，件分條繫，不相雜厠。學問政事，出處行誼，苟有據依，無不剬緝。至於言關忠告，雖遺議皆所當書；事類舞雩，即游觀亦所不廢。後爲附録，則以它書有涉南軒事實者入之。余友葉左文之言曰：「治一人之學派，須求所從入之涂徑；因求涂徑，必當攷其人所自著書；攷著書必當得其年月先後。既得先後，則其議論雖離合錯綜，而皆有涂徑之可尋，而後其人其學宗恉乃得以碻定，後人不能牽合附會，執前概後。」旨哉言乎！此非嫥爲年譜言，而年譜之作要不外是。楙之佝瞀，其曷能與於斯！書成，質諸左文，願有以諟正之無隱。辛未孟秋，永康胡宗楙。

張宣公年譜卷上

永康胡宗楙季樵

公名栻，字敬夫，一字樂齋，號南軒。官終右文殿修撰。嘉定八年賜謚「宣」。景定二年封華陽伯，從祀孔子廟庭。系出唐宰相張九齡弟節度使九臯後。九臯始家長安，八世至璘，徙成都，十世至文矩之夫人往綿竹依外家，遂爲綿竹人，世居仁賢鄉武都里。文矩生紘，是爲公曾祖，官殿中丞，贈太師、冀國公。祖咸，舉賢良方正科，官宣德郎，贈太師、雍國公。父浚，相高宗、孝宗，以少師、保信軍節度使封魏國公致仕，贈太保。公其長子也。曾祖母趙氏、王氏，贈冀國夫人。祖母計氏，贈秦國夫人。母樂氏、宇文氏，樂氏封楊國夫人，宇文氏封蜀國夫人。公配宇文氏，封安人。弟杓，官終端明殿學士、知建康府。子焯，承奉郎，早世。女長適胡宏子大時，次未行卒。寶慶二年正月，詔錄張栻子孫官。《朱子文集》（後稱《朱集》）。《贈太保張公行狀》（後稱《行狀》），《右文殿修撰張公神道碑》（後稱《神道碑》），《宋史·理宗本紀》、《張杓傳》，《景定嚴州續志》。

宋高宗紹興三年癸丑，一歲。

是年冬，公生。

按《行狀》云：「紹興改元，奏迎太夫人自廣漢來閬中。」又按《宋宰輔編年錄》，稱紹興四年三月張浚罷知樞密院事。浚自建炎三年四月除知樞密院，至是自蜀還朝云云。則紹興元年至三年娩屬未它往，疑即在閬中生。又按：本集《謝生朝啓》，首句云「歲晚而思益艱」，又有《生辰謝邵廣文》

詩，云「左弧念當辰，藐此卧歲晚」，則公生日在冬間可知。

紹興四年甲寅，二歲。

六月，公父魏公落職，福州居住，即日行。

九月召還。

《行狀》云：「紹興四年六月，以本官提舉臨安府洞霄宫，福州居住，即日赴福州。九月，以資政殿學士、提舉萬壽觀兼侍讀召。」

紹興五年乙卯，三歲。

紹興六年丙辰，四歲。

公受學於家庭。

《神道碑》云：「生有異質，穎悟夙成，忠獻公愛之。自其幼學而所以教者，莫非忠孝仁義之實。」

紹興七年丁巳，五歲。

五月，公祖母至建康。

《行狀》云：「太夫人安於蜀，未即出。上爲降旨召公兄滉，俾迎侍而來。五月，始達建康。」

八月，酈瓊叛。報至，公聞知不寐。

《行狀》云：「八月八日，酈瓊舉軍叛。」

《鶴林玉露·廬州之變》云：「南軒言符離之役，諸軍皆潰，唯存帳下千人。某終夕彷徨，而先公方熟寐，鼻息如雷。」

九月，魏公落職，永州居住。

《行狀》云：「公以九月五日得請，授觀文殿大學士、提舉江州太平興國宫。旋落職，以朝奉大夫、秘書少監分司西京，永州居住。」

紹興八年戊午，六歲。

二月，公祖母至永州。

《行狀》云：「八年二月，太夫人抵永，爲作草堂旁近以奉版輿，命以『三省』，爲文紀之。」

紹興九年己未，七歲。

二月，詔魏公任便居住。尋知福州。九月至福州。

《行狀》云：「二月，以大霈復宣奉大夫，提舉臨安府洞霄宮，任便居住，旋復資政殿大學士，知福州。九月，至閩中。」

紹興十年庚申，八歲。

紹興十一年辛酉，九歲。

十一月，魏公乞祠，寓長沙。

《行狀》云：「十一年十一月，以蜀遠朝廷，不欲逕歸，奉太夫人寓長沙。」

紹興十二年壬戌，十歲。

是年，魏公築盡心堂養親。

《行狀》云：「恐太夫人念歸，即長沙城之南爲屋六十楹，以奉色養，榜曰『盡心』，親爲之記。」

紹興十三年癸亥，十一歲。

紹興十四年甲子，十二歲。

紹興十五年乙丑，十三歲。

紹興十六年丙寅，十四歲。

七月，魏公落職，連州居住，教授公《易》，與語聖人之道。

《行狀》云：「七月，以特進提舉江州太平興國宮，連州居住，被命即行。自夫人以下皆留侍，獨挈子姪往。日夕讀《易》，親教授其子栻。」

《鶴林玉露·高宗眷紫巖》云：「宋高宗嘗問張魏公：『卿兒想甚長成。』魏公對曰：『臣子栻年十四，脫然可與語聖人之道。』」

是年，與宋子飛酬唱於（湟）〔連〕州。

本集《贈別湖南參議宋與道奉祠歸崇安》

詩云：「憶昔歲丙寅。」又云：「酬唱寫不供。」

紹興十七年丁卯，十五歲。

是年，與王元龜講學。

《宋史·王大寶傳》云：「大寶知連州，張浚亦謫居，命其子栻與講學。」

紹興十八年戊辰，十六歲。

紹興十九年己巳，十七歲。

紹興二十年庚午，十八歲。

九月，隨侍永州。

《行狀》云：「居連凡四年，二十年九月，移永州。」

紹興二十一年辛未，十九歲。

四月，公祖母至永州。

《行狀》云：「二十年九月，移永州，遣人迎太夫人，以次年四月至永。」

紹興二十二年壬申，二十歲。

紹興二十三年癸酉，二十一歲。

紹興二十四年甲戌，二十二歲。

紹興二十五年乙亥，二十三歲。

十月，作《慤齋銘》。

《蘆浦筆記·慤齋銘》云：「家君命杓以慤名其齋，命栻銘以告之。栻敬問所以爲銘之意，蓋取夫孔子曰『士必慤而後求智能』，遂退而深思，以爲之銘。士或志近，辯給智巧。學之不知，其器則小。天下之理，惟實爲貴。實不在外，當慤乎己。不震不搖，物孰加之。以此操行，誰曰不宜。古之君子，惟斯之守。不可小知，而可大受。故以此事親斯爲孝，以此事君斯爲忠，以此事兄斯爲悌，交於朋友斯爲信。子其深思而不忒，維師乎慤以令子之德。右銘不載集中，蓋當時此紙流落，今幸寶藏遺墨。先生作銘時年二十有三，實乙亥冬十月辛卯也。」

紹興二十六年丙子，二十四歲。

公祖母計太夫人薨，公隨魏公護喪歸葬於蜀。

《中興遺史》云：「紹興十六年八月，張浚連州居住，後移永州。丙子，丁母夫人憂。」

《行狀》云：「以治命當歸葬雍公之兆奏請，俟命長沙，繼被朝命，以太夫人之喪歸蜀，扶護西歸。」

紹興二十七年丁丑，二十五歲。

是年，魏公服闋，落職奉祠，居永州。

《行狀》云：「服闋，得旨落職，以本官奉祠居永。」

紹興二十八年戊寅，二十六歲。

紹興二十九年己卯，二十七歲。

是年，楊廷秀爲零陵丞，公與邂逅，爲介紹於魏公。

《鶴林玉露·誠齋謁紫巖》云：「楊誠齋爲零陵丞，以弟子禮謁魏公。時公以遷謫，故杜門謝客，南軒爲之介紹，數月乃得見。」

《誠齋集·順寧文集序》云：「余紹興己卯之冬，負丞永之零陵。」

裒《希顏錄》。

本集《跋希顏錄》云：「某己卯之歲，裒集顏子言行，爲《希顏錄》上下篇。」

如《答胡季隨書》云：「頃年編《希顏錄》，《莊子》等諸書所載顏子事多削去。五峰先生以書抵某云：『其它諸說亦須玩味，於未精當中求精當，不可便容易指以爲非而削之也。』此事是終身事，天地日月長久。」

紹興三十年庚辰，二十八歲。

丁母宇文太夫人憂。

《行狀》云：「再娶蜀國夫人宇文氏，先公五年薨。」

紹興三十一年辛巳，二十九歲。

春，詔魏公湖南路任便居住，遂歸長沙。

《行狀》云：「三十一年春，有旨令湖南路任便居住，公歸至潭。」

稟魏公命，從胡仁仲先生問河南程氏學。一見知其大器，即以所聞孔門論仁親切之旨告之。

《神道碑》云：「既長，又命往從南嶽胡公仁仲先生問河南程氏學。一見知其大器，即以所聞孔門論仁親切之指告之。」

本集《答陳平甫書》云：「始時聞五峰先生名，時以書質疑求益。辛巳之歲，方獲拜之於文定公書堂。」又云：「然僅得一再見耳。」

《鶴山大全文集》（後稱《鶴山文集》）《跋南軒與李季允帖》云：「南軒受學五峰，久而後得見，猶未與之言。泣涕而請，僅令思忠清，未得爲仁之理，蓋往返數四而後與之。」

按：《宋元學案》云：「初，公見五峰，辭以疾。它日，見孫正孺而告之，孫道五峰之言曰：『渠家好佛，宏見它說甚？』公方悟不見之因，再謁之，甚相契，遂授業焉。」此言拜書堂，或即再謁時耶？

吳獵從公受《易》。

《鶴山文集·吳獵行狀》云：「尋受《易》於陳善長元。會魏忠獻張公寓長沙，太中公以《易》受知，因得交張宣公。於是年二十有三，遂從宣公卒業。宣公見獵弘裕疏暢，喜曰：『吾道其不孤矣。』」

十一月，魏公判建康府，命公與劉公實游。

《行狀》云：「改命判建康府，被命即攜二子來。」

《宋史·劉穎傳》云：金師初退，府索民租未入者。劉穎白浚，當蠲宿逋。浚喜，立予奏免，命公與游。

紹興三十二年壬午，三十歲。

十一月，應召赴行在奏事。

《行狀》云：「十一月，有旨召宣撫判官陳俊卿及公子栻赴行在。公進言曰：『陛下上念宗社之仇恥，下憫中原之塗炭，惕然於中而思有以振之。臣謂此心之發，即天理之所存也。誠願益加省察，稽古親賢以自輔，無使其或少息也，則不惟今日之功可以必成，而千古因循之弊，亦庶乎其可革矣。』上異其言，於是始定君臣之契。」

隆興元年癸未，三十一歲。

正月，辟宣撫司都督府書寫機宜文字，除直祕閣。

《行狀》云：「正月九日，制除樞密使、都督建康鎮江府江池州江陰軍屯駐軍馬，且命即日開府視事。」

《神道碑》云：「少以蔭補承務郎，辟宣撫（使）〔司〕都督府書寫機宜文字，除直祕閣。是時，天子新即位，慨然以伐仇虜、克復神州爲己任。」

趙彥直從公游。

《宋史·趙方傳》云：「父棠，少從胡宏學。嘗見張浚於督府，累以策言兵事。浚奇之，命子栻與棠交，方遂從栻學。」

公侍魏公盱眙軍中，尋往建康，迓眷至揚。

《行狀》云：「方初退師，公在盱眙，去宿不四百里。浮言洶動，公獨與子栻留盱眙幾月，俾將士悉歸憩，而後還維揚。是時，師退未幾，人不自保，公奉父命由盱眙往建康，挈家屬來維揚，衆心始安。」

公復應召奏事，魏公附奏乞骸骨，不許。尋引見上皇於德壽宮。

《行狀》云：「上復召栻奏事，公附奏乞賜骸骨。上覽奏，謂栻曰：『雖乞去之章日至，朕決不許。』」

《鶴林玉露·高宗眷紫巖》云：「隆興初，張魏公督師，南軒以内機入奏，引見於德壽宮。首問浚飲食起居狀，又問公幾歲。對曰：『臣年三十一。』又問：『卿母安否？』對曰：『久失所恃。』上皇愀然。久之，曰：『朕記卿父再娶時，以無繼嗣，曾來商量。卿父曾奏欲令卿來見，今次方得見卿。朕與卿父義則君臣，情同骨肉，卿行奏來，有香茶與卿父爲信。』」

九月，公復被召。入見，奏盧仲賢辱國無狀，詔下仲賢大理寺，奪三官。公引見德壽宮。

《行狀》云：「栻復被旨令入奏，公命栻奏仲賢辱國無狀，且奏仲賢不可不明正其罰。上怒，下仲賢大理寺，奪三官。」

《鶴林玉露·中興講和》云：「南軒以内機入奏，引見德壽宮。時盧仲賢使金，上皇問：『曾見盧仲賢否？』對曰：『臣已見之。』又問：『卿父謂何如，莫便議和否？』對曰：『臣父職在偏隅，戰守是謹，此事在廟堂，願審處而徐議之，毋貽後悔。』」

公見孝宗於東華門。孝宗與論人才，公論奏久之。

《鶴林玉露·南軒辨梅溪語》云：「孝宗因論人才，問：『王十朋如何？』對曰：『天下莫不以爲正人。』上曰：『當時出去有少說話，待與卿說。十朋向來與史浩書，稱古則伊周，今則閣下，是何說話？』對曰：『十朋豈非謂浩當伊周之任而責之乎？』上曰：『更有一二事，見其有未純處。』對曰：『十朋天下公論歸之，更望陛下照察主張。臣父以爲陛下左右，豈可無剛明腹心之臣，庶幾不至孤立。』上曰：『剛患不中，奈何？』對曰：『人貴夫剛，剛貴夫中。剛或不中，猶勝於柔懦。』上默然。上又嘗曰：『難得仗節死義之臣。』公對曰：『當於犯顏敢諫中求之。』」

隆興二年甲申，三十二歲。

四月，詔魏公判福州，力辭不許，除醴泉觀使。

《行狀》云：「四月二十有二日，制除公少師、保信軍節度使、判福州。公力辭恩命，上不許。至五六，除醴泉觀使。」七月一日，魏公還長沙。行至餘干，避暑於趙氏養正堂。

本集《書相公親翰》云：「七月朔日，先公次餘干。暑甚，憩趙氏養正堂。」

八月初旬，公侍魏公於淸音堂。魏公手書家事付公及弟定叟。二十八日，問國事數語，夜分而薨。

本集《題先忠獻公淸音堂詩後》云：「先公書此詩，去易簀纔兩旬。先是一日游淸音堂，步上山頂，復步下石磴，略無倦意，笑謂（公）〔某〕曰：『爾輩喜吾強健，不知吾大命且不遠矣。』」

《行狀》云：「手書家事付兩子，且曰：

『吾嘗相國家，不能恢復中原，雪祖宗之恥，不欲歸葬先人墓左。即死，葬我衡山足矣。』仲秋二十八日，日晡，命子栻坐於前，問國家得無棄四郡乎，且命作奏乞致仕。夜分而薨，贈太保。」

九月，扶匶過豫章。朱公元晦登舟哭之，送至豐城，與公作三日談。

《朱續集·答羅參議書》云：「九月二十日至豫章，及魏公之舟而哭之。自豫章送之豐城，舟中與欽夫得三日之款。其質甚敏，學問甚正，若充養不置，何可量也？」

十一月，葬魏公。

《行狀》云：「十一月辛亥，葬於衡山縣南嶽之陰，豐林鄉龍塘之原。」

公上《誓不言和專務自強疏》，不報。

《神道碑》云：「甫畢葬事，即拜疏言：『吾與虜人乃不共戴天之仇，向來朝廷雖亦嘗興縞素之師，然玉帛之使未嘗不行乎其間。是以講和之念未忘於胸中，而至誠惻怛之心無以感格乎天人之際，此所以事屢敗而功不成也。今雖重爲羣邪所誤，以蹙國而召寇，然亦安知非天欲以是開聖心哉？謂宜深察此理，使吾胸中了然，無纖芥之惑，然後明詔中外，公行賞罰，以快軍民之憤，則人心悅，士氣充，而敵不難卻矣。繼今以往，誓不言和，專務自強，雖折不撓，使此心純一，貫徹上下，則遲以歲月，何功之不成？』疏入，不報。」

乾道元年乙酉，三十三歲。

李金反郴州，公佐湖南安撫使劉共甫破之。

《神道碑》云：「盜起郴、桂間，湖南帥守劉公珙雅善公，時從訪問籌策，卒用以破賊。」

《朱集·劉樞密墓記》云：「乾道元年三月，除知潭州、荆湖南路安撫使。以平郴賊李金功，賜御札獎諭。」

公在長沙，始與諸學友過從講習。

本集《答陳平甫書》云：「自爾以來，僕亦困於憂患，幸存視息於先廬。湘中二三學者時過講論，同志之友自遠而至，有可樂者，如是有五載。」

按：公自隆興二年冬葬魏公，旋長沙。乾道元年在禮廬，至乾道五年冬之官嚴州，是爲五年，則與同志講習始於是年可知。

序《胡子知言》。

本集《胡子知言序》云：「是書乃其平日之所自箸，其言約，其義精，誠道學之樞要，制治之蓍龜也。然先生之意，每自以爲未足。逮其疾革，猶時有所更定，蓋未及脱藁而已啓手足矣。或問於某曰：『《論語》一書，未嘗明言性，而子思《中庸》獨於首章一言之；至於孟子，始道性善，然其爲説則已簡矣。今先生是書於論性特詳焉，無乃與聖賢之意異乎？』某應之曰：無以異也。夫子雖未嘗指言性，而子貢蓋嘗識之。曰夫子之文章可得而聞也，夫子之言性與天道不可得而聞也。是豈眞不可得而聞哉？蓋夫子之文章無非性與天道之流行也。至孟子之時，如楊朱、墨翟、告子之徒，異説並興，孟子懼學者之惑而莫知所止也，於是指示大本而極言之，蓋有不得已焉耳矣。又説今之異端直自以爲識心見性，其説譸張雄誕，又非當時之比，故高明之士往往樂聞而喜趨之。

一溺其間，則喪其本心，萬事隳弛，毫釐之差，霄壤之繆，其禍蓋有不可勝言者。先生於此又烏得而忘言哉！故其言有曰：『誠成天下之性，性立天下之有，情效天下之動。』而必繼之曰：『心妙性情之德。』又曰：『誠者，命之道乎！中者，性之道乎！仁者，心之道乎！』而必繼之曰：『惟仁者爲能盡性至命。』學者誠能因其言而精察於視聽言動之間，卓然知夫心之所以爲妙，則性命之理蓋可默識，而先生之意所以不異於古人者，亦可得而言矣。若乃不得其意而徒誦其言，不知求仁而坐談性命，則幾何其不流於異端之歸乎！某頃獲登門，道義之誨，浹洽於中。自惟不敏，有負夙知，輒序遺書，貽於同志。不韙之罪，所不得而辭焉。」

《答彪德美書》云：「《知言序》可謂犯不韙，見教處極幸，但亦恐有未解區區之意處，故不得不白。如云夫子未嘗指言性，子思《中庸》首章獨一言之；此是設或問之辭，故以『或曰』起之。然云指言，則謂如『天命之謂性』是指言也。其他說話無非性命之奧，非若此語指而言之也。故於答之之辭中引子貢語，以爲夫子之言，無非天命之流行發見也，意則可見矣。」

按：此序篇末稱「輒序遺書貽於同志」，似乾道初間作，姑綴於此。

乾道二年丙戌，三十四歲。

正月，《二程粹言》成。

《粹言序》云：「河南夫子書，變語錄而文之者也。余得諸子高子，其家傳以爲是書成於龜山先生。龜山，河南之門高弟也，必得夫心傳之妙。苟非其人，差毫釐而千里繆矣。余始見之，卷次不分，編類不別，因離爲十篇，篇編以目，欲其統而要，非求效夫《語》、《孟》之書也。昔文中子所得粹矣，《中說》類多格言，迺門弟子所錄。後之病《中說》者，謂其擬《論語》爲僭，是豈文中子意哉？余於是書，亦慮後世有以議夫子也，故輒記其始末。若夫子之道，日月其明，泰山其高，江海其大也，豈後學所能形容？夫子姓程，諱某，字正叔。夫子之兄，諱某，諡明道先生，亦時有言行錄於其間。乾道丙戌正月十有八日，南軒張栻序。」

按：此序不載《本集》，《神道碑》亦未載有《粹言》。近刻《二程全書》，後有此書。

公與朱公元晦論校正二先生集誤字。

按：《本集》卷二十一《答朱元晦第二書》與《朱集》卷三十《與張欽夫》第五、第六、第七、第八四書，皆論程集改字，篇長不備錄。以二先生集附錄考之，內有《南軒書明道先生遺文後》，云：「右明道先生遺文九篇。長沙學宮既刻《二先生文集》，後三年，新安朱熹復以此寄栻，云得之玉山汪應辰，敬以授教授何蘊，俾嗣刻之。乾道己丑四月朔，廣漢張栻謹書。」據此，則刊《二先生集》在二年，即校正亦在是年可知。又按此書後未入本集。

十月，陳伯雄弔公於長沙，取魏公手澤與之。

本集《書相公親翰》云：「十月甲戌，

陳伯雄來弔於湘水之上，欲求字畫而歸爲子孫藏。予慟哭開篋，取此紙授之。」

十一月，潭州重修嶽麓書院成。公時往講學，示學者以公私義利之辨。

本集《潭州重修嶽麓書院記》云：「惟民之生，厥有常性，而不能以自達，故有賴於聖賢者出而開之。是以二帝三王之政，莫不以教學爲先務。至於孔子，述作大備，遂啓萬世無窮之傳。其傳果何與？曰仁也。仁，人心也，率性立命，知天下而宰萬物者也。今夫目視而耳聽，口言而足行，以至於食飲起居之際，謂道而有外夫是，烏可乎？雖然，天理人欲，同行異情，毫釐之差，霄壤之繆，此所以求仁之難，必貴於學以明之與？善乎，孟子之得傳於孔氏，而發人深切也。齊宣王見一牛之觳觫而不忍，則告之曰：是心足以王矣。古之人所以大過人者，善推其所爲而已。論堯舜之道本於孝弟，則欲其體夫徐行疾行之間；指乍見孺子匍匐將入井之時，則曰惻隱之心，仁之端也。於此焉求之，則不差矣。嘗試察吾終日事親從兄、應物處事，是端也其或發見，亦知其所以然乎？誠能默識而存之，擴充而達之，生生之妙，油然於中，則仁之大體豈不可得乎？及其至也，與天地合德，鬼神同用，悠久無疆，變化莫測，而其則初不遠也。是乃聖賢所傳之要，從事焉終吾身而後已，雖約居屏處，庸何損？得時行道，事業滿天下，而亦何加於我哉！」

《朱集·觀文殿學士劉公行狀》（後稱《劉公行狀》）云：「潭州故有嶽麓書院，公一新之。養士數十人，屬張侯栻時往游焉。與論《大學》次第，以開其學者於公私義利之辨，聞者風動。」

按：記末署二年冬十有一月。

冬，楊廷秀訪公於長沙，居之南軒。

《誠齋集·怡齋記》云：「乾道丙戌冬，予自廬陵抵長沙，謁樂齋先生侍講張公，公館予於其居之南軒。」

按：《誠齋集》有《見張欽夫》詩二首，有句云：「祥琴聲尚苦。」知公此時尚在禮廬。又有句云：「千里爲渠來。」知即是年訪公時作。

《諸葛忠武侯傳》成。

本集《答李季修書》云：「《諸葛忠武傳》錄呈，有當刪正及增益者，不惜示及。家亦有集，殊不類諸葛公語，當非本書。王子思所編似太草草。某中間所載公之語，云『吾心如秤，不能爲人作輕重』，乃得之《貞觀政要》中，不知前別有處載此否？」

《朱集·答何叔京書》云：「欽夫傳論並熹所疑數條，請求指誨，幸以一言決之。」又書云：「《武侯傳》讀之如何？更有可議處否？問疑數條例小差，以書問之，欽夫皆以爲然。但熹欲傳末載諸葛瞻及子尚死節事，以見善善及子孫之義，欽夫卻不以爲然，以爲瞻任兼將相而不能早去黃皓，又不能奉身而去，以冀其君之悟，可謂不克肖矣。此法甚嚴，非慮所及也。」又書云：「欽夫論瞻兵敗身死，雖能不降，僅勝於賣國者耳。以其猶能如此，故書子瞻嗣爵以微見善善之長；以其智不足稱，故不詳其事，不足法也。此論甚精，愚所不及。」

按：《神道碑》以《諸葛忠武侯傳》

爲成書，此傳不載本集。未署年月，以公書傳後攷之，首稱「予既作《侯傳》以示新安朱元晦」。今按《朱集·答何叔京書》有云：「《孔明傳》近爲元履借去。」王白田《朱子年譜》（後稱《朱譜》）於此書注明丙戌，疑此傳亦成於乾道二年，姑綴於此。

張仲欽遷靜江府學，公爲之記。

本集《靜江府學記》云：「某惟古人所以從事於學者，其果何所爲而然哉？天之生斯人也，則有常性；人之立於天地之間也，則有常事。在身有一身之事，在家有一家之事，在國有一國之事。其事也非人之所能爲也，性之所有也。弗勝其事則爲弗有其性，弗有其性則爲弗克若天矣。克保其性而不悖其事，所以順乎天也。然則捨講學其能之哉！凡天下之事皆人之所當爲，君臣、父子、兄弟、夫婦、朋友之際，人事之大者也，以至於視聽言動、周旋食息，至纖至悉，何莫非事者？一事之不貫，則天性以之陷溺也。然則講學其可不汲汲乎！學所以明萬事而奉天職也。雖然，事有其理而著於吾心。心也者，萬事之宗也。惟人放其良心，故事失其統紀。學也者，所以收其放而存其良也。夏葛而冬裘，饑食而渴飲，理之所固存，而事之所當然者。凡吾於萬事皆見其若是也，而後爲當其可學者求乎此而已。嘗竊怪今世之學者，其所從事往往異乎是。鼓篋入學，抑亦思吾所謂學者果何事乎？聖人之立教者果何在乎？而朝廷建學，群聚而教養者又果何爲乎？嗟夫！此獨未之思而已矣。使其知所思，則必竦然動於中，而其朝夕所接，君臣、父子、兄弟、夫婦、朋友之際，視聽言動之間，必有不得而遁者，庶乎可以知入德之門矣。」

按：此記首稱：「乾道三年，張侯維以書來，願有以告桂之士。」

乾道三年丁亥，三十五歲。

正月，《經世紀年》脱稿。

《神道碑》云：「此書欲稍更定焉，未之及也。」

《朱集·答廖子晦書》云：「《經世紀年》其論甚正，然古人已嘗言之。如漢高后之年，則唐人已於《武后中紀》發之；蜀漢之統，則習鑿齒《晉春秋》已有此論矣；堯以甲辰年即位，乃邵康節《皇極經世説》。諸家之説亦有同者，此則荒忽不可究知。敬夫所説牴牾處，必是謂武王克商之年，《泰誓序》作十一年，經作十三年，而編年定從序説。柯國材以《洪範》攷之，訪箕子是十三年事，必是初克商便釋囚而問之，不應十一年已克商，至兩年後乃問之。嘗告敬夫，以爲然。其書已嘗刊行，至是遂止。敬夫服善如此，亦難及也。」

按：本集《經世紀年序》末署乾道三年正月。

九月八日，朱公元晦訪公於長沙。

《朱集·與曹晉叔書》云：「九月八日抵長沙，今半月矣。相與講明其所未聞，日有問學之益。敬夫學問愈高，所見卓然，議論出人意表。近讀其《語説》，不覺胸中灑然，誠可歎服。」

李本《朱譜》云：「是時范念德侍行，嘗言先生論《中庸》之義，三日夜而不能合，留長沙再閲月。」

《朱集·中和舊說序》云：「欽夫得衡山胡氏學，往問喜怒哀樂未發之旨。欽夫告余以所聞，亦未之省也。」

十一月，偕朱公元晦登衡山，林擇之從行，彪德美、范伯崇、胡廣仲皆來會。

本集《南嶽唱酬序》云：「乾道丁亥秋，朱元晦來，留再閱月，將道南山以歸，乃始偕爲此游。林擇之亦與焉。十一月庚午，自潭城渡湘水。甲戌，過石灘，始望嶽頂。乙亥，抵嶽。丙子，小憩，彪德美來會。丁丑，渡興樂江，由馬跡橋登山。戊寅，入高臺寺。己卯，胡廣仲、范伯崇來會，同游儸人橋。庚辰，下山。」

詩《送元晦尊兄》云：「君侯起南服，豪氣蓋九州。頃登文石陛，忠言動宸旒。坐令聲利場，縮頸仍包羞。朅來卧衡門，無愧自日休。盡收湖海氣，仰希洙泗游。不遠關山阻，爲我再月留。遺經得紬繹，心事兩綢繆。超然會太極，眼底無全牛。惟茲斷金友，出處甯殊謀。南山對牀語，匪爲林壑幽。白雲正在望，歸袂風颼飀。朝來出别語，已抱離索憂。妙質貴強矯，精微更窮搜。毫釐有弗察，體用豈周流。驅車萬里道，中途可停輈。勉哉共無斁，邈矣追前修。」

《朱集》答詩云：「我行二千里，訪子南山陰。不憂天風寒，況憚湘水深。辭家仲秋旦，稅駕九月初。問此爲何時，嚴冬歲云徂。勞君步玉趾，送我登南山。南山高不極，雪深路漫漫。泥行復幾程，今夕宿櫧州。明當分背去，惆悵不得留。誦君贈我詩，三歎增綢繆。厚意不敢忘，爲君商聲謳。昔我抱冰炭，從君識乾坤。

始知太極蘊，要眇難名論。謂有甯有跡，謂無復何存。惟應酬酢處，特達見本根。萬化自此流，千聖同茲源。曠然遠莫禦，惕若初不煩。云何學力微，未勝物欲昏。涓涓始欲達，已被橫流呑。豈知一寸膠，救此千丈渾。勉哉共無斁，此語期相敦。」

過胡文定公碧泉書堂，有詩。

按：本集詩稱：「念我昔來此，及今七寒暄。」自紹興三十一年拜五峰先生於文定公書堂，至乾道三年爲「七寒暄」。

是月，劉共甫奏公學行材能及破賊功，請亟召用，報可。

《劉公行狀》云：「十一月，拜中大夫，辭不獲。乃進言曰：『汪應辰、陳良翰、張栻學行材能，皆臣所不逮，而栻窮探聖微，曉暢軍務，曩幸破賊，栻謀爲多，願亟召用之。』」上可其奏。」

乾道四年戊子，三十六歲。

夏，偕張安國過陳仲思溪亭。

本集有《陪舍人兄過陳仲思溪亭深有買山卜鄰之意因成古詩贈仲思》詩。

按：詩有「荷氣薫戶牖」句，知在夏間。

八月，張安國作牧荆州，序以送之。

按：本集有《送張荆州序》。《于湖文集》附錄陸世良撰《張安國傳》，以此序乃乾道五年安國致仕時，公餞行所作。今攷序有「上流重地，暫茲往牧」語，「上流」自指荆州而言，往牧即指送之作牧。又按《于湖文集·金隄記》，云「乾道四年八月，自長沙來」，故列此事於四年八月。

作《艮齋銘》。

本集《艮齋銘》云：「艮齋，建安魏元履燕居之室也。在《易》，艮爲止，止其所也。某嘗考《大學》始終之序，以知止爲始，得其所止爲終，而知止則有道矣。《易》與《大學》，其義一也。敬爲之銘：物之感人，其端無窮。人爲物誘，欲動乎中。不能反躬，殆滅天理。聖昭厥猷，在知所止。天心粹然，道義俱全。易曰至善，萬化之源。人所固存，曷自違之。求之有道，夫何遠而。四端之著，我則察之。豈惟慮思，躬以達之。工深力到，大體可明。匪由外鑠，如春發生。知既至矣，必由其知。造次克念，戰兢自持。事物雖衆，各循其則。其則匪它，吾性之德。動靜以時，光明篤實。艮止之妙，於斯爲得。任重道遠，時不我留。嗟我同志，勉哉勿休。緊我小子，懼弗克力。咨爾同志，以起以掖。」《朱集·答程允夫書》云：「去冬走湖湘，講論之益不少。」又云：「如《艮齋銘》便是做工夫底節次，近日相與攷證古聖所傳門庭，建立此箇宗旨，相與守之。」

四月，記郴州學。

本集《郴州學記》云：「某惟先王之於學，所以勤勤懇懇，若飲食起居之不可須臾離者，誠以正心、修身、齊家、治國以至於平天下，未有不須學而成者，實生民之大命，而王道之本原也。然而學以何爲要乎？孟子論三代之學，一言以蔽之曰『皆所以明人倫』也。大哉言乎！人之大倫，天所敘也。降衷於民，誰獨無是性哉！孩提之童，莫不知愛其親，及其長也，莫不知敬其兄；而夫婦、朋友之間，君臣之際，禮儀三百，威儀、三千，無適而非性之所有者。惟夫局於氣稟，遷於物欲，而天理不明，是以處之不盡其道，以至於傷恩害義者有之。此先王之所以爲憂，而爲之學以教之也。然則學之所務，果何以外於人倫哉！雖至於聖人，亦曰盡其性而爲人倫之至耳。嗚呼！今之學者苟能立志尚友，講論問辯，而於人倫之際審加察焉，敬守力行，勿舍勿奪，則良心可識，而天理自著。馴是而進，益高益深，在家則孝弟雍睦之行興，居鄉則禮遜廉恥之俗成，一旦出而立朝，致君澤民，事業可大，則三代之風何遠之有，豈不盛歟！又豈可不勉歟！學之成，實乾道四年春二月。」一

朱公元晦來書，論未發之中。

《朱集·與張欽夫書》云：「人自有生即有知識，事物交來，應接不暇，念念遷革，以至於死，其間初無頃刻停息，舉世皆然也。然聖賢之言，則有所謂未發之中，寂然不動者。夫豈以日用流行者爲已發，而指夫暫而休息不與事接之際爲未發時耶？嘗試以此求之，則泯然無覺之中，邪暗鬱塞，似非虛明應物之體；而幾微之際一有覺焉，則又便爲已發，而非寂然之謂。蓋愈求而愈不可見，於是退而驗之於日用之間，則凡感之而通，觸之而覺，蓋有渾然全體應物而不窮者。是乃天命流行，生生不已之機，雖一日之間萬起萬滅，而其寂然之本體則未嘗不寂然也。所謂未發，如是而已，夫豈別有一物，限於一時，拘於一處，而可以謂之中哉？然則天理本眞，隨處發見，不少停息者，其體用固如是，而

豈物欲之私所能壅遏而梏亡之哉？故雖汩於物欲流蕩之中，而其良心萌蘖，亦未嘗不因事而發見。學者於是致察而操存之，則庶乎可以貫乎大本達道之全體而復其初矣。不能致察，使梏之反覆，至於夜氣不足以存而陷於禽獸，則誰之罪哉？周子曰：『五行，一陰陽也；陰陽，一太極也；太極，本無極也。』其論至誠，則曰靜無而動有。程子曰：『未發之前更如何求？只平日涵養便是。』又曰：『善觀者即於已發之際觀之。』二先生之說如此，亦足以驗大本之無所不在，良心之未嘗不發矣。」

又書云：「前書所扣，正恐未得端的，所以求正。茲辱誨喻，乃知尚有認爲兩物之蔽，深所欲聞，幸甚幸甚。當時乍見此理，言之唯恐不親切分明，故有指東畫西，張皇走作之態。自今觀之，只一念間已具此體用，發者方往而未發者方來，了無間斷隔截處，夫豈別有物可指而名之哉？然天理無窮，而人之所見有遠近深淺之不一，不審如此見得又果無差否？更望一言垂教，幸幸。所論龜山《中庸》可疑處，鄙意近亦謂然。又如所謂學者於喜怒哀樂未發之際以心驗之，則中之體自見，亦未爲盡善。大抵此事渾然，無分段時節先後之可言。今著一『時』字一『際』字，便是病痛。當時只云寂然不動之體，又不知如何。《語錄》亦嘗疑一處說存養於未發之時一句，及問者謂當中之時，耳目無所見聞，而答語殊不痛快。不知左右所疑是此處否？更望指誨也。向見所著《中論》有云：『未發之前，心妙乎性，既發則性行乎心之用矣。』」於此竊亦有疑。蓋性無時不行乎心之用，但不妨常有未行乎用之性耳。今下一『前』字，亦微有前後隔截氣象，如何如何？熟玩《中庸》，只消著一『未』字，便是活處。此豈有一息停住時耶？只是來得無窮，便常有箇未發底耳。若無此物，則天命有已時，生物有盡處，氣化斷絕，有古無今久矣。此所謂天下之大本，若不眞的見得，亦無揣摸處也。」

又書云：「誨諭曲折數條，始皆不能無疑，既而思之，則或疑或信而不能相通。近深思之，乃知只是一處不透，所以觸處窒礙，雖或考索彊通，終是不該貫。偶卻見得所以然者，輒具陳之，以卜是否。大抵日前所見累書所陳者，只是儱侗地見得箇大本達道底影象，便執認以爲是了卻於致中和一句，全不曾入思議，所以累蒙敎告以求仁之爲急，而自覺殊無立腳下功夫處，蓋只見得箇直截根源傾湫倒海底氣象。日間但覺爲大化所驅，如在洪濤巨浪之中，不容少頃停泊。蓋其所見一向如是，以故應事接物處，但覺粗厲勇果增倍於前，而寬裕雍容之氣略無毫髮。雖竊病之，而不知其所自來也。而今而後，乃知浩浩大化之中，一家自有一箇安宅，正是自家安身立命主宰知覺處，所以立大本行達道之樞要，所謂體用一源顯微無間者，乃在於此。而前此方往方來之說，正是手忙足亂無著身處。道邇求遠，乃至於是，亦可笑矣。」

又書云：「前書所稟寂然未發之旨，良心發見之端，自以爲有小異於疇昔偏滯之見。但其間語病尚多，未爲精切。比遺書後，累日潛玩，其於實體似益精明，因復取凡聖賢之書以及近世諸先生之遺語讀而驗之，則又無一不合。蓋平日所疑而未白者，今皆不待安排，往往自見灑落處，始竊自信，以爲天下之理其果在是，而致知格物居敬精義之功，自是其有所施之矣。聖賢方策，豈欺我哉？蓋通天下只是一箇天機活物，流行發用，無間容息。據其已發者而指其未發者，則已發者人心，而凡未發者皆其性也，亦無一物而不備矣，夫豈別有一物拘於一時、限於一處而名之哉？即夫日用之間，渾然全體，如川流之不息、天運之不窮耳。此所以體用精粗，動靜本末，洞然無一毫之間，而鳶飛魚躍，觸處朗然也。存者存此而已，養者養此而已。必有事焉，而勿正心勿忘勿助長也。從前是做多少安排沒頓著處，今覺得如水到船浮，解維正柂，而沿洄上下，惟意所適矣，豈不易哉？始信明道所謂未嘗致纖毫之力者，眞不浪語。而此一段事，程門先達惟上蔡謝公所見透徹無隔礙處，自餘雖不敢妄有指議，然味其言亦可見矣。近范伯崇來自邵武，相與講此甚詳，亦嘆以爲得未曾有而悟前此用心之左。且以爲雖先覺發明指示不爲不切，而私意汩漂，不見頭緒，向非老兄抽關啓鍵，直發其私，誨諭諄諄，不以愚昧而捨置之，何以得此？其何感幸如之。」

按：前二書《朱譜》注云「丙戌」。童能靈《朱子爲學考》以依朱子《中和舊說序》「欽夫得衡山胡氏學則往從而問焉」一語，當在丁亥後、己丑前。又按：後二書《朱譜》亦云「丙戌」。童能靈《朱子爲學考》以爲或即作於戊子。概從童説。

乾道五年己丑，三十七歲。

二月，魏公加贈太師，謚忠獻，公上表謝。

《宋史·孝宗本紀》：「乾道五年二月戊戌，贈張浚謚忠獻。」

按：本集有《謝太師加贈表》，《誠齋集》有《讀張忠獻公謚册感歎》詩。

春，朱公元晦悟以性爲未發之非，以書報公，公深以爲然。

《朱集·中和舊説序》云：「乾道己丑之春，爲友人蔡季通言之，問辨之際，予忽自疑斯理也，雖吾之所默識，然亦未有不可以告人者。今析之如此其紛紛而難明也，聽之如此其冥迷而難喻也，意者乾坤易簡之理，人心所同然者，殆不如是。而程子之言出其門人高弟之手，亦不應一切謬誤，以至於此。然則予之所自信者，其無乃反自誤乎？則復取程氏書，虚心平氣而徐讀之。未及數行，凍解冰釋，然後知情性之本然，聖賢之微旨，其平正明白乃如此。而前日讀之不詳，妄生穿穴，凡所辛苦而僅得之者，適足以自誤而已。至於推類究極，反求諸身，則又見其爲害之大，蓋不但名言之失而已也。於是又竊自懼，亟以書報欽夫及嘗同爲此論者。惟欽夫復書深以爲然。」

《與湖南諸公論中和第一書》云：「《中庸》未發已發之義，前此認得此心流行之體，又用程子『凡言心者，皆指已發而言』，遂目心爲已發，性爲未發。然觀程子之書，多所不合，因復思之，乃知前日之説非惟心性之名命之不當，而日用功夫全無本領，蓋所失者不但文義之間而已。按：文集《遺書》諸説，似皆以思慮未萌、事物未至之時爲喜怒哀樂之未發。當此之時，即是此心寂然不動之體，而天命之性常體具焉。以其無過不及，不偏不倚，故謂之中。及其感而遂通天下之故，則喜怒哀樂之性發焉，而心之用可見。以其無不中節，無所乖戾，故謂之和。此則人心之正而情性之德然也。然未發之前，不可尋覓；已覺之後，不容安排。但平日莊敬涵養之功至而無人欲之私以亂之，則其未發也鏡明水止，而其發也無不中節矣。此是日用本領工夫，至於隨事省察，即物推明，亦必以是爲本，而於已發之際觀之，則其具於未發之前者，固可嘿識。故程子之答蘇季明，反復論辨，極於詳密，而卒之不過以敬爲言。又曰『敬而無失即所以中』，又曰『人道莫如敬，未有致知而不在敬者』，又曰『涵養須是敬，進學則在致知』，蓋爲此也。向來講論思索直以心爲已發，而日用工夫亦止以察識端倪爲最初下手處，以故闕卻平日涵養一段工夫，使人胸中擾擾，無深潛純一之味。而其發之言語事爲之間，亦常急迫浮露，無復雍容深厚之風。蓋所見一差，其害乃至於此，不可以不審也。程子所謂『凡言心者，皆指已發而言』，此乃指赤子之心而言。而謂凡言心者，則其爲説之誤，故又自以爲未當而復正之。固不可以執其已改之言而盡疑諸説之誤，又不可遂以未當而不究其所指之殊也。不審諸君子以爲如何？」

按：此序末署壬辰八月，序中所云以書報欽夫則在己丑春。《朱譜攷異》以報欽夫書不見於與欽夫答問中，疑即《與湖南諸公論中和第一書》，是將此書屬之己丑。然此書有「涵養須用敬，進學則在致知」二語，與《朱譜攷異》「《程氏遺書》成」下云「程子涵養須用敬二語，庚寅始特拈出」，兩相牴牾矣。錄此以待詳攷。

朱公元晦來書，復論未發之旨。

《朱集·答張欽夫書》云：「諸説例蒙印可，而未發之旨又其樞要，既無異論，何慰如之。然比觀舊説，卻覺無甚綱領，因復體察得見此理須以心爲主而論之，則性情之德、中和之妙皆有條而不紊矣。然人之一身，知覺運用莫非心之所爲，則心者固所以主於身，而無動靜語默之間者也。然方其靜也，事物未至，思慮未萌，而一性渾然，道義全具，其所謂中，是乃心之所以爲體而寂然不動者也。及其動也，事物交至，思慮萌焉，則七情迭用，各有攸主，其所謂和，是乃心之所以爲用，感而遂通者也。然性之靜也而不能不動，情之動也而必有節焉，是則心之所以寂然感通、周流貫徹而體用未始相離者也。然人有是心而或不仁，則無以著此心之妙。人雖欲仁而或不敬，則無以致求仁之功。蓋心主乎一身而無動靜語默之間，是以君子之於敬，亦無動靜語默而不用其力焉。未發之前是敬也，固已主乎存養之實；已發之際是敬也，又常行於省察之間。方其存也，思慮未萌而知覺不昧，是則靜中之動，《復》之所以『見天地之心』也。及其察也，事物紛糾而品節不差，是則動中之靜，《艮》之所以『不獲其身，不見其人』也。有以主乎靜中之動，是以寂而未嘗不感；有以察乎動中之靜，是以感而未常不寂。寂而常感，感而常寂，此心之所以周流貫徹而無一息之不仁也。然則君子之所以致中和而天地位、萬物育者，在此而已。蓋主於身而無動靜語默之間者，心也，仁則心之道，而敬則心之貞也。此徹上徹下之道，聖學之本統。明乎此，則性情之德、中和之妙，可一言而盡矣。熹向來之說固未及此，而來喻曲折，雖多所發明，然於提綱振領處，似亦有未盡。又如所謂『學者先須察識端倪之發，然後可加存養之功』，則熹於此不能無疑。蓋發處固當察識，但人自有未發時，此處便合存養，豈可必待發而後察，察而後存耶？且從初不曾存養，便欲隨事察識，竊恐浩浩茫茫，無下手處，而豪釐之差，千里之繆，將有不可勝言者。此程子所以每言孟子才高，學之無可依據，人須是學顔子之學，則入聖人爲近，有用力處，其微意亦可見矣。且如灑掃應對進退，此存養之事也。不知學者將先於此而後察之耶？抑將先察識而後存養也？以此觀之，則用力之先後判然可觀矣。」

《答林擇之書》云：「近得南軒書，諸説皆相然諾，但先察識、後涵養之論執之尚堅，未發條理亦未甚明。蓋乍易舊説，猶待就所安耳。」

公弟定叟之官桂林，餞之於湘中館。

按：《于湖文集》，乾道五年有《與朱編修書》，言「定叟將有遠役，兄弟不能相舍」，即指之桂林事。

除知撫州，未上，改嚴州。

《神道碑》云：「除知撫州，未上，改嚴州。」

十二月，陛辭，公連論奏。

《神道碑》云：「後六年，始以補郡臨遣，得復見上。首言：『先王之治所以建事立功無不如志，以其胸中之誠足以感格天人之心，而與之無間也。今規畫雖勞而事功不立，陛下誠深察之日用之間，念慮云爲之際，亦有私意之發以害吾之誠者乎？有則克而去之，使吾中扃洞然無所間雜，則見義必精，守義必固，而天人之應將不待求而得矣。夫欲復中原之土，必先收中原百姓之心；欲得中原百姓之心，必先有以得吾境內百姓之心。求所以得吾境內百姓之心者，無佗，不盡其力、不傷其財而已。今日當以明大義、正人心爲本，然所施有先後，則緩急不可不詳；所務有名實，則取舍不可不審。』」

《續資治通鑑》云：「十二月丙午，入見。公奏稱今日誕謾之風不可長，至如邊事，須委忠實不欺之臣。又言：『先聽其言，卻考其實，此所謂敷奏以言，明試以功。』」

按：本集《答柳嚴州啓》有云：「蒙恩易郡，更叨桐水之除。」又云：「秋律既深，霜飆愈厲。」又按：《嚴州圖經·賢牧題名》張栻下，稱乾道五年十二月二十九日以右承務郎、直祕閣權發遣。是除命在九月，陛辭則在十二月也。

虞丞相彬甫遣人於公致慇懃，公不答。

《神道碑》云：「時宰相雖以恢復之説自任，然所以求者類非其道，且妄意公素論當與己合，數遣人致慇懃，公不答。」

公涖任，改學門南向。

《景定嚴州續志·學校》云：「州學在城西北隅。始學門屈折東出，乾道五年，張宣公知州，始辟南向。」

乾道六年庚寅，三十八歲。

春，奏免丁鹽錢絹，詔蠲其半。

本集《與朱元晦書》云：「朝廷蠲末等無常產之輸七萬餘緡，稍寬目前，但弊根不除，少須更力論之。」

《神道碑》云：「到任，問民疾苦，首以丁鹽錢絹太重爲請，得蠲是歲半輸。」

《答張欽夫書》云：「欲再奏，不若令白丁丁戶每歲人納一二百錢，四等而上每等遞增一二百，使至於極等，則略如今日之數。聞浙中諸郡有全輸算者，有取之無藝者，朝廷自合因此總會所入之大數，斟酌裁損而均平之，乃爲盡善。」

立孤高亭。

本集《送定叟之官嚴陵》詩注云：「某在嚴陵，嘗爲宋廣平立孤高亭。」

《景定嚴州續志》云：「西山在城内西北，舊有孤高亭，今廢。」

公與呂公伯恭、朱公元晦共論《胡氏知言》。

《呂集·與朱元晦書》云：「《知言》往在嚴陵時，與張丈講論，亦嘗疏出可疑者數十條。今觀來示，其半亦相類。見與張丈參閲，續當咨請也。」

《答潘叔度書》云：「張守論《胡子知言》，見處極高。」

本集《與朱元晦書》云：「《知言》自去

年看多有所疑，來示亦多同者，亦有來示未及者。俟便上呈，更煩一往復，庶幾粗定。甚恨當時刊得太早。」

又書云：「《知言》之說，每段書鄙見於後，有未是處，就此簿上批來，庶往復有益也。近又看數段，及昨日讀寄來者，皆未及添入，俟更詳之。」

又書云：「《知言》疑義前已納呈，今所寄尤密。」

《答舒秀才書》云：「某向者受五峰先生之教，浹於心腑，佩之終身，而先生所造精微，立言深切，亦豈能盡窺其藩？向者元晦有所講論，其間亦有與鄙見合者，因而反復議論以體當在己者耳。固吾先生所望於後人之意也。如晦叔、廣仲、伯逢皆同志，故以示晦叔，而晦叔復以示二公，庶幾往返之有益耳。蓋嘗丁寧，不可示之非其人。其間所論有前後之不同者，蓋旋據窺測所到而言，何敢執一而不惟其是之從也？若世俗之人以私意淺量觀者，亦無如之何。但此議論只當同志者共紬繹所疑，不當遽泛示以啓見聞者輕妄心也。若左右謂以爲成書而傳之，則大誤矣。」

《朱集·答劉子澄書》云：「《知言》之書用意精切，但其氣象終少和平，又數大節目皆誤。如性無善惡、心爲已發、先知後敬之類，皆失聖賢本指。頃與欽夫、伯恭論之甚詳，亦皆有往復，雖有小未合，然大概略同矣。」壬辰。

《洙泗言仁錄》成。

《神道碑》云：「《洙泗言仁錄》、《諸葛忠武侯傳》爲成書。」

本集《答朱元晦書》云：「《論語》仁

說，見學者多將仁字做活絡揣度，了無干涉，如未嘗下博學篤志、切問近思工夫，便做仁在其中矣。想像此等極害事，故編程子之說，與同志講之。」

《朱集·答范伯崇書》云：「欽夫近爲學者類集《論語》仁字，各爲之說，熹不欲做此工夫。欽夫又說當仁不讓於師，要當識此所以不讓者何物，則知此仁矣。此說是否？」

《答張敬夫書》云：「類聚孔、孟言仁處以求夫仁之說，專一如此用功，不免長欲速好徑之心。蓋專務說仁而於操存涵泳之功不免忽略，故無復優柔厭飫之味，克己復禮之實。」又云：「今此錄所以釋《論語》之言，而首章曰『仁其可知』，次章曰『仁之義可得而求』，其後又多所以明仁之義云者，恐其非聖賢發言之本意也。又如首章雖列二先生之說，所解實用上蔡之意，正伊川說中問者所謂由孝弟可以至仁，而先生非之者，恐更當詳究也。」

又書云：「近看《論語》舊說，其間多此類者，比來尊兄固已自覺其非矣。然近聞發明當仁不讓於師之說，云當於此時識其所以不讓者爲何物，即可以知仁之義。此等議論又只似舊來氣象。」

《答吳晦叔書》云：「近因南軒寄示《言仁錄》，亦嘗再以書論所疑大概如此。而後書所論『仁智』兩字尤爲明白。」

《朱子語類》云：「南軒《洙泗言仁》編得亦未是。聖人說仁處固是仁，然不說處不成非仁，天下只有這箇道理。聖人說許多說話都要理會，豈可只去理會說仁處，不說仁處便掉了不管。」

按：《朱集》卷二十五《答張敬夫第四書》，稱「近聞發明當仁不讓於師之説」，又稱「筵中見講何書」，知屬乾道六年。

五月，召爲尚書吏部員外郎。閏五月十七日，赴召。

《東萊呂太史文集》附録《年譜》（後稱《呂譜》）云：「五月，除太學博士。公之召也，張公亦自嚴陵召歸爲郎。」《嚴州圖經·賢牧題名》張栻下云：「乾道六年閏五月十七日，赴召。」

刊《太極通書》於嚴州學宫，又刊《二程先生遺書》。

本集《通書後跋》云：「《太極通書》，某刻於嚴陵學宫。」末署「乾道庚寅閏月」。《朱集·答呂伯恭書》云：「嚴州遺書本初校未精，而欽夫去郡。」本集《答胡季隨書》云：「所諭二先生遺書，元晦所集，皆存元本，在學者亦好玩味。其間眞僞，在我玩味之久，自識别之耳。」辛卯。又書云：「諭及日讀《二程先生遺書》，當平心易氣，優游涵泳，所讀其間談性命處，讀之愈勤，探義愈晦。若只靠言語上求解則未是，須玩味其旨，於吾動静中體之，久久自别也。」辛卯。又書云：「元晦所編遺書，只是裒聚逐家所編全入之，都無所刪也。其間傳録失指者固有之，正要學者玩味。」辛卯。

是月，廷對。

《呂集·與潘叔度書》云：「五月對劄録去，張丈所對亦甚款。」

六月，入見，連次論奏。

《神道碑》云：「宰相又方謂虜勢衰弱可圖，建遣泛使往責陵寢之故。公見上，上曰：『卿知虜中事乎？』公對曰：『不知也。』上曰：『虜中饑饉連年，盜賊四起。』公曰：『虜中之事臣雖不知，然境中之事則知之詳矣。』上曰：『何事？』公遂言曰：『臣竊見比年諸道亦多水旱，民貧日甚，而國家兵弱財匱，官吏誕謾，不足倚賴。正使彼實可圖，臣懼我之未足以圖彼也。』上爲默然久之。公因出所奏書讀之，曰：『臣竊謂陵寢隔絶，誠臣子不忍言之至痛。今未能奉辭以討之，又不能正名以絶之，乃欲卑辭厚禮以求於彼，其於大義已爲未盡。而異論者猶以爲憂，則其昧陋畏怯又益甚矣。然臣竊揆其心意，或亦有以見我未有必勝之形而不能不憂也歟？蓋必勝之形當在於早正素定之時，而不在於兩陳決機之日。』上爲竦聽改容。公復讀曰：『今但下哀痛之詔，明復讎之義，顯絶虜人，不與通使，然後修德立政，用賢養民，選將帥、練甲兵，通內修外攘、進戰退守爲一事，且必治其實而不爲虛文，則必勝之形隱然可見。雖有淺陋畏怯之人，亦且奮躍而爭先矣。』上歎息褒諭，以爲前始未聞此論。」

公自省中歸，讀《西銘》。寓舍與呂公伯恭所居相望，八月，約共爲夜課。

本集《與朱元晦書》云：「《西銘》近日常讀理一分殊之旨，龜山後書終未之得。蓋斯銘之作，政爲學者私勝之流，味夫天理之本然，故推明理一以極其用，而其分之殊自不可亂。如以民爲同胞，謂尊高年爲老其老，慈孤弱爲幼其幼，是推其理而其分故自在也。故曰分立而推理一，以止私欲之流，仁之方也。龜山以無事乎推爲理一，引聖人老者安之、少者懷之爲說，恐未知《西銘》推理一之指也。」

又書云：「《西銘》所謂理一而分殊，無一句不具此意。亦謂鄙意然，來示亦盡之矣。但其間論分立而推理一，與推理以存義之說頗未相同。某意以爲分立者，天地位而萬物散殊，其親疏皆有一定之勢。然不知理一，則私意將勝，而其流弊將至於不相管攝而害夫仁。故《西銘》因其分之立，而明其理之本一。所謂以止私勝之流，仁之方也。雖推其理之一，而其分森然者自不可亂，義蓋所以存也。大抵儒者之道爲仁之至、義之盡者，仁立則義存，義精而後仁之體爲無蔽也。似不必於事親事天上分理與義，亦未知是否？」

又書論：「《西銘》之論甚精，乾稱父、坤稱母之說，某亦如此看，蓋一篇渾是此意也。但所論其間有一二語，鄙意未安，俟更精讀深思方報去。」

《呂集·與戴在伯書》云：「某所居乃在舊王承宣園，今號東百官宅，政與張丈寓舍相望，於講論甚便。」

《與潘叔度書》云：「八月稍涼，已與張丈約共爲夜課。」

公與陳君舉論學。

《止齋文集》蔡幼學撰《陳公行狀》云：「陳君舉還過都城，始識公與呂伯恭，數請間扣以爲學大指，互相發明。二公亦喜得友，恨相見之晚。」

十一月，郊祀禮成，公論奏。

《續資治通鑑》云：「張栻言：『今日君子小人之消長，治亂之勢，有所未定，皆在陛下之如何耳。若陛下之心嚴恭兢畏，常如祠之際，則君子小人終可分，治道終可成，强敵終可滅，當如祀事，終得成禮。』」

十二月，兼權左右司侍立官，奏罷發運使職。

《神道碑》云：「兼權左右司侍立官。時廟堂方用史正志爲發運使，公上言曰：『今日州郡財賦大抵無餘，若取之不已而經用有闕，不過巧爲名色取之於民耳。』詔罷之。」

《宋史·孝宗本紀》：「乾道六年十二月癸酉，罷發運司。」

是月，兼侍講，除左司員外郎。

本集《答朱元晦書》云：「仲冬以後，凡三得對。講筵開在後月。」

《朱集·答張敬夫書》云：「筵中見講何書，愚意《孟子》一書最切。今日之用輪日講解未必有益，不若勸上萬幾之暇日誦一二章，反復玩味，究觀聖賢作用本末。然後夜直之際，請問業之所至而推明之。以上之聰明英睿，若於此見得洞然無疑，則功利之説無所投而僥倖之門無自啓矣。異時開講，如伊川所論坐講之禮，恐亦當理會也。」

按：《誠齋集·虞公神道碑》云：「用呂原明、司馬康故事，薦張栻入經筵。」與《宋史·張雄傳》稱：「栻再被召，論恢復固當，第其計非是。即奏疏，孝宗大喜。翌日，以疏宣示，並手詔言恢復當如栻所陳。即除侍講，且得直宿，時與卿論事。虞允文與雄之徒不樂，遂沮抑之云云。」語意各異。

二月，開經筵，公講《葛覃》篇，推廣其事以進陳。

《神道碑》云：「經筵開，以《詩》入侍。因《葛覃》之篇以進説曰：『治常生於敬畏，亂常起於驕淫。使爲國者每念稼穡之勞而其后妃不忘織紝之事，則心之不存者寡矣。周之先后勤儉如此，而其後世猶有休蠶織而爲厲階者，興亡之效於此見矣。』既又推廣其言，上陳祖宗自家刑國之懿，下斥當時興利擾民之害詳焉。」

按：《續資治通鑑》列開講於二月。

三月，張説除簽書樞密院事，公連上疏諫，面責虞丞相於朝堂。

《宋史·孝宗本紀》云：「乾道七年三月，張説簽書樞密院事，張栻言説不宜執政。」

《張栻傳》云：「張説除簽書樞密院事，栻夜草疏極諫其不可。旦詣朝堂，質責宰相虞允文曰：『宦官執政自京、黼始，近習執政自相公始。』允文慙憤不堪。栻奏：『文武誠不可偏，然今欲右武以均二柄，而所用乃得如此之人，非惟不足以服文吏之心，正恐反激武臣之怒。』」

《鶴林玉露·南軒諫虞丞相》云：「南軒質責虞丞相彬甫不當用張説，至以京、黼面斥之。允文曰：『先丞相平生亦有隱忍就功名處，何相非之深也。』公曰：『先公固有隱忍處，何嘗用此等狎邪小人？』允文拱手曰：『某服矣。』」

是月，詹事王龜齡舉公自代。

《梅溪文集·舉張栻自代狀》云：「伏睹

兼侍講張栻學術精深，氣稟剛正，久居經幄，宜贊青宮，舉以代臣，實允公議。」

六月十三日，出公知袁州。十四日，出都過吳興。七月，寓蘇。八月，適毗陵。十二月，游鄂渚，歸抵長沙。

《神道碑》云：「明年，乃出公知袁州。」

本集《答朱元晦書》云：「某十三日被命出守，次日出北關，來吳興省廣德家兄。」

《呂集·與朱元晦書》云：「某以六月八日離輦下，既去五日而張丈去國。」

本集《跋西銘》云：「辛卯孟秋，寓姑蘇。」

《江漢樓說》云：「十二月朔日，游鄂渚。」

《答李叔文書》云：「某歲前抵舊廬。」

作《洙泗言仁序》、《主一箴》。

本集《洙泗言仁序》云：「昔者夫子講道洙泗，示人以求仁之方。蓋仁者天地之心，天地之心而存乎人，所謂仁也。人惟蔽於有己，而不能以推夫其所以爲人之道，故學必貴於求仁也。自孟子沒，寥寥千有餘載間，《論語》一書，家藏人誦，而眞知其指歸者何人哉？至本朝伊洛二程子始得其傳，其論仁亦異乎秦漢以下諸儒之說矣，學者所當盡心也。某讀程子之書，其間教門人取聖賢言仁處類聚以觀而體認之，因裒《魯論》所載，疏程子之說於下，而推以己見，題曰《洙泗言仁》，與同志者共講焉。嗟乎！仁雖難言，然聖人教人求仁，具有本末。譬如飲食，乃能知味，故先其難而後其獲。所以爲仁而難，莫難於克己也。學者要當立志尚友，講論問辯，於其所謂難者，勉而勿舍。及其久也，私欲浸消，天理益明，則其所造將有不可勝窮者。若不惟躬行實踐之勝，而懷斬獲之心，起速成之意，徒欲以聰明揣度，於言語求解，則失其傳爲愈甚矣。故愚願與同志者共講之，庶幾不迷其大方焉。」

本集《主一箴》云：「伊川先生曰：『主一之謂敬。』又曰：『無適之謂一。』嗟乎，求仁之方，孰要乎此！因爲箴書於坐右，且以諗同志。人稟天性，其生也直。克順厥彝，則靡有忒。事物之感，紛紛朝夕。動而無節，生道或息。惟學有要，持敬勿失。驗厥操舍，乃知出入。曷爲其敬，妙在主一。曷爲其一，惟以無適。居無越思，事靡它及。涵泳於中，匪忘匪亟。斯須造次，是保是積。既久而精，乃會於極。勉哉勿倦，聖賢可則。」

《答胡廣仲書》云：「《主一箴》之諭甚荷，但某之意正患近來學者多只是想像，不肯着意下工。伊洛老先生所謂主一無適，眞是學者指南，深切著明者也。故某欲其於操舍之間體察，而居毋越思，事靡它及，乃是實下手處，此正爲有捉摸也。若於此用力，自然漸覺近裏趨約，意味日別，見則爲實見，得則爲實得。不然，徒自談高拽妙，元只在膠膠擾擾域中三二十年，恐只是空過了，至善之則烏能實了了乎？箴之作，亦以自警云爾。」

按：本集《答胡季隨書》云：「歸來所作《洙泗言仁序》、《主一箴》錄去。」歸來，似指乾道七年冬歸長沙也。

又按：《朱集·答張敬夫書》云：「至謂類聚言仁，只恐有病卻不思。所類諸說，其中下學上達之功，蓋已無所不具，苟能深玩而力行之，又安有此弊？蒙來喻，始悟前說之非，不知可更作後序略採此意以警後之學者否。」似此序即後序，觀篇中末段數語可知。

張宣公年譜卷下

永康胡宗楙季樵

乾道八年壬辰，四十歲。

公與呂公伯恭論存養省察之功。

本集《寄呂伯恭書》云：「某讀書先廬，粗安晨夕。顧存養省察之功，固當并進。存養是本，覺向來工夫不進，蓋爲存養處不深厚。方於閒暇，不敢不勉。」又云：「來教有云：『平時徒恃資質，工夫悠悠，殊不精切。』可見體察之功。」又言：「惟析夫義理之微，而致察於物情之細，每存正大之體，尤防己意之偏。好事上一毫才過，便是私意，如要救正此人，盡吾誠意以告之，從與不從，固不可必也。若必欲救正得便有偏。推此類可見。」

《答喬德瞻書》云：「存養體察，固當並

進。存養是本，工夫固不越於敬，敬固在主一。此事惟用力者方知其難。來諭謂舊雖知有主一無適之言，至臨時又難下手。夫主一無適，正爲平日涵養，遇事接物方不走作，非可臨時下手也。」又書云：「所謂靜思與臨事有異，要當深於靜處下涵養之功，本立則臨事有力也。」《答潘叔昌書》云：「所諭收斂則失於拘迫，從容則失於悠緩，此學者之通患。於是二者之間，必有事焉，其惟敬乎！拘迫則非敬也，悠緩則非敬也。但當常存乎此，本原深厚，則發見必多，而發見之際，察之亦必精矣。若謂先識所謂一者而後可以用力，則用力未篤，所謂一者只是想象，何由意味深長乎？」《答潘端叔》云：「若專一工夫積累多，自然體察有力，只靠言語上苦思，未是也。」《答吳晦叔書》云：「元晦謂略於省察，向來某與渠書亦嘗論此矣。如三省四勿皆持養省察之功兼焉。大要持養是本，省察所以成其持養之功者也。」《答胡季隨書》云：「承諭夸勝之爲害，可見省察之功，正當用力自克也。克之之道，要須深思夸勝之意何自而生，於根源上用工銷磨，乃善。若只待其發見而後遏止，將見滅於東而生於西也。」

公與朱公元晦論在中之義。

本集《答朱元晦書》云：「中字之說甚密，但在中之義作中外之中未安，詳蘇季明再問、伊川答之之語自可見。蓋喜怒哀樂未發，此時蓋在乎中也。若只說作在裏面的道理，然則已發之後，中何嘗不在裏面乎？又《中庸》之云中，是以中形道也；喜怒哀樂未發之謂中，是以中狀性之體段也。然而性之體段不偏不倚、亭亭當當者，是固道之所存也。道之流行即事物無不有恰好底道理，是性之體段亦無適而不具焉。如此看，尤見體用分明。」

又書云：「在中之説，前書嘗及之，未知如何。中者性之體，和者性之用，恐未安。中也者，所以狀性之體段，而不可便曰中者性之體，若曰性之體中而其用則和，斯可矣。」

又書云：「在中之意，程子曰：『喜怒哀樂未發，只是中也。』蓋未發之時，此理亭亭當當渾然在中，發而中節，即其在中之理形乎事事物物之間，而無不完也。非是方其發時别爲一物，以主張之於内也。情即性之發見也，雖有發與未發之殊，而性則無内外耳。若夫發而不中節，則是失其情之正，而淪其情之理。然能反之，則亦無不在此者，以性未嘗離得故也。不識如何？」

《朱集·答張欽夫書》云：「中字之説甚善，所論狀性、形道之不同尤爲精密，開發多矣。然愚意竊恐程子所云只一箇中字，但用不同，此語更可玩味。夫所謂只一箇中字者，中字之義未嘗不同，亦曰不偏不倚無過不及而已矣。然用不同者，則有所謂在中之義者，有所謂中之道者是也。蓋所謂在中之義者，言喜怒哀樂之未發，渾然在中，亭亭當當，未有箇偏倚過不及處。其謂之中者，蓋所以狀性之體段也。有所謂中之道者，乃即事即物，自有箇恰好底道理，不偏不倚，無過不及，其謂之中者，則所以形道之實也。只此亦便可見來教所謂狀性、形道之不同者，但又見得中字，只是一般道理。以此狀性之體段，則爲未發之中；以此形道，則爲無過不及之中耳。且所謂在中之義，猶曰在裏面底道理云爾，非以在中之中字解未發之中字也。」又書云：「在中之義之説，來諭説得性道未嘗相離，此意極善。但所謂此時蓋在乎中者，文意簡略，熹所未曉，更乞詳諭。又謂已發之後中何嘗不在裏面，此恐亦非文意。蓋既言未發時在中，則是對已發時在外矣。但發而中節，即此在中之理發形於外，如所謂即事即物，無不有箇恰好底道理是也。一不中節，則在中之理雖曰天命之秉彝，而當此之時，亦且漂蕩淪胥而不知其所存矣。但能反之，則又未嘗不在於此。此程子所以謂以道言之則無時而不中，以事言之則有時而中也。所以又謂善觀者卻於已發之際觀之也。若謂已發之後，中又只在裏面，則又似向來所説以未發之中自爲一物，與已發者不相涉入，而已發之際常挾此物以自隨也。然此義又有更要子細處，夫此心廓然，初豈有中外之限？但以未發、已發分之，則須如此，亦若操舍存亡出入之云耳。」

按：《朱集·在中之義之説書》原注壬辰冬，故知以上諸書咸在壬辰。陸隴其曰：「此書注壬辰冬而《中和舊説序》在壬辰八月，則此處固朱子定論也。」

公與學者論居敬之旨。

本集《與陳平甫書》云：「二先生所以教學者，不越居敬、窮理。居敬有力，則所窮者益精；窮理寖明，則所居者益有地。二者蓋互相發也。升高自下，陟遐自邇，務本循序而進，久自有所至，不可先起求成之心，起求成之心，則有害於天理。孔子之所謂獲，孟子所謂正者，政此病也。」

《答潘叔昌書》云：「來書所謂思慮時擾之患，此最是合理會處。其要莫若主一。《遺書》中論此處甚多，須反復玩味。據目下看底意思，用工譬如汲井，漸汲漸清。如所謂未應事前，此事先在，既應之後，此事尚存，正緣主一工夫未到之故。須是思此事時只思此事，做此事時只做此事，莫教別底交互出來，久久自別。看時似乎淺近，做時極難。」

《答曾致虛書》云：「所謂持敬乃是切要工夫，然要將箇敬來治心則不可。蓋主一之謂敬，敬是敬此者也，只敬便在此。若謂敬爲一物，將一物治一物，非惟無益而反有害，乃孟子所謂必有事焉而正之，卒爲助長之病。如左右所言，窘於應事，無舒緩意，無怪其然也。故欲從事於敬，惟當常存主一之意。此難以言語盡，實下工夫，涵泳勿舍，久久自覺深長而無窮也。某去歲作《主一箴》，謾納呈。」

按：本集《答朱元晦書》云：「一二年來，頗專於敬字上勉力，愈覺周子主靜之意爲有味。程子謂於喜怒哀樂未發之前，更怎生求，只平日涵養便是。」其書開首言積寒成疾，當屬淳熙元年。但書中言一二年來，則爲乾道八年可知。又書云：「某數年來務欲收斂，於本原處下工，覺得應事接物之時差帖帖地，但氣習露見處未免有之。一向鞭辟，不敢少放過，久久庶幾得力耳。」其書開首云論及《大學》中人之其所親愛而闢焉處，屬於淳熙二年。其書又言數年來，是亦指乾道八年。此爲公自壬辰以還德業日進之證。

是秋，定叟歸自桂林，喜而賦詩。

按：本集《喜聞定叟弟歸》詩云：「吾弟三年別，歸舟半月程。」自乾道五年夏至是年秋爲三年別。又按：本集《丁酉與朱元晦書》云：「此間歸長沙，一水甚便，只數日陸行，到清湘登舟，春夏間不十日可泊城南書院隄下。」所謂半月程也。頸聯云「秋目聯鴻影，涼窗聽雨聲」，則歸時及秋也。

乾道九年癸巳，四十一歲。

正月十日，偕許深甫登卷雲亭，望嶽麓積雪，分韻賦詩。

按：《止齋集》有《登卷雲亭》詩，首聯云：「新元既涉九，臘尾春未初。」

是年，裒集《繫辭說》。

本集《答陳平甫別紙》云：「某近裒集伊川、橫渠、楊龜山《繫辭》說未畢，只欲年歲間記鄙見於下。」

《與朱元晦書》云：「讀《繫辭》，覺向者用意過當，失卻聖人意脈。」

按：本集卷二十八《答吳晦叔第十二書》，云「《繫辭說》已裒集」，並有「近爲曾幹作一記」語。以本集卷二十《答朱元晦第十三書》攷之，其書有云「某近作一《拙齋記》」，並言「共甫之勢，想必此來」，當屬乾道九年。此爲九年作可知。又按：《四庫全書總目》

列此書，言託於於天一地二一章，凡三卷，非完本。」

公闢嶽麓書院，教授後學，鈔有《南軒書說》。

《朱集·潭州委教授措置嶽麓書院牒》云：「本州州學之外復置嶽麓書院，故前帥忠肅劉公特因舊基復創新館，延請故侍講張公先生往來其間，使四方來學之士得以傳道授業解惑焉。」

《鶴山文集·張晞顏墓誌銘》云：「忠獻薨，公侍宣公護輀歸長沙，留九年。宣公闢嶽麓書院，教授後學。嘗讀《書》，遇解釋，屬君筆之，題曰《南軒書說》。君亦記南軒語，題曰《誠敬心法》。」

按：本集《答朱元晦書》云：「岳麓書院邇來卻漸成次第，向來邵懷英作事不著實，大抵皆向傾壞，幸得共甫再來，今下手葺也。」此即新辟之證。

朱公元晦作《仁說》，公連與書詰難釋疑。

本集《與朱元晦書》云：「仁之說，前日之意，以爲推原其本，人與天地萬物一體也。是以其愛無所不至，猶人之身無尺寸之膚而不貫通，則無尺寸之膚不愛也。故以惟公近之之語形容仁體最爲親切，欲人體夫所以愛者，言仁中蓋言之矣，而以所言愛字只是明得其用耳。後來詳所謂愛之理之語，方見其親切。夫其所以與天地一體者，以夫天地之心之所存，是乃生生之蘊，人與物所公共，所謂愛之理者也。故探其本，則未發之前愛之理存乎性，是乃仁之體者也。察其動，則已發之際愛之施被乎物，是乃仁之用者也。體用一源，內外一致，此仁之所以爲妙也。」

又書云：「《仁說》如『天地以生物爲心』之語，平看雖不妨，然恐不若只云『天地生物之心，人得之爲人之心』，似完全。如何？仁道難名，惟公近之，然不可便以公爲仁。又曰公而以人體之，故爲仁，此意指仁之體，極爲深切。愛終恐只是情，蓋公天下而無物我之私焉，則其愛無不溥矣。如此看乃可。由漢以來言仁者，蓋未嘗不以愛爲言也，固與元晦推本其理者異。然元晦之言傳之，亦未免有流弊耳。」

《寄呂伯恭書》云：「元晦《仁說》，後來看得渠說愛之理之意卻好。繼而再得渠書，只拈此三字，卻有精神。但前來所寄言語間終多病，兼渠看得某意思亦潦草。後所答今錄呈，但渠議論商確間終是有意思過處，早晚亦欲更力言之。壬辰。」

《朱集·答呂伯恭書》云：「仁字之說，欽夫得書，云已無疑矣。」

《答胡廣仲書》云：「仁之爲說，昨兩得欽夫書，詰難甚密，皆已報之。近得報，云卻已無疑矣。」

《呂集·與朱元晦書》云：「長沙近得書寄，往復論仁來。」

又書云：「《仁說》、《克齋記》及長沙之往來論議，皆嘗詳閱。長沙之論，固疑其寬。」

按：《仁說》有二：一爲張宣公《仁說》，一爲朱公元晦《仁說》。此條所論皆朱公元晦《仁說》。童能靈《朱子爲學攷》以《仁說》屬壬辰，而宣公與之詰難則在癸巳，故列乾道九年。

又按：《朱集》卷三十二《答張欽夫書》

有四，咸論《仁說》，篇長不備錄。

改定自撰《仁說》。

本集《仁說》云：「人之性，仁、義、禮、智四德具焉：其愛之理則仁也，宜之理則義也，讓之理則禮也，知之理則智也。是四者雖未形見，而其理固根於此，則體實具於此矣。性之中只有是四者，萬善皆管乎是焉。而所謂愛之理者，是乃天地生物之心，而其所由生者也。故仁爲四德之長，而又可以兼能焉。惟性之中有是四者，故其發見於情，則爲惻隱、羞惡、是非、辭讓之端，而所謂惻隱者亦未嘗不貫通焉。此性情之所以爲體用，而心之道則主乎性情者也。人惟己私蔽之，以失其性之理而爲不仁，甚至於爲忮爲忍，豈人之情也哉？其陷溺者深矣。是以爲仁莫要乎克己，己私既克，則廓然大公，而其愛之理素具於性者無所蔽矣。愛之理無所蔽，則與天地萬物血脈貫通，而其用亦無不周矣。故指愛以名仁則迷其體，程子所謂愛是情，仁是性謂此。而愛之理則仁也；指公以爲仁則失其眞，程子所謂仁道難名，惟公近之，不可便指公爲仁謂此。而公者人之所以能仁也。夫靜而仁、義、禮、智之體具，動而惻隱、羞惡、辭讓、是非之端達，其名義位置固不容相奪倫。然而惟仁者爲能推之而得宜，是義之所存者也；惟仁者爲能恭讓而有節，是禮之所存者也；惟仁者爲能知覺而不昧，是智之所存者也。此可見其兼能而貫通者矣。是以孟子於仁，統言之曰『仁，人心也』，亦猶在《易》乾坤四德而統言乾元、坤元也。然則學者其可不以求仁爲要，而爲仁其可不以克己爲道乎？」」

《寄呂伯恭書》云：「《仁說》所題數段極有開警，别紙奉報，並後來改正處亦錄去。」壬辰。

《朱集·答欽夫仁說》云：「《仁說》明白簡當，非淺陋所及。但言性而不及情，又不言心貫性、情之意，似只以性對心。若只以性對心，即下文所引《孟子》『仁，人心也』與上文許多說話似若相戾。更乞詳之。又曰：『己私既克，則廓然大公，與天地萬物血脈貫通，愛之理得於內，而其用形於外，天地之間無一物之非吾仁矣。此亦其理之本具於吾性者，而非強爲之也。』此數句亦未安。蓋己私既克，則廓然大公，皇皇四達，而仁之體無所蔽矣。天理無蔽，則天地萬物血脈貫通，而仁之用無不周矣。然則所謂愛之理者，乃吾本性之所有，特以廓然大公而後在，非因廓然大公而後有也；以血脈貫通而後達，非以血脈貫通而後存也。今此數句有少差紊，更乞詳之。愛之之理便是仁，若無天地萬物，此理亦有虧欠。於此識得仁體，然後天地萬物血脈貫通而用無不周者，可得而言矣。蓋此理本甚約，今便將天地萬物夾雜說，卻鶻突了。夫子答子貢博施濟衆之問，正如此也。又云：『視天下無一物之非仁』，此亦可疑。蓋謂視天下無一物不在吾仁中則可，謂物皆吾仁則不可。蓋物自是物，仁自是心，如何視物爲心耶？又云：『此亦其理之本具於吾性者，而非強爲之也。』詳此，蓋欲發明仁不待公而後有之意，而語脈中失之。要之『視天下無一物非仁』與此句似皆剩語，並乞詳之。」

《答呂伯恭書》云：「渠別寄《仁說》來，比亦答之。」癸巳。

又書云：「《仁說》亦用中間反覆之意改定矣。」癸巳。

按：此乃宣公自撰《仁說》。據本集《寄呂伯恭書》仁說所題數段云云，其書屬於壬辰，則八年已往復論仁，至九年始用中間反復之意改定。有《朱集·答呂伯恭》二書可證，蓋此二書咸屬癸巳也。

公撰《書說》，以《酒誥》寄示朱公元晦。

《四朝聞見錄·南軒書說》云：「南軒《酒誥》一段解『天降命，天降威』處，誠千百年儒者所不及。今備載南軒之說：『酒之爲物，本以奉祭祀，供賓客，此即天之降命也。而人以酒之故，至於失德喪身，即天之降威也。釋氏本惡天降威者，乃並與天之降命者去之。吾儒則不然，去其降威者而已。降威者天，而天之降命者自在。爲飲食而至於暴殄天物，釋氏惡之，而必欲食蔬茹，吾儒則不至於暴殄而已。衣服而至於窮極奢侈，釋氏惡之，必欲衣壞色之衣，吾儒則去奢侈而已。至於惡淫慝而絕夫婦，吾儒則去其淫慝而已。釋氏本惡人欲，並與天理之公者而去之。吾儒去人欲，所謂天理者昭然矣。譬如水焉，釋氏惡其泥沙之濁而窒之以土，不知土既窒則無水可飲矣。吾儒不然，澄其沙泥而水之澄清者可酌。此儒釋之分也。』」

按：《酒誥說》不載本集。又按：本集《答范主簿書》云：「《書說》比寄《酒誥》到元晦處，曾見否？某近讀諸誥，反復其溫厚和平之氣，深足以感發人。」此書並論仁之說疑屬乾道九年，姑綴於此。

改易《言仁》諸說。

本集《寄呂伯恭書》云：「巧言令色章前已曾改，今送《言仁》一冊去。」《答朱元晦書》云：「《洙泗言仁》中當仁不讓於師之義舊已改。孝悌爲仁之本，巧言令色鮮仁之義，今已改正。並序中後來亦多換卻，納一冊去上呈。」《朱集·答呂伯恭書》云：「若《洙泗言仁》固多未合，當時不當便令盡版行也。」又書云：「《言仁》諸說，欽夫近亦答來，於舊文頗有改易，然於鄙意亦尚有未安處。」又書云：「欽夫近得書，別寄《言仁錄》來，修改得稍勝前本。」

按：本集《答朱元晦書》有共甫想必此來語，當爲乾道九年。

公撰《詩說》。

本集《與吳晦叔書》云：「日與諸人理會《詩》，方到《唐風》。向來元晦所編多去諸先生之說，某意以爲諸先生之說雖有不同，然自各有意思，在學者玩味。如何？故盡載程子、張子、呂氏、楊氏之說，其他諸家有可取則存之，如元晦之說多在所取也。此外尚或有鄙意，即亦附之於末。」《與朱元晦書》云：「《詩解》諸先生之說盡編入，雖覺泛，學者須是先教如此考究。」

按：本集《與吳晦叔書》有「近爲曾幹作一記」語，即指《拙齋記》，知爲乾道九年。又按：《神道碑》云：「它如《書》、《詩》、《孟子》、《太極圖說》、《經世編年》之屬，則猶欲稍定焉，而未及也。」又《朱集·張南軒文集序》云：「敬夫所爲諸經訓義，唯《論語》晚嘗更定，其它往往未脫藁。」今《詩說》祇載入《呂氏讀詩記》，凡十二條，至《鳲鳩》止，蓋即未脫藁之書也。

八月，重訂《希顏錄》。

本集《跋希顏錄》云：「蓋顏子之事，獨載於《論語》、《易》、《中庸》、《孟子》之書，其間顏子之所自言，與夫見於問答者，抑鮮矣，特聖人之所稱及曾子、孟子之所推述者，其詳蓋可以究知也。自孟子之後，儒者亦知所尊仰矣，而識其然者則或寡焉。逮夫本朝，濂溪周先生、橫渠張先生出，始能明其心，而二程先生則又盡發其大全，於是孔子之所以授於顏子、顏子之所學乎孔子，與學者之所當從事乎顏子者，深切著明，而無隱於來世者矣。故今所錄，本諸《論語》、《易》、《中庸》、《孟子》所載，而參之以二程先生之論，以及於濂溪、橫渠與夫二先生門人高弟之說，列爲一卷。又採《家語》所載顏子之言有近是者，與夫揚子雲《法言》之可取者，並史之所記者，存之於後，蓋亦曰學者之所當知而已。既已繕寫，則撫而歎曰：嗟乎！顏子之所至亞於聖人，孔門高弟莫得而班焉。及考《魯論》，師友之所稱有曰『不遷怒，不貳過』而已，有曰『以能問於不能，以多問於寡，有若無，實若虛，犯而不校』而已。自學者觀之，疑若近而易識，然而顔子之所以爲善學聖人者實在乎此，則聖門之學，其大略亦可見矣。必實用其力而後知其難，知其難而後有可進之地也。然則後之學者貪高慕遠，不循其本者，終何所得乎？故予願與同志之士以顔子爲準的，致知力行，趨實務本，不忽於卑近，不遺於細微，持以縝密，而養以悠久，庶乎有以自進於聖人之門牆，是録之所爲作也。」

《論語説》、《孟子説》稿成。

本集《論語説序》云：「學者，學乎孔子者也。《論語》之書，孔子之言行莫詳焉，所當終身盡心者，宜莫先乎此也。聖人之道至矣，而其所以教人者大略則亦可睹焉。蓋自始學則教之以爲弟、爲子之職，其品章條貫，不過於聲氣容色之間，灑掃應對進退之事。此雖爲人事之始，然所謂天道之至賾者，初不外乎是，聖人無隱乎爾也。故自始學則有致知力行之地，而極其終則有非思勉之所能及者，亦貴於行著習察，盡其道而已矣。孔子曰：『道之不行也，我知之矣，知者過之，愚者不及也。道之不明也，我知之矣，賢者過之，不肖者不及也。』秦漢以來，學者失其傳，其間雖或有志於力行，而其知不明，擿埴索塗，莫適所依，以卒背於《中庸》。本朝河南君子始以窮理居敬之方開示學者，使之有所循求，以入堯舜之道。於是道學之傳，復明於千載之下。然近歲以來，學者又失其旨，曰吾惟求所謂知而已，而於躬行則忽焉。故其所知特出於臆度之見，而無以有諸其躬，識者蓋憂之。此特未知致知力行互相發之故也。孔子曰：

『學而不思則罔，思而不學則殆。』歷考聖賢之意，蓋欲使學者於此二端兼致其力，始則據其所知而行之，行之力則知愈進，知之深則行愈達。是知常在先，而行未嘗不隨之也。知有精粗，必由粗以及精；行有始終，必由始以及終。內外交正，本末不遺，條理如此，而後可以言無弊。然則聲氣容色之間，灑掃應對進退之事，乃致知力行之原也，其可舍是而他求乎？顧某何足以與明斯道，輒因河南餘論，推以己見，輯《論語說》，爲同志者切磋之資，而又以此序冠於篇首焉。」

《孟子講義序》云：「學者潛心孔孟，必得其門而入，愚以爲莫先於義利之辯。蓋聖學無所爲而然也。無所爲而然者，命之所以不已，性之所以不偏，而教之所以無窮也。自非卓然先審夫義利霄壤之判，審思力行，不舍晝夜，其能眞有得乎？蓋自未嘗省察者言之，終日之間鮮不爲利矣，非特名位貨殖之慕而後爲利也。此其流之甚著者也。凡處君臣、父子、夫婦以至朋友鄉黨之間，起居話言之際，意之所向，一涉於徇己自私，是皆利也。其事雖善，而內交要譽，惡其聲之念或萌于中，是亦利而已矣。方胸次營營膠擾不暇，善端遏塞，人僞日滋，而欲邇聖賢之門牆以求自得，豈非卻行以望及前人乎？縱使談高說妙，不過渺茫臆度，譬猶無根之木，無本之水，其何益乎？諸君果有意乎，則請朝夕起居，事事而察之。覺吾有利之之意，則願深思所以消弭之方。學然後知不足。平時未覺吾利欲之多也，慨然有志於義利之辯，將自求過不暇矣。由是而體認，則良心發見，豈不可識乎？涵濡之久，其趣將益深，而所進不可量矣。孔子曰：『古之學者爲己，今之學者爲人。』爲人者無適而非利，爲己者無適而非義。曰利，雖在己之事，亦爲人也；曰義，則施諸人者，皆爲己也。爲己者，無所爲而然者也。嗟乎！義利之説大矣，豈特學者之所當務，爲國家者而不明乎是，則足以召亂釁而啓禍源。王者之所以建立邦本，垂裕無疆，以義故也；而伯者所以陷溺人心，流毒後世，以利故也。孟子生於變亂之世，發揮天理，遏止人欲，深切著明，撥亂反正之大綱也。其微辭奥義，備載七篇之書。如某者雖曰服膺，而學力未充，何足以窺究萬一。試以所見與諸君共講之，願深思焉。」

按：《論語説》成於乾道九年。是年歲在癸巳，故名《癸巳論語解》。朱公元晦撰公文集序，稱《論語説》晚嘗更定，今已别行。又以朱公元晦《辛丑答吕公伯恭書》攷之，稱詹體仁寄得新刻欽夫《論語》來，比舊本甚不干事。吕公伯恭辛丑與朱公元晦書，云「詹體仁近亦送《葵軒論語》來，比癸巳本益復穩密，以此尤欲見晚年論述，刊定畢並與原稿送示爲幸」，蓋即别行之本也。《孟子説》亦寫於乾道癸巳。公自序稱「歲在戊子，綴所見爲《孟子説》。明年冬有嚴陵之命，未及終篇。辛卯歲從而删正之，還抵故廬又二載，始克繕寫。」《神道碑》稱「《書》、《詩》、《孟子》、《太極圖説》、《經世編年》之屬，猶欲稍更定焉，而未及也」。蓋《孟子説》乃公未成之書。又按：宋本《南軒集》序文與今刻本異，此序即據宋本迻録。又卷三十有《葵軒語解》、《葵軒孟解》二條，今刻本所無。《孟解》有此等文字，豈敢云成書云？

十二月，定叟之官嚴陵，詩以贈之。

《嚴州圖經·正倅題名》張杓下云：「乾道九年十二月二十二日，以宣教郎到。」

按：本集《有送定叟弟之官嚴陵》詩。

淳熙元年甲午，四十二歲。

春，公疾病。病後往城南，結茆讀書。

本集《寄吕伯恭書》云：「某前月半間積寒成疾，勢極危，一夕氣復，蓋服熱劑灼艾之力，今幸已復常。病中念平日頗恃差壯，嗜欲少，故飲食起居多不戒生冷，不避風寒，此亦是自輕。視《鄉黨》中聖人衛生之嚴，豈是自私？蓋理合如是耳。尋常忽略，亦是豪氣中病痛也。」

《與朱元晦書》云：「某食飲起居復舊。城南亦五十餘日不到，昨一往焉，緑陰已滿，湖水平漫。方於竹間結小茆齋，爲夏日計，雨稍定，即挾策其間。」

夏，改正《論語説》。

本集《與吴晦叔書》云：「今夏以來時時再看《語》《孟》説，又多欲改處。緣醫者見戒，未欲多作文字，近日方下筆改正《語説》，次當及《孟子》。」

建風雩亭於岳麓書院對山。

本集《與朱元晦書》云：「岳麓書院幸得共甫再來，今下手葺。以書院相對案山頗有形勢，屢爲有力者睥睨，作陰宅，披棘往看，四山環繞，大江横前，景趣在道鄉、碧虚之間。建亭其上，以風雩名之。」

九月，書樓成。朱公元晦書額。寄城南圖，賸以小詩。

本集《答朱元晦書》云：「九月間曾拜書送城南圖，並錄小詩去，且求書樓大字。書樓已成，只是三間。」又書云：「書樓欲藏書數百卷，及列諸先生像。」

是年，詔除舊職知靜江府，經略安撫廣南西路。

《神道碑》云：「淳熙改元，公家居累年矣。上復念公，詔除舊職知靜江府，經略安撫廣南西路。」

邵州復舊學，公爲之記。

本集《邵州復舊學記》云：「嘗攷先王所以建學造士之本意，蓋將使士者講夫仁義禮智之彝，以明夫君臣、父子、兄弟、夫婦、朋友之倫，以之修身、齊家、治國、平天下，其事蓋甚大矣。而爲之則有其序，教之則有其方。故必先使之從事於小學，習乎六藝之節，講乎爲弟、爲子之職，而躬乎灑掃應對進退之事，周旋乎俎豆羽籥之間，優游乎絃歌誦讀之際，有以固其肌膚之會、筋骸之束，齊其耳目，一其心志，所謂大學之道格物致知者，由是可以進焉。至於物格知至，而仁義禮智之彝得於其性，君臣、父子、兄弟、夫婦、朋友之倫皆以不亂，而修身、齊家、治國、平天下無不宜者。此先王之所以教而三代之所以治，後世不可以跂及者也。後世之學校，朝夕所講，不過綴緝文辭，以爲規取利祿之計，亦與古之道大戾矣。上之人所以教養成就之者，夫豈端爲是哉！今邵幸蒙詔旨，得立學宮，而周先生實經理其始，又幸而得復其舊於已廢之後。士者游於其間，盍試思夫當時先生所以望於後人者，其亦如後之學校之所爲乎？抑將以古之道而望之也。往取其遺書而讀之，則亦可以見矣。於是而相與講明，以析夫義利之分，循古人小學、大學之序如前所云者，勉之而勿舍，則庶幾爲不負先生經始期望之意，而有以仰稱上之人教養成就之澤。今日之復是學，斯爲不虛設矣。」

淳熙二年乙未，四十三歲。

二月二十四日，公涖桂林，改齋名曰「無倦」，作記書之座右。

本集《與曾節夫書》云：「某二十四日到郡，自昧爽到日夕，未嘗少暇。有齋名『緩帶』，惡其名弛惰，易曰『無倦』。」《無倦齋記》云：「予於此懼，書於座右以自警。」

是月，祭舜廟，舉庳亭神及唐武曌像投之江。

本集《與曾節夫書》云：「春祭親往舜廟，廟負奇峰，唐人磨崖在石壁。環視堂廡，有庳之神在焉，唐武后亦勦入廡下，即日盡投畀廟前江中。」

按：朱元晦《虞帝廟碑》有：「淳熙二年春二月，張侯栻始行府事，奉奠進謁云云。」祭廟固在二月也。

三月，作《諭俗文》。

本集《諭俗文》云：「到任，訪聞管下舊來風俗不美事件，先行告諭。」

按：宋本此文末行有「淳熙二年三月日榜」八字。

六月，靜江府學三先生祠成。

本集《三先生祠記》云：「淳熙三年，即學宮明倫堂之旁立三先生祠。六月壬子，率學之士俯伏而告成。」

七月，不雨。公齋戒望奠。

本集《堯山灕江二壇記》云：「七月彌旬不雨，先一日齋戒，夜漏未盡，望奠於城觀之上。曾未旋踵，雷電交集，一雨三日，浹洽四境。」

是月，奏請與憲漕共究一路財賦，通融均濟，爲久遠計。從之。

本集《答朱元晦書》云：「某守藩條八閱朔矣。比有請，願與憲漕共攷究一路財賦底裏通融均濟之計，幸蒙賜可。」

奏改諸州息錢，並減陽朔、荔浦、修仁三縣税米。

王象之《輿地紀勝·靜江府官吏張栻》注云：「奏舊官般賣鹽，從來漕司例收息六分，將四分息錢與諸州充歲計。自乾道四年再行官般之時，鹽息以十分爲率，以八分充漕計，諸郡止得息二分。乞更與諸州增息一分，漕司只收七分，以寬諸郡之力。」

王象之《輿地紀勝·靜江府官吏張栻》注云：「奏靜江所管十縣，內陽朔、荔浦、修仁三縣減税米四分以寬民力，計錢一千七百貫，米三千五百石。」

按：此奏不載本集。

是月，虞帝廟成，奏聞，並率僚屬祭之。

《朱集·虞帝廟碑》云：「淳熙二年二月，張侯栻始行府事，奉奠進謁已事，命撤而新之，逾時訖事。七月癸未，率其僚吏奉牢醴，俯伏灌薦。」

按：《輿地紀勝·靜江府古迹·虞帝祠》注云：「南軒奏狀云：『去城五里而

近，山有大曆磨厓刻，載刺史李昌夔修祠事。』」今此奏不載本集。

秋，奉命作書諭占城國王。

《建炎以來朝野雜記·廣馬》云：「淳熙二年秋，占城國王遺瓊州守臣書，遣六百人、海舟三十至海南買馬，上命帥臣張敬夫作書諭以中國馬未嘗出外夷，乃去。」

八月，曾節夫罷官歸盱江，公貽之詩以勸學。

本集《與曾節夫書》：「某方奉書遞中辱示，忽聞有罷命，深所歎息。詳其當時差出便非好意，正欲尋事相中耳，它日必有能與君辯之者。但辯與不辯，亦不足問，歸家閉戶勉學，此有餘地也。」

《四朝聞見錄》述樂昺記事云：「節夫亦嘗登葵軒之門，既而與王宣子辯其事。連上三書，言頗峻急，王帥以爲悖而按去之。其去也，先生遺之詩有曰：『如何幕中辯，翻作暗投疑。』又曰：『反躬端得味，當復有餘師。』」

按：本集《曾節夫罷官寄別》詩有「行李秋將半」之句，故列之八月。又按：公與曾節夫書中所云「尋事相中」固別有所指，樂昺所記似難盡信。

奏請推辦本路保伍，飭下有司攷定酌行。並奏邕州提舉盜賊都巡檢使，許由本司奏辟，從之。

本集《與曾節夫書》云：「保伍法先行於靜江境內，極得其效，繼復推之一路。今又得朝廷斟酌降下，尤幸事也。」

《神道碑》云：「又奏乞選辟邕州提舉巡檢官以撫洞丁。」

公奏改革馬政。

本集《與劉共甫書》云：「某效職於此亦已十閱弦晦，如買馬一事，舊弊革凡數十事。今先罷出剩銀，正名以卒之，嚴法以核之，必使輕重悉以實。以招馬官，先以此意出塞喻蠻落。舊時馬至二月末方來，而羅殿又四年不來市，以吏侵牟之故。今方仲冬，數日前邕州已申羅殿將馬千七百疋近塞。」

十二月，堯山灕江二壇成，率僚友祭之。

按：本集有《堯山灕江二壇記》。

刻石磬《中庸集解》於桂林郡學宮，並刻范文正公帖於桂林郡齋。

按：本集有《跋中庸集解》及《跋范文正公帖》，咸未箸年月，祇稱刻於桂林，姑綴於此。

淳熙三年丙申，四十四歲。

公定鹽法並官賣鹽價上之，皆蒙准行。

本集《答朱元晦書》云：「比復有請，漕司輒增撥鹽數，諸州輒增鹽價，並以違制論。諸州將鹽息撥入公庫充燕飲饋送等費，並坐贓論。已蒙如請行下。又請以見在二十萬緡專樁充漕司買幹鹽本，二十萬緡專備借諸州搬鹽本。」

《建炎以來朝野雜記·廣鹽》云：「乾道四年罷鹽鈔，令漕司自認鈔錢，嶺南極以爲患。淳熙初，張欽夫爲帥，始與漕臣詹體仁協議，立爲定額定直，且條土之邕州官賣鹽每斤百錢。」

六月，刊司馬、張、程三家昏喪祭禮於桂林郡學宮。

按：本集《跋三家昏喪祭禮》，稱刊於桂林郡學宮，末署淳熙三年六月。

《虞帝廟磨厓》成。

本集《答朱元晦書》云：「《虞帝廟磨

匡》已刻得有次第，近因取石鑿開一巖，後臨皇澤灣，當戶爲亭以瞰之。巖曰『韶音』亭曰『南風』。」

攝憲漕兩臺。

本集《答朱元晦書》云：「近緣憲漕兩臺俱闕官，不免時暫兼攝。雖事緒頗多，然一路滯獄苛征得以決遣蠲放。」

刪改《孟子說》。

本集《答朱元晦書》云：「所寄《孟子》數義無不精當，某近頗得暇，再刪改舊說，方得十數段，候旋寫去求教。」又書云：「《孟子》欲再改過。」

是年，擒劇盜，奏請申嚴保伍之令，信其賞罰，上許之。

本集《與曾節夫書》云：「某承乏亦且一載，積年狡盜悉就擒勦。」《建炎以來朝野雜記·廣右土丁》云：「淳熙三年冬，張欽夫申嚴保伍之令，而信其賞罰，上皆許焉。」

淳熙四年丁酉，四十五歲。

二月，新修陶唐帝廟成，奏聞，並率僚屬祭之。

本集《謁陶唐帝廟詞序》云：「淳熙四年，靜江守臣張某既新陶唐帝祠，以二月甲子率官屬祇謁祠下。」《輿地紀勝·靜江府古迹·唐帝祠》注云：「南軒奏狀云：『去城二十里，有李唐衛岳道士李彌明詩刻。』」

按：此奏不載本集。

是月既望，奉詔勸農於郊。

按：本集有《淳熙四年二月既望奉詔勸農於郊》詩。

詔特轉承事郎、直寶文閣再任。

《神道碑》云：「上聞公治行，且未嘗敘年

勞，乃詔特轉承事郎、進直寶文閣再任。」

按：本集《進職因任謝表》有云：「忽坐閱於兩秋。」蓋自淳熙二年二月二十四日到郡，至淳熙四年二月任滿，是爲兩秋，逾月即爲再任。

六月，刻了翁《責沈》於桂林學宫。

本集《跋了翁責沈》云：「劉共甫得了翁《責沈》眞蹟而刻之，以墨本來寄，乃復刻於桂林學宫。」末署四年六月。

八月，宇文安人卒，子焯護喪歸葬長沙。

本集《答朱元晦書》云：「兒子素來氣弱，哀苦之後得肺疾。」

又書云：「兒子護亡室之喪已抵長沙，以此月葬事，卜地得之湘西山間。」

按：《神道碑》稱「其配曰宇文氏，封安人，前卒」。未載卒期。以本集公書示吳益恭篇攷之，有云「於其行，會予有期服，不得爲之賦詩」。末署淳熙四年八月，所稱期服自指喪耦言之，則宇文安人在八月卒可知。

十二月，新修靜江府學成。

《朱集·靜江府學記》云：「靜江守臣張侯栻以斯時新其府之學，畢事，命其屬具圖與書，使人於武夷山間謁熹文以記之。」末署淳熙四年十月一日。

是年，丐祠，不獲命，再辭。

本集《答朱元晦書》云：「某丐祠乃不獲命，已再具請，度必蒙矜允。黽勉於此且三年矣。」

改正《論語說》。

本集《答朱元晦書》云：「《論語》日夕玩味，覺得消磨病痛，變移氣質，須是潛心此書，久久愈見其味。舊說多所改正，他日首以求教。向來下十章癸巳解，望便中疏其繆見示。兄閑中想得專精於文字間，殆亦天意也。」

又書云：「某比改定得《語解》數篇，未及寫去，先進以後，後來過目有可示教一一條示，至幸至望。」

公論《原説》之弊。

本集《與呂季克書》云：「《原説》中弊病似不難見，如克己復禮之説，所謂禮者，天之理也，以其有序而不可過，故謂之禮。凡非天理，皆己私也。己私克則天理存，仁其在是矣。然克己有道，要當深察其私，事事克之。今但指吾心所愧者必其私，其所無負者必夫禮，苟工夫未到，但認己意爲，則將以私爲非私，非禮爲禮，不亦誤乎？又如格物之説，格之爲言至也，禮不遁乎物，至極其理，所以致其知也。今乃云物格則純乎我，是欲格去夫物，而己獨立，非異端之見而何？」

《答王居之書》云：「《原説》前日呂季克寄來，言無統紀，淺陋不足惑人。李君乃類告子不動心者，不知既不窮理，如何去得物蔽？其所謂非蔽者，未必非蔽，而不自知也。釋氏之學，正緣不窮理之故耳。又將盡性至命做一件高妙恍惚事，不知若格物知至意誠心正，則盡性至命亦在是耳。」

淳熙五年戊戌，四十六歲。

三月，史直翁再相，以公薦，不赴。

《四朝聞見錄·史文惠薦士》云：「淳熙五年三月，史浩再相，急於進賢如初。朱文公熹、呂公祖謙、張公栻、曾氏逢輩皆薦召之，惟張公栻不至。」

按：《四朝聞見錄》又云：「史浩與

公父淳熙議不合，故不應召。」蓋泥於本朝避嫌之制云，不知公固難進易退者，葉紹翁之語未免臆測。

是年，學舍成，訪士子居之。

本集《答朱元晦書》云：「學舍已成，方敢請諸邑有行義士人入其中爲表率。」

改革嶺外風俗，刑獄使者陸濟之子不奔喪，執拘以附其家。

本集《答朱元晦書》云：「嶺外風俗尤弊，開端示漸，喪祭婚姻頗有肯革者。」

按：《神道碑》云：「刑獄使者陸濟之子棄家爲浮屠，聞父死不奔喪，爲移諸路，執拘以付其家。」未署何年，但稱在廣西，姑綴於此。

五月朔，除祕閣修撰。

《神道碑》云：「五年，除祕閣修撰。」

按：本集《謝除祕閣修撰表》稱：「在廣西任日，伏蒙聖恩除臣祕閣修撰，尋具辭免，奉聖旨不允。」又有「進律之褒，乃蒙再命」語。蓋除祕撰係再命，與除轉運副使同時。又按：《續資治通鑑》稱：「淳熙五年五月甲午朔，除祕閣修撰，令再任云云。」再任乃四年事，《續資治通鑑》入五年，似誤。

子焯病卒。

《呂外集·與陳同甫書》云：「張欽夫近喪子，力請出廣，遂有鄂漕之命。」

除荆湖北路轉運副使，改知江陵府，安撫本路。

《誠齋集·張左司傳》云：「五年，除祕閣修撰、荆湖北路轉運副使，改知江陵府，安撫本路。」

七月，劉共甫卒，遺奏請召用公。

《朱集·劉公行狀》云：「五年閏月，屬疾，草遺奏千餘言，有云：『張栻學問醇正，可以拾遺補闕，願陛下亟召用之。』七月，疾革，命取前所草奏封上之。」

是月，劉文潛代爲帥，公以吳獵薦，遂去郡歸。所至游歷山川，在舟讀書，修改《孟子說》。

《鶴山文集·吳獵行狀》云：「宣公移使湖北，司業劉公焞代爲帥，問士於宣公，以公對。」

本集《答朱元晦書》云：「秋涼行大江，所至游歷山川，復多濡滯，舟中無事，得讀《論語》、《易傳》、《遺書》，極覺向來偏處。取所解《孟子》觀之，段段不可，修改得養氣數段。」

按：本集《歸舟中讀書》詩，有句云「吾歸及新秋」，故知在七月。

八月，至宜春，記袁州學。劉子澄以李季章、季允屬公成就之。

本集《袁州學記》云：「淳熙五年秋八月，某來宜春。至之明日，州學教授李中與州之士合辭來言：『宜春之學，自皇祐中太守祖無擇實始爲之，今百有二十五年矣。中更兵革，廢而復興，惟是庳陋弗克稱。至於今守，乃慨然按尋舊規，首闢講肄之堂，立稽古閣於堂上，生師之舍皆撤而一新之。將告成，而君侯適來，敢請記以詔多士。』某謝不敏，則請益堅。乃進而告之曰：先王所以建學造士之意，亦嘗攷之乎？惟民之生，其典有五，君臣、父子、兄弟、夫婦、朋友是也；而其德有四，仁、義、禮、智是也。人能充其德之所固有，以率夫典之所當然，則必無力不足之患。惟人之不能是也，故聖人使之學焉。自唐虞以來，固莫不以是教矣。至於三代之世，立教人之所，設官以董涖之，而其法益加詳焉。然其所以爲教則一道耳。故曰：『學則三代共之，皆所以明人倫也。』嗟夫！人倫之在天下，不可一日廢，廢則國隨之。然則有國者之於學，其可一日而忽哉？皇朝列聖相承，留意教養，所以望於多士甚厚。三代而下，言學校之盛，未有若此時也。然則教於斯、學於斯者，其可不深攷先王建學造士之本意而勉之乎？惟四德之在人，各具於其性，人病不能求之耳。求之之方，載於孔孟之書，備有科級，惟致其知而後可以有明，惟力其行而後可以有至。孝弟之行，始乎閨門而行於鄉黨；忠愛之實，見於事君而推以澤民。是則無負

於國家之教養，而三代之士風亦不越是而已。嗟乎，可不勉哉！於是書以爲記。今守名枃，實某之弟也。是月庚戌記。」

《眞西山文集·跋劉靜春與南軒帖》云：「是歲淳熙戊戌，眉山參政李公甫冠，其季今制閫侍郎十有八耳。靜春皆以蜀中師表許之，又屬宣公成就之。」

公之官過澧，士子郊迎，舉郡守政績。還其文書，躍馬去。

《鶴林玉露·舉劉郡守》云：「張宣公帥江陵，道經澧，澧士子十數輩執文書郊迎。公喜見鬚眉，就馬上長揖，索其文觀之，乃舉劉郡守政績。公擲其文於地，曰：『諸公之來，某意其相與講切義理之是非，啓告閭閻之利病，有以見教。今乃不然，是特被十隻冷饅頭使耳。』躍馬徑去。澧守上謁，亦不容見。」

到任，首嚴緝捕之令。

《神道碑》云：「湖北尤多盜，公入境，首劾大吏之縱賊者罷之，姦民之舍賊者斬之，羣盜破膽，相率遁去。公又益爲條教，喻以利害，俾知革心。開其黨與，得相捕告以除罪。」

整頓軍政。

本集《答朱元晦書》云：「某受任上流，到郡恰一月，軍政極壞。義勇、民兵實多強壯，但久不核其籍，且數年不教，其勢因循，見行整頓此事。帥司兵但有神勁馬步合千人，荆鄂大軍屯營在此者亦萬五千餘人，非復岳侯向日規摹。」《建炎以來朝野雜記·荆鄂義勇民兵》云：「淳熙初，張欽夫爲帥，義勇增多，至萬五百人，分爲五軍，軍分五部。」

道州重建濂溪周先生祠成，公爲之記。

本集《道州重建濂溪周先生祠記》云：「宋有天下，明聖相繼，承平日久，元氣胥會，至昭陵之世盛矣。宗工鉅儒，磊落相望。於是時，濂溪先生實出於春陵焉。先生姓周，字茂叔，晚築廬山之下，以濂名其溪，故世稱爲濂溪先生。春陵之人言曰：『濂溪，吾鄉之里名也，先生世家其間；及寓於他邦，而不忘其所自生，故亦以是名溪，而世或未之知耳。』惟先生仕不大顯於時，其澤不得究施。然世之學者攷論師友淵源，以孔、孟之遺意復明於千載之下，實自先生發其端。由是推之，則先王之澤，其何有窮哉！蓋自孔、孟沒，而其微言僅存於簡編，更秦火之餘，漢世儒者號爲窮經學古，不過求於訓詁章句之間，其於文義不能無時有所益。然大（木）〔本〕之不究，聖賢之心鬱而不章，而又有顚從事於文辭者，其去古益以遠，經生、文士自歧爲二塗。及夫措之當世，施於事爲，則又出於功利之末，智力之所營，若無所與於書者。於是有異端者乘間而入，横流於中國。儒而言道德性命者，不入於老則入於釋。間有希世傑出之賢，攘臂排之，而其爲説復未足以盡古儒之指歸，故不足以抑其瀾，而或反以激其勢。嗟乎！言學而莫適其序，言治而不本於學，言道德性命而流入於虚誕，吾儒之學其果如是乎哉？陵夷至此，亦云極矣。及吾先生起於遠方，乃超然有所自得於其心。本乎《易》之太極、《中庸》之誠，以極乎天地萬物之變化。其教人使之志伊尹之志，學顔子之學。推之於治，先王之禮樂刑政可舉而行，如指諸掌。於是河南二程先生兄弟從而得其説，推明究極之，廣大精微，殆無餘藴，學者始知夫孔孟之所以教，蓋在此而不在乎他。學可以至於聖，治不可以不本於學，而道德性命初不外乎日用之實。其於致知力行，具有條理，而詖淫邪遁之説皆無以自隱，可謂盛矣。然則先生發端之功，顧不大哉！」

按：記末稱：「淳熙五年，趙侯汝誼以其地之狹也，下車之始，即議更度之。既成，使來請記云云。」

淳熙六年己亥，四十七歲。

正月，楚望二壇成。

本集《楚望記》云：「扁曰楚望，取傳所謂江漢沮漳楚之望也。於其成，率僚屬以告。」末署淳熙六年正月。

二月，經行郡圃，作《後杞菊賦》。

本集《後杞菊賦》云：「張子爲江陵之數月，時方中春，草木敷榮，經行郡圃，意有所欣。」

詔與諸司議募弓弩手事，公奏上之。

《神道碑》云：「辰、沅諸州自政和間奪民田募游惰，號弓弩手，蓋欲以控制諸蠻，而實不可用。詔與諸司平處列上，公爲去其病民罔上者數條，詔皆施行。」

答陸子壽書論學。

本集《答陸子壽書》云：「專於考索，則有遺本溺心之患；騖於高遠，則有躐等憑虛之憂。聖人教人不越乎致知力行之大端。」又言：「箋注詁訓，學者雖不可使之溺乎此，又不可使之忽乎此。要當昭示以用工之實，而無忽乎細微之間，使之免溺心之病而無躐等之失。」

按：《呂集·陸先生墓誌銘》云：「荆州牧張公栻晚歲還書，相與講學問大端，無幾何而張公歿。」所云還書似即指此書。

朱公元晦築卧龍庵於廬山勝處，公賦詩寄之。

按：《朱集·答呂伯恭書》有云：「《卧龍庵記》聞已蒙落筆，欽夫寄一詩來，當並刻之。」其書爲淳熙七年正月四日，此詩當在六年作。

九月九日，與賓佐登龍山。

本集《答朱元晦書》云：「重九日出郊登龍山，四顧雲水渺然，甚壯觀。」《朱別集·答皇甫文仲書》云：「龍山佳句可見一時賓主之勝，恨不得爲坐上客也。」

按：本集有《與賓佐登龍山》詩。

李仁甫守武陵，奏乞度田立額，事下諸司，

公韙其議，連名具奏，上從之。栻云：「李仁甫出守武陵，力言括田招募不便，乞度田立額。事下諸司，張欽夫爲安撫使，頗以仁父爲是，尋連名具奏，上從之。」

公斬姦民出塞爲盜者數人，縛亡奴送之北。《神道碑》云：「姦民出塞爲盜，法皆處死，官吏多蔽匿弗治。至是捕得數人，命斬之以徇於境，縛其亡奴歸之。北人歎曰：『南朝有人。』」

建曲江樓。

《朱集·曲江樓記》云：「張侯敬夫守荆州之明年，病其學門之外即阻高墉，乃直其南鑿門通道，以臨白河。」

奏劾信陽守劉大辯，不報。

《宋史·張栻傳》：「信陽守劉大辯怙勢希賞，廣招流民而奪見戶熟田以與之。栻劾大辯所招流民不滿百而虚增其數十倍，請論其罪，不報。章累上，大辯易他郡。栻自以不得其職，求去。」

十一月，公疾。

《鶴山文集·跋張宣公帖》云：「公以淳熙五年守荆，七年二月七日易簀。」今其十四日書云「詰朝陽至」，蓋六年長至，正在月半，則此帖距公之亡才八十四日耳。其二十日帖云：「氣體未復，不免灼艾。」想公之疾自此日侵。

按：《鶴山文集》作二月七日易簀，似誤。

十二月，朱公元晦遣人候公。

《朱集·祭張欽夫文》云：「去臘之窮，有來自西，告我公疾。」

《朱續集·答黄直卿書》云：「南軒去冬

得疾，亟遣人候之。」

淳熙七年庚子，四十八歲。

正月，疾甚，丐免職，不許，乃以病請。

《建炎以來朝野雜記·張敬夫遺表》云：「張敬夫帥荊州，庚子春疾甚，數丐免，不許。」

《神道碑》云：「公自以不得其職數求去，不得。尋以病請，乃得之。」

《朱續集·答黃直卿書》云：「春中人回，得正月半後書，猶未有他。不數日，聞訃，則以二月二日逝去矣。」

洪本《朱譜》云：「南軒卒於江陵府治。疾革時，弟定叟求教，南軒曰：『朝廷官職，莫愛他底。』一友在左右扶掖，求教，南軒曰：『蟬蜕人欲之私，春融天理之妙。』」

按：一友在左右，據《宋元學案》即吳倫。

二月二日，公卒於江陵府舍。六日，詔爲右文殿修撰、提舉武夷山沖祐觀。訃至，帝嗟悼之。弟定叟護送其喪以歸。

《建炎以來朝野雜記·張敬夫遺表》云：「敬夫卒之四日，上聞知其疾病，乃詔以右文殿修撰奉祠。將死，自作遺表。邸吏以庶僚不得上遺表，卻之，上迄不見也。」

《神道碑》云：「淳熙七年二月甲申，卒於江陵之府舍。比詔下，以公爲右文殿修撰、提舉武夷山沖祐觀，則已不及拜矣。訃聞，上亦深爲嗟悼。四方賢士大夫往往出涕相弔，而靜江之人哭之尤哀。柩出江陵，老稚挽車號慟，數十里不絕。其弟衡州使君杓護其柩以歸，葬於潭州衡陽縣楓林鄉龍塘之原。」

《答呂伯恭書》云：「欽夫竟不起疾，極可痛傷。蓋緣初得疾時，誤服轉下之藥，遂致虛損，一向不可扶持。從初得疾，又緣奏請數事例遭譴卻，而同寮無助之者，種種不快而然。雖曰天數，亦人事有以致之，此尤可痛耳。」

又書云：「兩月來，每一念及，輒爲之泫然。朋舊書來，無不相弔吾道之衰乃至於此。江州皇甫帥之子歲前至彼，見其未病時奏請多不遂，且多爲人所賣，中語亦不與之，團教義勇亦不與支例物錢，放散之日，人得五百金而去。馴致疾病，端亦由此。但其身後遺奏爲人摹刻，石本流傳四出，極爲非便。」

又書云：「欽夫之逝，忽忽半載。每一念之，未嘗不酸噎。今日方再遣人往致奠，臨風哽愴，殆不自勝。計海內獨尊兄爲同此懷也，祭文一篇謹錄呈。蓋欽夫向嘗有書來，云見熹諸經說，乃知閒中得就此業，殆天意也。因此略述向來講學與所以相期之意，而歎吾道之孤且窮，於欽夫則不能有所發明也。」

又書云：「欽夫遺文，見令鈔寫。其間極有卓絕不可及處，然亦有舊說不必傳者，今便不令鈔矣。每一開卷，令人慘然，只俟解印徑往哭之，小洩此哀也。」

《答傅子淵書》云：「所示江陵問答讀之，敬夫之聲容恍若相接，悲愴之餘，警策多矣。但其間有鄙意所未安者，容熟復，續奉報歸納也。」

《祭張敬夫殿撰文》云：「嗚呼敬夫！遽棄予而死也耶！我昔求道，未獲其友。蔽莫予開，吝莫予剖。蓋自從公而觀於大業之規模，察彼羣言之紛糾，於是相與切磋以究之，而又相厲以死守也。丙戌之冬，風雪南山。解袂楮州，今十五年。公試畿輔，公翔禁省，公牧於南，我遯巖嶺。顯晦殊迹，心莫與同。書疏懇惻，鬼神可通。公尹江陵，我官廬嶽。驛騎相望，音問逾數。去臘之窮，有來自西。告我公疾，手書在攜。我觀於時，神理或僭。是疾雖微，已足深念。亟遺問訊，閱月而歸。叩函發書，歎叱歔欷。時友曾子，實同我憂。揮涕請行，詎不忍留。曾行未幾，公訃果至。張侯適來，相向反袂。嗚呼敬夫！竟棄予而死也耶！惟公家傳忠孝，學造精微。外爲軍民之所屬望，內爲學者之所依歸。治民以寬，事君以敬。正大光明，表裏輝映。自我觀之，非惟十駕之弗及，蓋未必終日言而可盡也。矧聞公喪，痛徹心膂。緘詞寄哀，不遑他語。顧聞公之臨絕，手遺疏以納忠。召賓佐而與訣，委符節而告終。蓋所謂得正而斃者，又凜乎其有史魚之風。此猶足以爲吾道而增氣，抑又可以上悟於宸聽。又聞公於此時，屬其弟以語予。用斯文以爲寄，意懇懇而無餘。顧何德以堪之？然敢不竭其庸虛？並矢詞以爲報，尙精爽其鑒茲。嗚呼哀哉！」

《又祭張敬夫殿撰文》云：「維淳熙七年歲次庚子六月癸未朔六日丁亥，具位朱熹竊聞故友敬夫張兄右文修撰大葬有期，謹遣清酌時羞奠於柩前。南望拜哭，起而言曰：嗚呼！自孔孟之云遠，聖學絕而莫繼。得周翁與程子，道乃抗而不墜。然微言之輟響，今未及乎百歲。士各私其所聞，已不勝其乖異。嗟惟我之與兄，胳志同而心契。或而講而未窮，又書傳而不置。蓋有我之所是，而兄以爲非；亦有兄之所然，而我之所議。又有始所共鄉，而終悟其偏；亦有蚤所同擠，而晚得其味。蓋繳紛往反者幾十餘年，末乃同歸而一致。由是上而天道之微，遠而聖言之祕，近則進修之方，大則行藏之義。以兄之明，固已洞照而無遺；若我之愚，亦幸竊窺其一二。然兄喬木之故家，而我衡茅之賤士。兄高明而宏博，我狷狹而迂滯。故我嘗謂兄宜以是而行之當時，兄亦謂我盍以是而傳之來裔。蓋雖隱顯之或殊，實則交須而共濟。不惟相知之甚審，抑亦自靖而無愧。嗚呼！孰謂乃使兄終在外以違其心，予亦見靡於斯而所願將不遂也。政使得間以就其書，是亦任左肱而失右臂也。傷哉！吾道之窮，予復何心於此世也！惟脩身補過，以畢餘年，庶有以見兄於下地也。聞兄之葬而不得臨，獨南望長號以寄此酹也。惟兄憐而鑒之，尙陰有以輔予之志也。嗚呼哀哉！」

《神道碑》云：「公之教人，必使之先有以察乎義利之閒，而後明理居敬，以造其極。其剖析開明，傾倒切至，必竭兩端而後已。蓋其嘗言有曰：『學莫先義利之辨，而義也者，本心之所當爲而不能自已，非有所爲而爲之者也。一有所爲而後爲之，則皆人欲之私，而非天理之所存矣。』嗚呼，至哉言也！其亦可謂擴前聖之所未發，而同於性善養氣之功者歟！」

《吕集·與朱元晦書》云：「張五十丈遂至於此，痛哉！聞時方飯，驚愕氣通，手足厥冷，幾至委頓。平生師友間可信口而發，不須揀擇，只此一處耳。祭文錄呈。」

又書云：「荆州病中請祠，亦有苦勸當途令從其請者，亦以向來之嫌，畏人議論，不能容之，遂堅不肯從。但作帥與小軍壘不同，但須內外至誠相與，首尾相應，乃不誤事。既非心相與，則有首尾衡決處，如來教數條皆是也。符節在身，不得擅去，此所以憂而至於病，病至於死。每誦量而後入、不入而後量之語，爲之泫然。」

又書云：「荆州之赴，深思渠學識分曉周正如此，而從游之士往往不得力。記得往年相聚時，雖未能盡領解渠說話，然覺大段有益，不知其他從游者何故迺如此。蓋五十丈不能察人情虛實，必如某之專愚毋它，其教誨迺有所施耳。若胸中多端者，雖朝夕相處，未必能有益也。」

又書云：「張五十丈遺文，告趁郡中有筆力，早寫一本見示，極所渴見，不必待編定，亦不以示人。方其無恙時，謂相見日長，不曾鈔錄，今乃知其可貴重也。」

《與陳同甫書》云：「張荆州不起，此自有所關繫，豈獨游從之痛哉？使其不死，合點檢整頓處甚多。至於不自是、不尚同，則相識中未見兩人也。」

《祭張荆州文》云：「昔者某以郡文學事公於嚴陵，聲同氣合，莫逆無間。自是以來，一紀之間，面講書請，區區一得之慮，有時自以爲過公矣。及聞公之論綱舉領挈，明白嚴正，無繳繞回互激發偏倚之病，然後釋然心悅，爽然自失，邈然始知其不可及。此某所以願終身事公而不去者也。某天資澀訥，交際酬酢，心所欲言，口或不能發明，獨與公合堂同席之際，傾倒肺肝，無所留藏。意所未安，辭氣勁切，反類世之强直者，亦不自知其所以然。夫豈士爲知己盡，自應爾歟？我行天下，愛而忘其愚，亦有不減公者矣。內反諸心，豈敢負之？乃獨勇於此而怯於彼，抑有由也。蓋公孳孳求益，敦篤懇惻，有以發其冥頑；勇於改過，奮勵明決，有以起其緩縱。而不立己，不黨同，胸懷坦然，無復隔閡，雖平生退縮固滯之態，亦不掃而自除也。使我常得從公，豈無分寸之進？使公以愛我之心充而擴之，馴致於以虛受人之地，公天下之身，受天下之善，則爲社稷生民之福，孰可限量耶？嗚呼！公今其死矣，我無所復望矣。雖然，有一於此，公在三之義上通於天，養其志，承其業，油油翼翼，左右彌縫，不以存沒爲二者，公之事親也。念大恩之莫報，咎誠意之未孚，雖身在外，心靡不在王室，鞠躬盡瘁，唯力是視，不以遠近爲閒者，公之事君也。義理之大，一識所歸，永矢靡它，至於參觀徧考，公而且博，未嘗如世俗學一先生之言，暖暖姝姝，不復廣求，其進學之力，不以在睽爲勤惰者，公之事師也。公之此心，蓋未嘗死。我雖病廢，猶有尊足者存，亦安知不能追申徒而謝子產乎？不敏豈復能文，直寫胸中之誠以告公而已。」

張宣公年譜附録卷上

永康胡宗楙季樵

《誠齋集·順寧文集序》云：「余紹興己卯之冬，負丞永之零陵，偶過張敬夫。敬夫曰：『有帥桂林者，秦太師之客也。一日集府庭，曰秦成驛有光屬天，某願與諸君賦之。不賦者二人，其一則子駒也。』」己卯。

《朱集·跋胡五峰》詩云：「紹興庚辰，熹卧病山間，親友仕於朝者以書見招。熹戲以兩詩代書招之，或傳以語胡子。胡子謂其學者張欽夫曰：『吾未識此人，然觀此詩，知其庶幾能有進矣。特其言有體而無用，故吾爲詩以箴警，庶其聞之而有發也。』明年，胡子卒。又四年，熹始見欽夫而後獲聞之。」庚辰。

《誠齋集·和張欽夫望月詞序》云：「欽夫示往歲五月詠歸亭侍坐大丞相望月詞。予於辛巳二月既望夜歸，讀書於誠齋，甲夜漏未盡二刻，月出於東山，清光入窗，欣然感而和焉。」辛巳。

《跋張欽夫介軒銘》云：「欽夫之文清於氣而味永，吾見之多矣，而猶恨其少。讀此銘詩欣然，殊慰人也。君子之於水木竹石愛之，與衆人豈異也？衆人之愛水木竹石也，愛水木竹石而已矣。欽夫愛唐氏之石而得乎介，又以其得而施及於唐氏，則其愛也，水木竹石而已乎？有來觀者，其愛與欽夫同不同，未可知也。一笑而書其後。所以一笑者，予欲書而忘其書也。」壬午。

《朱集·答何叔京書》云：「欽夫亦時時得書，多所警發，所論日精詣。向以所示遺説數段寄之，得報如此，始亦疑其太過，及細思之，一一皆然。有智無智，豈止校三十里也？」

《朱續集·答羅參議書》云：「時得欽夫書，聞其進德之勇，益使人歎息。」

又書云：「時得欽夫書問，往來講究此道，近方覺有脫然處。潛味之久，益覺日前所聞於西林而未之契者，皆不我欺矣。」

又書云：「欽夫嘗收安問，警益甚多。大抵衡山之學，只就日閑處操存辯察，本末一致，尤易見功。某近乃覺知如此，非面未易究也。」以上丙戌。

《朱集·與曹晉叔書》云：「敬夫學問愈高，所見卓然，議論出人意表。近讀其《語說》，不覺胸中灑然，誠可歎服。」

《與劉共甫書》云：「今日氣象，大根大本被羣小壞八九分。在長沙與欽夫語此，幾至隕涕。」以上丁亥。

《答石子重書》云：「去秋走長沙，欽夫見處卓然，但天姿明敏，初從不歷階級而得之。故今日語人，亦多失之太高，湘中學子一例學爲虛談。」又言：「欽夫見得表裏通徹，舊來習見微有所偏，今此相見，盡覺釋去，儘好商量也。」

《答何叔京書》云：「欽夫之所以超脫，自在見得分明，不爲言句所桎梏，只爲合下入處親切。今日說話，雖未能絕無滲漏，終是本領足當，非吾輩所及。但詳觀所論，自可見矣。」

《與曾裘父書》云：「敬夫得書否？比來講論尤精密，亦嘗相與講所疑否？」以上戊子。

《答林擇之書》云：「近得南軒書，諸說皆相然諾，但先察識、後涵養之論執之尚堅，未發、已發條理亦未甚明。蓋乍易舊說，猶待就所安耳。」

《答何叔京書》云：「欽夫臨川之除，薦者意不止此，亦係時之消長，非人力能爲也。近寄得一二篇文字來，前日伯崇方借去，已寄語，令轉錄呈，其間更有合商量處也。」

《嚴州圖經·學校下》云：「紹興七年，知州胡寅盡徹舊屋，自殿堂、廊廡、齋舍煥然一新，但門徑屈折而東出。乾道五年，知州張栻悒然不滿，屬學之南有志眞廢尼寺故址，悉舉以廣學宮，於是學門南開。」以上己丑。

《朱集·與林擇之書》云：「得欽夫書，論太極之説竟主前論，殊不可曉。」

又書云：「欽夫日前議論傷快，無涵養本原工夫，終覺應事匆匆。熹亦近方覺此病，不是小事也。」

又書云：「元履適過此，云得其子九月末書，南軒求去不獲，數日甚撓。此極知其必然，不知渠又何以處之。」

《呂集·與學者及諸弟書》云：「張守議論平正，舉措詳審，且又虛心從善，在今士大夫中極難得也。如財賦寬其苛細者，其餘則拘收甚謹。簡省宴會，裁節用度，元宵罷出游，止州治中量點燈數百而已。皆遵柳守之舊。凡政事，皆詳究本末，反復熟議而後行。繩治胥吏之欺罔者，首決三都吏，人甚快之，而恕其不及。大抵不墮一偏，蓋皆爲學之力也。已入奏，爲嚴州百姓減免丁錢，果若得請，則一方民力甚寬，亦非細事。」

又書云：「張守引進士子，孳孳不倦。」又：「此間諸公問學者，亦多張守館客。」

《答潘叔度書》云：「張守議論甚平正，且虛心從善，在今士大夫中殊不易也。如極稱重劉賓之而以王龜齡爲未至；論胡生《知言》見處極高，而文理密察之功頗有所未到；論朱元晦妙理幾微，亦未以爲然者。其他長處亦甚多。」

又書云：「《壼範》張丈甚愛此書，欲便刊板。《易》只依次序，不編《家人卦》在首，此乃張丈之意。此説甚長也。」

又書云：「燒丹事適以問張守，洒翟倅閤中病於蘭谿，醫者燒丹。張守之内亦虚怯，故附燒一兩耳。傳聞過實乃如是，然益知居人觀瞻之地，尤須事事警省。渠甚感年兄見愛之意也。《壺範》張守小女皆誦。」

又書云：「朝夕朔望奠禮數，此禮節目兩日來與張守同議，頗似穩當。」

《與潘叔度書》云：「每與張丈説上高明開納如此，若常得正人吉士啓沃浸灌，事安有不回之理？所恨此氣脈不復接續耳。張丈門庭甚靜，干請皆截斷。」

《與劉子澄書》云：「幸張丈鄰牆，得以講磨。此公學問端的親切，而中無私主，進進不已，恨吾兄未得親近之也。」

《誠齋集·與張敬夫書》云：「方衆賢聚於本朝，而直閣猶在輔郡，何也？某無似之迹，直閣推挽不少矣，其如命何？三逕稍具，徑當歸耕爾。鄙性生好爲文，而尤喜四六。近世此作，直閣獨步四海，施少才、張安國次也。某竭力以效體裁，或者謂其似吾南軒，不自知其似猶未也。」

《宋元學案》云：「一日奏事，帝問天。先生曰：『不可以蒼蒼者便爲天，當求諸視聽言動之間。一念纔是，便是上帝監觀，上帝臨汝，簡在帝心；一念纔不是，便是上帝震怒。』」

《續資治通鑑》云：「公每進對必自盟於心，不以人主意向輒有所隨順。」

又云：「六月，公上言：『近日陛下治徐考叔請託之罪，並及徐申罷之，英斷赫然。臣爲諸臣言陛下懲姦不私於近，有君如此，何忍負之？』又言：『謀國當先立一定之規，周密備具，按而行之，若農服田力穡以底於成。』」以上庚寅。

如何？若《洙泗言仁》則固多未合，當時亦不當便令盡版行也。」又書云：「欽夫近得書，別寄《言仁錄》來，修改得稍勝前本，《仁説》亦用中間反覆之意改定矣。聞其園池增闢，盡得江山之勝，書來相招，屬此蹤跡未自由，又鄉里饑儉，未敢輕諾之也。」又書云：「欽夫近得書，寄《語解》數段，亦頗有未合處，然比之向來收斂慤實則已多矣。《言仁》諸說錄呈。」

《跋張敬夫爲石子重作傳心閣銘》云：「且惟子重之爲是閣，蓋非學校經常之則，非得知道而健於文者不能有所發明也。則轉以屬諸廣漢張君敬夫，而私記其說如此云。」

《答石子重書》云：「南軒《語解》首章，其失在於不曾分別『學習』二字，又謂學者工夫已無間斷，卻要時習，只此二事可疑耳。」又言：「習字南軒之說正顛倒了。」

《答李伯諫書》云：「欽夫此數時常得書，論述甚多。《言仁》及江西所刊《太極解》，蓋屢勸其收起印板，似未甚以爲然。大抵近日議論《語孟解》已見一二篇，雖無鄉時過高之失，而寬縱草率，絕難點檢，不知何故如此。無由相見，殊使人憂之。長沙書來，又分門編本朝事及作《論篤》一書，雖盜跖之言有可取者，亦載其中，不知作此等文字是何意思。」

《呂集·與朱元晦書》云：「長沙近得書，寄新定《語》《孟》諸說來，論議比向來殊深穩平實。其間亦時有未達處，旦夕因便當往商搉也。」

《與陳同甫書》云：「張丈比累得書，平實有味，歉然益知工夫之無窮，往年豪氣殊覺銷落。」

《與學者及諸弟書》云：「張丈常得書，每見其退然知難，收斂篤實，與前此相聚時大異。」以上癸巳。

《朱集·答吕伯恭書》云：「長沙頻得書，地遠難得相見。此公疏快，書不敢盡言，心之所憂，亦微詞以見。」

《與林擇之書》云：「欽夫得疾之由，説者多端，非一朝一夕之故。今日聞有靜江之除，蓋近日羣小屢有變露，上意必是開寤，故龔實之入參，時事似欲小變。」

《跋張敬夫所書城南書院》詩云：「久聞敬夫城南景物之勝，常恨未得往游其間。今讀此詩，便覺風篁水月去人不遠。然敬夫道學之懿，爲世醇儒，今乃欲以筆札之工追蹤前作，豈其戲耶？不然，則敬夫之豪放奔逸與西臺之溫厚靚深，其得失之算，必有能辯之者。」

《鶴林玉露·南軒六詩》云：「張宣公題南城、東渚、麗澤、濯清、西嶼、采菱舟六詩，平淡簡遠，德人之言也。」以上甲午。

《朱集·答吕伯恭書》云：「近桂林寄《本政書》，後更有一二種文字，已屬其別寄老兄處，或可並補足成一家之書也。」

《答吳晦叔書》云：「示及先知後行之説，又得南軒寄來書稿讀之，則凡熹之所欲言者，蓋皆已先得之矣。」

《吕集·與陳同甫書》云：「近得桂林報書，甚稱益恭，殊倚信之也。」以上乙未。

《與劉共甫書》云：「欽夫歲前得書，爲政之意甚美，但所請與諸司均節一路財賦者，不知者以爲必侵官，不知終能協濟否。所論鹽法利害，頗與閩中相似，渠但深排鈔法而以官般爲善，不知官般果能無弊否？其求訪人才之意孜孜不倦，不自以其才爲可恃，而留意於此，此尤可敬者。」

《與方耕道書》云：「所喻南軒病證，極令人憂念。旦夕專人候之。」又言：「居上以寬，南軒自有規模，若一向糾之以猛，恐非吾輩平日所講之意。」

《建炎以來朝野雜記·張敬夫遺表》云：「敬夫始以父任爲右承務郎，平生未嘗乞磨勘。上知其在廣西，特進二秩爲承事郎，故職雖高，終不得任子云。」以上丙申。

《朱集·與劉共甫書》云：「欽夫得書，云長沙傳聞某病消息殊惡，此雖非實，亦竟遭凶禍，可怪也。又具道其經理財賦之詳，但趙漕去時意象甚不平，不知今相見後復如何也。」

《書麻衣心易後》云：「予前所見本有張敬夫題字，猶摘其所謂當於羲皇心地上馳騁、莫於周孔脚跡下盤旋者，而與之辨，是亦徒費於辭矣。」

《蘆浦筆記·堯廟》云：「桂林有堯舜廟，堯廟在堯山下，灕江中分，舜廟在西岸，南軒是時毁諸淫祀，而獨留此二廟且修之，抑不知嘗攷證其所始乎。蓋堯未嘗至南方，若因山而祀，則予曩游桂林，大抵回環之山皆積石，惟堯山則累土，故此山因土而名垚，恐非陶唐氏之堯。若廟而祀之，特此山之神可矣。若曰唐帝，恐成附會。」以上丁酉。

《呂集·與朱元晦書》云：「欽夫猶未得長沙書，近有兼知鄂渚之命，鄉云欲請祠，猶未見文字到，或傳已索迓吏，未知信否？今外郡猶可行志，苟其子葬畢，體力無它，且往之官，亦自無害也。」

《誠齋集·宜州新豫章先生祠堂記》云：「予去年十月致書桂林伯侍講張公，今乃得報，且諉予曰：『宜州太守韓侯璧，直諒士也，初抵官下，他皆未遑，首新山谷先生祠堂。既成，來求閣名若記。栻既以清風名閣矣，子學詩山谷者，微子莫宜記之。』」

《鶴山文集·跋靜春先生劉子澄帖》云：「靜春先生劉公淳熙五年八月十九日所與張宣公帖也。

宣公時爲秘閣修撰，荆湖轉運副使。過其弟端明公於宜春。是歲石林李公年二十，悦齋李公年十有八，而静春以二公屬宣公，已日異日與川中作師表，非小補也。」以上戊戌。

《朱集·答吕伯恭書》云：「荆州近寄一詩來，讀之，令人感慨。今亦録去，渠以信陽事甚不自安。叔度、子約書云都下諸人頗不直，果如何？然世間人口無眞是非，未知果孰爲是也。」

《與皇甫文仲書》云：「左右到彼既久，南軒必朝夕相見，當有深趣。所論恢復規模，誠不可易之論，然今日亦惟南軒實做得此功夫。」

《吕集·與朱元晦書》云：「欽夫得書，亦以爲須一出爲善。」

《與周子充書》云：「欽夫既按吏未報而復遣本州倅往攝事，彼安得不猜懼？」

《宋史·趙雄傳》云：「張栻在荆南，趙雄事事沮之。時司天奏相星在楚地，上曰：『張栻當之。』人愈忌之。」以上己亥。

《吕集·與周子充書》云：「欽夫之傳，極爲之驚憂。第細觀牘尾乃二十七日，距二日已兩旬，不應江陵尚未申到，猶覬消息之不眞也。」

《宋元學案》云：「先生寢疾，微吟曰：『舍瑟而作，敢忘事上之忠；鼓缶而歌，當盡順終之理。』」以上庚子。

《朱别集·與劉子澄書》云：「荆州《論語》甚改得好，比舊本大不干事。若不死，更長進，深可痛惜。伯恭詳審穩當有餘，卻不及此公俊偉明快也。」辛丑。

《朱集·答胡季隨書》云：「《南軒文集》方編得略就，便可刊行，最好是奏議文字及往還書中論時事處，確實痛切，今卻未敢編入。異時當以奏議自作一書，而附論事書尺於其後，勿令廣傳，或世俗好惡稍衰，乃可出之耳。」一癸卯後。

《答呂士瞻書》云：「南軒辨呂與叔《中庸》，其間病多，後本已爲刪去矣。但程先生云涵養於未發之前則可，求中於未發之前則不可。今當以程先生之說爲正，則欽夫之說亦未爲非，但其意要一切於鬧處承當，更無程子涵養之意，又自爲大病耳。渠後來此意亦改，晚年說話儘不干事也。」

《張敬夫畫像贊》云：「擴仁義之端，至於可以彌六合；謹善利之判，至於可以析秋豪。拳拳乎其致主之功，汲汲乎其幹父之勞。仡仡乎其任道之勇，卓卓乎其立心之高。知之者識其春風沂水之樂，不知者以爲湖海一世之豪。彼其揚休山立之姿，既與其不可傳者死矣。觀於此者，尙有以卜其見伊呂而失蕭曹也耶？」

《張南軒文集序》云：「孟子沒，而義利之說不明於天下。中間董相仲舒、諸葛武侯、兩程先生屢發明之，而世之學者莫之能信。是以其所以自爲者，鮮不溺於人欲之私，而其所以謀人之國家，則亦曰功利焉而已爾。爰自國家南渡以來，乃有丞相魏國張忠獻公唱明大義以斷國論，侍讀南陽胡文定公誦說遺經以開聖學。其託於空言、見於行事雖若不同，而於孟子之言，董、葛、程氏之意，則皆有所謂千載而一轍者。若近故荊州牧張侯敬夫者，則又忠獻公之嗣子，而胡公季子五峰先生之門人也。自其幼壯，不出家庭，而固已得夫忠孝之傳，既又講於五峰之門，以會其歸，則其所以默契於心者，人有所不得而知也。獨其見於論說，則義利之間，毫釐之辨，蓋有出於前哲之所欲言而未及究者。措諸事業，則凡宏綱大用、巨細顯微，莫不洞然於胸次，而無一毫功利之雜。是以論道於家，而四方學者爭鄉往之；入侍經帷，出臨藩屏，則天子亦味其言，嘉其績，且將倚以大用，而敬夫不幸死矣。敬夫既沒，其弟定叟裒其故藁，得四巨編，以授予曰：『先兄不幸蚤世，而其同志之友亦少存者。今欲次其文以行於世，非子之屬而誰可？」予受書愀然，開卷亟讀，不能盡數篇，爲之廢書，太息流涕而言曰：『世復有斯人也耶！無是人而有是書，猶或可以少見其志。然吾友平生之言，蓋不止此也。』因復益爲求訪，得諸四方學者所傳凡數十篇。又發吾篋，出其往還書疏讀之，亦多有可傳者。方將爲之定著繕寫，歸之張氏，則或者已用別本摹印而流傳廣矣。遽取觀之，蓋多鄉所講焉而未定之論，而凡近歲以來談經論事、發明道要之精語，反不與焉。予因慨念敬夫天資甚高，聞道甚蚤，其學之所就既足以名於一世，然察其心，蓋未嘗一日以是而自足也。比年以來，方且窮經會友，日反諸心而驗諸行事之實，蓋有所謂不知年數之不足者，是以其學日新而無窮。其見於言語文字之間，始皆極於高遠，而卒反就於平實。此其淺深疎密之際，後之君子其必有以處之矣。顧以序次之不時，使其說之出於前而棄於後者猶得以雜乎篇帙之間，而讀者或不能無疑信異同之惑，是則予之罪也已夫。於是乃復亟取前所蒐輯，參伍相校，斷以敬夫晚歲之意，定其書爲四十四卷。嗚呼！使敬夫而不死，則其學之所至、言之所及，又豈予之所得而知哉！敬夫所爲諸經訓義，唯《論語說》晚嘗更定，今已別行，其他往往未脫稾時學者私所傳錄，敬夫蓋不善也，以故皆不著。其立朝論事及在州郡條奏民間利病，則上意多鄉納之，亦有頗施行者，以故亦不著。獨取其《經筵口義》一章，附於表奏之後，使敬夫所以堯舜吾君而不愧其父師之傳者，讀者有以識其端云。」以上甲辰。

《答詹帥書》云：「欽夫文集久刻未成，俗人嗜利難與語，然亦一面督之，得即納去。次《孟子說》，渠已不幸無復增修，刻亦無害，恐未能使其無遺憾於九原也。」

《答詹體仁書》云：「湘中學者之病誠如來教，今學者多如此。言而不行者固失之，只說踐履而不務窮理，亦非小病。欽夫往時謂救此一種人，故說有太快處，以啓流傳之弊。」以上乙巳。

《答鄭仲禮書》云：「示諭讀《易》之説，甚善。向見敬夫及呂伯恭皆令學者專讀程傳，往往皆無所得。又來諭所謂隱者，豈非麻衣之流乎？此乃僞書，向來敬夫雖不以其説爲然，然亦誤以爲眞希夷之師説也。」癸丑。

《祭張敬夫城南祠文》云：「年月日，具位朱熹敬以一觴，酹于亡友敬夫侍講左司張公尊兄城南之祠：昔從公遊，登高望遠。指顧兹土，水竹之間。謂予肯來，相與卒歲。予以懷土，顧謝不能。其後聞公，開鑿亭沼。帶經倚杖，日遊其間。寫景哦詩，辱以寄我。寂寥短韻，幾篇在吟。於今幾何，歲月奔逝。我復來此，白髮蒼顔。追懷舊遊，顧步涕落。未奠宿草，姑即遺祠。玉色金聲，恍如對接。草木魚鳥，莫知我哀。」

《祭南軒墓文》云：「惟公閎達之資，聞道最早。發揮事業，達於家邦。中歲閒居，益求其志。鶴鳴子和，朋簪四來。我時自閩，亦云戾止。更互切磨，群疑乃亡。厥今幾何，俯仰一世。公逝既久，我老益衰。何意重來，獨撫陳迹。塵筵髣髴，拱木荒涼。録牒散亡，音徽莫紹。世道之感，平生之懷。交切於中，有涕横落。欲推公志，據舊圖新。衆允未孚，唯以自愧。一觴往酹，並寄此情。公乎不忘，起聽我語。」以上甲寅。

《跋吳道子畫》云：「頃年見張敬夫家藏吳畫昊天觀壁草卷，與此絶相類，但人物差大耳。張氏所藏本出長安安氏。」

《跋張敬夫與馮公帖》云：「此張敬夫與縉雲馮當可書也。味其詞意，知其一時家庭之間，定省從容，未嘗食息不在中原之復，令人感慨不已。」

《跋韓魏公與歐陽文忠公帖》云：「張敬夫嘗言，平生所見王荆公書，皆如大忙中寫，不知公安得有如許忙事。」以上丁巳。

《周益文忠公集·書張欽夫栻劉文潛焞與蔣邕州書》云：「亡友張欽夫、劉文潛皆眼高四海，未嘗輕以一字許人。先後帥桂林，聞邕州遺愛及華夷，大書至數百言。」甲子。

《道命錄·南軒先生張宣公謚議》云：「公蓋代儒生，爲國世臣，起千載絶學，負四海重名。功業未遂，中道以沒，於今三紀矣，易名之典，久未克請。維時帥臣，列其事於朝，上即報可，所以尊道崇化也。天光下臨，雷厲風動，豈容拘常襲故、實慵名浮者，所可同日道哉！公丞相魏國忠獻之嗣子，五峰先生胡公之門人也。鍾美萃靈，英特邁往。親承忠孝之傳，講切義理之學。慨念孔孟既沒，正論淪鬱，言道德者溺虛無，尚功利者急變詐，而儒者功用泯然無見於世，去古愈遠，流靡日激。宋興百年，河南二程始唱明道學，開迪人心，由是聖賢不傳之緒，賴公復續。然俗之久安者難變，理之僅明者易微，公爲此懼，毅然以斯文爲己任，採摭遺書，尋繹精義，居敬窮理以立本，開物成務以致用。其學極於廣大高遠，究其歸則不離於簡易篤實。故凡見之言語文字之間，職守事功之會，無非爽闓明白，務實求是。謂克己復禮，顔子所以爲百世師也，作《希顔錄》，早夜以自警。謂仗義履正，諸葛忠武所以爲三代佐也，作《武侯傳》，又爲之記，爲之贊。先漢人物，獨許董相以知學，若趙營平之爲國遠慮，尤拳拳焉。則其講學之精微，趨向之純一，識者有以知其心矣。孝廟初元，鋭意規恢，建置督府。公參贊機幕，間以軍事入奏，爲上開陳正名復仇大義，慷慨激切。及爲郎，賜對，申演前議，乃在實於修德，實於立政，實於備禦，而無取乎徒假其名。經筵勸講，援古證今，願上以三代之治自期，其論高矣。至條舉治要，不過曰宅心爲萬事之綱，修身爲天下之本，上稽天理，下從人欲，見於行事者，皆至公務實而已。三復至言，其視帝王盛時，元臣碩輔所以識達國體、啓沃君心者，異世一轍。公自以蒙被殊知，圖維補報，奮不顧身，盡言無隱。如指切發運苛斂之病民，力排樞筦除授之非據，英詞勁氣，至今凜凜。直道難行，毁言日至，公不得久留内矣。越數歲，天子深思其賢，俾臨藩屏。公誼存報主，不以内外爲間，隨其所至，先立成規。其經略廣西也，所以復於上者，必欲以撫存安靜爲本。及制置荆南也，首以凡事務實，不但空言，見義則爲，不敢顧避，諄諄爲上言之。公惟誠於爲民，若保赤子，誠心求之，不墜聖賢之訓。故洊更二鎮，凡民事利害休戚，博采周咨，惟恐不及。如鹽筴，如馬政、義勇，如弓弩手，究見本末，立奏罷行，曾無留滯，必使封圻之遠，閭閻之細，悉徹黈聽。上亦嘉其忠實，璽書勉勞，有志大用，而公已屬疾矣。病亟，手疏勸上親君子遠小人，信任防一己之偏，好惡公天下之理，其愛君憂國，至公血誠，雖死不忘。某讀公遺編至此，廢卷永歎，竊謂公平生大節所以蔽天地而不慚，質鬼神而無疑者，其學自不欺始。蓋理之實然者，謂之不欺。公能存此心，充此理，任重道遠，無強自然，講於己者爲實學，復於君者爲實德，建於利者爲實利，篤志明善以知之，鞠躬盡力以行之。夫是以天下無不可爲之事，臨事無不可成之功，而儒者有益於人之國，信矣夫！唐人有言曰：『上不負天子，下不負所學』，其斯之謂歟？謹按《謚法》，體和居中、善聞周達曰宣。沈涵道眞，見理昭徹，秉德制行，渾然天成，非體和居中乎？人宗其學，家藏其書，君信其言，民孚其惠，非善聞周達乎？節行壹惠，請謚曰宣。太常博士孔煒上。」甲戌。

先是，嘉定七年八月，資政殿學士、知潭州衛涇奏爲南軒先生請謚，得旨從之。

《南軒先生張宣公覆謚議》云：「公以堯舜君民之心振一世沈溺，以孔孟性理之學起一世膏肓。

君臣都俞，師友講習，載在方策，莫不家藏其書，人慕其學。昧者識所趨嚮，識者得其指歸，習與性成，天理昭晰，豈小補哉？汝明生晚居僻，每想其人，恨不得執鞭爲御，聽謦誨以開茅塞。今清朝特采公論以易公名，申賁後學。適兹承乏考績，竊以爲公之應謚所不待議，將盡南山之竹不足以發幽潛，尚何所措詞？惟公之學根原於《中庸》、《大學》之奧旨，參訂於濂溪、二程之微言，漸漬於忠獻之純忠，發揮於五峰之師說，豁此心於天地，充其仁於萬物，辨之明毫釐必計，行之力食息弗違。故其在講筵、在宰屬，猶是心也；在州郡、在藩鎮，猶是心也。今觀其所言，悉可槩見。知上有兙復神州之志，則以稽古親賢爲請；知廟堂有和戎之謀，則以悅人心充士氣爲言。其補外臨遣，則請先克己私以明大義、正人心；其召還奏對，則請先務實以修德立政、用賢養民。論史正志爲發運使，則斥其病民之實；論張說僉書樞密，則懼其激武臣之怒。在靜江，則變漕司抑賣州鹽之法，申諸州按習效用之令，息洞酋之譁，革綱馬之弊；在江陵，則嚴盜賊之禁，結諸將之歡，正淮民出塞之罪，行義勇量取之法。考致要歸，無不自所學流出。經曰：『天不愛其道。』董仲舒曰：『道之大原出於天。』道固天之道，天不輕以授人。自周公、孔子以至孟子，厥後罕傳。雖間有經生文士，性理是談，體用未明，或相矛盾。宋興百年，濂溪、二程發明於前，呂、謝、游、楊扶持於後，義理貫徹，夐出前儒。公與晦庵朱氏出而嗣之，相爲師友，於是演迤溥博，不闇於世，得其大者足以名當世，得其小者亦足善一身。考論淵源所自，公力居多。今晦庵朱氏已謚曰文公，沒三十六年，始議其謚，時則後矣。謚之曰宣，尚與朱氏相參，用見羽翼孔門之意。謚法：體和居中、善聞周達曰宣。公之明理謹獨，學精行成，是謂體和居中；公之德言俱立，君信民孚，是謂美聞周達。迹古以驗今，博士議是，請從。謹議。嘉定八年口月，軍器少監、兼權侍左郎官、兼權考功郎官楊汝明上。奉聖旨依。」乙亥。

《景定嚴州續志·賢牧》「張栻」下云：「乾道五年，以直祕閣知州。其治不嚴而威，不疾而速，大抵以教化爲先務。奏蠲丁鹽錢絹，民以蕃庶，旅名山，斥淫祠，至今遺老猶能誦張閣焉。景定辛酉，旨封華陽伯，秩於從祀。」辛酉。

張宣公年譜附録卷下

永康胡宗楙季樵

《朱集·答胡廣仲書》云：「欽夫未發之論誠若分別太深，然其所謂無者，非謂本無此理，但謂物欲交引，無復澄靜之時耳。」

《答方賓王書》云：「敬夫未發之云，乃其初年議論。後覺其誤，即已改之。但舊説已傳，學者又不之察，便加模刻，爲害不細。往時常別爲編次，正爲此耳。然誤爲先行，此本後出，遂不復佳，甚可恨也。」

《答曾致虛書》云：「所論誠敬之説，甚善。但欽夫之意，亦非直謂學者可以不誠，蓋以爲既曰持敬，便合實有持敬之心，不容更有不誠之敬，必待別著誠字，然後爲誠也。」

《答林擇之書》云：「前日中和之説看得如何？但恐其間言語不能無病，其大體莫無可疑。數日來玩味此意，日用間極覺得力，乃知日前所以若有若亡，不能得純熟，而氣象浮淺，易得動搖，其病皆在此。湖南諸友，其病亦似是如此。近看南軒文字，大抵都無前面一截工夫也。」

又書云：「敬夫寄得書，論二先生事實中數段來，改正謬訛，所助頗多。但記二蘇排伊川處，只欲改正云『同朝之士有不相知者』。又欲削去常夷父、張茂則兩段，以爲決無此事。他議論亦尚多，不能一一及之。」

《答胡季隨書》云：「《南軒集》誤字已爲檢勘，其間空字向來固已直書，尤延之見之，以爲無益而賈怨，不若刊去，今亦不必補。後人讀之，自當默喻也。但序文後段若欲刪去，即不成文字。」

《麗澤論説集録》云：「張荆州之教人也，必使人體察良心，以聖賢語言見之行事，因行事復求之聖賢語言。」

《朱子語録》云：「欽夫見識極高，卻不耐事，伯恭耐事卻有病。」又云：「南軒、伯恭之學皆疏略，南軒疏略從高處去，伯恭疏略從卑處去。」又云：「南軒《論語》初成書時，先見後十篇，一切寫去與他説；後見前十篇，又寫去。後得書來，謂説得是，都改了。《孟子説》不曾商量。」

《攻媿集·朝請大夫曹君墓誌銘》云：「張栻尤知君，引置簽幕。舉詞有云：『直論敢言，不肯詭隨，有足嘉者。』」

《輿地紀勝·永州景物下》云：「雙鳳亭在州門，石上有文，隱然舞鳳之象。南軒張栻爲之記。」

《鶴林玉露·德行科》云：「楊廷秀初欲習宏詞科，南軒曰：『此何足（惜）〔習〕，盍相與趨聖門德行科乎？』廷秀大悟，不復習。」

《跋南軒與坐忘居士房公帖》：「南軒遺墨，謂其拔於流俗，謂其剝去華飾。其白首守道、凜然如霜松雪竹者，嗚呼，其賢矣乎！」

《跋南軒帖》云：「厥考以宗社生靈爲己任，厥子以聖門事業爲己任。然則士之以記覽詞章哆然自足者，其待己亦太凉矣夫！」

《跋南軒所與李季允帖》云：「南軒受學於五峰，久而後得見，猶未與之言也。泣涕而請，僅令思忠清未得爲仁之理，蓋往返數四而後予之。今貼所謂無急於成，乃先生以其所以教於人者教人耳。」

《湘鄉蕭定夫佐師友堂銘》云：「佐之先人事五峰先生，與張宣公爲同門友。佐由是亦獲拜宣公於長沙，宣公授以居敬一言。」

《跋張宣公帖》云：「當乾道、淳熙間，朱、張、呂三子以學問爲羣儒倡。雖其才分天成，功力純至，然亦不可謂非師友切磋之益。」

《師友雅言》云：「嘗見宇文挺臣，自言某向嘗親登張南軒之門，面傳遺言，凡作文字須從源頭說來。」

《直寶章閣張公墓誌銘》云：「輪對，以其伯父宣公告孝宗語告上：當求曉事之臣，不求辦事之臣；欲求仗節死義之臣，必求犯顏敢諫之臣。」

《楊伯昌浩齋集序》云：「予嘗觀衡山胡子所以告張宣公者，謂顏子有不善未嘗不知，至明也，非格物者不能；知之未嘗復行，至勇也，非居仁者不能。張子得之，服行以終身。」

《困學紀聞》云：「丹書敬義之訓，夫子於《坤》六二《文言》發之。孟子以集義爲本，程子以居敬爲先，張宣公謂工夫並進，相須而成。」

又云：「命不可委，故孟子言立命；心不可委，故南軒以陶淵明委心之言爲非。」

《永樂大典》二寘「多士」下引《張南軒集·乞廣取士狀》云：「國家設科以羅多士，雖曰考之以文詞，而眞才實能往往由此而得。」

薛季宣年譜

楊世文 編

據《宋代文化研究》第三輯訂補

薛季宣（一一三四—一一七三），字士龍，號艮齋，學者稱常州先生，永嘉（今浙江温州）人，徽言子。早隨伯父薛弼宦游四方，妻父荆南帥孫汝翼辟爲書寫機宜文字，師從袁溉。後入四川制置使蕭振幕，以蔭知鄂州武昌。隆興初爲婺州司理參軍，待次居鄉。乾道七年除大理寺主簿，持節使淮西，安置流民。次年回臨安復命，遷大理正。以直言缺失，僅七日而出知湖州。九年，改知常州，未上，卒，年四十。

薛季宣爲學重事功，注重研究田賦、兵制、水利等，開永嘉學派先聲。著書甚豐，有《古文周易》、《古詩説》、《書古文訓》、《春秋經解》、《春秋指要》、《論語直解》、《小學》諸書，多不傳。今有寶慶間其侄孫旦所輯《浪語集》三十五卷行世。事蹟見吕祖謙《薛常州墓誌銘》、陳傅良《右奉議郎新權發遣常州借紫薛公行狀》、《宋史》卷四三四本傳。

清薛鍾斗編有《薛常州年譜》一卷，極簡略。本譜爲楊世文編，據《行狀》、《墓誌》、史傳及文集等，譜述其生平事蹟，尤詳於爲學次第及與永嘉學者之交游，可資參考。

薛氏先世家河東（今山西一帶），後遷徙到福建長溪（今福建霞浦）廉村。到唐補闕薛令之以後，又自廉村遷到永嘉（今浙江永嘉）。

高祖薛元禮，曾祖薛庠，皆不仕。

祖父薛強立，字成翁，歷官吳縣主簿，中都、宜黃二縣令，江寧府觀察推官，累贈左光祿大夫。

叔父薛嘉言，官司封郎中。薛昌言，官婺州通判。薛弼（一〇八八—一一五〇），字直老，政和二年進士，歷官杭州教授、監左藏東庫。紹興初爲岳飛軍中參謀官，歷荆湖南路轉運判官、知襄陽府、知荆南府、秘閣修撰、尚書左司員外郎、知虔州、福州、廣州。

父薛徽言（一〇九三—一一三九），字德老，從胡安國學，登建炎二年進士第。紹興初，以監察御史宣諭湖南，後遷起居舍人。

按：以上參見《浪語集》（以下簡稱本集）卷三三《先大夫行狀箋》，《水心文集》卷二二《知廣州敷文閣待制薛公（弼）墓誌銘》（以下簡稱《薛弼墓誌銘》），《止齋集》卷五一《右奉議郎新權發遣常州借紫薛公行狀》（以下簡稱《行狀》），《東萊集》卷十《薛常州墓誌銘》（以下簡稱《墓誌銘》），《宋史》卷三七六《薛徽言傳》、卷三八〇《薛弼傳》、卷四三四《薛季宣傳》（以下簡稱《本傳》）。

宋高宗紹興四年甲寅，一歲。

六月甲戌，薛季宣生。

季宣字士龍（又作士隆），號艮齋，人稱常州先生，浙東永嘉（今浙江温州）人。

按：本集卷一二有《志事》詩云：「我生之辰，六月甲戌。」由是知季宣生日。陳傅良《行狀》、呂祖謙《墓誌銘》、《宋史》本傳皆曰季宣字士龍，而陳亮《祭薛士隆知府文》作「士隆」（《龍川文集》卷二二）。又，「薛常州」之稱，當因季宣曾權發遣知常州（實未上任）而得；薛師旦《浪語集跋》：「乾道以來，六十年間，學士大夫皆知宗薛常州經制之學。」（本集卷末）

紹興五年乙卯，**二歲**。

紹興六年丙辰，**三歲**。

紹興七年丁巳，**四歲**。

是年，陳傅良（一一三七—一二〇三）生。

傅良字君舉，號止齋，溫州瑞安（今浙江瑞安）人。師事鄭伯熊、薛季宣，傳永嘉之學。乾道八年登進士甲科，官至中書舍人兼侍讀、直學士院。季宣與傅良在師友之間，永嘉學派以季宣爲先驅，至傅良而光大。

紹興八年戊午，**五歲**。

紹興九年己未，**六歲**。

正月十一日，父薛徽言卒，享年四十七歲。

正月二十四日，母胡氏卒。

《宋史》卷三七六《薛徽言傳》：「時秦檜與金人議和，徽言與吏部侍郎晏敦復等七人同拜疏爭之。一日，檜于上前論和，徽言直前引義固爭，反復數刻。中寒疾而卒。」又《薛徽言行狀》：「娶胡氏，累封安人，賢淑和鳴，侍湯藥尤謹，遂染疾，後君十三日亦卒。」

紹興十年庚申，**七歲**。

是年，季宣隨伯父薛弼宦游。

《行狀》：「公六歲而孤，撫于待制伯父，長任以官。公從待制宦游四方，尙及見故老，聞建炎、紹興初將相大臣趙（鼎）、張（浚）、韓（世忠）、岳（飛）諸公事，有當世志，而樂道其人。」按：是年初薛弼在荆南知府任上；二月，弼充秘閣修撰、陝西轉運使；六月，爲尙書左司郎中。

紹興十一年辛酉，八歲。

是年，季宣隨伯父薛弼宦游。

十二月二十九日，岳飛被殺。

按：薛弼雖爲岳飛參謀官，但因秦檜閑居永嘉時弼曾游其門，又與万俟卨善，故得免禍（《建炎以來繫年要録》卷一四四，《宋史》卷三八〇《薛弼傳》，葉適《知廣州薛公墓誌銘》）。

紹興十二年壬戌，九歲。

是年，季宣隨伯父薛弼宦游。

紹興十三年癸亥，十歲。

是年，薛季宣與孫汝翼女孫氏定婚。

《行狀》：「初，（孫）汝翼與舍人友相得，舍人死，汝翼遺書待制，自言吾有女才且淑，異日善事夫子，吾將以室起居之孤。」又本集卷三四《墓祭外舅姑文》：「某不天，生六年而亡失怙恃，丈人爲子擇對，以爲無以易吾故人之子，居四年而伯考待制始納征禮。」可見季宣六歲以後、十歲之前已提親，到此時才定婚。

按：孫汝翼字端朝，毗陵（今江蘇武進一帶）人。季宣妻父，治《尙書》，登建炎二年進士。累遷知福州，終知荆南（《南宋館閣録》卷七，本集卷三四《祭外舅文》）。

八月，薛弼知虔州（《建炎以來繫年要録》卷一四九）。

是年，陳亮生。

陳亮（一一四三—一一九四），字同甫（一作同父），號龍川，婺州永康（今浙江永康）人。提倡功利，反對空談性命義理，爲永康學派的創始人。同甫之學，與季宣有異曲同功之妙。二人交往甚密。

紹興十四年甲子，十一歲。

是年，季宣隨伯父薛弼宦游。弼在虔州任上。

紹興十五年乙丑，十二歲。

是年，季宣隨伯父薛弼宦游。

九月，薛弼任福建安撫使，到福州。

紹興十六年丙寅，十三歲。

是年，季宣隨伯父薛弼宦游。弼在福建。

紹興十七年丁卯，十四歲。

是年，季宣隨伯父薛弼宦游。弼在福建。

紹興十八年戊辰，十五歲。

是年，季宣隨伯父薛弼宦游。弼在福建。

紹興十九年己巳，十六歲。

是年，季宣隨伯父薛弼宦游。

六月，薛弼移知廣州。

紹興二十年庚午，十七歲。

九月，伯父薛弼卒于廣州。

《墓誌銘》：「公生六年矣，伯父待制收鞠之，任以官。公幼逮事過江諸賢，聞中興經理大略，已能識之。喜從老校退卒語，得岳、韓一三大將兵間事甚悉，志尙犖犖，與常兒異。」本集卷二〇《論民力》：「嘗侍諸父官守，得接士夫餘論。竊聞民惟邦本，本固邦寧，爲國勞民，未有能固其國者。」季宣隨伯父薛弼宦游，時間長達十餘年，遍及東南，見多識廣，對他的政治主張、學術思想的形成有重大影響。

是年，季宣與孫氏成婚，岳父荆南安撫使孫汝翼辟爲書寫機宜文字。

本集卷三四《墓祭外舅姑文》：納征禮後，「又七年而昏(婚)乃克成，其年丈人帥荆州，處我記室之任。」《志銘》：「年十七，從荆州帥孫汝翼辟書寫機宜文字。」

季宣從袁溉問學。

本集卷三三《袁先生傳》：溉字道潔，汝陰（今安徽阜陽）人。嘗問學于二程，舉進士。建炎初集鄉民爲保聚，抗金人。尋隱于金房山谷中，移居富順監（今四川富順），從賣香薛翁學。後家荆州，孫汝翼延至府舍。告去，歿于二聖寺。溉學極博，自六經，百氏下至博弈、小數、方術、兵書無皆不通，誦習其言，略皆上口，于《易》《禮》尤精，未嘗輕以示人（《宋元學案》卷三〇同）。

按：《志銘》：「汝翼善袁溉道潔，虚郡齋迎致之，公遂委己師焉。道潔漫浪沔鄂間，諱其學，絶不爲人道，獨于公傾倒無所靳，公自是篤于學。」《袁先生傳》：「初，外舅秘閣鎮荆州，走爲書寫機宜文字，嘗得于先生授敎，其所以爲誘進甚博。」「又嘗以所學纂一文字，凡四類，曰理，曰義，曰事，其一今忘之矣。走從問義理之辨，先生曰：『學者當自求之，他人之言善，非吾有。』走請終身誦服斯語。」《宋史》卷四三四《薛季宣傳》：「季宣既得溉學，于古封建、井田、鄉遂、司馬法之制靡不研究講畫，皆可行于時。」季宣倡道器不二、步步著實，重事功，程門袁氏之影響當最爲深刻。

葉適生。

葉適（一一五〇—一二二三），字正則，學者稱水心先生，溫州永嘉（今屬浙江）人。累官寶文閣待制，兼江淮制置使。葉適倡功利之學，集永嘉學派之大成。他說：「既無功利，則道義者，乃無用之虛語耳。」可見對薛季宣思想的繼承與發展。

紹興二十一年辛未，十八歲。

薛季宣任荆南安撫使司書寫機宜文字。

《墓誌銘》：「孫氏藏書多，公一意講説紬繹，絕不治科舉業。」可知季宣在此期間專心讀書，研討學問。又「公自六經之外，歷代史、天官、地理、兵、刑、農，未至于隱書、小説靡不搜研采獲，不以百氏故廢。」季宣學識淵博，涉獵頗廣，與他在荆州期間的讀書生活有密切關係。孫氏家庭對季宣人生道路的選擇、學業的精進影響至深。

紹興二十二年壬申，十九歲。

薛季宣任荆南安撫使司書寫機宜文字，有志改寫《五代史記》，鄭伯英知其名。

鄭伯英《祭薛常州文》：「我之知公，越自少年。有友王子，數謂予言：『《五代史記》，公謂簡略，掇拾舊聞，期于改作。』公于是時，年未弱冠，有志史筆，予用駭嘆。」由是推知當在二十歲以前（本集卷三五附）。

按：薛季宣對五代十國史事考訂、史籍校讎用功甚勤。他校訂了劉恕的《十國紀年》，又編有《十國紀年通譜》。《敘十國紀年》略曰：「《十國紀年》四十卷，以亂世記注，知之者少，故文多舛錯，差次不倫，以校仇是正，曉然而闕其所不可知，爲繕寫，始可讀。」又《十國紀年通譜序》略曰：「爲之旁行譜繫，列其歲紀，舉疑明類，輔成劉氏之闕。」（本集卷三〇）

紹興二十三年癸酉，二十歲。

五月，蕭振任四川制置使。孫汝翼任成都府路運副。薛季宣西游于蜀，入蕭振幕。本集卷三四《墓祭外舅姑文》：結婚後「越三年，府罷，將我西游于蜀。」則汝翼與他同行。關于季宣游蜀的原因，《墓誌銘》説：「道潔語公，伊洛遺書多在蜀，時同郡蕭振方制置四川，乃往爲其屬，道潔期至蜀授以書。」可知訪書是主要目的。

十二月，因與蕭振意見不合，告辭而去，以祿錢購書而歸。于三峽遇見袁溉。

《墓祭外舅姑文》：「居半年而別。」《行狀》：「部將有很訴統制者，公當以犯階級法，幕中或論縱之。公以軍政爭不克，謝去，盡其祿直買蜀書以歸。」《墓誌銘》：「會偏裨有誣其所部者，公請正階級法，議不合，謝去。」「遇道潔于峽。」蓋袁溉與季宣約定至蜀授書，此時正好要入蜀。看來袁溉入蜀未果。袁溉終于荆州，據《袁先生傳》，季宣聞先生訃至，「求其書不復得」，則授書之事終于未成。

蕭振（一〇八六—一一五七），字德起，溫州平陽（今浙江平陽）人，政和八年進士，累官敷文閣學士、知成都府。

紹興二十四年甲戌，二十一歲。

是年，季宣回到永嘉老家。

按：此時孫汝翼當在蜀。本集卷三四

《祭外舅文》：「西州錦城，帥孱而愚。污吏縱橫，民困求誅。……使車西指，政先無告。」又《墓祭外舅母文》：「將我西游于蜀，居半年而別。」則季宣出蜀後汝翼仍留在西川。荆州已無依靠，只得回浙東故里。在家遍閱家書，整理父親遺著（本集卷三三《書先右史遺編》）。

紹興二十五年乙亥，二十二歲。

是年，季宣在永嘉。東游會稽，謁禹陵，經過馬臻祠下，詢問鑒湖所在，則已堙塞爲民田，因作詩紀之。

略曰：「登會稽，瞰長湖，漪漣萬頃皆平蕪。桑田變改唯聞說，豈信古今人事殊。」（本集卷一一《乙亥歲東游會稽謁禹陵過馬臻祠下詢所謂鑒湖者則已堙塞為民田因賦》）

紹興二十六年丙子，二十三歲。

是年，孫汝翼以丁憂解荆州任，回到毗陵。季宣自永嘉往毗陵去看望岳父母。不久，孫汝翼去世。

按：此前汝翼當從西川回到荆州，繼續任安撫使。吴廷燮《南宋制撫年表》卷上：紹興二十四年六月，孫汝翼復知荆南。二十五年十二月丁亥罷，回毗陵老家：「弭節東歸延陵（即毗陵）故邑。」而季宣「觀省自東甌。時丈人歸甫數日，相顧悦懌，樂以忘言。不圖改月之間，丈人捐棄館舍。」（《墓祭外舅母文》）

作《克齋前記》（本集卷三一）。

按：季宣此記作于二十三歲時。《記》云：「走生二十有三年矣，日聞道于聖人之書，然臨事輒失其情，益知勝私之不可不務。是以考之大《易》，取《損》

卦以名書堂曰損齋，以爲居處，將齋心窒欲、反本歸仁，日革非心，庶乎盡于此生也。」文章闡明「去惡復性」的道理，反映了他的人性論思想。

紹興二十七年丁丑，二十四歲。

是年，季宣在毗陵。

按：據本集卷三一《得欽崇豆記》末「紹興強圉赤奮若二十有七年終辜月二十有二日甲申，啇左相末孫季宣得豆于延陵，謹齋心而爲之記」推斷，自去年季宣來毗陵後一直未歸永嘉。

作《儼若思齋記》。

略曰：「夫人之爲物，萬物之靈也。頭足具天地之象，知識出事物之表，誰使之然？有道主于內也。昧者不固其本，疲精神而它求，滋滋焉，汲汲焉，惟恐或遺而遺之日多，患于仵物而于物益仵。此亡他，不知所以用之，不能盡己以盡物也。聖人傳心之要，豈有它哉？亦惟吾之故有是歸是體而已。」又曰：「心正乃靜，靜而定，則浩然之氣爲吾體。體此則心烏乎動，道烏乎加，死且不移，况于小屑利害！以之窮理，理不吾畔；以之推物，物將焉潛！」（本集卷三一）

紹興二十八年戊寅，二十五歲。

二月戊午，作《書莊綽揲蓍新譜》。

略曰：「聖人之道行于古，聖人之法具于經。學者不務窮經，泥夫師說，故聖經法則晦以不明。士當以經爲據依，斷然不惑于習，略去衆多之論，以盡其心，夫然後聖典森然，無不得也。《易》六經之原委也。作《易》之道哉始揲蓍，其法詳著《繫辭》，可按以考也。」（本集卷三一）

三月初十日，薛季宣安葬了岳父。不久回到永嘉，到家第二天，岳母去世。季宣因貧瘁而不能如期奔喪，趕到時岳母已下葬。

《祭外舅文》：「維紹興二十有八年歲次戊寅三月辛酉朔初十日庚午，子壻河東薛季宣、樂安蔣行簡、滎陽鄭忱德謹以清酌庶羞之奠，昭祭于丈人安撫秘閣孫公之靈。」《墓祭外舅姑文》：「後二年，丈人既葬，某哭于尹原之墓，乃復于故家。抵家翌日而惡夢兆祥，丈母以其日即世。雖哀傷如割，而貧瘁不辦奔喪，臨不及掩。」

紹興二十九己卯，二十六歲。

是年冬，季宣本之《詩序》而作《詩廣序》。

本集卷三〇《序反古詩說》：「紹興己卯冬，走初本之《詩序》述《廣序》。」按《廣序》今不見。但據後來他作的《詩反古說》、《詩性情說》，當是掊先儒而立新說，以性情解釋《詩經》。

作《克齋後記》。

略曰：「顧走之失，有不若人者八焉。聞道而未之能行，一不若人也；放心而未之能制，二不若人也；處己而未之能盡，三不若人也；多言而未之能法，四不若人也；樂善而未之能擇，五不若人也；愛物而未之能容，六不若人也；居世而未之能處，七不若人也；任私而未之能去，八不若人也。凡所爲不若人者，皆性天之所無有，從欲而得，反身而未之能善，有一于此，不可謂仁，況有其八乎！弗亟去之，無以爲人矣。及今能以禮自克，率性而知道哉，或庶幾乎可

也。」（本集卷三一）

按：這一時期薛季宣閉門讀書，潛心向學，凡經、史、子、集、術數、方伎皆有涉獵。本集中有《讀王莽傳》、《〈晏子春秋〉辨》、《辨〈管子〉》（卷二七）、《書〈漢書正異〉叙》、《漢輿地圖序》、《擬班固〈漢書叙〉》、《擬漢高祖沛泗水亭碑銘序》、《漢中興頌序》、《甲歷序》、《遁甲龍圖序》、《叙古文老子》、《香奩集叙》、《李長吉詩集序》（卷三〇）等文。

紹興三十年庚辰，二十七歲。

是年，季宣以恩蔭試鄂州（今湖北鄂城）令。時劉錡知荆南府，鎮守鄂州。季宣論武昌形勢關係淮、蔡，現有三千五百戶人家，而弓級手才五十人，土兵僅十九人，應早爲備。因陳屯田、分戍、保伍以寬民力之策（《行狀》）。

又本集卷二五《答徐元德書》：「某不天，蚤失義方之教，仕緣世蔭。」

七月，推行保伍法。

本集卷一五《喻保伍文》略曰：「惟紹興二十有七年，盜生自鄂邑，剽殺人于書，涂炭延于軍，市民莫適莫居。守侯博愛以其仁，惟死刑匪殺，寇曹昌熾，爰假力于屯兵，荼毒元靈，是浮凶盜。逮三十年，既三祀，生肇命行鄂長，仍革新貫政，正厥紀綱，始共命于泰皇，定民聯于保伍。井閭駭愕，懼弗潰于成。惟七月，生肅衆于庭，越以誠告。……」

《建炎以來繫年要錄》卷一九二：「武昌令薛季宣亦求得故陝西、河北弓箭手保甲舊法，討論甚具。會有伍民之令，乃出其法行之。五家爲保，五保爲甲，六甲爲隊，因地形便合爲總，不以鄉爲限，總首、副總首領焉，官族、士族、富族皆附保，蠲其身，俾輸財供總之小用。諸總必有射圃，民暇則集，無蚤暮之節。盡禁蒱博，獨許以擊刺馳射角勝。五日更至縣庭，閱其尤者勞賞之，里閭皆以武功相高，氣俗一變。旗幟總別爲色，槍仗皆中度。候望干掫，不幸死者，予棺，復家三歲。諸鄉皆置樓，盜發，伐鼓舉烽，以相號召，瞬息遍百里，盜爲衰止。總首白事，吏無得預，追胥興發，一以縣檄爲驗。」（按《墓誌銘》、《行狀》、《宋史》本傳同）

十二月，州命和糴。季宣認爲此舉傷農，請求罷糴。並以去官相爭。

本集卷二《自釋賦》：「太歲貞于執徐兮，涂月季惟方癸。農事畢余揆其成兮，秖慷陽與襄水。飛符命之坌紛兮，郡府號余曰有敕。紙泉貨惟四大千兮，五千粳其以糴。」「民之飼糠籺兮，又掇攘之有亘。」「思昌倘而歸綬兮，啜哀傷而雨泣。」

在《與趙漕書》中，他極力陳述民間休戚疾苦，認爲「居今之職，以身訥于言而默其所難言，廢其所當言而從人之無言，使民之疾苦不得一聞于上，而求息肩于下，上亦何假于令爲之，令者不亦名教之罪人乎！」「湖右瘡痍甚矣，武昌又其甚者。遺民千戶，非流移轉徙，則兵荒盜賊之餘，偷生一時，鮮知本業。田萊不辟，何財之聚！旱乾水溢之患，仍歲有之。」「比年戍兵屢勤，蹂踐弗堪，重以大治戰船，作屯營于二千里之外，耕男遠役，紅女下機，二稔于茲，不少休息，而又鼠偷侵寇，生發不時，居草莽間，無聊生者。」（本集卷二三）季宣的請求沒有被答復，于是多次要求休官。在《白郡劄子》中，他說：「自某到任以來，朝夕疲瘁，雖心勞撫字，亡補秋毫，而鞭箠盈庭，虐害滋甚，仰愧俯怍，無以自容。」「不圖事與心戾，橫賦踵來，車船畢工，遠作營舍，木植離岸，即科經總制錢。補解未終，又爲和糴。民贏如許，其何以堪！」「已具狀乞備申請賜骸骨。」幾天後又上《再白郡劄子》，力請去官，未被允許，和糴之事也不了了之（本集卷二六）。

作《弦歌堂記》、《松風閣記》、《新作殊亭記》、《誠臺記》、《寒溪堂記》、《勝亭記》、《正己堂記》、《艮止亭記》、《梅廡記》（本集卷三一）。

《弦歌堂記》略曰：「所求于太古之道，則吾未能也；中古之事，吾何足與聞之！苟居今之世，不變今之俗，誠其意，正其身，愛其民，律其吏，明其期會，察其簿書，謹其貨財，時其徭役，上無沈蠹之失，下無非橫之征，無情者不得盡其辭，窮民爲有所赴訴，耕而食，織而衣，用不犯于有司，禮義興行于下，四封之內，民吏各安其所居，一堂之上而民弗吾罪，仰不愧，俯不怍，憂不患乎失職，則弦歌之事，其或庶幾乎！」（按：這段文字是薛季宣政治理想最精彩的表述，可見他重躬行踐履、積極用世、反對空談的思想特色。）《艮止亭記》略曰：「艮，止也，萬物之所成終而成始也。是以大學之道，在止于至善。」又曰：「止之爲義亦大矣！天不止則不清，地不止則不寧，人不止則不行，物不止則不成。天地萬物必有止而後誠也。知止斯靜，靜斯安，安斯應。安身應物，萬世不易之道，其惟止之云乎！」（按：薛季宣號艮齋，陳傅良號止齋，于上段文字可知其所取之義。）

紹興三十一年辛巳，二十八歲。

是年，季宣在武昌令任上。

春，作《哀白鷴賦》（本集卷二）。

五月，朝廷下令屯田。季宣致書鄂守宋似孫，論屯田利害。

按：屯田令之確切時間不得而知。本集卷九有《詔書屯田湖北，相土西鄉，屬暑雨。中旬轉入洪道，雨初霽，溪山葱洮，如在縉雲荆坑道中，子規之聲相聞屬道》一詩，推知在五、六月間。《與宋守論屯田利害》見本集卷二〇，大略謂屯田有害無益，只會與民爭利，徒爲擾民。

六月，御史中丞汪澈爲湖北、京西宣諭使。時宋金關係緊張，金海陵王完顏亮正籌劃南侵。季宣多次上書汪澈，論內政與邊事。

《上宣諭汪中丞書》略曰：「某聞強國以人，作人以氣。士氣振而衆材用，君子樂得其道，小人樂得其利，雄杰狙詐皆得而用，則國家靡不振。」「今天下文武之士，知氣節者誰歟？居官以讜正爲村，剛方謂之暴露，脂韋循默以爲官樣得體，貪婪很愎，世且才之，天下滔滔，安于邪行，誣蒙苟且，上下相承，郡縣朝堂，會爲一律。」此外尚有《論民力》、《論盜賊》（本集卷二〇）及《論營田》（卷一九）。

八月，成閔爲湖北、京西制置使，分兵屯

夏口。是月，金兵分三路大舉南侵。薛季宣上書成閔、汪澈，認爲武昌形勢險要，關係淮、蔡安全，宜屯重兵駐防（見本集卷二〇《上成馬帥論屯軍》、《論屯戍》）。宋金開戰以後，江、淮一帶地方官紛紛遣還家眷，準備逃走。薛季宣卻積極籌劃死守，組織軍兵防禦敵人。《行狀》：「比寇至蘄、黃以南，列邑無寧居，守令竊議内徙，宦江湖者歸孥相望于道。公乃議死守不去，與民期曰：『吾家即汝家，一旦有急，吾與若偕死敵。』民亦自矜奮。三分其衆，更壁縣下，二總首師輕舟守安樂口、白鹿磯，且乞師于汪公，得甲三百，樓船十艘，氣聲張甚，渡江來歸者數千家，江西恃以無恐。」

九月，金兵圍困蔣州。汪澈向薛季宣詢問對策。季宣上劄子，認爲「蔡州古懸瓠城，居中原諸道之衝，法當先取。」「蔡州已平，蔣當自潰。蔡平則虜失要鎮，大功易立。」（本集卷一九《上宣渝論淮西事宜》之二）

十月，成閔部將趙撙攻克蔡州，蔣州圍解。是時淮西形勢緊張，都統制王權聞金兵大至，自廬州逃到采石，劉錡退守鎮江。

十一月，成閔自應城引兵東援淮西。季宣上書汪澈，認爲我軍既得蔡州，有破竹之勢，宜留重兵防守，令成閔乘虛攻下潁昌，取道陳、汝，直取汴都，敵人有内顧之憂，自然潰逃。又論朝廷御將之術未盡其道。略曰：「方諸將略有折馘之勛，則驕悍之氣，已傲視其上，以邀莫大之賞，而朝廷唯恐不滿其意也。至于敗軍失守，則置而不問。有罪則闊略，行賞則從重，故張、韓之輩，卒不能復中原尺寸之土，而遂享三公之封；獨一岳飛，頗有志于功名，然進退之機或戾中旨，卒罹其禍。今之諸將見張、韓之貴，雖輕致敗衄，而益無所憚；懲岳飛之禍，若事當機會，亦不敢專，此當今之大患也。」（參見《上宣諭論淮西事宜》、《答宣諭范機宜》、《建炎以來繫年要録》卷一九三、《宋史》本傳、《行狀》、《墓誌銘》）

是月，判潭州張浚改判建康府。薛季宣于江邊拜見張浚（本集卷二三《與張左司書》）。

是月，金軍企圖渡江，虞允文在采石挫敗金兵。金主亮退至瓜洲渡，兵變被殺。

十二月，淮南金軍全部北撤。季宣作《平狄頌》（本集卷三二）。

紹興三十二年壬午，二十九歲。

正月，金新政府遣使南下，宋高宗決定議和。

二月一日，虞允文爲兵部尙書、川陝宣諭使，措置招軍市馬及與吳璘議事，西行道徑武昌，薛季宣與他相識（本集卷二一《與虞右相》）。

二月十九日，作《感沐賦》。序曰：「壬午中春十有九日，走沐，見二毛焉，因感而賦。」（見本集卷一）

二月，趙撙退出蔡州。薛季宣上書汪澈，論敵我形勢（本集卷一九《上宣諭論北事》）。略曰：「竊以國家比歲用兵之初，實未聞嘗有戰守之略，宏遠之兵，謀不素定，將帥乏才，欲以久惰之兵，幸其一勝，泛泛然如投無鈎之釣，求魚于三江五湖之間。」「自冬徂春，恬不復計，虜使壓境，又復不知所爲，彼怒而歸，意可見矣。且夫大定之立，豈誠厚于我哉？良以國有內憂，上下未睦，死酋之敗，政以無故興師，故此尋盟以和其內，須我待之有闕，師出不爲無名，怒其衆而用之，庶其有濟。是必穹廬之下群臣朝夕之所自爲謀者，而吾邦不此之憂，猷之未遠，使虜再至，果能卻之乎？古求欲以勝人，以爲莫如自治。」

四月，汪澈任參知政事。

六月，宋高宗禪位于孝宗。

七月，張浚爲少傅、江淮宣諭使，封魏國公。參知政事汪澈視師湖北、京西。追復岳飛原官，以禮改葬。薛季宣上書張浚，指出「今朝廷之上，既忘前日之殆，宴然以無事處之矣」，主張「以我之不可勝，待敵之可勝，而不恃敵之可勝」（本集卷一九《上張宣諭書》）。又上書汪澈，認爲應該加岳飛以恩數，以激勵士伍（本集卷二二《與汪參政明遠論岳侯恩數》）。又有《與汪參政明遠論屯戍》《與汪參政論邊事》。他論待敵之計，略曰：「今國家之計，和、攻之事蓋難言矣，惟戰與守皆不得已而後動，是特不可廢者。」（《與汪參政明遠書》）

十月，作《新作殊亭記》（本集卷三一）。

十二月，作《余仲美墓誌銘》，論及科舉制度之弊端（本集卷三三）。略曰：「自國家以科舉取士，士以程文覓舉，一不中治，見詘于有司，雖負王佐之才，懷治世之具，悉擯棄不用，而遢茸脂韋之士，廁名科級，有階以致清顯者，實系其人之幸與不幸，蓋不足計賢否。」

是年，呂祖謙始知薛季宣之名（參見《墓誌銘》及本集卷三四《祭呂郎中文》）。

是年，薛季宣編成《武昌土俗編》二卷並付梓刊行。

《序》略云：「走本記披圖，旁求稗說，參諸故老，訂以前言，附見土風，成《武昌土俗編》二卷。」（本集卷三〇）

宋孝宗隆興元年癸未，三十歲。

正月，《先大夫行狀箋》成。《先右史遺編》、《遺編別錄》編成（參見本集卷三三《先大夫行狀箋》、《書先右史遺編》、《叙遺編別録》）。

春，作《春霖賦》（本集卷一）。

四月，張浚與史浩爭戰、和二議。

六月，薛季宣解縣事。汪澈罷參知政事，台州居住。

七月，薛季宣辭去汪澈等人的舉辟，回到永嘉故里。

按：薛季宣何時解縣事，諸書無明確記載。然本集卷二二《與汪參政明遠書》有「昨自孟秋抵鄉」，推知七月前已解縣事。

是月，湯思退任宰相，主和議。薛季宣上書湯思退，論沿邊形勢（參見本集卷二一《上湯相論邊事》）。又批評和、攻二說，主戰、守二策。他在《再上湯相書》中略曰：「凡事本無深遠，而貪功喜事之臣，役于私意，故雖廟堂之上，未易悉察。又如通和一事，尤虜樂爲，然不能屈辱如前，未易成也。況當講戰未定，其間何所不有。又況今日之弱，良以前日之和。」「竊嘗論爲邦之道，自治爲急，敵之強弱，非所當問。又況虜情頑獷，易爲驕怠，我能爲自強之計，政事修，賢材用，名實不戾，刑賞有章，則夫機會之來，庸有窮盡！」「某竊念天下一家，孰非身事！游談靡靡，徒麗心目，事功無補，亦何堪用！」

八月，薛季宣致書汪澈，言及鄉居生活。略曰：「某自歸鄉關後，雖人事日接，塵坌可厭，而無在官役役之念，始覺此身之爲己有，亦懶者之私便。」（本集卷二二《與汪參政明遠》）

九月，赴調武林（即今浙江杭州），取道丹丘（今浙江寧海），拜望汪澈。途經雁蕩山，後來作《雁蕩山賦》。

《與汪參政明遠》：「某窘于寒饑，秋冬之際，不免赴調武林。時方倒懸，某官必非久于外者，佇聆宰司之召，別陳賀悃，有如車騎未發，當取道丹丘。拳拳之誠，並圖面稟。」（本集卷二二）

《雁蕩山賦》序引：「走家東甌，有祠祭田在雁蕩山下。行年三十，而未之到。隆興初赴調武林，因取途焉。愛其岩谷秀異，無虞無祿，莫之能名，念其山水奇甲天下，而未有文賦，欲賦之，未可也。歸，……故爲集略成賦。……」（本集卷三）

十月，胡銓兼權中書舍人、同修國史。薛季宣上書胡銓，論及和戰。略曰：「今天下倒懸矣，上策莫如自治，而自治之道，非小人之所及也。」「不思自治之道而論遂及于和，和固多端，然不自強則和不在我，則將靡事不爲，而敵人得以制其命矣。」「今日之和，是爲坐困之策，謀謨之際，尤不可不審也。」（本集卷二○《上胡舍人書》）

十二月，張浚與湯思退並相。

是年，薛季宣從吏部銓，得婺州司理參軍（參見《行狀》、《墓誌銘》、《宋史》本傳）。

是年，薛季宣作《反古詩説》。

按：本集卷三〇有《序反古詩説》，略謂「信能復性之初，得心之正，豁蔽以明物，因詩以求序，則反古之説，其殆庶幾乎！」後因州人項用中提出異議，薛季宣對反古説作了修正，改爲性情説。本集卷二九有《書詩性情説》，略謂「用情正性，古猶今也，然則反古之説，未若性情之近也。」

隆興二年甲申，三十一歲。

正月，薛季宣在杭州。後來又稽延武進（今江蘇武進）妻子娘家，墓祭岳母。又與妻弟訪延陵道士何希全（見本集卷二二《與汪參政明遠書》：「滯留錢水者再月，稽延武進者歷時。」卷三四《墓祭外舅姑文》、卷一一《紀游詩》）。

三月，薛季宣上書張浚，論及人材、内憂外患、士風。

在《擬上宰執書》中，季宣説：「今也顧不出此。守平世之常法，士無器業，惟流品之問；官無宜稱，視其資級而取。明治道者或親米鹽之役，工辭藻者乃當軍旅之問。彼知財計，方且任之以刑獄；習于疆埸，又將勞之以民事。大小異器，隨用而失；賢否異能，隨材而廢。」在《上張魏公書》中説：「竊嘗論天下之憂莫深于外侮，而患或起于内訌。」《再上張魏公書》説：「某聞國之安危存乎相，相之得失存乎謀，有一定之謀，故天下無可爲之事。」（本集卷二

○）

按：上張浚之書作于拜相後、罷相前，張浚于四月離相，故姑次于此。

四月，薛季宣回到永嘉故里，妻子暴病。《與汪參政明遠書》：「竊自夏初旋里，即欲走介詢問興居，偶家室暴病頗危，悠延遂爾。」（本集卷二○）

五月，薛季宣上書汪澈，告知杭州見聞。略曰：「武林諸緒大凡如昨言之，非惟無益，徒使人情遺憤。所可慮者，公論不立，時無一定之謀，士夫務快其私，以權相軋。邊庭備禦因茲而廢。」（本集卷二○）

按：薛季宣家居待次期間，潛心向學。據《行狀》，他有《書古文訓》若干卷，《詩性情說》若干卷，《春秋經解》若干卷，《旨要》一卷，《中庸說》一卷，《大學說》一卷，《論語小學》若干卷，《資治通鑑約說》若干卷（未就），《九州圖志》若干卷（未就）。今集中止存《中庸解》、《大學解》各一卷，《皇極解序》、《春秋經解旨要序》、《書古文訓序》各一篇（見本集卷三○）。

宋孝宗乾道元年乙酉，三十二歲。

是年，薛季宣在永嘉待闕。鄭伯熊被召爲國子丞，季宣作《送鄭景望赴國子丞詩二首並序》。

按：鄭伯熊字景望，永嘉人，邃于經學，第紹興十五年進士，歷官宗正少卿，以直龍圖閣知寧國府卒。伯熊與季宣皆以學行聞，而伯熊于古人經制治法討論尤精，二人同爲永嘉學派的先驅。

十二月，汪澈知建康府，不久又除樞密使。

薛季宣上書汪澈，論時事，斥偷安。《與汪留守明遠》略曰：「凡今之究虜情者例不喜聞其實，圖邊事者偷爲一切之計，充饑畫餅，財足自誑。」「近時淺俗之夫，類皆見不及遠，方邊隅無事，則趨時向背，歌頌升平，一遇兵興，則又高談克復，其說信美，然實非今所宜。」（本集卷二二）

乾道二年丙戌，三十三歲。

是年，薛季宣在永嘉候缺。

二月中旬，作《叙黃帝陰符經》（本集卷三○）。

按：薛季宣除校勘過《黃帝陰符經》外，還整理過《風后握奇經》等兵書，研究過八陣圖。見本集卷三○。

四月，汪澈罷樞密使，出知寧國府。薛季宣致書汪澈，論士風與人才。略曰：「近來責人太備，掄材不審，位置乖忤，故不聞有適用之才。某以爲從古才難，何但今日，略其所短，誰無一長。」又曰：「夫自處太高，則下情無復上達，不與物接，則于利病何所聞知，是故小人得以蒙蔽爲奸，發政動多過舉。」（本集卷二二《與汪樞使明遠》）

五月，王炎知臨安府。薛季宣致書王炎，論及酤榷之弊（本集卷二一《與王公明》）

是年，陳傅良在瑞安城南授徒，薛季宣時去訪談（《行狀》）。

乾道三年丁亥，三十四歲。

是年，薛季宣在永嘉候缺，研究學術。

四月二十七日，作《送鄭景元赴秀州判官詩並序》（本集卷六）。

按：景元名伯英，鄭伯熊弟。

七月十六日，作《夢仙謠》詩（本集卷一二）。

十一月，陳俊卿爲參知政事，劉珙爲同知樞密院事。

是年，作《送甄雲卿赴西宮學官序》（本集卷三〇）。

按：雲卿字龍友。本集卷三五附甄龍友挽詩三首，其一曰：「贈別文章妙，分攜六見秋」，是知作于是年。

作《答石應之書》（本集卷二三）。

略曰：「小學之廢久矣。爲大學者失其養心之地，流于異教，不過空寂之歸，開物成務之功，無望于賢者，但令良心不泯，天理豈外于人邪！反而求之，莫若存其大者，積小以成大，是又不可忽也。」按：應之名宗昭，季宣學生。此書不知作于何時，姑附于是。

作《與王彥恭經略》（本集卷二三）。

按：文中提到「里居待次，經涉四年」，故知爲此年之作。

薛季宣致書劉復之（本集卷二四）。

按：復之名朔，莆田（今屬福建）人，官至秘書省正字。季宣在信中談及家居待闕的窘境：「某待金華獄掾闕，尙年餘，去歲風濤之嗇，雖幸以天而免，孤單之族，絕者五房，親戚故人，半入鬼錄，而又家乏粒食，漂泛無復遺餘，妻啼兒號，日日相似。」（《與劉復之》一）

乾道四年戊子，三十五歲。

是年，薛季宣在永嘉候闕。他曾與何溥（字商霖）討論經學（本集卷二四《答何商霖書》之一、之二、之三），又與徐元德、潘友之、潘必勝、程時行、張人傑、龔秀才論學（參見本集卷二五《答徐元德書》、《復潘秀才書》、《復程秀才書》、《復張人杰學諭書》、《復龔秀才書》）。

春，陳傅良謝徒束書，山間屏居。薛季宣又前去訪談，問治何業，傅良竭己所得以對，季宣曰：「吾懼吾子之累于得也。」（《行狀》）

按：薛季宣有《知性辨示君舉》，略曰：「命有天人之分，道有時厝之宜，不可不與知之。性者命之在天，行而爲道。知命與道，則性可由窮理而盡，又可以知言乎！」（本集卷二七）

二月，王炎除簽書樞密院事。薛季宣上書王炎。

略曰：「今天下切務，不過數節，自非君臣同德，將何由濟。不然，雖光復中夏，猶無益也。」（本集卷一七《與王樞密劄子》）又曰：「比年人情苟且，類少深遠之謀，衆人幸于偷安，狂妄則希生事。偷安固一切不問，生事則輕議伐人。」（《又與王樞密劄子》）

夏，薛季宣前往婺州赴任。在之官途中，因王炎舉薦，被召赴臨安審察。季宣派人匯報政府，求終金華之任，未被批準，于是自富春下船，將家眷安排在延陵暫住，然後前往餘杭（參見本集卷二五《答象先侄書》）。

本集卷二二《與汪樞使明遠》：「待次六年，典質以濟，之官就道，承命于行，欲進趑趄，退固不可，不免走介情告政府，求終金華之任，遂自富春舍舟，問道餘杭，寄家延陵，以就親戚，辭不見聽，黽勉此來。」卷二一《與王樞密公明》：「今此薦章，又蒙鈞衡題品，被以『恬不干進，博學有守，見事敢爲』之目。」

赴臨安途中，經過嘉興拜訪鄭伯英。

本集卷三五鄭伯英挽詩：「公之初召，訪我嘉興。」

是年入都，在鄭景望（伯熊）之舍得陳亮之文。

本集卷二三《答陳同父書》：「某自戊子入都，得左右之文于景望四三哥之舍。」

薛季宣上《召對劄子》，首論審政本，遴三公之選，進人才，張紀綱；二論冗官冗兵，害政傷財；三論民間疾苦，省虛稅，寬民力（本集卷一六《召對劄子》一、二、三）。

召對後改宣義郎，知平江府常熟縣。離開臨安前，他致書王炎、劉珙告別，然後回到毗陵妻子娘家待缺（參見本集卷二一《與劉樞密》、《與王樞密公明》）。

《行狀》：「改宣義郎，知平江府常熟縣，退待次具區滆上。」

乾道五年己丑，三十六歲。

是年，薛季宣在毗陵待缺。

三月，王炎任四川宣撫使。薛季宣上《與四川宣撫王樞密劄子》、《與王樞密公明》（見本集卷一七、卷二一）。

春，致書汪澈。

略曰：「某嘗謂以中原爲不可復者不明乎古之道，以爲便可復者不明乎今之勢。」（本集卷二二《與汪樞使明遠》）

秋，寫信給陳傅良。

略曰：「某自作別之後，疾病相仍，幼累復然，而賤婦所苦特異，就醫役役，死生尚未可知。延陵歲又水荒，重之螟蟥馬迹，薄田既無遺種，縣官科率草料，倍常賦而加多，憔悴煎熬，分爲溝中之斷。」（本集卷二四《答君舉書二》）又提到「《經考》漫呈一看，《八州地圖》別後都不暇料理，《陣圖》方居外匆擾，不能便爲寫去。」（同上）

葉適上書薛季宣問學，薛季宣作《答葉適書》（本集卷二五）。

冬，陳傅良前往毗陵，學于薛季宣門下。《行狀》：「歲己丑冬，遂往依公具區瀉上卒學。茅茨一間，聚書千餘卷，日考古次今其中。」

乾道六年庚寅，三十七歲。

春，因劉朔之薦，朝廷召薛季宣赴臨安審察。薛季宣固辭不就，劉朔以君命相諷勵，薛季宣于是上書虞允文、王炎、梁克家等人，力求終常熟縣令之任，不被批準，又請祠，也不被答復。

按：關于被召月日，無法詳考。《行狀》：「自召命下，公請之任六七，不報，又請奉祠，不報，積十有八月，而後就道。」又乾道七年秋季宣才到行都（本集卷二四《與鄭景望三》），推知被召當在六年春。關于薦舉人，本集卷二三《與沈應先書》：「某比以莆陽薦召，雖辭不得命。」是知爲劉朔。辭免書札參見本集卷二一《與陳左相》、《與虞右相》、《與梁樞密》、《與王樞密公明》、《張樞密劄子別紙》、《參辛稟目》，卷二六《再召辭免劄子》、《請祠申省狀》、《再辭召命申省狀》、《劄子》、《又狀》。

夏，寫信給喻樗，請他述錄趙鼎遺事，以補史載之缺（本集卷二三《與喻郎中》）。

按：喻樗字子才，其先南昌人，後徙嚴州（今浙江建德），建炎三年進士，因趙鼎薦，授秘書省正字。孝宗時任提舉浙東常平，淳熙七年（一一八〇）卒。

又作《與沈應先書》。

略曰：「自大學之不明，其道散在天下，得其小者往往自名一家，高者淪入虛無，下者凝滯于物，狂狷異俗，要非中庸。」（本集卷二三）

六月，劉朔卒。

按：薛季宣有《劉復之哀辭》，略曰：「走之再召，多復之推挽之力。于走辭命，復之開譬以書，膽答亡何，价以亟返，復之道次三衢死矣。」（本集卷一三）

八月，作《叙焦氏易林》（本集卷三〇）。

按：薛季宣好《周易》學（見本集卷三五甄龍友挽詩）。此外尚有《河圖洛書辨》、《書古文周易後》（本集卷二七）。

秋，陳傅良入太學。薛季宣寫信給他。

按：信中提到「《州圖》（按：即《九州圖志》）納去荆州、南交二紙，抄畢蚤希寄示，揚、冀草具未補，梁州和夷未曾釋地，幽、雍都未下手，《幽經》卻備，幸而不爲事奪，一兩月間莫可成矣。」

薛季宣僑寓毗陵期間，曾致書楊簡、沈渙。

略曰：「滅學以來，言行判爲兩途，舊矣。其矯情之過者，語道乃不及事。」「今之異端，言道而不及物，躬行君子，又多昧于一貫。」（本集卷二五《抵楊敬仲》、《抵沈叔晦》）。

按：沈煥（一一三九—一一九一）字

叔晦，定海（今浙江定海）人。楊簡（一一四一—一二二六）字敬仲，慈溪（今浙江慈溪）人。

乾道七年辛卯，三十八歲。

春，薛季宣寫信給鄭伯熊。

略曰：「貧病交攻，婦兒婢僕之間，數歲殆無寧日，所養不厚，又殊無以敵之，誠負君子之門，愧心極矣。命召審察，四辭遂不復來。今逼瓜期，乃妨交政，近有丐祠之舉，未知廟堂可否。」（本集卷二四《與鄭景望二》）

又回信陳傅良。

略曰：「大抵立言之體，要當簡易，聖人大未易到。諸公或入于俚，或入于深，雖未害于道，非行遠之法也。」（本集卷二四《答君舉書》）

夏，又與鄭伯熊書，告知夏秋之際將趨朝赴召（本集卷二四《鄭景望三》）。

七月，王炎拜樞密使。

八月，薛季宣到達臨安，上劄子給虞允文，論及君臣關係，反對貪功喜事，輕啓邊釁（本集卷十七《都堂審察劄子》、《與虞丞相劄子》）。

八月十一日，赴大理寺任主簿。上書大理寺長貳及樞密使王炎。

按：薛季宣因看不慣大理寺因循拖踏的辦事作風，曾上書大理寺長貳，要求「奉身而退」（本集卷二六《上大理寺長貳劄子》）。又上書王炎，略曰：「乃者傳聞嘗建出師之議，此固道聽途說，要此一著，不容再錯。虜情何若，惟審處之爲宜。倘中原未能一舉平之，則與殘民以騁無異。樞使身任天下之重，願無貪欲速之功，宏遠規摹，毋

終潰于戍，則宗社蒼生之所仰賴。」（卷二一《與王樞使公明》）

秋，薛季宣與周必大、呂祖謙交（參見本集卷二三《淮西與周侍郎書》、《與張左司書》）。

冬，薛季宣奉使淮西。

按：是年，因江湖大旱，饑民流入淮西。邊境守臣又言歸正人相屬者，孝宗命令帥臣與漕臣共同安集。逾月奏書不至，丞相虞允文召薛季宣問計，季宣因疏三策，認爲此事體大，須遣重臣持節前往視察。第二天，有旨遣薛季宣奉使淮西（《行狀》）。

十二月三日，薛季宣自毗陵到達牛渚。

十二月八日，薛季宣到達合肥。

十二月十五日，薛季宣由合肥西行。

十二月十九日，薛季宣到達固始。致書虞允文，匯報沿途見聞，所謂北歸人一百十二家，實際上皆土著數年，新附者僅五家，光守宋端友更以舊戶比新戶詭爲奏，甚者賊殺歸人，掠其善馬，欺君誑上（《奉使淮西與虞丞相書》、《行狀》）。

十二月二十八日，到達光州。致書虞允文，劾光守宋端友（《與虞丞相書二》）。

乾道八年壬辰，三十九歲。

正月十三日，薛季宣抵齊安，置莊安置流民，並致書虞允文匯報情況（《與虞丞相書三》、《與虞丞相書四》）。

三月二十六日，薛季宣從齊安出發，取道蘄、舒，又從六安東入安豐，到達濠梁。

春，薛季宣致書王炎（《淮西與王樞使書》）。又致書梁克家。

略曰：「人才蓋有定論，惟無責備乃可。人非大聖，誰能無入而不自得，惟在處

之備得其當。一世之士，信足了一世用，有如長短易置，小大倒施，無適而宜，夫何才術之見。」(《梁西與梁右相書》)

四月二十五日，薛季宣到達合肥，致書虞允文，匯報流民安置情況(《與虞丞相書五》)。

是月，薛季宣致書周必大(《淮西與周侍郎書》)。

五月，薛季宣致書虞允文，薦舉能吏，並上報流移人名冊(《與虞丞相書六》)。

七月，薛季宣回到臨安復命，進官一等，除大理正。

按：據《行狀》：「于公齊安之請還也，命核麥田，留累月，核已，又命視鐵錢事。」《墓志銘》：「(宋)端友以憂死，習爲媒者皆悚，而虞丞相始不樂公矣，故爲多端糜公，以緩其歸。」又據五月《與虞丞相書六》：「某以有核實麥禾之命，尚須一兩月留。」知回朝復命當在七月。薛季宣上奏孝宗，首論租稅不均，士戶包占田地，淮地未得墾辟；次論邊田荒蕪，勸墾文具，邊備不修；三論左右之人欺誑不實，托正以行邪，僞直以售佞，提出「收骨鯁之士，棄軟熟之人」的主張(本集卷一六《奉使淮西回上殿劄子》一、二、三)。

八月初四日，到達湖州任知府。行前上《朝辭劄子》，論科折不均、丁絹催擾之弊，又上備邊策，再論下情上達、人主兼聽廣納(本集卷一六)。

按：薛季宣任大理正僅七日，見《行狀》。又《湖州請祠劄子》：「自八月初四日到州交割職事。」

九月，虞允文爲四川宣撫使。薛季宣自湖州致書虞允文（本集卷一八《湖州與四川宣撫虞少保書》）。

秋，致書張栻（本集卷二三《與張左司書》）。又致書朱熹，談到士大夫出處進退及湖學興衰。

略曰：「居身過厚，高目斯人，不一援手拔毛，此遁世絶俗之士，意非執事所與。」（《與朱編修書》）

又致書沈煥。

略曰：「今日朝家不可謂弱，正患衆人蓄縮，賢者自處之高，以故狂妄之徒得爲欺誕，國勢日以微削，須得天下共維持之。」（《答沈縣尉書》）

十一月，會戶部以歷付場務，錙銖皆分隸經總制，諸郡束手無策，薛季宣言于朝曰：「自經總制立額，州縣罄空以取贏，雖有奉法吏思寬弛而不得騁。若復額外征其強半，郡調度顧安所出？殆復巧取之民，民何以勝！」（《宋史》本傳）而有關部門征之愈急，季宣辨之愈力，與同官發生矛盾，于是丐祠求去。朝中臺諫官也交疏助之，朝廷于是收回前令（《行狀》）。

按：文見本集卷一八《湖州與宰執書》、《湖州請祠劄子》（一、二）、《湖州與曾參政書》、《湖州答王樞密劄子》、《湖州與梁右相書》。

冬，薛季宣給陳亮回信（本集卷二三《答陳同父書》）。

略曰：「夫道之不可邇，未遽以體用論。見之時措，體用疑若可識，卒之何者爲體？何者爲用？即以徒善徒法爲體用之別，體用固如是邪？上形下形，曰道曰器，道無形埒，舍器將安適哉？且道非器可名，然不遠物，則常存乎形器之內。昧者離器于道，以爲非道遺之，非但不能知器，亦不知道矣。」

乾道九年癸巳，四十歲。

正月，薛季宣接到朱熹的回信，又致書于他，論及湖學。

略曰：「教以安定之《傳》，蓋不出乎章句誦説，校之近歲高明自得之學，其效遠不相逮，要終而論，眞確實語也。」又曰：「漢儒之陋，則有所謂章句、家法；異端之教，則有所謂不立文字，稽于政在方冊，人存乃舉，禮儀威儀，待人以行，智者觀之，不待辨而章矣。」（本集卷二三《又與朱編修書》）

初春，薛季宣致書王炎（本集卷一八《湖州與樞密王觀文公明書》）。

四月，薛季宣解湖州任，改除知常州，未上任，回到永嘉。

《行狀》：「數月久勞于外，還七日乃出守，守七月罷。罷歸之百日以卒。」由是知最遲四月薛季宣已罷歸。

七月戊申，薛季宣卒于家，年四十。

按：見《墓誌銘》。關于薛季宣的死因，據洪邁《夷堅丁志》卷一二説：「乾道癸巳歲，自吳興守解印永嘉，得痔疾，爲庸醫以毒藥攻之，遂蒸而斃。」又侄子薛溶的祭文説：「胡爲微恙，輒成酷禍。庸醫妄投，竟爾勿悟。屈指三日，噬臍莫措。」

十二月壬申，葬于永嘉縣吹臺鄉慈湖之原（《行狀》、《墓誌銘》）。

東萊呂太史年譜

（宋）呂祖儉 編
呂喬年
李文澤 校點

宋刻元明遞修本《東萊呂太史文集》附録卷一

呂祖謙（一一三七—一一八一），字伯恭，婺州（今浙江金華）人。以蔭補官，隆興元年進士，復中博學宏詞科，調南外宗學教授。歷嚴州教授，召爲太學博士，除秘書省正字。淳熙三年除秘省郎，累遷著作郎，繳進《文海》，除直秘閣。八年卒，年四十五。謚曰成。

呂祖謙與朱熹、張栻並稱東南三賢，主張「明理躬行」，開浙東學派先聲，學者稱東萊先生。於《詩》、《書》、《春秋》、十七史等均有研究，著述多達十餘種，其中《呂氏家塾讀詩記》、《古文關鍵》及所編《皇朝文鑑》，均對後世有較大影響。所作詩文豪邁駿發，語言明麗，有《東萊呂太史文集》四十卷傳世。事蹟具《宋史》卷四三四本傳。

祖謙卒後，其弟祖儉因舊本《東萊先生集》真僞錯雜，遂重新編定，由其子喬年刊正付梓，初刻於宋嘉泰四年，經元明遞修，流傳至今。該本卷首有《年譜》，未署編者，考呂喬年跋已稱「年譜、遺事與凡可參考者，皆總之附録」，後人因文集爲呂祖儉、呂喬年編刻，遂題爲二人所編，今姑仍其舊。其後明阮元聲輯《呂成公外録》，即删潤此譜，置於全書卷一。今據北京圖書館藏宋刻元明遞修本所載《年譜》整理，并參校《續金華叢書》本及《呂成公外録》。

高宗紹興七年丁巳

是歲公外王父曾文清公幾爲廣西轉運使，公皇考倉部時在桂林甥館。二月十七日□時[一]，公生。

紹興八年戊午

紹興九年己未

紹興十年庚申

紹興十一年辛酉

紹興十二年壬戌

紹興十三年癸亥

紹興十四年甲子

紹興十五年乙丑

紹興十六年丙寅

是歲年十歲。倉部爲江東提舉司幹官，公隨侍于池陽。十二月八日，公祖駕部終於婺州。

紹興十七年丁卯

隨侍在婺州。

紹興十八年戊辰

四月，以祖駕部致仕恩補將仕郎。

紹興十九年己巳

紹興二十年庚午

紹興二十一年辛未

是歲倉部爲浙東提刑司幹官，公隨侍於越。

紹興二十二年壬申

紹興二十三年癸酉

有《賦眞覺僧房蘆》詩。

紹興二十四年甲戌

紹興二十五年乙亥

是年春，倉部爲福建提刑司幹官，公隨侍於福唐。

三月，從三山林先生少穎之奇游。先生時待次汀州長汀尉。

紹興二十六年丙子

是年年二十歲。應福建轉運司進士舉，爲首選。

十一月九日，如臨安。於是林先生入爲祕書省正字。

是歲有《許由》、《淸曉出郊》、《城樓》、《夏詩》諸詩(二)。

紹興二十七年丁丑

是春，試禮部不中，赴銓試。下等第三人。

四月七日，授迪功郎、監潭州南嶽廟。因如天台省外祖。

六月二日，自天台歸福州。

十月，倉部任滿，公隨侍歸婺州。

十二月十六日，如信州。二十九日，親迎于韓氏。新知建州建安縣元吉之女。

紹興二十八年戊寅

四月二日，公歸自信州，以韓夫人廟見。

紹興二十九年己卯

十一月初四日，女華年生。

紹興三十年庚辰

四月，嶽祠滿。六日，赴銓。上等第二人。館于倉部亦以祠滿赴闕，授岳州通判。伯舅糧料院曾公原伯逢寓舍。於是籍溪胡先生原仲憲爲秘書省正字，汪公聖錫應辰爲秘書少監，公皆嘗從遊。

八月，歸婺州。

紹興三十一年辛巳

正月十三日，授嚴州桐廬縣尉。二十三日，子岳孫生，兩旬而夭。

是歲五月，王公十朋爲大宗正丞。

十二月，林先生少穎出爲提舉福建市舶，皆過婺來訪。

紹興三十二年壬午

正月八日，公如信州。於是韓公元吉爲司農寺主簿，公以夫人歸寧。

三月二十八日，歸自臨安。

四月，倉部用從臣薦，差知黃州。

六月初七日，子齊孫生。是月十二日，倉部之官黃州，公侍母夫人如越中外家。時伯舅通判紹興府事。

六月二十三日，韓夫人卒于臨安。是日，公自越如臨安。

八月，以韓夫人之喪歸婺。

九月二十六日，葬韓氏于武義縣明招山，所生男亦夭。

冬，如越。

是歲發兩浙轉運司解。第二人。

孝宗隆興元年癸未

春試禮部，奏名第六人。四月十二日，賜進士及第，改左迪功郎，又中博學宏詞科。

六月七日，特授左從政郎，改差南外敦宗院宗學教授。制詞：「勑左迪功郎、新差南外敦宗院宗學教授呂某：唐之科目，雖多而輕，故有食餌小魚之譏，然連中者亦寡矣，此青銅錢所繇取譽於當世也。爾兩科皆優選，宜有以旌其能。資叙超升，是亦常典。可特授左從政郎，差遣如故。」中書舍人錢周材行。

隆興二年甲申

四月，公如黃州。

八月，侍倉部赴闕奏事。

九月，如越。

十一月，如浙西。

閏月，歸婺州。

乾道元年乙酉

八月，倉部之官池州。公侍母夫人以十二月至郡。

乾道二年丙戌

是年年三十歲。十月，倉部自池州召歸爲郎，先如臨安，公侍母夫人歸至建康。

十一月一日，夫人以疾終于舟中，公護喪歸婺。

乾道三年丁亥

正月二十二日，葬夫人曾氏于明招山。倉部謁告歸會葬。

四月，如臨安省侍。

五月，復歸明招。

冬，在明招，學子有來講習者。

乾道四年戊子

秋，自明招歸城。於是倉部出知江州，待次，尋改知吉州。

冬，授業曹家巷。始有《規約》及《左氏博議》。

是歲修《東萊公家傳》。

乾道五年己丑

二月，從吉。二日，如宣城省外氏。三月、四月，還自宣城。

五月，如德清，因遊靈洞，有《戴衍字序》。二十日，親迎于韓氏，實元妃之女弟。

六月初六日，除太學博士，待闕。

制詞：「勑左從政郎呂某：首善自京師，而教化原於太學，博士員又所以駕其說以誨諸生也。惟選既重，宜擇其人。以爾讀書業文，無它嗜好。由門蔭得官，而一日連中兩科。聲華籍甚，士論稱之。茲用擢爾重席上庠，爲之誦說，使夫博古通經之士輩見於時，則爲稱職。可特授依前左從政郎、太學博士，替王信年滿闕。」中書舍人胡沂行。

八月十一日，歸自德清，以韓夫人廟見。

二十五日，改添差嚴州州學教授，以近

旨中都官待次者補外故也。二十七日，如三衢見汪公聖錫。

十月七日，歸自三衢。十八日，之官嚴州。

二十一日，交事。

是歲有《己丑規約》及《謝遣初學約束》，五月九日。又有《己丑課程》，《己丑所編》。至嚴，有《春秋講義》。

乾道六年庚寅

廣漢張公栻爲守，公有《爲張公作乞免丁錢奏狀》及謝表。又編次《閫範》，張公爲之序。

五月初七日，除太學博士。

制詞：「勑左從政郎呂某：朕追懷故老，慨想遺風。惟累葉之相門，有一時之才子。爾學優多士，名擢兩科。準《易》草經，獨守揚雄之志；下帷授業，共尊董相之風。兹召自於泮宮，俾入躋於學省。以慰諸儒之望，庶幾師道之明。尚副子知，益推所學。可特授依前左從政郎、太學博士。」權中書舍人王秬行。

閏五月四日，公自嚴陵歸婺。八日，會諸生于麗澤，有《規矩七事》。九日，復還嚴陵，遂如臨安。是月，倉部之官吉州。

十二月十九日，兼國史院編修官、實錄院檢討官。公之召也，張公亦自嚴陵召歸爲郎，兼講官，與公同巷居。吳興芮公燁爲國子司業，與公共修學政。明年春，芮公爲祭酒，劉公焞爲司業。

是歲有《輪對劄子》及《太學策問》及爲門人定喪葬禮。

乾道七年辛卯

四月二十二日，螺女生。

五月十三日，韓夫人卒。

六月請告歸婺。十七日，葬韓氏于明招。

是月，倉部自吉州奉祠。

七月六日，公如龍游逆倉部。八日，侍倉部歸婺。與宰相書請祠侍親，不許。是月二十四日，以通歷任四考，改左宣教郎，召試館職。

九月十六日，除秘書省正字，兼職如故。

制詞：「勅左宣教郎呂某等：冊府地祕職清，英俊之林，卿相之儲也，博采時名，復試焉而後授。選在如此，不已精乎。爾某連中儒科，有窺古之學；爾戩世濟名德，有康時之心。其往觀未見之書，沈浸涵泳，以就遠器，朕將收其用焉。可依前件。」中書舍人趙雄行。

是歲祭酒芮公、太史劉公夙、詹事王公十朋皆卒，公有《祭芮祭酒文》、《王詹事挽章》及《爲宰臣虞允文恭書御書崔寔政論下方》，又有《李粹伯侍御母挽章》。

乾道八年壬辰

春，爲省試考官，在試院聞倉部屬疾，請告歸婺。

二月四日，丁憂，復修《喪葬禮》，定《祭禮》。

十一月三日，葬倉部于明招山。

是歲，螺女亦夭。

乾道九年癸巳

是歲諸生復集，講《尚書》，有《癸巳手筆》。

七月，薛常州季宣卒。

八月，劉子澄及陸子壽來。

十月，陸子壽復來。公與同觀《實錄》，有《實錄節》。

淳熙元年甲午

正月，以韓尚書元吉守婺，散遣諸生，始編《讀詩記》，閱《春秋左氏傳》，有摽抹本。劉子澄來。

三月，如明招。

四月，從吉。

五月十三日，如三衢。二十六日，陸子靜自臨安來。

六月一日，歸自三衢。是月二十三日，主管台州崇道觀。

八月二十八日，如越，潘叔度偕行。

九月二十七日，歸自越。有《入越録》。

十二月，過烏石。

是歲魏元履卒，有挽章。又有《哭芮祭酒十詩、《薛常州墓誌》、《喬德瞻墓誌》及《左氏手記》。

淳熙二年乙未

春，在明招。

四月二十一日，如武夷訪朱編修元晦，潘叔昌從。留月餘，同觀關洛書，輯《近思録》。朱編修送公于信州鵝湖，陸子壽、子靜、劉子澄及江浙諸友皆會，留止旬日。歸至三衢，又留旬日，乃歸。有《入閩録》。

七月，自明招如武義之上㯭會葬，因遊劉氏山園。有《緑映亭》諸詩。

八月一日，復歸明招。閲《通鑑》，有標抹本。學子多來講習者。閏九月五日，還城。

是歲有《乙未手筆》。

十二月十九日，端明汪公卒。

淳熙三年丙申

是年年四十歲。正月十二日，如三衢哭汪公，有祭文。十八日，歸自三衢。是月二十五日，磨勘轉奉議郎。

三月二十三日，女華年歸于潘景良。二十八日，往會朱編修于三衢。

四月十日，歸自三衢。

七月十日，遷塾于右司宅，復編《讀詩記》。

八月十七日，遊靈洞。九月十九日遊赤松。

十月一日，如越。二十六日，由明招歸。

是日除祕書省祕書郎、兼國史院編修官、實錄院檢討官，以重修《徽宗皇帝實錄》，用禮部侍郎兼同修國史、實錄院同修撰李燾之薦也。

制詞：「勑奉議郎呂某：士君子之所履，觀《易》之履盡矣。安素分而守正，館閣儲才，所期在此。以爾守有宮庭，學有矩矱。醇靜樸茂，亦聞于時，爲郎司編，仍贊筆削。必有可觀，更思履道。當知制行之爲難，養名之不易也，可特授依前奉議郎、秘書省祕書郎、兼國史院編修官、實錄院檢討官。」權中書舍人陳騤行。

十月二十九日，如臨安。

十一月五日，供職。

是歲有林安之、邢邦用墓誌。

淳熙四年丁酉

三月九日，實錄院進《徽宗皇帝實錄》二百卷。

四月二十九日，以與修實錄有勞，轉承議郎，罷檢討，仍兼史職。

制詞：「奉議郎、祕書省祕書郎、兼國史院編修官、實錄院檢討官呂某：右可特授承議郎、試祕書省祕書郎、兼國史院編修官。勑奉議郎、守祕書省著作郎、兼國史院編修官、實錄院檢討官、兼權司封郎官傅伯壽等：昔唐《開元實錄》厄於興慶，殆無存者。其後搜得一二，雖相繼有以家藏來上，亦豈無遺事邪？

惟我徽祖臨御寓內二十有六載，禮樂庶事罔不備具。記注所載，中更散逸。故紹興間裒集成書，尚多闕略。朕下明詔，復加纂修。爾等皆以奧學良才，博聞強識，緒業其間，豈特文直事核，而比舊增多百卷，斯亦勤矣。恭閱奏篇，爲之歎嘉。咸進文階，以示褒勸。可依前件。」權中書舍人劉孝韙行。

十一月二日，娶芮氏，故國子祭酒燁之季女。九日，被旨校正《聖宋文海》，公請一就刪次，斷自中興以前。十六日，有旨從之。

是歲有《輪對劄子》二首。林先生少穎卒，有祭文。作文在明年夏。

淳熙五年戊戌

春，爲殿試考官。

三月十三日，磨勘轉朝奉郎。

四月二十三日，除著作佐郎，兼史職。制詞：「朝奉郎、行祕書省祕書郎、兼國史院編修官呂某：右可特授依前朝奉郎、行祕書省著作佐郎、兼國史院編修官。勑承事郎、試祕書省著作佐郎、兼國史院編修官、兼權太子侍講鄭鑑等：中祕圖書之府，承明著作之廷，爲郎其間，厥選惟重。以爾鑑有志於世，持論不阿；爾某積學於身，信道甚篤。靜重而敏於事，若晉臣西蜀之英；諒直而濟以文，若郯者三吳之秀。或褒序於在位，或簡擢於它官。持載筆之三長，典異書之四部。惟茲成命，既叶於公言；副我虛懷，更恢於遠業。可依前件。」權中書舍人劉孝韙行。

六月十三日，兼權禮部郎官，以與修《中興館閣書目》，書成進御，減二年磨勘。

九月十二日，車駕幸祕書省觀書，賜宴。翌日，內出近體詩一首賜羣臣。比以秋日臨幸祕書省，因成近體詩一首，賜丞相史浩以下：「玉軸牙籤煥寶章，簪紳列侍映秋光。宴開芸閣儒風盛，坐對蓬山逸興長。稽古右文慚菲德，禮賢下士法前王。欲臻至治覬熙洽，更罄嘉猷爲贊襄。」丞相以下皆進詩，公進和篇一首及《代宰臣恭書御製下方》，又《代宰臣作謝表》。二十七日，以幸省恩轉朝散郎。

制詞：「朝奉郎、行祕書省著作佐郎、兼國史院編修官、兼權禮部郎官呂某：右可特授朝散郎，依前行祕書省著作佐郎，兼國史院編修官，兼權禮部郎官。勑承議郎、祕書丞、兼權吏部郎官黃洽等：列職祕書之府，參聯史氏之官。皆極一時之選，儲爲異日之用也。朕仰遵太上皇帝之睿謨，舉行紹興甲子之縟典。載臨祕閣，欽閱寶儲，延見群士。賜宴賦詩，以侈榮寵。居官其間，進秩一等。稽之彝章，允爲異數。朕之所以稽古右文，禮賢下士之意，于此見矣。爾其精白一心，圖厥報稱，以永有辭。可依前件。」權中書舍人鄭丙行。

十月十七日，除著作郎，兼職如故。

制詞：「朝散郎、行祕書省著作佐郎、兼國史院編修官、兼權禮部郎官呂某：右可特授依前朝散郎、祕書省著作郎兼國史院編修官、兼權禮部郎官。勑具官呂某等：朕聞隆興以來著記，近稱整齊，尚慮未盡直筆；建炎以後祕藏，近成輯錄，尚慮不無逸編。士之相語於朝，咸謂爾某、爾邲、爾价者，粹美有蘊，淵源有學，正而不矯，通而不流，有用之器也。朕聞之亦喜焉。或以次遷，或以它擢。各修乃職，尚何慮哉！朕一朝而除館閣之士三，其在《大雅》曰『藹藹王多吉士』，乃今見之，咸副所望。可依前件。」中書舍人陳騤行。

十二月十四夜，感末疾，給假半月將治。

是歲朱秘書元晦起知南康軍。

淳熙六年己亥

公自歲前感疾請祠，正月十一日，詔與州郡差遣。十六日，又詔與添差參議官差遣，免謝辭。二十四日，樞密使王淮宣旨問所編《文海》次第，公遂以其書繳申三省以進。

二月三日，得旨：呂某編類《文海》，採摭精詳，與除直秘閣。四日，又遣中使李裕文宣賜銀絹三百疋兩。公具表謝，且辭免除職。時中書舍人陳騤繳公直閣之命，以爲推賞太優。尋奉聖旨：「館閣之職，文史爲先。今所編次，採取精詳。觀其用意，有益治道。故以寵之，可即命詞。」

制詞：「勅朝散郎呂某：館閣之職，文史爲先。以爾編類《文海》，用意甚深。採摭精詳，有益治道。寓直中祕，酬寵良多。爾當知恩之有自，省行之不誣，用竭報焉，人斯無議。可特授依前朝散郎、直祕閣。」中書舍人陳騤行。騤既繳駁不行，故假王言以寓詆訕云。

公辭免職名至再，竟不允，乃拜命。所進《文海》，賜名《皇朝文鑑》，命翰林學士周必大爲之序。

三月二十四日，出修門，公末疾至是始可扶持就輿。

四月七日，買舟東歸。十三日，至婺。公之祖駕部自南渡轉徙，終於婺州，家遂寓婺，佃廢地爲居。公始以屋歸官，買宅城西北隅，及是遷焉。

六月七日，主管建寧府武夷山冲佑觀。

七月二十八日，夫人芮氏卒。九月十五日，葬芮氏於明招。

十月，陸子壽來。

是歲復修《讀詩記》，及有《尚書講義》、《白鹿洞書院記》。

淳熙七年庚子

始有《日記》。初作《大事記》。建家廟，修《宗法》及《祭禮》。

四月，陸子壽來。十七日，磨勘轉朝請郎。

九月二十五日，除著作郎，兼國史院編修官，公辭。

十月十二日，添差兩浙東路安撫司參議官，又辭。

十一月二十二日，主管亳州明道宮。

是歲張荆州、陸子壽皆卒，公有《祭張公文》及《陸先生墓誌》。周子充爲參知政事，公有《與周子充》諸書。

淳熙八年辛丑

定《古周易》十二篇，編《歐公本末》。閱熙寧奏對。又有《坐右録》、《卧遊録》。

七月二十九日，終于正寢，享年四十有五。

十一月三日，葬明招〔山〕。

〔一〕二月：《宋東萊吕成公外録》卷一《年譜》及四庫全書本《東萊集》附《年譜》待等均作「三月」，而吕祖儉《壙記》則作「二月」，未知孰是。

〔二〕夏詩：《東萊吕太史文集》卷一作《夏日》。

陳文節公年譜

（清）孫鏗鳴　編

吴洪澤校點

敬鄉樓叢書第二輯

陳傅良（一一三七—一二〇三），字君舉，號止齋，瑞安（今屬浙江）人。乾道八年進士，孝宗朝歷泰州教授、太學録、福州通判，知桂陽軍。光宗時爲湖南提舉、轉運判官，轉浙西提點刑獄，除吏部員外郎。去朝十四年，至此方歸，鬚髮皆白，號「老陳郎中」。遷秘書少監、嘉王府贊讀，除起居舍人。四年，兼權中書舍人。以光宗不朝重華宫，諷諫不聽，自免而歸。寧宗即位，召爲中書舍人，復被論罷，入僞學籍，削秩罷祠。嘉泰二年復官，三年卒，年六十七，謚文節。

傅良爲永嘉學派巨擘，文名頗著，時人多從其學。後人復取其論編爲《止齋論祖》，影響較大。著述甚豐，今存有《讀書譜》、《春秋後傳》、《建隆編》、《歷代兵制》及《蛟峰批點止齋論祖》、《止齋先生奥論》八卷、《止齋文集》五十二卷等。事蹟具樓鑰《陳公神道碑》（《攻媿集》卷九五）、葉適《寶謨閣待制中書舍人陳公墓志銘》（《水心集》卷一六）、《宋史》卷四三四本傳。

陳傅良年譜，有清孫鏘鳴編《陳文節公年譜》和近人單丕編《陳止齋年譜》（《不厂叢稿》本）兩種。孫譜嘗刊行於《國故》一至三期（一九一九年三至五月），未完。又有抄本傳世，黄羣嘗據以校印，後得孫氏家藏手稿，遂棄去原刊，以手稿刊入《敬鄉樓叢書》第二輯，於一九二九年印行。臺灣商務印書館嘗據此本影印爲《宋陳文節公傅良年譜》，編入《新編中國名人年譜集成》第十五輯。茲據《敬鄉樓叢書》點校，篇中誤字，均據所引原書校正。

陳文節公年譜

孫鏘鳴 蕖田

高宗紹興七年丁巳

十一月二十四日壬子，公生。

《行狀》：蔡幼學撰。公諱傅良，字君舉，姓陳氏。其先自閩徙溫州瑞安縣之帆遊鄉，至公八世矣。曾祖靖，祖邦，皆有隱德。考彬，深於《易》學，潔行自晦，鄉里稱爲長者，以公貴，累贈朝請大夫；妣徐氏，贈令人。

《神道碑》：樓鑰撰。其先自閩徙溫州瑞安縣帆游鄉澍村里，至公八世矣。曾祖靖，祖邦，父彬，皆不仕。父以公貴累贈朝請大夫，妣徐氏贈令人。朝請邃於《易》，教授鄉里，以篤行稱。

《文集·族叔祖元繼壙志》：維陳氏自福之長溪縣勸儒鄉擢秀里徙溫州瑞安縣帆游鄉固義里。

按：長溪今爲福甯府福安縣，宋屬福州，澍村在今邑三都，尙仍舊名。按《行狀》、《神道碑》、《墓志》葉適撰。俱不載公生月日，惟《神道碑》云：「鑰與公同生於丁巳，少我九日。」《攻媿集》二《送陳君舉舍人東歸》詩：「與君幸齊年，先後才九日。」攻媿以丁巳九月十五日生，見《攻媿集》百十一《北行日錄》。《日錄》云：「十一月十五日丁卯晴，生朝，作湯餅會，時乾道九年也。」後攻媿九日，則二十四日也。《宋史·高宗紀》，紹興七年十一、十二兩月皆不書朔日，八年書正月戊子朔，逆推而上，七年十二月當是戊午朔，十一月當是己丑朔，二十四日則壬子也。公《己未生朝謝莘叟兄送梅》詩：「壬子恰同身墮地，庚申還值國開基。」《宋史·寧宗紀》，慶元五年己未十一月己丑朔，二十四日亦值壬子，故公詩有「壬子恰同身墮地」語。「庚申還值國開基」，蓋謂太祖開國以庚申，己未之明年又在庚申也。

余姪詒讓曰：張世南《遊宦紀聞》一：「欲知每歲逐月旦日是何甲子，但取九年前次月望日即是後九年前一月旦日，毫髮不差。考建炎四年正月甲辰朔（《宋史·本紀》），望戊午，推得後九年紹興七年十二月爲戊午朔，上距十一月己丑朔（史不載，據李心傳《建炎以來繫年要録》）得二十九日，下距八年正月戊子朔（《本紀》）得三十日。世南紹定間人，此就其時所行曆法言之。嘗以錢少詹《宋遼金元四史朔閏表》所列南渡初月朔甲子覈之，一一不爽，亦一奇也。

按：錢辛楣《疑年錄》謂公生紹興十一年辛酉，卒開禧三年丁卯，皆大誤。又云「史無卒年，據葉適撰《墓志》」，不知葉志並不誤。錢氏精考證之學，而有此乖舛，不可解也。

十五年乙丑，九歲。

朝請公、徐令人相繼卒，公幼孤，能讀書，夜達旦。

按《文集·承事郎徐公墓志》：「吾友之同第進士者，獨余不幸早孤，不逮事父母。」又《乞祠祿展墓焚黄狀》：「伏念臣九歲而□，□□貧賤。養生送死，皆有永恨。前此幸值郊霈，始得贈父□□□。」又云：「萬一溘先朝露，即兩親竟不需□□□澤。」據《墓志》僅言「早孤」，《乞祠祿狀》有「九歲」之文，而其下字佚不存，然以上下文義考之，前兩缺處皆當連言父母，故後有兩親語則朝請公、徐令人皆是年相繼卒也。

又按《文集·族叔祖元成墓志》：「傳良嘗聞之祖妣吳，舊廬蓋周顯德間所作，云族居二百年，或舍而改作，府君遂得有其西偏，與先君共一礎。傳良幼也孤，能讀書，夜達旦，府君故見愛。一日挈傳良手至所謂西廳者問焉，曰：『而欲存此否乎？』傳良不能仰視，但泣下。府君歎曰：『吾固期汝之有志也，當卒以歸汝。』舊廬之全，府君之賜也。」據此，則公幼時尚逮事祖母吳，而公之孤苦勤學，亦見於此。

又按《文集·跋爾雅疏》：「余憶爲兒時入鄉校，有以《爾雅》命題者，余用『能辨鼠豹，不識螔蜞』爲對，其事至淺，諸老先生往往驚歎，以爲博也。」又《跋胡文定公帖》：「余記爲兒時，從鄉先生學，同舍數十兒，兒各授程《易》、胡《春秋》、范《唐鑑》一本。是時三書所在未鋟板，往往多手鈔誦也。」以上二條，公自記幼學時事，不詳何年，姑繫於此。

三十二年壬午，二十六歲。

是年六月，高宗內禪，孝宗即位。

按《神道碑》：「興化劉復之朔以南省第一人來爲司戶參軍，攝學官，得公程文，以爲絕出。」公之年甚少，而名已高，劉之識公，不詳何年。考《福建通志》及《水心集》十六《著作正字二劉公墓志》，朔紹興三十年試禮部第一，廷試擢甲科，調溫州司戶。時朔兄夙爲臨安教授，會朔迎母游夫人於永嘉，夙因乞與溫州教授莫沖易任便親，從之。孝宗即位，召夙試館職。是復之來爲司戶，當在紹興末。其攝學官，即其兄夙召試館職時也。

孝宗隆興元年癸未，二十七歲。

授徒於城南茶院，從者數百人。

《墓志》：初講城南茶院，時諸老先生傳科舉舊學，靡濫鼓舞，受教者無異辭。公未三十，心思挺出，陳編宿說，披剝潰敗，奇意芽甲，新祠楙長，士蘇醒起立，駭未曾有，皆相號召，雷動從之。雖縻他師，亦籍名陳氏，由是其文擅於當世。

又《文集》曹叔遠序云：執經戶外，方屨闐集。片言落筆，傳誦震響。場屋相師，而紹興之文丕變，則肇於隆興之癸未。

吳子良《林下偶談》四：止齋年近三十，聚徒於城南茶院，其徒數百人。

又《文集·林安之壙志》：余在城南時，羣居累數百。

康熙《溫州府志》：南湖塾在府城茶院寺東，毛宗延陳止齋講學，蔡尚書、葉水心、陳潛室繼之。今廢。

乾道二年丙戌，三十歲。

薛公季宣來過城南書社。

《文集·薛公季宣行狀》：傅良丙戌、丁亥間授徒城南，公間來教督之。

三年丁亥，三十一歲。

按：《水心集》十六《林正仲墓志》：

「余爲兒，嬉同縣林元章家。時邑俗質儉，屋宇財足，而元章新造廣宅，東望海，西挹三港諸山，曲樓重坐，門牖洞達，表以梧柳，檻以芍藥，行者咸流睇延頸。元章能斂喜散，鄉黨樂附。諸子自刻琢，聘請陳君舉爲師，一州文士畢至。」又《文集·林懿仲墓志》云：「懿仲自城南書社從余。」又云：「間嘗虛所居東偏江月樓之下，集其疇人，以待余卒業。」元章即正仲、懿仲之父，所謂「新造廣宅」，以銘祠望江之宅考之，蓋在邑城西南隅望江橋側，今尚有前明林氏祠。是公初授徒茶院，其後邑人林元章又延致於家，皆此數年中事。

四年戊子，三十二歲。

屏居仙巖僧舍，師事鄭先生伯熊、薛先生季宣，潛心《易》、《論語》二書，求古聖賢所以窮理盡性之要。

《行狀》：宗正少卿鄭公伯熊、大理正薛公季宣，皆以經學行義聞於天下。公每見二公，必孜孜求益，脩弟子之禮。一日，與薛公語，怳然若有所失，乃獨潛心《易》、《論語》二書，求古聖賢所以窮理盡性之要。近思深探，弗造其極致弗措也。

又《文集·薛公季宣行狀》：傅良丙戌、丁亥間授徒城南，公間來教督之。明年，謝徒束書，山間屏居。公又過之，問治何業，竭己所已得對。公曰：「吾懼吾子之累於得也。」即詔曰：「宜若是。」

《神道碑》：薛寺正士龍見公，問所安，公曰：「毋不敬。」士龍曰：「比參倚如何？」公釋然增進，歸心薛氏。

又《文集·祭薛常州文》：我昔自喜，壁立倚天。見兄梅潭，忽若墜淵。梅潭謂何，其要日損。自《易》、《論語》，餘勿挂眼。

按：龍圖爲景元之兄，景元生建炎四年，長公七歲，則龍圖當不過十年以長耳。艮齋生紹興四年，長公僅三歲。《浪語集》六《送鄭景元赴秀州判官詩序》云：「走歸自武昌，始獲交於景望、景元二鄭兄弟。居數年，景望召爲國子丞。又兩踰時，景元赴由拳從事。」末注「乾道三年四月二十七日」。據此，艮齋自武昌令歸，正在此數年間，而龍圖赴召，則當爲二年冬。公之請見求益，或在未召之前歟。

按《文集》曹序云：「屏居梅潭，危坐覃思，超詣絕軼，學成道尊，則遼於乾道之丁亥。」今以公自撰《薛公行狀》考之，則屏居梅潭乃丁亥之明年，曹序「丁亥」當爲「戊子」之誤。

五年己丑，三十三歲。

游新昌，寓石氏藏書房。又館黃文叔家。是冬，薛公季宣差知平江府常熟縣，往從卒學。

《文集·林安之壙志》：越數年，寓會稽之石氏藏書房。

又《脩職郎呂公墓志》：越新昌之姓，石、呂、黃爲大。余嘗館黃度文叔家，得與石、呂二氏游，其子弟多從予學。

按：《文集·與林安之書》云：「比來新昌，亦欲漸與人疎，稍回鞭策自警，督視家居，良爲未便。然每念呂后、劉歆輩，視張子房、揚子雲眞自苦者。要之，兩翁意未易與兒女道，故雖未便，樂也。」據此，公之屏居仙巖，又去而客游新昌，皆謝絕舊習，覃思絕詣之意。故《新昌詠歸》詩有「回頭三十二年非，木落霜空水見涯。萬事自憐多譽早，半生猶幸一官遲」語。

《行狀》：薛公客晉陵，公往從之。薛公與公語合，喜甚，益相與考論三代秦漢以還興亡否泰之故，與禮樂政刑損益同異之際。蓋於書無所不窺，亦無所不講，經年而後別去。

《文集·薛公季宣行狀》：歲己丑冬，遂往依公具區滆上卒學。茅茨一間，聚書千餘卷，日考古咨今其中。

六年庚寅，三十四歲。

東還，過都城，與廣漢張公栻、東萊呂公祖謙友善。秋，入太學。國子祭酒芮公曄將命爲學諭，以非故事辭。遂謁告去，從容天台、雁宕間，益究其學。

《宋史》本傳：及入太學，與廣漢張栻、東萊呂祖謙友善。祖謙爲言本朝文獻相承條序，而主敬集義之功，得於栻爲多。

《神道碑》：乾道六年，始入太學，士無賢不肖，斂衽下風。

《行狀》：還過都城，始識侍講張公栻、著作郎呂公祖謙，數請間扣以爲學大指，互相發明。二公亦喜得友之晚。是歲乾道六年也。其秋入太學，國子祭酒芮公曄雅聞公名，親訪公於所隸齋，見其二子，且以公爲學諭，俾爲諸生講說經義。公以非故事，固辭。芮公不可。公遂謁告去，從容天台、雁宕間，益究其學。

又《文集·洪居士墓志》：余初入太學，芮公祭酒挾二子下交於齋序。余懼弗堪，走天台之國清寺西庵者數月。

《林下偶談》四：止齋初赴補試，纔抵浙江亭，未脫草屨，方外士及太學諸生迓而求見者如雲。吳琚，貴公子也，按：琚字居父，憲聖太后猶子。冠帶執刺，候見於旅邸，已昏夜矣。又云：淳熙間，永嘉英俊如陳君舉、陳蕃叟、蔡行之、陳益之六七輩，同時並起，皆赴太學補試。芮國器爲祭酒，呂東萊爲學官，東萊告芮公曰：「永嘉新俊，不可不收拾。」君舉訪東萊，東萊語以一《春秋》題，且言破意。就試，果出此題。君舉徑用此破，且以語蕃叟。蕃叟，其從弟也。遂皆中榜。蓋以譽望取士，猶有唐人之意，似私而實公也。按：陳、呂二公慕名相悅，理則有之。漏示試題，必無其事。此蓋當日被黜者妄爲臆測，誹謗之辭耳。曾謂東萊之賢，肯以是示私於公？而英邁如公，又必藉此以進身乎！《偶談》載此，無識甚矣。

七年辛卯，三十五歲。

樓公鑰來爲溫州教授，與公游。是歲張氏令人來歸。

《攻媿集》五十六《遺老堂記》：乾道辛卯，客授來東嘉。五十一《止齊春秋後傳左氏章指序》：鑰自客授之初，即從止齋游。《文集·令人張氏壙志》：令人姓張氏，諱幼昭，字景惠，永嘉人。草堂先生小學錄煇之孫，主管禮兵部架閣文字孝愷之子，揚州泰興縣主簿東野之姊，蓋登進士第三世矣。以乾道七年歸於我。

八年壬辰，三十六歲。

登進士第，授迪功郎、泰州州學教授，未

赴。

《神道碑》：八年，公之高弟蔡公幼學爲省元，公次之，徐公誼又次之，薛公叔似、鮑君潚、劉君春、胡君時等皆鄉郡人，非公之友則其徒也，尤爲一時之盛。既登甲科，朝野想望風采，授泰州教授以歸。

《行狀》：孝宗鋭志事功，慨然慕唐太宗之爲人，於是臨軒以太宗事策新進士。公對言：「陛下有無我之量，而累於自喜；有知人之明，而累於自恃。是以十有一年於茲，而治績未進於古，下情猶鬱，公論猶沮，士大夫猶有懷不敢盡。」且以太宗求諫、崇儒等事，反覆規諷，其言深婉切至。有司奇之，將請寘第一，或議不合，猶在甲科。當是時，公名震天下，其文流入夷貊。授迪功郎、泰州州學教授，未赴。

《文集》曹序：博交徧驗，洞礙融窒，對策初第，懇盡獨到，則盛於乾道之壬辰。

《南宋館閣續錄》七：陳傅良，乾道八年黄定榜進士及第，治詩賦。

葉紹翁《四朝聞見錄》甲：止齋早以《春秋》應舉，與門人蔡幼學行之游太學，以蔡治《春秋》浸出己右，遂用詞賦取科第。詞賦與進士詩，爲中興冠。

孫奕《示兒編》：陳舍人君舉未第，作省題詩，極一時之妙。

《林下偶談》四：其時止齋有《待遇集》板行，人爭誦之。既登第後，盡焚其舊藁，獨從鄭景望講義理之學，從薛常州講經濟之學。其後止齋文學日進，大與曩時異。

九年癸巳，三十七歲。

江西運判龔公茂良以書幣招，不赴。是歲七月，薛公季宣卒，公爲經營葬事。

《神道碑》：參政龔公茂良帥江西，以書幣招之，願與定交。公曰：「此古人羔雁之禮，不行於世有年矣。」善辭之，未赴。

按《文集·祭薛常州文》：「霅川之招，豈不欲往。有婦方娠，瑣瑣羈靮。會兄來歸，我棲旁舍。當暑之衶，相期秋夜。我嗟我命，爲此契闊。矧今爲虐，復我中奪。」據此，常州守湖時，復招公往，不及赴而常州先歸，未幾遂卒也。公爲料理葬地，并爲其子沄求志墓、書丹、碑額，事見《東萊集》與陳同甫、周子充書中。

淳熙元年甲午，三十八歲。

十一月，訪東萊呂公於金華。

按：《東萊集》四《與周子充書》：「前月末，偶陳君舉來相聚山中數日，殊不落寞。」又《集》五《與陳同甫書》：「君舉相聚數日，近方回永嘉也。」東萊與子充書，有「比聞趣召之命，竊想徒御既次近道」語，考《周益公年譜》，淳熙元年十二月召赴行在，二年正月公離吉，則公與東萊相聚，當在元年冬也。

二年乙未，三十九歲。

三年丙申，四十歲。

以參知政事龔公茂良薦，除太學錄。

《神道碑》：會太學錄闕，求之者衆。龔公實行宰相事，奏孝宗曰：「待次不改闕，初官不堂除，陛下良法也。太學錄一闕，而睥睨者衆，臣欲擇取名儒，爲士林所推者，越拘攣而用之，則人自服矣。」上問爲誰，以公對。上曰：「是朕所素知者。」除命一下，果無異辭。

按：《墓志》云：「其錄太學也，議科舉敝法，頗檃括之而已。然而拘於常而習於故者，以爲異矣。」據此，公爲太學錄時，必有科舉議，而今亡矣。然集中《答林宗簡書》及《策問》諸篇，猶可考知其說也。

四年丁酉，四十一歲。

二月乙亥，上幸太學，改承奉郎。

《宋史·孝宗紀》：淳熙四年二月乙亥，上幸太學，監學官進秩一等。

《神道碑》：就職幾月，車駕幸學，改承奉郎。

五年戊戌，四十二歲。

龔公茂良既罷政，力求外補。時呂公祖謙在三館，欲留公，不可。十月，添差通判福州。

《神道碑》：龔公既罷政，按《孝〔宗〕紀》，四年六月，龔茂良罷，七月，責授寧遠軍節度使，英州安置。亦浸有相嫉者，添差通判福州。

《行狀》：居歲餘，力求外補。呂公祖謙方在三館，謂公曰：「盍少留？」《墓志》云：「使告公，將以爲編脩官。」公曰：「出處之義，不敢不謹其始也。」添差通判福州。

按：《文集·選德殿記》代周子充內翰撰進，蓋即是歲所作。《周益公年譜》云：「淳熙五年，得旨撰《選德殿記》。閏六月，撰進記文。」又《攻媿集》九十四《周益公神道碑》云：「得旨撰《選德殿記》，又命書之。後內直宣對，別令中使引至碑下，傳旨：『記文詞釆贍蔚，召卿觀覽。』既見，上又有博美之稱。」

六年己亥，四十三歲。

丞相梁公克家領帥事，得公喜甚，以政委公。

七年庚子，四十四歲。

右正言黄洽以專擅劾公，罷之，歸瑞安。

《神道碑》：帥相梁公克家得公喜甚，以政委之。公亦悉心裨贊，不事形迹，卒以專擅論罷，時淳熙七年也。

《行狀》：丞相梁公克家領帥事，委成於公。公爲之畫，凡一路若郡所當興廢及訟獄之曲直，一裁以義，無所回屈。彊禦者不得售其私，始忌且怨，州人有方在諫省者，論公罷之。

《墓志》：通判福州，右正言黄洽引王安石事劾公，罷。

《林下偶談》四：止齋倅福州，聰明果決，梁丞相一委聽之。有富人訴僕竊盜，僕訶連其主之女，止齋必欲逮其女以問，諸寓公營救不獲，於是有傳艮之謗，「傳艮」二字不可解，《木筆叢鈔》作「得銀」。未幾論去。後止齊爲郡守、部使者，死之日，囊橐枵然，僅餘白金數十兩以斂。其子貧困，謁先友黄文叔於建康，頗周之。止齋得謗如此，至今猶有未盡知者，可歎也！

八年辛丑，四十五歲。

呂公祖謙卒於金華。公至明招寺，往哭其墓。

按：《文集》有《哭呂大著至明招寺簡潘叔度》詩。明招山在武義，爲呂氏祖塋，東萊廬墓讀書之地，卒即葬焉，故公《祭東萊文》有「望新阡而長號」語。又公詩有《哭呂伯恭舟行寄諸友》云：「去年上溪船，落日建安旌。今年上溪船，濡露金華草。」建安當謂龍圖鄭公，龍圖卒於建寧官所。據此，公於去年罷倅後，必由泉往哭，或并護其喪以歸也。然則公於師友之誼篤矣。

九年壬寅，四十六歲。

主管台州崇道觀。

《行狀》：居二年，主管台州崇道觀。

十年癸卯，四十七歲。

十一年甲辰，四十八歲。

差知桂陽軍，未赴。日覃思於六經，將有所述，以開後學。

《行狀》：又二年，差知桂陽軍。又三年，乃之官。居閒既久，日覃思於六經，將有所述，以開後學。一室蕭然，與士友終日澹然也。

十二年乙巳，四十九歲。

三月，有《重脩石岡斗門記》。

十三年丙午，五十歲。

十月，有《重脩瑞安縣學記》。

按：《文集》有《病餘久不趨郡且遷仙巖書院於屋西有懷同志》詩，當在乙巳、丙午之間。公集詩雖分體，各自依年編次，題中亦間有書年者，皆可按先後而得其大略也。又《答賈端老書》云：「懿仲諸友已決謀遷書院於先人壠下，以爲來歲過從之地。入春便下手，春暮當奉約矣。」又云：「近諸友爲遷仙巖書塾於屋西偏，今未就工，後月足以奉盍簪之歡。」又《桂陽與林懿仲書》云：「某凡八十餘日始達官下，一冬雨雪，艱阻萬狀。回憶閒居士友團聚之樂，不可得已。」據此，則公自閩歸後，從游益衆，必復有講學城南仙巖之事。

十四年丁未，五十一歲。

冬，始赴桂陽軍。

三月，有《溫州重脩南塘記》。

《文集》曹序：官太學，倅閩府，詆劾卻埽，勤十寒暑，紬繹文獻，宏綱具舉，則備於淳熙之丁未。

按：是歲六月，公將赴桂陽，擬奏事劄子四：一言比者士大夫以恢復爲諱，論說定則習俗成，習俗成則人心不起，人心不起則刑賞不足以勸懲；二言恢復之計，非論邊事以希戎功之謂，而結人心以祈天命之謂；三言重斂養兵之害；四言天下之勢，日趨於偏，煩言勝而事不待其成，糾察苛而官不盡其力。丞相王淮取旨免奏事。

十五年戊申，五十二歲。

是夏小旱，力講荒政，民無饑者。

《行狀》：治桂陽，首爲教條，戒其吏以徙善遠罪，諭其民以孝弟睦姻。人感公德意，不嚴而化。蠲民宿負及縣月輸之未入者，凡廩藏受輸以例取贏者，悉裁之。明條目，簡文移，縣得達情於郡，而吏無所容姦，郡計自裕。歲小旱，預出錢糴於旁郡，置數場以糶，糶已復糴，循環不乏。又聽民以薪易官粟，或就役於官，食其力，民無飢者。連帥潘公時以緡錢五千助糴，公益以郡錢，立式貸之，約歲登償，及期不復索。

是歲，作《潭州重修嶽麓書院記》。

十六年己酉，五十三歲。

二月，孝宗內禪，稱壽皇，居重華宮。光宗即位，除公提舉荆湖南路常平茶鹽事，就遷轉運判官。奏減衡、永、道三州月椿，補羅諸郡常平米，減潭州、櫧州酒課錢。時率諸生與同僚之好學者，講道嶽麓。

《文集·跋張魏公南軒四益箴》：余守桂陽，是歲孝宗内禪，故事，桂陽守臣貢白金三千兩，吏率取諸民以應令。余懼非聖朝所以惠遠民之意，具以質言上，擅減三分之二，且乞不推賞。是時周益公當國，疑不能決，但批狀送版曹。會定叟爲尚書，奏桂陽壤地褊小，守臣陳某請不妄，得旨可其奏，而賞典視它郡。《行狀》：光宗受禪，除提舉湖南常平茶鹽。去郡，老稚遮送不絶。明年，就除轉運判官。按公《辭免浙西提刑乞祠申省狀》云：「自守軍壘，就除本路監司之任。一歲而遷將漕，又一歲而遷按刑。」據此，則將漕之命，必先一年。公辭免提刑以紹熙元年十月二十九日，三省同奉聖旨不允。是遷提刑當在元年之秋，其遷將漕必在十六年秋冬矣，蓋監司與將漕同是一歲事耳。此云「明年」，恐誤。湖湘民無子孫者，率以異姓爲後。吏利其貲，輒沒入之。公曰：「使人絶祀，非政也，況養遺棄固有法。」存其後者幾二千家。潭州常平粟且四十萬，而全、永、道等州數絶少，無以備歉歲。公曰：「移多益寡，使者職也。」既掌漕，猶攝庾事，乃令諸州各留歲運粟以益常平，以潭之常平代其輸郡告乏者減其送漕司之錢，民輸折苗錢，重爲損其直。潭州、櫧州市酒課，歲嘗至緡錢二十萬，遂以配於民爲額。公攝州事，按舊額頓減之，民得所紓。劉宰《漫塘集》廿八《故兵部吳郎中墓志》：故中書舍人陳公傅良將漕時，率諸生與同僚之好學者講道嶽麓。一日，扣公所學，以「毋自欺」對，陳公歎曰：「公所謂非苟知之，亦允蹈之，吾得友矣。」光宗御極，有旨裁湖南月椿之太重者。陳以咨公，公以爲：「封椿誠不可不減，亦不可概減，不減無以寬民力，概減無以贍軍賦。厥今惟衡、永、道三州，自來未經蠲賦，而諸縣之版帳尤重，盍以爲先。」陳公喜，起執公手曰：「便煩以此草奏。」公即爲條上。凡三州月椿之當減者，計一萬四千五百緡，報下如章，民以大寬，咸刻石紀上德。陳不俟公請，薦之朝。

按：吳名漢英，字長卿，江陰人。

是歲，長子師轍以進《賀太上皇帝登位表》，補迪功郎、福州羅源縣主簿。

《文集·令人張氏壙志》：令人初得女，以余兄子師轍爲己子。

光宗紹熙元年庚戌，五十四歲。

刺舉列郡太守治狀，薦湖廣遺材吳獵、蔣礪、楊炤、宋文仲。秋，改兩浙提點刑獄，辭免，乞祠，不允。

《文集·湖南提舉刺列郡太守狀》末注：紹熙元年十月二十七日，有旨趙謐、王公弼各減二年（應）〔磨〕勘，施廣文與宮觀。

又《薦士狀》：有旨，吳獵、蔣礪、楊炤、宋文仲並赴都堂審察。

《辭免浙西提刑乞祠申省狀》：十月二十九日，三省同奉聖旨不允，依已降指揮，疾速赴行在奏事訖之任。

《文集》曹序：起守桂監，持節湖南，疏滌拊摩，民信有古，百年之思，藹乎湘山，則驗於紹熙之庚戌。

二年辛亥，五十五歲。

以奏事赴闕，留爲吏部員外郎。朱子書來論學。

《神道碑》：至是，以奏事再入脩門，鬢鬢如雪。丞相留公正一見，歎曰：「幾年，陳君舉尚可使外補耶？」奏留爲吏部員外郎。

《墓志》：公去朝十四年，至是而歸，鬢髮無黑者，都人聚觀嗟歎，號曰「老陳郎中」。

按：《宋史》本傳作「去朝四十年」，蓋即採用此志，而誤倒其文也。

按：公至行在年月，《宋史》及《文集》均無可考，然以去朝十四年推之，公自淳熙五年戊戌由太學錄外補，至本年辛亥恰得十四年也。國朝畢沅《續資治通鑑》一百五十二書於紹熙元年三月，誤矣。

按王懋竑康熙進士，官翰林院編修。《朱子年譜》：「紹熙二年，與陳君舉論學。」引洪譜云：「先生往聞君舉嘗有《詩說》，以書問之。至是遺書報云：『來徵《詩說》，年來或與士友言之，未嘗落筆。愚見欲以《雅》、《頌》之音，簫勺今集作「消鑠」。羣慝，訓詁章句，付之諸生。』」又謂：『二十年間，聞見異同，無從就正。間欲以書扣之，念長者前有長樂之爭，後有臨川之辨，至如永康往還，動數千言，更相切磋，未見其益。』先生答書以爲：『某之自信已篤，向來之辨，雖至於遭讒取辱，然至於今日，此心耿耿，猶恨其言之未盡，不足以暢彼此之懷，合異同之趣，而不敢以爲悔。』」又引《與君舉第二書》云：「前書所扣，未蒙開示。」《考異》以爲君舉蓋未之答。考葉紹翁《四朝聞見錄》云：「考亭注《毛詩》，盡去序文。止齋有所未安，獨藏其說，不爲考亭辨，且自言未嘗注《詩》，蓋不欲佐陸、陳之辨也。」又《文集·與朱子書》有「必須請見，究此衷曲。不數月還浙，可圖即償此願」之語，是公之遺書在庚戌未離湖湘時，而朱之答書則在此年也。

三年壬子，五十六歲。

便殿賜對，上問所著書，以《周禮說》進。六月，以吏部郎中兼實錄院檢討官，旋除秘書省少監，辭免，不允。

《神道碑》：初對，上曰：「卿去國幾何時？朕欲見卿久矣。知卿學問深醇，有所著書進來。」時上臨朝淵默，罕有聖語，公敬謝而退，以《周禮說》進，擢秘書少監。訓詞曰：「朕日御便殿，延見郎吏。有郎白首，色夷而氣溫。儐者贊其名，則汝傅良也。」朝列傳誦，實黃公裳之詞也。

《宋史》本傳：傅良爲學，自三代、秦、漢以下靡不研究，一事一物，必稽於極而後已。而於太祖開創本原，尤爲潛心。及是，因輪對言曰：「太祖皇帝垂裕後人，以愛惜民力爲本。熙寧以來，用事者始取太祖約束，一切紛更之。諸路上供歲額，增於祥符者一倍。崇寧重修上供格，頒之天下，率增至十數倍。其它雜斂，則熙寧以常平寬剩、禁軍闕額之類別項封樁，而無額上供起於元豐，經制起於宣和，總制、月樁起於紹興，皆迄今爲額，折帛、和買之類又不與焉。

茶引盡歸於都茶場，鹽鈔盡歸於榷貨務，秋苗斗斛十八九歸於綱運，皆不在州縣。州縣無以供，則豪奪於民，於是取之斛面、折變、科敷、抑配、贓罰，而民困極矣。方今之患，何但四夷？蓋天命之永不永，在民力之寬不寬耳。陛下宜以救民窮爲己任，推行太祖未泯之澤，以爲萬世無疆之休。」且言：「今天下之力竭於養兵，而莫甚於江上之軍。都統司謂之御前軍馬，雖朝廷不得知；總領所謂之大軍錢糧，雖版曹不得與。於是中外之勢分，而事權不一，施行不專，雖欲寬民力，其道無由。誠使都統司之兵與向者在制置司時無異，總領所之財與向者在轉運司時無異，則內外爲一體。內外一體，則寬民力可得而議矣。」帝從容嘉納。

《文集·吏部員外郎初對劄子第三》末注云：是日上殿，方奏：「臣不肖，蒙恩爲郎，幸得賜對。」上云：「卿去國幾年，朕欲見卿久矣。」讀劄子至寬民力，上曰：「莫急於此。只爲處置難。」奏云：「臣《第三劄子》是處置大略，容款曲敷奏。」天顏甚喜。讀劄子畢，褒嘉再三，奏：「容下殿謝恩。」上云：「且說話。聞卿在永嘉，從學常數百人。」奏：「臣無所長，只與士子課習舉業。過蒙清問，不勝悚懼。」上云：「知卿學問深醇，著書甚多，朕欲一見，可盡進來。」奏：「臣豈敢著書？不過講說舉子所習經義，何足仰塵乙覽。」上云：「經說更好，但隨所有進來。」奏：「臣自遠來，乍對清光，已踰平生之望，又蒙睿慈曲垂褒諭，令進所習經說。顧臣何人，遭逢如此！然臣委是目下未有成藁，以應明詔。容臣守官之暇，收拾編錄，候成次第，奏乞投進。欲望聖慈，特賜寬假。」上云：「看撰得幾卷，即逐旋進來不妨。」又奏：「在廷儒臣，多是前進。臣一旦入奏，便敢僭越投進文字，以此終是踧踖未安。」上連聲云：「不妨，不妨。」

按《行狀》，公進《周禮說》在遷秘書少監後，《玉海》亦云紹熙三年進。

按：賜對年月，《文集》亦無明文。考是年十一月《封事》云：「陛下過聽，不以臣爲不肖，歸以幾節，留之郎舍，賜對便殿，初無建明。而天顏開懌，玉音溫厚，曾不數日，擢貳冊府。又未幾，用爲皇子嘉王府贊讀。」據此，則秘書少監之除，即在便殿賜對之後，故《辭免秘監狀》有「乃因賜對，有此超擢」語。是公在郎舍幾逾一年，而後賜對也。惟《館閣續錄》公以吏部郎中除秘書少監，其由員外郎遷郎中，則無從考其年月矣。

選兼皇子嘉王府贊讀。八月，王生辰，上《始生》詩七章。纂次建隆以來行事，爲王講誦。

《行狀》：選兼皇子嘉王府贊讀。公以爲王者之學，經世爲要，祖宗成憲，尤當先知。乃纂次建隆以來行事之要，爲王講誦大指。每至立國規模，必歷叙累朝因革損益，附見其下，本末粲然，如示諸掌。

《攻媿集》六十九《恭題賜陳傅良宸翰》：臣仰惟皇帝陛下龍潛嘉邸，毓德進學，一時宮寮，皆出遴選。嘗逢誕辰，咸獻詩頌。既而置酒高宴，初酌黃裳，次酌陳傅良，各授文書一通，致謝再三。其一曰「上呈翊善」，其二曰「上呈贊讀」，御名謹封。因請問所以謙賜之由，陛下爲言：「二公之詩，雖因爲壽而作，皆寓警誨之意。」輒依所惠親書一本，復以爲贈，以示不忘。裳與傅良，跽謝而退。

《南宋館閣續錄》九：陳傅良，三年六月以吏部郎中兼實錄院檢討官。是月，爲秘書少監。十二月，爲起居舍人。《續資治通鑑》是年正月即以起居舍人繫銜，亦誤。

十一月丙戌，日南至，上不朝重華宮。公上封事。辛卯，上朝重華宮。

《宋史》本傳：初，光宗之妃黃氏有寵，李皇后妒而殺之。光宗既聞之，而復因郊祀大風雨，遂震懼得心疾，自是視章疏不時。於是傅良奏曰：「一國之勢，猶身也，壅底則致疾。今日遷延某事，明日阻節某人，即有姦憸乘時爲利，則內外之情不接，威福之柄下移，其極至於天變不告，邊警不聞，禍且不測矣。」帝悟，會疾亦稍平，過重華宮。

按：本傳所載，以《文集》考之，乃除起居舍人後《直前劄子》也。有「臣待罪右史」語。先一月長至，駕不出，公上封事，末自記云：「是時《壽皇聖政》書成，已降指揮十一月十四日進呈，忽長至日駕不出，宰執以下不勝憂懼。是日，卻付出《聖政序》，內翰李巘獻之所撰也。翊日，丞相進呈，上云：「可別令人撰入。」」《水心集·題陳中書孝廟聖政序藁》云：「光宗更自命公。」既進入，宸翰遂出，於是過宮。

十二月癸卯，《壽皇聖政》書成，詔重華宮進讀。命轉一官，旋除起居舍人，又辭免，不允。

《攻媿集》三十五《起居舍人陳傅良經進壽皇聖政轉一官》：勑具官某：朕惟壽皇在御，務行聖人之政，二十有八年，傳祥菲躬，懼弗克堪。既已申飭史臣，謹以事繫日之書，又掇其大端可以爲法於後世者，别爲一經，追儷二典，眞我家之盛事也。爾以一代名儒，晚登郎省，親擢道山，付以史事。奏篇來上，奉之慈極；從容進讀，冠佩儼然。兹焉論賞，盍先於衆。命增一秩，以示儒者之榮。尚惟欽哉。

按：《文集·寄僧嗣清詩序》云：「晚爲秘書少監，《聖政》書成，被旨詔重華宮，進讀首篇，壽皇色甚康，顧視良久。」以《宋史》及《館閣續錄》二考之，在是歲十二月四日癸卯。公除起居舍人，當在十二月下旬，以《辭免申省狀》「二十四日，三省同奉聖旨不允」也。

四年癸丑，五十七歲。

正月，兼權中書舍人，辭免，不允。九月甲申，上將朝重華宮，皇后止帝。公引裾力諫，不聽。十二月，遷起居郎，復辭免，不允。是歲，兩乞補外，又乞祠祿歸展墓焚黃，皆不允。

《宋史》本傳：明年重明節，復以疾不往。丞相以下至於太學諸生，皆力諫，不聽。而方召內侍陳源爲內侍省押班，傳良不草詞，且上疏曰：「陛下之不過宮者，特誤有所疑而積憂成疾以至爾。臣嘗即陛下之心反覆論之，自謂深切，陛下亦既許之矣。未幾中變，以誤爲實，而開無端之釁；以疑爲眞，而成不療之疾。是陛下自貽禍也。」書奏，帝將從之。百官班立，以俟帝出。至御屏，皇后挽帝回。傅良遂趨上引裾，后叱之。傅良哭於庭，后益怒。傅良下殿徑行。

按：下殿徑行乃明年五月反覆極諫不聽後事，史蓋終言之也。

《宋史》二百四十三《光宗慈懿李皇后傳》：是日，百官班列，俟帝出。至御屏，后挽留帝入，曰：「天寒，官家且飲酒。」百僚侍衛相顧，莫敢言。中書舍人陳傅良趨進，引帝裾，請毋入，因至屏後，后叱曰：「此何地，秀才欲斫頭耶！」傅良下殿慟哭，后使人問曰：「此何理也？」傅良曰：「子諫父不聽，則號泣而隨之。」后益怒，遂傳旨罷，還宮。

按：此事互見葉紹翁《四朝聞見錄》及周密《齊東野語》。

《行狀》：給事中兼嘉王府翊善黃公裳以封還除目，改兵部侍郎。公言：「給舍封駁，是謂官守。若以爲是，則當聽從；若以爲非，則當罷黜。今陰廢其言而陽遷其官，是非不明，賞罰倒置，不謂淸時，有此過舉！乞令裳依舊供職，以釋在廷之疑。」五月初四日，奏入留中。池州副都統制率逢原就除都統制，公言：「逢原專橫掊克，士伍咸怨。淮西總領鄭湜姑按其偏將以警之，逢原懼而自劾。方詔放罪，不應信宿之間，遂有遷擢。」詔依已降指揮，公復繳論之。十二月二十六日奏。陳源除入內內侍省押班，給事中駮之，不可，已書讀矣，公言：「源僭修專橫，得罪高宗，投竄遠方，籍入家產。及許逐便以來，間有恩命，則臣僚相繼論奏，悉蒙開納。今瑣闥迫於天威，黽勉書讀，臣必不敢奉詔草詞。」七月二十五日奏入，不報。內批張子仁除節度使，公言：「留正輔相初政，於今五年，待罪郊外，而去留未決；趙雄以前宰相起帥江西，抱病告終，而恤典不及；西陲擁兵十萬吳挺物故，擇將不可不謹，恤終不可不至，而屏去申奏，以爲失實。當此時也，乃遂加恩於勳舊之家，輕重不倫，先後失序，臣竊爲聖明惜之。」詔子仁係勛臣子，可與書行。公又言：「報答勳勞，孰與輔初政者之爲親？矜憐後裔，孰與專帥閫者之爲重？陛下儻下察末議，少霽威嚴，天意豁然，羣疑冰釋。事關廊廟，則立賜施行；憂在疆埸，則亟須處置。庶幾國家尊榮，朝野欣豫。」八月十三日奏入，留中。奏雖不報，然陳源竟不命詞，張子仁亦不果授鉞。

按：公爲舍人，遇事不可，輒封還詞頭，反覆論奏，殆無虛月。此數事，尤其犖犖大者。

《攻媿集》三十八《起居舍人陳傅良起居郎》：勑具官某：言動之屬史官，固有左右之異；朝廷之用賢士，豈以日月爲功。試之加詳，旨則有在。爾窮百氏之學，發六經之文，身方在於布衣，名已傳於海內。外庸既訖，衆望愈歸。比再入於修門，寖擢居於清貫，叩其著述之業，登之記注之司。螭陛直前，善開明於朕意；鳳池共〔三〕，能震耀於王言。執義不回，秉心無競。稍遷厥職，以重此官。庶幾朝宁之間，猶見儀刑之舊，載纂高皇之典，仍陪元子之遊。益啓乃心，毋忘忠告。

《文集》曹序：召對光宗，驟遇獎用，侍立代言，贊翊儲邸，次第藴畫，庶將發揮，則著於紹熙之癸丑。

五年甲寅，五十八歲。

正月，壽皇不豫。四月丁巳，請以親王執政或近上宗戚一人充重華使，不允。按：公《再乞致仕狀》云：「自今春四次請對，頗竭愚忠。」三上章乞守本官致仕，不允。五月四日，復反覆極諫，即面納《休致劄子》，繳上告勅，出城待罪。

《神道碑》：紹熙末年，龍樓問寢不以時，自大臣而下，更進讜言，從班多連名騰奏。或同班叩請，公自以受不世之遇，必欲身任其責，請對直前，幾無虚月，剴切痛憤，指陳利害，無所不用其至。蓋嘗贊嘉邸爲中宫言之，又嘗奏疏，謂：「臣等在王邸，於古今父子君臣之際，人之大倫，天地之正義，以開導賢王。而會慶闕上觴之禮，長至虧稱賀之儀，區區口耳之感，必不能勝躬行之化，紙上之習，必不如家傳之法。今既上失三宫之歡，則臣等講讀，皆爲空言矣。」其餘骨鯁之言，有敵己以下所不能堪者，上終不加譴，而言亦不用。一日奏云：「陛下屢許臣以出，又令傳旨於廟堂，而復不然。臣貪戀厚恩，未忍決去，容臣退思補過，更圖入奏。若不垂聽，則有致爲臣而去耳。」又從而草奏，曲盡事節，犯顔極論。度上意不回，遂上挂冠之奏。上雖不受，玉音賜可，公即申省致仕。宰輔留之，不可。

《文集·奏事乞休致劄子》末自注云：五

月四日，讀前奏事劄子畢，即面納《休致劄子》。得旨云：「甚好，甚好。」當日解官，繳納告劄五件，申尚書省樞密院。

《文集·跋皇子嘉王賜贐金劄子》：竊審抗章得請，暫爾閒佚，啓行有期，輒以白金百星，聊充贐儀。輕浼爲愧，指留幸甚。乍遠，倍加保愛，至祝。右紹熙甲寅五月四日潛邸所賜也。臣是歲嘗數對上皇論事不合，乞休致再，不允。於是又請對，庶幾感悟。是日午鼓，趨待漏院，會從官趙彥逾以下亦同班奏事，閤門來約臣，令隨衆班。俄有旨，獨令臣上殿敷奏，反復久之，天意弗順，遂再乞休致。忽發玉音：「甚好，甚好！留下文字。」臣就榻前謝且辭，下殿再拜，退出國門，具以聖語申尚書省、諫院、御史臺及奏知潛邸，且請不獲稟違之罪，上賜贐金，恩出意外。

《攻媿集》一一《送陳君舉舍人東歸》詩：

皇天生人物，千載非偶然。沖和兼萬人，始得一美賢。夫君乃其人，人一己百千。飛黄欲追風，況復勤著鞭。文陣早奔放，氣欲摩青天。短褐東海濱，名貫斗牛躔。聞道更獨早，自言若墜淵。出登龍虎榜，徑上鵷鷺聯。中間幾流落，清湘窮泝沿。白首始爲郎，一見意已傳。登瀛上麟臺，授簡游兔園。擢爲柱下史，遂居紫微垣。去天眞尺五，朝綱賴扶顛。龍樓闕問寢，萬口爭進言。惟君最勇決，螭頭屢直前。危言破人膽，三進加勤拳。天高聽亦高，歸袂何翩翩。高風激頹波，同列空慚顔。君雖未必去，一去勝九遷。我欲留孔戣，有懷不得專。況我自欲去，何心挽歸船。

嗟我生何爲，與君幸齊年。先後才九日，相與同氣然。幾年若契闊，班心忽差肩。判花同代庖，君思若涌泉。上房草數制，下房時一篇。一篇輒高妙，隗始愧余先。授大旨，所得俱未全。聚散不可料，餞《春秋》隱公傳，國史建隆編。《周官》別滄江邊。君將處於陵，我耕綿上田。君行無疾驅，中途恐傳宣。不然遂成別，孤帆渺風煙。夢魂不可制，隨君墮中川。

既行，詔改秘閣修撰，仍兼嘉王府贊讀，不受。

《攻媿集》三十九《起居郎陳傅良秘閣修撰嘉王府贊讀》：敕具官某：漢四皓起商山，羽翼之功，千古稱之。朕則歉焉。使高帝能以卑詞厚禮聘之，以輔其子，則善矣。爾以一世名儒，羽儀於朝，抗議不回，引去甚亟。爾與吾兒游舊矣，爾既厭直承明之廬，予亦閔勞以侍從之事，寵之以秘撰之寓職，來爲朱邸之賓僚。尙遄其行，庸副虛佇。

按：秘閣修撰之除，在五月二十八日，公已先一月歸矣。省劄遞到溫州，公《辭免劄子》有「人心不同，則匹夫之操不可奪；時事難濟，則書生之才不足用」語。

六月，壽皇崩，光宗不能執喪，禪位嘉王，是爲寧宗。七月，除起居郎兼權中書舍人，旋除中書舍人，俱再辭，不允。

《攻媿集》四十《新除起居郎陳傅良中書舍人》：勑：朕嗣膺大統，收攬羣才。朱邸賢僚，豈容居外！紫垣老手，宜俾爲眞。具官某，學探聖原，文追作者，論議多先儒之未發，行藏惟古人之與稽。相從兩載之餘，信爲三益之友。謂《左氏》眞得《春秋》之旨，謂《周官》實爲太平之書，推祖宗之本心，明政事之要道。昔信其說，將行其言，首畀故官，洊加新渥。矧是纂承之始，尤資播告之修。大老之居海濱，是將焉往；舊學之遯荒野，其遂來歸。式遄爾驅，以副朕望。

又《見任侍從該覃恩轉官》：勑：朕嗣膺鴻祚，祗遹燕謀。九五正位之尊，何德以稱；二百餘年之業，得人乃興。眷惟禁路之英，皆我慈皇之舊。爰因覃霈，首示優恩。具官陳傅良，學貫九流，名滿四海。横經朱邸，遂依日月之光；掌制西垣，期鼓風雷之號。

八月，命兼侍講。十月，赴闕供職。

《攻媿集》四十六《侍講陳傅良宣赴經筵供職曲謝宣答詞》有制：朕務明政體，首闢經帷。嘉舊學之來歸，喜耆儒之同集。其思忠告，以副疇咨。

又《初講畢案前致詞降殿曲謝》有制：首頒召命，渴想忠猷。聳聞講貫之詳，怳若從游之舊。克諧朕志，益啓乃心。

《行狀》：今上受内禪三日，詔公歸班。又四日，除中書舍人。公三辭而後受。未至，命兼侍講。時方博延名德之士，進諸朝廷。知潭州朱公熹召爲煥章閣待制，侍經筵，與公同日造朝，班行相慶。公入見，首言：「陛下嗣守丕圖，宜上稽孝宗明斷總攬之政，兼體上皇隆寬不自用之美，參酌兩朝治體，擇其爲天下後世便者兼行之。」詔知閤門事謝淵係皇太后親弟，特給全俸。今同知樞密院事樓公鑰時爲給事中，封還錄黃。公言：「樓鑰所駁允當，望追寢前命。臣失於論奏，乞正鹵莽之罪。」因言：「陛下臨御未久，每事當遵守法度。近因臣下妄有陳乞，往往直降內批，或與差遣，或添請給人從，深恐自此浸開倖門。願陛下念付託之重，加兢懼之誠，凡宮禁請求，斷勿垂聽。」

閏月，孝宗將祔廟，上《僖祖太祖廟議》。兼直學士院，辭免，不允。朱公熹以內批除宮觀，任便居住。封還錄黃，請留熹以慰人望。

《神道碑》：藝祖東嚮宗廟大典，集議至再，始正百年之禮。而臺諫有異論，鑰極論之。丞相趙公宣旨，鑰又執不可。公從旁力贊其決，而事遂定。

《行狀》：兼直學士院。會有詔朱熹與在外宮觀，公請對，將陳其不可，詔俟別日宣引。公連疏言：「朱熹三朝故老，難進易退，欣慕聖明，幡然一出，天下相賀，以爲得人。則進退之間，豈宜容易？內批之下，舉朝失色。臣不敢書行。」後四日，詔朱熹進寶文閣待制，與郡。

十一月，兼實錄（除）〔院〕同修撰。薦朱公熹、葉公適自代，不允。

《行狀》：未幾，以公兼實錄院同修撰。公以史事宜有專官，再辭，不許。阜陵復土，上始自重華宮入居大內。公首請增置諫員，收用恬退之士，詔問民間疾苦。上雅敬公，每對必虛己以聽。始上在潛邸，寮寀誕日以詩爲壽。公與翊善黃公詩，皆以開導德性，冀有所規益。上感二公意，各親書其詩謝之。於是上屢趣公爲跋語刊石，同進者以上眷公厚，始多忌之。

十二月，提舉江州太平興國宮，遂歸瑞安。

《宋史》本傳：御史中丞謝深甫論傳良言不顧行，出提舉興國宮。

《行狀》：知閤門事韓侂胄浸竊威福，倚言路以排斥忠正，有上章詆公者，詔提舉江州太平興國宮。

按：公《泊釣臺灘下》詩：「今歲纔餘今夜月，此舟三泊此江沂。」蓋十二月望日也。公是年五月去國，十月赴闕，至是又歸，凡三過釣臺。於是歸瑞安，不復出矣。

是歲，次子師朴以大饗恩補承務郎。

寧宗慶元元年乙卯，五十九歲。

六月，以潛邸講堂官轉朝散大夫。八月丙子，令人張氏卒。

《水心集》十四《張令人墓志》：夫人諱幼昭，字景惠，溫州永嘉人。父兄皆儒先生，自幼陶染詩禮間事，絕異於他女。其夫有學行文詞，經世之業，遠近宗從，登門請業，通日夜，歷寒暑，室內常無坐處。夫人獨挾一婢治爨，貧甚，羅米市薪，行飯分茗，皆令得潔饌，有無未嘗使夫聞之。新有田五畝，夫之伯氏鬻也，將繼室而不得具體。夫人曰：「鬻此田耳。」後夫宦頗遂，不至乏，稍經營兄姊及他親友。或一日直取數十百萬錢，夫人喜曰：「士方窮時，欲有施與云云，爲大言耳。今而得酬，豈非幸耶！」過洞庭，管押者忽告曰某所行李有盜，家人皇駭。夫人笑曰：「即如是，所失不過財物。若貧，即不失矣。」夫仕上皇，屢諫不聽，乞致其仕，下殿即行。新天子嗣統，急召使至，俄復罷，往來業業數月。夫人率男女歡笑相隨，曰：「以爲高則余不安，以爲罪當逐則宜爾。」不信方術，不崇釋、老，不畏巫鬼，凡其夫所欲向意行，不曲折倣古，不循俗，夫人一切順承，曰：「不如是，是吾不能從其夫。」然而每曰：「以子之疎且易，欲以求知於天者，使人亦知之乎？宜謗之衆也與！」夫閲士久，士之品儔高下，皆能言之。夫所與游，夫人則亦與其偶相視遇如娣姒，憂樂皆同焉。夫人愛其弟特甚。弟死久，諱不告。過時而後哭之，慟絶，遂得疾。慶元元年八月二十二日且午，曰：「伯伯何在？吾今死，不可不與別。」薄暮，伯氏至，夫人曰：「新婦歸矣。」夫撫之曰：「得無記疇昔所得於《論語》、《孟子》乎？」頷之再三而瞑，年五十。某年月日葬。夫以書來曰：「吾夢景惠盛服出布帷，問焉往？曰：『往見子謝。』意屬子銘也。」又曰：「常日有不樂，未嘗破聲色，其女問何以能忍？」曰：「我豈無氣性者耶！但寫上墓志不得，故不爲爾。」然則夫人之期於後遠矣。

按：是年八月癸丑朔，丙子爲二十四日也。

二年丙辰，六十歲。

夏，降三官，罷宫觀。屏居杜門，榜所居室曰止齋。

《行狀》：慶元二年夏，言者復交章詆公，詔降三官，罷宫觀。公屏居杜門，一意韜晦，榜所居室曰止齋，日徜徉其間。賓至，則相與講論經史，亹亹不厭。故舊之在朝者，或因人問起居，公皇恐遜謝而已。

《神道碑》：言者指其學術不正，罷爲提

舉江州太平興國宮。慶元二年，復劾其在太上朝奏對狂率，降三官，罷祠。

《四朝聞見錄》：止齋實爲寧皇舊學，上嘗思之，語韓侂胄曰：「陳某今何在，卻是好人。」侂胄對曰：「臺諫曾論其心術不正，恐不是好人。」上曰：「心術不正便不是好人耶！」遂不復召。止齋立朝大節，俱無愧於師友。先皇以疾缺北宮禮，其諫諍有古風。嘉王之立，止齋以舊學有贊策功，而阨於韓氏，遂不得大拜云。

三年丁巳，六十一歲。

籍僞學趙公汝愚、朱公熹等五十九人，公與焉。

《續資治通鑑》百五十四：慶元三年十二月，知綿州王沇上疏，乞置僞學之籍。從之。宰執則有趙汝愚、留正、周必大、王藺四人，待制以上則有朱熹、徐誼、彭龜年、陳傅良、薛叔似、章穎、鄭湜、樓鑰、林大中、黃由、黃黼、何異、孫逢吉十三人，餘官則有劉光祖、呂祖儉、葉適、楊方、項安世、李埴、沈有開、曾三聘、游仲鴻、吳獵、李祥、楊簡、趙汝讜、趙汝談、陳峴、范仲黼、汪逵、孫元卿、袁燮、陳武、田澹、黃度、詹體仁、蔡幼學、黃灝、周南、吳柔勝、王厚之、孟浩、趙鞏、白炎震等三十一人，武臣則有皇甫斌、范仲壬、張致遠三人，士人則有楊宏中、周端朝、張道、林仲麟、蔣傅、徐範、蔡元定、呂祖泰八人，共五十九人。

四年戊午，六十二歲。

按：《文集·戊午壽國舉兄》詩云：「一母分身四白頭，從今家事付兒流。」

據此，則公之同產凡四人，至是皆無恙，而國舉但知其字，餘名字均無可考。水心《張令人志》有「經營兄姊」語，公殆有兩姊耶？

五年己未，六十三歲。

《文集》有《己未生朝謝莘叟兄送梅》等詩。

六年庚申，六十四歲。

《文集》有《庚申上巳》等詩。

嘉泰元年辛酉，六十五歲。

二年壬戌，六十六歲。

弛僞學禁，復元官，提舉太平興國宮。閏十二月，有旨與郡，辭免，不允。

三年癸亥，六十七歲。

三月，差知泉州，以疾力辭，授集英殿脩撰。疾益侵，請謝事，授寶謨閣待制。

《神道碑》：嘉泰今本作「定」，誤。三年，集英殿脩撰陳公告老於朝，天子歎曰：「此吾舊學，且書命之臣也。」除寶謨閣待制。

《四朝聞見錄》乙：寧皇每飲不過三爵，宮中動卻呵殿，黃衣至不之避，自以補革舄，浣紬衣爲便，左右至以語激之，則應以「毋作聰明，亂舊章」。蓋舊學於永嘉陳傅良，嘗導上以此，故終身不忘。

十一月十二日丙子，公卒。遺奏聞，贈通議大夫。

《行狀》：以其年十有一月丙子卒於家，屬纊，酌酒與兄訣，凝然而逝。年止六十有七，積階至朝議大夫，爵永嘉縣男。訃聞，贈通議大夫。

《神道碑》：十一月十有二日終於里第，享年六十有七。積官至朝議大夫，爵永嘉縣開國男，食邑三百戶。

又云：遺奏聞，贈四官，錄其後，所以飾其終者如故。典門弟子哭之失聲，里人聚而相弔，四方士夫聞之，無不盡傷者。

《文集》曹序：宛轉極諫，徬徨乞身，龍飛急召，十旬乃罷，爰抒舊志，著於訓傳，疾疢漸臻，梁木竟殞，則終於嘉泰之癸亥。

開禧元年

三月庚申，按正德本《神道碑》作「庚申」，與《攻媿集》同。《行狀》及《墓志》作「庚寅」，今杭本並改作「庚寅」。攷《宋史·寧宗紀》，開禧元年三月不書朔，以四月戊子朔推之，三月無庚寅，則正德本《神道碑》與《攻媿集》作「庚申」是也。今從之。公子師轍等奉喪合葬於所居前山令人之兆。

《行狀》：子男二人：師轍，承務郎、新監臨安府鹽官縣買納鹽場；《神道碑》作「迪功郎、安豐軍壽春縣主簿」。師朴，承務郎。女七人，長適迪功郎、新光化軍司理參軍潘子順，《神道碑》作「監鎮江府淩口茶庫」。次適從政郎、福州連江縣丞薛師雍，次適迪功郎、處州儒學教授林子熙，一作「燕」。次適迪功郎、新福州連江縣尉徐冲，次適進士張紹，次適進士張疇，次未行。孫女一人。

按：潘子順知信州上饒縣事，雷煥省之子。薛師雍，戶部侍郎叔似象先子。林子燕，直龍圖閣林季仲懿成之族廉夫子。徐冲，工部侍郎徐誼子宜子。見《文集·令人張氏壙志》。

《行狀》：卒之日，室無餘貲，田不過二頃。其葬也，資友朋之賻以集事。

《攻媿集》二十六《乞錄用陳傅良之後疏》：故中書舍人陳傅良，以一世名儒，爲嘉邸直講，最蒙恩遇。陛下踐阼之初，置之從列。爾後困於排抵，幾至危殆。起知泉州，不及赴而卒。其家索然，次子已夭，長子師轍窮匱孤獨，曾經一任，改奏京秩，年過五十，栖遲逆旅，所向不偶，誠爲可憫。臣與傅良爲布衣交，後又同朝，俱掌内外制，情義至厚，眞是畏友。其學問文章，過臣遠甚，實不忍其後之不振。竊見紹熙中陛下生辰，傅良獻詩，大蒙嘉賞，親御翰墨，寫其詩篇，反以賜之，臣嘗再拜而爲之跋。奎墨既已刊之樂石，敢以墨本及臣跋語同以上進，伏望聖慈俯賜睿覽，興念簪履之遺，特降恩旨，錄其嗣子。上以見聖主甘盤遯野之思，下以慰傅良沈泉之痛。

黄宗羲《南雷文定》前集七《陳定生先生墓志銘》：陳氏爲止齋之後，由永嘉遷宜興，遂爲望族。

余兄勤西《甌海軼聞》云：今我邑澍村陳氏，鮮有聞者，或言止齋無後。讀《定生墓志》，則止齋之後，實徙宜興，明時遂爲望族。天啓時，左都御史、贈少保於庭，與楊、左諸公，皆入黨籍。少保子爲定生先生貞慧，定生子爲檢討維崧，然則君子之澤遠矣。

公所著書，見於《行狀》者，有《毛氏詩解詁》二十卷。

按：《文集》曹序作《詩訓義》，以爲未脫槀。《宋史》本傳作《詩解詁》，以爲行於世。《四朝聞見錄》作《詩傳》，亦云方行於世，建安袁申儒序其傳末。明連江陳氏《世善堂書目》尚載有《止齋詩解》抄本。本朝朱氏

《經義考》一百七亦作《毛詩解詁》，今注曰「佚」。然則公《詩說》確有成書，曹殆未之見歟？明世尚有傳抄，今則不可復得，而其數見於他書所引及《文集》所及，說《詩》大旨，尚可窺其涯略，茲皆附錄於後。

《四朝聞見錄》甲：止齋陳氏，考亭視爲畏友。考亭晚注《毛詩》，盡去序文，以《彤管》爲淫奔之具，以城闕爲偸期之所。止齋得其說而病之，謂以千七百年女史之《彤管》，與三代之學校，以爲淫奔之具、偸期之所，私竊有所未安，獨藏其說，不與考亭辨。考亭微知其然，嘗移書求其《詩說》。止齋以公近與陸子靜互辨無極，又與陳同父爭論王霸矣，且某未嘗注《詩》，所以說《詩》者，不過與門人爲舉子講義，今皆毀棄之矣。蓋不欲滋陸、陳之辨也。今《止齋詩傳》方行於世云，建安袁氏申儒爲公門人，序其傳末。

陳埴《木鍾集》六：止齋謂檜亡爲東周之始，曹亡爲春秋之終，乃以爲聖人係《曹》、《檜》之詩於《國風》之末，即其思周道思治之語，爲傷無王無伯之驗。愚謂周之東遷，豈專關於一檜之亡？而春秋之終，豈專係於一曹之亡？止齋之言，是歟非歟？案以上問。《詩序》出於漢人，不可憑據。《春秋》傷無伯之說，亦是說者之談。聖人作《春秋》，決不解主張伯道。以《詩序》證《春秋》，自是船上繫船。但止齋之言，意謂無王無伯之時，惟小國滅亡最先，故小國思患最切。是以聖人繫《詩》作《春秋》，每於小國觀世變，非謂由此二國致禍也。

《困學紀聞》三：止齋曰：《國風》作而二《南》之正變矣，邶、鄘、曹、檜特微國也，而《國風》以之終始，蓋邶、鄘自別於衛，而諸侯浸無統紀，及其厭亂思治，追懷先王先公之世，有如曹、檜然。君子以爲是二《南》之可復，世無周公，誰能正之？是故以《豳》終。

按：《紀聞》所引見《文集·答黃文叔書》。

《文集·與朱元晦書二》：來徵《詩說》，甚荷□包。所見何藁，豈向時聚徒所爲講義之類？則削藁久矣。年來時時諷誦，偶有興發，或與士友言之，未嘗落筆。誠有之，當於長者有隱耶？區區愚見，但以《雅》、《頌》之音，簫勺羣慝，訓詁章句，付之諸生。尊意以爲何如？

又《與張端士書三》：毛氏《詩傳》汨沒有年，久欲爲發明之，因附己見其下，且以補《呂塾》之缺。自今夏落筆，近緣過客廢矣，未期其成就也。有暇見過，略觀綱目爲佳。

又《書四》：《詩說》盡《豳風》、《雅》、《頌》亦未落筆，此書又看天命何如耳。

《答趙南紀節推書》：《三百篇》往往爲訓詁家解駮，類□淺迫□人意有遠矣。謝逍遙嘗說《三百篇》非易其心而後語者不能，此義足可三復。公餘但於《南》、《雅》索之，聖賢貴寡怨，《詩》至於可以怨，必有道也。

又《文章策》：昔者嘗疑夫子於《詩》之三百篇，斷之一辭，則曰「思無邪」。夫《易》也、《書》也、《春秋》《禮》《樂》也，皆有無邪思也，而聖人獨及夫《詩》，蓋思而得之。聖人謂是以爲天下之文也，出於數人之手，非一人也；出於數十國之風，非一國也；出於數百載之間，非一世也；或出小夫賤隸，非止於學士大夫也；或出於暴政虐世，非止於寬時暇日也。而其辭其義，粹焉一軌，上之化深，下之化厚，固如此也。

又《收民心策》：昔嘗怪宣王咎己之急辭，罪歲之觖望。夫咎己之急辭，生於自治之不足；罪歲之觖望，則又窮焉而尤天也。而中興之雅，實先是詩。序《詩》者顧以爲中興之根本，何也？彼其心未有係天下之心也。宣王之機，所藏者甚微，而澤之及人者尚自淺也。藏乎中甚微，非力久則未易以著；而澤之所及猶淺，則亦難乎遽孚。《雲漢》之旱，宣王之惻怛忠愛一旦而大彰彰焉，天下以是爲文、武、成、康之心也。《車攻》未作，復古之業就矣。不然，遇災而懼，漢、唐人主如此者總總也。彼其令下而民玩，而此則速中興之功，未可以言語及也。人皆曰《雲漢》之旱，中興之福也。無《雲漢》，宣王之仁不加損；有《雲漢》，宣王之仁亦不加益。而中興之機也，是詩也。故嘗爲之說曰：商非興於解網，而實興於解網；周非興於扇暍，而實興於扇暍；宣王非興於遇災，而實興於遇災。聖人之仁，不外假以收天下，而天下之歸心，則嘗有俟也。

《朱子語類》八十一：問器遠：「君舉所說，謂《關雎》如何？」曰：「謂后妃自謙，不敢當君子。謂如此之淑女，方可爲君子之仇匹，這便是后妃之德。」又：「君舉詩言《汝墳》是已被文王之化者，《江漢》是聞文王之化而未被其澤者，卻有意思。」

按：此條《欽定詩經傳說彙纂》採入。《欽定詩經傳說彙纂》引說《葛覃》詩云：知稼穡之勤者，飲食則念農功；知絲麻之勤者，衣服則思女功。親執其勞，所以心誠愛而不忍棄也。

又說《采蘩》詩云：采蘩，其家人之六二乎？無攸遂在中饋，言婦人無遂事，惟飲食薦享而已。采蘩于沼澗，而用之於祭祀，其未事則夙夜以致吾力，其既事則舒遲以言歸而已。

又說《雄雉》詩「不忮不求」云：忮，心生於忿怒；求，心生於貪慕。故人之恥貧賤患難者，能不忮則或入於求，能不求則或入於忮。故忮者常至於嫉人，求者常至於枉己。

又說《泉水》、《載馳》、《竹竿》三詩云：皆衛女思歸也。《泉水》、《竹竿》作於無事之時，故其辭緩以婉；《載馳》賦於故國已亡之日，故其辭切以怨。

又說《淇澳》詩「善戲謔兮，不爲虐兮」云：謔而善，已是中節，特言不爲虐以足之耳。古人張不廢弛，屛不廢逞，肅肅不廢雝雝，僮僮不廢祁祁，有所拘者必有所縱也。

又說《召旻》詩云：《周南》係於周公，《召南》係於召公，豈非化之盛者必有待於二公也。至於《風》之終係以《豳》，《雅》之終係以《召旻》，豈非化之衰者必有思乎二公也？

又說三《頌》云：別以尊卑之禮，故《魯頌》以諸侯而後於周；間以親疏之義，故《商頌》以先代而後於魯。

按：以上《彙纂》所引共八條，不知

採自何書。《呂氏讀詩記》所引永嘉陳氏說，則陳氏少南《詩解》也。

《周禮說》三卷。《神道碑》作《周禮進說》。《國史經籍志》作十三卷。

按：《文集》有《進周禮說自序》。

趙希弁《讀書附志》上：《周禮說》三卷，右朝奉郎、祕書少監陳傅良所進也。舊刊於《止齋集》中，曹叔遠別爲一書而刻之，且爲之說。

《直齋書錄解題》二：《周禮說》三卷，中書舍人永嘉陳傅良君舉撰。曰格君心、正朝綱、均國勢各四篇。

《文獻通考》一百八十一：陳君舉《周禮說》三卷。《中興藝文志》稱傅良之言曰：「《周官》之綱領三：養君德、正朝綱、均國勢也。鄭注之誤，三王制漢儒之言，今以釋《周禮》；《司馬法》兵制，今以證《田制》；漢官制皆襲秦，今以比《周官》。徐筠學於傅良，記所口授而爲書曰《微言》。傅良爲說十二篇，專論綱領。

按：徐筠字孟堅，清江人。《周禮微言》凡十卷，見《玉海》三十九。

《水心集》十二《黃文叔周禮序》：同時永嘉陳君舉亦著《周禮說》十二篇，蓋嘗獻之紹興天子，爲科舉家宗尚。君舉素善文叔，論議頗相出入。所以異者，君舉以後準前，由本朝至漢，遡而通之；文叔以前準後，由春秋戰國至本朝，沿而別之。

王與之《周禮訂義序目·編類姓氏世次》：永嘉陳氏傅良，字君舉，其說有一集及《經進》四篇。

邱葵《周禮全書·治周禮姓氏》：陳氏傅

良，字君舉，永嘉人，有《講義集說》。

按：《周禮說》今亦未見，然王與之《訂義》所引獨多，及見於《朱子語類》、《黄氏日抄》者，皆可考其大略。惟《訂義序目》謂其說有一集，在《經進》四篇之外，殆即邱氏所謂《講義集說》歟？余姪詒讓曰：「案：《中興藝文志》謂《周禮說》十二篇，專論綱領。今以《訂義》所引核之，其說於名物度數瑣屑繁碎者，亦多考覈，似不止論綱領，如釋《考工記》車制，綜貫羣經，釋名辨物，最爲詳審，而於原目所謂格君心、正朝綱、均國勢者，則無可附麗。其爲別有一集，殆無疑義。

《春秋後傳》十五卷、《左氏章指》三十卷。

按：《春秋後傳》今刻入納蘭成德《通志堂經解》中，《章指》未見。

樓鑰序曰：《春秋後傳》、《左氏章指》二書，故中書舍人陳公傅良之所著也。《春秋》之學不明久矣，啖、趙之後，至於本朝，而後有泰山孫先生復，尊王之說彌彰。公是劉先生敞《權衡》、《意林》等書，考證尤詳。伊川程先生頤雖無全書，而一序所該，聖人之大法備矣。自王荆公安石之說盛行，此道幾廢。建炎、紹興之初，高宗皇帝復振斯文，胡文定公安國承伊洛之餘，推明斯道，勸講經筵，然後其學復傳，學者以爲標準，可謂大全矣。東萊呂公祖謙又有《集解》行於世，《春秋》之義，殆無餘藴。止齋生於東嘉，天資絶人，誦書屬文，一旦迥出諸老先生上，斂然布衣，聲名四出。六經之說，流行萬里之外，而其學尤深於《春秋》。鑰非深於此者，嘗涉獵諸公之書，非不明白，然亦不過隨文辨釋，間有前後相爲發明者，亦不見體統所在。鑰自客授之初，即從止齋游，雖不得執經其門，嘗深叩之。同在西掖時，始以《隱公後傳》數篇相示，因爲道《春秋》之所以作，左氏之所以有功於經者，其說卓然，且曰：「自余之有得於此，而欲著書，於諸生中擇其能誦三傳者，首得蔡君幼學。蔡既（壯）〔仕〕，又得二人焉，曰胡宗，曰周勉，游宦必以一人自隨，遇有所問，其應如響，而此書未易成也。未幾去國，而鑰亦歸，雖若相忘於江湖，而朋友之來，必以此書爲問。雖親炙之者跪以請，則曰：「此某身後之書也。」既不幸卒於嘉泰三年，而此書始出於笥中。其壻林子燕最得其傳，又四年而後，長子師轍與其徒汪龍友以二書來。鑰老矣，如獲希世之珍，屏去他書，窮晝夜讀之，始盡得其大意。嗚呼盛哉！蓋未有此書也，先儒以例言《春秋》者，切切然以爲一言不差，有不同者則曰變例，竊以爲不安。公之書不然，深究經旨，詳閱世變，蓋有所謂隱、桓、莊、閔之《春秋》，有所謂僖、文、宣、成之《春秋》，有所謂襄、昭、定、哀之《春秋》。始焉猶知有天子之命，王室猶甚威重。自霸者之令行，諸侯不復知有王矣。桓公之後，齊不競而晉霸；文公既亡，晉不競而楚霸；悼公再霸而又衰，楚興而復微；吳出而盟諸夏，於越入吳，而春秋終矣。自杜征南以來，謂平王東周之始王，隱公遜國之賢君，其說甚詳。而公以爲不爲平王，亦不爲隱公，而爲威王，其說爲有據依。又其大節目，如諸侯改元，前所未有，齊、魯諸大國，比數世間，有世而無年，至記厲王奔彘，始有紀年。古者諸侯無私史，《乘》與《檮杌》、《春秋》皆東遷之史也。書齊、鄭盟於石門以志諸侯之合，書盟於鹹以志諸侯之散，是《春秋》之終始也。隱、桓、莊之際，惟鄭多特筆；襄、昭、定、哀之際，惟齊多特筆。諸侯專征，而後千乘之國有弑其君者矣；大夫專將，而後百乘之家有弑其君者矣。宋、魯、衛、陳、蔡爲一黨，齊、鄭爲一黨，公會齊、鄭於中邱，而後諸侯之師衡行於天下，罪莫甚於鄭莊，宋、魯、齊、衛次之。而父子兄弟之禍，亦莫甚於五國，是可爲不臣者之戒矣。齊桓公卒，鄭遂朝楚，夏之變夷，鄭爲亂階。侵蔡遂伐楚，以志齊桓之霸；侵陳遂侵宋，以志楚莊之霸。足以見夷夏之盛衰矣。書公孫茲帥師，書公孫敖帥師，書公子季友卒，皆見三家之所從始。首止之盟，鄭伯逃歸，不盟則書，以其背夏盟也；厲之役，鄭伯逃歸，不書，蓋逃楚也。夷夏之辨嚴矣。自隱而下，《春秋》治在諸侯；自文而下，治在大夫。有天下之辭，有一國之辭，有一人之辭，於干戈無不貶於玉帛之使，則從其爵，勸懲著矣。文十年而狄秦，又三十年而狄鄭，又五十餘年而狄晉。狄鄭猶可也，狄晉甚矣，貶不於甚，則於事端，餘實錄而已矣。此皆先儒所未發。至僖之三十一年，四卜郊不從，乃免牲，猶三望，極言魯之用天子禮樂，以明堂位之言爲不然。惠公始乞郊而不常用，僖公始作頌而以郊爲夸，引祝鮀之言爲證，此尤前所未聞也。若左氏或以爲非爲經而作，惟公以爲著其不書，以見《春秋》之所書者，皆左氏之力。《章指》一書，首尾專發此意。昔人以杜征南爲左氏忠臣，然多曲從其說，非忠也。公之《章指》謂「君子曰」者，蓋博採善言，「禮也」者，蓋據史舊文，非必皆合於《春秋》。或曰後人增益之，或曰後人依傚之，或以凡例義淺而不取，或以例非左氏之意，蓋愛而知其惡者，乃所以爲忠也。又言莊公元年至七年及十九年以後，訖終篇多無傳，疑有佚墜，公之求於傳者詳矣。嗚呼！與止齋游，前後三十年，不得卒業於其門。旣興殄瘁之悲，而後得二書，其間尚有欲質疑而不可得，此所以撫卷三歎而不能自已也。開禧三年冬至日，四明樓鑰序。

周勉《春秋後傳跋》曰：先生爲《後傳》，將脫藁而病，期歲而病革。學者有欲速得其書，俾傭書傳寫，其已削者或留其帖於編，增入是正者或揭出弗存也。勉官江陵還，始得朋友訂正之，然已削者可刊帖於編，而增入是正者不可復求，惜哉！勉從先生於桂陽，於衡，於潭，日受經焉。及《後傳》且就，先生每語友朋，將面授勉，使盡質所疑而後出。已而睽隔函丈，不果質，今訂正，猶先生之志云。嘉定元年七月朔日，門人周勉謹書。

《直齋書錄解題》三：《止齋春秋後傳》十二卷、《左氏章指》三十卷，陳傅良撰，樓參政大防爲之序。大略謂左氏存其所不書，以實其所書；公羊、穀梁以其所書推見其所不書，而左氏實錄矣，此《章指》之所以作也。若其他發明，多新說，序文略見之。

《四庫全書總目》二十七：《春秋後傳》十二卷，兩江總督採進本。宋陳傅良撰。傅良字君舉，號止齋，溫州瑞安人。乾道八年進士，官至中書舍人、寶謨閣待制，謚文節。事蹟見《宋史》本傳。是編有其門人周勉跋，稱傅良爲此書，將脫藁而病，學者欲速得其書，俾傭書傳寫，其已削者或留其帖於編，增入是正者或揭去弗存，是今所傳已非傅良完本矣。趙汸《春秋集傳自序》，於宋人說《春秋》最推傅良，稱其以公、穀之說參之左氏，以其所不書實其所書，以其所書推見其所不書，得學《春秋》之要，在三傳後，卓然名家。而惜其誤以左氏所錄爲魯史舊文，而不知策書有體，夫子所據以加筆削者，左氏亦未之見。左氏書首所載不書之例，皆史法也，非筆削之旨。公羊、穀梁每難疑以不書發義，實與左氏異師。陳氏合而求之，殊失其本，故於左氏所錄而經不書者，皆以爲夫子所筆削，則其不合於聖人者亦多云云。考左氏爲《春秋》作傳，非爲策書作傳，其所云某故不書者，不得經意或有之，必以爲別發史例，似非事實。況不修《春秋》二條，《公羊傳》尚有傳聞，不應左氏反不見，恐均不足爲傅良病。惟以《公》、《穀》合《左傳》爲切中其失耳。自王弼廢象數而談《易》者日增，自啖助廢三《傳》而談《春秋》者日盛，故解五經者，惟《易》與《春秋》二家，著錄獨多，空言易騁，茲亦明效大驗矣。傅良於臆說蠭起之日，獨能根據舊文，研求聖人之微旨。樓鑰序稱其於諸生中，擇能熟誦三《傳》者三人，曰蔡幼學，曰胡宗，曰周勉，游宦必以一人自隨，遇有所問，其應如響，其考究可謂至詳。又其書多出新意，而每傳之下，必注曰此據某說，此據某文，其徵引亦爲至博。以是立制，世之枵腹而談褒貶者，庶有豸乎。傅良別有《左氏章旨》三十卷，樓鑰所序，蓋兼二書言之。朱彝尊《經義考》注曰未見。今《永樂大典》中尚存梗概，然已殘闕，不能成帙，故不復裒錄焉。

《文集·與張端士第二書》：某病軀日衰弱，漸漸了得《春秋》一書。及未啓手足之前，更加删潤，則自有《春秋》來，未有此書，可藉手見古人無怍。

又《第四書》：某近復苦泄瀉，今幸稍愈。以年例論之，如此浸久，是結裹之證也。萬事已置勿論，惟《春秋後傳》垂成，尚欠删潤，不免就病中勉強。

《讀書譜》一卷。《神道碑》作二卷。

《直齋書錄解題》四：《讀書譜》一卷，陳傅良撰。自伏羲迄春秋，終以《易》、《書》、《詩》、《春秋》諸經考世代而附著之，共和以下，始有年數。

《文集·答丁子齊書》：下問《讀書譜》，近方脫稿，自晝《易》至獲麟，聖賢調度，盡在此卷。若從頭商榷，得到分數，則異時出處，定不草草。以此益要團欒，如來諭也。《書譜》又辱爲之叙，文意俱盛。前發藝祖以來諸賢，又及邵氏《經世書》，前輩未曾提掇。中間一二處未穩，更删定方可。

《建隆編》一卷。一名《開基事要》，一名《藝祖通鑑節略》。《讀書附志》及《玉海》皆作十卷。

按：《文集》有《嘉邸進讀藝祖通鑑節略自序》，即此書也。

趙希弁《讀書附志》上：《開基事要》十卷，右朝奉郎、秘書少監、皇子嘉王府贊讀陳傅良所進也。自建隆之初，迄開寶之末，亦曰《建隆編》，曹叔遠序而刻之。

《直齋書錄解題》四：《建隆編》一卷，陳傅良撰。蓋《長編》太祖一朝節略也。隨事考訂，併及累朝始末，慶元初在經筵所上。

按：《文集·自序》有「嘉邸進讀」字，則非慶元初所上也。《書錄》所云，蓋誤。

《宋史·藝文志二》：陳傅良《建隆編》一卷，一名《開基事要》。

《玉海》四十七：《建隆編》，陳傅良摭太祖政事，起建隆，迄開寶，書其綱要。又考累朝沿革得失，疏於下，凡以表見立國之初意，以建隆命編，蓋繫之始年。又四十九：陳傅良有《開基事要》十卷，亦曰《建隆編》。

《制誥集》五卷、《文集》三十卷。

曹序作《止齋集》五十一卷，《文獻通攷》、《宋史·藝文志》並作五十二卷。《直齋書錄》作五十三卷。宋三山本五十卷，今未見。明宏治間王瓚本五十二卷，與曹序編次合。王序言從秘閣錄出，今尚有傳本。同時又有坊刻小字安正堂本，併爲二十八卷。國朝乾隆林上梓本又分爲詩集五卷、文集十九卷，道光陳石士少宗伯重刊於杭州，卷數悉照林本。

按：《文集》曹序云：「凡爲歌辭、

古律詩、內外制、奏狀、劄子、表啓、書簡、序記、雜著、祭文、墓誌、行狀，總五十一卷，即先生燕坐之齋以名集。今正德本尚存曹編之舊：詩九卷，一至九。內外制九卷，十至十八。奏狀、劄子九卷，十九至二十七。講筵故事一卷，二十八。壬辰廷對策一卷，二十九。表二卷，三十、三十一。啓三卷，三十二至三十四。書簡四卷，三十五至三十八。記一卷，三十九。序一卷，四十。跋二卷，四十一、四十二。策問一卷，四十三。雜著一卷，四十四。祭文二卷，四十五、四十六。誌銘四卷，四十七至五十。行狀一卷。五十一。此云《制誥集》五卷、《文集》三十卷，蓋尚未定之初本與。

見於《文集》曹序者，又有《周漢以來兵制》、《宋史·藝文志》作《漢兵制》。《皇朝大事記》、《皇朝百官公卿拜罷表》、《皇朝財賦兵防秩官志》，未脫藁。

按：《歷代兵制》今尚有傳本，錢氏刻入《守山閣叢書》，餘俱佚。

《四庫全書總目》八十二：《歷代兵制》八卷，天一閣藏本。宋陳傅良撰。傅良有《春秋後傳》，已著錄。是書上溯成周鄉遂之法，及春秋、秦、漢、唐以來歷代兵制之得失，於宋代言之尤詳。如太祖躬定軍制，親衛殿禁戍守更迭、京師府畿內外相維、發兵轉餉捕盗之制，皆能撮舉其大旨。其《總論》之中，謂祖宗時兵雖少而至精，逮咸平後，邊境之兵增至六十萬，皇祐初兵已一百四十一萬，謂之兵而不知戰。給漕輓，服工役，繕河防，供寢廟，養國馬者，皆兵也。疲老而坐食，前世之兵，未有猥多如今日者。總戶口歲入之數，而以百萬之兵計之，無慮十戶而資一廂兵，十萬而給一散卒。其兵職衛士之給，又浮費數倍，何得而不大蹙云云，其言至爲深切。蓋傅良當南渡之時，目睹主弱兵驕之害，故著爲是書，追言致弊之本，可謂切於時務者矣。

見於《宋史·藝文志》者，又有《西漢史鈔》十七卷。今佚。

見於《玉海》者，又有《周官制度精華》二十卷。《經義考》一百二十三注曰未見。

《玉海》三十九：陳傅良、徐元德撰。

《朱子語類》八十六：於邱子服處，見陳、徐二先生《周禮制度精華》。下半冊，徐元德作，上半冊即陳君舉所進《周官說》。

見於明高儒《百川書志》者，有《論孟古義》一卷。府縣志並作《經書古義》。

《百川書志》二十：《論孟古義》一卷，或曰止齋著，又曰王從之著，未詳孰是。

按：從之爲金若虛字，稾城人，《金史·文藝傳》下有傳。

陳獻章《白沙集》七《復鄧御史公輔寄新刻陳君舉論孟古義》詩云：兩漢非三代，人才逐世低。市朝成畫虎，文字笑醯鷄。古義昭昭對，終篇短短題。不因歐六一，爭得見昌黎。

見於《直齋書錄》者，又有《長樂志》四十卷。

《書錄解題》八：《長樂志》四十卷，府帥清源梁克家叔子撰。淳熙九年序，時永嘉陳傅良君舉通判州事，大略皆出其手。

按：《書録》五《長樂財賦志》下云：往在鄞縣，訪同官薛師雍子然，几案間有書一編，大略述三山財計，而累朝詔令，申明沿革甚詳。問所從得，薛曰：「外舅陳止齋修圖經時，欲以爲財賦一門，後緣卷帙多，不果入。」然則此志編輯之力，多出公手，益信。

見於明焦竑《國史經籍志》者，又有《書鈔》。

《經義考》八十一注曰未見。

見於元程端禮《春秋本義》卷首者，又有《春秋類説》。

按：程端禮《春秋本義》卷首《春秋名氏》永嘉陳氏下載有《章旨》、《類説》、《後傳》三書，《章旨》、《後傳》前已著録，《類説》别無所見，不知程氏何所據也。此外尚有《講筵孟子講義》，見《經義攷》二百三十四，蓋即慶元初以中書舍人兼侍講時所上，已入《文集》二十八。又《伊洛遺禮》，見雍正《浙江通志》二百四十四，《伊洛禮書補亡》，見《續文獻通考》一百七十四，均非公書，《陳龍川集·伊洛禮書補亡序》中有述及公語，遂致誤收。又《備邊十策》，見《續通考》一百七十九，蓋因《宋史·藝文志》著録偶與《漢兵制》一卷相連，而失其撰人名氏，遂以爲一人之書。《高士送終禮》，見《續通考》一百七十六，更不可信。説並詳余姪詒讓《溫州經籍志辨誤》。

按：公少作尚有《待遇集》，見《林下偶談》四；《城南集》，見《文集》卷末曹叔遠跋，俱佚。今世所傳尚有《論祖》五卷，見《四庫全書總目》一百七十四，浙江鮑士恭家藏本。《奧論》八卷，見《千頃堂書目》二十九。又《永嘉先生八面鋒》，相傳以爲公作，並有明時刊本，要皆當時舉業程試之用，文肅所謂「或混幼作，或雜眞贋，詭題叢帙，誣彌遐陬」者，此類是也，無關大賢述作之旨。公登第後，輒深自悔，而盡焚其舊藁。文肅編集，嚴加釐別，用熄淆亂。今姑附見其目於此。

《文集》曹序：先生稟抱天穎，研盡學力，據六經奧會，執九經百家之轡，俾環轡以趨於一。披剔文義，躪藉衆糾，究明帝王經世宏模，而放於秦、漢以下治亂興衰之故，獨揭源要，不牽多歧。由是彰往考來，默察當世丕平之機，深抱大業，至於化裁推行，不動聲色，使人回心而嚮道者，其綱領條目靡不該具。蓋嘗忘寢廢食，審玩熟復，庶幾對越天地百世，以俟後聖而不惑也。雖言論未孚，幾進輒沮，而志念回皇，與物委蛇，左推右挽，旁援廣誘，其任重道遠，終老未嘗一日敢忘於斯焉。嗚呼盛矣！鄒魯之統緒，河洛之承續，千載以來，不知其能幾見也。

《行狀》：公剛毅洞達，寬博樂易。其爲學先於致知，充以涵養，默識自得，不可企及。而篤於躬行，周於人情，事物兼博，約貫精粗，不倚於一偏，與同志論學，必以兢業爲先，蓋其所自用功處也。事兄恭謹，終老不懈，自奉淸約，閨門肅然。其接人委曲周盡，人人得其歡心。汲引後進，如恐不及。小善曲藝，獎予無惓。士多不遠數千里，樂從公游，公隨其所長，誘掖磨琢，以成其材。《墓志》：公之從鄭、薛也，以克己兢畏爲主，敬德集義，於張公盡心焉。至古人經制、三代治法，又與薛公反覆論之，而吕公爲言本朝文獻相承，所以垂世立國者，然後學之本末内外備矣。公猶不已，年經月緯，晝驗夜索，詢世舊，繙吏牘，蒐斷簡，采異聞，一事一物，必稽其極而後止。千載之上，珠貫而絲組之，若目見而身折旋其間，吕公以爲其長不獨在文字也。公既實究治體，故常本原祖宗德意，欲減重征，捐末利，還之於民；省兵薄刑，期於富厚，而稍脩取士法，養其義理廉恥，爲人才地，以待上用。其於君德内治，則欲内朝外廷，爲人主一體，羣臣庶民並詢迭諫，而無壅塞不通之情。凡成周之所以爲盛，皆可以行於今世。視昔人之致其君，非止以氣力負荷之，華藻潤色之而已也。

按：以上三條，皆總論公學行志業大略，謹附録譜末。

附載止齋弟子。

蔡幼學行之，瑞安。　曹叔遠器遠，瑞安。

陳　說習之，永嘉。　章用中端叟，平陽。

陳端己子益，平陽。　林頤叔懿仲，瑞安。

林淵叔懿仲弟，瑞安。　沈　昌叔阜，瑞安。

朱　黼文昭，平陽。　胡　時伯正，樂清。

林子燕申甫，樂清。　沈體仁仲一，瑞安。

錢文子白石，樂清。　陳　巖仲石，平陽。

林大備百順，平陽。　林居實安之，瑞安。

林　載瑞安。　胡　宗太初。

周　勉明叔。　王綽成叟。

呂聲之大亨，新昌。　呂沖之聲之從弟，新昌。

洪　霖天台。　高　松國祖，福寧。

倪千里起萬，東陽。　徐　筠孟堅，清江。

黃　章觀復，新昌。　袁申儒建陽。

吳漢英長卿，江陰。　吳琚居父。

胡大時季隨，崇安。　沈有開應先，無錫。《水心集》二十二有《墓誌》。

薛仲庚子長。　賈端老

張端士　滕璘德粹，婺源。

木天駿德遠，瑞安。《宋元學案》曰：「止齋再傳弟子。」

【補】湯建字達可，樂清人。少爲陳止齋所知，篤意兢省，深造理窟，學者尊爲藝堂先生，見萬曆志，則亦止齋弟子也。

徐邦憲字文子，義烏人。《宋史》四百四《徐邦憲傳》：「少穎悟，從陳傅良究名物義理，以通史傳百家之書。紹熙四年，試禮部第一人登進士第，官至寶謨閣待制，謚文肅。」

趙希錧字君錫，舊名希喆，登慶元二年進士第，改賜今名。《宋史》四百十三本傳：「學於陳傅良、徐誼。官至安德軍節度，封信安郡公。」

《陳文節公年譜》一卷，瑞安孫蕖田先生著。初，余友楊君志林得一寫本見詒，藏之十數年，今春校印《叢書》第二輯，此寫本先付印告成矣。秋九月，孫君公達來滬過余，談先生之孫也言行，篋中有此書家藏寫稿，余喜甚，輒以印本求覆校。公達所携，乃先生晚年定稿，精贍過于志林所得者遠甚。余因悉棄去先所印成者，而公達亦樂以其藏稿假余重印，即此卷是也。先生生清之中葉，同治間官至侍讀學士，與其兄太僕琴西先生皆篤志宋永嘉諸儒之學，以啓迪後進。嘗彙刻鄉先哲遺籍，爲《永嘉叢書》，極爲精審。生平嗜學，至老不倦，所著尚有《止庵讀書記》、《吕氏春秋高注補正》、《東甌大事記》、《浮沚年譜》、《海日樓詩文集》等書，凡若干卷，藏於家。民國十八年十一月，黄羣記。

定川言行彙攷

（近）張壽鏞 編
吴洪澤校點

四明叢書本《定川遺書》附録卷四

沈焕（一一三九—一一九一），字叔晦，鄞縣（今浙江寧波）人，銖子。潛心經籍，作文講求義理。年二十五入國子監，後師事陸九齡。乾道五年試進士，直言時政闕失，爲汪應辰等賞識，奏名第二，授上虞縣尉。淳熙八年除太學録，孜孜講道，爲同僚所忌，出爲高郵軍教授。後爲浙東安撫司幹辦公事，淳熙中知婺源縣，十五年升通判舒州。紹熙二年卒，年五十三，謚端憲。

沈焕既得江西陸氏之學，又與吕祖謙兄弟講論，約略史籍，周覽博考。著有《文集》五卷，久佚，張壽鏞輯有《定川遺書》二卷。事蹟見袁燮《通判沈公行狀》（《絜齋集》卷一四）、《宋史》卷四一〇本傳。

本譜爲近人張壽鏞編，雖不以年譜名，而按年繫事，實爲年譜。自序稱「欲爲年譜，取材既嫌闕略，若不第其先後，東鱗西爪，又無能概其生平」，故爲此編，以略見譜主生平事蹟及學術進益歷程。今據《四明叢書》本點校。

壽鏞謹案：袁正獻公燮既撰《定川行狀》，又作《定川言行編》，後之撰《定川傳》者，莫不以此爲祖。雖周益國公必大撰《墓碣》，亦本於《行狀》者也。《定川文集》五卷，既不可得。謝山所得之《言行編》，壽鏞亦未見全帙。嗣得之於伏跗室，爲煙嶼樓徐氏舊鈔本，二十一世孫袁士杰輯也。惟欲爲年譜，取材既嫌闕略，若不第其先後，東鱗西爪，又無能概其生平。不揣譾陋，既編《定川遺書》，更就參稽之所及，以《行狀》爲主，以羣書所録爲輔，分别綱目，名曰《定川言行彙攷》。後有獲者，得以增益。古人云：「書之傳有其時也。」淳熙四先生，惟定川之書獨罕見，尤馨香禱祝於後之君子之蒐索焉。

定川言行彙攷

後學鄞 張壽鏞輯

宋高宗紹興九年己未歲，先生生。

案《行狀》：君諱煥，字叔晦，四明沈氏也。

又案《行狀》，得年五十三，紹熙二年四月戊寅終。攷紹熙二年爲辛亥，逆溯而上，先生之生爲紹興九年己未也。

又案：淳熙四先生，舒廣平生於紹興丙辰，長先生三歲；楊慈湖生於紹興辛酉，少先生二歲；袁絜齋生於紹興甲子，少先生五歲。《絜齋集·跋祖姑歲月記》：某生於紹興甲子。

沈氏世家定海，中徙鄞。

案《定海志·孫枝傳》：「父允從，從鄉先生沈銖學。」又云：「枝與樓鑰、沈煥、袁燮遊。」《定志》既傳孫枝，而不爲定川立傳。定昔合於鎮，而先生又徙鄞，故《鎮志》、《鄞志》獨詳之。然先生子孫有仍籍定海者，是《定志》不爲先生立傳，《定志》之陋也。

又案徐兆昺《四明談助》先生本傳云：今阜莢廟前沈氏，其後裔也。

十五年乙丑歲

先生祖主簿公登進士。

案《鎮海縣志·沈子霖傳》：子霖字澤夫，父開，不仕。子霖貢辟雍，登紹興十五年進士。《鎮志》「興」誤「熙」，特更正。官惠州博羅縣主簿，號逍遙翁。

又案《行狀》：自祖主簿公經行修明，恬於仕進，鄉里高其節。

考簽判府君聞道於焦瑗，隆於教子，諸子皆修飭有聞。

案《鎮海縣志·沈銖傳》：銖字公權，嘗

問道於焦瑗，授伊洛指。忠信孝友，克紹先德，容止莊敬，衣冠端嚴，造次必稽孔門之言，是是非非，無曲從苟且。與人交，面箴其失，退無後言，有古直諒之風，士大夫信服。銖事瑗極恭，諸生事銖者一如之。雖已貴，莫敢隳家法焉。高弟有舒烈孫允、袁方張祖順。

又案袁陶軒鈞《甬上寓公傳》：焦公路，山東布衣也。寓大涵山麓。

又案《沈鏜傳》：鏜字高卿，與兄銖、弟銘皆爲焦瑗高弟，與從子煥同登乾道五年進士。

又案全謝山《四先生祠堂碑陰文》云：定川之父簽判公學於焦先生公路，以傳程氏之學，史忠定稱其「忠信質直，孝修於家，行尊於鄉」。高弟舒烈作《行狀》：是定川過庭之教所自出也。

又案全謝山《嬾堂記》：嬾堂之後人，乾道八年進士烈，受業沈簽判公權，爲程氏之學云。

先生自始知學，潛心經籍，精神靜專。既冠成人，慨然有追蹤古人、主盟當世之心。

案楊慈湖《祭叔晦文》云：世方習詖波，頹不可起。叔晦不然，如砥柱中流而峙，足以起士大夫萎苶不振之氣。

又案所箸有《經説》，王䕶軒錄入《宋元學案補遺》四條，第一條解《曲禮》「道德仁義」二句，第二條解「在朝言禮」二句，第三條解《禮運》「子曰我欲觀夏道」一節，第四條解「故禮行於郊」節。壽鏞編《定川遺書》，已錄入《訓語》。先生精神靜專，尤精於禮。萬季野輯《儒林宗派》，直接傳授者爲竺大年。攷

《奉化縣志》大年箸有《禮記訂義》一書，汪元春序之，謂其於道契本末之辨，先後之間，多所發明，有功於世。惜原書未見。然先生解禮，有所授之，斷可知已。《經說》而外，如朱子答書中云：「所云二圖之妄，深荷留念。言多枝葉，而不既其實，尤佩警切之戒。」又云：「二塗之疑，足見省身求善，不自滿足之意，警發多矣。」又云：「克己復禮，前說已得之，卻是看得不子細，誤答了。今承再諭，愈詳密無疑矣。」雖朱子答書在淳熙十年癸卯以後，據《朱子年譜》。然非平日之讀書聞道，安能臻此？

羣居鄉校，以嚴見憚。屬辭有典則，清遠雄麗，務以義理自勝。

案袁蒙齋甫《贈沈智甫序》先生子，名省曾。曰：先正獻公嘗言，先生少年在鄉校，刻志問學。齋前有竹甚茂，每於竹叢中讀書，音韻洪暢，聽者悚然。

又案史忠定浩祭文云：「以言其學，正而不駮，因流知源，横渠伊洛。以言其文，傑出橋門。」朱子祭文云：「大篇短章，鏗金戛玉，鉤玄闡幽，海搜山抉。」今先生之文流傳者雖僅，而清遠雄麗，以義理勝，猶見一班。

三十二年壬午歲

鄉舉第二。

案：先生年二十四，爲紹興三十二年。

孝宗隆興元年癸未歲

監補第一。

案《鎭海縣志》本傳：明年，補國子監，爲選首，是爲隆興元年。

乾道二年丙戌歲

考簽判公登進士。

案《鎮海縣志·沈銖傳》：乾道二年登進士，以迪功郎監潭州嶽廟，晚始得官。史浩篤布衣之好，薦之孝宗。召見上殿，改秩承務郎，簽書鎮東軍節度（通）判〔官〕廳公事。汪大猷復薦之。

三年丁亥歲

以行藝優諸生。

案《行狀》：又四年，遂以行藝優諸生，是爲乾道三年。時師友道喪，雖首善之地，合席同筆硯，鮮有講磨之功。君勇於進修，不主先入。

始與陸九齡爲友，遂師事焉。先生與舒璘、楊簡、袁燮皆聚於學。

案《行狀》：始與臨川陸公子壽爲友，一日盡舍所學，以師禮事焉。陸公極稱君志氣挺然，有任道之質。君益自信，晝夜鞭策，有進無退，求友如不及，潛觀密察。

又案眞西山撰《袁絜齋行狀》：乾道初，入太學，陸先生九齡爲學錄。公望其德容粹盎，肅然起敬，亟親炙之。而同里之賢，如沈公煥、楊公簡、舒公璘，皆聚于學，朝夕以道義相切磨，器業益充。

又案楊慈湖《二陸先生祠堂記》：「復齋諱九齡，字子壽，篤志斯道，窮深究微，兢兢孜孜，學者宗之。」包恢《三陸先生祠堂記》：「復齋少有大志，浩博無涯涘，觀書無滯礙，繙閱百家，晝夜不倦。自爲士時，已有稱其得子思、孟子之旨者。其後入太學，一時知名咸師尊之。」

又案《宋元學案》全謝山曰：甬上四先生之傳陸學，楊、袁、舒皆自文安，而沈自文達，復齋謚文達，世稱梭山先生。《宋史》混而列之，非也。

又案薛應旂《正學祠記》：宋興百餘年，諸儒繼出，至於直窺堂奥，上遡本原，而獨得夫傳心之學者，象山陸氏也。當時遊其門者，若慈谿楊敬仲、鄞袁和叔、定海沈叔晦、奉川舒元質，皆其高第弟子，以道義相切磨。特以其師之學，與晦庵朱氏入門路徑微有不同，遂致往復論辨，眞若忿爭。雖其後會歸於一，驪然相合，而各得其本心，則固有人所不及知者矣。今以一明州之地，萃兹四賢，而久無專祀，不得與婺之何、王、金、許並列，毋亦朱、陸之故也乎？

壽鏞案：蔣樗庵《鄞志稿》傳謂復從其弟九淵游，不知何據。竊謂定川雖師事文達，然文達與象山同尊心學，伯仲自爲師友。而文達深觀默養，優游而曲暢之者也。定川之學，潛觀密察，雖得之文達，然其薰染於象山者亦必多焉，則謂之象山弟子也亦宜。

又案文信國曰：定川之學，秋霜肅凝。求友如不及，潛觀默察，至有頹然衆中，不自矜衒，人莫之識，而推之爲不可及者。

案《鎭海縣志》本傳有云「至有衆人莫之知，而煥獨識之」者，蓋本《行狀》。其注云：「案：袁燮撰《言行編》，永嘉薛象先頹然衆人中，不自矜炫，人鮮能知之者。君一見大稱之，以爲學問識見在行輩中當爲第一，聞者憮然。後同志與象先友，聽其議論，始服君爲知人。」

囊空無資，冬或不絮，忍窮勵志，惟講習爲急。

案袁蒙齋《贈沈智甫序》又云：祁寒，襪無絮，則小藍貯故紙，用以溫足。所謂士大夫必先咬得菜根乃可有爲者，其先生之謂歟？

又案《宋元學案補遺》第一則：「姑蘇一巨室延以誨其子。同舍以先生貧甚，皆勸其往，君曰：『吾方求益師友，柰何捨去？』卒不行。」蓋本諸《言行編》。

既與諸賢定交，又以諗後來者：「此天子學校，英俊所萃。吾曹生長偏方，見聞固陋，不以此時資明師畏友，廓然開之，何由自知不足？前無堅敵，短兵便爲長技，大可懼也！」

案《宋元學案》錄《言行編》九則，第一則：「吾儕生長偏方，聞見狹陋，不得明師畏友切磋以究之，安能自知不足？前無大敵，短兵便爲長技，甚可懼也！」與《行狀》字句略有出入。

又案《鎮海志》本傳引：聞者悚惕，因煥以交賢士，相與講明立身之要，務本趨實，爲不朽計，皆自煥倡之。

又案：每語人曰：「當隆師親友，循規蹈矩，以倡郡國。」《延祐四明志》錄之，本諸《墓碣》。

五年己丑歲

試藝南宮，名第二。

案《行狀》：主文自汪公應辰以下皆一時鉅儒。

又案《鎮志》本傳作「試南宮第一」，誤。《鄞志》本傳依《行狀》作第二。

又案：時汪應辰爲吏部尚書，明年罷。應辰正直能言，立朝務革弊政。

忠義天挺，勇不顧利害，危言切論，指陳闕政無隱。居次甲，授迪功郎、上虞縣尉。

案《鄞志》本傳注云：《行狀》及周必

大所撰《墓志》、《言行編》、《聞志》、《蔣傳》、《宋元學案》、《鎮海縣志》俱作上虞尉；《燭湖集》附煥撰《孫介行狀》亦自言尉上虞；《蒙齋集·贈沈智甫序》言煥尉上虞，《張處士墓誌》石刻在乾道五年，稱右迪功郎、新上虞縣尉沈煥書。惟《宋史》本傳、《寶慶志》、《曹志》言授餘姚尉。然《行狀》與《墓志》最先出，《宋史》作餘姚尉，當係刊本偶誤，或仍《寶慶志》舊文之訛。

又案《紹興府志》言「煥隆興中爲餘姚尉，乾道中徙上虞尉」，則係無稽之談。隆興中煥在太學，尚未成進士，安得尉餘姚？

又案《餘姚縣志·職官》亦言煥乾道中任縣尉，今攷《行狀》並未言煥尉餘姚，祇有爲浙東幹官時奉檄振救餘姚、上虞二邑饑民，《餘姚志》載煥振荒事則可，竟入之《職官》，謬矣。

又案《鎮志》本傳，亦在於上虞縣尉下有附注。《鄞志》係襲《鎮志》之注而加詳焉。

待次里中，益講學不倦。

案袁絜齋《題晦翁帖》亦云：「某待次里中，先生既授上虞尉，未即視事。」與絜齋既以進士授江陰尉待次同。

自以資稟剛勁，非所以歡庭闈，痛自砭劑，大書《祭義》「深愛和氣，愉色婉容」數語於寢室之壁，日省觀焉。

案《寶慶四明志》以大書《祭義》數語繫之通判舒州歸傒官期下，今依《行狀》，爲未上上虞尉時事。

嬰兒之慕，不忘其初。

案《言行編》：先生嘗曰：「嬰兒戲於親

旁，呼之則至，撫之則悅，了無間隔。學者此心常存，可謂孝矣。」蓋自道也。深以嚴威儼恪爲戒，簽判公每對賓客，常拱立其旁侍酒，則竟席不敢去。小不合意，嚴誨飭之，不以年長故假借。

案《鎮海縣志·沈銖傳》：「訓子嚴，少不合輒誨飭之，不以年長故假借。」蓋本《行狀》。

父子自爲師友，講論道義，閨門肅雝，士益信而歸之。門人弟子祛疑請益者自遠而至，啓告簡嚴，榘矱端肅，初若不可親，已而昏者明，柔者立，鄙吝者意銷，中心悅服，師道益尊。

案：「父子自爲師友」一語，《行狀》寫其眞況。惟《鎮海志》本傳錄之。雖謝山重作《沈傳》，未之述也。《鄞志》本傳亦删，蓋先生是時未赴尉任，簽判公亦家居。簽判公乾道二年登進士，弟鏜及先生登乾道五年進士，相隔僅三年。《銖傳》言「晚始得官」者，謂此也。故《行狀》既曰「父子自爲師友」，而《宋元學案補遺》附錄又曰「兄弟自爲師友」。簽判公既有子，又有弟鏜，定川既有父，又有弟炳，父子自爲師友，兄弟自爲師友，其樂可知。

又案《墓碣》：先娶楊氏，有賢聲，前一紀卒，豐淸敏孫吏部郎中誼從以長女配之。《書·畢命》傳「十二年曰紀」，時楊氏猶在也。案《言行編》，先生嘗曰：「學者工夫當自閨門始，其餘皆末也。今人驟得美名，隨即湮沒者，由其學無本，不出於閨房用力焉，故工夫不實。自謂見道，祇是自欺。」

尉曹三年，葺學舍，求版籍，邑人賴之。

案《行狀》：尉曹三年，不卑其官，端居終日，雖隆冬酷暑不少懈。砥礪名節，無秋毫私。增葺學舍，訓導有法。馭下嚴紀律，毋得輒至鄉井，不得已而遣，期以某日某時返命，毋敢蹉跌。訪求版籍，得之胥吏家，曰：「是政本也，而此曹私之。不謹隄防，何以經久？」則鐍而藏諸，榜其庫曰經界，而歸權于其長。有所閱視，宰必關尉，尉必請於宰，始得啓封。約束堅明，吏姦莫措，邑人賴之。聲望藹然，舉薦相屬，固辭不受。又案：此節叙任上虞尉政蹟，與《墓碣》「吏匿經界籍，君拘籍鐍之」云云，可互相參證。

或稱之政府，諷使來見，卒無所詣。

案：全謝山增修《宋元學案》本傳云「或傳參知龔茂良意令往見之，卒不見」，即指此。又案王伯厚撰《先賢祠堂記》有云「致嚴於進退行藏之際，致察於義利理欲之幾」，蓋謂先生。

淳熙三年丙申歲

作《淨慈寺記》。

案：記文已錄入《遺書》。

四年丁酉歲

調揚州學教授，未上。

案《墓碣》：淳熙四年，調揚州州學教授，未上。

遊明招山，與呂祖謙、祖儉辨論古今。

案全祖望《竹洲三先生書院記》：方端憲遊明招山中，忠公之兄成公尚無恙，相與極辨古今，以求周覽博攷之益。凡世變之推移，治道之體統，聖君賢相之經綸事業，孜孜講論，日益深廣，期於開物成務而後已。

又案《浙江通志》引《金華府志》云：明招山在縣東一十五里，宋東萊呂成公講學於此。正德十三年，縣丞林有年立碑，以昭先賢遺跡。

又案《武義縣志》：明招山在武義縣東，山前有蠟屐亭，相傳晉阮孚理屐處。

又案：定川遊明招山，謝山既云在成公未沒前，故隸於此。

八年辛丑歲

除太學錄。

案《墓碣》：八年春，詔爲太學錄。

又案：是年八月，呂東萊卒。朱子以是年提舉浙東常平茶鹽。

始至，延諸生，日與周旋，見者不以蚤暮。

案《言行編》：爲學錄，常正衣冠，同僚私謂曰：「沈君莊肅如是，我輩亦當如是。」盛暑時亦然。同列率畏謗避嫌，不敢與諸生語。喟然曰：「將不知兵，兵不知將。情意不接，不可之大者。」獨延見無虛日。

又案《宋史·舒璘傳》：璘嘗曰：「師道尊嚴，璘不如叔晦。若啓迪後進，則璘不敢多遜。」先是舍法取士，行藝優劣，一決於試，欲參以譽望，司業難之，持議如初。

案《言行編》：嘗爲司業言：「學職諸生之表，非其人不可。」司業答以格法，君曰：「苟用格而已，一胥吏足矣。」司業不能平。

會攷試殿廬，帝偉其儀，遣中貴詢姓氏及官，有簡記意。丞相復稱其居官匪懈，忌者滋多，介然自若。

案畢沅《續資治通鑑》：「淳熙五年冬十一月丁丑，以趙雄爲右丞相。」時雄尚在相位，《鄞志》本傳作趙雄，復稱煥居官匪懈。《宋元學案》本傳：「孝宗偉其貌，遣內侍問姓名，而丞相趙雄盛稱先生居官匪懈，以諷切其餘，忌者滋甚。」或謂：「姑安而職，何行道爲？」太息曰：「道與職豈有二哉！」因發策諸生，稱：「孟子之言，立乎人之本朝而道不行，恥也。今赧然愧於中者，可無其人乎？」詞旨頗切。

案袁蒙齋《贈沈智甫序》曰：言，心聲也。發策之語，直犯時忌，惟先有輕利祿心故耳。使所重在利祿，尚不敢略有忤拂，況敢從其蠹根病髓而攻之耶？若端憲沈先生之弘致淵識，可謂達於重輕之分矣。

又案魏了翁《跋沈國錄太學私試策問》曰：《否》之三曰包羞，其象曰位不當也。三以陰柔居上白，知不當其位，亦赧然不能自安，然則彼斷斷者夫非盡人之子歟？

遂論與長官爭議，非安靜者，宜少抑之。方會食監中，聞命不驚，食罷，夷然叙別而出。

案《宋元學案》本傳：先生初與司業爭，或謂司業深情厚貌，宜少防之，曰：「司業遇我厚，豈敢逆詐哉？」既得罪，方知下石者不獨一人，司業與焉，曰：「果厚貌深情乎？」亦無怨也。謂其友曰：「吾豈不知詭隨苟容，自取光寵哉？吾朝夕兢兢，淪胥是憂，故不爲也。不愧友朋，去無所恨。」

案《墓碣》云：摘君與長官爭議，宜少折之云。

在職纔八十日，補外，得高郵教官闕。

案《墓碣》：在職纔八旬，得高郵州教授而去。

又案：《鄞志》、《鎮志》本傳作高郵軍教授。

諸生送别，有泣下者。

案《言行編》：同列諸生送君江濱，惜君之去，有泣下者。

九年壬寅歲

丁簽判公憂。

案《行狀》：明年，丁簽判公憂，是爲淳熙九年。

十年癸卯歲

始講學竹洲。金華呂祖儉官明州倉監，來會。炳亦預焉。

案《宋史·呂祖儉傳》：「字子約，祖謙之弟也。受業祖謙如諸生。監明州倉，將上，會祖謙卒，部法半年不上者爲違年，祖儉必欲終期喪，朝廷從之，詔違年者以一年爲限，自祖儉始云。」案：東萊以淳熙八年八月卒，踰一年子約赴明州，是爲淳熙九年。

又案子約《候濤山記》：「壬寅之冬，逐祿甬東。」又云：「會友人潘端叔主定海簿，因趨郡檄，言邑中候濤之勝。今年夏四月相與會」云云。

又案《鄞志·職官表》主簿李浹，注：「淳熙九年。」攷呂祖儉遊《候濤山記》「李叔潤偕行」，叔潤，浹字也，括昌人。括昌即括蒼。

又案《宋史·孝宗紀》：淳熙十年八月庚戌，以史浩爲太保、魏國公致仕。

又案全謝山《竹洲三先生書院記》云：三先生者，沈端憲公暨其弟徵君季文，參之以金華呂忠公也。史忠定王歸老，御賜竹洲一曲，壽皇爲書四明洞天之闕以題之，即所謂眞隱觀者也。忠定最與端憲厚，故劃宅以居之。而徵君亦授徒於忠定觀中，於是端憲兄弟並居湖上。其時忠公方爲吾鄉監倉，昕夕與端憲兄弟晤。顧公治在城東，還往爲勞，有船場官王季和者，忠公友也，曰：「是易耳！」乃以場木爲製船。案：大愚詩曰：「探囊百金辦扁舟，又煩老友著意修。」謝山以爲場木製船，非也。每忠公興至，輒泛棹直抵湖上。端憲從水閣望見之，輒呼徵君曰：「大愚來矣！」

又案全謝山《湖語》云：四先生之講堂，俱在湖上，而竹洲一曲，爲端憲之幽居，書帶之草，徧庭除也。皎皎季子，高卧邱樊，道義之樂，長沖閒也。

又案全謝山《楊文元公書院記》：先是，史忠定王館端憲於竹洲，又延文元於碧沚，袁正獻公時亦來預。湖上四橋，遊人如雲，而木鐸之聲相聞。

又案子約有《泛舟至竹洲叔晦所居》詩。詩録入《遺書》附録卷一。

又案徐兆昺《四明談助》：呂忠公監苗米倉在城東，每訪端憲昆仲，泛棹湖上，入竹洲講堂，討論竟日。

又案《宋元學案》：明州諸先生多里居，慈湖開講於碧沚，沈端憲講於竹洲，絜齋則講於城南樓氏精舍，惟舒文靖以宦遊出，遂以呂大愚祖儉代，亦稱爲四先生。滕德粹爲鄞尉，朱文公語之曰：「彼中有楊、袁、沈、呂，可與語也。」

又案朱子《答滕德粹書》云：所識者楊敬仲簡、呂子約，監米倉。所聞者沈國正煥、袁和叔燮。到彼皆可從游也。

又案《鄞縣志·名宦傳》：「滕璘字德粹，淳熙八年中乙科，調鄞縣尉。尉鄞者五年，遷鄂州教授。」璘與楊、袁、沈、呂是時相會，尤爲可證。

又案王伯厚《九先生祠堂記》：「大愚初至明，慈湖方參佐浙西帥幕。」攷慈湖《莫能名齋記》，云「爲浙西撫屬，淳熙十一年八月朔既領事」，是大愚與慈湖未嘗不相會，蓋慈湖先有撫幹之命，而任事在後耳。又云「廣平教授徽州，絜齋以進士尉江陰，獨叔晦以國正家居，故往還不及三君」。攷廣平在徽州是也，而絜齋則雖尉江陰，尚未之任，眞西山撰絜齋《行狀》，云「遲次累年，授生徒以供菽水」云云。又攷絜齋《題晦翁帖》：「淳熙辛丑聚珍本誤作「己丑」，是爲淳熙八年。之歲四月，大饑，某待次里中。晦翁貽書郡守謝侯，謂救荒之策合與某共講之。久而呂子約爲倉官，晦翁屢遺之書，未嘗不拳拳云。」是絜齋亦與大愚相會。伯厚所謂往還不及三君者誤也。又云：「淳熙之舒、沈、楊、袁諸公以尊德性、求放心爲根本，闡繹經訓，躬行實踐，學者知操存持養，以入聖賢之域，四先生之功也。」

又案蔣樗庵《鄞志稿》定川本傳云：「改通判舒州，不赴。時史忠定方退休里中，割竹洲宅延居之。煥與同里袁正獻、慈溪楊文元、奉化舒文靖俱承金谿之傳，學業相勵，稱淳熙四君子。晚歲與朱文公、呂成公及其弟忠公極論古今，貽書往還。」攷蔣傳所云「改通判舒州，不赴」，乃在竹洲講學，其說係據謝山《宋元學案》本傳「詔遷通判舒州，待缺里居」，實非也。改通判在淳熙十五年，攷袁絜齋《題晦翁帖》：「淳熙辛丑之歲，後七年，子約爲太府寺丞。」與《宋元學案》呂祖儉傳云「去以丁未」正合，是淳熙十四年大愚已徙官矣。而竹洲講學若在十五年，則大愚又何能預？且王伯厚作《九先生祠堂記》云「叔晦以國正家居」，既稱國正，則未改通判可知。朱子《答滕德粹書》亦稱爲沈國正，尤爲時期相合，故沈、楊、袁、呂四先生聚於湖上，可斷定爲淳熙十年、十一年之間，且在定川十三年幹辦浙東公事之前無疑也。謝山作《楊文元公書院記》，既曰「沈、楊、袁來預，湖上木鐸之聲相聞」，而作《沈傳》則未言歲月，樗庵因謝山而未深考。至《慈湖年譜》既載呂子約以淳熙壬寅至官，去以丁未，又云「其講學於碧沚，當在己酉、庚戌二年」。慈湖講學，或非一時可概，若合併竹洲，則自相矛盾矣。壽鏞證諸羣書，確有可據，因爲論定如此。至謝山作《竹洲書院記》，以爲惜無可攷。今既得之，足補兩傳之闕。顧定川之所講，與弟子之所記，欲求如舒廣平之殘槀而不可得，則憾甚耳。

又案王伯厚《先賢祠記》：淳熙大儒疏潤濂之源而達之洙泗，是邦諸老之學，始得江西之儒，而考德問業於朱、呂、張子之門。致嚴於進退行藏之際，致察於義利理欲之幾，明誠篤恭，仰俯無所愧作。

又案全謝山《淳熙四先生祠堂碑文》：吾鄉翁南仲始從胡安定遊，高抑崇、趙庇民、童持之從楊文靖遊，沈公權從焦公路遊，四明之得登學錄者，自此日多。淳熙四先生出，大昌聖學於句餘間，其道會通於朱子、張子、呂子，而歸宿於陸子。四先生立身居官，大節巋然。定川晝觀諸妻子，夜卜諸夢寐，聞過自訟，不敢苟安，其刻勵如此，乃由艱苦而成者。

朱子辨浙學，答先生書。

案《朱子年譜》：「淳熙十一年，是歲辨浙學。」錄有《答沈叔晦書》二。攷朱子答先生書四，與先生書一，均載在《朱子文集》。《年譜》所錄二書，其一在先生任帥幕時，爲淳熙十三年，其二「子約爲人固無可疑」云云，當與朱子《答呂子約書》云「世路險詐，已無可言。吾人之學聖賢者，又將流而入於功利變詐之習」云云，同在癸卯，故列入淳熙十年。朱子答書已錄入《定川遺書》附錄卷一，惟先生與朱子書今不可得，玩答書所云「即稱其省身求善，不自滿足也」。蓋朱子嘗曰：「海內學術之弊，不過兩說：江西頓悟，永康事功。若不極力爭辨，此道無由得明。」蓋爲象山、龍川言之也。故《年譜》有辨陸學之非，有辨陳學，而與呂子約往來書簡，亦復連篇累牘，載在文集。定海黃以周輯《朱呂問答》一書，可攷證辯論之所在，惜其書未見。《年譜》又云「先生朱子。還自浙東，見其士習馳騖於外，每語學者，且觀《孟子》道性善、求放心兩章，務收斂凝定，以致克己工夫，而深斥其所學之誤，以爲舍六經、《論》、《孟》而尊史遷，舍窮理盡性而談世變，舍治心修身而喜事功，大爲學者心術之害。力爲呂祖儉、子約。潘景愈、孫應時燭湖。言之。」先生與子約、燭湖往還密，故答書及之，然未嘗稍薄先生也。

十三年丙午歲

服除，幹辦浙東安撫司公事。久之，始以年勞進秩。

案：《行狀》云「上距解褐十有八年」，先生以乾道五年己丑歲捷南宮，下推至淳熙十三年丙午，爲十有八年。《墓碣》云「用舉主升從政郎，時浙東安撫使、侍郎鄭汝諧也」。案《浙江通志》，與張杓同作安撫副使。

帥屬少事，同列頗以閒冷自逸。曰：「設官分職，安有閒冷者？」翼贊其長，心有未安，懇懇忠告，省閱書牘，如處要職。下至場務宿弊，悉革去之。

案朱子答先生書：帥幕非所以處賢者，然自我言之，亦何適而不安云云。

升從政郎。

案《鄞志》本傳引《墓碣》云：用舉主升從政郎。

作永思陵，薦爲修奉官。

案《行狀》：作永思陵，百司次舍供帳酒肉之需，州縣奉承不暇。君以爲國有大戚，而臣子宴樂飲食自如，安乎？亟言於帥，帥屬君條奏，且表薦爲修奉官。案：永思陵，高宗陵也。

移書御史，修奉大事，宜先治喪紀，御史深然之。

案《行狀》：君復移書御史，修奉大事，宜先治喪紀。喪紀著明，人心曉然知君上典禮之重，貪求自息，科擾自戢，可不煩彈治而肅，御史深然之。

又案《墓碣》：高宗山陵，越帥鄭侍郎汝

諧奏充修奉官，君移書御史，請明示喪紀本意，使貴近哀戚之心生，則芟舍菲食自安，不煩彈劾，需索絶矣。

鄭汝諧去職，辭修奉官。

案《行狀》：帥去官，君亦辭修奉。

張杓繼任，復委以按察。

案《行狀》：後帥至，復委以按察，君直道而行，械吏之並緣爲姦者，而還其科率之不當者，人情安堵。

又案《墓碣》：後司倘書杓來，復委之檢察。君治並緣爲奸者，追償率重者，支頓減。

又案《鄞志》本傳引《墓碣》「後帥張杓來，復委以檢察」，杓爲南軒先生弟。

是歲旱荒，往振上虞、餘姚二邑，諸司交薦。

案《行狀》：領常平者以上虞、餘姚二邑隸君振救，躬履阡陌，人人撫之。詢戶口，察顏色，飾貌者逡巡自退，而饑民皆遺之食，迄無流移。部使者才之，亟剡奏稱君治行，帥露章獨薦尤力，侍從亦舉君自代。章合上，壽皇猶憶其風度，曰：「是向爲學官，人物甚偉者乎？」將召用之，媢嫉者復至，而左丞相既家居矣。

又案《墓碣》：君得上虞、餘姚二縣，無復流殍，諸司交薦。

小人無計沮之，造作黨論，以梗其入。

案《行狀》云：小人無計沮君，疇昔所與，有欲自明其非黨，因用君名，作爲《黨論》，復列其圖爲三，疏士大夫三十四人姓名於下，某已去，某猶在，己不與焉，而謂君爲之，欲激衆怒，合謀幷力，以梗其入。謗語果喧，有一從班以百口保君，明其不然者，遂稍息，終不復召。

太常博士葉適薦陳傅良等三十四人於丞相，先生預焉。

案葉水心集《上執政薦士書》：近歲海內方聞之士，可當國家之用者不少，而其間雖有已經選用，不究才能，嘗預薦聞，未蒙旌擢。亦有已罹憂患，恐致沈淪，既得外遷，因不復入。況其自安常分，無所攀援，復貽穨年，永絕榮進者乎！謹自陳傅良以下三十四人，冒昧以聞：陳傅良、劉清之、句昌泰、祝環、石斗文、陸九淵、沈煥、王謙、豐誼、章穎、陳損之、鄭伯英、黃艾、王叔簡、馬大同、呂祖儉、石宗昭、范仲（輔）〔黼〕、徐誼、楊簡、潘景憲、徐元德、戴溪、蔡戡、岳甫、王柟、游（乃）〔九〕言、吳（嗌）〔鎰〕、項安世、劉（鑰）〔爚〕、舒（琳）〔璘〕、林鼐、袁謇、廖德明。

十五年戊申歲

用常格改宣教郎、知徽州婺源縣。

案《行狀》：秩滿，改宣教郎、知徽州婺源縣。君有高名，臺閣羽儀之選，善類素推之。而自學省下遷，及是累歲，顧滯於銓調，視往時同列，邈不可跂，公論以爲屈。

又案《墓碣》：十五年，用常格改宣教郎、知徽州婺源縣。

三省合前後奏薦以聞，命通判舒州。

案《行狀》：由是丞相合前後薦君者數奏，力陳於上，始有陞擢之命，通判舒州。

又案《宋元學案》本傳：三省合前後薦章以聞，詔遷通判舒州。

又案《延祐四明志》：王茂剛居明州，村在巖壑深處，尤邃於《易》。沈煥通判州事，嘗訪之，其見趣絕出傳註之外。定川通判州事，是否赴任，待攷。惟全、蔣兩傳均謂未上，觀下轉秩賜緋衣銀魚，則確爲現任官吏，且又有訪王茂剛事可證，則全、蔣云云，待攷。

作承奉郎孫介行狀。

案：《行狀》已錄入《遺書》。孫介沒於淳熙十五年戊申，《行狀》僅題「八月十四日，從政郎、充兩浙東路安撫司幹辦公事某謹狀」。

光宗紹熙元年庚戌歲

轉奉議郎，賜緋衣銀魚。

案《行狀》：「皇上登極恩轉奉議郎(一)，賜緋衣銀魚。」《墓碣》：「光宗覃恩轉奉議郎。」

家故貧，性輕財，辭受取舍，雖小必謹。

案《行狀》：家故貧，敝廬數間，隘不可居，隨所寓止。性輕財，常誦李趙公之言，錢盡再來。幾事一失，不可復得。室無私蓄，辭受取舍，雖小必謹。嘗游中都，浙西帥雅聞君名，而知其貧，欲饋之豐，因所厚者言之，君曰：「受則傷廉，拒則違俗。」以既歸告之，其可即日出郊。官會稽時，故人典方面者贈以白金，君反之曰：「向也閒居，賜何敢辭。今祿矣，義無兼受。」資用屢竭，廉約自守，未嘗有悴色，不知者雖謂之不貧可也。

奉母謹，左右無違。與弟友愛深篤。

案《行狀》云：奉母謹，左右無違。日進甘脆，間爲宴集，以歡樂之。與弟友愛深篤，倡率妻孥，撫養孤姪。故人孤女寠甚，聘以爲冢婦。富室欲聯姻諸子，請之勤勤，卒拒不許。

請於史浩、汪大猷，仿會稽倡義田。

案《行狀》：鄉閭有喪不時舉，女孤不嫁，念無以助，聞會稽有義田惠浹窮乏，乃請於鄉老鄉大夫，爲之表倡。以君鄉評所推屬，所以諷諭者君不憚勞，未幾得數百畝，鄉人義之。規約甫立，而君則病矣。

又案《鎮海縣志》本傳：請於鄉老史浩、汪大猷，舉行義田。

嘗爲詩箴其友。

案《行狀》：嘗作詩箴其友曰：「爲學未能識肩背，讀書萬卷空亡羊。」每稱陶靖節讀書不求甚解，會意欣然忘食，此眞善讀書。

案：友爲向伯升。見《言行編》。

晚歲益尊敬朱子。

案《言行編》：君尊敬朱晦翁，曰：「是進退用舍關時輕重者，且願此老無恙。」既寢疾，猶以爲言。

二年辛亥歲

四月戊寅朔，先生卒。十二月丁酉，葬於縣之翔鳳鄉。

案《行狀》：「紹熙二年四月戊寅，終於寓舍。十二月丁酉，葬於縣之翔鳳鄉象坎山龍尾之原。」攷紹熙二年四月之朔，即爲戊寅，葬以十二月丁酉，距甲辰晦七日，《行狀》是也。而周信國公撰《墓碣》曰「紹熙三年正月戊寅卒」，攷三年正月乙巳朔，二月甲戌朔，若戊寅則爲二月五日，非正月。葬以三年十二月丁酉，攷四年正月爲己巳朔，則上溯丁酉，越二十二日，是在十一月，非十二月也，

《墓碣》顯然誤矣。故仍依《行狀》，作紹熙二年四月戊寅卒，十二月丁酉葬。又案《行狀》：與朋友別，惟以母老爲念，善類凋零爲歎。

袁燮撰先生《行狀》。

案《行狀》見《絜齋集》，已錄入《遺書》附錄第二卷。

袁燮又撰先生《言行編》。

案：《言行編》已錄入《遺書》附錄第二卷。

周必大撰先生《墓碣》。

案：《墓碣》見周益國公《平園續稿》，已錄入《遺書》附錄第二卷。

史浩、朱子、楊簡爲文祭之。

案：史忠定祭文見《鄮峰眞隱漫錄》，朱子祭文見盧址《四明文獻集》及《宋元學案補遺》。案：《朱子文集》未見此文。楊慈湖祭文見《慈湖遺書》，均錄入《遺書》附錄第二卷。

孫應時哭之以詩。

案：燭湖詩見《燭湖集》，已錄入《遺書》附錄第二卷。

舒璘致書呂祖儉，孫應時致書朱子，均惜先生死。

案《舒文靖類稿·與呂寺丞子約書》云：「叔晦沒後，曾得書，憂懷萬狀，不能寫去。」又案《燭湖集·燭湖上晦翁書》曰：「叔晦沈兄不幸謝世，此浙東梁木一壞，豈易復得。」

魏了翁跋先生《太學私試策》。

案：《鶴山文鈔》有《跋楊國録私試策問》，已錄入《遺書》附錄第二卷。

袁肅贈先生子省曾序，述先生生平。案：袁蒙齋《贈沈智甫序》見《蒙齋集》，已錄入《遺書》附錄第二卷。

理宗寶慶三年

追贈朝議大夫、直華文閣，賜謚端憲。

案：見《鎮海縣志》本傳及《鄞志稿》本傳。

所箸有文集五卷及《經說》，學兼明招一派。

案：《墓碣》云「家藏五卷」，《鄞縣藝文志》「文集五卷」，《學案補遺》錄《經說》。

又案全謝山作先生傳云：端憲尤睦於成公，及家居，忠公又宦于鄞，切磋倍篤，故沈氏之學，實兼得明招一派，而世罕知之者。

子傳曾、魯曾、省曾、敏曾。女四，長適舒鈃，文靖公子。次許嫁呂喬年，忠公子。餘幼。

案：據《行狀》魯曾改名木山，用大宗蔭爲迪功郎，見《宋元學案》。

及門高第弟子竺大年、舒衍、舒鈃、呂喬年、汪伋、李鶚。

案《宋元學案·竺大年傳》：「大年字耕道，奉化人，性行嚴重，長于說《禮》，鄉人皆化之，爲沈氏之入室也。著有《禮記訂義》，楊琪銘其墓。又詳見《奉化縣志》本傳及《藝文志》。」《舒衍傳》：「衍原名沂，字仲與，鄞縣人。初從袁正獻公遊，習《禮》經。正獻曰：『此子未易量也。』後親炙沈端憲、楊文元，又從東萊呂忠公子約兄弟，自爲師友。聞善人爲時用則喜，苟非其人，憂形于色，表裏眞淳，鄉黨信之。」《舒鈃傳》：「鈃字和仲，文靖之長子，純仲其弟也。袁正獻公嘗與先生書曰：『賢昆仲朝夕歡聚，有日新之益，此乃兄弟爲友朋也。更宜日課一經史。』」《呂喬年傳》：「喬年字巽伯，金華人。忠公長子，沈端憲壻也。能守家學。」

王梓材案：絜齋稱其「克肖厥父，議論勁正不阿」。

又案《奉化縣志·汪伋傳》：「伋字及甫，從太學錄沈煥、將作監楊簡講立身之學，尤急於敎子，以身率之。」《李鶚傳》：「鶚字雄飛，受業於沈端憲、楊文元、袁正獻。家于金谿，端憲嘗曰：『觀此地山川未爲奇麗，而人物秀出，乃有若雄飛者。』袁正獻爲撰《墓志》。」

清王梓材補葺先生文集。

案：黃梨洲撰《宋元學案》，謂定川之書獨罕見。王臒軒梓材撰《宋元學案補遺》，又採集先生言行，但未敘本於何書。攷《鄞藝文志》，王臒軒有補葺先生文集，而其書未知散於何所。今壽鏞就所見聞者編之，止此而已，願世之博雅君子廣之正之焉。

〔一〕按，此條繫年似誤，蓋光宗受禪於淳熙十六年二月，即位推恩當可施行於本年，此繫紹熙元年，不妥。

象山先生年譜

（宋）袁燮
傅子雲 初稿 李子愿彙編
（清）李紱 增訂
李文澤 校點

清雍正十年李紱依宋本增訂重刊本

陸九淵（一一三九—一一九三），字子静，號存齋，又號象山翁，學者稱象山先生，金溪（今屬江西）人。幼聰穎不凡，與兄九齡講論理學，號「二陸」。乾道八年進士，歷崇安主簿，除國子正，遷敕令所删定官，輪對進五劄，慨然有洗雪靖康國耻之志。擢將作監丞，爲給事中王信劾罷，奉祠歸鄉，講學于貴溪象山精舍。光宗即位，除知荆門軍。紹熙三年十二月病逝，年五十四。嘉定十年，賜謚文安。

陸九淵以理學著名，與朱熹并稱，二人曾于鵝湖會講，論議不合，遂成二派。著有《象山文集》二十八卷、外集四卷及語録四卷行世，中華書局有排印本《陸九淵集》（一九八〇年）。事蹟見楊簡《象山先生行狀》、《宋史》卷四三四本傳。

陸九淵年譜，初由其門人袁燮、傅子雲同輯，今存乾隆年間依宋刊寫刻本《陸象山先生年譜》二卷。又有李子愿彙編本，見《象山先生全集》卷三六。清雍正年間，李紱彙刊二譜，並增訂爲三卷。其後清方宗誠撰《陸象山先生年譜節要》一卷，楊希閔撰《陸文安公年譜》二卷，均在舊譜之上删潤而成，内容不及李紱本豐富。今據李紱增訂重刊本整理，並據四部叢刊本《象山先生全集》及《全集》卷三六所附《年譜》校訂。

象山先生年譜序

《陸子年譜》始創稿於高第弟子袁正獻燮、傅琴山子雲，而彙編於李恭伯子愿，宋寶祐四年，劉應之林刻於衡陽者也。其後陸氏家祠附刻於全集之末，凡集中所已見者，輒加刪汰，止云見前某卷。以此施之著述文字可也，乃楊文元簡所撰《行狀》之辭亦不備載，則事實爲不全矣。至於諸兄爲陸子淵源所自，復齋并稱「二陸」，合梭山稱「三陸」，其行實尤未可略。今悉爲補入，而文字有當載者，亦附見焉。明陳建等道聽塗説，勦襲舊聞，詆陸子爲禪學，實未究觀二家之書；不知朱子晚年之教盡合於陸子。凡朱子所以致疑者，特以其弟子包顯道、傅子淵等過爲高論，而未及盡見陸子所以爲學與所以教人之説。故其所疑爲禪者，皆懸空立論，未嘗實有所指。其實指而出之者，惟《輪對五劄》與《答胡季隨》一書耳。《季隨書》之駁，出於《語類》，門人所記，容有僞舛。而五劄之譏，則屢見於筆札，所宜備載，俾天下後世得公聽而竝觀，且亦陸子經國之大猷，不可略也。佗若無極之辨，爲朱、陸異同之始，而實則兩先生可以無辨。蓋非辨其理，特辨其辭耳。余別有論著，此譜仍照原本隰括，不復補入云。雍正壬子歲，後學李紱敬題。

象山先生年譜後序

文安陸先生之學，偉然立卓，其遺文大略可觀矣。而未有年譜可以參考其始終之條理，非缺典乎？金谿李君子愿溯其淵源，緝而成編，纚若明備，恨久而未有鋟木以傳者。今年秋，方得臨川謝使君奕楙刻之於郡，以與文集并行。及冬，又知衡山黄令君應龍得邑士劉君林，已刻行矣。其間稍有增損，似去取詳略之尤宜。夫缺之數十年，而補之於一旦，且彼此不約而成，殆山川之靈協相斯文也。使學者得而觀之，猶彷彿如見其平生而親炙之，豈曰小補之哉！恢例承嘉命，俾爲之志其本末於後，懼僭越不敢。然前既辭臨川不獲而冒昧爲之矣，今此同一譜，亦何異辭，敢以復臨川者，還以復衡山可乎。蓋孟氏之後千五百年，能自得師，大明此學，而因其歷年之先後，以計其始終之條理，與世之所謂譜者異。先生生於紹興己未，乾、淳之年，時則上有高宗、孝宗爲明君師，而當年國家治道之所以興隆，人心之所以興起者，正由此學之明耳。孰主張是，孰綱維是？先生殆若特爲此學而生者，發揮啓迪，開闢充拓之功大矣。試觀其譜，其爲人品器識之高也，則天鍾之而清明在躬，人尊之而志氣如神。自其兒時，已如成人。三四歲能思天地窮際，至忘寢食。十三歲因解宇宙二字，忽大有省。凡遇事物，動有感悟。嘗聞鼓聲，豁然以覺。十七歲作《大人》詩以見志。昔人以千人爲英，以其年考之，若先生者，超越世表，其英傑之尤者乎！其自課己之學之進也，則謂：「執事之敬，嘗大進于掌家之時；日用之功，實有在於人情物理事勢之間。深思力考，究極精詳，必造於昭然而不可昧，確然而不可移。或於踐履未能純一無間，稍加警策，即與天地相似。」以其年考之，可謂學不厭矣。其開發學者之盛也，在家則遠近聞風來學，而中情者或至汗下；在白鹿則剖判義利著明，而動心者或至流涕；在浙則從游多俊傑，咸聽言而感發；在象山則學徒益大集，皆聞教而屈服。至若以書講明，則又無處無時無之。各隨其資而切琢之，不拘於一方；各因其病以箴砭之，不拘於一藥。莫不明白洞達，深切痛快，如鋒直破的，如刃解中節，使人心開目明，猶醉之醒、寐之寤者，其感應神速，以其年考之，可謂教不倦矣。其略陳於覲君之際也，《輪對》五篇，自幸稍盡所懷。天語甚詳，問答不敢不盡。至於遇合，付之天命。使得盡行所言，則所謂無愧於唐虞之朝，於復三代也何有？其言當酬矣，國家治道之興隆，豈特如乾、淳而已哉！其小施於牧民之日也，昭示皇極，衆心曉白，治化所洽，久而益淳，農賈安恬，吏卒抑畏，盜賊衰息，訟牒稀少，將及期年，已至無訟。使得大其所施，則所謂躬行之效在政刑號令之表者，將得之天下矣，豈特如荆門而已哉！以其年考之，惜乎天命不假之壽，天子未大其用，遂不得盡行其所學，可爲發千古之嘅嘆。惟其言論風旨，學者求之，則自有餘師也。然恢嘗妄有隱憂遺慮焉，言先生之學者雖多，究先生之學者似少。夫學者，路也，門也。知所從入之門，則必知内有堂室之深；知所從入之路，則必知前有千萬里之遠。先生以學者茫茫，如在門外，如在路傍，而莫知所從入。其誤認以爲門，以爲路，而誤入者尤多。故其教多先指其所入以示之，乃發足第一步也。由是而之焉，方將循循以道其進於深遠之地。誨言具在，皆可觀也。如自志學入，凡五進而極於從心；自欲善入，凡五進而極於聖神。弘深則有宗廟百官之美富，悠遠則有博厚高明之配合，此先生之深遠處也。苟或升而未至於室，畫而遂廢於中猶不可，況今僅有於入路一步之初，遽止而不復進步，豈先生之學哉！抑嘗記先生之詩乎：「涓流積至滄溟水，卷石崇成泰華岑。」先生，滄溟、泰華也。學者或止涓流、卷石而未知有積至、崇成之功。用是致有以徑捷超入法妄加横議，而莫有能破其横議之説者，非先生之負學者，實學者之負先生也。是其可不謹思而明辨哉？《年譜》雖明備，又在善學者志其深者遠者，而自强不息以終之，庶乎不負於所學，不忝於先生。是區區竊有望於同門云。寶祐丙辰仲冬朔，後學包恢拜手敬書。

象山先生年譜卷之上

門人 袁燮 傅子雲 初稿
後學 李子愿彙編 李紱增訂
後學 劉林原刊 嚴有後重刊

先生諱九淵，字子靜，姓陸氏。陸出嬀姓，周武王封嬀滿於陳。春秋時，陳公子敬仲適劉，別其氏曰田。從田氏有齊，至宣王時，封其少子通於平原陸鄉，又別其氏爲陸。通曾孫烈爲吳令，子孫遂爲吳郡吳縣人。烈三十九世至希聲，論著甚多，晚歲相唐昭宗，卒謚文公，生六子。次子崇生德遷，五代末避地於撫州金谿，解囊中資裝，置田治生，貲高閭里，爲金谿陸氏之祖，居延福鄉之青田。第四子諱有程，先生高祖也，博學，於書無所不觀。曾祖諱演，能世其業，寬厚有容。祖戩爲第四子，趣尚清高，不治生業。考諱賀，字道卿，生有異稟，端重不伐，究心典籍，見於躬行。酌先儒冠、昏、喪、祭之禮行於家，不用異教，家道整肅，著聞於海內。贈宣教郎。生六子：長九思，字子彊，與鄉舉，封從政郎。弟梭山撰行狀。有《家問》，朱子爲叙。

叙略云：《家問》所以訓飭其子孫者，不以不得科第爲病，而深以不識禮義爲憂。其殷懃懇切，反覆曉譬，說盡事理，無一毫勉強緣飾之意，而慈祥篤實之氣藹然。諷味數四，不能釋手云。今按，此叙朱子集中未載。

次九叙，字子儀。公正通敏，時賢稱曰處士。善治生，總藥肆以足其家。先生撰墓誌。

誌略云：公生於宣和五年七月乙卯，卒

於淳熙十四年五月癸亥，享年六十有五。以卒之年十月壬辰，葬於臨川縣長壽鄉羅首峰下。公氣稟恢廓，公正不事形迹。羣居族談，公在其間初若無與，至有疑議，或正色而斷之以一言，或談笑而解之以一說，往往爲之渙然。家素貧，無田業，自先世爲藥肆以養生。兄弟六人，公居次。伯叔氏皆從事場屋，公總藥肆事，一家之衣食百用，盡出於此。子弟僕役分役其間者甚衆，公未嘗屑屑於稽檢伺察，而人莫有欺之者。商旅往來，咸得其懽心。不任權譎計數，而人各獻其便利以相裨益，故能以此足其家而無匱乏。後雖稍有田畝，至今計所收，僅能供數月之糧。食指日衆，其仰給藥肆者日益重。公周旋其間，如一日也。公娶余氏，先公十一年卒。余氏孝順出於天性，娣姒皆以爲莫及。當窮約時，公之子女，衣服敝敗特甚，余氏時或及之，公即正色呵止。伯叔氏爲之處，乃始得衣。雖公之衣服器用，亦往往如此。及伯季有四方游，雖至窘急，裹囊無不立具。自公云亡，遠方士友聞訃，慰唁諸孤與公之伯季，稱公德美，悼痛傷惋無異辭。子男四人，望之、麟之、立之、尙之。女六人：長適鄉貢進士張商佐；次適黃叔豐；次適危三畏，先公十七年卒；次適徐翔龍、周淸叟、熊鑑。孫男三人，女五人，皆幼。弟宣義郎、主管台州崇道觀某謹誌。

按：許魯齋謂「學以治生爲急」，公治家以成諸弟之學，故不可不錄。

次九皋，字子韶。少力學，文行俱優，與鄉舉。晚得官，終修職郎，監潭州南嶽廟。名齋曰庸，學者號庸齋先生。有文集。先生撰墓表。表略云：陸氏徙金谿，年餘二百，嗣見九世。公居五世，諱九皐、字子韶。同胞六人，公爲叔氏。少力於學，日課經子文集，必成誦，夜閲史册，不盡帙不止。嘗夜過分，先君子見公猶觀書，勉使寢息。公後不能自已，爲之障燈屏息，懼先君之復知之也。及長，補郡學子弟員，一試即居上游。郡博士徐君視公文行俱優，擢爲齋長。公與三季嘗正衣冠講誦不懈，徐君每所咨賞。月試必聯名占前列，徐君嘗語於衆曰：「此其學皆有淵源，非私之也。」然公年過三十，始獲薦名，又復不第，投老乃得一官，玆非命耶？公持論根據經理，恥穿鑿之習，雖蹭蹬場屋，而人所推尊不在利達者後。

授經之士，或以獨步膠庠，或以擅場南省，而公之與否曾不以是，一視其言行何如耳。今其徒有忠信自將，退然里巷庠序之間，若將終焉，而進修不替者，公之敎也。先君子居約時，門戶艱難之事，公所當，每以條理精密，躋登平易。吾家素無田，蔬圃不盈十畝，而食指以千數，仰藥寮以生。伯兄總家務，仲兄治藥寮，公授徒家塾，以束脩之饋補其不足。先君晚歲，用是得與族黨賓客優游觴詠，從容琴弈，裕然無窮匱之憂。先當是時，公於妻子裘葛，未嘗問也。先君子之喪既除，公不復御講席，家塾敎授，屬其諸季。過從之隙，時時杖策徜徉畦壟阡陌間，檢校種刈，若無意斯世者，豈各以其時耶？番陽許氏爲書院桐嶺，延師其間，以處鄉之學者，又自稟若干人，然其季子往往從學於外，亦嘗來從余遊，因得侍公函丈之末。從先生遊者，有許昌朝。見《翠雲題壁》。公之餘論遺風，或者竊有所聞矣。一日，父子協謀，闢廬舍，儲器用，廣會集之堂，增自稟之員，介其鄉之賢者，致禮以延公。公卻之再三，請益固，公爲一出。桐嶺學者於是變而樂義理之言，厭場屋之陋。士大夫聞風，莫不願與參席，自遠至者踵繫不絕，興起甚衆。然公年益高，頗倦酬應，未幾謝去。越數歲，安仁宰曾君，文清孫也，至則葺縣學，增士廩，修禮儀，尊師道，願公主之，公不復出矣。淳熙丁未，江西歲旱，撫爲甚，撫五邑，金谿爲甚。倉臺、郡守留意賑恤，別駕廖君實主之。廖知其說莫善於鄉得其人，莫不善於吏與其事，造廬問公計策，且屈公爲鄉官。於是鄉之所得多忠信之士，而吏不得製其權以牟利。明年，賑糶行，出粟受粟，舉無異時之弊。里閭熙熙，不知爲歉，而俗更以善，公力爲多。公平居混然無異於人者，而知識濬深，遇事始見。又其晦明之變，人所不解。當其晦時，童子所了，隸人所知，公或不辯，然特間見於燕閒、視聽、使令之間，未始害事。至事理之盤錯，情僞之隱伏，賢識趦趄，或用蹉跌，惟公之明，如辨蒼素。客有以名聞者，公探衣將見之矣，戶間偶目其貌，退而卻衣，曰：「吾不欲見斯人也。」已而果非佳士。此非獨人所不解，公亦有不能自知者。不以學自命，而就證者類有愜志；不以智自多，而就謀者類有寤心。公得之於天者，如玉在山，如珠在淵，其可量哉！逆遜溺心，形似蔽實，微者過當，甚者易位，今之賢者未易免此。惟公之明，好惡不能亂，形似不能蔽。《大學》曰：「好而知其惡，惡而知其美者，天下鮮矣。」故諺有之曰：「人莫知其子之惡，莫知其苗之碩。」公疇昔亟誦斯言，而屢歎其難，公之所以自致其力者深矣。是書之流行，近世特盛，然其靈足以造此者，求諸其傑，未見如公者焉。公壯年以呂氏次序《大學》章句猶有未安，於是自爲次序。今遠方學者傳録浸廣，吾家獨亡其藁。公之子，長者年將四十，乃不知父嘗有是書，蓋自其省事，惟見公正文講授故也。公見善未嘗不喜，而稱道不浮其實；見惡未嘗不惡，而指摘不加其罪。兩益之辭無所和，一切之論無所取，疑似之跡不輕實，流傳之事不輕據。故人之所稱，有所未許；人之所擯，有所不絕。衆人所決，發言盈庭，公每低回以致裁抑。憂世之士，或病公首鼠，不足以植風聲，示懲勸，而公隱然持之自若。近年以文祭舊生徒劉堯夫，頌其平日之美，責其晚節之過，謂「改之冥冥，猶足爲貴」，其辭深切著明，讀者無不感動。理之所存，何間幽顯！當疑而決，當決而疑，均爲不明也，孰謂公首鼠哉？公嘗名所居齋曰庸，學者因號庸齋先生，然公未嘗言其義，學者亦未嘗有所請。公著述頗多，皆未編次。公生於宣和乙巳十有二月十有四日辛亥，卒於紹熙辛亥十月十日乙酉，享年六十有七。卒之前一夕，起旋小跌，自是倦乏，然就枕即熟睡。覺時，醫者視脈，家人進藥，雖飲之，必曰：「吾不起矣。」十日之朝，侍疾者忽不聞鼻息，察公則已逝矣。娶吳氏。子四人：損之、益之、賁之、升之。女二人：長先公二年卒，未及許嫁；次許嫁貴溪張氏。孫男一人，女三人。卜以紹熙壬子七月十有二日，葬於鄉之長慶寺側。公以淳熙甲辰壽聖慶恩，授迪功郎、監潭州南嶽廟。十六年己酉，上登極，覃恩進修職郎。某效官重湖，疾不視藥，斂不撫棺，葬不臨穴，嗚呼痛哉！敬次序公平生以表墓。某聞命之日，嘗迎侍，公曰：「子行矣，吾往時，當自訪子。」訃前數日，從公於夢，自是節朔必夢見公，嗚呼痛哉！東望隕涕，爲之銘曰：如珠潛光，可以照夜，公之明也。如玉儲潤，可以賁山，公之德也。表公之墳，與斯銘其長存。

次九韶，字子美。不事場屋，兄弟共講古學。與朱元晦友善。首言《太極圖說》非正，又因其奏立社倉之制，行於鄉，民甚德之。與學者講學於近地，名梭山，梭山在金谿陸氏義門之東是也。號曰梭山居士。諸司列薦，以居士應詔，舉遺逸。臨終自撰《終禮》，戒不得銘墓。有文集曰《梭山日記》，中有《居家正本》及《制用》各二篇。

《宋史》本傳云：九韶字子美，其學淵粹。隱居山中，晝之言行，夜必書之。其家纍世義居，一人最長者爲家長，一家之事聽命焉。歲選子弟分任家事，凡田疇租税、出入、庖爨、賓客之事，各有主者。九韶以訓戒之辭爲韻語，晨興，家長率衆子弟謁先祠畢，擊鼓誦其辭，使列聽之。子弟有過，家長會衆子弟責而訓之，不改則撻之，終不改，度不可容，則言之官府，屏之遠方焉。九韶所著有《梭山文集》、《家制》、《州郡圖》。

今按，朱子《答梭山》二書見《大全集》。

次九齡，字子壽。生而穎悟，能步移則容止有法。少有大志，浩博無涯涘。嘗與鄉舉，補入太學，已負重名，知名士無不師尊之。登進士第，授桂陽教授，以不便迎侍，陳乞不赴。改興國教授，未滿，丁艱。服除，授全州教授，未上而卒。爲時儒宗，道德繫天下重望。特贈朝奉郎、直秘閣，賜謚文達。名齋曰復，學者稱復齋先生。有文集行於世。嘉定間，撫州守高商老刊文集於郡治，自爲序。先生狀其行，呂成公銘其墓，朱文公書其碑。

先生作《全州教授陸先生行狀》略云：先生名九齡，字子壽。先考居士君賀六子，先生爲第五子。生而穎悟，能步趨則容止有法。五歲入學，同學年辰踰倍者所爲，盡能爲之。讀書因析義趣。十歲丁母憂，居喪哀毀如成人。十三應進士舉，爲文優贍有理致，老成歎異。年十六，遊郡庠，每課試必居上游。時方擯程氏學，先生獨尊其說。郡博士徐君嘉言高年好修，留意學校，間日獨行訪諸齋。先生侍諸兄衣冠講論，未嘗懈弛，由是徐君雅相禮敬。明年，徐君物故。又明年，新博士將至。先生聞其嗜黃老言，脫略儀檢，慨歎不樂，賦詩見志。歸葺茅齋，從父兄讀書講古，間出見故老先達，所咨叩皆不苟。時居士君欲悉傳家政，平日紀綱儀節，更加檃括，使後可久，先生多與裁評。弱冠造吏部員外郎許公忻，許公居閒久，故知少，見先生如舊相識。明年，許公守邵陽，欲先生來，居士君亦啓其四方之志，先生於是游湖湘，抵邵陽。久之，東至臨江，郡守鄧君延先生於學，臨江士人皆樂親之。居半歲，乃歸。越數年，郡博士苗君昌言復延先生於學，從遊者益衆。苗自謂平生所尊賞者不苟。至其所以禮先生者特異，人亦以是信之。其與先生啓有云：「文辭近古，有退之、子厚之風；道學追微，得子思、孟軻之旨。」推尊蓋如此。先生覽書無滯礙，繙閱百家，晝夜無倦，於陰陽、星曆、五行、卜筮靡不通曉。性周謹，不肯苟簡涉獵，所習必極精詳。歲在己卯，始與舉送。同郡官中都者適有二人，皆先進知名士，閱貢籍見先生姓名，相顧喜曰：「吾州今乃可謂得人。」庚辰，春官試不利。辛巳，補入大學，故端明汪公實爲司業，月試輒居上游。場屋之文，大抵追時好，拘程度，不復求至當。惟先生之文據經明理，未嘗屈其意。嘗有先進以是病之，先生曰：「是不可改。」先生寬裕平直，人皆樂親，久愈敬愛，學校知名士無不師尊之。明年，丁居士君憂。乙酉，升補內舍。丙戌，爲學錄。學校綱紀日肅，弊無巨細，皆次第革之，人不駭異。嘗有小戾規矩者，先生以正繩之無假借。後或以先生問，其人顧稱先生之德，不以爲怨。丁亥，補升上舍。戊子，館於婺女之張氏。先生授其子以《中庸》、《大學》。其父老矣，每隅坐，拱手與聽講授，且曰：「不意晚得聞此。」張君之死，其子喪以古禮，不用浮屠氏。己丑，登進士第，授迪功郎、桂陽軍軍學教授。壬辰當赴，迓吏且至，時太孺人間親藥餌，先生以桂陽道遠，風物不類江鄉，難於迎侍，陳乞不赴。甲午，授興國軍軍學教授。明年夏，湖之南有寇侵軼，將及郡境。先是建炎虜寇之至，先生族子謂嘗起義應募。是後寇攘相次犯州境，謂皆被檄保聚捍禦，往往能卻敵，州里賴焉。至是謂已死，舊部伍願先生主之，以請於郡。先生適在信之鉛山，聞警報亟歸。抵家，請者已盈門，卻之不去，日益衆。先生與兄弟門人論所以宜從之義甚悉。會郡符已下，先生將許之，或者不悦，謂先生曰：「先生海內儒宗，蹈履規矩，講授經術，一旦乃欲爲武夫所爲。衛靈公問陳於孔子，孔子不答，今先生欲身爲之乎？」先生曰：「男子生以弧矢，長不能射，則辭以疾。文事武備，初不可析。古者有征討，公卿即爲將帥，比閭之長，則伍兩之長也。衛靈公家國無道，三綱將淪。既見夫子，非哲人是尊，社稷是計，而猥至問陣，其顛荒甚矣，故夫子答以俎豆而遂行。夾谷之會，三都之墮，討齊之請，夫子豈不知兵者？其爲委吏、桑田，則會計當，牛羊茁壯長。使靈公捨戰陣而問會計、牧養之事，則將遂言之乎？執此而謂夫子誠不知軍旅之事，則亦難與言理矣。」或者又曰：「禮別嫌疑，事有宜稱。使先生當方面，受邊寄，誰復敢議？此閭里猥事，何足以累先生！今鄉黨自好者不願尸此，尸此者必豪俠武斷者也。今先生尸之，人其謂何？」先生曰：「子之心殆未廣也。使自好者不尸此，而豪俠武斷者卒尸此，是時之不幸也。子亦將願之乎！事之宜稱，當觀其實。假令寇終不至，郡縣防虞之計亦不可已。是社之初，倉卒應募，非有成法。今備禦文移，類以軍興，從事郡縣，欲事之集，勢必假借，主者或非其人，乘時取必於閭里，何所不至？是其爲慘，蓋不必寇之來也。有如寇至，是等皆不可用，無補守禦，因爲剽劫，仁者忍視之哉？彼之所以必諉我者，爲其有以易此也。吾固以許之爲宜。」或者又曰：「曾子之在魯，寇至則先去，寇退則曰：『修我牆屋，我將反。』爲其爲師也。今先生居於鄉有師儒之素，命於朝爲師儒之官，而又欲尸此，無乃與曾子異乎？」先生曰：「吾居鄉講授，自窮約之分。吾求仕，爲祿養。今之官，乃吏按銓格而與之耳，異乎曾子之爲師也。今又遲次居鄉，老母年且八十，家累過百人。寇未至先去，固今郡縣所禁。比至而去，必不達，剽劫踐蹂，狼狽流離之禍，往往不可免。去固不可，藉令可去，扶八九十老者，從以千餘指，去將焉之？子欲使吾自附於分位不同之曾子，而甘家之禍，忍鄉之毒，縮手於所可得爲之事，此奚啻嫂溺不援者哉？」或者乃謝不及。先生於是始報郡符許之。已而調度有方，備禦有實，寇雖不至，而郡縣依倚爲重。

丙申夏四月，到任。先生於事無大小，處之未嘗不盡其誠；於人無衆寡，待之未嘗不盡其敬。富川單僻，絃誦希闊，士人在學校者無幾。先生涖職，舉錯謹重，規模雅正，誠意孚達，士人莫不感動興起。先生方將收拾茂異，而遠近願來親依者且衆。富川學廪素簿，又負逋不輸，歲入僅六百石，而比年不輸者乃七八百石。民未必盡負，姦吏黠徒乾沒其間，簿書緣絶，莫可稽證。先生爲覈實催理受輸之法，甚簡而便，白郡行之。於是無文移之繁，無追督之擾，簿書以正，負者樂輸，儲廪充裕，士人至者日衆。不滿歲，丁太孺人憂去職，在富川者莫不惋惜。己亥四月，服闋，冬末到選。庚子春，授全州州學教授。夏中得寒熱之疾，繼以脾泄，屢止屢作，竟不可療，九月二十有九日卒，享年四十有九。先生雖卧病，見賓客必衣冠，舉動纖悉皆有節法。卒之日，晨興坐於床，問疾者必留與語，幼者人人有所訓誨，談笑歡如也。先生未嘗不以天下學術人才爲念，病中言論，每每在此，是日言之尤詳。夜稍久，則正卧，整衣衾，理鬚髯，疊手腹間，不復言笑，又數刻而逝。先生道德之粹，繫天下之望，曾未及施，一疾不起，識與不識，莫不痛惜。先生少有大志，而深純浩博，無涯涘可見。親之者無智愚賢否，皆不覺敬愛慰釋。稱其善者，往往各以所見，未嘗同也。不區區撫摩，而藹然慈祥愷悌之風，有以消爭融隙；不斷斷刻畫，而昭然脩潔清白之實，足以澄汙律慢。趣尚高古而能處俗，辨析精微而能容愚。一行之善，一言之得，雖在巫醫卜祝，農圃臧獲，亦加重敬珍愛。自少以聖賢爲師，其於釋、老之學辯之嚴矣，然其徒苟有一善，亦所不廢。故先生無棄人，而〔人〕於先生亦鮮有不獲自盡者。與人言，未嘗迫遽，從容敷析，本末洞徹，質疑請益者，莫不得所欲而去。於人言行之失，度未可與言，則不發。或者疑之，先生曰：「人之惑固有難以口舌爭者，言之激，適以固其意，少需之，未必不自悟也。扞格忤狠之氣，當消之，不當起之。責善固朋友之道，聖人猶曰不可則止，况泛然之交者乎，又况有親愛之情者乎？雖朋友商確，至不可必通處，非大害義理，與其求伸而傷交道，不若姑待以全交道。且事有輕重小大，吾懼所益者小，所傷者大，所爭者輕，所喪者重也。然有時而遽言之，盡言之，力言之者，蓋權之以其事，權之以其人，權之以其時也。母饒氏，繼母鄧氏，淳熙三年，以慶壽恩封太孺人。娶王氏，魏公曾孫通州使君瑊之長女也。通州君亦以是年八月卒，先生卧病聞訃，制服成禮，逮遣祭，纖悉皆自經畫。子艮之，年十三。女□人，皆幼。先生未及著書，若場屋之文與朋友往來論學之書，則傳錄者頗衆。其餘雜著、古律、墓誌，書啓、序跋等，門人方且編次。將以十二月乙酉，葬於鄉萬石塘。謹書其行實之大槩，以求誌於當世之君子。淳熙七年十一月既望。弟某狀。

《宋史》本傳大概俱本《行狀》，其微不同者云：九齡幼穎悟端重，吏部員外郎許忻有名中朝，退居臨川，少所賓接，一見九齡，與語大說，盡以當代文獻告之，自是益大肆力於學。暇則與鄉之子弟習射，曰：「是固男子之事也。」歲惡，有剽劫者過其門，必相戒曰：「是家射命中，無自取死。」及至興國，地濱大江，俗儉嗇而鮮知學。九齡不以職閑自佚，益嚴規矩，肅衣冠，如臨大衆，勸綏引翼，士類興起。卒年四十九。寶慶二年特贈朝奉郎、直秘閣，賜謚文達。九齡嘗繼其父志，益修禮學，治家有法。闔門百口男女以班各供其職，閨門之內嚴若朝廷。而忠敬樂易，鄉人化之，皆遜弟焉。與弟九淵相爲師友，和而不同，學者號「二陸」。有來問學者，九齡從容啓告，人人自得。廣漢張栻與九齡不相識，晚歲以書講學，期以世道之重。呂祖謙常稱之曰：「所志者大，所據者實。有肯綮之阻，雖積九仞之功不敢遂；有毫釐之偏，雖立萬夫之表不敢安。公聽并觀，卻立四顧。弗造於至平至粹之地，弗措也。」

《宋名臣言行錄》云：先生兄弟皆志古嗜學，燕居從容講論道義，誾誾侃侃，和而不同。伯仲之間，自爲師友。雖先生所以成德，其取資者非一端，然家庭追琢封植之功與爲多焉。休暇則與弟子適場圃習射，曰：「是固男子之事也。」自是里中士始不敢鄙弓矢爲武夫末藝。又云：先生和順不違物，而非意自不能干；簡直不徇人，而與居久益有味。四方學者踵門請益，羣疑塞胸，糾纏膠轕，雖善辯者不能解，先生從容啓告，莫不渙然釋其疑而退。非唯動悟孚格固有所本，亦其用力於自治者既專且久。人之疾疢，皆嘗折肱。浮湛滑澾，適中其病，聽之者於心有戚戚焉。至於扞格不入，必寬養以俟其可，未嘗無益而雜施之也。天下之治方術者多矣，囿以異端小道者，既不足與議，晚進新學間有聞君子之餘論者，又多既其文而不既其實，摹規而畫員，擬矩而作方，雖或似之，而卒非也。按《言行録》此段出吕伯恭所爲墓誌銘。《朱子文集》有祭先生文云：學匪私説，惟道是求。苟誠心而擇善，雖異序以同流。如我與兄，少不并遊。蓋一生而再見，遂傾倒以綢繆。念昔鵝湖之下，實云識面之初。兄命駕而鼎來，載季氏而與俱。出新篇以示我，意懇懇而無餘。厭世學之支離，新易簡之規模。顧予聞之淺陋，中獨疑而未安。始聽瑩於胸次，卒紛繳乎談端。徐度兄之不可遽以辯屈，又知兄必將反而深觀。遂逡巡而旋及，悵猶豫而盤旋。別未幾時，兄以書來，審前説之未定，曰予言之可懷。逮予辭官而未獲，停驂道左之僧齋，兄乃枉車而來教，相與極論而無猜。自是以還，道合志同。何風流而雲散，乃一西而一東。蓋曠歲以索居，僅尺書之兩通。期杖屨之枉顧，或慰滿乎予衷。屬者乃聞，兄病在牀。亟函書而問訊，併藥裹而攜將。曾往使之未返，何來音之不祥，驚失聲而隕涕，沾予袂以淋浪。嗚呼！今兹之歲，非龍非蛇。何獨賢人之不淑，屢興吾黨之深嗟。惟兄德之尤粹，儼中正而無邪。至其降心以從善，又豈有一毫驕吝之私耶？哀哉！兄則已矣，此心實存。炯然參倚，可覺惰昏。孰泄予衷，一慟寢門。緘辭千里，侑此一尊。

先生與復齋齊名，稱爲「江西二陸」，以比「河南二程」。謹序次家世本末大略，而先生之道德事功，則表年以繫之於後云。

高宗紹興九年己未

二月乙亥辰時，先生始生。

紹興十年庚申，先生二歲。

紹興十一年辛酉，先生三歲。

冬十一月十五日，母饒氏孺人卒，葬鄉之楊美嶺。《家譜》。

紹興十二年壬戌，先生四歲。

先生幼不喜弄，靜重如成人。三四歲時，常侍宣教公行，遇事物必致問。一日，忽問天地何所窮際，宣教公笑而不答，遂深思至忘寢食。角總經夕不脫，衣履有斂而無壞，襪至二接，手甲甚修，足跡未嘗至庖廚。常自掃灑林下，宴坐終日。立於門，過者駐望稱歎，以其端莊雍容異常兒也。《行狀》。

紹興十三年癸亥，先生五歲。

入學讀書，紙隅無捲摺。《行狀》。

紹興十四年甲子，先生六歲。

侍親會嘉禮，衣以華好，卻不受。季兄復齋先生年十三歲，舉《禮經》以告，乃受。與人樂易，然惡無禮者。《行狀》。

紹興十五年乙丑，先生七歲。

得鄉譽。

嘗云：「某七八歲時，常得鄉譽。只是莊敬自持，心不愛戲。」《語録》。

紹興十六年丙寅，先生八歲。

初讀《論語》，即疑《有子》三章。及看《孟子》曾子不肯師事有子，至「江漢以濯之，秋陽以暴之」等語，因歎曾子見得聖人高明潔白如此。又丱角時，聞人誦伊川語，自覺若傷我者，嘗謂人云：「伊川之言，奚爲與孔子、孟子之言不類？」蓋生而清明，不可企及，有如此者。梭山嘗云：「子靜弟高明，自幼已不同，遇事逐物皆有省發。嘗聞鼓聲振動窗欞，亦豁然有覺。其進學每如此。

紹興十七年丁卯，先生九歲。《行狀》兼《語録》。

能屬文。

包敏道祭文云：九歲屬文能自達。

紹興十八年戊辰，先生十歲。

入郡學，侍諸兄講誦。

時復齋在郡學，先生往侍學焉。文雅雍容，衣冠未嘗懈弛，衆咸驚異。有老儒謂前廊吴茂榮曰：「君有愛女，欲佳壻無踰此郎。」因以爲娟。

紹興十九年己巳，先生十一歲。

讀書有覺。

從幼讀書無苟簡，外視雖閑暇，實勤於考索。伯兄總家務，嘗夜分起，見先生秉燭檢書最會，一見便有疑，一疑便有覺。後嘗語學者曰：「小疑則小進，大疑則大進。」嘗云：「向與復齋家兄讀書疎山寺，止是一部《論語》，更無他書。」或問：「曾見先生將聖人與門人語分門，各自録作一處看。」先生曰：「此是幼小時事。」《行狀》兼《語録》。

紹興二十年庚午，先生十二歲。

紹興二十一年辛未，先生十三歲。

因宇宙字義，篤志聖學。

與李侍郎及權郡書皆云：「十三志古人之學。」先生自三四歲時，思天地何所窮際不得，至於不食。宣教公呵之，遂姑置，而胸中之疑終在。後十餘歲，因讀古書至宇宙二字，解者曰：「四方上下曰宇，往古來今曰宙。」忽大省曰：「元來無窮，人與天地萬物，皆在無窮之中者也。」乃接筆書曰：「宇宙内事乃己分内事，己分内事乃宇宙内事。」又曰：「宇宙便是吾心，吾心即是宇宙。東海有聖人出焉，此心同也，此理同也；西海有聖人出焉，此心同也，此理同也；南海、北海有聖人出焉。此心同也，此理同也；千百世之上有聖人出焉，此心同也，此理同也；千百世之下有聖人出焉，此心同也，此理同也。」其啓悟學者，多及宇宙二字。如曰：「道塞宇宙，非有所隱遁。在天曰陰陽，在地曰剛柔，在人曰仁義。仁義者，人之本心也。」又曰：「是理充塞宇宙。天地順此而動，故日月不過而四時不忒；聖人順此而動，故刑罰清而民服。」又曰：「此理塞宇宙，誰能逃之？順之則吉，逆之則凶。」又曰：「宇宙不曾限隔人，人自限隔宇宙。」是年復齋因讀《論語》，命先生近前，問曰：「看《有子》一章如何？」先生曰：「此有子之言，非夫子之言。」復齋曰：「孔門除卻曾子，便到有子，未可輕議。」先生曰：「夫子之言簡易，有子之言支離。」復齋嘗於窗下讀程《易》，至「艮其背」四句，反復誦讀不已。先生偶過其前，復齋問曰：「汝看程正叔此段如何？」先生曰：「終是不直截明白。『艮其背，不獲其身』，無我。『行其庭，不見其人』，無物。」復齋大喜。《語録》。

紹興二十二年壬申，先生十四歲。

《與涂任伯書》曰：「某氣質素弱，年十四五，手足未嘗溫暖。後以稍知所向，體力亦隨壯也。」

先生嘗云：「吾於踐履未能純一，然才自警策，便與天地相似。」《語録》。

紹興二十三年癸酉，先生十五歲。

初夏，侍長上郊行，分韻得「偕」字，詩

云：「講習豈無樂，鑽磨未有涯。書非貴口誦，學必到心齋。酒可陶吾性，詩堪述所懷。誰言曾點志，吾得與之偕。」按，此詩《文集》未載，蓋佚者多矣。

紹興二十四年甲戌，先生十六歲。

先生十五六歲時，聞長上道靖康年事，乃剪去指爪，學弓馬。然胸中與人異，未嘗失了。嘗云：「做得工夫實，則所説即實事，所指人病即實病。」又云：「吾人讀《春秋》，二聖之讎，豈可不復？所欲有甚於生，所惡有甚於死。今吾人高居優游，亦可爲恥。乃懷安，非懷義也。」此皆是實理實説。《語録》。

紹興二十五年乙亥，先生十七歲。

紹興二十六年丙子，先生十八歲。

作《大人》詩。見文集卷二十五。

紹興二十七年丁丑，先生十九歲。

紹興二十八年戊寅，先生二十歲。

紹興二十九年己卯，先生二十一歲。

紹興三十年庚辰，先生二十二歲。

紹興三十一年辛巳，先生二十三歲。

紹興三十二年壬午，先生二十四歲。

秋試以《周禮》鄉舉。

初，先生未肯赴舉。復齋素善臨川李侍郎浩，每爲公言之。是年春，俾姪煥之侍先生同訪公。公觀其贄見之書，大奇之。留數日，力勉其赴舉。歸則題秋試家狀者在門，閱其籍，則諸家經賦咸在，惟無《周禮》，先生即以此注籍。蒲節後，始精考《周禮》，求程文觀之。及期，三日之試，寫其所學無凝滯。考官王景文質批曰：「毫髮無遺恨，波瀾獨老成。」拆號日，先生偶過梭山，方鼓琴，捷吏至，曲終而後問之，再鼓一曲乃歸。先生第四名，外舅吳漸第九名。見《舉送官啓》末云：「某少而慕古，長欲窮源，不與世俗背馳而非，必將與聖賢同歸而止。忘己意之弗及，引重任以自強。謂先哲同是人，而往訓豈欺我？窮則與山林之士約六經之旨，使孔、孟之言復聞於學者；達則與廟堂羣公還五服之境，使堯、舜之化純被於斯民」云云。

先生嘗云：「吾自應舉，未嘗以得失爲念。場屋之文，只是直寫胸襟。」故作《貴溪縣學記》云：「不徇流俗，而正學以言者，豈皆有司之所棄，天命之所遺？」又嘗云：「復齋家兄一日問曰：『吾弟今在何處做工夫？』某答曰：『在人情、事勢、物理上做工夫。』復齋應之而已。若知物價之低昂，與夫辯物之美惡眞僞，則吾不可謂之不能。然吾之所謂做工夫者，非此之謂也。」又云：「吾家合族而食，每輪差子弟掌庫三年。某適當其職，所學大進，這方是執事敬。」《文集》、《語録》。

冬十月二十七日，丁父宣教公憂，葬饒州安仁縣崇德鄉之毛源。

孝宗隆興元年癸未，先生二十五歲。

隆興二年甲申，先生二十六歲。

乾道元年乙酉，先生二十七歲。

有《與童伯虞書》。見《文集》三卷首。

乾道二年丙戌，先生二十八歲。

乾道三年丁亥，先生二十九歲。

冬，成嘉禮，孺人吳氏始大歸也。

乾道四年戊子，先生三十歲。

乾道五年己丑，先生三十一歲。

季兄復齋先生成進士。

乾道六年庚寅，先生三十二歲。

乾道七年辛卯，先生三十三歲。

秋試，以《易經》再鄉舉。考官批《易經》卷云：「如端人正士，衣冠佩玉。」論策，批：「如其義。」得解見提舉書。見《文集》卷四。

八月十七日，子持之生。

乾道八年壬辰，先生三十四歲。

春試南宮。

奏名時，尤延之袤知舉，呂伯恭祖謙爲考官，讀先生《易》卷，至「狎海上之鷗，遊呂梁之水，可以謂之無心，不可以謂之道心。以是而洗心退藏，吾見其過焉而溺矣。濟溱洧之車，移河内之粟，可以謂之仁術，不可以謂之仁道，以是而同乎民，交乎物，吾見其淺焉而膠矣。」擊節歎賞。又讀《天地之性人爲貴論》，至「嗚呼！循頂至踵，皆父母之遺體，俯仰乎天地之間，惕然朝夕，求寡乎愧怍而懼弗能，倘可以庶幾於孟子之『塞乎天地』，而與聞夫子『人爲貴』之說乎」，愈加歎賞。至策，文意俱高。伯恭遽以内艱出院，乃屬尤公曰：「此卷超絶有學問者，必是江西陸子靜之文，此人斷不可失也。」又囑考官趙汝愚子直。二公亦嘉其文，遂中選。他日，伯恭謂先生曰：「未嘗款承足下之教，僅得之傳聞。一見高文，心開目明，知其爲江西陸子靜也。」《行狀》。

徐誼子宜侍學。

子宜侍先生，每有省。同赴南宮試，論出《天地之性人爲貴》。試後，先生曰：「某欲說底，卻被子宜道盡。但某所以自得受用底，子宜卻無，曰：『雖欲自異於天地，不可得也。』此乃某平日得力處。」《語録》。

夏五月，廷對，賜同進士出身。

先生既奏名，聲震行都。廷對，考官意其必慷慨極言天下事，欲取寘首列。及唱第，乃在末甲。或問之，先生曰：「見君之初，豈敢過直。」識者稱其得事君之體云。《語録》。

先生始至行都，一時俊傑咸從之遊。先生朝夕應酬問答，學者踵至，至不得寢者餘四十日。所以自奉甚薄，而精神益强，聽其言興起者甚衆。時蔡幼學行之爲省元，連日無所問難，似不能言者。先生從容問其所志，乃答曰：「幼學之志，在於爲善而已。」先生嘉歎而勉勵焉。

四明楊敬仲時主富陽簿，攝事臨安府中，始承教於先生。及反富陽，三月二十一日，先生過之，問：「如何是本心？」先生曰：「惻隱，仁之端也；羞惡，義之端也；辭讓，禮之端也；是非，智之端也。此即是本心。」對曰：「簡兒時已曉得，畢竟如何是本心？」凡數問，先生終不易其説，敬仲亦未省。偶有鬻扇者訟至於庭，敬仲斷其曲直訖，又問如初，先生曰：「聞適來斷扇訟，是者知其爲是，非者知其爲非，此即敬仲之本心。」敬仲忽大覺，始北面納弟子禮。故敬仲每云：「簡發本心之問，先生舉是日扇訟是非答，簡忽省此心之無始末，忽省此心之無所不通。」先生嘗語人曰：「敬仲可謂一日千里。」

復齋與學者書云：「子靜入浙，則有楊敬仲、石崇昭應之、諸葛誠之、胡拱達才、高宗商應朝、孫應時季和從之遊，其餘不能悉數，皆亹亹嚮學，尊信吾道，甚可喜也。」

六月二十九日，復如富陽。七月初九日，舟離富陽。秋七月十六日，至家。讀書存齋，遠近聞風而至，求親炙問道者日盛。

先生與曾宅之書云：「某舊亦嘗以『存』名讀書之齋。」家之東扁曰槐堂，槐堂前有古槐木，至今猶存，乃學徒講學之地。又堂東有陋室，西有高軒，北窗南窗，東有隱室，又曰留軒，西有玉淵，又近家之西有茅堂。與包顯道書云：「貴溪桂店一族甚盛，其子弟有德輝者，今夏來處茅屋，西南有八石寺。」與顔子堅書云：「向者在八石寺，嘗納區區之忠。」

《語録》、《文集》。

先生既授徒，即去今世所謂學規者，而諸生善心自興，容禮自莊，雍雍于于，後至者相觀而化。猗歟盛哉！眞三代時學校也。有一生飯次微交足，飯既，先生從容問之曰：「汝適有過，知之乎？」生略思曰：「已省。」先生曰：「何過？」對曰：「中食覺交足，雖改正，亦放逸也。」其嚴如此。先生深知學者心術之微，言中其情，或至汗下。有懷於中而不能自曉者，爲之條析其故，悉如其心。亦有相去千里，素無雅故，聞其大概而盡得其爲人。嘗有言曰：「念慮之不正者，頃刻而知之，即可以正；念慮之正者，頃刻而失之，即爲不正。有可以形跡觀者，有不可以形跡觀者。必以形跡觀人，則不足以知人；必以形跡繩人，則不足以救人。」又曰：「今天下學者唯有兩途，一途樸實，一途議論。」

嘗攻切問者之疵，問者不領，惡聲輒至，旁觀不能堪，而先生悠然從容，乃及他事。《行狀》。

同里朱桴濟道，弟泰卿亨道，長於先生，皆來問道。與人書云：「近到陸宅，先生所以誨人者，深切著明，大槩是令人求放心。其有志於學者，數人相與講切，無非此事，不復以言語文字爲意，令人歎仰無已。其有意作文者，令收拾精神，涵養德性，根本既正，不患不能作文。」

陳正己、劉伯文皆不爲文字也。盱江傅子淵云：「夢泉向來只知有舉業，觀書不過資意見耳，後因困志知反。時陳正己自槐堂歸，問先生所以教人者。正己曰：『首尾一月，先生諄諄只言辨志。又言古人入學一年，早知離經辨志。今人有終其身而不知自辨者，是可哀也。』

夢泉當時雖未領略，終念念不置。一日，讀《孟子·公孫丑》章，忽然心與相應，胸中豁然蘇醒，歎曰：『平生多少志念精力，卻一切著在功利上，自是始辨其志。』雖然如此，猶未知下手處。及親見先生，方得箇入頭處。」先生嘗云：「傅子淵自此歸其家，陳正己問之曰：『陸先生教人何先？』對曰：『辨志。』復問曰：『何辨？』對曰：『義利之辨。』若子淵之對，可謂切要。」

周伯熊來學，先生問：「學何經？」對曰：「讀《禮記》。」「曾用工於九容乎？」曰：「未也。」「且用工於此。」後往問學於晦菴，晦菴曰：「仙里近陸先生，曾見之否？」曰：「亦嘗請教。」具述所言，晦菴曰：「公來問某，某亦不過如此說。」

答諸葛受之書。見《文集》卷三。

答舒西美書。見《文集》卷五。

乾道九年癸巳，先生三十五歲。

春閏二月十四〔日〕，答陳正己書。見《文集》卷十二。

三月十七日，和王弱翁《銓闈中》詩。冬十一月，又送毛原善序。見《文集》卷二十。

象山先生年譜卷之中

門人　袁燮　傅子雲　初稿

後學　李子愿彙編　李紱增訂

後學　劉林原刊　嚴有俊重刊

淳熙元年甲午，先生三十六歲。

三月，赴部調官，過四明，遊會稽，浹兩旬，復至都下，授迪功郎、隆興府靖安縣主簿。

五月二十六日，訪呂伯恭於衢。伯恭《與汪聖錫書》云：「陸君相聚五六日，淳篤敬直，流輩中少見其比。」又《與陳同甫書》云：「自三衢歸，陸子靜相待累日，又留七八日，昨日始行。篤實純直，朋遊間未易多得。渠云：『雖未相識，每見尊兄文字開豁軒翥，甚欲得相聚。』覺其意甚勤，非論文者也。」

與徐子宜書。見《文集》卷五。

秋八月十二日，子循之生。

淳熙二年乙未，先生三十七歲。

呂伯恭約先生與季兄復齋，會朱元晦諸公於信之鵝湖寺。

嚴松錄先生語云：「呂伯恭爲鵝湖之集，先兄復齋謂某曰：『伯恭約元晦爲此集，正謂學術異同。某兄弟先自不同，何以望鵝湖之同？』先兄遂與某議論致辯，又令某自說。至晚罷，先兄云：『子靜之說是。』次早，某請先兄說，先兄云：『某無說。夜來思之，子靜之說極是。方得一詩云：「孩提知愛長知欽，古聖相傳只此心。大抵有基方築室，未聞無址忽成岑。留情傳註翻榛塞，着意精微轉陸沉。珍重友朋相切琢，須知至樂在於今。」』某云：『詩甚佳，但第二句微有未安。』先兄云：『說得恁地，又道未安，更要如何？』某云：『不妨一面起行，某沿途卻和此詩。』及至鵝湖，伯恭首問先兄別後新功。先兄舉詩，纔四句，元晦顧伯恭曰：『子壽早已上子靜船了也。』舉詩罷，遂致辨於先兄。某云：『途中和得家兄此詩云：「墟墓興哀宗廟欽，斯人千古不磨心。涓流滴到（本集作「積至」）。滄溟水，拳石崇成泰華岑。簡易功夫終久大，支離事業竟浮沉。」』舉詩至此，元晦失色。至『欲知自下升高處，眞僞先須辨只今』，元晦大不懌，於是各休息。翌日，二公商量數十折議論來，莫不悉破其說。繼日凡致辨，其說隨屈。伯恭甚有虛心相聽之意，竟爲元晦所尼。元晦歸後三年，乃和前詩云：『德業流風夙所欽，別離三載更關心。偶攜藜杖出寒谷，又枉藍輿度遠岑。舊學商量加邃密，新知培養轉深沉。只愁說到無言處，不信人間有古今。』」

後信州守楊汝礪建四先生祠堂於鵝湖寺，勒陸子詩於石。

復齋《與張欽夫書》云：「某春末會元晦於鉛山，語三日，然皆未能無疑。」

按《呂成公譜》：乙未四月，訪朱文公於信之鵝湖寺，陸子靜、子壽、劉子澄及江浙諸友皆會，留止旬日。

鄒斌俊父錄云：「朱、呂二公話及八卦之序，先生因亹亹言之。大略謂：『《復》是本心復處，如何列在第三卦，而先之以《履》與《謙》？蓋《履》之爲卦，上天下澤，人生斯世，須先辨得俯仰乎天地而有此一身，以達於所履。其所履有得有失，又繫於謙與不謙之分。謙則精神渾收聚於內，不謙則精神渾流散於外。惟能辨得吾一身所以在天地間舉錯動作之由，而斂藏其精神，使之在內而不在外，則此心斯可得而復矣。次之以《常》、《固》，又次之以《損》、《益》，又次之以《困》。蓋本心既復，謹始克終，曾不少廢，以得其常，而至於堅固。私欲日以消磨而爲損，天理日以澄瑩而爲益，雖涉危蹈險，所遭多至於困，而此心卓然不動。然後於道有得，左右逢其原，如鑿井取泉，處處皆足。蓋至於此則順理而行，無纖毫透漏，如巽風之散，無往不入，雖密房奧室，有一縫一罅，即能入之矣。』二公大服。」

朱亨道書云：「鵝湖講道切，誠當今盛事。伯恭蓋慮陸與朱議論猶有異同，欲會歸於一而定其所適從，其意甚善。伯恭蓋有志於此，語自得則未也。臨川趙守景明邀劉子澄、趙景昭。景昭在臨安與先生相款，亦有意於學。」又云：「鵝湖之會，論及教人。元晦之意，欲令人泛觀博覽，而後歸之約；二陸之意，欲先發明人之本心，而後使之博覽。朱以陸之教人爲太簡，陸以朱之教人爲支離，此頗不合。先生更欲與元晦辯，以爲堯舜之前何書可讀？復齋止之。劉、趙諸公拱聽而已。先發明之說，未可厚誣。元晦見二詩不平，似不能無我。」元晦書云：「某未聞道學之懿，兹幸獲奉餘論，所恨匆匆別去，彼此之懷皆若有未既者。然警切之誨，佩服不敢忘也。還家無便，寫此少見拳拳。」

冬十一月十五日，作《敬齋記》。見《文集》卷十九。

淳熙三年丙申，先生三十八歲。

與王順伯書，再書。見《文集》卷十九〔一〕。

淳熙四年丁酉，先生三十九歲。

春正月十四日，丁繼母太孺人鄧氏憂，葬鄉之官山。

先生事繼母，與諸兄曲盡孝道。嘗聞孝宗皇帝聖語：「陸九淵滿門孝弟者也。」

淳熙五年戊戌，先生四十歲。

淳熙六年己亥，先生四十一歲。

服除，授建寧府崇安縣主簿。

淳熙七年庚子，先生四十二歲。

在滋瀾。

先生因居之南五里有園林屋宇，扁是名。《與包顯道書》云：「今歲與朋友讀書在滋瀾。」

春，聞張欽夫卒。

與包顯道書。見《文集》卷六。

秋九月二十九日，季兄復齋先生卒。

復齋臨終云：「比來見得子靜之學甚明，恨不更相與切磋，見此道之大明耳。」先生嘗曰：「復齋先生涵養深密，躬行篤實。」

朱元晦《與林擇之書》云：「陸子靜兄弟，其門人有相訪者，氣象皆好。此間學者卻與渠相反。初謂只在此講道，漸涵自能入德。不謂末流之弊，只成說話，至人倫日用最切近處，都不得毫末氣力，不可不深懲而痛警之也。」

冬十一月望日，作《復齋行狀》。

十二月己酉，葬於鄉之萬石塘。

淳熙八年辛丑，先生四十三歲。

春二月，訪朱元晦於南康。

時元晦爲南康守，與先生泛舟樂，曰：「自有宇宙以來，已有此溪山，還有此佳客否？」乃請先生登白鹿洞書院講席，先生講「君子喻於義，小人喻於利」一章畢，乃離講席言曰：「熹當與諸生共守，以無忘陸先生之訓。」再三云：「熹在此不曾說到這裏，負愧何言。」乃復請先生書其說，先生書講義云：「某雖少服父兄師友之訓，不敢自棄。而頑鈍疏拙，學不加進，每懷愧惕，恐負其初心。方將求鍼砭鐫磨於四方師友，冀獲開發，以免罪戾。比來得從郡侯秘書至白鹿書堂，羣賢畢集，瞻睹盛觀，竊自慶幸。秘書先生教授先生不察其愚，令登講席，再三，不得所請。取《論語》中一章，陳平日所感，以應嘉命，亦幸有以教之。以吐所聞。顧惟庸虛，何敢當此？辭避再三，不得所請。」

子曰：『君子喻於義，小人喻於利。』此章以義利判君子小人，辭旨曉白，然讀之者苟不切己觀省，亦恐未能有益也。

某平日不無所感，竊謂學者於此當辨其志。人之所喻由其所習，所習由其所志。志乎義，則所習者必在於義，所習在義，斯喻於義矣；志乎利，則所習者必在於利，所習在利，斯喻於利矣。故學者之志不可不辨也。科舉取士久矣，名儒鉅公皆由此出。今爲士者固不能免此，然場屋之得失，顧其技與有司好惡如何耳，非所以爲君子小人之辨也。而今世以此相尚，使汩没於此而不能自拔，則終日從事者，雖曰聖賢之書，而要其志之所向，則有與聖賢背而馳者矣。推而上之，則又惟官資崇卑、祿廩厚薄是計，豈能悉心力於國事民隱，以無負於任使之者哉？從事其間，更歷之多，講習之熟，安得不有所喻？顧恐不在於義耳。誠能深思是身，不可使之爲小人之歸，其於利欲之習，怛焉爲之痛心疾首。專志乎義而日勉焉，博學審問，慎思明辨而篤行之。由是而進於場屋，其文必皆道其平日之學，胸中之藴，而不詭於聖人；由是而仕，必皆供其職，勤其事，心乎國，心乎民，而不爲身計。其得不謂之君子乎？秘書先生起廢以新斯堂，其意篤矣。凡至斯堂者，必不殊志。願與諸君勉之，以毋負其志。」《語録》。

朱子《跋講義後》云：淳熙辛丑春二月，陸兄子靜來自金谿，其徒朱克家、陸麟之、周清叟、熊鑑、路謙亨、胥訓實從。十日丁亥，熹率寮友諸生，與俱至於白鹿書院，請得一言以警學者。子靜既不鄙而惠許之，至其所以發明敷暢，則又懇到明白，而皆有以切中學者隱微深痼之病，蓋聽者莫不悚然動心焉。熹猶懼其久而或忘之也，復請子靜筆之於簡，而受藏之。凡我同志，於此反身而深察之，則庶乎其可不迷於入德之方矣。新安朱熹識。朱子集。

後以《講義》刻於石，先生云：「講義述於當時，發明精神不盡。當時說得來痛快，至有流涕者。元晦深感動，天氣微冷，而汗出揮扇。」元晦又語楊道夫云：「曾見陸先生義利之說否？」曰：「未也。」曰：「這是子靜來南康，熹請說書，卻說義利分明，是說得好。如云：『今人只讀書便是利，如取解後又要得官，得官後又要改官，自少至老，自頂所踵，無非爲利。』說得來痛快，至有流涕者。」《語録》。

秋，作《祭呂伯恭文》。見《文集》卷二十六。

丞相少師史浩薦先生，六月二十三日得旨，都堂審察陸擢，先生不赴。

史丞相薦語云：陸某淵源之學，沈粹之行，輩行推之，而心悟理融，出於自得。《行狀》。

淳熙九年壬寅，先生四十四歲。

項平甫來書，略云：安世聞陸先生之名，言者不一。往得交於傅子淵，警發柔惰，自此歸向取師之意始定。奉親之官越土，多見高第及門弟子，愈覺不能自已。雖未得親承於謦欬，然受沾渥亦已多矣。獨念心師之久，不可不以尺紙布萬一，伏乞加察。一二年來(三)，數鉅公相繼淪落，任是事者，獨先生與朱先生耳。

侍從復上薦，得旨與職事官，薦辭未詳。除國子正。秋初，先生赴國學。

與陳倅書。見《文集》卷七。

始講書，八月十七日，講《春秋》六章。

九月，享明堂，爲分獻官。

淳熙十年癸卯，先生四十五歲。

在國學。二月七日，講《春秋》九章。

七月十五日，講《春秋》五章。

十一月十三日，講《春秋》四章。諸生叩請，孳孳啓論，如家居教授，感發良多。《春秋講義》俱見《文集》。

朱元晦來書略云：「比約諸葛誠之在齋中相聚，極有益。浙中士人賢者皆歸席下，比來所得爲多，幸甚。」再書云：「歸來臂痛，病中絕學捐書，卻覺得身心收管，似有少進處。向來汎濫，眞是不濟事。恨未得款曲承教，盡布此懷也。」項平甫再書略云：「某自幼便欲爲善士，今年二十一矣，欲望尊慈，特賜指教」云云。答書不傳。按，朱元晦答平甫書云：「所語陸國正語，三復爽然，所以警於昏惰爲厚矣。大抵子思以來教人之法，尊德性、道問學兩事爲用力之要。今子靜所說全是尊德性，而某平日所聞卻是道問學上過多。所以爲彼學者，多持守可觀，而看道理全不仔細。而熹自覺於義理上不敢亂說，卻於緊要事上多不得力。今當反身用力，去短集長，庶不墮於一偏耳。」先生聞之，曰：「朱元晦欲去兩短，合兩長，然吾以爲不可。既不知尊德性，焉有所謂道問學。」

冬，遷敕令所刪定官。先生在敕局，同志之士相從講切不替，僚友多賢，相與問辯，大信服。

與漕使尤延之書，略云：朱元晦在南康，已得太嚴之聲。元晦之政，亦誠有病，然恐不能泛然以嚴非之。使罰當其罪，刑故無小，遽可以嚴而非之乎？某嘗謂不論理之是非，事之當否，而泛然爲寬嚴之論者，乃後世學術議論無根之弊。道之不明，政之不理，由此其故也。元晦浙東救旱之政，比者屢得浙中親舊書及道途所傳，頗知梗概，浙人殊賴。自劾一節，尤爲適宜。其誕慢以僥寵祿者，當少阻矣。至如其間言事處，誠如來諭所言者云。

嚴陵詹子南侍學。

阜民初見先生，不能盡記所言，大指云：「凡欲學者，當先識義利公私之辨。今所學果爲何事？人生天地間爲人，自當盡人道，學者所以爲學，學爲人而已，非有爲也。」又云：「孔門弟子如子游、子夏、宰我、子貢，雖不遇聖人，亦足以號名學者，爲萬世師。然卒得聖人之傳者，回之愚，參之魯。」蓋病後世學者溺於文義，知見繳繞〔三〕，蔽惑愈甚，不可入道耳。阜民既還邸，遂屏棄諸書。及後來疑其不可，又問先生，則曰：「某何嘗不許人讀書，不知此後有事在。」又曰：「讀書不必窮索，平易讀之，識其可識者，久將自明，毋恥不知。」先生舉《孟子》「鈞是人也」一章云：「須先使心官不曠其職。」子南因是便收此心，如此半月，一日下樓，忽覺此心已復澄瑩中立。遂見先生，先生目逆而視之，曰：「此理已顯也。」《語録》。

淳熙十一年甲辰，先生四十六歲。

在敕局。春，祀祚德廟，爲分獻官。記事始末書於祠下。

朱元晦書略云：「敕局時與諸公相見，亦有可告語者否？於律令中極有不合道理、不近人情處，隨事改正得一二亦佳。

中薦程可久於法令甚精，可以入局中。然此猶是第二義，不知輪對班在何時？果得一見明主，就要緊處下得數句爲佳，其餘屑屑不足言也。謙仲甚不易得，今日尚有此公，差強人意。元善爽快，極難得，更加琢磨沉浸之功乃佳。機仲既得同官，乃其幸會，當能得日夕親炙也。浙東諸朋友想時通問，亦有過來相聚者否？立之墓表今作一通，顯道甚不以爲然，不知尊意以爲如何？」

三月十三日，答朱元晦書。見《文集》卷七。

編朱元晦奏立社倉事。

戊申歲，先生兄梭山居士欲立社倉於青田。

先生與趙監書。見《文集》卷首。

上殿輪對五劄。

時對期甚迫，猶未入思慮，所親累請，久乃下筆。繕寫甫就，厥明即對。

第一劄子云：臣讀典謨大訓，見君臣之間，都俞吁咈，相與論辯，各極其意，了無忌諱嫌疑。於是知事君之意，當無所不用其情。唐太宗即位之初，魏徵爲尚書右丞，或毀徵以阿黨親戚者，太宗使溫彥博按訊，非是。彥博言：「徵爲人臣，不能著形迹，遠嫌疑，心雖無私，亦有可責。」太宗使彥博責徵，且曰：「自今宜存形迹。」徵入見曰：「臣聞君臣同德，是謂一體，宜相與盡誠。若上下但存形迹，則邦之興衰，未可知也。」太宗瞿然曰：「吾已悔之。」數年之後，蠻夷君長，帶刀宿衛，外戶不閉，商旅野宿，非偶然也。唐太宗固未足爲陛下道，然其君臣之間，一能如此，即著成效。陛下天錫智勇，隆寬盡下，遠追堯舜，誠不爲難。而臨御二十餘年，未有太宗數年之效。版圖未歸，讎耻未復，生聚教誨之實，可爲寒心。執事者方雍雍于于，以文書期會之隙，與造請乞憐之人俯仰酬酢而不倦，道雨暘時若，有詠誦太平之意，臣竊惑之。臣誠恐因循頑習之久，薰蒸浸漬之深，雖陛下之剛健，亦不能不消蝕也。鸞鳳之所以能高飛者，在六翮。臣願陛下毋以今日所進爲如是足矣，而博求天下之俊傑，相與舉論道經邦之職，將見無愧於唐虞之朝，而唐之太宗，誠不足爲陛下道矣。取進止。

二云：臣讀漢武帝《策賢良詔》，至所謂「任大而守重」，嘗竊歎曰：「漢武亦安知所謂任大而守重者。自秦而降，言治者稱漢、唐。漢、唐之治，雖其賢君，亦不過因陋就簡，無卓然志於道者。因陋就簡，何大何重之有？今陛下獨卓然有志於道，眞所謂任大而守重。道在天下，固不可磨滅，然人弘道，非道弘人。今陛下羽翼未成，則臣恐陛下此志亦不能自遂。陛下此志不遂，則宜其治功之不立，日月逾邁，而駸駸然反出漢、唐賢君之下也。神龍棄滄海，釋風雲，而與鯢鰍校技於尺澤，理必不如。臣願陛下益致尊德樂道之誠，以遂初志，則豈惟今天下之幸，千古有光矣。取進止。

三云：臣嘗謂事之至難，莫如知人，事之至大，亦莫如知人。人主誠能知人，則天下無餘事矣。管仲嘗三戰三北，三見逐於君，鮑叔何所見，而遽使小白置彎弓之怨，釋拘囚而相之？韓信家貧無行，不得推擇爲吏，不能自業，見厭於人，寄食於漂母，受辱於胯下，蕭相國何所見，而必使漢王拔於亡卒之中，齋戒設壇而拜之？陸遜，吳中年少書生耳，呂蒙何所見，而使孫仲謀越諸老將而用之？諸葛孔明，南陽耕夫偃蹇爲大者耳，徐庶何所見，而必欲屈蜀先主枉駕顧之？此四人者，自其已成之效觀之，童子知其非常士也。當其困窮未遇之時，臣謂常人之識，必無能知之理。人之知識若登梯然，進一級則所見愈廣，上者能兼下之所見，下者必不能如上之所見。陛下誠能坐進此道，使古今人品瞭然放心目，則四子之事，又豈足爲陛下道哉！若猶屈鳳翼於雞鶩之羣，日與瑣瑣者共事，信其俗耳庸目，以是非古今，臧否人物，則非臣之所敢知也。取進止。

四云：臣嘗謂天下之事，有可立至者，有當馴至者。旨趣之差，議論之失，是惟不悟，悟則可以立改。故定趨向，立規模，不待悠久，此則所謂可立至者。如救宿弊之風俗，正久隳之法度，雖大舜、周公復生，亦不能一旦盡如其意。惟其趨嚮既定，規模既立，徐圖漸治，磨以歲月，乃可望其丕變，此則所謂當馴至者。日至之時，陽氣即應，此立至之驗也。大冬不能一日而爲大夏，此馴至之驗也。凡事不合天理，不當人心者，必害天下，效見之著，無愚智皆知其非。然或智不燭理，量不容物，一旦不勝其忿，驟爲變更，其禍敗往往甚於前日。後人懲之，乃謂無可變更之理，眞所謂懲羹吹虀，因噎廢食者也。自秦、漢以來，治道龐雜，而甘心懷愧於前古者，病正坐此。歲在壬辰，臣省試對策，首篇大抵言古事是非，初不難論，但論於今日，多類空言，事體遼絕，形勢隔塞，無可施行。未章有云：「三代之政，其終不復矣乎？合抱之木，萌蘖之生長也。大夏之暑，大冬之推移也。三代之政，豈終不可復哉？顧當爲之以漸，而不可驟耳。有包荒之量，有馮河之勇，有不遐遺之明，有朋亡之公，於復三代乎何有？臣乃今日復請爲陛下誦。取進止。五云：臣聞人主不親細事，故皋陶賡歌，致叢脞之戒；周公作《立政》，稱文王罔攸兼於庶言、庶事、庶獄。唐德宗親擇吏宰畿邑，柳渾曰：「陛下當擇臣輩以輔聖德，臣當選京兆尹以承大化，尹當求令長以親細事。代尹擇令，非陛下所宜。」此言誠得皋陶、周公之旨。今天下米鹽靡密之務，往往皆上累宸聽。臣謂陛下雖得皋陶、周公，亦何暇與之論道經邦哉？荀卿子曰：「主好要則百事詳，主好詳則百事荒。」臣觀今日之事，有宜責之令者，令則曰我不得自行其事；有宜責之守者，守亦曰我不得自行其事。推而上之，莫不皆然。文移回復，互相牽制，其說曰所以防私，而私者方藉口以藏姦伏慝，使人不可致詰。惟盡忠竭力之人欲舉其職，則苦於隔絕而不得以遂志。以陛下之英明，焦勞於上，而事實之在天下者，皆不能如陛下之志，則豈非好詳之過耶？此臣所謂旨趣之差，議論之失，而可以立變者也。臣謂必深懲此失，然後能遂求道之志，致知人之明，陛下雖垂拱無爲，而百事詳矣。臣不勝拳拳。取進止。已上俱《文集》。

包揚錄先生語云：輪對第一劄讀太宗起頭處，上曰：「君臣之間，須得如此。」

對曰：「陛下云云，天下幸甚。」讀「不存形迹」處，上曰：「賴得有所悔。」連說：「不患無過，貴改過之意甚多。」對曰：「此爲堯、爲舜、爲禹湯、爲文武血脈骨髓，仰見聖學。」讀入本日處，先乞奏云：「臣愚蠢如此。」便讀「疆土未復」「生聚教訓」處，上曰：「此有時。」辭色甚壯。對曰：「如十年生聚，十年教訓，此有甚時？今日天下貧甚，州貧、縣貧、民貧。」其說甚詳，上無說。讀二劄論道，上曰：「自秦、漢而下，無人主知道。」甚有自負之意，其說甚多説禪。對曰：「臣不敢奉詔。臣之道不如此，生聚教訓處便是道。」讀第三劄論知人，上曰：「人才用後見。」對以要見之於前意思。忘其辭。上又曰：「人才用後見。」又說「此中有人」云云，對曰：「天下未知云云，天下無人才，執政大臣未稱陛下使令。」上默然。讀第四劄，上贊歎甚多。第五劄所陳甚多。下殿五六步，上曰：「朕不在詳處做工夫，只在要處秉笏立聽。」不容更轉對。後王謙仲云：「渠每常轉對，恐小官不比渠侍從也。」《語録》。

講究武略。

先生少時聞靖康間事，慨然有感於復讎之義。至是訪求智勇之士，與之商確，益知武事利病、形勢、要害。李將使雲，將家子也，興國人，有勇力，先生奇而教之，後獲用太尉畢再遇帳下。其家祠事先生，或問何爲？曰：「雲少時嘗欲率五百人打劫起事，一日往見先生，蒙誨，翻然而改。不然，此身不得爲人矣。」先生平日獎激人才類如此。後守荆門，獎拔奇才亦多。

論醫國。

或問：「先生見用，以何醫國？」先生曰：「吾有四物湯。」問：「如何？」曰：「任賢、使能、賞功、罰罪。」

論駁中外奏對不可行者。

答蘇宰書。見《文集》卷八。

答朱元晦書。

時有言奏劄差異者，元晦索之，先生納去一本。元晦貽書云：「奏篇垂示，得聞至論，慰沃良深。其規模宏大，源流深遠，豈腐儒鄙生所可窺測？然區區私憂，未免有萬牛回首之歎，然於我何病耶？語圓意活，混浩流轉，益見所養之深，所蓄之厚。但向上一路，未曾撥着。」先生答書略云：「奏劄獨蒙長者褒揚奬譽之厚，俱無以當之。深慚疎愚，不能回互藏匿，肺肝悉以書寫，而兄尙有向上一路未曾撥着之疑，豈待之太重，望之太過，未免金注之昏耶？」

按：朱子所貽書，「向上一路未曾撥着」句下，尙有「未免使人疑着，恐是葱嶺帶來」之語，而此譜所引無之。陸子所答亦未辨此，豈作譜者不欲啓爭端，故并删之耶？陸子所答書，集中未載，有無辯語，亦無可考。奏篇所論皆平治大道，與禪語絲毫無涉。此而疑其爲禪，則天下無不可疑者矣。朱子疑陸子爲禪，大率如此。今增奏篇五首於前，是否「葱嶺帶來」，學者平心觀之，無庸置辨。

改授承奉郎，以修《寬恤詔令》書成也。

與樞密使王謙仲語及《孟子》闢土地充府庫一段，因云：「方今正在求此輩而不可得。」謙仲爲之色變。又舉柳子厚：「捧土揭木而致之廟堂之上，蒙以紱冕，翼之徒隸，而趨走其左右，豈有補於萬事之勞苦哉？聖人之道無益於世，凡以此也。」謙仲爲之默然。先生嘗云：「當時諸公見上下相安，内外無事，便爲太平氣象。獨鄭溥之有一語極好：『而今只要爲虜人借路登泰山耳。』」《語録》。

秋九月既望，作《外舅吴公行狀》。末云：「某在童穉時，爲公所知，後妻以其女。」尤延之作《吴公墓誌》云：「陸君子静數爲予道其婦翁吴公之賢，居亡何，有墨服踵門而求見者，則吴公之子顒若也，袖子静之狀，且告曰：『敢因子静以請誌。』」予不識吴公，然子静信人也，其言有證，乃叙而誌之。夫識子静於童穉之中，而能以子妻之，其賢可知矣。」然敬仲作《孺人吴氏墓誌》云：「孺人諱愛卿，吴公茂榮諱漸之長女也。幼有異質，女工不學而能，詩書過目不忘，公大奇之。一見先生，謂可妻，歸焉。先生爲國子正，删定敕局，居中五年，四方之賓滿門，旁無虚宇，併假於館，中饋百需，先生不一啓齒，孺人調度有方，舉無缺事。既先生奉祠歸，囊蕭然[四]，同僚共贐之。還里之明年，經理象山，孺人捐奩中物助之」云云。尤、楊文集。

作《本齋記》，爲成都郭醇仁作。

淳熙十二年乙巳，先生四十七歲。

在敕局。

與尤延之書，略云：此間不可爲久居之計。吾終日區區，豈不願少自效？至不容着手脚處，亦只得且退而俟之。職事間又無可修舉，睹見弊病，又皆須自上面理會下來方得。在此但望輪對，可以少展胸臆。對班尚在後年，鬱鬱度日而已。」或勸以小人闖伺，宜乞退。先生曰：「吾之未去，以君也。不遇則去，豈可以彼爲去就耶？」《文集》、《語録》。

詹子南問學。

子南問：「先生之舉，亦有所受乎？」曰：「因讀《孟子》而自得之於心也。」《語録》。

淳熙十三年丙午，先生四十八歲。

在敕局。

夏五月，作《格矯齋記》。爲三衢徐載作。

朱元晦通書略云：傅子淵去冬相見，氣質剛毅，極不易得，但其偏處亦甚害事。雖嘗苦口，恐未以爲然。近覺當時說得亦未的，宜其不以爲然也。今想到部，必已相見，亦嘗痛與砭劑否？道理極精微，然初不在耳目聞見之外。是非黑白只在面前，此而不察，乃欲別求玄妙於意慮之表，亦已誤矣。熹衰病日侵，所幸邇來日用工夫（五），頗覺有力。無復向來支離之病。甚恨未得從容面論，未知異時尚復有異同否耳。《朱子全集》。

轉宣義郎，除將作監丞，給事王信疏駁。

十一月二十九日得旨，主管台州崇道觀。

初，親朋謂先生久次，宜求退。先生曰：「往時面對，粗陳大義，明主不以爲非。然條貫靡竟，統紀未終，思欲再望清光，少自竭盡，以致臣子之義。」《語録》。

時有傳先生將因輪對之便，有所糾劾者。執政聞之，故於距對班五日前，即除監丞。王信爲執政私人，故加疏駁。

與李成之書。見《文集》卷十。

和楊萬里廷秀送行詩。見《文集》卷二十五。

既歸，學者輻輳。時鄉曲長老亦俯首聽誨，言稱先生。先生悼時俗之通病，啓人心之固有，咸惕然以懲，躍然以興，每詣城邑，環坐率一二百人，至不能容，徙居寺觀。縣官爲設講席於學宮，聽者貴賤老少，溢塞途巷，從遊之盛，未見有此。《行狀》。

與朱子淵書。見《文集》卷十三。

淳熙十四年丁未，先生四十九歲。

春，如臨川。

先生訪倉使湯公思謙，公因言風俗不美，先生曰：「乍歸，方欲與諸後生說些好話。此事亦由天，亦由人。」公曰：「如何由天？」曰：「且如三年一科舉，中者篤厚之人多，浮薄之人少，則風俗自此而厚。不幸篤厚無幾，或全是浮薄，則後生從而視效，風俗日以敗壞。」公曰：「如何亦由人？」曰：「監司守令是風俗之宗主，只如判院在此，無只爲位高爵重，旗旄導前，騶卒擁後者，是崇是敬。陋室茅茨之間，有篤敬忠信好學之士，不以其微賤而知崇敬之，則風俗庶幾可回矣。」公再三稱善。次日，謂幕僚友曰：「陸丈至誠，何不去聽說話。」幕僚曰：「恐陸丈門戶高峻，議論非某輩所能喻。」公曰：「陸丈說話甚平正，試往聽看。某於張、呂諸公皆相識，然如陸丈說話，自是不同。」《語錄》。

作《朱元瑜名字說》。見《文集》卷二十。

始登貴溪應天山講學。

初，門人彭興宗世昌訪舊於貴溪應天山麓張氏，因登山遊覽，則陵高而谷邃，林茂而泉清，乃與諸張議結廬以迎先生講學。先生登而樂之，乃建精室居焉。《與楊敬仲書》云：「精舍二字，出《後漢·包咸傳》，其事在建武前。儒者講習之地用此名，甚無歉也。」

答江西程帥叔達惠新刊江西詩派劄子。

答沈宰書。見《文集》卷十七。

包敏道《跋江泰之所收劄子墨蹟》云：象山先生論詩，又出告往知來以意逆志者之外。蓋其精鑑如權度，舉天下之輕重長短，毫髮絲粟，不可得而加損也，豈特於詩爲然哉？當程君劄送詩至時，僕在席下，先生顧諸生曰：「誰能代答？」須臾呈藁者數人，先生歎曰：「將紙來。」一筆寫就云云。

夏五月，答馮傳之書。見《文集》卷十三。

初冬，答朱元晦書。見《文集》卷十三。

元晦答書，略云：「所論與令兄書，辭費而理不明。今亦不記當時作何語，恐或實有此病。承許條析見教，何幸如之！虛心以俟，幸因早便見示。如有未安，卻得細論，未可便似居士兄遽斷來章也。」辯無極、太極始此。

作《無營齋說》。贈吴叔有。

冬十月庚辰，葬仲兄子儀於臨川之羅首峰下。

作《子儀墓誌》。

十一月，作《宜章學記》。

十二月，與漕使宋若水書，言金谿月樁之重，及臺郡督積欠困民之弊。見《文集》卷八。

淳熙十五年戊申，先生五十歲。

在山間精舍，易應天山名爲象山。

春正月，作《荆國王文公祠記》。

與薛象先書。見《文集》卷十二。先生嘗云：「讀介甫書。」一見《文集》卷三十五。

答倉使趙汝謙書。見《文集》首卷。

應天山實龍虎山之本，岡高五里，其形如象，遂名之曰象山。先生既居精舍，又得勝處爲方丈，及部勒羣山閣，又作圓菴。學徒各來結廬，相與講習，於是稱先生爲象山先生。先生有《與姪孫濬書》，云「山間近來結廬者甚衆，諸生始聚糧相迎，今方丈前又成一閣，部勒羣山，氣象亦偉」云云。

居仁齋、由義齋、養正齋、張伯强。明德、張行己。志道、周孚先。儲雲、伯强、行己。佩玉、張少石、俞高、倪伯珍。規齋、祝才叔。蕙林、周元忠。達誠、朱幹叔。瓊芳、傅季魯學徒馮泰卿，初名梅鹵，以季魯家諱，先生爲改今名。濯纓池、浸月池、吳子嗣創齋。先生與之書云：「草廬在二池之間，今欲名以濯纓，當爲書之。」封庵、少石。批判。先生書於世昌之堂。各因山勢之高，原塢之佳處爲之。

三月，與江西帥王謙仲書。見《文集》卷九。

五月，與錢守伯同書。見《文集》卷九。

郡縣禮樂之士，時相謁訪，喜聞其化，四方學徒大集，至數百人。先生從容講道，歌詠愉愉，有終焉之意。

馮元質云：「先生常居方丈。每旦精舍鳴鼓，則乘山簥至，會揖陞講坐，容色粹然，精神炯然。學者又以一小牌書姓名年甲，以序揭之，觀此以坐，少亦不下數十百，齊肅無譁。首誨以收斂精神，涵養德性，虛心聽講。諸生皆俛首拱聽，非徒講經，每啓發人之本心也。間舉經語爲證，音吐清響，聽者無不感動興起。初見者或欲質疑，或欲致辯，或以學自負，或有立崖岸自高者，聞誨之後，多自屈服，不敢復發。其有欲言而不能自達者，則代爲之說，宛如其所欲言，乃從而開發之。至有片言半辭可取，必奬進之，故人皆感激奮礪。平居或觀書，或撫琴。佳天氣，則徐步觀瀑，至高誦經訓，歌《楚詞》及古詩文，雍容自適。雖盛暑，衣冠必整肅，望之如神。諸生登方丈請誨，和氣可掬，隨其人有所開發，或教以涵養，或曉以讀書之方，未嘗及閑話，亦未嘗令看先儒語錄。每講說痛快，則顧傅季魯曰：『豈不快哉！』季魯齒最少，坐必末。嘗掛一坐於側，間令代說。時有少之者，先生曰：『季魯英才也。』先生大率二月登山，九月末始歸，中間亦往來無定。居山五年，閱其簿，來見者踰數千人。」

《與陳宰書》云：「同志之士，方此盍簪，紬繹簡編，商略終古，粗有可樂。雖品質不齊，昏明異趣，未能純一，而開發之驗，變化之證，亦不可謂無其涯也。倘得久於是山，以既厥事，是所願幸。」季魯云：「先生居山，多告學者云：『汝耳自聰，汝目自明，事父自能孝，事兄自能弟，本無少缺，不必他求，在乎自立而已。』學者於此多有興起。有立議論者，先生云：『此自是虛說，此是時文之見。』常曰：『今天下學者有兩途，惟樸實與議論耳。』」

毛剛伯必強云：「先生之講學也，先欲復本心以爲主宰，既得其本心，從此涵養，使日充月明。讀書考古，不過欲明此理，盡此心耳。其教人爲學，端緒在此，故聞者感動。當時先生與晦菴，門徒俱盛，亦各往來問學，晦菴門人乍見先生，教門不同，不與解説無益之文義，無定本可説，卒然莫知所適從。無何辭去，歸語師友，往往又失其本旨，遂起晦菴之疑，良可嘅歎。或問：『先生之學自何處入？』先生曰：『不過切己自反，改過遷善。』又曰：『吾之學問與諸生異者，只是在我全無杜撰，雖千言萬語，只是覺得他底，在我不曾添一些。』且又曰：『吾之與人言，多就血脈上感動他，故人之聽之者易。』」章仲至云：「先生講論，終日不倦，夜亦不困，若法令者之爲也。動是三鼓，學者連日應酬，勞而蚤起，精神愈覺炯然。問曰：『先生何以能然？』先生曰：『家有壬癸神，能供千斛水。』」嚴松年問：「今學者爲誰？」先生屈指數之，以傅子淵居其首，鄧文範、傅季魯、黄元吉居其次。且云：「浙間煞有人，有得之深者，有得之淺者，有一見而得者，有久而後得之者。廣中一陳去華，省發偉特，惜乎此人亡矣。」

朱元晦《語録》云：「今浙東學者多子静門人，類能超然自立，相見之次，便毅然有不可犯之色。自家一輩朋友，又卻覺不振。」又云：「子静之門，如楊簡輩，躬行皆有可觀。」

又《與詹侍郎書》云：「高教授能留意學校，甚善。渠從子静學，有意爲己，必能開導其人也。」

又《與劉仲復書》云：「陸丈回書，其言明當，且就此持守，自見功效，不須多疑多問，卻轉迷惑。」

南豐劉敬夫學《周禮》，見晦菴，晦菴令

其精細考索。復見先生，問：「見朱先生何得？」敬夫述所敎，先生曰：「不可作聰明，亂舊章。如鄭康成注書，枘鑿最多。讀經只如此讀去，便自心解。傳注不可信，或是諱語，或是莽制。傅季魯保社中議此甚明，可一往見之。」於是往問於季魯。

又嘗曰：「解書只是明他大義，不入己見於其間，傷其本旨，乃爲善解書。後人多入己意，其言每有意味，而失其眞實。以此徒支離蔓衍，而轉爲藻繪也。」又嘗曰：「河圖屬象，洛書屬數，《先天圖》非聖人作《易》之本旨。有據之以說《易》者，陋矣。」又嘗曰：「後世之論《春秋》者，多如法令，非聖人之旨也。觀《春秋》、《詩》、《書》、《易》，經聖人手削，知編《論語》者亦有病，顧

記《禮》之言，多原老氏之意。」

先生與姪孫濬書論道云：「學者至本朝而始盛，自周茂叔發之。」又云：「韓退之言軻之死不得其傳，固不敢誣後世無賢者，然直是至伊洛諸公，得千載不傳之學，但草創未爲光明。今日若不令大段光明，更幹當甚事。」又云：「二程見茂叔後，吟風弄月而歸，有『吾與點也』之意。後來明道此意却存，伊川已失此意。」又云：「元晦似伊川，欽夫似明道。伊川蔽錮深，明道卻疏通。」又云：「道譬則水。人之於道，譬則蹄涔汙沱、百川江海也。海至大矣，而四海之廣狹淺深，不必齊也。至其爲水，則蹄涔亦水也。」又嘗以手指心曰：「某有積學在此，惜未有承當者。」

夏四月望日，與朱元晦辯《太極圖說》。見

《文集》卷二。
與提刑應仲實書。見《文集》卷十。與趙詠道書。見《文集》卷十一。
秋八月，遊仙巖，題新興寺壁。見《文集》卷十二。
訪江西帥王謙仲。
時帥幕邵叔誼在坐，聽談命者，曰：「吾之談命異於是。伯夷、叔齊餓死於首陽之下，民到於今稱之，此命極好。齊景公有馬千駟，死之日，民無德而稱焉，此命極不好。」
先生與叔誼書。見《文集》首卷。
作南豐黃世成及慈谿楊承奉二墓銘。
先生每謂：「銘墓非古，而銘多溢辭，故不苟作。余銘南豐、慈谿二君之墓，海內名識謂無愧辭。」
十二月十四日，答朱元晦論無極書。見《文集》卷二。
按，原譜節存答書，未能檃括，今不載。是時朱元晦作《喜晴》詩云：「川原紅綠一時新，暮雨朝晴更可人。書册埋頭何日了，不如抛卻去尋春。」先生聞之色喜，曰：「元晦至此有覺矣，是可喜也。」

淳熙十六年己酉，先生五十一歲。

祠秩滿，在山間方丈。
春正月，朱元晦來書辨無極。
題達本菴詩。
梁光結廬其親塋，名曰達本，求言於先生，因賦是詩，以助孝德。
是歲壽皇內禪，光宗皇帝即位，詔先生知荆門軍。
先生始欲著書，常言諸儒說《春秋》之謬尤甚於諸經，將先作傳，值得守荆之命而不果。

覃恩轉宣教郎。

夏六月，與黄循中書。見《文集》卷十二。

磨勘轉奉議郎。答趙然道書。見《文集》卷十二。

秋七月四日，與朱元晦書。見《文集》卷二。

七日，贈踈山益侍者帖。見《文集》卷二十。

八月六日，元晦答書云：「荆門之命，少慰人意。今日之計，惟僻且遠，猶或可行志，想不以是爲厭。三年有半之間，消長之勢，又未可以預料，流行坎止，亦非人力所能爲也。聞象山開闢架鑿之功蓋有緒，來學者亦益甚，恨不得一至其間，觀奇覽勝。某春首之書，詞氣粗率，既發即知悔之，然已不及矣。」今按，此書朱子集未載。

與陶贊仲論私立門戶之非。見《文集》卷十五。

朱元晦論學徒競辨之非，答諸葛誠之書云：「示諭競辨之論，三復悵然。愚深欲勸同志者兼取兩家之長，不輕相詆毀。就有未合，亦且置勿論，而力勉於吾之所急。吾人所學喫緊着力處，正天理人欲相去之間。如今之論，則彼之因而起者，於二者之間果何處乎？子靜平日自任，正欲身率學者，一於天理，不以一毫人欲雜於其間，恐決不至如賢者之所疑也。」包顯道侍晦菴，有學者因無極之辯貽書詆先生者，晦菴復其書云：「南渡以來，八字着腳，理會着實工夫者，惟某與陸子靜二人而已。某實敬其爲人，老兄未可以輕議之也。」

秋八月十一日，答趙詠道書。見《文集》卷十二。答曾宅之書。見《文集》首卷。

與姪孫濬書。見《文集》卷十四。

冬十月朔，作《外姑黃夫人墓銘》。先生自云：「先丈母《誌銘》，叙次頗復明暢」云。

與王順伯書。見《文集》卷十一。

冬至前五日，跋曾裘甫《答屈待舉》詩。後三日，遊翠雲寺，題名於壁。先生《遊翠雲寺帖》。見《文集》卷二十。

〔一〕卷十九：《象山先生全集》卷三六附《年譜》作「卷二」，四部叢刊本《象山先生全集》卷二有《與王順伯書》。

〔二〕來：原脱，據《象山先生全集》卷三六附《年譜》補。

〔三〕知：原作「如」，據右引改。

〔四〕囊：原脱，據右引補。

〔五〕用：原作「力」，據右引改。

象山先生年譜卷之下

門人　袁　燮　傅子雲　初稿
後學　李子愿彙編　李紱增訂
後學　劉林原刊　嚴有俊重刊

光宗紹熙元年庚戌，先生五十二歲。

在山間方丈。

春正月〔一〕，與姪孫濬書。見《文集》卷十四。

三月二十六日，與包敏道書。見《文集》卷十四。

夏五月，作《經德堂記》。堂名取諸《孟子》「經德不回」。

六月旱。十三日，石灣禱雨。十六日，謝雨。文俱見《文集》卷二十六。

秋八月二十六日，作《貴溪縣重修學記》。見《文集》卷十九。

與饒壽翁書。見《文集》卷十二。與郭邦逸書。見《文集》卷十三。作《玉芝歌》。見

《文集》卷十五。

與路彥彬書，略云：竊不自揆，區區之學，自謂孟子之後至是而始一明也。

紹熙二年辛亥，先生五十三歲。

在山間方丈。

春二月，與劉伯協書。見《文集》卷十二。

三月三日，與林叔虎書。見《文集》卷九。跋資國寺《雄石鎮帖》。雄石鎮寺在象山西址隔溪之山間，先生往來必憩焉。

六月，作《武陵縣學記》。見《文集》卷十九。

中澣，作《臨川簿廳壁記》。是月得旨，疾速之任。

將之荆門，屬傅子雲居山講學。先生謂季魯曰：「是山緊子是賴，其爲我率諸友，日切磋之。」又顧衆門人曰：「吾遠守小障，不得爲諸友埽靜氛穢。幸有季魯在，願相與親近。」

秋七月四日，啓行。

十一日，書贈陳晉卿。名縉，時爲撫州學官。書見《文集》卷二十。

九月三日，至荆門軍。

舟車所經，見豐城王允文祭文云：「南浦維舟，徑浮彭蠡。覽奇康廬，濯纓瀑水。潯陽晚薄，齊安晝艤。臨皐雪堂，周覽遺趾。長淮以西，野岸曠平。撰杖西風，或憩柴荆。桑棗蔭塗，葭葦連汀。笑談之間，造微詣精。黃鶴入雲，芳洲在目。憑高訪古，北轅西輻。薄於開藩，霜萼破菊」云。

即日視事，上謝表。表見《文集》卷十八。

初領郡事，吏以故例白：「內諸局務，外諸縣，必有揭示約束，接賓受詞分日。」先生曰：「安用是。」延見僚屬如朋友，推心豁然，論事惟理是從。先生家書有云：「每日同官稟事，衆有所見，皆得展其所懷，辯争利害於前。太守唯默聽，俟其是非既明，乃從贊歎，以養其徇公之意。太守所判，僚屬卻回者常有之。」先生教民如子弟，雖賤隸徒卒，亦諭以理義。接賓受詞無早暮，下情盡達無壅。故郡境之內，官吏之廉貪，民俗之習尚，忠良材武與猾吏之暴強，先生皆得之於無事之日。往時郡有追逮，皆特遣人。先生唯令訴者自執狀以追，以地遠近立限，皆如期，即日處決。輕重多酌人情，曉令解釋。至人倫之訟既明，多使領原詞自毁之，以厚其俗。唯怙終不可誨化，乃始斷治，詳其文狀，以防後日。反覆久之，民情益孚。兩造有不持狀，唯對辯求決。亦有證者，不召自至，問其故，曰：「事久不白，共約求明。」或既伏，俾各持其狀去，不復留案。嘗夜與僚屬坐，吏白有老者訴甚急，呼問之，體戰，言不可解。俾吏狀之，謂其子爲群卒所殺。先生判翌日呈，僚屬難之，先生曰：「子安知不至是？」凌晨追究，其子蓋無恙也，人益服先生之明。有訴遭竊，脱而不知其人，先生自出二人姓名，使捕至，訊之伏辜，盡得所竊物還訴者，且宥其罪，使自新。因語吏曰某所某人尤暴，吏亦莫知。翌日有訴遭奪掠者，即其人也。乃加追治，吏大驚，郡人以爲神。初，保伍之制，州縣以爲非急務，多不檢覈，盜賊多藏匿其間，近邊尤以爲患。先生首申嚴之，姦無所蔽。有劫僧廬者，鄰伍遽集，擒獲不逸一人，至是羣盜屏息。《行狀》。

與羅點春伯書。見《文集》卷十五。與漕使薛象先叔似書，與漕使論民間疾苦。俱見《文集》卷十五。

新築城，修州學、貢院及客館、客舍。

荆門素無城壁，先生以爲此自古戰爭之場，今爲次邊。在江、漢之間，爲四集之地，南捍江陵，北援襄陽，東護隨、郢之脇，西當光化、夷陵之衝。荆門固則四鄰有所恃，否則有背脇腹心之虞。由唐之湖陽以趨山，則其涉漢之徑，已在荆門之脇。由鄧之鄧城以涉漢，則其趨山之道，已在荆門之腹。餘有間途淺津，坡陁不能以限馬，灘瀨不能以濡軌者，所在尚多。自我出奇制勝，徼敵兵之腹脇者，亦正在此。雖四山環合，易於備禦，義勇四千，強壯可用，而倉廩藏庫之間，麋鹿可至。累政欲脩築子城，憚重費不敢輕舉。先生審度決計，召集義勇，優給傭直，躬自勸督，役者樂趍，竭力工倍，二旬訖築。初計者擬費緡錢二十萬，至是僅費緡錢五千而土工畢。復議成砌三重，置角臺，增二小門，上置敵樓，衝天渠、荷葉渠、護險牆之製畢備，纔費緡錢三萬。又郡學、貢院、客館、客舍，衆役并興。初俗習惰，人以執役爲恥，吏惟好衣閒觀，至是風一變，督役官吏布衣，雜役夫佐力，相勉以義，不專以威。盛役如此，而人情晏然，郡治恬若無事。《行狀》。

革稅務之弊及諸弊政，朔望及暇日，詣學訓誨諸生。

荆門兩縣置壘，事力綿薄，連歲困於送迎，藏庫空竭，調度倚辨酒稅。先是，日差使臣暨小吏伺商人於門，檢貨給引，然後至務，務唯據引入稅，出門又覆視。

官收無幾，而出入其費已多。初謂以嚴禁榷，杜姦弊，而門吏取賄，多所藏覆，禁物亦或通行。商苦重費，多由僻途，務入日縮。先生罷去之，或白：「關譏所以防姦，列郡行之以爲常。一旦罷廢，商冒利，必有不至務者。」先生曰：「是非爾所知。」即日揭示，俾徑至務，復減正税援例，是日税入立增。有一巨商，已遵僻途，忽聞新命，復出正路。巡尉卒於岐路捕之，先生詰得其實，勞而釋之，巨商感涕。行旅聞者，莫不以手加額，誓以毋欺，私相轉告，必由荆門。旁觀者詰其故，商曰：「罷三門引，減援例，去我輩大害，不可不報德。」税收增倍，酒税亦如之。荆門故用銅錢，後以近邊，以鐵錢易之。銅錢有禁，而民之輸於公者，尚容貼納。先生曰：「既禁之矣，又使之輸，不可。」即蠲之。又減鈔錢，罷比較，不遣人詣縣，給吏札，置醫院官，吏民咸悦，而郡吏亦貧而樂。獄卒無以自給，多告罷。先生以僚屬訪察得其實，遂廩給之。朔望及暇日，詣學講誨諸生。《行狀》。

紹熙三年壬子，先生五十四歲。

在荆門。

春正月十三日，會吏民，講《洪範》「五皇極」一章。

郡有故事，上元設醮黄堂，其説曰爲民祈福。先生於是會吏民，講《洪範》「斂福錫民」一章，以代醮事。發明人心之善，所以自求多福者，莫不曉然有感於中，或爲之泣。有《講義》。仍書《河圖》八卦之象，《洛書》九疇之數於後，以曉後學。更定《圖》、《書》，與今世所傳者不同，所以復古《圖》、《書》之舊也。先生未及著書發明，後傳季魯作《釋義》以明之。《行狀》、《語録》。

【附】《荆門軍上元設廳講義》：「五皇極，皇建其有極。斂時五福，用敷錫厥庶民，惟時厥庶民于汝極。錫汝保極。」皇，大也；極，中也。《洪範》九疇，五居其中，故謂之極。是極之大，充塞宇宙，天地以此而位，萬物以此而育。古先聖王皇建其極，故能參天地，贊化育。當此之時，凡厥庶民，皆能保極。比屋可封，人人有士君子之行，叶氣嘉生，薰爲太平，嚮用五福，此之謂也。皇建其有極，即是斂此五福，以錫庶民。捨極而言福，是虚言也，是妄言也，是不明理也。惟皇上帝降衷於下民，衷即極也。凡民之生，均有是極，但其氣稟有清濁，知識有開塞。天之生斯民也，使先知覺後知，使先覺覺後覺。古先聖賢與民同類，所謂天民之先覺者也。以斯道覺斯民者，即皇建其有極也，即斂時五福，用敷錫厥庶民也。今聖天子重明於上，代天理物，承天從事，皇建其極，是彝是訓，于帝其訓，無非斂此五福，以錫爾庶民。郡守、縣令承流宣化，即是承宣此福，爲聖天子以錫爾庶民也。凡爾庶民知愛其親，知敬其兄者，即惟皇上帝所降之衷，今聖天子所錫之福也。若能保有是心，即爲保極，宜得其壽，宜得其福，宜得康寧，是謂攸好德，是謂考終命。凡爾庶民，知有君臣，知有上下，知有善惡，知有是非，父知慈，子知孝，兄知友，弟知恭，夫義婦順，朋友有信，即維皇上帝所降之衷，今聖天子所降之福也。身或不壽，此心實壽；家或不富，此心實富。縱有患難，心實康寧。或爲國死事，殺身成仁，亦爲考終命。實論五福，但當論人一心。此心若正，無不是福；此心若邪，無不是禍。世俗不曉，只將目前富貴爲福，目前患難爲禍。不知富貴之人，若其心邪，其事惡，是逆天地，逆鬼神，悖聖賢之訓，畔君師之教。天地鬼神所不宥，聖賢君師所不與。忝辱父祖，自害其身。靜時回思，亦有不可自欺自瞞者。若於此時更復自欺自瞞，是直欲自絕滅其本心也。縱是目前富貴。正人觀之，無異在囹圄糞穢之中也。患難之人，其心若正，其事若善，是不逆天地，不逆鬼神，不悖聖賢之訓，不畔君師之教，天地鬼神所當佑，聖賢君師所當與，不辱父祖，不負其身，仰無所愧，俯無所怍，雖在貧賤患難中，心自亨通。正人達者觀之，即是福德。作善降之百祥，作不善降之百殃，積善之家必有餘慶，積不善之家必有餘殃。但自考其心，則知福祥殃咎之至，如影隨形，如響應聲，必然之理也。愚人不能遷善遠罪，但貪求富貴，卻祈神佛以求福，不知神佛在何處，何緣得福以與不善之人也。皇極在《洪範》九疇之中，乃《洪範》根本。經曰：「天乃錫禹《洪範》九疇。」一聖天子建用皇極，亦是受天所錫，斂時五福，錫爾庶民者。即是以此心敷於教化政事，以發明爾庶民天降之衷，不令溺陷。爾庶民能保全此心，不陷邪惡，即爲保極，可以報聖天子教育之恩，長享五福，更不必別求神佛也。《洪範》一篇，著在

《尚書》，今人多讀，未必能曉大義。若其心正，其事善，雖不曾識字，亦自有讀書之功。其心不正，其事不善，雖多讀書，有何所用？用之不善，反增罪惡耳。常歲以是日建醮於設廳，爲民祈福。竊惟聖天子建用皇極以臨天下，郡縣之吏所宜與爾庶民惟皇之極，以近天子之光。謹發明《洪範》「斂福錫民」一章，以代醮事，亦庶幾承流宣化之萬一。略書九疇次叙，圖其象數於後，恐不曾讀書者，欲知大槩，亦助爲善求福之心。《詩》曰「自求多福」，正謂此也。

二十四日，與姪渙之書略云：正月十三日，以講義代醮事，除官員、士人、吏卒之外，百姓不過五六百人，以不曾告戒也。然人皆感動，其所以相孚信者，又在言語之外也。此間不復掛放狀牌，人有訴事，不拘早晚接受，雖入夜未閉門時，亦有來訴者。多立遣之，厭服而去。見客亦無時。

二月九日之夜，郡火災。

與鄧文範書。見《文集》卷二七。與吳仲時書。見《文集》卷六。

閱武。

湖北諸郡軍士多逃徙，不可禁止，緩急無可使者。先生病之，乃信捕獲之賞，重奔竄之刑。又數閱射，中者受賞，役之加傭直，無饑寒之憂，相與悉力弓矢，逸者絕少。他日兵官按閱，獨荆門整習，他郡所無。先生平日按射，不止於兵伍，郡民皆與，中亦同賞。《行狀》。

上廟堂劄子，乞撥常平銀助城費。

略云：荆門素無城壁，某去冬妄意聞於帥府，請就此役。尋得帥檄，令委官置局，徑自修築。已於十二月初四日發手，亦幸天氣晴霽，人心齊一。小壘綿薄，會計用磚包砌，猶當用緡錢三萬。本軍有買名銀一萬七千餘兩，在常平，稽之專條，不可擅用。欲乞鈞慈特爲敷奏，於數内撥支銀五千兩應付支用。使城壁一新，形勢益壯，姦宄沮謀，民心有賴，實爲無窮之利。

與章茂獻論築城。

書略云：有當控告廟堂者，敢不布本末，庶幾一言之助。去冬修築子城，適值天氣晴霽，民心悦懌。此邦士女未嘗識城，遠村僻塢，攜持來觀，自臘至今，踵係不絶。

答羅田宰吳斗南書，論《太玄》。見《文集》卷十五。作《監嶽兄庸齋墓表》。

夏四月十九日，朱元晦來書云：去歲辱惠書慰問，尋即付狀致謝。其後聞千騎西去，相望益遠，無從致問。近辛幼安經由，及得湖南朋友書，乃知政教并流，士民化服，甚慰。某憂勞之餘，疾病益侵，形神俱瘁，非復昔時。歸來建陽，失於計度，作一小屋，期年不成，勞苦百端，欲罷不可。李大來此，備見本末，必能具言也。渠欲爲從戎之計，因走門下，撥冗附此，未暇他及。正遠，切祈爲道自重，以幸學者。彼中頗有好學者否？峽州郭文著書頗多，悉見之否？其論《易》數頗詳，不知尊意以爲如何也。近者幸示一二，有委併及。按，此書朱子集未載。

與總卿張體仁元善書。見《文集》卷十六。

答倉使書，末云：比來訟牒益寡，終月計之，不過二三紙。此間平時多盜，今乃絶無。

荆南府帥章德茂以先生政績上薦。先生與書。見《文集》卷十六。答章茂獻書。見《文集》卷十五。周益公判湖南帥府，復傅子淵書，末云：「曾通象山書否？荆門之政，如古循吏，躬行之效至矣。」

禱雨。文見《文集》卷二十六。

與章帥二書。見《文集》卷十六。

秋七月，上薦屬縣二宰併自劾狀。

時姦民楊彦翼、萬九成素號論官社，楊景春尤甚。先生以其世惡，奏乞施行，因以自劾。

贈劉季蒙序。見《文集》卷二十。與伯兄致政書。見《文集》卷十七。

冬十二月六日，與姪麟之書，末云：「此間風俗，旬月浸覺變易，形見大槩，是非善惡處明，人無貴賤皆向善，氣質不美者亦革面，政所謂脈不病，雖瘠不害。近來吏卒多貧，而有窮快活之說。」

七日丙午，先生疾。十一日庚戌，禱雪。郡僚問疾，因言：「冬暖，盍祈雪？」乃命倪巨川濟甫畫《乾卦》揭之黄堂，設香花。翌早，往迎蒙泉取水，歸安奉，而風雨遽興。辛亥日，雪驟降。初，先生之家居也，鄉人苦旱，羣禱莫應。有請於先生，乃除壇山巔，除已雲交，及至禱，大雨隨至。荆門亦旱，先生每有祈，必甘雨隨車，郡民異之。治化孚洽，久而益著。既逾年，笞箠不施，至於無訟，相保相愛，閭里熙熙，人心敬向，日以加厚。吏卒亦能相勉以義，視官事如其家。識者知其爲郡，有出於政刑號令之表者矣。先是十一月，語女兄曰：「先教授兄有志天下，竟不得施。」女兒盡然。又語家人曰：「吾將死矣。」或曰：「安得此不祥語，骨肉將奈何？」先生曰：「亦自然。」又告僚屬曰：「某將告終。」先生素有血疾，居旬日大作，實十二月丙午。越三日，疾良已。接見僚屬，與論政理如平時。宴息靜室，命掃灑焚香，家事不一掛齒。庚戌，禱雪。辛亥，雪驟降。命具浴，浴罷，易新衣，幅巾端坐。家人進藥，卻之，自是不復言。《行狀》。十四日癸丑日中，先生卒。郡屬棺斂，哭泣哀甚。吏民哭奠，充塞衢道。

僉判洪仮率僚屬祭文略云：斯道厖洪，充塞兩儀。孔、孟既沒，日以湮微。賴我先生，主盟正學，開悟矓瞶，惟時先覺云云。

學錄黃嶽祭文略云：先生之學，正大純粹。先生之教，明白簡易。其御民也，至誠之外無餘術；其使人也，寸長片善未始或棄。若夫憂國忘家，愛人利物，所謂造次於是，顛沛於是。是以先生之亡，雖小夫賤隸，婦人女子，莫不咨嗟歎息，至於流涕。

父老李斂等祭文云：刺史以詩書爲政，待邦人如子弟，百姓安之，何遽驚哲人之萎也。蓋刺史之賢，周、孔之學，方將公是道於天下，慰四海蒼生之望，非我民得以私之也。然斂此大惠，施於一邦，近者服其教，遠者化其德。豈期天不憖遺，而奪我父師之速也。古之君子，所居民愛，所去民思，而況賢刺史之亡，其遺愛在人，眞有不可解於心者。我民且子子孫孫，尸而祝之，社而稷之，以至於無窮也。

湖北帥張森祭文略云：惟公學本之經，行通於天，淵源之漸，伊、孟之傳。自根自本，即聞即見。見之躬行，死守不變。德業培深，我皐我夔。用之斯世，舍公其誰。張森字德茂。

湖廣總領張體仁祭文略云：古者之學，入孝出悌。人言江西，陸氏兄弟。儒者之仕，信道行志。人言荆門，如古循吏。有修其綆，汲深未旣。有恢其規，游刃餘地。詞流滔滔，壽考日遂。豈伊斯人，而俾憔悴云云。張體仁字元善，名列僞學籍。

江淮總領鄭湜祭文略云：聖去千載，所傳者書。獨公深造，忘其緒餘。謂心至靈，可通百聖。謂物雖繁，在我能鏡。欲世知師，欲人知味。未之能行，慨其將發。

湖南漕使豐誼祭文略云：公稟正氣，早以道鳴。叱呵非聖，奔走諸生云云。

朱元晦聞訃，帥門人往寺中爲位哭。

紹熙四年癸丑

春正月，二孤護先生柩歸，沿途弔哭致祭者甚衆。三月至家。

鄂州教授許中應祭文略云：是理流行，宇宙之彌。卑不間於樵牧，皆可得而與知。自條理之科不續，一何名世之稀？蓋所以見吾夫子者，未至如曾參之皜皜，而詖淫邪遁，不能如孟子之無疑。則皆未免隨揣摩之形似，困聞見之支離。雖勉強以力行，徒爾增附益之私。公以間氣而自得師，獨乎大，天淵之無際；洞乎微，芒芴之無遺。混混乎由源而達委，鼎鼎乎自幹而敷枝。故言動無一之不實，而表裏不至乎相違。豈非合彼己於一源，貫幽顯而同歸者乎？乃若此理之公，共謂先覺者爲後覺之資。彼絕物者不仁，雖狂鄙皆在於扶持。開晁耀於蒙昧，出荊棘於平夷。的然顛末之無舛，二三子亦有立於斯時。即所應之有證，尚安得以佛老之空談而病之哉？

金谿宰王有大建復齋、象山二先生祠。六月癸丑，楊簡爲記。記略云：道心大同，人自區別。人心自善，人心自靈，人心自明，人心即神，人心即道，安睹乖殊？聖賢非有餘，愚鄙非不足，何以證其然？人皆有惻隱之心，皆有羞惡之心，皆有恭敬之心，皆有是非之心。惻隱，仁；羞惡，義；恭敬，禮；是非，智。仁義禮智，愚夫愚婦咸有之，豈特聖賢有之。人人皆與堯舜禹湯文武周公孔子同，人人皆與天地同，又何以證其然？人心非血氣，非形體，廣大無際，變通無方，倏焉而視，又倏焉而聽，倏焉而言，倏焉而動，倏焉而至千里之外，又倏焉而窮九霄之上，不疾而速，不行而至，非神乎，不與天地同乎？學者當知舉天下萬古之心皆如此也。孔子之心如此，七十子之心如此，子思、孟子之心如此，復齋之心如此，象山之心如此，金谿王令君之心如此，舉金谿一邑之心如此。學者當自信，無自棄。意慮微起，天地懸隔，不識不知，匪合匪離。直心而往，自備萬善，自絕百非，雖無私爲，昭明弗遺。二陸先生，撫州金谿人。復齋諱九齡，字子壽，篤志斯道，窮深究微，兢兢孜孜，學者宗之。象山先生其弟，諱九淵，字子靜，天性清明，不染雜說。簡嘗親聞先生之言，自謂其童幼時，聞人誦伊川先生語，自覺若傷我者，性質素明如此。故長而益明，破學者於窟宅，開聖道之夷途，其言甚平。而或者塡萬說於胸中，持萬說於胸中，以聽先生之言，故或疑其深，疑其峻。然而海內之士聞其風而趨之，如百川之東矣。簡積疑二十年，先生一語觸其機，簡始自信其心之即道，而非有二物，始信天下之人心，皆與堯舜禹湯文武周公孔子同，皆與天地日月鬼神同。王令君有大因邑人崇敬二君子，以俸資設祠於學，且將行禮焉。屬簡爲記，且曰：「欲以昭明二君子之道。」簡雖無所似，灼知二君子之心無以異於天下之人心，不容穿鑿其說以惑來者，乃起敬起恭而書其略云。

冬十一月，王有大帥邑僚來祭。

輓詩云：篤學光前哲，知言衆所迷。學同顏氏好，功與孟軻齊。獻替心彌切，藩維政可稽。儒宮儼遺像，垂範自江西。

九日壬申，奉先生之柩葬於延福鄉朱陂之下，距妣饒氏孺人墓爲近。一云葬於鄉之永興寺山。門人奔哭會葬者以千數。

詹阜民祭文略云：天縱夫子，以淑其徒。爰曁子思，須臾不離。孟軻親受，厥緒是承，卓哉先生，能自得師。玩其遺編，獨識其微。探原自天，立其大者，操而存之，造次弗舍。日溉月培，充實光輝。奔走學徒，四方如歸。先生設教，固亦多術。其要使人，反躬務實，一洗世習，詞說支離，達其本心，使自得之。善端旣著，日用不窮，夫然後知先生之功云。

楊簡祭文略云：先生之敎，亦旣昭昭然矣，何俟乎知。仰觀乎上，先生確然示人易矣；俯察乎下，先生隤然示人簡矣。垂象著明者，先生之著明；寒暑變化者，先生之變化。《書》者，先生之政事；《詩》者，先生之咏歌；《禮》者，先生之節文；《春秋》，先生之是非；《易》，先生之變易。學者之所日誦，百姓之所日用，何俟乎復知，何俟乎復思？不可復思，矧可斁思？

袁燮祭文略云：嗟維先生，任道以躬。方其未得，憤悱自攻。一日洞然，萬理俱融。如天清明，如日正中。毫髮無差，涵養日充。乃號於世，曰天降衷。至大至精，至公至明。兹焉良心，萬變不窮。學者初來，膠擾塞胸。先生敎之，如橐鼓風。弟子化之，如金在鎔。有蔽斯決，有窒斯通。手舉足履，視明聽聰。式全其大，不淪虚空。此於斯世，允矣有功云云。

傅子雲祭文略云：道塞宇宙，而人至靈。不蔽於物，易知易行。維天憂民，篤生斯聖，乃徹厥蔽，俾安正性。周衰文弊，孟沒學絶，功利横流，道術分裂。所見益鑿，所言益支，易知易行，誰其覺斯？千七百載，乃有先生。先生之德，濬哲粹英。道喪既久，無所取證，深研力索，俯仰參訂。或啓於家訓，或得於羣籍，或由省察之深，或資辯白之力。惟至當之不磨，卒會歸於有極。始信夫良知良能，降於上帝，可久可大，道實簡易。倘正僞之不辨，而先後之舛施，則己私之是憑，豈天德之在兹？遠紹孟氏之旨，極陳異説之非。世之學者，標末是求；而吾先生，自源徂流。世論一切，如鞭之刑；而吾先生，允稽其情。世之於人，多察鮮容；而吾先生，善與人同。世之於善，迹似情非；而吾先生，情實自持。世排異端，惟名是泥；而吾先生，即同辯異。世讀古書，立論紛然；而吾先生，先實後言。嗚呼先生，視古如反諸掌，視民如納諸溝，斯學斯志，曾不一施，今則已矣。弧矢不去手，關河不忘懷，搜求忠勇，義欲一伸，曾不一遂，今則息矣。莫大於曆，夜觀星象。莫神於《易》，晝索蓍卦。考禮問樂，遠稽古制。曾不畢究，今則墜矣。間世之英，拔萃之議，作於斯世，亦如此而止矣云云。

周清叟祭文略云：天爲斯文，乃生先生。指學者之膏肓，示入聖之門庭。不繳繞而支離，誠坦然而可行。暴之以秋陽之白，濯之以江漢之濤。繼孟子之絕學，舍先生其誰能云云。

包遜祭文曰：維吾先生，天稟絕異，洞萬古心，徹先聖秘。先立其大，須臾不離，日累月積，仁熟功熙。無偏無黨，不識不知，一順斯理，終日怡怡。雖和非惠，雖清非夷，豈尹之任，幾聖之時。

包揚作先生贊云：辭蔓蝕眞，會當一正。剗百家僞，藥千古病。發人本心，全人性命。一洗佛老，的傳鄒孟。

紹熙五年甲寅

春二月十六日，楊簡狀先生行。《行狀》見《慈湖遺書》。

寧宗慶元二年丙辰

貴溪宰劉啓晦建翁立先生祠於象山方丈之址。自立祠後，春秋致祭惟謹。臨江章茂獻爲記。劉宰，朱文公門人也。先生門人約以歲正月九日，登山會祭。

開禧元年乙丑

夏六月，先生長子持之伯微編遺文爲十八

卷、外集六卷。乙卯，楊簡序。略云：《易》曰：「百姓日用而不知。」孔子云：「二三子以我爲隱乎，吾無隱乎爾，吾無行而不與二三子者。」大戴記孔子之言，謂忠信爲大道。忠者忠實，信者誠信不詐僞。而先儒求之過，求之幽深，故反不知道。孔子又名大道曰中庸，庸者常也，日用平常也。孟子亦謂徐行後長，即堯舜之道。又謂以羊易牛之心，足以王。先生諄諄爲學者剖白斯旨，深切著明，而學子領會者寡。簡不自揆度，敢少致輔翼之力，專叙如右。

開禧三年丁卯

秋九月庚子，撫州守括蒼高商老刊先生文集於郡庠。

跋云：洙泗之教，憤悱啓發；鄒魯之書，困衡作喻。此學久矣無傳，獨象山先生得之千載之下，最爲切要，是以聽其言者類多感發。《書》曰：「惟文王之敬忌。」先生之書，如黃鐘大呂，發達九地，直啓洙泗鄒魯之秘，其可以不傳耶？商老嘗從先生遊，頗自奮勵。今老矣，學不加進，爲州鄭鄉，愧於簿領之外，效如捕風，因刻之郡庠，以幸後學。倘有志之士，伏讀其書，如見其人，知敬其所當敬，而不忌其所必忌，其爲有補於風化，較然不誣也。然而默識心通，豈欺我哉？

嘉定五年壬申

秋八月，張衍季悅編遺文成，傅子雲序。

略云：先生生於孟子沒千有七百餘年之後，當浮僞雜揉，朱紫淆亂之時，乃能獨信實理而不奪於浮僞，精別古書而不惑於近似，深窮力踐，天德著明，推以覺人，不加毫末。故一時趨隅以聽者，莫不油然悟良知良能、至明至近之實，灼然知自下升高、積小以大之端，躍然興堯舜可爲、不自棄自暴之志。回視曩之蔽於支離浮僞之說者，又不啻若夷猶於九軌之路，而灼見夫在荆棘泥淖者之爲陷溺也。蓋先生長於啓迪，使人蔽解疑亡，明所止於片言之下，有得於天而非偶然者。先生亦自以孟子既沒，斯道之任在己，病浮僞之害正渝實，捄焚拯溺，如己隱憂，撲燄障流，厥功彌大。故民彝帝則之實，孔子、孟子之傳，賴以復闡於世云云。

九月戊申，江西提舉袁燮刊先生文集，自爲序。

略云：天有北辰而衆星拱焉，地有泰嶽而衆山宗焉，人有師表而後學歸焉。象山先生，其後學者之北辰、泰嶽歟？自始知學，講求大道，不得弗措，久而寖明，又久而大明。此心此理，貫徹融會，美在其中，不勞外索。揭諸當世曰：「學問之要，得其本心而已。」心之本眞未嘗不善，有不善者，非其初然也。孟子嘗言之矣：「鄉爲身死而不受，今爲宮室之美，妻妾之奉，所識窮乏者，得我而爲之，此之謂失其本心。」其心昭晰如是，而學者不能深信，謂道爲隱而不知其著，謂道爲邈而不知其近，求之愈過而愈湮鬱。至先生始大發之，如指迷途，如藥久病，迷者悟，病者愈，不越於日用之間，而本心在是矣。學者親承師訓，向也跂望聖賢如千萬里之隔，今乃知與我同本，培之溉之，皆足以敷榮茂遂，豈不深可慶哉？嗚呼！先生之惠後學弘矣。先生之言悉由中出，上而啓沃君心，下而切磨同志，又下而開曉黎庶。及其他雜然著述，皆此心也。儒、釋之所以分，義、理之所由別，剖析至精，如辨白黑，遏俗學之横流，援天下於既溺。吾道之統盟，不在兹乎？燮識先生於行都，親博約者屢矣。或竟日以至夜分，未嘗見其少有昏怠之色，表裏清明，神采照映。得諸觀感，鄙吝已消，矧復警策之言，字字切己歟？先生之沒，餘二十年，遺言炳炳，精神猶在，敬而觀之，心形俱肅，若親炙然。臨汝嘗刊行矣，尚多闕略。先生之子持之伯微裒而益之，合三十二卷，今爲刊於倉司。流布寖廣，書滿天下，而精神亦無不遍，言近而指遠，雖使聖人復生，莫之能易。嗚呼！兹其所以爲後學之師表也歟？

東澗湯文清主象山書院。湯公名漢，饒州人，後仕至尚書。

嘉定八年乙亥

冬十月二十九日，奉旨賜謚。

初，嚴滋等請謚列狀云：「故荆門知軍、監丞陸公，以身任道，爲世儒宗。一時名流，踵門問道，常不下千百輩。今其遺文流布海内，人無智愚[三]，珍藏而傳誦之。蓋其爲學者大公以滅私，昭信以息僞，揭諸當世曰：『學問之要，得其本心而已。』學者與聞師訓，向者視聖賢若千萬里之隔，今乃知與我同本，培之溉之，皆足以敷榮茂遂，如指迷途，如藥久病，先生之功宏矣。縣庠郡學，所至立祠，雖足以致門人弟子之私敬，而謚號未加，識者歉焉」云。本州備録申聞，乞指揮施行。至是奉旨賜謚。

嘉定九年丙子

春三月十七日，宣教郎、太常博士孔煒撰謚議。

議曰：學道以聖賢爲師，聖賢遺書，萬世標的也。孟軻氏有言曰：「君子深造之以道，欲其自得之也。自得之則居之安，居之安則資之深，資之深則取之左右逢其原，故君子欲其自得之也。」甚矣！古人之講學，其端緒源委，誠未易言。學而未至於安。難與議聖賢之閫域矣。傳記所載，如曰「安而行」，「安則久」，「恭而安」，皆取諸此也。自軻既沒，逮今千有五百餘年，學者徇口耳之末，昧性天之眞，凡軻之所以詔來世者，卒符於空言。有能尊信其書，修明其學，反求諸己，私淑諸人，如監丞陸公者，其能自拔於流俗，而有功於名教者歟？公生而穎悟，器識絶人，與季兄復齋講貫理學，號江西二陸。其學務窮本原，不爲章句訓詁，其持論雄傑卓立，不苟隨聲趨和，唯孟軻氏書是崇是信。蓋謂此心之良，人所均有，天所與我，非由外鑠。先立乎其大者，則其小者莫能奪。信能知此，則宇宙無非至理，聖賢與我同類。大端既立，趨嚮既定，明善充類以求之，强力勇敢以行之，如木有根，如水有源。逮其久也，此心之靈，此理之明，將渙然釋，怡然順，眞有見夫居廣居，立正位，行大道，皆吾分內事。所謂操存求得，盛行不加，窮居不損者，端不我誣也。公惟見理昭徹，加以涵養踐履之功，故能自得於心，有餘於身，即其成己，用以成物。四方才俊之士，風動雲集，至無館舍以容。公槼矱端嚴，對之者非心邪念自然消沮，論説爽邁，聽之者如指迷途，如出荆棘，質諸遺編〔三〕，義利之分，王霸之别，天理人欲，凡介於毫芒疑似之間者，辨之弗措，叩之弗竭。自非學本正大充乎自然，安能如是之周流貫通，動與理會也哉？由是推其學以爲文，則辭達而不事乎雕鐫，理勝而無用乎繚繞，無意於文而文自工。施是學於有政，則視吾民如子弟，遇僚屬如朋友，誠心所孚，自有不言之教。當時元臣碩輔，或薦進其心悟理融，出於自得。或稱美其治郡善政，可驗躬行。夫理而造於自得，政而本於躬行，則君子之所養可知矣。使天假之年，上之得君行道，次之立言明道，俾獲盡宣其用，則以利生民，以惠後學，可勝既哉！謹按謚法：「敏而好古曰文，貌肅辭定曰安。」公天稟純明，學無凝滯，服膺先哲，發揮憲言，非敏而好古乎？抗志洪毅，師道尊嚴，記久傳遠，言皆可復，非貌肅辭定乎？謚曰文安，於義爲稱。謹議。

冬十二月十三日，朝請大夫、行尚書考功員外郎丁端祖撰覆議。

議曰：儒者之盛，自三代以來，未有如我本朝者也。夫六經厄於秦，而士以權謀相傾。漢尚申、韓，晉尚莊、老，唐惟辭章是誇，先王之道陵遲甚矣。至我本朝，伊洛諸公未出之時，《易》之一書猶晦蝕於虚無之談，《書》之「皇極」，《詩》之《二南》，《記禮》、《中庸》、《大學》之旨，《春秋》尊王之義，皆未有能發明其指歸者也。自濂溪、明道、伊川義理之學爲諸儒倡，而窮理盡性之説，致知格物之要，凡堯舜禹湯文武周公孔子相傳之大原，始暴白於天下。其後又得南軒張氏、晦庵朱氏、東萊呂氏續濂溪、明道、伊川幾絶之緒而振起之，六經之道晦而復明。是三君子，奉常既已命謚矣。又有象山陸氏者，自丱角時，聞誦伊川語，嘗曰：「伊川之言，奚爲與孔子、孟子之言不類？」初讀《論語》，即疑有子之言支離。及長而與朋友講學，因論及《太極圖》，斷然以太極之上不復更有無極。其他特立之見，超絶之論，不一而足，要皆本於自得。天分既高，學力亦到，蓋自三四歲時，請問於親庭，其立論已不凡，眞所謂少成若天性者。惜乎不能盡以所學見之事業。立朝僅丞匠監，旋即奉祠以歸。惠政所加，止荆門小壘而已。世固有能言而不能行，內若明了而外實迂闊，不中事情者。公言行相符，表裏一致。吐辭發論，既卓立乎古今之見；至於臨政處事，實平易而不迂，詳審而不躁，當乎人情而循乎至理，無一毫蹈常襲故之迹。若公者，在吾儒中眞千百人一人而已。奉常謚以文安，誠未爲過。博士議是。謹議。

嘉定十年丁丑

春三月二十八日，賜謚文安。

撫州州學教授林恢告謚文云：先生振絶學於千載之後，躬行著論，碩大光明，播於四方，所謂百世以俟聖人而不惑者。屬者諸生請謚，郡聞於朝，訂議太常，謚以文安，聖天子僉之。嗚呼！不俟百世，斯文已有見矣。

金谿宰何處久告謚文云：惟公志道精專，稟資超卓，大揚厥旨，以覺後覺。其覺維何？天降之衷。父慈子孝，君仁臣忠。列聖相傳，明若斗極，自軻之亡，異端蓁塞。公實任道，手開東明，排斥浮僞，吾道砥平。進而告后，志在經邦；退而牧民，時稱循良。天不憖遺，山頹木壞，惟有文辭，方冊是載。幸公門人，佩訓不忘，請謚易名，達於太常。公論與賢，聖朝輔德，爰賜嘉名，世世烜赫。象山之學，萬古洋洋，匪公之榮，吾道之光。袁燮作記。

秋九月甲子，金谿邑庠作止善堂祀先生。略云：乾道、淳熙間，象山先生以深造自得之學，師表後進。其道甚粹而明，其言甚平而切，凡所以啓告學者，皆日用常行之理，而毫髮無差，昭晰無疑。故天下翕然推尊，其教尤著於所居之金谿。今邑之善士趨向不迷，有志斯道，而恥世俗之學，蓋其源遠矣。自爲記。

理宗紹定三年己丑

夏四月，江東提刑趙彦械重修象山精舍，其略云：道在篤行，不在空言；道在反求，不在外騖。彦械壯歲從慈湖遊，慈湖實師象山陸先生。嘗聞或謂陸先生云：「胡不註六經？」先生云：「六經當註我，我何註六經？」又觀先生與學子帖，有「反思自得，反而求之」之訓，有「樸實一途」之説。人見其易直，或疑以禪學，是未之思也。誠意、正心以至治國平天下，原於致知二字，果禪學矣乎？象山蓋學者講肄之地，先生沒。山空屋傾，將遂湮沒，載新以存先生之故蹟，使人因故蹟以思先生之學，思先生之教，孜孜日思，以至不勉不思，從容中道，是謂大成。若夫山林之峻秀，景物之幽深，棟宇之多寡，廢興之源流，非學者志，不暇盡記之耳。

紹定四年辛卯

夏六月己亥，江東提刑袁甫廣微奏建象山書院於貴溪之徐巖祀先生，侑以楊景仲、袁和叔。

初，先生本欲創書院於山間，拜命守荆門不果。至袁甫奏建書院，以山間不近通道，乃命洪季陽相地，得徐巖，近邑而境勝，坐巳向亥。傅季魯聞而譏之曰：「書院爲講古習禮之所，而先聖先師北面，學者南面而拜之，非禮也。宜擇南面之地。」季陽悚然，然已申聞，不復更卜。是日祝文云：「先生之精神，其在金谿之故廬優游而容與耶？其在象山之精舍言言而語語耶？抑周流於上下四方，與天地遊，與四時序耶？甫將指江東，聿興正學，山之旁近，爰諮爰度，得勝景於徐巖，離象山而非邈，山峰環峙兮高可仰，大溪橫陳兮清可濯，殆天造而地設，匪人謀之攸作。是可宅，先生之精神，無在無不在也。先生之道，精一匪二，揭本心以示人，此學門之大致。嗣先生之遺響，警一世之聾聵，平易切近，明白光粹，至今讀其遺書，人人識我良貴。由仁義行，與行仁義者，昭昭乎易判也。集義所生，與義襲而取之者，截截乎不可亂也。宇宙內事，已分內事，渾渾乎一貫也。議論一途，樸實一途，極天下之能言者，斯言不可贊也。嗚呼！先生之學如此，先生之精神如此，然則在金谿之故廬者如此，在象山之精舍者如此，周流乎上下四方者亦如此，孰謂徐巖而獨非如此耶？工役俶興，禮宣虔告。先生精神，淵淵浩浩。」又作上梁文云：「盡其心，知其性，見先生存養之皆天；在則人，忘則書，豈後學講明之無地」云云。是冬書院落成，買田養士。

冬十月己未，袁甫刊先生文集，自爲序。序文略云：先生文集，先君子嘗刊於江右。甫將指江左，新建象山書院，復摹舊本，以惠後學。先生發明本心，上接古聖，下垂萬世，偉矣哉！此心神明，無體無方，日用平夷，莫非大道。是謂精一，是謂彝倫，是謂乾健坤順，是謂日月星辰、風雨霜露、山川草木之變化，是謂鬼神之情狀。先生嘗言：「千百世之上有聖人出焉，此心同也，此理同也；千百世之下有聖人出焉，此心同也，此理同也。」學者之心，即先生之心。甫藐焉晚出，景慕先生，戰兢自勉，寡過未能。先生之道大矣，奚庸贊述？姑誦所聞，附於卷末。

十一月朔，袁甫遣州屬官韓祥至書院祭告先聖。

告文云：仰惟先聖之道，昭揭萬世。後學昏蒙，不知吾心即道。有宋知荆門軍陸某，獨能奮乎百世之下，指示道心，明白的切。闡教象山，學者師尊之。而歲久祠圮，有司弗葺。被命來兹，惕然大懼。遂卜地於貴溪之徐巖，鼎建書院，招延山長。俾承學之士相與嚴事先聖，朝夕兢惕，道心融明，所以懋昭象山之教，而上繼先聖之統緒也。甫職守攸縻，弗皇躬詣祠下，心以告矣。

紹定五年壬辰

春三月，袁甫至書院釋菜。告文云：先生之學，得諸孟子，我之本心，光明如此。未識本心，如雲翳日，既識本心，元無一物。先生立言，本末具備，不墮一偏，萬世無弊。書院肇建，躬致一奠。可聞非聞，可見非見。禮畢，乃講書，貴賤咸集，溢塞堂廡以聽。講畢，續説曰：「象山先生家學有原，一門少長協力同心。所以敬養其親者，既已恪供子職，而伯叔之間，自爲師友。梭山、復齋皆爲一時聞人，而先生又傑出其中。陋三代以下人物，而奮然必以古聖人爲師。發明本心，嗣續遺響，以大警後學之聾聵，天下以爲眞孟子復出也。言儒、釋之異趨，謂釋氏爲私，吾儒爲公，釋氏出世，吾儒經世，故於綱常所關，尤爲之反覆致意。洎班朝列，直道而行，不阿世好，格心事業，斯世深望焉。而媢嫉者沮之，雖一斥不復，浩如也。」乃禮慈湖門人錢時爲堂長主敎，遠近學者聞風雲集，至無齋以容之，則又修書院之外左方廢寺之法堂以處之也。

秋閏九月八日，賜象山書院額。以尚書劄壽諸石。

浙帥陳塤和仲跋云：象山文安先生明本心之旨，啓千古之秘，開警羣迷，迓續道統，如日月之昭揭，太嶽之表鎭也。于是四方儒彥從者如雲，其尤碩大光明者，則又慈湖文元楊先生、絜齋正獻袁先生。淵澄峻發，木鐸鏗鍧，於以昌我宋文明之治云云。

紹定六年癸巳

春，清明日，袁甫作《象山書院記》。

略曰：寧宗皇帝更化之末年，興崇正學，尊禮老臣。慨念先朝碩儒，咸賜嘉謚，風厲四方。謂象山先生發明本心之學，有大功於世教，易名文安，庸示褒美。於時慈湖楊先生，我先人絜齋先生，有位於朝，直道不阿，交進讜論，寧考動容，天下學士想聞風采。推考學問淵源所自，而象山先生之道益大光明。甫承學小子，將指江東，築室百楹，既壯且安，士遐邇咸集。齋曰志道、明德、居仁、由義，精舍曰儲雲、佩玉，又皆象山先生之心畫也。

秋七月辛未日，金谿宰天台陳詠之建象山書院於邑治之西，傅子雲記。

初，二陸先生祠堂既立，宰以祠右有隙地高爽，乃連甍建書院，買田養士，申臺郡，禮請傅季魯主教，以發明先生之學。始至講道，聽者甚衆，士風翕然向善。

記略云：象山先生稟特異之資，篤信孟子之傳，虛見僞說不得以殽其眞，奪其正。故推而訓迪後學，大抵簡易明白，開其固有，無支離繞繳之失，而有中微起錮之妙。士民會聽，沉迷利慾者惕然改圖，蔽惑浮末者翻然就說，膠溺意見者凝然反正，莫不知足自知，仁足自守，勇足自立。猶出珠璧於泥淖而濯之淸泉，脫鴻鵠於密網而游之天衢，抉浮雲之翳日以開東明，而有目者快幽隱纖微之睹也。豈天以啓悟斯人之徒，俾先生微覺其天與之善，非有識知之私加其間，則感速之效，固若是耶？惜乎天嗇之年，志既不遂，而遺文垂世，又特見於往來論學之書，與夫奏對、記序、贈說等作，然於著誠息僞，興起人心，亦可謂有光於孟氏矣。

理宗嘉熙元年丁酉

秋七月既望，臬使陳塤刊先生《語錄》，自爲序。

其略云：孟子歿千五百餘年，宋有象山文安陸先生挺然而興，卓然而立，昭然而知，毅然而行。指本心之清明，斯道之簡易，以啓羣心，詔後學。其教不務繁而本末備，其辭不務多而論要明，洗章句之塵，破意見之窟，使聞者渙如躍如，知心之即道，而不疑其所行。玆非晦冥之日月，崖險之津塗，邱阜之嵩華歟？塤生晚，不逮事先生，而登慈湖之門，固嘗服膺遺文矣。蒙恩司治，道由書院，瞻謁祠像，如獲執經升堂。見同門所錄訓語，編未入梓，咸以爲請。再拜三復，乃授工鋟勒焉。或謂塤曰：「近世儒生闡說，其徒競出紀錄，後來者搜拾摹傳，雖汗牛充棟，且未厭止也。子之所得，不甚鮮約乎？」塤語之曰：「先生之道如青天白日，何庸語？先生之語如震雷驚霆，何庸錄？錄而刊，猶以爲贅也。而今而後，有誦斯錄，能於數千言中見一言焉，又於其中見無言焉，則先生之道明矣。敢拱以俟來者。」

淳祐元年辛丑

冬十月，金谿進《義居表》。

青田陸氏，來自邯郡。其四世諱賀，字道卿，酌先儒冠昏喪祭之禮行於家，家道整肅，著聞州里。生六子，以子貴贈宣教郎。素無田產，蔬畦不盈十畝，而食指千餘。長九思，總理家務。次九叙，治藥寮。次九皐，授徒於家塾，以束脩之具補不足。率其弟九韶、九齡、九淵，相與講論聖道。九淵以其道聚徒，講於貴溪之應天山，山形類象，故學者號稱象山先生。彬彬乎儒門，州縣以其義聚，謹具表進。

淳祐二年壬寅

秋九月，敕旌陸氏義門。

皇帝制曰：青田陸氏，代有名儒，載在謚典。聚食踰千指，合爨二百年，一門翕然，十世敬讓。惟爾睦族之道，副朕理國之懷。宜特褒異，敕旌爾門，光於閭里，以勵風化。欽哉！

青田義門家長陸冲進《謝恩表》云：十世義居，旌表巳頒於廊廟；九天申命，敕書復畀於門閭。乾坤之露澤新承，里宅之風聲益振。叨塵過分，榮耀下懷。臣誠惶誠恐，稽首頓首。臣聞修身齊家，乃《大學》之根本，化民成俗，實聖治之權輿。自唐有張公藝以來，至我宋彭氏程而下，懷終始羣居之義。乃荷蒙聖典之褒，眷念儒門，尤加篤愛。疇茲二老，乃先知先覺之民；政奉兩朝，賜文達、文安之謚。既以千餘指宗枝之衆，聚於二百年古屋之間，《詩》、《禮》相傳，饔飧合爨，祗謂閭閻之共處，詎期綸綍之昭垂。郡邑爭先而快睹，室家相慶以騰歡。自愧深恩，孰茲報稱。茲蓋恭遇皇帝陛下，化民長久，沛澤豐隆，中三極以作君，奄四海以光宅。人處唐虞之治，比屋可封；士遵洙泗之傳，里仁爲美。遂令瑣末，亦被寵榮。臣敢不仰體聖恩，俯察族類。聖益聖，明益明，長藉照臨之德；老吾老，幼吾幼，盡叨孝弟之誠。臣無任瞻天激切屏營之至云。

淳祐六年丙午

春正月二日，奉旨旌表門閭。

初，淳祐五年九月(四)，漕使江萬里奏：「撫州金谿青田陸氏，義居十世，閨門雍肅，著於江右，是爲淳熙名儒文達、文安之家。揆之令典，盍表宅里，以厲風化。」里士合詞以請於郡，郡下之邑，耆老子弟，具以實對。越三歲未報。後漕使曾穎茂再剡上事，下有司考狀諏律，僉謂宜愈所請。於是丞相白上可其奏。是日命始下，撫州守趙時煥大書曰：「道義里」，曰「旌表名儒之家」，令刻石於門。

淳祐八年戊申

夏五月朔，包恢撰《旌表門閭記》。

略云：門閭之高，不惟其人，此古今所尤難者。惟陸氏五世而有文達、文安二大儒，以人品之高，道術之明，特起東南，上續道統，實以師表四海，非僅以師表一家。《大學》致知、誠意、正心、修身、齊家，治國、平天下之全體大用，具在是矣。陸氏之所以名家，由二先生之名世也。

淳祐十年庚戌

夏五月，撫州守葉夢得命金谿王宰更創祠堂，增葺書院。

初，二先生祠與槐堂異處。乃命王宰以七月六日鼎創新祠於槐堂之前，翼以四齋，環以門廡，自是規制悉出於郡焉。

記略云：山川炳靈，儒英并出，美適鍾於一門，教可垂於百世。若金谿三陸先生之祠於學宮者，其風化之所繫歟？三先生學問宏深，智識超卓，以斯道而任諸身，以先知而覺乎後。其生也，海宇仰而宗之；其沒也，郡邑尸而祝之，朝廷又從而褒之，非偶然也。

秋九月，葉夢得建梭山、復齋、象山三先生祠堂於郡學之東，以袁燮和叔、傅子雲季魯侑。

淳祐十一年辛亥

春三月望日，包恢撰《三陸先生祠堂記》。其略云：以正學名天下，而有三先生焉，萃在一郡一家，若臨川陸氏昆弟者，可謂絕無而僅有歟。梭山寬和凝重，復齋深沉周謹，象山光明俊偉，此其資也，固皆近道矣。若其學之淺深，則自有能辨之者。梭山篤信聖經，見之言行，推之家法，具有典刑。雖服先儒之訓，而於理有不可於心者，決不苟徇。惜其終於獨善，而不及見諸行事之著明爾。復齋少有大志，浩博無涯涘，觀書無滯礙，繙閱百家，晝夜不倦。自爲士時，已有稱其得子思、孟子之旨者。其後入太學，一時知名士咸師尊之，則其學可知矣。又惜其在家在鄉，僅可見者，輔成家道之修整，備禦湖寇之侵軼，紀綱肅而蠹弊悉革，誠意孚而人心興起，卓然爲海內儒宗，繫天下之望，而恨未得施其一二耳。若夫象山先生之言論風旨，發揮施設，則有多於二兄者。蓋其自幼時已如成人，淵乎似道，有定能靜，實自天出，不待勉強。故其知若生知，其行若安行，粹然純如也。蓋學之正而非他，以其實而非虛也。故先生嘗曰：「宇宙間自有實理，此理苟明，則自有實行，有實事。實行之人，所謂不言而信。」又自謂：「生平學問惟有一實，一實則萬虛皆碎。」嗚呼！彼世之以虛見識，虛議論，習成風化，而未嘗一反己就實，以課日進月新之功者，觀此亦嘗有所警而悟其非乎？夫道不虛行，若大路然。苟得實地而履之，則起自足下之近，可達千里之遠。故自仁之實，推而至於樂之實，自有樂生惡可已之妙。其實可欲者，善也；實有諸己者，信也。由善、信而充實有光輝焉，則其實將益美而大，是誠之者人之道也。由大而化則爲聖，而入於不可知之謂神，是誠者天之道也。此乃孟子之實學，可漸進而馴至者。然而無有乎爾，則亦久矣。先生嘗論學者之知至，必其智識能超出千五百年間名世之士，而自以未嘗少避爲善之任者，非敢奮一旦之決，信不敏之意，而徒爲無忌憚大言也。蓋其初實因深切自反，灼見善非外鑠，徒以交物有蔽，淪胥以亡，自此不敢自棄，是以深造自得，實自孟子。故曰孟子之後，至是始一明，其誰曰不然？四方聞其風來學者輻輳。先生明於知人，凡所剖決必洞見其肺肝，所箴砭必的中其膏肓，各有感動，覺其良心而知其正性者爲多。然則其學眞可質鬼神而無疑，俟聖人而不惑者矣。昭昭如是，豈其間有所疑惑焉，殆若不可曉者，是又烏得不因以致其辯歟？且道義之門，自開闢以來一也，豈容私立門戶乎？故其說曰：「宇宙即是吾心，吾心即是宇宙。」又曰：「學者惟理是從，理乃天下之公理，心乃天下之同心。顏、曾傳夫子之道，不私夫子之門戶。夫子亦無私門戶與人爲私商也。」又曰：「此理在宇宙間，未嘗有所隱遁。天地所以爲天地者，順此理而已。人與天地竝立爲三極，安得自私而不順此理哉？」是先生之學，乃宇宙之達道明矣。而或者乃斥以別爲一門戶，何耶？釋氏之說，自開闢以來無有也，豈非横出異端乎故其說曰：「取釋氏之聖賢而繩以《春秋》之法，童子知其不免。今若徒自形迹詞語間辨之，乃彼所謂職業，要其爲不守正道，無復有毫髮之近是者矣。」又曰：「方士禪伯，眞爲太祟。無此迷惑，則無偏無黨，王道蕩蕩，其樂可量哉？」是先生之學，非釋氏之邪說亦明矣。而或者指以爲禪學，何耶？其窮理也，則曰：「積日累月，考究磨練。」嘗終日不食，而欲究天地之窮際，終夜不寢，而灼見極樞之不動，由積候以考曆數，因笛聲以知律呂。復齋問其用功之處，則對以在人情、物理、事勢之間。嘗曰：「吾今一日所明之理凡七十餘條。」曰：「天下之理無窮，以吾所歷經者言之，眞所謂伐南山之竹，不足以受我辭，然其會歸，總在於此。」則與徒研究于方冊文字之中者不同。何不知者反謂其不以窮理爲學哉？其讀書也，則曰：「古人爲學，即是讀書。」而以何必讀書然後爲學之反說爲證，以束書不觀游談無根之虛說爲病。平昔精勤，人所不知，惟伯兄每夜必見觀覽檢閱之不輟，常明燭至四更而不寐。欲沉涵熟復而切己致思，欲平淡玩味而冰釋理順，此則與徒乾沒於訓詁章句之末者大異。何不知者反妄議其不以讀書爲教哉？或謂其惟務超悟，而不加涵養，不求精進也。曾不知其言有曰：「惟精惟一，涵養須如是。學之正而得所養，如木日茂，泉日達，孰得而禦之？」又曰：「雖如顔子，未見其止。易知易從者，實有親有功，可久可大，豈若守株坐井者然。」則彼或者之所謂者，誤矣。又或者謂其惟尚捷徑，而若無次第，若太高也。曾不知其言有曰：「學有本末先後，其進有序，不容躐等。吾所發明端緒，乃第一步，所謂升高自下也。」又曰：「天所與我，至平至直，此道本日用常行，近乃張大虛聲。當無尚虛見，無貪高務遠。」至有一二問學者，惟指其常主持何人詞訟，開通何人賄賂，以折之曰：「即此是實學。」如或者之所謂者，又誤矣。獨所大恨者，道明而未盛行耳。故上而致君之志，僅略見於奏對。惟其直欲進於唐虞，復乎三代，超越乎漢唐，此乃朱文公稱其規模宏大，源流深遠，非腐儒鄙生之所能窺測。而語意圓活，渾浩流轉，見其所造深而所養厚也。下而澤民之意，亦粗見於荆門。惟其以正人心爲本，而能使治化孚洽，人相保愛，至於無訟，笞箠不施。雖如吏卒，亦勉以義。此識者知其有出於政刑號令之表，而周文忠以爲荆門之政可驗躬行之效者也。然其所用者有限，而其所未用者無窮。先生以道之廣大悉備，悠久不息，而人之得於道者，或多寡久暫之殊，是極其所志，非多且久未已也。故自志學而至從心，常言之志所期也。嗚呼！假之以年，聖域固其優入，而過化存神，上下天地同流之功用，非曰小補者，亦其所優爲也。孰謂其年僅踰中而止知命哉？遡其旨，與梭山未同者，自不嫌於二三子之不同而有同。若復齋，則初已是其説於鵝湖之會，終又指言其學之明於易簀之時，則已無間然矣。逮論其文，則嘗語學者以窮理，理實則文皆實，又以凡文之不進者，由學之不進。先生之文，即理與學也。故精明透徹，且多發前人之所未發〔五〕，炳蔚如也。梭山諱九韶，字子美。復齋諱九齡，字子壽，謚文達。象山諱九淵，字子靜，謚文安。郡國舊有祠，未稱也。今郡守國之秘書葉公夢得，下車之初，友士請易而新之，公即慨然曰：「果非所以嚴事也。」乃命郡博士趙與輈相與謀之，旋得隙地於學之西，遂肇造祠廟三間，翼以兩廡，前爲一堂，外爲四直舍。又外爲書樓，下列四齋，横開方地。地外有竹，竹間結亭。内外畢備，祠貌甚設，皆前所未有也，庶幾嚴事之禮歟？左侑以袁公燮，以其爲先生之學，而嘗司庾於是邦，且教行於一道。次侑以傅公子雲，以其爲先生之所與，而嘗掌正於是學，且師表於後進。葉公得傅公之傳，而自象山者也。祠實經始於淳祐庚戌之季秋，至仲冬而落成云。

〔一〕正：原脱，據《象山先生全集》卷三六附《年譜》補。

〔二〕人：原脱，據右引補。

〔三〕質：原脱，據右引補。

〔四〕五年：據下文所述，「五」當爲「三」之形誤。

〔五〕「前」上原有「明」字，據清道光二年刻本《象山先生文集》卷三六附《年譜》删。

文安陸先生没，門人高弟日遠，而年譜猶缺。友人李子愿恭伯始裒彙歷年，相與討繹稍備，然未敢定。浮湘至衡，得劉君應之嘗從傅曾潭學者柏純父遊，聞象山語，恨莫得詳見，是欣然悦，亟請傳於來世。愚謂：「時多尚談説，而文安教人，務在樸實自求，故希專門者，或且隨聲是非，盍徐待其定？」應之對曰：「人心大同若此，及睹是編，可百世俟聖人而不惑。」遂韙其論，反復參訂，質諸先覺遺老以成其美志。豪傑之士聞而興者，殆將有考於斯文。應之名林，其先代陽朔人，今居南嶽，趣尚古雅，併識其後。寶祐四年丙辰孟冬朔，後學南城黄應龍拜手敬跋。

稼軒先生年譜

（清）辛啓泰 編
吴洪澤校點

清嘉慶十六年刊本《稼軒集》附

辛棄疾（一一四〇—一二〇七），原字坦夫，後改字幼安，號稼軒居士。濟南歷城（今山東濟南）人。紹興三十一年，率衆投耿京，任掌書記。次年，擒叛徒張安國南下獻俘，任江陰簽判。孝宗乾道年間，奏進《美芹十論》、《九議》，歷任建康通判、司農寺主簿，出知滁州。淳熙間爲江西提刑，知江陵府兼湖北安撫，遷知隆興府兼江西安撫。歷湖北、湖南轉運副使，改知潭州兼湖南安撫，再知隆興府兼江西安撫，除浙西提刑，被論落職。自淳熙九年至嘉泰二年間，閑居上饒、鉛山，其間曾出任福建安撫。嘉泰三年，起知紹興府兼浙東安撫使。次年，差知鎮江府。開禧元年夏復罷官歸鉛山。三年秋抱恨以歿，年六十八。

辛棄疾是宋代著名詞人，與蘇軾并稱，爲豪放詞派的代表作家。著有《稼軒長短句》四卷（一本分十二卷），鄧廣銘整理有《稼軒詞編年箋注》（中華書局一九六二年）及《辛稼軒詩文抄存》（上海古典文學出版社一九五七年）。事蹟具《宋史》卷四〇一本傳。

現存辛棄疾年譜，以清辛啓泰所編爲最早。近人熊簡有《辛忠敏公年譜》（《尚友學塾季報》一卷三期，一九二五年九月刊行），梁啓超作《辛稼軒年譜》（《飲冰室合集》），未完稿，其弟梁啓勳繼作《稼軒先生南歸後之年表》（《稼軒詞疏證》附），陳思編《稼軒先生年譜》二卷（《遼海叢書》）。今人鄭騫、鄧廣銘、劉乃昌、陳滿銘、蔡義江等均編有辛棄疾年譜，其中鄧廣銘所編《辛稼軒先生年譜》影響較大。本書所收辛啓泰譜，叙事頗略，時有考證，但引文不注出處，爲辛氏簡譜。

稼軒先生年譜

世系

始祖維叶，大理評事，由狄道遷濟南。

高祖師古，儒林郎。曾祖寂，賓州司户參軍。

祖贊，朝散大夫、隴西郡開國男，亳州譙縣令，知開封府，贈朝請大夫。

父文郁。贈中散大夫。

宋高宗紹興十年庚申

先生生於是年五月十一日卯時。

按：先生歸宋時，年二十三，爲紹興之三十二年，則生年爲紹興十年庚申。

又按：先生《甲辰壽韓南澗詞》，有「對桐陰、滿庭清晝」之語，其爲夏月審矣。先生生日與南澗相去祇一日，見於《生日次前韻和南澗詞》自註。

十一年辛酉

十二年壬戌

十三年癸亥

十四年甲子

十五年乙丑

十六年丙寅

十七年丁卯

十八年戊辰

十九年己巳，先生十歲。

師於蔡伯堅，與党懷英同學，號「辛党」。

按：伯堅名松年，晚號蕭閒老人。毛晉謂先生嘗以詩詞謁見於蔡元，考《金史》竝無其人，未知何據。

二十年庚午

二十一年辛未

二十二年壬申

二十三年癸酉，先生年十四。

領鄉舉。

按：先生進《美芹十論劄子》云：「兩隨計吏，抵燕山，諦觀形勢。」蓋由此也。

二十四年甲戌

二十五年乙亥

二十六年丙子

二十七年丁丑

二十八年戊寅

二十九年己卯

三十年庚辰

三十一年辛巳，先生年二十二。

為天平節度使耿京掌書記，勸京決策南向。

三十二年壬午，先生年二十三。

是年正月，先生與賈端奉表南歸。高宗大喜，厚賚之，授承務郎。閏月，耿京將張安國殺京降金，先生還，約都統制王世隆及忠義人馬全福徑趨金營，即衆中執安國，送臨安斬之，改差江陰簽判。

按：唐豹巖《濟南府志》謂先生戮安國於靈巖寺，遂南奔，晝伏夜行。與此既異，且事類刺客，於先生不稱，未知何據。

孝宗隆興元年癸未，先生年二十四。

官於江陰。

按：先生是年論阻江為險，須藉兩淮。有《練民兵守淮疏》。

二年甲申，先生年二十五。

官於江陰。

乾道元年乙酉

先生二十六。官江陰。

按：先生《美芹十論》即是年進。其《九議》竝《應問》三篇，應亦是年先後所作。

二年丙戌，先生年二十七。

三年丁亥，先生年二十八。

官江陰。

四年戊子，先生年二十九。

通判建康。

五年己丑，先生年三十。

在建康通判任。

六年庚寅，先生年三十一。

召對延和殿，遷司農主簿，出知滁州。

七年辛卯

八年壬辰，先生年三十三。

在滁州任。

按：先生是年十一月廿日跋《太祖賜王嶫帖》云「右宣議郎、權發遣滁州軍州主管學（士）〔事〕兼管內勸農營田屯田事」。

九年癸巳，先生年三十四。

辟江東安撫司參議官。

淳熙元年甲午，先生年三十五。

官江東安撫司參議。是歲十一月，葉衡爲右丞相兼樞密使，薦先生慷慨有大略，召見，遷倉部郎官。

二年乙未，先生年三十六。

任江西提點刑獄官。以平劇盜有功，加祕閣修撰，調京西轉運判官，差知江陵府，兼湖北安撫。有《會子登對劄子》[二]。

三年丙申，先生年三十七。

官江陵。

四年丁酉，先生年三十八。

遷知隆興府、江西安撫使。以大理少卿召，出爲湖北、湖南轉運副使。

按：先生有淳熙丁酉自江陵移帥隆興，到官之二月被召，次韵司馬監趙卿餞別《水調歌頭》詞。

五年戊戌，先生年三十九。

官湖北轉運副使。

六年己亥，先生年四十。

官湖北。有《論盜賊劄子》，有詔奬諭，擢知潭州，兼湖南安撫使。

按：先生有淳熙己亥自湖北漕移湖南，周總領、王漕、趙守置酒南樓，席上留别《水調歌頭》詞。又有淳熙己亥自湖北漕移湖南，同官王正之置酒小山亭，賦《摸魚兒》詞。

七年庚子，先生年四十一。

帥湖南。上疏請别創飛虎一軍。

按《文獻通考》：淳熙七年，言者奏鄉社之擾，請罷之。先生言：「鄉社皆處深山窮谷中，忠實狡詐，色色有之，不可盡罷。欲擇其首領，使大者不過五十家，小者減末，屬之縣尉。」詔從之。

八年辛丑，先生年四十二。

帥湖南。是年七月，東萊吕氏卒。先生爲文，遣人祭之。

九年壬寅，先生年四十三。

帥湖南。

十年癸卯，先生年四十四。

任湖南帥。

十一年甲辰，先生年四十五。

帥湖南。

十二年乙巳，先生年四十六。

帥湖南。嘗度馬殷故壘，起蓋砦柵，至是告成，繪圖繳進，上始盡釋前疑。加右文殿修撰，差知隆興，兼江西安撫使。

十三年丙午，先生年四十七。

赴江西安撫任。值歲飢，榜通衢曰：「閉糴者配，強糴者斬。」已乃盡出官錢銀器，令士民責領運糴，民賴以濟。帝聞，嘉獎進秩。

按：《朱子大全文集》謂先生帥湖南，賑濟榜文只用「劫米者斬，閉糴者配」八字，雖只麤法，便有方略。與此事同而地異，豈當時傳聞之誤耶，抑先生兩地皆如此行之耶？

十四年丁未，先生年四十八。

帥江西。

十五年戊申，先生年四十九。

以言罷江西安撫任。

按：先生《沁園春》詞題云：「戊申，奏邸忽騰報，謂余以病掛冠。」又按：先生離豫章別司馬漢章大監《鷓鴣天》詞云：「三年歷遍楚山川。」蓋自丙午至戊申，恰三年矣。

十六年己酉，先生年五十。

居上饒。

按：先生有己酉行書所見《鵲橋仙》詞。

光宗紹熙元年庚戌，先生年五十一。

居上饒。

按：是年中秋後二夕，帶湖篆岡小酌，賦《踏莎行》詞。

二年辛亥，先生年五十二。

居上饒。起爲福建提點刑獄官，召見，遷大理少卿，加集英殿修撰，出知福州，兼福建安撫使。

三年壬子，先生年五十三。

按：先生是年春赴閩帥任，別瓢泉，賦《浣溪沙》詞。又是年三山被召，陳端仁給事飲餞席上賦《水調歌頭》詞。

四年癸丑，先生年五十四。

在閩帥任。有是年正月四日三山被召，經

從建安，席上和陳安行舍人韻《西江月》詞。又是年有《登對劄子》，論荆襄上流爲東南重地。

五年甲寅，先生年五十五。

在閩帥任。以臺臣彈劾，丐祠歸。

寧宗慶元元年乙卯，先生年五十六。

落職，居上饒。

二年丙辰，先生年五十七。

所居燬於火，徙居鉛山縣期思市瓜山之下。有《期思卜築》詞，又有《上梁文》。

按：先生《菖蒲綠》一闋，是年三月三日作也。

三年丁巳，先生年五十八。

居鉛山縣。

四年戊午，先生年五十九。

主管沖佑觀，起知紹興府兼浙江安撫使。

按：先生是歲拜復職奉祠之命，作《鷓鴣天》詞云：「老退何曾說著官，今朝放罪上恩寬。便支香火眞祠奉，更綴文書舊殿班。」

五年己未，先生年六十。

在浙帥任。是年八月二十三日，有記夢《蘭陵王》詞。

六年庚申，先生年六十一。

在浙帥任。是歲二月二十八日，有《同杜叔高、祝參集觀天保庵瀑布，主人留飲兩日，且約牡丹之飲二絶句》。

又按：先生《九曲櫂歌》十首，亦是年二月間與朱子同游武夷山，舟行所作。三月，朱子卒，先生有《讀莊子聞晦翁即世》詞。又祭文云：「所不朽者，垂萬世名。孰謂公死，凜凜猶生。」

嘉泰元年辛酉，先生年六十二。

在浙帥任。

按：先生《柳梢青》詞題云：「生日前兩日，夢一道士話長年之術，夢中痛以理折之，覺而賦八難之詞。」

二年壬戌，先生年六十三。

在浙帥任。

按：先生是年生日書懷《臨江仙》詞云：「六十三年無限事，從頭悔恨難追，已知六十二年非。只應今日是後日，又尋思。」

三年癸亥，先生年六十四。

在浙帥任。

按岳珂《桯史》：先生是年招劉改之於中都，改之以事不及行，作書并詞歸輅者。先生得之，大喜，致餽數百千，竟邀之去，館燕彌月，酬倡亹亹，皆似其體，先生逾喜。垂別，賙之千緡。

四年甲子，先生年六十五。

在浙帥任。召見，言鹽法，加寶謨閣待制、提舉佑神觀，奉朝請。尋差知鎮江府，賜金帶。

按：程珌《洺水集》：是歲夏間，先生爲珌言：「渡淮迎敵，左右應援，非沿邊土丁，斷不可用。」又出方尺之錦以示珌，其上皆虜人兵騎之數、屯戍之地與將帥之姓名。又備言遣諜之必鉤以旁證，使不得欺。

開禧元年乙丑，先生年六十六。

在鎮江任。坐謬舉降朝散大夫。

按《桯史》：先生守南徐，即以是年去。又按《洺水集》：乙丑，先生免歸。又先生有乙丑京口奉祠西歸，將至仙人磯《玉樓春》詞。又是年奉祠歸，舟次餘干，作《瑞鷓鴣》詞。

二年丙寅，先生年六十七。

進寶文閣待制，出知江陵府。

按：先生有《丙寅山間競傳諸將有下棘寺者》詩，則知是歲始猶奉祠山居。又先生是歲九月二十八日作詩云：「西山病叟支離甚，欲向君王乞此身。」小註有「來年將告老」之語。又先生因韓侂胄將用兵，值其生日，作詞壽之云：「如今塞北，傳得眞消息，赤地人間無一粒，更五單于爭立。熊羆百萬堂堂，維師尙父鷹揚，看取黄金假鉞，歸來異姓眞王。」假鉞眞王，皆曹操、司馬昭秉政時事。先生卒後，爲倪正甫所論，盡奪遺恩，即指此詞。按：侂胄用兵在是年五月，則先生此詞，應即是年作。又按《洺水集》，是年侂胄兵敗淮甸横潰，皆先生所預言於二年之先者。

三年丁卯，先生年六十八。

在江陵。詔赴行在奏事，試兵部侍郎，辭免，家居。進樞密院都承旨，未受命，卒，蓋丁卯九月初十日也。葬鉛山縣南十五里陽源山。

按：是歲有《寄題眉山李參政石林》詞。又是歲八月，病中作《洞仙歌》詞。

〔一〕《歷代名臣奏議》卷二七二録此劄子四首，有《論行用會子疏》。

啓泰幼讀《宋史》，至公本傳，輒慨然太息，想見其爲人。歲乙未，游學白鹿洞書院，同舍詹君春芳，鉛山人也，從之，問公後裔，則云：「某少時，見辛氏一人持畫像求售而已。」詹時年已四十許也。既辛紹業從鉛山得公手輯《濟南辛氏譜》及《鉛山辛氏譜》，且言公墓旁近地，今爲他姓侵逼，至爲可傷。按《鉛山譜》，公九子：穮、秬、穟、穛、穰、䅩、秸、褎、𩞟。𩞟早殤，其八子名皆從禾，蓋即名軒之意焉。穮無子，秬任崇仁尉，撫浮興伍俱之子爲嗣，傳八世止。穟官朝請大夫、直秘閣、潼（州）〔川〕提刑，四子皆官於朝，五世孫樂遷福建崇安縣，又有從鉛山遷貴溪之瑶墟者，皆穟裔也，今亦不著。穛仕至迪功郎，六世孫祐登永樂丙戌林環榜進士，官河南監察御史。生二子，俱殤。穰仕至承務郎，無子。䅩仕至承務郎，子庸，黄楧榜進士。庸子徽官承德郎，無子。秸生子早卒。褎無子。嗟乎！自公至今五六百年，後裔衰息式微，至不能守其墳墓。生平著作又不盡存，其存者如奏議等篇，謝叠山所謂西漢人物也。而《十論》人猶疑爲臨川黄兑悦道作。公之孤忠大節，始終如一，顧亭林乃有廉頗思用趙人之議，甚有以害理滅義，荒陋無稽之書，妄託公名，真贋是非，混焉顛倒如此，不誠深可慨哉。爰不自揆，爲編年譜。其採摭以《宋史》及《綱鑑補》、《宋元史略》爲主，以近所抄公集及各家集爲附，世系從《濟南譜》，生卒年月日時從《鉛山譜》。或者以二譜爲疑，然公大父名與《進士論劄子》所稱合，詩中有哭矙十五章可徵已。至舉趙方，後爲名臣，本帥長沙時事，以不知何年，不録。其他遺漏，大概如此。第夙夕仰慕之誠，於焉少抒，而世之論公者，亦可由此得詳考焉。

慈湖先生年譜

（清）馮可鏞
葉意深 編
李春梅 校點

約園刊四明叢書本

楊簡(一一四一—一二二六)，字敬仲，慈溪（今屬浙江）人。乾道五年進士，授富陽主簿，從陸九淵學。淳熙中歷紹興府司理參軍，知樂平縣。紹熙五年召爲國子博士，以辯趙汝愚去國事，主管台州崇道觀。嘉定元年除秘書郎，遷著作郎、將作少監，兼國史院編修官兼實録院檢討官，出知温州。累官工部郎官，遷將作監。告老奉祠，家居十四載，築室慈湖，與四方學子講學其間。寶慶二年以寶謨閣學士、太中大夫致仕，卒，年八十六。謚文元。

楊簡以道學知名，平生著述甚豐，今存有《楊氏易傳》、《五誥解》、《慈湖詩傳》、《慈湖春秋傳》、《先聖大訓》、《石魚偶記》及《慈湖遺書》十八卷、《續集》二卷等。事蹟見錢時《寶謨閣學士正奉大夫慈湖先生行狀》（《慈湖遺書》卷一八）、《宋史》卷四〇七本傳。

本譜爲清人馮可鏞、葉意深編，考述楊簡生平家世甚詳，譜中繫事，以直接引用原始資料爲主，所引史料較爲豐富。今據《四明叢書》第四集《慈湖先生遺集》所附本校點。原書中所引紀事資料，均用大字排列，而附録及考證資料則用雙行小字。今依全書體例，統一字號，惟紀事資料起行低一格，轉行以後低二格，附録及考證資料則一律低二格，考證性案語一律低三格。對原譜中一些引文錯誤，依據原書校正，用圓括號標示誤字，用方括號標示正字，不另出校記。

慈湖先生年譜卷一

後學同邑 馮可鏞 葉意深 輯

宋高宗紹興十一年辛酉

正月二日，先生生。

《宋史》本傳：楊簡，字敬仲，慈溪人。

錢時撰《行狀》：先生家世天台，十世祖自寧海徙明之奉化，後又徙鄞。曾大父宗輔，大父演。考庭顯，故任承奉郎，累贈通奉大夫。妣臧氏，碩人。先生生有異稟，清夷古澹，淵乎受道之器。誕降之夕，猶居鄞，祥光外燭，亘天而上。四廂望之，以爲火也，輒集衆環向。

《慈湖遺書·廣居賦》：四明楊子，家本三江之口。

全祖望《甬上族望表》：三江口楊氏，慈湖先生生於此。

嘉靖《奉化縣志》：縣東一百里爲瑞雲山，楊文元公生於此。始生時有五色雲起山上，鄉人異之，因名瑞雲山。

林頤山曰：依今時憲術，以雍正元年癸卯上推宋高宗紹興十一年辛酉，相距五百八十三年。減一年，得積年五百八十二，與歲周三百六十五日二四二三三四四二相乘，得中積分二十一萬二千五百七十一日〇三八六三二四四。減氣應三十二日一二二五四，得通積分二十一萬二千五百三十八日九一六〇九二四四。滿紀法六十去之，餘一十八日九一六〇九二四四，轉減紀法六十餘四十一日〇八三九〇七五六，爲天正冬至日分，加一日得紀日四十二。又置中積分二十一萬二千五百七十一日〇三八六三二四四，減氣應分一二二五四，加本年冬至日分〇八三九〇七五六，得積日二十一萬二千五百七十一日。加朔應一十五日一二六三三，得通朔二十一萬二千五百八十六日一二六三三。以朔策二十九日五三〇五九〇五三除之，得積朔七千一百九十八，餘數二十四日九三五六九五〇六，爲首朔。加朔策二十九日五三〇五九〇五三，得五十四日四六六二八五五九，爲正月朔。距冬至日數加紀日四十二日，滿紀法六十去之，餘三十六日四六六二八五五九。自初日起甲子，得紹興十一年辛酉正月己亥朔。《宋史·高宗本紀》，紹興十一年正月不紀朔，三月庚子朔，十月丙寅朔。又置餘數三十六日四六六二八五五九，遞加朔策兩次，滿紀法去之，餘三十五日五二七四六六六五。自初日起甲子，得三月戊戌朔，較本紀庚子朔後天二日。又置餘數三十五日五二七四六六六五，遞加朔策七次，滿紀法去之，餘二日二四一六〇〇三六。自初日起甲子，得十月乙丑朔，較本紀丙寅朔後天一日。其故由於當時立朔有訛，遂至後天一日或二日也。《宋史·律曆志》：「東都《紀元曆》亡。紹興二年，高宗重購得之。五年，日官言今太史立朔有訛，凡定朔小餘七千五百以上者進一日。紹興四年十二月小餘七千六百八十，太史不進，故十一月小盡。今年五月小餘七千一百八十，少三百二十，乃爲進朔，四月大盡。願詔改造新曆，賜名《統元》，以六年頒行。乾道三年，日官以《紀元曆》推三年丁亥歲十一月甲子朔，《統元曆法》當進作乙丑朔。」然則高宗南渡，曆學散失，至紹興六年，始改用《統元》新曆，較東都《紀元》

舊曆立朔率後天一日，而日官不自知其訛。其甚者較今時憲術或後天二日，尤非日官所及知也。《本紀》紹興十一年三月庚子朔，後天多至二日，知是年正月、二月必頻大，所以三月立朔差數如此之多。二月大爲庚午朔，正月大爲庚子朔，先生誕降之辰當在《統元曆》正月庚子朔，越二日辛丑矣。

十二年壬戌，二歲。

十三年癸亥，三歲。

十四年甲子，四歲。

十五年乙丑，五歲。

十六年丙寅，六歲。

十七年丁卯，七歲。

十八年戊辰，八歲。

《行狀》：入小學，便儼立若成人。書堂去巷陌隔牖一紙，凡遨遊事呼譟過門，聽若無有。朔望例得假，群兒數日以俟，走散相徵逐，先生凝靜如常日課，未嘗投足戶外。

《遺書·家記三》：簡自總角承先大夫訓迪，已知天下無他事，惟有道而已。

案：《遺書》續集《祖奠馮氏姊辭》云：「憶昔世父，合居武康，諸姊俱長，簡輩幼行。」據此，先生幼時曾居武康。其年月與世父名氏俱無考。

十九年己巳，九歲。

二十年庚午，十歲。

二十一年辛未，十一歲。

二十二年壬申，十二歲。

二十三年癸酉，十三歲。

二十四年甲戌，十四歲。

二十五年乙亥，十五歲。

二十六年丙子，十六歲。

二十七年丁丑，十七歲。

二十八年戊寅，十八歲。

二十九年己卯，十九歲。

三十年庚辰，二十歲。

《行狀》：既長，任幹蠱，主出入家用外，終日侍通奉公旁。二親寢已，弁鐙默坐，候熟寐，始揭弁佔畢，或漏盡五鼓。爲文淸潤峻整，務明聖經，不肯規時好作俗下語。

三十一年辛巳，二十一歲。

《行狀》：踰弱冠，入上庠，每試輒魁。聞耆舊言，先生入院時，但面壁坐，日將西，衆鬨鬨競寸晷，乃方舒徐展卷寫，筆若波注，無一字誤。寫竟，復袖卷舒，徐俟衆出，不以己長先人。

陸九淵《象山集·楊承奉墓碣》：仲子簡，尤克肖，入太學，治《易》，冠（諧）〔諸〕生。

《遺書·家記十》：簡初入太學，聞太常古樂，莊敬中正之心油然（面）〔而〕生。

又《祭沈叔晦文》：簡未離膝下，知有先訓而已。及入太學，首見吾叔晦，始聞正論。且辱告曰：「此天子學校，四方英俊所萃，正當擇賢而親，不可固閉。」簡遂從求其人，遂得從其賢遊，相與切磨講肄，相救以言，相觀而善，皆吾叔晦之賜。

《宋史·沈煥傳》：字叔晦，定海人，試入太學，與陸九齡爲友。乾道五年進士，通判宜州，謚端憲。

三十二年壬午，二十二歲。

《行狀》：紹興末，虜突（進）〔淮〕右，考庭顯避地慈溪，因占籍焉。

《宋史·高宗紀》：紹興三十一年，命兩

浙、江東濱海諸州豫備敵兵。九月，金主亮造浮橋於淮水之上，自將來攻，兵號百萬，遠近大震。三十二年，金人犯壽春、蔡州、汝州、順昌府、陝州、虢州、河州、海州、(惟)〔淮〕寧府，命張浚專一措置兩淮事務。

《象山集·楊承奉墓碣》：紹興末，北虜犯淮，又徙慈溪。

《遺書·廣居賦》：徙居西嶼之麓。

孝宗隆興元年癸未，二十三歲。

二年甲申，二十四歲。

乾道元年乙酉，二十五歲。

二年丙戌，二十六歲。

眞德秀《西山集·袁燮行狀》：乾道初，燮入太學，陸九齡爲學錄。同里沈煥、楊簡、舒璘亦皆聚於學，以道義相切磨。

《宋史·袁燮傳》：字和叔，慶元府鄞縣人。初入太學，同里沈煥、楊簡、舒璘亦皆在學。燮累官寶文閣直學士。學者稱絜齋先生，謚正獻。

袁僑撰燮《壙誌》：乾道二年，入太學。

《宋史·陸九齡傳》：字子壽，居撫州之(全)〔金〕谿。乾道五年進士，官全州教授，學者稱復齋先生。

又《舒璘傳》：字元質，一字元賓，奉化人。朱熹、呂祖謙講學於婺，璘往謁之。乾道八年進士，爲徽州教授，遷知平陽縣。秩滿，通判宜州。淳祐中特謚文靖。

三年丁亥，二十七歲。

四年戊子，二十八歲。

《遺書》續集《偕炳求訓》：簡行年二十有八，居太學之循理齋，時首秋入夜，齋僕以鐙至。簡坐於床，思先大夫嘗有訓曰時復反觀，忽覺空洞，無內外，無際畔，三才萬物，萬化萬事，幽明有無，通爲一體，略無縫罅。

《行狀》：先生在循理齋，嘗入夜鐙未上，憶通奉公訓，默自反觀，已覺天地萬物通爲一體，非吾心外事。

《遺書·家記九》：先生曰：少年聞先大夫之誨，宜時復反觀，後於循理齋燕坐反觀，忽覺我與天地澄然一片。

又《永嘉郡治更亭名記》：簡年二十八而覺。

五年己丑，二十九歲。

本傳：舉進士。

《行狀》：以一經冠南宫，選登乙榜。

張津《乾道圖經》：乾道五年，登鄭僑榜進士。

薛季宣《浪語集》，季宣抵楊敬仲書。

《書》云：季宣景嚮有年矣。姪子每自庠序歸省，輒能具道問學之妙，行誼之美，及所以提誨之甚寵，顧以未嘗識面爲恨。鄉來幸會，獲合幷於武林，雖承教悤悤，弗及詳款養養之至，然一面而悔吝釋，接奉而群疑亡，所得固已多矣，幸甚！幸甚！分決之後，竊審擢榮上第。雖爲宏材本分内事，然而藴蓄之富，可以次第見諸施爲，未能緜意於時，尤爲善類喜也。占賀方阻，乃蒙尺書下問，情親意厚，愧荷兼之。寵諭不可曉。知之言足驗天有顯道，義命之重，非仁賢惡所望之。雨晦雞鳴，乃今見其人矣。僑居荒僻，新除尚未知何地，何日之官，有家姪便可寄聲，時蒙發藥是幸。

《宋史·薛季宣傳》：字士龍，永嘉人。樞密使王炎薦於朝，除大理正，出知湖州，改常州。

案：《浪語集》附載季宣姪溶寄季宣文：「溶少不天，早失所怙，義方之訓，賴有叔父。」又季宣撰父徽言《行狀》：「子二人，長季隨，次季宣。」溶當是季隨之子。呂祖謙撰《薛季宣墓誌》：「子沄，補太學生。」據季宣書云「姪子每自庠序歸省」，又云「及所以提誨之甚寵」，當是先生在太學時，溶、沄從之問學也。

本傳：授富陽主簿。富陽民多服賈而不知學，簡興學養士，文風益振。

《行狀》：授迪功郎，主富陽簿。簿於邑號閑冷，先生誠以接物，衆畏信之，相戒奉約束惟謹，走吏持片紙入市，可質數千。日諷詠《魯論》、《孝經》堂上，不動聲色，民自化孚。

又：先生之至富陽也，閲兩月無一士來見，怪問之。左右曰：「是邑多商人肥家，不利爲士，故相觀望，莫之習也。」先生惻然，即日詣白宰，謂：「兹壯邑於今爲赤縣，而士俗薾陋。學道愛人，宰其職矣。且僚佐繫銜例主學事，無以風動教化之，絃歌吾邑，予坐糜廩稍，效尤俗吏，束溼程賦，役事笞捶，吾食且不得下咽，奈何？」宰唯唯。遂破食補生徒，文理稍優即收之。先生日詣學相講習，又約宰凡稱進士，優以示勸，秀民由是欣奮，恨讀書晚。

六年庚寅，三十歲。

七年辛卯，三十一歲。

《遺書·永嘉郡治更堂亭名記》：簡年三十一而又覺。

八年壬辰，三十二歲。

《象山集·楊承奉墓碣》：象山云：「簡主富

陽簿，訪余於行都，余敬誦所聞，反覆甚力。余既自竭，卒不能當其意，謂皆其兒時所曉，殆庸儒無足采者。此其腹心，初不以語人，後乃爲余言。如此又一再見，始自失，久乃自知就實據正，無復他適。」

李子愿《象山年譜》：乾道壬辰，春試南宮，夏廷對，賜同進士出身。

又：象山在行都與諸賢從游，朝夕酬應問答學者，至不得寢者踰四十日。四明楊敬仲主富陽簿，始承教焉。

《宋史·陸九淵傳》：字子靜，乾道八年進士，自號象山翁。學者稱象山先生，謚文安。

本傳：陸九淵道過富陽，問答有所契，遂定師弟子之禮。

《遺書·象山行狀》：簡時攝事臨安府中，始承教於象山。及反富陽，又獲從容侍誨。簡一夕發本心之問，先生舉是日扇訟是非以答。簡忽省此心之清明，忽省此心之無始末，忽省此心之無所不通。

《行狀》：陸文安公新第歸，來富陽。長先生二歲，素相呼以字，爲交友。留半月，將別去，則念天地間無礙者，平時願一見莫可得，遽語離乎？復留之。夜集雙明閣上，數提「本心」二字，因從容問曰：「何爲本心？適平旦嘗聽扇訟。」象山揚聲答曰：「且彼訟扇者，必有一是，有一非，若見得孰是孰非，即決定爲某甲是，某乙非矣，非本心而何？」先生聞之，忽覺此心澄然清明。亟問曰：「止如斯耶？」公竦然端厲，復揚聲曰：「更何有也？」先生不暇他語，即揖而歸，拱達旦。質明，正北面而拜，終身師事焉。每謂簡感陸先生，由是再答一語更云云，便支離去，八年秋七月也。已而沿檄宿山谷間，觀故書猶疑，終夜坐不能寐。天曈曈欲曉，忽覺灑然如物脫去，乃益明。

《遺書·祖象山先生辭》：壬辰之歲，富春之簿廨，雙明閣之下，簡問本心，先生舉凌晨之扇訟是非之答，實觸簡機，此四方之所知。至於即扇訟之是非，乃有澄然之清、瑩然之明，匪思匪為，簡實有之。此豈惟簡獨有之，舉天下之人皆有之。

《象山年譜》：敬仲反富陽。三月二十一日，象山過之。問如何是本心，象山曰：「惻隱，仁之端也；羞惡，義之端也；辭讓，禮之端也；是非，智之端也。即此是本心。」對曰：「簡兒時已曉得，畢竟如何是本心？」凡屢問，象山終不易其說，敬仲亦未悟。偶有鬻扇訟至於庭，敬仲斷其曲直訖，又問如初。象山曰：「聞適來斷扇訟，是者知其為是，非者知其為非，此即敬仲本心。」敬仲忽大覺，始北面納弟子禮。象山嘗語人曰：「敬仲可謂一日千里。」

陸九齡《與學者書》：子靜入浙，則有楊簡敬仲、石崇昭應之、諸葛誠之、胡拱達材、高宗商應朝、孫應時季和從之游，皆亹亹篤學，尊信吾道，甚可喜也。象山六月二十九日復如富陽。七月初九日，舟離富陽，以十六日至家。

葉紹（聞）〔翁〕《四朝聞見錄》：慈湖主富陽簿，象山猶以舉子上南宮，舟泊富陽。慈湖宿聞其名，至舟次迎之，留廳舍，晨起揖象山而出攝治邑事。

案：《行狀》言象山新第歸來富陽，與先生問答在六七月間事，《象山年譜》則以象山由行都過富陽在三月間，《聞見錄》則以象山至富陽在未第以前，三説不符，當由傳聞異辭也。

羅濬《寶慶四明志》：楊簡師事陸九淵，自爲一家之學，施之政事，人笑其迂，而自信益篤。

《遺書·家記三》：先生曰：簡年三十有二，於富陽簿舍雙明閣上侍象山先生坐，問答之間，忽覺簡此心清明，澄然無滓，又有不疾而速，不行而至之神用。此心乃我所自有，未始有間斷。

《黄氏日鈔》：象山門人傳琴山之外，學象山而名世者，是爲慈湖。琴山名子雲，字季魯，金谿人。

《遺書·家記九》：先生曰：學者初覺縱心所之，無不玄妙，往往遂足，不知進學，而舊習難遽消，未能念念不動。但謂此道無所復用其思爲，雖自覺有過而不用其力，虛度歲月，終未造精一之地。日用云爲，自謂變化雖動而非動，正猶流水日夜不息，不值石險，流形不露，如澄止不動，而實流行。予自三十有二，微覺，已後正墮斯病。

《四朝聞見錄》：慈湖參象山學，猶未大悟。忽讀《孔叢子》，至「心之精神是謂聖」一句，豁然頓解。自此酬酢門人，叙述碑記，講説經義，未嘗舍心以立説。

《杭州府志》：富陽觀山上有傳心堂，亦名傳心亭，即雙明閣址。後人改建，祠象山、慈湖兩先生。

《石魚偶記》：嘗官富陽，始至，錢塘潮惟至廟山而止。他日與同官俱出西郊，至看潮村，皆訝村何以得此名。越二年，潮忽過邑而西，噴浪如岸雪，聲如震雷，宛然與錢塘相似，於是悟看潮村得名之由古，亦以此記異。

九年癸巳，三十三歲。

淳熙元年甲午，三十四歲。

《行狀》：先生在富陽，有自山出者，尤朴茂，來問學。先生曰：「子姑學拱。」既數月，曰：「可矣。」與之語，孜孜窮日夜不厭。先生憂去，輒提篋以隨，願卒學。後擢第，爲名儒，邑人爭相慕效，文風益振。

《遺書·祭孫元禮尊人文》：孫明仲，生長富春山谷間，曰龍門。富春人士絶少，國家三歲舉士，能秉筆具文者不踰五十。其能務實不務文，求諸内不求諸外，有志於道者，吾於龍門見二人，曰明仲，又明仲之尊行曰孚器。其子弟從其教，烝烝於善。

案：又《富春龍門》詩云：「竹輿漸近鐘鳴處，詩句來從鳥語邊。」先生當亦時至孫氏居也。

潛說友《咸淳臨安志》：楊慈湖在富陽，有《題凈土院》詩，和者甚衆。又有《題華蓋仙山院默齋》詩、《洪氏浴室院進月堂》詩。

春，喪妣氏，去官居堊室，哀毀盡禮。後營壙車廐，更覺日用酬應未能無礙。沈思屢日，偶一事相提觸，亟起旋草廬中，始大悟變化云爲之旨，縱横交錯，萬變虚明不動，如鑑中象矣。學不疑不進，既屢空屢疑，於是乎大進。

《楊承奉墓碣殘石》：庭顯娶臧氏，先公十四年卒。

案《墓碣》：承奉卒於淳熙十五年。據此，是臧氏當卒於是年。

又案：《象山集·承奉墓碣》作莊氏，與《殘石》及《遺書》、《行狀》異。《遺書》續集有《臧蔣氏墓志》、《醫痓臧公墓志》，先生皆稱爲外家，則當以石本爲可據，《象山集》誤也。

《慈湖易傳》二十：居妣氏喪，哀慟切痛，不可云喻。既久，略察曩正哀慟時，乃亦寂然不動，自然不自知，方悟孔子哭顏淵而不自知，正合無思無爲之妙。

二年乙未，三十五歲。

三年丙申，三十六歲。

本傳：爲紹興府司理，犴獄必親臨，端默以聽，使自吐露。越陪都，臺府鼎立，簡中立無頗，惟理之從。一府史觸怒帥，令鞫之，簡白無辜，命鞫平日，簡曰：「吏過詎能免，今日實無辜，必擿往事置之法，簡不敢奉命。」帥大怒，簡取告身納之，爭愈力。

《行狀》：服除，以通奉公畏浙江濤，受紹興府理掾便就養。犴狴必躬臨之，囚情炯燭，罔失豪末，猾吏僅行文案，手膠拳莫敢舞。越陪都，臺府鼎立，大抵承媚風旨，不暇問可否，先生公平無頗。一府史觸怒帥，送獄勘之，先生曰：「無罪可勘。」命勘平日，先生曰：「吏過詎能免，若今日則實無罪也。」帥大怒，先生歎曰：「是尙可爲乎？」歸取告身納之。帥知不可屈，遂已。一憲使嘗舉職官，一日緣兩造是非，壓先生就己意。先生趨庭抗辯，捧還削，憲莫能奪，改容謝之。每謂白事上官，必從容陳述，有不合即退思，思之而審，堅守無所撓。或大礙不見聽，則決去而已。

四年丁酉，三十七歲。

《遺書》：紹興府元日，譔《釋菜祭文》。

案：先生爲紹興司理，凡七載。此文未定作於何年，姑隸於此。

又案：《遺書》續集《秋祀禹廟文》、《晉王右軍祠祝文》，當均作於官紹興司理時。

五年戊戌，三十八歲。

六年己亥，三十九歲。

七年庚子，四十歲。

八年辛丑，四十一歲。

本傳：丞相史浩以簡薦。

《行狀》：太師史越王薦引諸賢，而先生居第二，謂「性學通明，辭華條達，孝友之行，閫內化之，施於有政，其民心敬而愛之」。得旨任滿都堂審察，僅一考即移注。先生不欲，文安公書來勉之，不可，親庭有命，乃不敢違，差浙西撫幹。

《宋史·孝宗紀》：六月戊辰，史浩薦薛叔似、楊簡、陸九淵、陳謙、葉適、袁燮、趙善譽等十五人，詔都堂審察。

《寶慶四明志》：史浩淳熙八年八月罷侍讀歸，露章薦鄞縣主簿薛叔似等十五人。

案：《宋紀》作六月，羅《志》作八月，《象山年譜》云：「史浩薦象山，六月二十三日得旨都堂審察。」羅《志》誤也。

《宋史·史浩傳》：字直翁，明州鄞縣人。紹興十四年登進士第。拜尚書右僕射，除少保、觀文殿大學士、醴泉觀使。請老，除太保，封越國公。薨，封越王，謚忠定。

又《薛叔似傳》：字象先，其先河東人，後徙永嘉，累官端明殿學士，謚恭翼。

九年壬寅，四十二歲。

本傳：常平使者朱熹薦之。

《行狀》：朱文公持庾節，薦先生學能治己，材可及人。居無何，闕陞。

《朱子文集·答劉晦伯書》：浙東學者多修潔可喜，楊敬仲、孫季和皆已薦之。

《黃氏日鈔》：朱子爲浙東倉，有繼母接腳夫破蕩其家業，子來訴其情，朱子遂委楊敬仲。敬仲以子告母不便，朱子告之曰：「父死，妻輒棄背，與人私通而敗其家，不與根治，其父得不銜冤乎？」

《行狀》：先生自入仕，固未嘗祈人舉，亦不效尤稱門生，求腳色狀，例遜謝不敢答，而諸公爭推擁若恐後。輒從部中得去，剡章輻集，溢數削，返之。

《宋史·朱熹傳》：字元晦，徽州婺源人，紹興十八年進士。官煥章閣待制，謚曰文公。

案：王楙竑《朱子年譜》：「淳熙八年八月，除提舉兩浙東路常平茶鹽公事。十二月六日，視事於西興。九年正月，巡歷紹興屬縣、婺州、衢州。二月回紹興，六月旱，七月蝗，巡歷紹興府縣。八月留台州，乞賜罷黜，改除江南西路提刑點獄，九月十二日去任歸。」據此，薦先生當在是年九月前。

《朱子文集·答滕德粹書》：大抵守官，一以廉勤愛民爲先。幸四明多賢，可以從游，不惟可以咨決所疑，至於爲學終身，亦皆可以取益。熹所識者楊敬仲、呂子約，所聞者沈國正、袁和叔，到彼皆可從游也。

《西山集·滕璘墓誌》：字德粹，世家徽之婺源。淳熙八年中乙科，以恩陞首甲，調鄞縣尉。子朱子自寓里來歸，教之以親仁擇善爲講學修身之助。且曰：「楊敬仲、呂子約、沈叔晦、袁和叔，此四人者，皆子所宜從游者也。」

案：《朱子年譜》，「是年九月十二日歸里」，此書當在九月後。

《宋史·呂祖儉傳》：字子約，祖謙之弟，監明州倉。寧宗即位，除太府丞。

十年癸卯，四十三歲。

《承奉墓碣殘石》：象山爲國子正，承奉攜二孫至臨安，來訪，留月餘而去。

《象山年譜》：淳熙九年，象山除國子正，秋初赴國學。十年冬，遷敕令所刪定官。

案：據此，承奉至臨安當在九年七月後，十年十月前。

《遺書》：遺奠舒元英。

《奠辭》：從政郎、浙西安撫司幹辦公事楊簡致奠於元英舒兄：昨晨，家僕以書來，轉得之陳氏姑，謂元英往矣。和仲兄謂傳聞多失實，尚須審問。既而應朝相訪，道子約之語亦然。嗚呼！元英果往矣。元英居明之奉化，簡官浙西，應朝又自越來，同哭於此。

黃宗羲《宋元學案·廣平案》：舒琪，字元英，文靖弟，共學於陸子，家居教授，慈湖雅重之。

舒璘《文靖類稿·承議公壙誌》：先君獻，字德濟，世居明之奉化。子七，曰琬、曰琰、曰球、曰琳、曰琥、曰璘、曰琪。

《宋元學案·槐堂案》：高宗商，字應朝，浙江人，乾道八年侍學，尤與楊敬仲、舒元質相契，任邕川教授。

呂祖儉《游候濤山記》：壬寅之冬，逐祿甬東，言候濤之勝，欲往未果。今年夏四月至定海，舒元英亦自大鹹來，即登候濤山。

案：是年四月間，元英尚在。《學案》言宗商之官邕川，楊敬仲方在浙西，蓋淳熙十年以前，而先生以十一年春初轉承務郎，文稱從政郎，則元英之歿、祭文之作當在十年四月後。文云「簡官浙西」，據《遺書》，先生以十一年八月始領浙西撫屬事，疑當都堂審察後，即有撫幹之命，但未及任事也。

十一年甲辰，四十四歲。

《象山集·承奉墓碣》：壽聖慶霈，以子簡官封庭顯承務郎。

《宋史·后妃傳》：壽聖太上皇后，淳熙十年，年七十，親屬推恩有差。

畢沅《續資治通鑑·宋孝宗紀》：淳熙十年十二月丙子，車駕詣德壽宮，行慶壽禮，大赦。

案：據此，是壽慶在十年十二月，而《墓碣》以慶霈封承務郎，隸之十一年，蓋於次年始行恩霈也。

本傳：差浙西撫幹白尹張杓，宜因凶歲戒不虞。乃令簡督三將兵，接以恩信，出諸葛亮正兵法肄習之，軍政大修，衆大和悅。

《遺書·莫能名齋記》：爲浙西撫屬，淳熙十一年既領事。

《行狀》：大尹張杓雅敬先生，先生亦渠渠與之盡。幕中本無事，及是多所委賴。吏牘日相銜在庭，天府澔穰，類多戾契贅牙，不易可辨。先生雍容立決，的中膝會，莫不服爲神明。畿甸災，意恟恟回測，白尹宜戒不虞。遂委督三將兵，接以恩信，得其心腹，出諸葛武侯正兵法調肄習之，衆大和悅。先生於是益信人心至靈，至易感動，億萬衆之心，一人之心也，徒恃詐力相籠絡，若虎豹然，日憂其將噬，大不可。故每論元帥當以四海爲一家，撫士卒如室中人，習正兵不可敗，先生之規模也。

《宋史·張浚傳》：浚之子杓，字定叟，孝宗朝知臨安府。

袁甫《蒙齋集·慈湖先生陸君墓志跋》：慈湖論兵主於不殺，講求諸葛武侯、李衛公陳法甚詳，謂古者正兵不可敗，於孟子不嗜殺人，訓若合符節。

《承奉墓碣殘石》：先生爲浙西帥屬，迎承奉以來，與象山卜廨爲鄰。

案《象山年譜》：象山於淳熙十年冬赴敕局，至十二年冬奉祠歸，其與通奉共居臨安者，此三年中事。以未確知其月日，姑隸於此。

又案：先生與象山同在臨安者，前則乾道八年，後則象山爲國子正，遷敕局，居中近五年，先生亦官浙西。《遺書》有《侍象山遊西湖舟中》、《觀胥必先周元忠弈》詩疑作於其時。

《象山集》：胥訓，字必先，臨川人，象山連襟。周良，字元忠，建昌南城人，象山門人。

十二年乙巳，四十五歲。

《咸淳臨安志》：創莫能名齋於寶蓮山，二月爲之記。

《遺書》記云：簡爲浙西撫屬，僦宅隘陋，外高中卑，無宴息之所，客至不可留，不可以奉親。偶得在官僧屋於寶蓮山之巓，創書室於高爽之地，東江西湖，雲山千里，名之曰「莫能名齋」。淳熙乙巳仲春記。

《遺書》有《寶蓮官舍偶作》詩。

十三年丙午，四十六歲。

象山《承奉墓碣》：光堯慶霈，封庭顯承奉郎。

《續資治通鑑·宋孝宗紀》：淳熙十三年春，正月庚辰朔，帝詣德壽宮，行慶壽禮，大赦推恩。

《遺書·紀先訓》：淳熙十三年，通奉家書云：「汝勉吾爲西湖之遊，今日無處不西湖，無時不西湖。人朝夕區區，皆由有己，及問其所以爲己，卻又不識。人好思量，於此思量。」

十四年丁亥，四十七歲。

《遺書》：正月二十二日，書與張元度。書云：臨川張元度以鄉舉至禮部，持陸先生書踵門就見，接其詞氣，知其誠恪可敬。告別，復求數語以歸。簡乃叙其略而告之曰：「元度好賢樂善，孜孜如不及。」簡堅謂元度自賢自善，何所更疑而猶待他人爲？書於寶蓮山官舍。

《象山年譜》：淳熙十四年，象山登貴溪應天山講學，建精舍居焉。與楊敬仲書云：「『精舍』二字出《後漢·包咸傳》，事在建武前，儒者講習之地，用此名甚無歉也。」

《象山年譜》：十五年，易應天山名爲象山。

《宋史·葉適傳》：適除太常博士，薦陳傅良等三十四人於丞相，後皆召用。

葉適《水心集·上執政薦士書》：近歲海內〔方〕〔名〕聞之士，可當國家之用者不少，而其閒雖有已經選用，不究才能，嘗預薦聞，未蒙旌擢。亦有已罹憂患，恐致沈淪，既得外遷，因不復入，況其自安常分，無所攀援，復貽頹年，永絕榮進者乎？適濫膺朝列，聽聞短狹，知賢不多，無裨萬一，謹自陳傅良以下三十四人冒昧以聞：陳傅良、劉清之、句昌泰、祝環、石斗文、陸九淵、沈煥、王謙、豐誼、章穎、陳損之、鄭伯英、黃艾、王叔簡、馬大同、呂祖儉、石宗昭、范仲（黼）〔黼〕、徐誼、楊簡、潘景憲、徐元德、戴溪、蔡戡、岳甫、王柟、游九言、吳（鎰）〔鎰〕、項安世、劉爚、舒（琳）〔璘〕、林鼐、袁燮、廖德明。

案：適之薦書年月莫詳，《適傳》云：「遷太學博士，因輪對除太常博士，薦陳傅良等。」考適《上孝宗劄子》云：「陛下嗣位，二十六年於此。」孝宗以紹興三十二年六月即位〔二〕，越二十六年爲淳熙十四年，輪對實在是時，故以適之薦士隸於是年。

《宋史·葉適傳》：字正則，永嘉人，淳熙五年進士，官至寶文閣學士，謚忠定。又《陳傅良傳》：字君舉，瑞安人，官至寶謨閣待制，謚文節。

十五年戊申，四十八歲。

本傳：改知嵊縣，丁外艱。

《行狀》：改宣教郎，知紹興嵊縣，以外艱不往。

《嵊縣志》：改知嵊縣，未涖任，而嵊人重其名，祀名宦焉。縣西北一里有楊公橋，以簡得名。北門內桃源坊有慈湖書院，明嘉靖三十三年提學副使阮鶚檄知縣吳三畏爲簡立。

案：《嵊縣志·官師表》作乾道閒任，誤也。

《承奉墓碣殘石》：秋八月戊寅，承奉以疾卒，享年八十有二。卜以十一月庚申，葬於縣之石臺鄉句餘村孝順里。

《象山集·承奉墓碣》：公諱庭顯，字時發。長不滿五尺，茶然臞儒，而徇道之勇不可回奪，血氣益衰而此志益厲，賁育不足言也。余獲遊甚晚，而知公特深，平生爲學本末，無不爲余言者。四方士友，辱交於余，惟四明爲多。自余未識公時，聞公行事言論詳矣。公爲人恭謹精悍，不屑碌碌，視天下事無不可爲者。其言有曰：「畏夷狄憂用財，此宰相非才之明驗。」少時蓋常自視無過，視人則有過。一日，自念曰：「豈其人則有過！」旋又得二三，已而紛然，乃大恐懼，痛懲力改，刻意爲學，讀書聽言，必以自省，每見其過，內訟不置，程督精嚴，及於夢寐，怨艾深切，或至感泣。積時既久，其功益密，念慮之失，智識之差，毫釐之閒，無苟自恕。嘉言善行，不曠耳目，書之盈室，著之累帙。嘗曰：「如有樵童牧子謂余，曰吾誨汝，我亦當敬聽之。」檢身嚴而安其止，取善博而知所擇，舊習日遠，新功日著。自其子識事，未嘗見公有過，所自責者，類非形見，公每發明以示監戒。人患忿懥，公容物若虛；人患吝嗇，公捐財若無。或歎其不可及，公曰：「昔甚不然，吾改之耳。」一夕被盜，翌日諭子孫曰：「婢初告有盜，吾心止如此。張鐙視笥，告所亡甚多，吾心止如此。今吾心亦止如此。」四明士族多躬行有聞，公家尤盛，闔門雍雍，相養以道義。

《宋元學案·象山案》：錢融堂謂通奉省過最嚴，毫釐不宥，至於泣下，是慈湖過庭之教所自出也。

《象山年譜》：淳熙十五年，象山作《承奉墓碣》，每謂：「志墓非古而銘多溢辭，故不苟作。余銘南豐、慈谿二君子之墓，海內名識謂無愧辭。」

《行狀》：陸文安公誌承奉墓，謂：「年在耄耋而學日進，當今所識，四明楊公一人而已。」

《象山集·黃世成墓銘》：南豐黃世成卒於淳熙丁未。

十六年己酉，四十九歲。

全祖望《結埼亭集外編·楊文元書院記》：文元之講學於碧沚，以史氏也。先是史忠定王館沈端憲於竹洲，又延文元於碧沚。袁正獻時亦來預。湖上四橋，遊人如雲，木鐸之聲相聞，竹洲在南，碧沚在北。

《鄞縣志》：碧沚書院在西湖，文元講學處。

《宋史·史浩傳》：淳熙十年致仕，晚治第鄞之西湖上。

《結埼亭集外編·竹洲書院記》：史忠定歸老，御賜竹洲一曲。忠定最與端憲厚，劃宅以居之。

《宋元學案·東萊案》：呂祖儉監明州倉，以淳熙壬寅至官，去以丁未，凡六年。時明州諸先生多里居，慈湖開講於碧沚，沈端憲講於竹洲，絜齋則講於城南之樓氏精舍。惟舒文靖以宦遊出，祖儉於諸講院無日不會，甬士學者遂以祖儉代文靖，亦稱四先生。

案：先生於壬寅癸卯官紹興司理，甲辰差浙西撫幹。逮戊申八月始丁父艱歸，而吕子約已先一年去官。《西山集·袁正獻行狀》亦以紹熙初連遭内外艱，未及用，則先是亦未歸甬上。先生於紹熙二年服闋去宰樂平，則其講學於碧沚而得與絜齋往還者，當在己酉、庚戌二年間，《學案》誤也。

案：史氏從學於先生者凡七人：一浩從弟漸之子彌忠。袁桷《延祐四明志》：「以子嵩之爲丞相，累除資政殿大學士，謚文靖。」詳見下嘉定二年注。一浩之子彌遠。《宋史》本傳：「字同叔，拜太師、左丞相，封衛王，謚忠獻。」一浩幼子彌堅。《延祐志》：「字固叔，與諸兄並學於慈湖。以彌遠久在相位，勸歸不聽，遂食祠祿於家。以資政殿學士卒，謚忠宣。」一漸之子彌鞏。《宋史》本傳：「字南叔，嘉定十年進士，官至直文華閣，知婺州。」一《學案》：「從慈湖遊，好學強記。」一浩弟涓之子彌林。《史氏家傳》字振叔，戴表元《剡源集題跋》字和旨。《鮚埼亭集外編·甬東靜清書院記》：和旨與饒州君定之皆楊、袁門人之傑然者。一浩孫彌大子守之，詳見下嘉定十七年注。一浩孫彌正子定之。《四明文獻》：「字子應，少時扶祖浩造朝，孝宗奇之，且勉以學。嘉定間知饒州。」《學案》：定之亦楊門高弟。

光宗紹熙元年庚戌，五十歲。

本傳：服除。

案：先生以淳熙十五年八月丁艱，則除服當在是年冬。

二年辛亥，五十一歲。

《遺書》：遺奠沈叔晦。

《奠辭》：宣教郎、新差知饒州樂平縣、主管勸農公事楊簡致奠於叔晦通判國錄。叔晦善言善行，奚可悉數。簡以三十年相與相切之情，三十年相與相切之義，遵制之官，不得執紼而從柩，一奠哭別。嗚呼哀哉！

袁燮《絜齋集·沈焕行狀》：叔晦年五十三，紹熙二年四月戊寅終於寓舍。十二月丁酉，葬鄞縣翔鳳鄉。

案：先生是時當已膺新差樂平之命，至明年春始赴任也。

三年壬子，五十二歲。

本傳：知樂平縣。

《遺書·樂平縣學記》：紹熙三年二月閏朔，始領邑事。

《樂平縣志》：以奉議郎任。

案：二年《祭沈叔晦文》稱宣教郎，是年始轉奉議郎，四年《祭沈元禮尊人文》故亦稱奉議郎。

興學訓士，諸生聞其言，有泣下者。

《行狀》：（字）〔宰〕饒之樂平，故學宮逼陋甚，危朽相支柱，苟且暮。先生曰：「教化之原，可一日緩乎？」（撒）〔撤〕新之。首登講席，邑之大夫士咸會。誨之曰：「國家設科目，欲求眞賢實能共理天下。設學校，亦欲教養眞賢實能，使進於科目，非具文而已。然士之應科目、處學校，往往謂取經義、詩賦、論策耳，善爲是，雖士行掃盡，無害於高科，他何以爲。持此心讀聖人書，不惟大失聖人開明學者之意，亦大失國家教養之意。人性至善，人性至靈，人性至廣、至大、至高、至明，人所自有，不待外求，不待外學。孩提之童無不知愛其親，及其長也，無不知敬其兄。見牛觳觫，誰無不忍之心；見孺子匍匐將入井，誰無往救之心？是謂仁義之心，是謂良心，即堯、舜、禹、湯、文、武、周公、孔子之心，即天地鬼神之心。人人皆有此心，而顧爲庸庸逐逐、貪利祿、患得失者所薰灼，簡竊惜之，敢先以告。」每謂敎養兹邑，猶欲使舉吾邑人皆爲君子，況學者乎。誨之諄諄不倦，剗除氣習，脱落意蔽，本心本自無恙。其言坦易明白，聽之者人人可曉。異時汨於凡陋，視道爲高深幽遠，一旦得聞聖賢與我同心，日用平常無非大道，而我自暴自棄，自顛冥而不知，有泣下者。入齋舍，晝夜忘寢食，遠近爲之風動。

王應麟《摭餘編·慈湖先生傳》：宰樂平，爲《講堂訓》曰：「學者孝而已矣。時有古今，學無古今，時有古今，性無古今。」聞者興起。

《宋元學案·慈湖案》：曹夙，字叔達，餘干人。見慈湖於縣庠，聞其提唱，旬有四五日而忽覺。

案：餘干、樂平俱屬饒州，其云見於縣庠者，當即樂平之講堂。

《遺書·奠曹叔達辭》：思念吾黨之士，叔達未嘗不在懷中。比裕甫遠來，即訪動靜，裕甫莫之知。適通史使君書，備言裕甫、叔達之洞達，使君報緘曰叔達物故矣。

案：史使君指定之，時知饒州。

《江西通志》：舒益，字裕甫，樂平人，楊簡門人。

楊、石二少年爲民害，簡置獄中，諭以禍福，咸感悟，願自贖。由是邑人以訟爲恥，夜無盜警，路不拾遺。

《行狀》：初入境，訪求民瘼，則聞楊、石二惡少以嚚健恫喝官府，姦人無賴，淵藪歸之，起事端，賊我良善。或不才長吏反利之爲鷹犬，挾借聲欲生其爪角，莫可誰何。交事未久，果猖猖然來搖牙庭下。先生灼見姦狀，趣提囹中，加責罰，諭以禍福利害，咸感悟，願終自贖，由是足不及公門。邑人化之，以訟爲恥，夜無盜警，路不拾遺。

《遺書》：撰《樂平縣重修社壇記》。

《記》云：春二月閏朔，簡既領事，命新縣社之門與其庭而修築其牆，仲秋訖功，乃秉筆而書。

四年癸丑，五十三歲。

《遺書》：二月戊戌朔，遣奠孫明仲。

《奠辭》：紹熙癸丑二月戊戌朔，奉議郎、知饒州樂平縣楊簡謹遣致一奠之禮於明仲至契：明仲純恪進德，有證聞，執事敬之一言，日夜從事，至右手運用，其左猶拱，其專如此。閱兩旬，忽大喜，自是發言頓異曩昔。及爲里正，公移方急，奔起應辦，而實未嘗微動。

《宋元學案·慈湖案》：明仲，富春人。先生爲富陽簿，從學。紹熙三年卒。

《遺書》：新樂平縣學成，記之。

《記》云：三年，簡領縣事，敬瞻聖人之宮，隘陋甚，無以起人崇敬之心，思撤而新之，縣計大匱，不可。同官協謀，邑人丕應。越明年，中殿崇成，戟門前峙，修廊翼之。因廊爲齋，學者有安居之所。

六月九日，譔《二陸先生祠堂記》。

《象山年譜》：象山（弟）（兄）復齋先生，淳熙七年卒。象山以紹熙三年十二月卒於荆門軍，四年正月柩歸於家。金谿宰王大有建象山、復齋二先生祠。六月癸丑，楊簡爲記。

《樂平縣志》：自夏徂秋不雨，年穀大損。令楊簡憂盜起，講聚民之政，以關郊內自任。稍采鄉譽，分鄉職曰糶、曰貸、曰濟，次第具舉。邑無可糶，責之民廩；邑無可貸，請之倉臺；邑無可濟，移之上供。歲雖饑，不害。

案：《遺書·祈雨文》：「東作方興，民田盡槁，簡爲此邑之父母，不勝痛切。」又有諸廟《祈雨文》、《謝雨文》。

黄櫄《古今救荒活民書》：紹熙四年，樂平饑，村民攜錢市米，山路遇亡命，縛而取之。邑宰楊簡曰：「此曹斷剌則復爲盜，配去則逃歸。斷一足筋，傳部示衆。」一境肅然。此雖苛切之政，然深合周公荒政除盜賊之意。

趙汝愚《忠定集·與楊奉議書》：汝愚悚息上啓：奉別累年，惟有悁企。遠示書辭，懇懇然以境內旱歉爲憂，良深欽歎。異時州縣舉行荒政，卒不滿人意，顧以實惠不及民耳。有如誠心軫惻，先事而圖，募饑民以興陂澤，一二條目，極爲切當，足見學力深到，爲政有方，萬家之邑，雖饑不害矣。來諭即與丞相言之，聞閤郡除截撥上供三萬石外，更賜僧牒六十道。伏幸照悉，匆匆，粗此占報。惟爲民社加意，以需異用。不宣。

《遺書·鄒德顯墓銘》：金山之桐林有鄒生夢遇者，初聽予言未以發。紹熙四年秋，予視旱過其鄉，接遇，稍異於曩矣。

冒襄《辟疆園宋文選》楊簡《鄒魯卿墓誌》：簡爲樂平，首得鄒夢遇，簡字之曰元祥。元祥自有覺，簡從而滌其滓。

《樂平縣志》：夢遇，字子祥，以辭賦薦於鄉。爲人孝弟，喜怒不形，處事一於義，不可奪。從邑宰楊簡遊。

《宋元學案·慈湖案》：慈湖爲樂平，以「訂頑」二字用諸文告，王琦謂良知良能，人皆可爲堯舜，無以頑斥，慈湖亟改，自謝不敏。王琦，字表文，樂平人，慈湖稱爲直友。其門人鍾季正有《慈湖謝過遺墨跋》云：「今之令有慈湖否？今之友有先生否？」

又：馬樸，字季文，樂平人，主廣昌簿。猶子應之，字定叟，子爕，字敬叔，俱受業於慈湖，許以有得，且曰武城宰得人矣。

《江西通志》：鍾宏，字子虛，樂平人，從邑宰楊簡遊。嘉定進士，官貴溪丞。袁甫表諸朝，稱其學有淵源，實得故閣學楊簡之傳。同邑又有洪簡，字子斐，以蔭補官，知茶陵縣。曹正，字性之，官永明尉，學有自得。方溥，字成大。余元發，字永之，以辭賦薦。王晉老，字子康，以蔭入仕，篤志於學。皆簡門人。

《樂平縣志》：鄒近仁，字魯卿，叩道於楊簡。程廉，字廷本，以經學薦於鄉，簡嘗器重之。彭椿，字春卿，以賦薦於鄉，簡稱其樸茂。劉九思，字得之，以《易》數叩於簡。吳塤，字仲和，與弟垌俱學於簡。垌，字仲郊。慈湖嘗曰：「塤敏，不踰月而至，垌踰年亦當知德。」

《樂平縣志》：甫脫凶荒，復大疫，簡求疵癘所從起，爲禱誄數百言，大旨使民自求多福。因郡官督征，乃援孟子受牛羊牧芻之說以告，守不敢罪。又行《周官》禁飲法，斥侑飲官婢配之，官民無敢犯禮。

《遺書·誄辭》：禍災之來，惟人自取。於大道太和之中，起乖戾悖亂之氣，薰烝流注，疫癘斯起。今兹禱祈，衆心一誠，可以變禍災爲吉祥。

葺樂平主簿廳，爲之記。

《記》云：是邑丞、簿咸寓蕭寺，而簿廳之廢特甚。舊有址於縣之東，久爲荒墟。簿君周正字仁甫，質直無所回，簡喜於得良友。縣東堂幾二十楹，請葺而居焉，早暮徒步，可以相過。屬簡記廳壁，且追書前官之可考者。

十月，裘萬頃任主簿，初見長官楊簡，拜爲道德師。

《四庫全書提要》：裘萬頃《竹齋詩集》三卷，附錄一卷。楊簡誌其墓，以默識稱之。

凌迪知《姓譜》：裘萬頃，字元量，新建人。登淳熙進士，爲樂平簿，清聲播聞，遷大理司直。

《遺書》：奉檄往哭象山，復會葬。及歸自金溪，留宿本縣仙樂觀。

《象山年譜》：冬十一月九日，葬於貴溪延福鄉朱陵，門人奔哭會葬者以千人。

《遺書》：譔《祖象山辭》，代李伯誠譔《祭象山文》。

案：《遺書·留宿仙樂觀》詩云：「道士清晨喜告余，昨宵膏露降濡濡。夜來輿從留山觀，此瑞端呈邑大夫。我聞此言半疑信，踏破曉光上孤峻。巍然古殿漢天師，水繞丹爐葉明潤。旁觀復折取以前，連日祥應詎偶然。我之審嘗甘如飴，是誰執此變化權。」據此，先生官樂平時，有甘露降之瑞。

五年甲寅，五十四歲。

《遺書》：二月，撰《王珪節庵記》。《記》云：王珪，字玉甫，樂平懷義鄉人。

《象山年譜》：二月十六日，撰《象山行狀》。

《文靖類稿·答敬仲書》：《象山行狀》洞見表裏，其間載子伊川事甚當。然鄙意謂此等事未易輕以告人，人情欺蔽，道心不著，不知者徒生矛盾。既知之，彼自能辨。敬仲以爲何如？

《絜齋集·樓鑰行狀》：鑰薦士於朝，必以公議所與，楊簡、劉仲光之流，世皆賢之。

《宋史·寧宗紀》：五年八月丁巳，詔侍從、兩省、臺諫，各舉通亮公清、不植黨與、曾任知縣者二人。

樓鑰《攻媿集·舉楊簡劉仲光狀》：準尚書省劄子，（奏）〔奉〕聖旨，令侍從、兩省、臺諫，各舉通亮公清、不植黨與、曾任知縣人二名者。右臣伏睹奉議郎、知饒州樂平縣事楊簡學問深淳，操行介潔，議論堅正，皆有本原，愛民之政著於劇邑。是臣鄉人，素爲畏友，非敢私薦，公論所推。朝請郎、監登聞鼓院劉仲光純粹而能剛，疏通而有立，曾知隆興府奉新縣，甚有政聲，又有關決之譽。此二人者，實可應通亮公清、不植黨與之選。

《宋史·樓鑰傳》：字大防，慶元府鄞縣

人，累官吏部尚書，謚宣獻。

《遺書》：新饒娥廟碣而記。

《記》云：饒氏孝女，邑人祠而祝之，歷年數百，旱禱而雨，疾禱而安，事禱而應。簡脱遷别祠而新之。又聞於帥，請奏於朝，求錫命焉。簡忽叨冑學之除，將去邑，邑人請碣而記之。

《樂平縣志》：簡教民以孝弟爲首，新饒娥祠，朔望拜之，曰：「吾以教孝。」

《遺書》續集《祀饒娥僊聖文》：簡長斯邑，首訪而知，雖無舊文，當啓新儀。一獻爲禮，神豈需此，昭明孝道，庸示百里。

《明一統志》：饒娥廟在樂平縣東三十里，柳宗元《饒娥碑》：「饒娥，饒人，父醉漁溺死，娥走哭水上三日，不食死。」

譔《孚惠王廟記》。

《記》云：樂平之所崇敬，旱能致雨，禱焉而應，靈感著聞，遐邇畢趨者曰鳴山之神。神之號曰威惠善濟廣祐忠烈王，宜刻石昭紀事節。

案：《記》不詳年月，姑附於饒娥廟後。

曾熠《己易序》：删訂《己易》。

案：《序》云：先生宰樂平時，嘗删訂《己易》。以年月未詳，姑隸於此。

《樂平縣志》：《題小甘巖》詩。

案：《遺書》作《題樂平明巖》。又有《賀王使君南風》詩四章，有云「幸吾樂平之民兮」。《上耿泉使生朝雲臺》（時）〔詩〕十章，有云「洎陽爲邑，實惟所臨」。《上鄧憲生辰岷源》詩十二章，有云「洎陽爲邑，罹旱則甚。故維私邑，蒙澤亦甚」。《詩序》云

「樂平令楊簡獻」，據此，知皆宰樂平時作。

本傳：詔爲國子博士，二少年大帥縣民隨出境外，呼曰「楊父」。

《行狀》：楊、石二人者大率衆相隨出境外，呼楊先生、楊父，泣拜，戀戀不忍離。

洪邁《野處類稿·送楊簡遷國子博士》詩：楊君解墨綬，去作國子師。邑人千萬戶，遮道嬰兒啼。曩歲天苦旱，赤地無餘遺。饑殍千百輩，上山爭採薇。採薇有時盡，詎能救長饑。慨然願自任，舍我將告誰？味爽出廳事，日暮忘遄歸。大家儲陳粟，出糶不敢遲。偷兒紛狗鼠，鋤治如平時。一意手摩撫，如子得母慈。明年麰麥登，比屋無流移。史牒載循吏，於今親見之。我亦受一廛，惜哉輕語離。橋山未訖役，酌餞疏酒卮。聊述路人頌，持作送君詩。

《遺書·舒德彰墓銘》：簡爲樂平，舒同年之弟揚，字德彰，所居伊邇，節朔相過。曁拜博士之命，延簡於其別圃而餞焉。

《明一統志》：遺書閣在樂平縣儒學講堂後，宋楊簡嘗爲邑令，既去，門人袁公（輔）〔甫〕提刑江東，肖像藏其遺書於此。

《蒙齋集·樂平慈湖書閣記》：書閣之建，邑之令佐謝君溥、許君應龍，與夫有職於學者舒君益而下凡十有四人，薈萃先生所著群書於閣，而率學子日觀習焉。蓋先生嘗宰斯邑矣，邑人沐先生遺化，歌思至今勿忘，故惓惓於其遺書如此。閣既成，而甫爲之記。

《樂平縣志》：慈湖書院在長樂坊，危素

記曰：「昔楊文元公之宰樂平日，首倡士民興修學舍，闡明心學，以崇教化。未幾，民翕然應之，嚚訟馴服，至今號爲詩書之邦。向之蒙公惠澤者，由今觀之，皆其高曾祖父矣。餘澤在人，尚感念之不泯。孔子曰『君子學道則愛人』，有以哉！袁正肅提點江東刑獄，乃剏書樓於學廟之後。入本朝，至元十九年，縣尹翟衡得魏氏之隙地於縣治之東，爰築宮其上，率諸生舍奠焉。事聞，賜額曰『慈湖書院』，設官如今式。至正辛巳，公之五世從曾孫同翁來爲山長，素使過是州，既拜謁祠下，同翁求爲之記。予惟楊氏學出於陸文安公，其爲樂平也，實朱文公爲浙東常平使者之所薦也。不知者以爲朱、陸異學，可勝歎哉！今學院有田，以養學者於其中，他日出而仕於時，當以是爲師範矣。」

案：趙偕《寶峰集》有《送楊大章往江西因尋訪先世文元公遺書》詩，當指往樂平遺書閣言也。楊實成化《四明志》：「芮，字大章，文元五世孫。趙偕，字子永，慈谿人，嘗讀文元書，恭默自省，悉棄舊業，尊崇之，學者稱寶峰先生。」烏斯道《春草齋集》：芮號小隱。

《行狀》：未三考，以國子博士召。紹熙五年，寧宗即位之初年也。既赴監講《乾》繇，反復數千百言，發人心固有之妙，欣欣然人自慶幸，謂先聖贊《易》後未之聞也。御筆遵孝宗成規，復三年之制，先生奏：「陛下此舉，堯舜三代之舉；此心，堯舜三代之心。順此心以往，則堯舜三代之盛復見於今日。但臣深恨上行而下未效，群臣衰服之餘，常服則紫緋綠，大非禮。虜人曩日嘗歎孝宗復古，且謂金主亦欲依仿而行。今陛下順聖心行之，破群臣非禮久例，亦當溥及四夷，心悅誠服，豈不亦光明偉特，爲萬世法歟？」

案：《宋史·寧宗紀》：「八月丁巳，詔舉通亮公清，樓宣獻薦之。」十一月，詔行孝宗三年喪制，命禮官條具典禮，先生始上奏。據此，則博士之召當在八月後、十一月前也。

周密《齊東野語》：趙汝愚拜右相，以朱子有重名，遂自長沙召入爲待制，侍經筵。又收召李祥、楊簡、呂祖儉等道學諸君子。

《宋史·趙汝愚傳》：字子直，居饒之餘干縣。擢進士第一，召試館職。寧宗立，命爲光祿大夫、右丞相。

《文靖類稿》：璘答國博敬仲書。

《書》云：壽皇崩棄，憂戚之懷，正如來諭。公庭不能盡哀，退與諸生坐哭明倫堂下。當是時，事方岌岌，後雖少定，然傳聞猶伴奐。吾友入中朝，與諸公數入否？集賢果相敬信，得展盡底蘊否？璘學中諸生，自得羅子有、鄧夢眞、汪行簡、戴泳，皆有啓發可敬，但頹風未易返。敬仲爲國子師，如何端居靜念，有治己之道，無治人之法？我若無虧，隨處皆應；一或自蔽，萬語悉空。璘日來灼見此弊，不敢不勉，更望見教。

案：壽皇孝宗崩於六月戊辰，先生任博士後當有書致文靖，文靖答之如此。

《遺書》續集：冬抵臨安，祫享。

《祭文》云：簡進德未純，未能寡過，叨

蒙新命，備數學官。兹其簡之所自致，實惟上世之遺訓未泯，敢不敬之、承之？《禮》曰：「大夫士有省於其君，則於祫及其高祖，支子不祭，祭必告於宗子。」簡既告於小宗，謹以清酌庶羞用薦祫。

慶元元年乙卯，五十五歲。

《遺書》：正月記内訟。

《記》云：孔子曰「吾未見能見其過而内自訟者」，今見其人矣，先公有焉，仲兄有焉。簡親見先公自悔自怨，至於泣下，至於自拳。仲兄嘗告簡曰：「吾今而後知古訓所謂内自訟者，予有過實自訟，是以内訟名齋。亦如今國學有齋曰自訟，有大過則居焉。」士恥之，而仲兄樂之，簡起敬起恭，謹發其義書於行所在仙林寺之北官舍。

《承奉墓碣殘石》：庭顯次子篆。

案：《遺書·張秉信墓銘》有云「簡得之先兄和仲」，和仲當是篆之字。雍正《慈谿縣志》：「篆，字醇仲，號訟齋。」呂祖儉《游候濤山記》：「史丞相館賓楊希度，名篆，家於慈谿。」則篆又字希度也。

本傳：會斥丞相趙汝愚，祭酒李祥抗章辨之。簡上書言：「昨者危急，軍民將潰亂，社稷將傾危，陛下所親見。汝愚冒萬死易危爲安，人情妥定，汝愚之忠，陛下所心知，不必深辨。臣爲祭酒屬，日以義訓諸生，若見利忘義，畏害忘義，臣恥之。」未幾，亦遭斥，主管崇道宮。

《宋史·寧宗紀》：二月戊寅，以右正言李沐言罷趙汝愚爲觀文殿大學士，知福州。三月甲寅，國子監祭酒李祥、博士楊簡以黨趙汝愚罷。

又《趙汝愚傳》：韓侂胄欲逐汝愚，擢其黨將作監李沐爲正言。奏汝愚以同姓居相位，將不利于社稷，乞罷其政。汝愚出浙江亭待罪，遂罷右相，除觀文殿大學士、知福州。臺臣合辭乞寢出守之命，遂以大學士提舉洞霄宫。國子監祭酒李祥言：「去歲，國遭大戚，中外洶洶，留正棄相位而去，官僚幾欲渙散，軍民將爲亂，兩宫隔絶，國喪無主。汝愚以樞臣獨不避隕身滅族之禍，既奉太皇太后命，翊陛下以登九五，勳勞著於社稷，精忠貫於天地，乃卒受黯黮而去，天下後世其謂之何？」楊簡亦以爲言。李沐劾祥、簡，罷之。

《行狀》：趙汝愚斥，李祥抗章辨之。先生案學館舊事，請列劄，不許。告同列，人人相顧語難。先生曰：「拼一死耳。」遂上書言：「臣與汝愚義合者也，汝愚豈每事盡善，至被不韙以出，則舉天下皆能亮其忠也。汝愚往矣，不當復來，今日之言不爲汝愚發，爲義而發。」未幾，亦遭斥。諸生復激於義，爲先生辨，又斥之。一時端士正人例誣以僞，痛黜逐掃地，不留根株，而其禍滔滔矣。

宋無名氏《慶元黨禁》：二月二十八日甲申，楊簡上疏留汝愚，李沐又劾之。

《續資治通鑑·宋寧宗紀》：四月庚申，太學生楊宏中、周端朝、張道、林仲麟、蔣傅、徐範六人上書言：「李沐論罷趙汝愚，中外咨憤，章穎、李祥、楊簡發於中激，力辯其非，即遭斥逐，六館之士拂膺憤怨。李沐自知邪正不兩立，思欲盡覆正人以便其私，於是託朋黨以罔陛下之聽。臣恐君子小人消長之機，於此一判。」疏上，詔宏中等悉送五百里外編管。時號爲六君子。

俞文豹《吹劍錄·外集》：侍郎劉珏請置僞學立黨籍，宰執四人，待制以上十三人，餘官則楊簡等三十一人。

《宋史·李祥傳》：字元德，常州無錫人，遷國子司業。趙汝愚以言去國，祥上疏爭之。除直龍圖閣，謚肅簡。

又《章穎傳》：字茂獻，臨江軍人，官禮部尚書，升侍讀，謚文肅。

《通鑑輯覽》：楊宏中，字充甫，福州人。周端朝，字子靜，溫州人。張道，字用叟，福州人。林仲麟，字景沖，福州人。蔣傳，字象夫，信州人。徐範，字彝父，福州侯官人。

二年丙辰，五十六歲。

《遺書》：王子庸請書。

《書》云：錢塘王子庸，予爲浙西撫屬時已識其人。予得罪去國，將行，子庸請益。慶元二年三月朔，書於江皋旅次。

《行狀》：先生歸自胄監，家食者十四載。

《遺書·張渭叔墓銘》：越之新昌張渭，字渭叔。簡之爲國子博士，以言事罷歸，韓侂胄方用事，時論誣善類曰「僞學」，舉子文字由是大變，不敢爲禮義之言。如簡見爲僞學之尤者，而渭叔不遠數百里，與其兄弟皆至，願摳衣焉。從容累月，未嘗及舉子事業，簡於是信其人。與之語，無他說，大旨惟本孔子之言，曰心之精神是謂聖，渭叔領會無疑。

《宋元學案·慈湖案》：渭弟汾，字淸叔。

案：《宋史·寧宗紀》禁用僞學之黨在是年八月。

《遺書》：記磬齋。

《記》云：恪請以磬名齋，又請書其說，立秋日書於西嶼竹房。

《行狀》：恪，承務郎，沿海制置司準備差遣。

《宋元學案·慈湖案》：恪，字叔謹，號磬齋。

八月，譔《東山賦》。

案：《遺書》又有《廣居賦》、《南園賦》、《蛙樂賦》、《月賦》、《心畫賦》。賦中多自稱西嶼楊子，當皆里居時作，要莫定其年月也。

《蒙齋集·跋慈湖先生廣居賦》：慈湖先生既作《廣居賦》，廣居之室後轉而之他，先生之猶子叔正能復其故物。端平三年夏，屏處山樊，叔正過余，求紀其事，且曰更爲我敷暢廣居之旨。余不得辭，設客問以見意。

王梓材《慈湖從祀錄》：叔正疑名惟。

十一月十三日，過庭書訓付恪。

記連理瑞。

《記》云：慶元二年仲冬之月，伯兄命圭持蔬莖連理以示簡，曰後畦所產。異哉！簡受而諦視，駭而曰：「未之見也，果異矣。」作詩以呈曰：「弟兄和氣與天通，連理蔬莖瑞鬱葱。造化神機非遠近，不當言異又言同。」伯兄喜，持詩以示仲兄。俄而又曰：「弟亦知復有籬楊連理之異乎？殊本而同枝。」於是恪曰：「窊亦連理。」悔曰：「嘗見之，誠異乎常果駢蒂比實者，未之見連實混然者。」簡又省伯兄嘗攜簡手徐行東圃視橘實，其狀與悔之所見同。簡退而念吾家一年而有連理之瑞四，雖儒者罕言祥瑞，嘉禾作書，古聖不廢。追惟先公實德義訓，所以啓佑後人，深入潛化。往歲鄉里以潛藩蒙賚，舉子蠢蠢詭冒，所至而是，而吾家寂然，二弟群姪勢便力可，顧視之若無，不惟不作於其事，而亦不動於其心。此雖常德細行，不足爲言，而俗衰風靡，吾家遂爲砥柱。簡竊自喜先公流化之效至是而益著，又念伯兄忠信天成，進德於内而世莫知，簡每自言曰，兄眞三代人物也。仲兄文雅灑然，而深得《復卦》之旨於方寸之中，作圖記過。人皆恥於聞過，兄顧自白其過。孔子曰：「吾未見能見其過而内自訟者也。」而兄安而行之，猗與盛矣。叔弟機仲用改過之力於内而人未之知，又其聞鐘發省，自此吐論超越。季弟行仲孝友篤志，訥於外而敏於中，内心發光，不可致詰。諸子雍雍，群孫濟濟，雖入德先後之序不齊，不可枚數，而其大較質而不浮，從容乎先公道化之中則同。兹嘉祥來集，不可外索。祥不可恃，所恃惟德；德不可怠，惟勤惟精。此簡所以不敢荒，而亦先訓之本旨也。厥明書於竹。

案：《承奉墓碣殘石》：庭顯長子籌，次篆，三即先生，四權，五篪，當即機仲，六籍，當即文仲，悔當是篆之子，圭則篆之孫也。

《遺書》續集：誌趙師邦妻陳夫人墓。

《誌》云：共甫夫人陳氏，以慶元二年九月乙丑卒於鄞之官舍。既踰月，共甫以告四明楊簡，將以其柩歸。十二月壬申，葬於臨海，屬銘其墓。

《攻媿集·趙明道墓誌》：師邦，字共甫，台州人，起家科目，以修職郎主鄞簿。

《遺書》：遺奠呂子約。

《奠辭》：承議郎楊簡謹遣致一奠之禮於呂兄子約寺丞：哀哀子約，我心則同。學問雖略異，我心則同。所同者何？其好善同，見義忘利同，學不以口而以心同。子約誠意篤志，深知乎簡之心。簡敬子約，敬子約不以利奪其義之胸中夫。是以承訃望哭，如對清明之神、雅正之容。病質莫奔，緘辭寫衷。中間離合，如風轉蓬。不復多述，惟哭簡同。

《宋史·呂祖儉傳》：寧宗即位，韓侂胄用事，李沐論趙汝愚，罷之。祖儉奏汝愚未至如言者所云，貶韶州。遇赦，量移高安。二年卒，詔令歸葬。

《續資治通鑑·宋寧宗紀》：慶元二年七月戊子，量徙流人呂祖儉等於內地。祖儉流高安，尋卒。

案：《奠辭》當作於是年。

三年丁巳，五十七歲。

《遺書》：取曾子之書，參古本而釐正之，釋其疑義。四月序。

《遺書》續集：邑人求譔《春秋祀董孝君辭》。

董華鈞《純德編》：慶元二年，邑令朱堂重新祠宇。楊慈湖先生代撰祭文云：維慶元二年三月三日，慈谿縣令朱堂率僚屬致祭漢董孝子云。

案：先生於慶元二年三月朔日有《江皋旅次書》，而《純德編》謂是文即作於是月三日，誤也。《寶慶四明志》：「慶元二年，令朱堂增修孝子祠堂，與邑之士夫上巳重陽行三獻禮。」文或作於是年九月。今慈谿縣徐家巷張孝子祠有漢董孝子碣銘殘石，其碑陰云：

「本祠士夫舉行春秋祀典再，自朱令君始，慶元丁巳重九，縣令朱堂主祀。」丁巳實爲三年，文當作於其時。而《寶慶志》云「朱堂慶元元年十一月任，三年二月丁母憂」，是三年九月已去任矣。今據石刻，姑列於此。

《寶慶四明志》：唐崔殷撰《董孝子廟記》云：「黯，後漢人，孝行著於鄉邑，桓帝召拜郎中，不赴。」又董孝子純德君廟，縣東北一里，建炎間，縣令林叔豹建。

四年戊午，五十八歲。

《遺書》續集：二月甲申，會從妗臧孺人盧氏葬於鄞縣桃源鄉西山萬隩。誌從舅翰林醫痊臧賓卿墓。

《誌》云：簡外王父臧師文以文行升上舍，貢禮部。其兄師顏，翰林醫候，累贈從義郎。從義仲子賓卿，字雲叟，補醫學，累轉至醫痊，賜五品服。隆興五年卒。娶盧氏，紹興十一年卒。再娶盧氏女弟，慶元三年十一月卒。明年二月甲申，合葬焉。從表兄某屬銘其墓。

五年己未，五十九歲。

《遺書》：奠舒元質。

《奠辭》：承議郎楊簡謹（莫）致（奠）於故友人元質舒兄通判：嗚呼已矣！簡獨念不獲與元質俱終其學，俱進其發憤忘食之篤念。嗚呼已矣！元質亨簡之奠，元質之心惟簡知之。

《文靖類稿》：誌舒元質墓。

《誌》云：九月二十九日，舒元質卒。訃聞，奔奠於其廬，哭盡哀而返。十二月望，厥子卜兆於嵩溪里公棠山，使以窆期告，乃序而銘之。

又：璘遷宜州通判，拜命便歸，未果行，卒。璘子五人，三曰銑，簡女女焉。

六年庚申，六十歲。

本傳：主管崇道觀，再任朝奉郎。

案：《行狀》轉朝奉郎無年月。據《遺書》，四年，譔《翰林臧公墓銘》，結銜稱承議郎。五年，《奠舒元質辭》，署銜亦稱承議郎。《宋史·職官志》：「祠祿之官，以三十月爲任，再任則六十月。」先生以慶元元年奉祠歸，至是年則再任滿矣，其轉朝奉郎，當在是年。

嘉泰元年辛酉，六十一歲。

《石魚偶記》：十一月九日清晨，忽覺。子貢曰：「學不厭，知也；教不倦，仁也。」孟子曰：「惻隱之心，仁也；羞惡之心，義也；恭敬之心，禮也；是非之心，知也。」二子之言仁，異乎孔子之言仁矣。十一日未昧爽，又忽醒。孔子之言知者不惑，仁者不憂，必繼之以勇者不懼，何也？知及之仁，能守之知，知道仁者，常覺、常清明之謂。然而亦有常清明日用變化不動，忽臨白刃鼎鑊，猶未能寂然不動者，此猶未可言得道之全。故必終繼之以勇者不懼。

二年壬戌，六十二歲。

《遺書》續集：祖奠馮氏姊。

《奠辭》：從父弟簡謹致奠於亡姊百十九安人：憶昔世父，合居武康。諸姊俱長，簡輩幼行。男女則別，同堂對房。旦旦肅揖，歲時奉觴。姊雖有行，歸寧則常。常獲依居，眷深愛長。日月如車轂，俱爲鬢霜。三千數里，家道寖艱。昨問姊疾，姊猶爲輿，夫何遽然，棄諸孤以行。

姊七十，簡亦六十二，一哭遂疾作，踰月未平。遽告啓期，力扶而來，哀不勝矣。擗哭忍痛，執奠涕滂。

三年癸亥，六十三歲。

《遺書》：嘉泰昭陽大淵獻，築室董孝君祠之西，下有湖焉。簡曰：「溪以董君慈孝而得名，縣又以是名，則是湖宜亦以慈名。」

《行狀》：築室德潤湖上，更名慈湖，館四方學者於熙光、詠春之間而啓迪之。

《春草齋集·周皓齋墓銘》：楊夫子舊業面湖際山，東西有熙光、詠春之門，其流風餘韻可想見。

雍正《慈谿縣志》：慈北有談妙澗，南流入湖，野航橋跨其上。楊文元公有「澗水簷旁談妙理」之句，因以爲名。

徐兆昺《四明談助》：慈湖宅旁有談妙澗、連理圃。

案：《蒙齋集·題慈雲閣》詩：「不見慈湖二十年，憂心如醉復如顛。我來忽見慈雲閣，恍若慈湖現我前。」今不知處，鄭辰《句章摭逸》云在鶴皋定水寺中。

《遺書》：譔《先聖大訓》。

《四庫全書提要》：錢時譔簡《行狀》：「築室德潤湖上，始取先聖大訓間見諸雜說中者，刊僞別誣，萃成六卷而爲解。」即此書也。

四年甲子，六十四歲。

《遺書》續集：譔《安康太夫人奠辭》。

《奠辭》：具位楊簡謹奉奠於故安康郡太夫人祖筵曰：夫人淑德懿行，某夙昔而不得備知，而辱在州里，又辱知於尚書，因尚書而獲修登堂再拜之敬，望見揄翟之光。退而得諸親知，又尚書嘗道其燕（待）〔侍〕之言，確乎不動於勢利。今又獲尚書所狀行實，啓讀益視其所未知。《攻媿集·安康郡汪太夫人行狀》：汪氏，諱慧，字正柔，鄞人。嘉泰四年正月癸酉，以疾薨於晝錦坊。

案：安康爲尚書樓宣獻母。

《遺書》：春，記昌國州申義堂。

大德《昌國州志》：嘉泰三年，東陽葛容夫洪爲昌國令，建縣庠之講堂，名曰「申義」。越明年春，容夫訪慈湖先生於慈溪石魚，語及邑學，曰：「名學之堂以申義，願申之。」先生爲記其後。

戴良《鄞遊集·沈明大墓誌》：沈文彪以奥學峻行與楊文元爲忘年交，嘗别築亭館招文元講道其中，命子民獻、壻劉厚南執經座下。

《句章摭逸》：沈文彪，其先吳興人。遠祖陵，吳越王時官四明，遂家焉。自號清遐居士。嘗築亭館石魚之麓，名曰槃隱，招文元講道其中。

案：此不著年月，據《申義堂記》，先生以是年居石魚，因列于此。

案雍正《慈谿縣志》：石魚山在縣西三里，有石如魚形。今山麓有靈巖庵，相傳爲石魚樓舊址，《石魚偶記》一書當著於此。《遺書·登石魚樓詩三首》當亦是時作。

成化《四明志》：劉厚南，字子固，慈谿人，嘉定五年進士，官至知台州，朝請大夫。

本傳：賜緋衣銀魚，朝散郎，權發遣全州，以言罷，主管仙都觀。

《行狀》：權發遣全州，將陛辭，擬二劄。

其一言：「天下惟有此道而已，天以此覆，地以此載，日月以此明，四時以此行，人以此群居於天地之間而不亂。是故得此道則治，失此道則亂，得此道則安，失此道則危，得此道則利，失此道則害，此萬古斷斷不可易之理。自漢而下，雜之以霸，故治日少，亂日多，此心即道。惟起意則失之。孔子曰毋意，意不可微起，况大起乎？起利心焉則差，起私心焉則差，起權術心焉則差。作好焉，作惡焉，凡有不安於心焉皆差。臣願陛下即此虛明不起意之心以行，勿損勿益，自然無所不照，賢否自辨，庶政自理，民自安自化，四夷自服。此即三王之道，即堯舜之道，願陛下無安於漢、唐規模。」其二言：「國家舉大事，必上當天心。上帝以爲可戰則戰，上帝以爲未可則勿戰。《易》曰：『天地之大德曰生。上帝視南北之民一也，惟無道甚則誅之。』未至於甚，人心猶未盡離，苟亟戰，使南北無罪之民肝腦塗地，豈上帝之心也哉？必民心盡離如獨夫紂，帝乃震怒，前徒倒戈矣，是爲湯武之師。故志曰：『行一不義、殺一不辜而得天下，有所不爲。』《公羊》九世復讎之論，非《春秋》本旨。臣願陛下成湯武事業。又軍帥剋剝，諸軍怨讎，溢於聽聞。陛下亟罷剋剝之帥，擇用不以官職爲意、不受私謁之人，則三軍之鼓舞，士氣百倍。更得元帥大賢大智習知將略者訓治諸軍，數年後，庶其可用。」廷議方易藺搖，邊瑣口語籍籍，莫敢遏其端萌，故先生願懇陳之。刀筆小吏，狐鼠弄威福，冒節鉞，張甚。先生趨脩門，間從遡修尺牘，答曰：「我無是也。」未及對，論罷。自後兵連禍結，肝腦塗地，語若合符。識者恨先生言扼不上聞，爲之痛〔借〕（借）。主管建昌軍仙都觀。

《遺書》續集《焚黄祝文》：考贈朝散郎，妣贈安人，告廟更題神主。

奠馮氏妹。

《奠辭》：兄朝散郎、主管建昌軍仙都觀簡，祗奉祖奠於亡妹百念八娘子：簡自總角以至於六十，不知吾妹性質靈明，比偕甥輩暫寓於吾室之西偏，間得款話話次始知靈覺天然，萬古鮮儷。方謂嫂婦輩朝夕伊邇德意德言，具有薰漬，天胡奪吾妹之遽！慟哭不勝，再慟莫繼。疾作累日，中既復常，僅能朔哭。今復甚病，食損十九，而薾爾瘠甚。祝告以翼日帷荒就道，不可遠送，忍哀寫此。

案：《承奉墓碣殘石》，「庭顯三女，次適馮象先」，當即其妹。《遺書·知樂亭記》：「馮甥恭叔作小樓臨水，請因水爲銘。銘之曰知樂。」又「馮甥請書屏」。恭叔未知即象先子。

《家記》四：子曰：「人之過也，各於其黨。」説者曰：「黨，偏也。」簡年六十四，始省偏與黨相近而微不同。

開禧元年乙丑，六十五歲。

《象山集》：六月乙卯，序《象山集》。

《象山年譜》：開禧元年，象山長子持之伯微編遺文爲二十八卷、外集六卷，楊簡序。

《鄞遊集·題楊慈湖所書陸象山語》：陸文安公之學由《中庸》尊德性而入，故其用功不以循序爲階梯，而以悟入爲究竟，所謂傳心之學是已。斯學也，江右諸公多得其傳，浙江之士傳之得其宗者爲楊文元公。文元官富陽時，獲見文安，立談之頃，即領道要，故其所就卓卓，視文安有光。文安此帖有「家之興替在德義，不在富貴」之語，蓋亦心學之所發耳。文元書之以自厲，且署「門人楊簡」於後，非有得於心學之傳者，若是乎！夫文安之學，聖人之學也。韓子謂求觀聖人者必自孟子始，予亦謂求觀文安者，必自文元始。

二年丙寅，六十六歲。

《遺書》續集《祖奠姪婦舒氏》。

《奠辭》：叔舅簡致祭於亡姪婦舒氏：婦西美之子，來相姪懌。近懌有覺，轉以告婦，迺克領會。且曰特以分嚴，有願陳於叔舅之前，當〔亦〕〔益〕有啓明之意。疾革，又覺〔截不喻吖〕。於乎哀哉！於乎善哉！懌復告某，婦秉禮嚴，默符先聖。於乎！姪婦有至德善行如此，叔舅未之知，乃今知之，而遂隔幽明。於乎哀哉！叔舅朽質，新年六十有六。不可冒寒風，酌奠以別，辭噎莫繼。哀哉哀哉！哀哉哀哉〔二〕！」

《宋元學案·廣平定川案》：「舒琥，字西美，鄉貢進士，學於象山。」案，舒璘之弟。

孫應時《燭湖集》附編：撰《孫季和壙志》。

《誌》云：孫燭湖先生應時，字季和，越之餘姚人。簡與季和承學於象山陸先生，季和由是信此心本善。方相與講切進德，而開禧二年二月甲戌卒，壽五十三。冬十二月庚申，葬於龍泉鄉。

《浙水舊聞》：孫燭湖讀書處曰時齋，慈

湖嘗爲之記。

《遺書·家記二》：簡自以爲能稽衆、舍己從人矣。每見他人多自用，簡不敢自用。一日，偶觀《大禹謨》，知舜以克艱稽衆，舍己從人，不虐無告，不廢困窮，惟帝堯能是，是謂己不能也。三復斯言，不勝歎息。時簡年六十有六，平時讀《大禹謨》，未省及此。

《遺書》：代馮似宗譔《壽樓文昌》詩。

《序》云：壽宫使閣學樓公，表弟馮某作是詩以獻。

案：《絜齋集·樓鑰行狀》：鑰官吏部尚書，嘉定六年卒，年七十七。據此逆推，則開禧二年年七十，時鑰奉祠家居，詩當作於是年。

《宋元學案·慈湖案》：馮興宗，字振甫，慈谿人，慈湖高弟，從弟國壽亦師事慈湖，時號「二馮」。王梓材曰：馮似宗，未知即國壽。

案：《攻媿集》有《馮仁叟表兄請婚任氏書》，則似宗、仁叟皆與宣獻爲表兄弟，當是一家人。

三年丁卯，六十七歲。

《遺書》續編：誌孫孝子之翰墓。

《誌》云：慈溪之金川雞鳴山孫孝子文舉，名之翰。母疾，病且革，文舉刲體取肝爲粥以進，越夕迺底於寧。文舉以嘉泰二年壬戌六月庚寅卒，年六十六。開禧三年三月壬寅，葬於五磊山。

《攻媿集·林碩墓誌銘》：四明善士林碩卒，楊敬仲識其壙。

《誌》云：碩字興祖，開禧二年十一月七日卒，年七十有四。力學而不見於用，言議亦無以表暴於外，躬行於家，里閭敬之。其亡也，弔者盡哀。明年三月丙申，葬於鄞縣通遠鄉金谷里。

宋濂《文憲集·葉秀發傳》：字茂叔，金華人，慶元丙辰進士，初授福州長溪簿。丁父憂，服除，轉慶元府教授。時鉅儒樓鑰、史彌鞏、樓昉、鄭性之、楊簡、袁燮皆器重，秀發與之交而於簡問難尤切。簡自謂有所啓發，得邊、詹、顧、葉爲喜，葉蓋指秀發也。累官知高郵軍，學者稱南坡先生。

案：南坡官教授，與先生交，年月無考，當在嘉泰、開禧間，姑附於此。

又案：邊，名貫不詳。詹，當指阜民。《象山集》：「阜民，字子南，遂安人。學於文安。」《槐堂學案》：「子南所言漸近頓悟，絕類慈湖語。」顧，當指平甫。陳淳《北溪集·與黃寅仲書》：「平甫資質莊靜，叩其所學，乃詹、楊所傳授，欲因其偏而爲之救，絕口不出一言累。」

〔一〕三十二年：原作「三十六年」。按《宋史·高宗紀》、《孝宗紀》，高宗於紹興三十二年六月禪位於孝宗，據改。

〔二〕「截不唸吖」至「哀哉哀哉」，原闕，據《慈湖遺書》卷一八《祖奠侄婦舒氏》補。

慈湖先生年譜卷二

後學同邑馮可鏞 葉意深輯

嘉定元年戊辰，六十八歲。

《遺書》：久旱得雨，詩呈張令君。

《遺書·湍水巖禱雨詩序》：戊辰之夏，天久不雨，農嗟失時，孰不傍徨。邑人余崇因幹到縣石臺鄉，遇一老人，曰：「此地龍潭靈甚，名湍水巖，居士胡不祈於此？」崇回視間，老人已不復見，其神矣。繼到湍巖，果是聖迹，禱而歸，告於邑之士庶。邑令張君聞之，齋宿，同詣潭所，化龍隨見，甘雨沛然，吾邑無不種之畝。崇號湍巖居士。一力經營，刻立碑記，裝飾神像。龍天感應，歲斯上熟，不可不記。

《寶慶四明志》：慈溪令張義和，開禧二年十二月任，嘉定二年十二月滿替。

《遺書》續集附錄：門人曾熠刊《己易》、《孔子閒居解》。六月六日，趙彥悈書後。十月六日，又書。十一月，曾熠書後。

《錄》云：曾熠得《己易》，思鋟諸版。吉水縣丞趙彥悈轉致於先生。四月二十三日，先生復熠書云：「《己易》、《閒居解》並收已。」

徐象梅《兩浙名賢錄》：趙彥悈，字元道，餘姚人。宗室，受蔭官，復登進士第，吉水丞，累官吏部尚書。壯歲從楊簡游，重修象山精舍，刻《慈湖遺書》。

《遺書》：遺奠徐子宜。

《奠辭》：别去辭色，惟十五年，謂當合并，繼以訃傳。道阻且長，而遽永寂，哭以遺奠，匪邇匪遠。

《宋史·徐誼傳》：誼，字子宜，一字宏父，溫州人。乾道八年進士，知隆興府，謚忠文。

《水心集·徐誼墓誌》：嘉定元年七月朔卒，年六十六。

誌舒德彰墓碣。

文云：德彰子綸以訃告。卒之日，嘉定元年季春己丑；葬之日，是年十一月甲辰。墓在饒娥廟冢右。

本傳：嘉定元年，寧宗更化，授祕書郎，轉朝請郎，遷祕書省著作佐郎兼權兵部郎官。轉對，極言經國之要，弭災厲、消禍變之道，北境傳誦，爲之涕泣。

《行狀》：上厲精更化，首訪耆德，除祕書郎，遷著作佐郎。先生平時日夜長慮，無路以告於上，輪當面對，遂極言時弊，陳經國之要。首奏：「陛下亦知都城之內外有餓奪市食者乎？有勢不能俱生，沈子若女於江者乎？都城之東有婦閔舅姑之窘，請鬻身助給。姑聞之，自經死；舅知姑死，又自經死；子歸，知父母死，又自死；婦以舅姑及夫俱死，又〔自〕經死。又有取小兒烹食者。嗚呼痛哉！近在輦轂之下而致此極，又況淮民相食，妻食夫屍，弟食兄屍，以至父子相食其屍。陛下爲民父母而有此，群臣之罪也。望陛下急詔大臣，集群臣詳議，內外多少財賦陷沒於贓吏之手，多少財賦徒費於送迎，而不思擇賢久任，多少財賦費壞於科舉，取浮薄昏妄背理傷道之時文，諸軍虛籍不知其幾，以虛籍之費濟饑民，何爲不可？聞淮民之饑者欲渡江，郡守遏之，結怨饑民，是激之使爲亂。又聞賑濟官以嘯聚申上司，累累查不報。昏繆若此，而朝廷未聞黜陟，臣大懼養寇危社稷也。」又奏：「今之守令多昏而聽吏，多懷私而徇利。詞訟反是爲非，反非爲是，飲恨含怨，無所告訴。二税已納者復追伏，則囚則絣，訊或舉債，或鬻產，甚者鬻妻賣子。陛下試思，民情至是，其怨當何如？重以今歲旱蝗，郡守不肯蠲税。害民弊政不可勝紀，此不擇賢之故也。在外官司以汙爲常，公取竊取，對送互送，一會至送千緡，彼此本庫自支。生辰有送，子生若孫有送，子弟又有送。今國家患無財，束手無策。得賢則官庫無公取竊取之盜，財不可勝用矣。此又不擇賢之故也。元凶妄肆，小人道長，風俗大壞，今雖誅殛而餘風未殄。陛下宜汲汲爲計，勿從士大夫庸庸苟且之論。臣自知學以來，熟思治務，惟有一策。每路擇一賢監司，使監司各辟本路郡守，守辟縣令，守、令各辟其屬，先於本貫人，本貫無人，乃及外邑。既得賢，必久任。擇賢久任則百事成，不擇賢久任則百事廢；擇賢久任則社稷安，不擇賢久任則社稷危。宰執、臺諫知社稷安危在此，共堅守此，不以親故私情敗國家公義。辟非其人，幷罪舉主。此令一下，人知仕進之路悉本實行，不用虛文，則舍惡從善，舍僞從實，吏姦頓掃，民悅財豐矣。自此因保甲漸修比閭族黨之制，書其孝友睦姻，書其敬敏任恤，書其德行道藝。興其賢者能者，肆成人有德，小子有造，舉明主三代之隆矣。」又奏：「古者六軍，軍將皆命卿，今諸將率從事武勇，未熟復乎古先聖王之訓典，未踐修乎詩書禮樂之實德，則整齊諸軍，不過射刺擊戰耳。今陛下宜精擇文武俱通之儒，法古司馬以尹正之，訓導之，賞諸卒之孝者、忠者、善者，則惡者潛化，祈天永命，鞏國祚於泰山，在此而已。殿司十三軍大盛，宜析小半，益以司馬餘卒以備三司，則其勢均，可以防後患。」三劄悃切，上數俯首諦視，至讀饑民相食處，蹙額久之。人爭傳誦，流入北境，見者輒霣涕，舉兩手曰：「此江南楊夫子也。」

案：《行狀》：二年旱蝗，先生上封事云：「臣臘月三劄所陳，皆弭災厲、消禍變之道。」又二年九月，《明堂禮成》詩云：「去臘陳三劄。」據此，則三劄皆屬是年十二月上。

《西山集·慈湖行狀跋》：嘉定初元，先生以祕書郎召。德秀備數館職，始獲從之遊。

《西山集·楊慈湖手書孔壁孝經跋》：嘉定初，獲侍公於著庭。

案：《對越申稿》注，西山戊辰爲太學博士，己巳爲校書郎，庚午爲祕書郎。此三年間，先生與西山蓋同在著庭也。

《宋史·眞德秀傳》：字景元，後更字希元，浦城人，登慶元進士第。嘉定初，遷博士，累官起居舍人，端平二年拜參知政事。謚曰文。

《宋史·楊輔傳》：召輔赴闕。議者謂蜀亂初平，如輔未宜去。乃復以爲制置使，兼知成都府。再被召，踰年財抵建康，復引咎不前。上召輔益堅，乃之鎮江俟命。著作郎楊簡言輔嘗棄成都，不當召。

《宋史·寧宗紀》：開禧三年三月庚子，詔以楊輔爲四川宣撫使，安丙爲副。四月丁卯，召輔詣行在。

《續資治通鑑·宋寧宗紀》：開禧三年四

月，召楊輔還，以吳獵爲四川制置使。時朝廷察安丙與輔異，召輔還闕，輔抵建康，引咎不進。著作佐郎楊簡言輔棄成都不當召，遂命輔知建康。

案：先生爲著作佐郎在嘉定元年，召楊輔在開禧三年，畢氏併事書之。據《輔傳》，則召輔在開禧三年，至嘉定元年輔始抵建康，時先生已起爲著作佐郎。

《遺書》：銘宋母墓。

文云：宋母者，嚴陵王氏，歸金華郴守宋子華之子沆。三十而寡，長子甡纔十有二，次林，字修叔，生五歲。開禧三年十二月己巳卒，壽七十有四。嘉定改元十二月壬申，葬隆興之新建縣白鷺嶺。既葬，始爲之銘。

《遺書》續集：受誥告廟。

文云：介曾孫朝請郎、行祕書郎簡，昨準上旨除前職，今兹拜誥命，又考功增秩，皆前世積善流光。

《遺書》：日本國僧俊芿求書。

《書》云：日本俊芿律師請言於宋朝著庭楊子，楊子舉聖人之言而告之。

案：文稱著庭楊子，故隸於是年。

奠高處約。

《奠辭》：同舍弟朝請郎、祕書省著作佐郎兼兵部郎官楊簡，奉奠於故同舍兄處約高公運幹：哀哀處約，盛廨近在關外，而自坤徂艮，亦既數里，不知處約有疾作。近暮，俄承訃於邑子，念即奔訃，而轎卒已散去，度再集不可往返。哀哀處約，簡與處約同齋舍，又同州里，簡被命此來甚久，不知處約官於此。納謁既晚，嗣勤報訪，自是一獲，再奉周旋，而處約遽至於此。哀哀處約，幽明判矣，德性虛靈，曩豈生，今豈死。一奠告哀，斯哀至矣。

案：《奠辭》不著年月，據先生署銜，定爲是時作。

二年己巳，六十九歲。

《遺書》：三月，譔《著庭記》。

《咸淳臨安志》：著作之庭在道山堂後，胡詮書扁，有著佐楊簡贊孔子語。

本傳：詔以旱蝗求直言，簡上封事，言旱蝗根本，近在人心。兼考功郎官，兼禮部郎官，授著作郎、將作少監。

《宋史·寧宗紀》：五月己未，以旱詔群臣上封事。

《行狀》：二年旱蝗，詔求直言。先生復上封事：「臣聞旱者災厲之氣。三才一氣，如人一身，腹臟作楚，則四體頭目亦爲之不安。人事乖厲，則天地之氣亦感應而爲乖厲。孔子曰：『聖人有國，日月不食，星辰不孛，海不運，河不滿溢，川澤不竭。』連年旱蝗，雖或由軍興殺人及流移死者多，而其餘人事亦大有乖厲。郡縣官所至贓汙，怨讟充塞，豈不感動天地而爲旱蝗？近者凶人謀爲大逆，天佑宗社，幸即敗獲，乃官司多非其人而無德教，時文取士，不考實行，故放僻姦邪之風盛，豈不感動天地而爲乖厲、爲旱蝗？旱蝗根本，近在人心。陛下雖請禱於宮中，又分命備於群神，略降雨澤，未至宏濟者，旱蝗之根本未除也。臣臘月三劄所陳，皆弭災厲、消禍變之道，願陛下與二三大臣熟計之。」天官汪公達、小宗伯章公穎咸相敬禮，願親接聞誨言。汪牒兼考功郎官。江西隱士吳姓者，漕司申請謚。先生案吳有云：「安社稷而以庭幃在念，不知爲臣之道也。孔子曰『以孝事君則忠』，既違先聖訓，且啓誘人使不念其親。又其子觀先儒語亂臣十人，問太姒爲誰，吳曰：『武王母。』曰：『何故母亦爲臣？』答曰：『率士之濱，莫非王臣。』其子曰：『是尊無二上之意乎？』吳以是奇之。竊惟有婦人焉，當是武王后。使臣母之說行，是驅天下人子不母其母。不孝則不忠，不忠不孝，天下大亂，胥而爲夷狄、爲禽獸，難議謚。」章亦牒兼本部郎官。先生舉賢不可梯級取，實知其人即自舉之，剡章既上，然後取部示牒照所舉者。嘗曰：「爲國薦賢，吾其職也。而先私照牒於人，且又剡章付之使自上，此何理乎？」西府爲親故問京狀，先生難之，至再三，終不許。後欲舉某氏，某未審，囑當路原善先生者問果否，當路笑曰：「此老欲舉宜自舉，吾有言即敗乃事矣。」除著作郎，遷將作少監，並兼職如舊。

案：《宋史·寧宗紀》：「嘉定二年五月戊戌，借補武訓郎羅日愿謀爲變，伏誅。」先生奏「中近者凶人謀爲大逆」云云，當指此事。

《宋史·汪應辰傳》：應辰，信州玉山人。子達，繼登進士第，仕至吏部尚書、端明殿學士。

《延祐四明志》：史彌忠監文思院門，楊文元公署薦剡曰：「質直而才，遜德無競。」宰廬陵。

《宋元學案·慈湖案》：彌忠，號自齋，鄞人，第進士，以慈湖薦宰廬陵。

成化《四明志》：史彌忠，字良叔，官鄂州咸寧尉，歷宰廬陵，有能名。

案：先生署薦剡，當在是年官考功郎時。

《遺書》：八月，書「參前」二字，又記。

《記》云：子張問行，孔子告以「言忠信，行篤敬」，立則見其參於前，在輿則見其倚於衡。夫所見者何也？言而忠信，直實無他，無意也，無說也；行而篤敬，無或敢慢敬而已矣。無意也，無說也，此無意無說之妙，虛明純白。曾子曰：「皜皜即文王不識不知。」即孔子曰「吾有知乎哉？無知也」，即孔子曰「純德孔明」。《詩》曰「學有緝熙于光明」，《易》曰光大、曰輝光、曰光明，《書》亦曰光。皆謂如日月之光，無思無爲而無不照知。所謂見者，見此也。此見非思非爲。動意焉，則支則離，則放逸，則怠荒，則僞則欺；不動乎意，則日用平庸。以此事親，事親純白；以此事君，事君純白。利害愈明，是非愈白。大哉聖言！簡深感聖人所以指誨學者如此切的著明，故奉同舍之命而書。

九月，明堂禮成，獻詩，未上。

《序》云：嘉定二年秋九月辛丑，皇帝祀上帝於明堂。禮成，館職祗承舊比，作詩以奏忠。朝請郎、祕書省著作郎、兼權兵部郎官臣楊簡上進。後不上。

《宋史·寧宗紀》：九月辛丑，合祭天地於明堂，大赦。

案：《遺書·和陳大著追九日之集》詩七八句云：「憑欄相與謀荒政，第一言無罪歲饑。」陳大著名無考，意同官著作郎者，詩當作於其時。又有《送章大著出守衡陽》詩云：「濟濟衆賢俱，徐徐五馬驅。中司親雁序，南嶽佩魚符。」玩詩意，亦當時送同官而作。

十月，譔《昭融記》。

《記》云：循理鄭同舍命簡銘其所居之室，併屬記其説。簡銘之曰昭融，取諸《既醉》之詩「昭明有融。」陽月書。

十二月，記達庵。

《記》云：慈湖楊簡一日訪達庵趙仲禮，從容語及進德之序。自謂幼侍嚴君，朝夕翼翼惟謹，不知歲月之流。久而有樂，融融怡怡，則於今不知始終也。簡曰：「名庵曰達，斯其所以爲達也。」仲禮言：「庵依祖塋，群峰拱翠，壽親大觀，又時節展墓，策杖周旋，足倦則憩於亭，扶侍先後。善哉，變化之妙至於此！」仲禮屢屬爲記。簡於除夜之前一日謹記。

銘鄒魯卿墓。

文云：簡爲樂平，魯卿來訪道，與語良久，忽覺。厥後數款語，益信其果覺。嘉定二年春，至行都，又從容累日。歸未幾而疾作，仲夏癸卯，召子曾與語，言訖而瞑。

三年庚午，七十歲。

《遺書》：正月，銘張渭叔墓。

文云：渭叔年僅三十七而不祿，實嘉定元年二月望日，以庚午正月戊戌葬於其鄉之董隩。渭叔父汝弼，簡嘗銘其墓，今又銘渭叔。

《遺書》續集：二月，伯兄籌卒，譔《封志》。

《志》云：籌字伯明，晚而頓覺。嘉定三年二月庚申卒，壽七十有八。日月甲申，葬於慈溪縣石臺鄉之王隩。

本傳：入對，答問往復，漏過八刻，上目送久之。兼國史院編修官，兼實錄院檢討官。

《行狀》：三年，面對，有左曹郎官者爲前班，上眷記先生，特格下左曹。先生首奏：「陛下已自信有大道乎？舜曰：『道心明，心即道。』孔子曰：『心之精神是謂聖。』孟子曰：『仁，人心也。』此心虚明無體，廣大無際，日用云爲，無非變化。故《易》曰：『變化云爲，虚明汎應。』如日用之光，無思無爲而萬物畢照。陛下已自信有此大道，又聖性澹然，無所好嗜，宜清明舉無失策，而猶有禍變云云者，臣恐意或微動，如雲氣之興，故日月之光有不照之處。舜、禹相告，猶以精一爲難。願陛下兢兢業業，無起意。不起意，則自然知柔知剛，知賢知不肖，洞見治亂之機，常清常明，可以消天災，弭禍亂。」次言：「今江淮湖湘之寇並作，由賢不肖溷淆，監司守令而下多非其人，是非顛倒，尅虐不恤，故下民怨咨，聚爲群盜。陛下當精擇衆所推服、正直不撓之人，巡行天下，黜陟監司守令。昔先臣范仲淹、富弼亦言，委路自擇知州，委州自擇知縣，仍久其官守，異政者就與陞擢。臣深念時務，莫先於擇賢久任。所任既賢，則餘不肖乃害民敗國之人，不足深恤。」又次言：「改過，聖賢之大德。近世士大夫多以改過爲恥，故人亦不敢忠告。王安石本有非常之譽，諸賢競議新法，決於去位。安石豈不動心致疑，而決策不回者，重於改過也。故其末流，小人類進，禍及國家。陛下取群臣之改過服義者，表章陞擢，使凡建議不遂非飾辭，則集衆智歸於一是，國家何事不辦，而堯、舜、禹、湯之大道復大明於今日矣。」先生曩日嘗口奏：「陛下自信此心即大道乎？」上曰：「心即是道。」略無疑貳之色。問日用如何，上曰：「止學定耳。」先生謂定無用學，但不起意，自然靜定澄明。上曰：「日用但勿起意而已。」先生贊：「至善至善，不起意則是非賢否自明。」此日復奏：「陛下意念不起，已覺如太虛乎？」上曰：「是如此。」問賢否是非已歷歷明照否，上言：「朕已照破。」先生曰：「如此，則天下幸甚。」問答往復，漏過八刻。先生出，上目送久之。請兼國史院編修官，兼實録院檢討官。請改史法，從編年之舊，謂孔子作《春秋》，書某年某月某日某事，人讀之以爲是者，道也；以爲非者，非道也。如此而書，大道自明。司馬遷改編年爲紀，爲世家、列傳，使後世見事、見人而不見道。遷不知道，故敢頓廢先聖法度，後人又靡然從之，故道不明於天下。簡不敢苟從，以壞聖朝大典。」後不果上。《四朝聞見録》：慈湖爲館職，同列率多譏玩之，亦有見其誠實而不忍欺之者。以面對所陳未行，求外補，知溫州。《行狀》：先生凡兩章引年，一丐祠，皆不允。已而面對，所陳久未施行，遂力求去，得溫州。

《遺書》：七月，記詠春堂。

《記》云：恪請書詠春以銘堂，又請敷明其旨。他日，恪又請銘其堂之東房曰時齋，請銘其西房曰勿齋，又請銘其東院曰熙光，其左曰昭融，其右曰修永，又其别室曰喜哉，曰止所。三年敦牂相月，書於慈湖。

案：尾云「書於慈湖」，蓋當得溫州後，暫假歸時也。

案：《遺書·送子之官文》：「汝既於道有覺，又嗜欲淡薄，不以生死爲畏，甚不易得。皋陶猶曰兢兢業業，汝切宜克艱，以守中庸，敬之敬之」云云。此文當是之官沿海（置）制（置）司差遣時作，不詳年月，姑附於此。

《遺書·半亭高祖墓記》：奠拜半亭高祖考墓。

《記》云：簡高祖考九府君，諱倫，居於明州，今爲慶元府奉化縣之忠義鄉半亭，殁而葬焉。四子，伯與季及其子孫多環而居之，叔子無嗣。仲子諱宗輔，即簡之曾祖考，獨徙而居鄞，故曾伯祖考及曾叔祖考之子孫從而徙者亦間有。暨先大夫始，又自鄞而徙慈溪。先大夫乾道中嘗命仲兄揆九府君墓，刻石爲望屋其門，今門圮。北赴東嘉，奠拜墓下，思復修興，新俸無幾，方坎坎。

本傳：移文首罷妓籍，尊敬賢士。

《行狀》：先生每歎風俗之壞自上啓，周禁群飲，至執至殺。後世雖甚不善，尚賜酺有時，不縱爲群飲事。倡優下賤，人道所不齒，顧貨視之，以媒飲者，冶容列肆，導淫釣利，傷風敗俗，莫此爲甚。到郡之明日，妓群賀，即戒之具狀來，衆亦未諭也，至則皆判從良去矣。異時督賦之吏，星馳火駕，上下相束，皇皇不能以朝暮，至是寂無一迹。歷縣庭，獨首移文罷妓籍，首訪賢者禮致之，示表率。首崇孝養，明宗族相恤之令。首行鄉記，效《周官》書敬敏任恤之類，書善不書惡，願與士夫軍民共由斯道。上下呼舞載路，如脫湯鼎，濯清波，如從寒谷中生春矣。詞訴類局於日分難遽達，先生架大鑼戟門外，訟訴者自鳴，鳴即引問，立剖決無待。每受詞採訪縣官賢否，以至不一，問之言人人同，乃行黜陟。文移僚屬，例書名，不押字。據案方書，判有喏於庭者，無問誰何，即釋筆拱答，揖入言。苟是雖賤隸，必敬聽。於理未安，雖至親不爲撓。

《遺書》：冬十二月，譔《鄉記序》。

《序》云：簡深信人心皆善，皆可以爲堯舜，特動乎意則惡。日用平常實直之心，無非大道，此固不可得而書，今姑倣《周官》，書其敬敏任恤，書其孝友睦婣有學。邑官之賢者與主記之賢士，又能書其德行道藝，則尤其善者。書善不書惡，其敬其審。簡願與四邑之士夫軍民共由斯道。

《溫州府志》：楊簡知溫州，善政畢舉。採士民善行，集曰《鄉記》，鏤版於學以勸民。

銘蔣秉信墓。

文云：秉信名存誠，世居四明郡城中。嘉定三年三月寢疾，故舊訪問，必謝曰：「萃聚許久，今告違矣，毋笑毋訝。」七日而歿，實壬寅十有一月丙申。葬於韓溪青嶂。

《鮚埼亭集內編·蔣金紫園廟碑》：存誠爲楊簡講學友，聞歌有省，德性清明。

四年辛未，七十一歲。

《水心集·社稷記》：溫州之社稷壇陛頹缺，

嘉定四年，守楊簡始加甓土上。於是灌莽尤盛，剌壯城卒專修平之。楊公謂守莫先於社稷。

案：《遺書》續集有《知溫州到任謁社稷文》，又有《謁宣聖文》、《到任謁諸廟文》，又有《諸廟祈雨文》、《祭社稷文》、《奉安聖水文》、《祭海神祠山文》、《永嘉季春祈雨碧玉醮青詞後雨作改用文》、《禳火青詞》、《上元設醮青詞》諸作，俱守溫州時事。自到任謁社稷、謁先聖、謁廟文外，皆不能定其年。

本傳：私鹾五百爲群過境內，分司幹官檄永嘉尉及水砦兵捕之。巡尉不白郡，簡驚曰：「是可輕動乎？萬一召亂，貽朝廷憂。兵之節制在郡將，違節制是不嚴天子命，違節制應斬。」建旗立巡尉庭下，召劊手兩行夾立，郡官盛服立西序，命斬之，郡官交進爲致悔辠意，良久得釋，奏罷分司。其紀律如此。

《行狀》：有私鹾五百過境內，分司幹官檄永嘉尉及水寨兵捕之。巡尉儇恌易事，先生驚曰：「賊徒五百，合家族何翅二千口，拒捕相殺，傷變在頃刻耳。萬一召亂，百爾其死奚贖也。且違節制。」命斬之，郡官爲懇，致悔罪意，乃得釋。

案：先生任溫州，月日無可考，惟《行狀》云到任首行鄉記，其《鄉記序》自署則三年冬十二月也。故以巡鹾與償負諸事隸之四年。

寓官置民田負其直，簡追其隸責之而償所負。勢家第宅障官河，即日撤之，城中讙踴，名楊公河。

《行狀》：或訟售產，寓公負其直若干。

先生曰：「是固名流有文，且長上位尊顯，何得爾？」對曰：「今所訴行也，文何以爲語？」對白益苦，受其狀。既而櫱至者十八人，同所訴，即命吏籌計官帑，人給之。袖衆詞即其家，語曰：「簡知公必無是也，是在幹者。」精誠所感，寓公爲動，則不得已吐實。先生曰：「簡知公必無是也，幸出幹者屬吏。」寓公靳之，竟追斷，償所負。瀕海膠禁甚嚴，商人庾稅闌出海。時副端方以威福奴視官府，二子新喪母歸，輒衰衣造庭，挺身自冒。先生從容書狀尾曰：「楊簡老繆，不堪爲郡，預乞一章，放歸田里。」竟坐犯者如法。府第障官河，立儆屋扼舟人喉衿，巷居者苦漑濯而官失虞火之備，累致氣咽咽不得吐。有言者，先生命廂官立毀之。廂官懾怯莫敢前，曰：「汝不食天子粟，不爲吾用耶？」科首械之往，遂即日徹去。滿城讙踴，勒石名楊公河。

《遺書》續集：譔《祭伯兄文》。

《文》云：惟兄易簀，今已周星，禮雖有制，而中心愛敬，日日新又日新。

　案：此爲除服而祭，當在是年二月。

《遺書》：譔《半亭高祖墓記》。

《記》云：半亭高祖墓，曾伯祖下族兄百六府君之子子才、子富、子祥合計協力，作新門牆，邑里改觀。又族兄名居立石，使億以書來，欲簡識其事。簡不勝興敬興慕，以書於永嘉郡齋。

譔《勸農文》。

《文》云：舜大聖人也而耕，伊尹聖人也而耕。耕者常情之所賤，君子之所敬，尤爲本朝列聖之所敬，故守令皆以勸農繫銜。今爭田之訟累累，豈有田而不肯耕？然大患有二：其一、風俗好奢，故雖耕而終貧；其二、風俗好爭，以好爭故雖耕而終於貧。願父老從容暇日，審思詳慮，切勿以奢爲榮。切勿以好爭爲榮，勿以老太守諄諄爲虛文，非眞情，此實老太守愛汝輩切至之實情。

更永嘉郡治堂亭名。

《記》云：郡宇之東有堂焉，名清心，簡心不安焉。孔子曰：「心之精神是謂聖。」既聖矣，何俟乎復清之？矧古者堂室名不三字，今更曰燕堂，燕居之堂也。又郡圃有堂名夢草，夢草，蓮社之所不納也。今更曰詠春，詠春，孔子之所與也。更企賢堂曰知樂堂，前有水，孔子曰：「知者樂水。」更燕衎堂曰艮光，《艮》彖曰：「時止則止，時行則行，動靜不失其時，其道光明。」是堂憩止之所也。瀕水小亭曰澄光，即水之澄光，明此心之澄然而光照。

更永嘉郡學養源堂曰永堂。

《記》云：皋陶曰：「謹厥身，修思永。」所以事親者此也，所以事君者此也，所以從兄者此也，所以友弟、親夫婦、與朋友交者此也，人謂之心。孔子曰：「心之精神是謂聖。」人皆有是心，皆具此聖，百姓日用而不知。郡學有堂，曰養源，有源有流，分本與末，裂大道而二之，非聖人之言也。簡懼誤學者，更名永堂。

嘉靖《浙江通志》：溫州永嘉縣慈湖橋，宋郡守慈湖先生立鄉校於此，故名。

譔《平陽陰均隄記》。

《記》云：天府府庠林子君雅，合平陽

東、西、金舟、親仁四鄉父老而下，銜哀興敬以請於州守楊簡曰：「四鄉農田北距大海，西枕長江，凡四十萬餘畝，被鹹潮巨害。自有江以來至於今，由水利不治，歲告饑。嘉定元年，汪令君惠撫吾邑，建埭八十丈於陰均，又造石門於山之麓，以防漲溢。又經理其旁之塗地，以爲社倉，奏請賑貸平陽十鄉細民。君雅暨父老而下，受汪令君無窮大恩。今承訃巷哭路吊，念無以仰酬汪令君不報之德，今將立石陰均，刻曰『令君汪公遺愛恩波』，使十鄉之民世世子孫無忘。君雅等深知使君好善樂義，敢求親墨大書八字，併紀其事。」簡於是乎惻然爲之書且記。

林景熙《白石稿·陰均斗門記》：平陽瀕海而州，水利多斗門，爲大斗門入陰均。爲大斗門者，嘉泰汪令君季良所創也，今故碣猶在。

案：《姓譜》：「汪季良，廣信人，以開禧二年知平陽縣。」又《平陽縣志》亦作開禧二年任。林《記》作嘉泰，未知孰是。

譔《陳規守城録序》。

《序》云：簡有志於武備踰四十年，前數年始得陳規《守城録》，其言條理至詳，待制陳公初鏤版於九江。士大夫罕見此書，待制知簡愛此書，取諸九江以納東嘉郡庫。簡即命多爲帙，分遺士夫，以廣國家武備。

《宋史·陳規傳》：規，字元則，密州安邱人。建炎元年知德安府。李孝義、張世以步騎數萬薄城，規亟爲備，遂大敗之。升徽猷閣待制。有攻守方略傳於世。乾道八年，詔刻陳規《守城録》頒天下。

誌鄒元祥墓碣。《文》云：饒之樂平鄒夢遇，字元祥。楊簡之宰樂平，元祥與鄉貢，自是相與從容。後簡以職事至蘭若，元祥見次近覺。簡隨通之，自是益澄明。元祥事親至孝，篤愛諸弟。其舅謂元祥色温言約，神定氣和，喜愠不形，動容周旋，莊肅閑泰，其處事一於義理，不可奪。別後進德，厥效迺爾。嘉定四年春，赴禮闈，罷而疾作，歸而略平。孟夏三日，扶坐艮齋，還中堂，與家人茗，飲罷而歿。訃至永嘉，哭於燕堂遺奠。臘月，其子自得使弟自厚來請誌其墓。

五年壬申，七十二歲。

本傳：帝遣使至郡譏察，使於簡爲先世契，出郊迎，不敢當，從間道走州入客位。簡聞之不敢入，往來傳送數四，乃驅車反。將降車，使者趨出立戟門外，簡亦趨出立使者外，頓首言曰：「天使也，某不敢不肅。」使者曰：「契家子，禮有常尊。」簡曰：「某守臣，使者銜天子命，辱臨敝邑，天使也，某不敢不肅。」遂從西翼偕進。禮北面東上，簡行則常西，步則後。及階，莫敢升，已乃同升自西階，足踧踧莫敢就主席。使者曰：「邦君之庭也，禮有常尊。」簡曰：「《春秋》，王人雖微，例書大國之上，尊天子也。況今天使乎？」持之益堅，使者辭益力。如是數刻，使者知不可變，乃曰：「某不敏，敢不敬承執事尊天子之義。」即揖而出。既就館，簡乃以賓禮見。儀典曠絶，邦人創見之，莫不瞿然竦觀，屏息立。

《行狀》：楮券之秤提也，所至嚴酷。以杜後惠文從事告訐成風，破家者相踵。先生寬平不迫，市價自登。天子下使者郡譏察，使於先生爲先世契，儀典曠絶，邦人創見之。使者反，告於朝曰：「秤提若永嘉可爲法矣。」後臺憲亦以譏察奉朝旨行郡，先生禮遜之如初，然事體異，天使升阼階西向坐，不終辭。

案：《宋史·寧宗紀》：「嘉定四年十二月癸未，以會子折閲不行，遣官體訪江浙諸州。」攷是年十二月乙卯朔，癸未則二十九日也，故以使至郡事隸之五年。

簡在郡廉儉自將，奉養菲薄，常曰：「吾敢以赤子膏血自肥乎？」閭巷雍睦，無忿爭聲，民愛之如父母，咸畫像祀之。

《行狀》：故事，歲擷朱欒蒸馨木而化之曰柑香，分遍朝路，號土物名品。又蠲楮眞柑介饋費大苛擾，悉削去。食用甚菲，設廚生埃。語家人曰：「吾儒素，爲天子任撫字，敢以郡爲樂，羞赤子膏血自肥乎？」雖不督賦而財未嘗匱，不設法、不立額而課未嘗虧，蓋由廉儉自將，不費於無藝，中孚感物而人自化服，不忍欺也。士咸向方，知務己學，有冒同姓登科者，既數年矣，忽大感悟，詣先生繳納出身。間貴游狃聲樂，事敖放，蹐然難畏，相戒曰：「老子無乃聞乎？」悉庋置之。一名卿治第甚華，中有堂尤偉麗，固常日交賓之所。先生往謁，特委蛇延之別館，猶愧發顏間。豪侈頓消，兼并衰止，閭巷雍睦，無忿爭聲。諸邑訟者雖遠涉，甘心到郡庭受杖，杖之終無怨。軍民懷戀有父母慈，家家肖像祀之，願阿翁壽。

天啓《慈谿縣志》：劉厚南調瑞安尉，楊文元守溫州，以其勤於奉職，奏之，累階祿秩，皆有能聲。

《永嘉縣志》：戴蒙，字伯養，其先由閩徙永嘉，居枏溪。紹熙庚戌，用閤門舍人戴勳牒改名塋中第，調吉水尉。棄官從朱晦庵於武夷，因念假途易名之非，改舊名應鄉舉。再試不售，曰：「可以止矣。」郡守楊簡薦於朝，後用御史王穎叔請，詔以原名復官。

《溫州府志》：吳漴，字子量，永嘉人。淹貫經子，講學於郡南吹臺塾，從游甚盛。楊簡知州事，禮之，因易名慈湖塾。地有湖，亦名之曰慈湖。

案：《浙江通志》：「吳漴，永嘉人，淳祐元年進士。」則相後近三十年，疑誤。

《東崑仰止錄》：周坦，字平甫，平陽人，執經慈湖之門。

《白石稿·二薛先生文序》：永嘉自許少伊、周恭叔、劉元承受業於程門爲最先，薛氏玉成學於慈湖楊敬仲，刊華據實，猶程門緒餘。

《吹劍錄外集》：薛疑之，字季常，號玉成，永嘉人，作《伊洛源流譜》。

《平陽縣志》：薛疑之卒，慈湖誌其墓。

朱彝尊《經義考》：胡一桂曰：「湯建，字達可，號藝堂，溫州樂清人。交於楊慈湖，有《周易筮傳》。」

《遺書》：贈陳伯量書。

《書》云：都昌陳伯量主平陽簿，同寅兩周星，從容話别次，復求數語以行。

《西山集·徐鳳墓誌》：字子儀，浦城人。

年十九舉於鄉，明年中進士。教授溫州，年甫三十餘，善開迪，不嚴而威。更三太守皆敬之，慈湖楊公謂可與語道。嘉定十二年，給筆札於玉堂之廬。以十七年卒，年四十有八。

案：《溫州府志》，徐（誼）（鳳）爲教授無年月，以墓誌推之，嘉定元年子儀年三十二，先生知溫州在嘉定三年，當亦其時同官也，故附於此。

本傳：遷駕部員外郎，老稺扶攜緣道，傾城哭送。

《行狀》：五年，除駕部員外郎。去之日，老稺纍纍爭扶擁緣道，曰：「我阿翁去矣，將奈何？」傾城出，盡哭。有機戶嘗遭徒，亦手織錦字爲大帷，頌德政。葉侍郎適書別先生云：「執事二年勤治，公私交慶，惠利所及，戴白老人以爲前此未有。載於竹帛，形於圖繪，雲聚山積，懽沸井里。」此實錄也。後十餘歲，上庠知名士猶極談邦人去思未艾，且謂當時眞有三代之風。

入對，言：「盡掃喜順惡逆之私情，善政盡舉，斂政盡除，民怨自消，禍亂不作。」改工部員外郎。

《行狀》：改除工部。上殿，言：「臣有當今第一急務告於陛下。世俗常情，喜順惡逆，故其相與，率多奉承，雖於同官明知其過而不敢言，恐拂其意，終將害己，習以成俗，牢不可破。故雖明知吏部注授不問賢不肖而不敢革，恐拂不肖者之情也；雖明知擇賢久任爲上策而不敢行，以員多闕少，恐不賢者不任而拂其情也。以至中外獄吏箠楚取賂，以直爲曲，冤苦無告，當職憚煩，受成吏手，同官拱默，不復審聽囚辭。州縣承帖，吏卒困苦小民萬狀，同官雖知不敢告，長官亦視爲常，恐拂其屬，姑容之。上官剛德，始或案奏，其漏網者多矣。民怨吏卒、怨官，遂怨及朝廷，臣大懼中外積怨之久，一夫吠呼，從之者如歸市。今聖朝雖有善政，猶以一盃水救一車薪之火。節節盜起，皆乘民怨。願陛下明諭大臣，有長官能受逆耳之言，小官喜於聞過，或知過能改，特表章之，布告天下，切勿以爲小善而忽之也。堯、舜舍己從人，成湯改過不吝。改過之善，惟孔子知之，後世罕知，非表章布告，使天下改觀，則衆以改過爲恥，此誠治亂安危所繫。人性本善，朝廷重賞導之於前，御史、監司繩之於後，庶幾願聞過求忠告者多，盡掃喜順惡逆之私情，善政盡舉，弊政盡除，民怨自消，禍亂不作。」上嘉納之。

本傳：輪對，以擇賢久任爲言。遷軍器監兼工部郎官，轉朝奉大夫。

六年癸酉，七十三歲。

《行狀》：六年，輪將對，先生謂：「五十年深思熟慮，無出擇賢久任之上策，既累告於上矣，他何言？即此説行，天下事自無不治。此而未竟，又將旁舉細務，姑嘗試具奏牘，簡不能是也。君子於其言，無所苟而已，况告君乎？」復詳劄申斯旨。

又遷將作監，兼國史院編修官兼實錄院檢討官。

《行狀》：先生不樂用磨勘，初員郎時，遲數歲不轉，一故舊自爾相料理，此日亦部長貳白堂轉之。先生猶申省乞寢免，除將作監，兼國史院編修官、實錄院檢討官。

案：《遺書》題將作、軍器二監詩，當作於是時。

《遺書》：夏六月，冢婦馮氏卒。

《墓銘》：馮氏，名媛安，字婉正，恪之妻。孝友篤至靜專，無故不出戶。病久，語其子埜曰：「我雖病，實未嘗病，生如死，死如生。」以嘉定六年六月十七日卒。

《遺書》續集：銘王德高墓。

《墓銘》：王鎬，字德高，世爲鄞人，後徙慈溪。弱冠與鄉貢，繼登太學，登進士科。尉江州湖口，調會稽丞。嘉定六年三月丁未卒，年七十九。十一月丙申，葬於金川鄉施隩。

七年甲戌，七十四歲。

本傳：轉朝散大夫。

《行狀》：七年，以兩院進御集、實錄，轉朝散大夫。

《遺書》：二月，葬冢婦馮氏於象山縣之崇仁里。

《墓銘》：卒於嘉定六年六月，越明年，祖奠遣而歸里，至二月丙申，葬。

本傳：金人大饑，來歸者日以數千、萬計，邊吏臨淮水射之。簡戚然曰：「得土地易，得人心難。薄海內外，皆吾赤子，中土故民，出塗炭，投慈父母，顧靳升斗粟而迎殺之，蘄脫死乃速得死，豈相上帝綏四方之道哉？」即日上奏，哀痛言之，不報。會有疾，請去益力，乃以直寶謨閣主管玉局觀。

《行狀》：虜大饑，北民繈屬歸我，蜂聚蟻壅，日數千、萬計。邊吏閒不知大體，列弓弩，臨淮水射之，退。先生戚然，即日上奏，不報。後十日，當面對，復謂方今上策無過擇賢久任，累白廟堂，亦已浸知擇賢久任之味，云且有驗矣。但朝廷承襲久例，科舉取士，專尚虛文，大壞士子心術。吏部注授，專以資格，不考才德，郡守例二年爲任，知縣三年，餘京官、選人各有定例。不肖者前後踵接，故妄作害民，致怨招禍，大盜累起。朝廷又憚改作，甚非祖宗所望聖子神孫之意。今兵帥多非其人，軍人懷怨有語，謂用命者無恩澤，不戰而走者擢用，將帥全才固難得，其有智勇、不刻剝、得士卒心者，不可謂無。楮劵大失信，民對泣痛怨，後雖稍寬，而有秤提，州郡過嚴，民甚冤苦。又鹽法累改，失信。舊以年月日次第支鹽，今定舊鈔二分、新鈔八分，故舊鈔幾於無用，客子怨深至骨。軍器物料尚欠客子若干萬緡，不知已未支還。又放散軍人失所深怨，不知已未根刷收拾。最有一大利害，習俗常談以大公至正之論爲迂闊，以趨時苟且權譎之術爲通才。權術苟且，暫遣目前，而人心不服，上帝不與，禍在其後，此國家治亂安危所繫。孔子曰：「一物失理，亂亡之端。」苟違此道，民畔如歸。惟陛下明察靜思，大臣亦虛己求言，聞過願改，君臣同心，則天下被如天莫大之恩。已乃歎曰：「吾益老當去矣，猶未已耶！」會有疾，遂連乞假。先生自永嘉後，告老丐祠之章又十餘上，每切切乎道義，謂：「有國者由乎道義，則上當天心，下合人心；有家者由乎道義，則上可事君，下可臨民。簡踰七十又幾年，三入修門，四經陛對，言無可採，澤不被於天下，徒綴班列，不去，義乎？不義乎？」至此，又極言當去之義愈明愈確，而請愈力。遂除直寶謨閣主管成都府玉局觀。

八年乙亥，七十五歲。

《行狀》：其領玉局而歸，門人益親。遐方僻嶠，婦人孺子亦知有所謂慈湖先生巋然天地間，爲斯文宗主，泰山喬嶽，秋月獨明。始傳《古文孝經》、傳《魯論》，而釐正其篇次。

九年丙子，七十六歲。

《遺書》：夏，《偶書》詩二首。

其二云：行年七十有六，隨世名言則然。應酬袞袞萬狀，變化離坎坤乾。人情曲折參錯，動靜多欲後先。孰有孰虛孰實，無高無下無邊，清明靡所不照，一語不可措焉。先聖爲是發憤忘食，箇也何敢空度歲年。

十年丁丑，七十七歲。

《遺書》：《偶書》詩二首，《詠春偶作》詩二首。

《偶書》詩一云：新年七十七，是虛不是實。我心包太空，有無混然一。比日腑臟作，示病而無疾。憑欄拱翠峰，可詠不可詰。

又《家記九》：孟秋朔日食，望月食，曾汲古云：「日月薄食，或謂天之定數，非歟？」先生曰：「日食雖因日月交會，而曆家亦莫能皆中。曆家咸服唐一行之精，而一行所中十僅七八。諸儒汎聞曆算每中，不究其詳，遂歸之定數，此言害道。」

《慈湖從祀錄》：曾汲古，字子濬，廬陵

人，慈湖門人。

《遺書》：《復禮齋記》爲汲古之父作，《安止記》爲汲古作，皆汲古自爲之記。

十一年戊寅，七十八歲。

《遺書》：誌葉祐之妣張氏墓。文云：葉元吉名祐之，母孺人張氏，故將作監丞允恭女，歸司農寺簿大顯。簡至吳，元吉來訪，執事甚恭。自言弱冠志於學而未得其方，得先生絕四碑讀之，知此心明白廣大，自謂讀書行己不敢起意。復寐中聞更鼓聲而覺，曰：「此非鼓聲也。」終夜不寐。夙興，見天地萬象萬物萬變，明暗虛實，皆此一聲，而目前常有一物。及一再聞先生警誨，此一物方泯然不見。元吉弱冠與貢，孺人不以爲喜，及見簡，歸道簡言，且謂若不見先生，止於半塗，於是喜甚。簡訪元吉，孺人已疾病，命二女聽於屏間，盡記簡之言以告，孺人舉手曰：「幸甚吾兒得此於先生，吾死無憾矣。」垂絕，神氣清明，無一語差。時嘉定十一年十一月乙未。以明年正月庚午，祔於吳縣至德鄉寺簿之墓。

案：《遺書》有《示葉元吉》詩，又《續集》有《葉元吉請書》。

《宋元學案·慈湖案》：張端義，字正夫，鄭州人。居於吳，即朱長文樂圃故址，一時耆艾如慈湖、說齋、鶴山、菊坡、習庵，皆從之遊，而尤服膺，其中表葉元吉亦慈湖高弟也。

《遺書》：《吳縣講義》一章。

陳世崇《隨隱漫錄》：慈湖題《平江府泰伯廟》詩一首。

案：先生至吳，年月無考，玩葉母墓

誌中語，當在是年。誌亦作於吳地。

王鏊《姑蘇志》：吳縣學舊有楊慈湖祠，當以其講學之地而祀之。

《咸淳臨安志》：譔《臨安府學記》。

《記》云：嘉定九年，京庠典教袁肅、黄灝顧瞻先聖之宫與講學之所卑陋，不足使人興敬，告於帥，請於朝。明年孟春經始，越壯月告成，始克鼎新大備，屬簡識其事。簡行年七十有八，日夜兢兢，一無所知，曷以稱塞？

十二年己卯，七十九歲。

本傳：升直寶文閣，主管明道宫。

《行狀》：十二年，除直寶文閣、亳州明道宫，再任。

《遺書》：誌錢子是妣徐氏墓。

文云：簡於淳安錢子是至契。子是先已覺，簡劃其礙，遂清明無間。後遣其家子槱奉書至，并其妣氏家傳，請誌銘其墓。槱，字誠甫，近於嘉定十有二年元夕後一日有覺，至晦日又大通。嗚呼！子孫皆覺，載之家傳，亦垂不朽，奚假誌銘？誠甫以此紙告於父。

《宋史·錢時傳》：慈湖門人錢時，字子是，淳安人，以《易》冠漕司，官史館檢閱。

李德恢《嚴陵志》：時遊慈湖之門，慈湖喜，曰人心背馳，不知其幾，惟子是超然有覺，又能啓迪其鄉人士，大書「融堂」二字贈之，學者稱融堂先生。

《宋元學案·慈湖案》：洪夢炎，字季思，號默齋，與融堂同登慈湖之門。

《遺書·默齋記》：季思請名其齋，簡名之曰默。

《嚴州府志》：洪夢炎字季思，淳安人。

寶慶二年進士，官差知衢州。

《宋元學案·慈湖案》：洪瞶字君實，後字本一，淳安人。淳安自融堂爲慈湖高弟，而瞶之族祖夢炎亦登其門，故淳安士皆爲慈湖之學。

譔《敬止記》。

《遺書·錢槱敬止記跋》：大人結茅家旁小山，先生命之曰敬止。求說，先生曰：「敬止無說，簡當爲之記。」明日授以此文。

又《贈錢誠甫書》：誠甫遠訪，從容近月，問答亦詳矣。將歸侍，復求言。

十三年庚辰，八十歲。

十四年辛巳，八十一歲。

本傳：除祕閣修撰，主管千秋鴻禧觀。

《行狀》：十四年，除祕閣修撰、紹興千秋鴻禧觀。

《純德編》：嘉定十四年，邑令趙崇遂屬鄉先生楊簡題純德廟額。

《純德編·趙崇遂與慈湖先生書》：崇遂拜啓：漢董孝君以我章聖朝膺純德封號，業蒙椽筆，採純德字題廟矣。邇者進士李伯英請并定神龍張孝子之祠。伏念兩君子立（子）〔志〕極同，臭味必合，或別立一廟固善，即同室而享亦可也。今諸搢紳定議祔入董廟內，行禮有日，希先生早賁以襄其成。

案：張虙撰《張孝子配董孝子廟記》，尾云「嘉定十四年孟秋朔日記」。

《寶慶四明志》：張無擇，句章人，性篤孝。父卒，負土營葬，七日絕漿，三年不櫛。

又：慈溪縣令趙崇遂，嘉定十二年五月任，十五年正月離任。

十五年壬午，八十二歲。

本傳：特授朝請大夫、右文殿修撰，主管鴻慶宮，賜紫衣金魚。

《行狀》：十五年，授右文殿修撰、南京鴻慶宮。

十六年癸未，八十三歲。

本傳：進寶謨閣待制、提舉鴻慶宮，賜金帶。

《行狀》：十六年，除寶謨閣待制。

成化《四明志》：陳塤丁父喪，從慈湖讀禮。

《宋史·陳塤傳》：塤字和仲，鄞人。嘉定十年進士，調黃州教授。喪父，考古禮制時祭儀制祭器行之。忽歎曰：「俗學不足學。」乃師事楊簡，攻苦食淡，晝夜不怠。累官國史編修、實錄修撰，出知溫州。

案：和仲學禮慈湖，不詳年月，而本傳言免喪後注處州教授以去，時在理宗即位前，姑列於此。

《宋元學案·慈湖案》：塤號習菴。慈湖大弟子自袁正肅外，習菴其最也。

《結埼亭集外編·石坡書院記》：慈湖弟子遍於大江以南，《宋史》舉其都講爲融堂錢氏。予嘗考之，其最能昌明師門之緒者，莫如鄞之正肅袁公蒙齋、侍郎陳公習菴及慈之桂公石坡，顧袁、陳以名位著，而桂稍晦。今慈湖東山之麓有石坡書院，即當年所講學地也。石坡之語悉本師說，曰明誠，曰孝弟，曰顔子四勿，曰曾子三省。其言樸質無華葉，蓋以躬行爲務，故其生平踐履大類慈湖。石坡晚年最爲耆壽，東浙推爲楊門碩果，竝於蒙齋、習菴，其道之尊如此。

張時徹嘉靖《寧波府志》：桂萬榮，慈谿人，字夢協，慶元二年進士。由南康守進直祕閣，遷尚書右郎。乞老歸，築石坡書院，講學其中。

案：石坡從學先生無年月可考，故附於此。

十七年甲申，八十四歲。

本傳：理宗即位，進寶謨閣直學士，賜金帶。

《宋史·理宗紀》：九月乙亥，詔褒老儒，以楊簡爲寶謨閣直學士，提舉南京鴻慶宮。

《遺書》續集《遺桂夢協書》：夢協謂心之精神是謂聖，此聖人之言，何敢不信？但學者所造有淺深，先聖曰改而止，謂改過即止，無庸他求。

《袁正獻從祀録》：十二月，誌故龍圖閣學士袁燮墓。

《誌》云：燮薨於嘉定十七年八月癸巳，年八十一。是年十二月丙午，葬於鄞縣陽堂鄉穆嶺之原，諸孤泣請簡銘。簡與和叔同講學，和叔立朝光明，臨終不亂，簡不勝興敬。

《眞西山集·袁燮行狀》：公之葬，慈湖楊公實爲之銘，於公大節摹寫盡矣。

羅大經《鶴林玉露》：袁和叔云：「非木非石，無思無爲。」楊敬仲深愛其語，故銘其墓曰：「和叔之覺，人所未知，非木非石，無思無爲。」

《從祀録》云：楊文元公所撰《墓志》不載《慈湖遺書》，故黄南雷、全謝山先後輯《宋元學案》，皆云未見。道光間，正獻裔孫萬經修治公墓，得此志於封土之下，因録而還置之墓上。

《鮚埼亭集外編·楊文元書院記》：史忠定既逝，端憲正獻亦下世。忠定之孫子仁復請文元講學，故其居碧沚甚久。子仁受文元之教，終身不應召命。碧沚牙籤甚富，文元因思修群書以正邪説，未就而卒。

《宋元學案·慈湖案》：守之字子仁，從楊簡遊。仲父彌遠當國，心弗善也，退居月湖之陽，寧宗御書「碧沚」二字賜之。子仁居碧沚，不與時諧，以道自任。

理宗寶慶元年乙酉，八十五歲。

本傳：寶慶元年，轉朝議大夫、慈溪縣男，尋授華文閣直學士、提舉佑神觀，奉朝請。詔入見，簡屢辭。

《行狀》：慈溪縣開國男、食邑三百戶，尋授華文閣直學士，奉朝請。親灑宸翰，屢頒詔旨，謂先朝耆德，朕心素所簡記，令所在軍州以禮津發赴行在。先生臥疾，控辭至於五六。

《宋史·傅伯成傳》：伯成，字景初，少從朱熹學。隆興元年進士，授明州教授，累官寶謨閣直學士。寶慶元年與楊簡同召，以老病辭。

又《真德秀傳》：朝廷之上以耆艾褒傳伯成、楊簡。

高宇泰《敬止錄》：穆陵即位，慈湖以列卿召對。上問曰：「聞師相幼受教於卿。」慈湖對曰：「臣之所以教彌遠者，不如此。」上曰：「何謂？」對曰：「彌遠視其君如奕棋。」上默然。罷朝，以語彌遠，對曰：「臣師素有心疾，乞放歸田。」

案：史言史彌遠欲收衆望，勸帝召傅伯成、楊簡及柴中行，俱奉朝請，伯成、簡辭不至。而據《敬止錄》云云，及訃告辭云「作覲來歸，胡疾不愈」，則先生固曾應召也。

《遺書》續集：誌臧孺人蔣氏墓。

《墓誌》：蔣氏名處定，簡妣氏之姪婦，卒於寶慶乙酉，葬鄞縣之桃源。

二年丙戌，八十六歲。

本傳：授敷文閣直學士，累加中大夫，仍提舉鴻慶宮，尋以太中大夫致仕。卒，贈正奉大夫。

《行狀》：二年，授敷文閣直學士，累加中大夫，仍提舉鴻慶宮，尋陞寶謨閣學士、太中大夫致仕。三月二十三日，薨於正寢，享年八十有六。先生清明純一，無生死異。屬纊之日，怡然如平常時。以遺奏聞，特贈正奉大夫。官其後如格，賻銀絹二百。訃告辭有云：「作覲來歸，胡疾不愈。士歎明師之失，國奚黃髮之詢。」學者觀之，爲之悲慟。鄉閭孺慕走哭者交道，公卿大夫士無遐邇，弔奠者交踵。四朝耆舊，百世宗師，生榮死哀，不愧不怍。娶林氏，封令人。二子：恪，承務郎、沿海制置司準備差遣，克承家學，勉進未艾；愷，早亡。女三，嫁進士孫誼，宣教郎、知湖州德清縣童居善，宜倅舒公諱璘之子銑。孫男五，埜、生、基、在、堂。孫女二，長嫁將仕郎韓夔。曾孫金。嗚呼！三代衰，聖教熄，異端邪說爭鞭駕於天下。其後傳注以爲經，章句以爲學，洙泗家法徒存紙上之空言，穿裂剝蝕，舛於稂莠，學者信之愈篤，即所以遺害者愈深。求其眞得我心之同然，洞照古聖於千載之上，無是理也。於赫我宋，篤生賢哲，而先生又挺出諸儒後，伏羲肇畫，初無文義可傳，孔子遺書，不從言語上得。本心本聖，無體無方，虛明變化，無非妙用。斯道也，堯以之安安，舜以之無爲，禹以之行其所無事，湯以之懋昭，文王以之順帝則，武王以之訪洪範，周公以之師保萬民，孔子以之爲刪爲定爲繫爲筆削褒貶，是之謂中，是之謂極，是之謂秉彝之則，茫茫千古，智探巧索，如瞶商律，如月指杓，而先生得之，斯道於是大明。開後學之夷塗，掃群迷之浮論，有功聖門大矣。蓋由天資醇實，渾然不雜，是故立志也剛，進學也勇，而行之也有力，既大省發，終身以之，勉勉兢兢，無須臾微懈，且又克永厥壽，習久益熟，遂造神明之盛。若先生，眞所謂天民先覺者歟。

案：陳振孫《直齋書錄解題》，《慈溪甲稿》下注「寶謨閣直學士楊簡」，《先聖大訓》下注「龍圖閣學士楊簡」，馬端臨《文獻通考·經籍類》仍之。考本傳，先生以敷文閣直學士終。《行狀》以寶謨閣學士終，未嘗洊歷龍圖，陳氏誤也。

所著書有《甲稿》、《乙稿》、《冠記》、《昏記》、《喪禮家記》、《家祭記》、《釋菜禮記》、《石魚家記》，又有《己易》、《啓蔽》等書。

《直齋書錄解題》：《慈溪甲稿》二十卷。

案：今本《遺書》注有出《甲稿》者，而不及《乙稿》，蓋《乙稿》之佚久矣。「溪」疑「湖」字訛。

楊士奇《文淵閣書目》：楊慈湖《冠祭家記》一册，《婚禮家記》一册，《喪禮家記》一册。

《經義考》：楊簡《冠記》一篇，《昏記》一篇，《喪禮家記》一卷，俱佚。

《百川書志》：楊簡《家記》十卷。

案：今本《遺書》目卷七至十六爲《家記》。注云：《家記》三卷，分爲十卷，即此書也。

《行狀》：謂人皆以《易》爲書，不以《易》爲己，以《易》爲天地變化，不以《易》爲己之變化，故面牆者比比。天地，我之天地；變化，我之變化，非他物也。私者裂之，私者自小也，先生是以有《己易》。

《宋史·藝文志》：楊簡《己易》一卷。

《經義考》：陳一桂曰：「《己易》一卷，只作一大篇，自包羲氏一畫陽一畫陰論起，至八卦六十四卦爻辭。大要謂《易》者己也，以《易》爲書，不以《易》爲己，不可也。」桐江詹阜民子南刻之新安郡齋。

曾熠《己易序》：楊先生《己易》，曩先生宰樂平時，嘗加删訂。熠得其本，因謁知丞趙公是正之，鋟木以貽同志。或者猶謂先生復有所改，近趙公爲轉致先生之前而先生不復加損，則此爲定本矣。夫六經、《論語》之書，言天下之義備矣，迨孟氏興而復出性善養氣之説。自孟氏沒，更秦歷漢，以至於今，前聖之意隱然而未發者，乃有横渠之《西銘》。雖然，《西銘》之意，認天地爲一家，而《己易》一書，悟天地爲一己，其流行發見，精神畢備，厥功益大。學者誠能沈潛而反復之，其於一理渾然之中，知其萬物森然，莫不具在。反諸吾身，覺其機之動而體驗推放之，雖馴造聖賢之域可也。

《四朝聞見錄》：慈湖改周子《太極圖》爲⊗，以爲周子之說詳，簡之說易。其意蓋不取無極之說，以爲道始於太極而已。

《行狀》：學者不反其所自有，而或陷溺於諸子百家之意說，紛呶簧鼓，疑似支離，坐祟其中，卒莫見道，先生是以有《啓蔽》。

《經義考》：楊簡《易學啓蔽》，未見。

《四庫全書總目》：《楊氏易傳》二十卷。

《遺書》有《周易解序》。

錢謙益《絳雲樓書目》：《慈湖易說》二十卷。

《經義考》：《慈湖易解》十卷，存。

《四庫全書提要》：《楊氏易傳》二十卷。浙江吴玉墀家藏本。明劉日升、陳道亨所刻。《經義考》載《慈湖易解》十卷，書名、卷數皆與此本不合。所載《自序》一篇，與此本卷首題語相同，而無其前數行，亦爲小異。明人凡刻古書，多以私意竄亂之。萬曆以後尤甚。此或日升等所妄改歟？其書前十九卷皆解經文，第二十卷則皆汎論《易》學之語，亦間有與序文相複者。今既不睹簡之原本，亦莫詳其何故也。

蔡國珍《慈湖易傳序》：慈湖先生云：「少讀《易大傳》，惟愛無思也，無爲也，寂然不動，感而遂通天下之故。」故其傳《益》，則以善之不能爲、過之難改，皆始於意。意本於我知，我本無體，復何遷而何改？傳《震》又曰：「人惟知恐懼修省學者事耳。」謂《易》道精微不在簡作是書，惟解《康誥》以下五篇，亦是意也。此書世久失傳，朱彝尊以爲未見。今從《永樂大典》各韻中案條薈萃，惟闕《梓材》一篇，餘皆章句完善。謹依經文前後，釐爲四卷。

《慈湖詩傳》二十卷。

《遺書》有《詩解序》。

案：《文淵閣書目》：「楊慈湖《詩解》八冊。」焦竑《國史經籍志》、黄虞稷《千頃堂書目》、張金吾《愛日精廬藏書志》俱作《慈湖詩傳》二十卷。

《經義考》：《慈湖詩解》不傳，亡其卷目。

《四庫全書提要》：是書原作二十卷，《國史經籍志》及《千頃堂書目》尚載其名，《經義考》注曰已佚。今海内藏書咸集祕府，而是書之目缺焉，則彝尊所説爲可信。今從《永樂大典》所載裒輯成編，

是，持是見者不惟不知《易》，亦不知恐懼修省。夫曰不能爲，曰難改，曰恐懼修省，則何嘗不責人之致力，特其所以致者，在何思何慮而不失其寂然者耳。蓋用力於其本而不泛用者也。譬之操舟者然，順流帆風，楫櫂隨之，瞬息千里，是不操之操，操更力耳。庸可以無操之迹，遂謂其不操舟也。審然者，不惟益《易》，且益學者哉！吁，此與蘇傳均《易》之羽翼也，顧湮沒久矣，待今而始傳，信大寶之顯晦有時哉！

《五誥解》四卷。

《文淵閣書目》：楊慈湖《五誥解》一冊。

《四庫全書提要》：昔韓愈稱《周誥》、《殷盤》佶屈聱牙，宋儒如吕祖謙《書説》，亦先釋《周誥》，而後及虞、夏、商書，蓋先通其難通，則其餘易於究尋。

仍勅爲二十卷，又從《慈湖遺書》內補錄《自序》一篇，《總論》四條，而以《攻媿集》所載樓鑰與簡《論詩解書》附於卷首。其他辨論若干條，各附本解之下，以資考證。至其總論列國《雅》、《頌》之篇，《永樂大典》此卷適缺，無從採錄。其《公劉》以下詩十六篇，則《永樂大典》不載，豈非如呂祖謙之《讀書記》獨闕《公劉》以下諸篇，抑在明初即已殘闕耶？是書大要本孔子無邪之旨，反復發明。其他箋釋文義，間有附會穿鑿，然其於一名一物，一字一句，必斟酌去取，旁徵遠引，曲暢其說。其考六書，則自《說文》、《爾雅》、《釋文》以及史傳之音注，無不悉蒐。其訂正訓詁，則自齊魯毛韓以下以至方言、雜說，無不博引，可謂折衷同異，自成一家之言。

《攻媿集·答楊敬仲論詩解書》：鑰蒙示教《詩解》，以病故相仍，近始讀竟，荷開發鄙陋至多，感歎擊服之餘，恨未得一遂請益於門下。若夫發明無邪之思，一貫之旨，天人同心，大道至平，古說難盡信，雖載之《左傳》者，亦不可據，《釋文》亦多好異音。詩人諷詠或有包於事實制度名數，不盡合於禮典；先王皆在商世，難拘以周禮；文王以服事商，不應作禮樂。如此類未易概舉，皆前輩之所未發者，尤用服膺。然惟尊意每不自以爲足而欲人之言，鑰亦不能自已，欲效所見，試陳其甚明者，正欲反覆論辨，以歸至當。非恃相與之厚，非愛此書之深，不及此也。

《直齋書錄解題》：《孔子閒居講義》一卷。

《行狀》：人皆徇目爲見，徇耳爲聞，而不明夫哀樂相生、不可見聞之妙，不明夫禮樂無體無聲之妙。先生是以有《閒居解》。

《文獻通考·經籍志》：《孔子閒居講義》一卷，楊簡撰。

案：《遺書》卷二十爲《孔子閒居解》，亦見於《先聖大訓》卷一。《延祐四明志》亦作《閒居解》。

曾熠《孔子閒居解序》：熠侍教於知丞趙公，嘗言楊先生著《孔子閒居解》，熠請之而未獲也。乃寄示，誠足以開示後學，因錄本以傳之。夫孔子之言見於六經、《論》、《孟》者，人所尊信。惟雜出傳記者，雖戴聖所傳，人猶未之盡信。惟《大學》、《中庸》先儒所推尊，故學者講誦。至若《孔子閒居》，昔賢未嘗留意，今先生首發明而誨解之，得非所謂五至三無皆斯人良知良能，苗裔發見於心，端誠可體察而用力者歟？彼坐談高遠而不隱諸內心者，可以自省矣。

《宋史·藝文志》：《春秋解》十卷。

《遺書》有《春秋解序》。

《古文孝經解》一卷。

《文獻通考·經籍志》：《中興書目》，楊簡《古文孝經解》一卷。

案：《延祐四明志》作《古文孝經傳》。

《延祐四明志》：《論語傳》。

《文獻通考·經籍志》：《曾子注》十卷。

《遺書》有《曾子序》。

《直齋書錄解題》：《曾子》二卷，凡十篇，具《大戴禮》，後人從其中錄出別行，楊簡注。

《行狀》：始傳《古文孝經》，傳《魯論》。

《摭餘編·慈湖先生傳》：有《詩》、《易》、《春秋》、《論語》、《古文孝經》傳。

《直齋書錄解題》：《先聖大訓》六卷。

《遺書》有《先聖大訓序》。

《文獻通考·經籍志》：楊敬仲取《禮記》、《家語》、《左傳》、《國語》而下諸書，凡稱孔子之言，類爲此編。

鍾音《浙江採集遺書錄》：《先聖大訓》六卷，楊簡輯采經傳諸子中孔子語，分列篇第，加以注釋。今本爲明萬曆間焦弱侯所藏，明州守張翼軫得而校刊者。

《四庫全書提要》：秦漢以來，百家詭激之談，緯候怪誕之說，無一不依託先聖爲重，龐雜蕪穢，害道滋深，學者愛博嗜奇，不能一一抉擇。簡此書削除僞妄而取其精純，刊落瑣屑而存其正大。其間字句異同，文義舛互，亦皆參訂斟酌，歸於一是，較之薛據《集語》頗爲典核。求洙泗之遺文者，固當以是爲驪淵矣。

《鄭氏二老閣書目》：《石魚偶記》一卷。

案：是書爲慈谿二老閣刊版，計載經解、雜說五十六條。

《百川書志》：《記先訓》一卷。

《浙江採集遺書錄》：《慈湖遺書》後附《記家訓》七十一條。

案：今本《遺書》卷十七爲《記先訓》。

《遺書目》：《誨語》、《訓語》。

《遺書》：曾汲古所編《誨語》并傅正夫所編《慈湖訓語》二書，皆與《家記》大意相同。

《西山集·跋慈湖訓語》：慈湖先生之道，學者所共尊。顧嘗側聽諸公間或不能無竊議者，泯心思、廢持守、談空妙、略事爲也。今觀正夫所錄有曰：「無思甚妙，思之正亦甚妙。」又曰：「徒思不可爲學，不思如何是學？」然則先生之學，其果泯心思耶？曰：「學未純熟，不可廢守。」又曰：「敬以守之於意態未動之先，守定用力，自然光明。」先生之學，其果廢持守也？至於言道以本心爲正，言德以直心爲主，則其爲論至平實，既與談說空妙者不同，而於當世之務討論區畫若指諸掌，又非脫略事爲者也。是四者既皆異乎所聞，至其爲說有曰：「成身莫如敬。《書》曰欽、曰敬、曰謹、曰克艱、曰孜孜、曰兢兢、曰勤恤。三五盛際，君以此命臣，臣以此戒君，蓋灼知不敬則此心易動，敬則此心不動。此心微動，百過隨之；此心不動，常一常明。」嗚呼！斯言至矣，非正夫之心與先生通貫爲一，豈能傳之簡牘，不失其眞哉！然則先生之言固有功於後學，而正夫所錄又有功於先生者也。

《陸子學譜》：傅侹，字正夫，南城人，學於楊簡，爲高弟子。嘗輯簡議論經籍，又訓誨弟子之言，爲《慈湖訓語》。

《宋元學案·槐堂案》：正夫之兄道夫，嘗問答於慈湖。慈湖遺之書云：「道夫昆仲俱覺。」

《蒙齋集·書慈湖遺稿後》：先生之言多矣，門人馮興宗、周之德取訓語之要，聚爲一編，屬甫刻梓，以惠後學。或者病所取太少，甫語之曰：「先生豈多言哉！先生居處無一惰容，接人無一長語，作字無一草筆，立朝大節，正直光明，臨政子民，眞如父母，是皆先生純純皜皜之妙。先生嘗侍象山，發本心之問，舉扇訟是非以答，忽省此心之清明，忽省此心之無始末，忽省此心之無所不通。後守永嘉，謁先聖，謂自幼學，壯而始覺。覺此心澄然，虛明無體，廣大無際，日用云爲，無非變化。嗚呼！先生之學，師先聖，師象山，先生吐於言辭，的的眞實，一編已多矣，奚其少？

陳著《本堂集》：《語錄》。

《本堂集·與曹久可書》：近全本心所求慈湖《詠春詩稿》，及所刊《語錄》、《別集》與時議梓本堂所見者，久歸於燬，今則無從訪得之。

成化《四明志》：陳著，字子微，號本堂，鄞人。登文天祥榜進士，爲著作郎，官臨安通判。

《宋元學案·慈湖案》：全晉孫，字本心，學於和仲，爲楊文元私淑高弟。曹漢炎，字久可，慈谿人。慈湖杜洲二院堂長。

陳第《世善堂藏書目》：《律解辨疑》一卷。

《四庫全書總目》：《慈湖遺書》十八卷，《續集》二卷。

《直齋書錄解題》：《慈湖遺書》三卷，前二卷雜說，末一卷遺文。

《浙江採集遺書錄》：《慈湖遺書》六卷：一卷《易說》、《己易》，二卷爲《詩》、《書》、《春秋》說，三卷爲《禮記》、《孝經》說，四卷爲《四書說》，五卷爲《雜文》，六卷爲詩。書後附《記家訓》七十一條。

案：此本明萬曆間慈谿楊世思、陳光弼刊，楊守勤校，題曰《慈湖遺書節鈔略》。潘汝楨宰慈谿，爲之序。

案：錢曾《述古堂書目》作《慈湖集》

二十卷，四明盧氏《抱經樓書目》、徐乾學《傳是樓書目》作《慈湖書》二十卷。

《四庫全書提要》：《宋史》本傳載簡所著有《甲稿》、《乙稿》、《冠記》、《昏記》、《喪禮家記》、《祭記》、《釋菜禮記》、《石魚家記》及《己易》、《啓蔽》諸書，其目甚多。《直齋書錄解題》則稱簡《遺書》止三卷。此本自六卷以前爲雜文及詩；七卷至十六卷爲《家記》，皆雜錄論經史治道之説，如語錄之體；十七卷《紀先訓》；十八卷乃錢時《行狀》及眞德秀跋；又編《雜文》一卷及《孔子閒居解》一卷於後，謂之《續集》。與《直齋》所記卷數多寡不合，而集中《家記》内各條又有别標曰見《遺書》者，疑先有《遺書》三卷初本别行，後又裒輯諸編，共成此集，仍總以《遺書》名之，猶之王質《雪山集》有三卷之本，有四十卷之本歟？

《本堂集》：《詠春詩稿》。

《鶴林玉露》：楊慈湖詩云：「山禽説我胸中事，煙柳藏他物外機。」又云：「萬里蒼茫融妙意，三杯虚白浴天眞。」又六言詩云：「淨几横琴曉寒，梅花落在絃間。我欲清吟無句，轉煩門外青山。」句意清圓，足徵所養。

《遺書·過庭書訓》：吾字畫惟方正古樸和平近於隸，蓋今之楷即隸之訛，隸者篆之變，篆極善，隸庶幾，楷猶庶幾。至於草，去古遠矣，孔門之所惡，今世通行之書不用篆、隸，故予爲楷而似隸，庶幾乎三代莊敬中正之遺風不泯絶也。

又《心畫賦》：硯者，天池也；墨者，玄

雲也；筆者，龍也。隨物爲形，爲圓爲方，爲正爲旁，如金如玉，如齋如莊。變化萬狀，衆善中藏。粹然之容，燁然之光。其不可窮盡之妙，豈鍾、王、歐、虞諸子所能夢而見覺而望。

阮元《兩浙金石錄》：楊簡參前碑，末題「重陽後二日立石於太學循理齋前之臺」，刊者余逢辰。碑在杭州府學，高三尺二寸，廣二尺二寸，正書十六行，行十八字。額正書「參前」二字，字大尺餘。文元師事陸九淵，洞徹精微。此刻全講心性，觀其告桂萬榮所謂心之精神是謂聖者，全是此注腳。當時立石太學，《咸淳臨安志》載之，有以也。文元不以書名，此刻端莊流麗，皆從篆隸出入，於八法外別樹一幟。

《西山集·楊慈湖手書孔壁孝經跋》：司馬文正公平生未嘗草書，雖造次顛沛間，一點一畫必如法度。觀其書者，即知公之爲人。慈湖道德學問追媲前修，而於翰墨尤極嚴謹。嘉定初，獲侍公於著庭，見其酬答四方書問，無一字作行押體。蓋其齋莊中正，表裏惟一，故形於心畫亦絕類文正公，而清勁過之。傅君侹所藏孔壁《孝經》，又其得意書也。嗚呼！先生不可作矣，學者即此而觀之，猶足以窺大賢氣象，而知立德之本云。

《蒙齋集·慈湖先生陸君墓志跋》：慈湖志陸君墓，有「足迹未嘗至庖廚」一語注於旁，筆力清勁，藹然先生之道心見焉。

杜範《清獻集》：慈湖字畫端嚴清勁，使人望之凛然，亦足以見所存不惰而隨寓有則。

《咸淳臨安志》：林希逸《幹辦公事廳

記》：淳祐癸卯夏五月，三山張君實來，追企前修，慨惜闕典。且曰：「向□□慈湖垂芳可百世，莫能名一室。先生自扁、自記、自書，以秦碑晉碑寶之可也。廨雖移此，烏可廢？」秋闈捧鄞檄，實爲先生故里，遂訪求遺墨以歸。鉤畫端嚴，典型如在。袖以白府公，府公少嘗問道於先生，得之尤喜，即捐楮錢五十萬，俾勒石以復其舊。府君名與憲，張君名興龍。

《慈谿縣新志》：慈湖書院東西二坊，西曰「熙光」，東曰「詠春」，竝無年月題識。字畫端勁樸茂，原本漢隸，參以篆勢，當是先生手作。

夏文彥《圖繪寶鑑》：楊敬仲喜作墨竹。士大夫求者，欣然落筆。有石本橫枝傳世。

案：《遺書·乾道撫琴行》：「蕭蕭指下生秋風，漸漸幽響颼寒空。月明夜氣清入骨，何處仙珮搖丁東。野鶴驚起舞，流水咽復鳴。一唱三歎意未已，幽幽話出太古情。」又《喜雪》詩：「暫停枰上猶賢奕，來作絃間太古音。」自注：「時琴撫白雪操。」據此，則先生又善琴也。

本傳：其論治務最急者五，其次八。一曰謹擇左右大臣、近臣、小臣。

《遺書·家記十》：何謂謹擇大臣、近臣、小臣？周公作《立政》之書，專言王左右常伯、常任、準人、綴衣、虎賁爲出治之本，至於默然良久，太息曰：甚休，而人主知以是爲憂恤者鮮哉！蓋周公深知熟諳治亂之機，在此而不在彼，在近而不在遠，的然無疑，確然無易，故特而言之，其情狀切至至於此。近治而後遠治，近臣賢而後遠臣賢。小臣雖卑賤，而人主之德性實薰染漸漬於左右親近，孔子謂居室出其言善，則千里之外應之；居室出其言不善，則千里之外違之。治亂安危之機皆自乎近，可不謹乎？講筵宜擇有道盛德之士，使得從容問答，又使忠信秉正之士得應奉，代內侍之雅事。內侍內人有一語一事之善，上即稱善或有賞，宮闈善心興起，則小人無隙可投，君子可以安，民安，宗社安。

二曰擇賢以久任中外之官。

《遺書·家記十》：何謂擇賢、久任中外之官？今夫官不擇賢不久任之害，人皆知之。所患員多闕少，今選人三年爲京官，二年爲任，吏部猶病其冗，而況於久任，則何以處夫至多之員？故士大夫一聞久任之說，不復長思，輒以爲不可行。不思（家）國〔家〕設官分職，將以治民、治國，非徒欲給養天下逐逐群群、無德無行之士也。士大夫不念夫下民被害，怨及朝廷，苟曰久任之不可行，蓋不以國事爲家事，視國之利害終不如己家利害之切，故不復深思。亦其人自度其德之非賢，其才之無能，知其必不在選用之內，故決然以久任爲不可。或又曰懼失士大夫之心。吁，士大夫之賢者能者，國家既選而用之，其不賢無能者奚足惜！賢者甚無幾，不肖者滿天下。不肖多臨民，故多怨嗟。郡邑無久遠安固之備，其患不可勝言。送往迎來，徒勞徒費，居官不爲長久之計，貪墨以爲待闕之資。雖間有賢者方諳物情利病，又已將代而治歸裝。守禦無素備，寇至輒潰。民知其不久於位，不服從其教令。奸頑好訟，俟新更訴，幸新至未諳情僞，姑肆其欺，擾害善良，無有已時，使久任則不敢矣。官司數易苟且，圖書散亡，本末無考，吏弊滋蠹，民病滋深，怨積於中，安保他日無一夫大呼，同聲相應，禍有不可言者。是故當今治務，擇賢久任爲急。宜升縣爲州，大縣爲監司，各辟其屬，謹簡乃僚。先王令典，縣稱百里，奚止百里？久任雖非世繼，亦幾於古之侯國，事力不可太厚，立法當關盛衰，故必縣升爲州，大縣即大州。凡州皆得專達於朝，苟非其人則罷去，無古者諸侯難制之患。其甚賢有功者，有褒焉，有賜焉，有贈焉，有貼職焉，雖終其身可也。

三曰罷科舉而行鄉舉里選。

《遺書·家記十》：何謂罷科舉而鄉舉里選賢者能者？自漢以來，古道滋喪，學徒陷溺於經説，琢壞道心，不務實德。唐鳥獸行，君臣相與，其勢競趨於粉飾華藻。十八學士以詩詠爲事業，劉考功加進士以雜文。幼能就學，皆誦當道之詩，長而博文，不越諸家之集。六經未嘗啓卷，三史皆同挂壁。本朝雖不廢經史，而虛文陋習，尙踵餘風。士子所習惟曰舉業，不曰德業，高科前列多市井無賴子弟，篤實端士反見黜於有司，何以德行爲？文華而尊榮，相師成風，淪肌浹髓，欲使事君而君獲其忠，使臨民而民不被其害，可得哉！雖間得其人而亦無幾，仕宦大概惟群飲，惟求舉，惟貨，惟色，惟苟且，甚者民思寢處其皮而食其肉。或曰：鄉舉里選善矣，任選之官牽於私，壓於勢，賢者不舉，不肖者舉矣，能者不選，無能者選矣。曰：既擇賢則舉選之官賢矣，自無私，私則罷黜，終其身不得復用，敢乎哉？況監司賢，察官賢，敢私乎哉？況今日罷科舉、行鄉舉里選之制，天下士心即趨於善，而況於舉選之官乎？或曰詩賦、經義、論策亦無害於取士，奚必革。曰：駢儷之文大不典雅，惟助浮華，不可不罷；經義、論策，雖不必於廢，而襲今時文可笑之式，則亦不可。爲士而言辭太不成文亦難，斷不可糊名棘圍，月書季考，惟考實德、實行，言辭不拘，鄉里自有公論。三歲大比，興其賢者、能者，以賓禮禮之，獻賢能之書於朝，三省奉其書獻於上。《周禮》：「王再拜受之，登於天府。」今若未能遽行拜禮，則聖躬宜興以敬受，取書藏於至尊嚴之所。

四曰罷設法導淫。

《遺書·家記十》：何謂罷設法導淫？《周書》痛禁群飲，至於殺之。漢律猶禁群飲，罰金四兩。施大恩則弛其禁，謂之酺。至五代猶有酺，知其猶有禁也。今既縱民群飲，又縱官婢盛妝麗服，飾花木之房，導民爲淫。蓋自夫犒設軍將之法，嘗用官婢，今乃用以導民群飲，官司沿襲，不知愧恥，殊可怪歎。而進言之臣未敢請革者，亦有說。行都繁麗淫侈之地，恐一日不設法則飲者必頓減，課入必大匱，大軍乏支，禍在朝夕，故不敢輕罷，循仍到今。然簡究知情狀利害曲折甚久，行都諸庫設法，課利反少。諸店不設法，課利顧多，以飲者憚庫設法，支費多。簡爲樂平、爲東嘉，皆罷設法，酒禁亦寬，而酒課無損。

五曰治五法，修諸葛武侯之正兵，以備不虞。

《遺書·家記十》：何謂教習諸葛武侯之正兵，以備不虞？夫舉明主於三代之隆，士君子至願，而武備不修，空談不詳，慮爲宋襄，爲成安，貽笑百世，不可。李衛公入對，太宗曰：「陳數有九，中心零者，大將握之，四面八向皆取準焉。陳間容陳，隊間容隊，以前爲後，以後爲前，進無速奔，退無遽走。四頭八尾，觸處爲首，敵衝其中，兩頭皆救，數起於五而終於八，此何謂也？」靖曰：「諸葛亮以石縱横布爲八行方陳之法，即此圖也。臣教閱必先此陳。世所傳握奇文，蓋得其粗也。八陳本一也，分爲八焉。黄帝始立邱井之法，因以制兵，故井分四道，八家處之，其形井字，開方九焉。五爲法天，四爲法地。」靖曰：「臣討突厥，西行數千里，若非正兵，安能致遠？」項羽所以敗於垓下者，以不習觸處爲首之法，故爲孔、費二將軍夾攻其兩旁，韓信反力攻其前，三面受敵，故敗也。武侯之七擒七縱孟獲者，此法也。今州郡教閱猶有古制，其圓陳此法也。將敕圓陳咸內嚮者，諛佞特改舊制曰捉將團，非正士之法也。有曰弩鬬鎗者，此法也。顧知者解以爲古法不可用者，所至如是也。今《七書》首孫子，孫子善用兵者，譬如率然。率然者，常山之蛇也。擊其首，則尾至；擊其尾，則首至；擊其中，則首尾俱至。孫子之書非無善者，而率然之喻驗其不達正兵之法。正兵者，不可敗之法也。馬隆用此法，以三千餘人而平涼州，謂奇兵在陳內。唐太宗善用兵，猶不知此法。簡屢問兵將官，知此法者殊不易得，古者六軍，軍將皆命卿。孔子曰：「我戰則克。」學者不可不講習，他日得君行道，有文事而無武備，不可。

其次急者有八。一曰募兵屯田，以省養兵之費。

《遺書·家記十》：何謂募兵屯田，以省養兵之費？古者兵出於農，無坐食之費，今國家財計大概十九養兵。今將理財，罷橫斂，不屯田何以省費？法當因募補籍之兵而新其制，曰吾授爾田，以爲衣糧之資。兵多死亡，補以屯田兵，則費可漸省。得良將善教之，可用也。況諸州守久任，則守禦自備，大軍亦可漸減。

二曰限民田以漸復井田。

《遺書·家記十》：何謂限民田以漸復井田？諸儒言井田詳矣。田不井則貧富不均，貧民仰不足以事父母，俯不足以育妻子，樂歲終身苦，凶年不免於死亡。救死不贍，奚暇治禮義？無禮義則亂，亂則國危。限田，井田之漸也。初限以寬，在限外者可減不可增。民析產異戶，無時無之，漸析則漸均矣。再立限漸減，又幾年則又漸析漸均矣。

三曰罷妓籍從良。

《遺書·家記十》：何謂罷妓籍俾之從良？壞亂人心，莫此爲甚。盛妝麗色，群目所矚，少年氣血未定之時，風俗久壞，其能寂然不動者有幾？至於名卿才士，亦沈浸其中，不知愧恥，每每發諸歌詠，舉世一律，不以爲怪。人心蠹壞，邪僻悖亂，何所不至？前代亂亡之禍，皆基於人心之不善。周家德行道藝之俗成，而綿祚八百。後世君臣，胡得無懼，而官僚士夫中懷大欲，襲循流俗，重於罷去，致國家受末流之禍。嗚呼痛哉！

四曰漸罷和買折帛暨諸無名之賦，及榷酤而禁群飲。

《遺書·家記十》：何謂漸罷和買折帛暨諸續增之賦，及榷酤而禁群飲？所謂和買，初未嘗不給錢，今直取於民。又不止於直取而已，又俾納折帛，每疋六貫五百，其價大過於絹直。至於夏稅折帛，則每疋七貫。以折爲名，實強取，多焉此類，奚可殫舉？榷酤雖非強取，而壞人心爲甚。《酒誥》諄諄禁群飲，至於殺。今反導之群飲，世以酒爲狂藥。民爲邦本，本固邦寧。士大夫當愛護邦本，愛護人心，使毋致於壞。右所條邦賦，國家方資以給軍，未能省費，未可省賦，次第而舉可也。故次於省兵費之後。禁群飲，不禁禮飲。

五曰擇賢士，教之太學，教成，使分掌諸州之學。又使各擇里井之士，聚而教之，教成，使各分掌其邑里之學。

《遺書·家記十》：何謂擇賢士，聚而教之於太學，教成，使各掌其邑里之學？自孔子殁，學者異說到於今，不勝其紛紛。似是而非，似正而邪，各徇偏孤，罕由中正，不得大賢教救之，則刑名者自刑名，清靜者自清靜，楊者自楊，墨者自墨，任俠者自任俠，文華者自文華，議論者自議論。其孝弟忠信修謹之士，雖未知道，未至背道，至於無忌憚之中庸，雖亦罕見，而不可謂無。一二十年來，覺於道者浸多，古未之見，幸多篤實，吾道其亨乎？孔子曰：「知及之，仁不能守之，雖得之必失之。」惟大賢可以司教。

六曰取《周禮》及古書，會議熟講其可行於世者行之。

《遺書·家記十》：何謂取《周禮》及古書，會議熟講其可行於今者，三公定其議而奏行之？不以堯舜三代所以治民者治民，賊其民者也；不以堯舜三代所以治國者治國，敗其國者也。由漢而下，其規模皆本以霸，王道雜之。霸以利，王以義。義利雜施猶不可，而況於以利心爲本乎？上帝降衷於民，若有恆性，克綏厥猷惟后。人主本職如此。漢唐諸君安知此？漢唐士夫孰深知此？周六官分職，皆爲民極，漢唐君臣所以治其民者皆極乎？舜特命納言一官以治讒說殄行。讒說，不正之說；殄行，不中正之行。訓方氏布訓四方，以觀新物，訓士民如訓子弟，皆後世未之識、未之知。《周官》有比閭族黨之教，有德行道藝之書，漢唐無此政事也。司市之屬不一而足，市井小人皆教之以善，道之以正，漢唐無此政事也。職方氏其任甚重，其屬甚盛，周知中國夷狄人民與其財用九穀六畜之數要，周知其利害，則無有一民不獲其所者矣，漢唐無此政事也。略舉數端，則三代而上，兩漢而下，其規模不同如冠如履。士大夫不能舉明主於三代之隆，而襲漢唐治少亂多可恥之規模，顧又不逮漢唐，殊可惜也。簡末學，不敢企望三代諸聖賢，而中心所安，終不肯爲漢唐規模。始亦不敢自必，曩宰樂平，後守東嘉，略行己志，頗有驗效，於是益信其可行，又信古者成人有德，小子有造，亦非高絕不可企及之事。考諸古書，固自有其道也，固自有其政也，舉而措之爾。人心無古今，感之斯應。

七曰禁淫樂。

《遺書·家記十》：何謂禁淫樂？孔子曰：「移風易俗，莫善於樂。」蓋聲音之感人也易，其入人心也深。今之妓唱與夫雙韻鼓板之屬，其氣志不爲之浮動者有幾？簡初入太學，聞太常古樂，莊敬中正之心油然而生。移風易俗於是乎切，是故淫樂宜禁。

八曰修書以削邪說。

《遺書·家記十》：何謂修書以削邪說？夫聚賢士而教之，固已明聖道之大體，指異說之謬誤，而經子史集並失已久，其惑亂人心已深，不修成書則邪說不衰熄，正道不開明，人心乖亂，人心乖亂則禍作國危。孔子讚《易》道以黜八索，述職方而除九邱，以其害道壞人心，不可得而已。孔子曰：「《詩》三百，一言以蔽之，曰思無邪。」此「思無邪」至簡至易，老師宿儒不知大道平夷，反疑惑莫之解。孔子不作序，正以思無邪之道自發見於詩章之中，無庸爲贅，自能興起人之善心，奚必究其何世何人？及衛宏作序，冠諸篇端，而學者見序而不見詩，見其序說而不見思無邪之大旨，害道爲甚，使學者皆面牆。《芣苢》平常無說，大道自明，宏必欲求其說，曲推穿鑿可笑。《摽有梅》男女失時，詩章甚明，宏不詳觀雖失時而不敢萌淫奔之意，不明此無邪之情，而曲取以爲及時。此類不一。戴聖，漢人，其爲《曲禮記》，首言「傲不可長」，亦可有而不可長歟？是何言歟？是何言歟？又叙「博聞強識於善行之先」，皆衰世小人之言，此類奚可不削？《易大傳》多非聖言，害道者多。《左氏》、《公羊》、《穀梁》三傳，《春秋》雖因是有考，而失聖人之旨不一。諸史子集，是非混淆，蠹人心爲多，可削者甚多。掃雲翳，昭日月，斯任至重，非得有道盛德之大賢，同寅協心，難乎有就。

本傳：論曰：「楊簡之學，非世儒所能及，施諸有政，使人百世而不忘。然雖享高年，不究於用，豈不重可惜也哉！」

《宋史·傅伯成傳論》：伯成晚與楊簡爲時蓍龜。

《朱子語錄》：今浙東學者，多子靜門人，類能卓然自立，相見之次，便毅然有不可犯之色。自家朋友，又卻覺不振。

又：子靜之門如楊簡輩，躬行皆有可觀。

《絜齋集·書贈傅正夫》：自象山既殁之後，而自得之學始大興於慈湖。其初雖有得於象山，而日用其力，超然獨見，開明人心，大有功於後學，可不謂自得乎？

又《統領胡革墓誌》：慈湖楊公，今之師表。

《蒙齋集·樂平慈湖遺書閣記》：先生自幼志聖人之學，久而融貫，益久而純。生平踐履，無一瑕玷，處閨門如對大賓，在闇室如臨上帝。年登耄耋，兢兢敬慎，未嘗須臾放佚。此先生之實學也。凡先生之所言者，言此而已，學者之所以學先生者，學此而已。

文天祥《明州四先生贊》：廣平之學，春風和平；定川之學，秋霜肅凝。瞻彼慈湖，雲間月澄；瞻彼絜齋，玉澤冰瑩。

《句章摭逸》：文元丁宋祚之末，閱事孝、光、寧、理四朝，始終五十四年，立朝僅三十六（日）〔月〕。四經陛對，逆鱗之言雖忠，而措之無用，君子惜之。

三年丁亥

《遺書》：正月十五日，門人嚴陵錢時撰先生《行狀》。

《行狀》：時受恩師門，至深至厚。自顧庸淺，何能發揮先生德業？建諸天地而不悖，質諸鬼神而無疑，百世以俟聖人而不惑，初不以人言而輕重可否也。既葬有日，乃弗獲已，奉同志之命，姑誦其所聞。謹狀。

《内閣書目》：慈湖先生《行狀》一卷，嚴陵錢時撰。

《西山集·跋慈湖行狀》：慈湖先生將葬，叔謹書來，命德秀曰：「先君之墓，子其銘之。」先生之門人建昌傅君正夫不遠千里，訪予於粤山之麓，亦以是爲請。竊伏念嘉定初元，先生以祕書郎召，德秀備數館職，始獲從之游。見其齋明盛服，非禮不動，燕私儼恪，如臨君師。期功之戚，下洎緦麻，服制喪期，一以禮經爲則，而容色稱之。平居接物，從容和樂，未始苟異於人，而清明高遠，自不可及。同僚有過，微諷潛警，初不峻切，而聽者常戄然。一日，見謂曰：「希元有志於學，顧未能忘富貴利達，何也？」德秀悦然莫知所謂。先生徐曰：「子嘗以命訊日者，故知之。夫必去是心而後可以語道。」先生之於德秀，可謂愛之深而教之篤矣。惟其時方繆直禁林，役役語言文字間，故於先生之學，雖竊聞一二，而終未獲探其精微。憂患以來，粗知向道，思欲一叩函丈求其指歸，而不可得矣。嗚呼！先生已矣，德秀復何所據，以爲進德之地也。夫未能深知先生之道，而欲傳其心於百世之下，此德秀之所不敢也。雖然，有一焉，蓋今傳後之文，有《狀》有《銘》，而又或有《表》。先生之門，賢哲甚衆，今狀其事者既有人，非高弟不可也。如德秀者，或使之序其梗概而表於墓門，則其責差輕而可勉。正夫幸以爲然，則願復於叔謹而還以命焉。故書於行述之後以俟。行述者，正夫所纂。正夫蓋有得於先生之道者也，故其言言皆實錄云。寶慶丁亥七月朔日，建安眞德秀跋。

案此，是先生《行狀》有二，一爲融堂譔，一則正夫譔也。

《行狀》：四月乙酉，葬邑之五峰。

天啓《慈谿縣志》：慈湖先生墓，縣西四十里車廄王隩，先葬五峰，後遷於此。

《句章摭逸》：五峰寺前有先生衣冠墓，叔謹築則菴於旁，蓋先生始葬處也。

錢時《融堂集·則菴記》：慈湖先生葬五峰，嗣子恪築菴而名以則，且名其堂曰「天經」，屬時記之。時不勝興敬興贊，至於泣下。嗚呼！是吾夫子所望於爾後人者也。大哉天經之旨乎！孩提無不知愛其親者，此不學之良能，此不慮之良知，此萬古人人所同有之本心也。此心無體，變化無方，通於神明，光於四海，無所不通。乍見孺子將入井，則自惻隱者，此也；見可羞可惡之事，則自羞惡者，此也；宜辭自辭，宜遜自遜，是自知是，非自知非者，此也。以此事君，自忠；以此臨民，自愛。兄弟自友，夫婦自別，朋友自信，豈外襲而取之哉？日月之所以運行，風雲之所以鼓舞，山川之所以流峙，昆蟲草木之所以生化，亘古今、包宇宙，孰非吾此經之妙，而乃溷溷滔滔，自陷爲愚，爲不肖者，無他，不知所則耳。惟堯則之，故睦九族、和萬邦；惟舜則之，故烝烝底豫，爲法於天下；文王則之，故無憂；孔子則之，故老安少懷；曾子則之，故知伐一木、殺一獸不以其時非孝；吾夫子則之，故大明斯道，以續洙泗之正統。其處己則廉儉清峻，不昏於利欲；處家則冠昏喪祭以禮，不譸張於異端；處宗族則教之撫之，不殊己子；處鄉黨則敬之順之，不失一夫之心；處郡縣則軍民愛戴如慈父母，而不屈於權豪；處朝廷則啓沃孜孜，發揚聖性，直言正論，風節凜凜，而不忽於去就之義。實明乎是，實履乎是，非空言云也。天下學者則之，萬世學者則之，況其家之子若孫乎？孔子曰：「父在，觀其志；父沒，觀其行。三年無改於父之道，可謂孝矣。」今而發一念，出一言，行一事，必反觀内省曰：此吾先君子之志乎？是乎？非乎？發一念，出一言，行一事，必反觀内省曰：非吾先君子之行乎？可乎？不可乎？一日無改，一日之則也；一月無改，一月之則也。歷三年之久而無改，則所守者定矣，終身之則也。是乃謂得天之經也。雖然，後之視前，如燈取影。吾則吾父，是又標的後世，爲吾子孫無窮之則也，可不謹歟？朝斯夕斯，念茲在茲，皜皜純白，不可射思。恪也勉之，時也勉之。

案：《廣信府志》：貴溪縣羅塘有楊慈湖墓，當是先生曾訪道至其地，而後人葬其衣冠以誌景仰者。

《摭餘編·慈湖先生傳》：謚曰文元。

案：《行狀》不書謚，蓋其時猶未予謚也。淳祐二年，鄭霖撰先生祠堂記，始稱爲文元楊公，則予謚當在其時。《宋史·舒璘傳》云：「淳祐中，特謚文靖。」疑一時事也。

周密《癸辛雜志》：祀於太學循理齋。

《雜志》：太學諸齋，各祀本齋先有德行者。循理齋祀慈湖楊簡。

《延祐四明志》：寶慶間，邑士於慈湖之濱建祠以祀。

《志》云：慈湖先生沒，邑士大夫始祠於湖濱，未有講習之地。嘉熙間，制閫趙公與簒改祠於中沚。

紹定四年辛卯

《象山年譜》：夏六月己亥，江東提刑袁甫奏建象山書院於貴溪之徐巖，祠象山先生，侑以楊敬仲、袁和叔。明年三月，甫至書院釋菜，乃禮慈湖門人錢時爲堂長主教。

案：《蒙齋集·江東巡部紀行》詩：「浮梁與樂安，五十笑步百。幸瞻慈湖祠，風聲尚堪憶。鍾君我所敬，能續慈湖脈。」玩全詩所紀，正肅此行由宣歙而江右，此云慈湖祠當在樂平。鍾君蓋是時樂平令也。

《宋史·袁甫傳》：字廣微，燮之子，嘉定七年進士。累官兵部尚書兼吏部尚書，卒謚正肅。甫少服先訓，又從楊簡問學。

《姑蘇志》：吳縣儒學內舊有慈湖祠，祠宋楊公簡。紹定間，簡門人知平江府趙與𥲅、提刑陳塤建。

《宋元學案·慈湖案》：趙與𥲅嘗見慈湖而問曰：「與𥲅於學問、應酬都無一是，只未知歸宿之地。」慈湖曰：「心之精神是謂聖。心未嘗不聖，何必更求歸宿，乃起意，反害道。」與𥲅奉教終身。

《遺書》：有書《雲萍錄》，趙德淵親書後。

《齊東野語》：趙忠肅開西京閫日，鄭丞相清之任夷陵教官。趙一見即異人待之，出三子，俾執師弟子禮。命諸子餞之前途，且各出《雲萍錄》，書之而去。

雍正《慈谿縣志》：與𥲅初寓青田，慕楊文元公道學，不遠千里，因從弟與明詣門受業，遂自青田就居慈谿。

《宋史·趙與𥲅傳》：字德淵，太祖十世孫，居湖州。歷官觀文殿學士，贈少師。

淳祐二年壬寅

《寶慶四明志》續增：郡守祕撰陳塏發錢下縣，委令曹郃爲慈湖先生創祠堂於咸德堂之右。朝奉郎、主管建康府崇熙觀天台鄭霖作記，先生之姪愉書丹，邑人朝奉大夫、直寶章閣桂萬榮書蓋。

鄭霖《慈湖先生祠堂記》：禮，有功有德，則附祭於學，所以助教化、厚風俗、示儀制也。我朝自濂溪周元公以《太極圖》發先天之妙，於是河南之學有所傳授，雷動四方，上紹孔子千百年不傳之統，下破漢人專門角立之陋。中興以來，推吾道扶植國脈之功，與天地並，詔加節惠。源分派別，厥後能以所自得者教於鄉、鳴於時，其徒各尊其師，力足以請於朝，亦核祀典，隨所寓肖像以祠，斯文可謂盛哉。閣學文元楊公家於四明之慈水德潤湖，超然口耳之學。蚤從象十年試入太學。咸淳三年，拜監察御史，四年改正〔一〕。丁父憂，去官。服除，知慶元府事，請建慈湖書院。八年，召還。官至端明殿學士。

案：《寶慶四明志》：劉黻以咸淳六年知慶元府，十二月二十一日交領府事，八年交割離任。據此，是建慈湖書院之請當在咸淳七年。

《延祐四明志》：至元乙酉，普濟寺僧恃楊璉眞伽權勢侵奪書院地，毀先生像，諸生訴於官。至元丁亥，按察副使侍其君佐巡按至縣，乃占先生舊宅遺趾，復建禮殿祠宇。越五年壬辰，落成。

王元恭《至正四明續志》：至元二十四年，復建慈湖書院於舊宅遺址。邑有湖，先生居焉，湖隸邑而得慈之名，因以自號。世謂先生從陸文安之學者，人自標異，誦聖人之言，述聖人之行，求其止乎極而已，豈可各開戶牖而有分裂聖人之道者哉？惟先生學力所至，則未易泯也。距今且一百有餘載，祠塾訖不可毀。延祐六年重修。

文及翁《慈湖書院記》：慈湖楊文元公之學，心學也。學孰爲大，心爲大。心之精神是謂聖，不至於聖，曲學也；不大於心，淺學也。一心虛靈，其大無對，六合之外，思之即至，前乎千百世之已往，後乎千萬世之未來，管攝於心。若不識心，何以爲學？自有天地以後，未有經籍以前，闡道之祕，惟圖與書。《河圖》中虛，《洛書》五位，心之本體也。太極此心也，皇極此心也，堯兢兢此心也，舜業業此心也，禹孜孜此心也，湯慄慄此心也，文王翼翼此心也，武王無貳此心也，周公無逸此心也，孔子、孟子操則存此心也，曾子、子思謹其獨此心也。《易》説心，《書》傳心，《禮》制心，《樂》治心，《詩》聲心，《春秋》誅心。故其帝所以爲帝，王所以爲王，聖賢所以爲聖賢，焉有心外之學乎？慈湖先生昔在太學，肄業循理齋，足不踰閾者累年。一日，冠帶揖謝同舍郎曰：「簡悟道，晏坐反觀，忽然見天地萬物、萬事、萬理澄然一片。向者所見，萬象森羅，謂是一理貫通，疑象與理未融一。澄然一片，更無象與理之分。不必言象，不必言理，亦不必言萬，亦不必言一，自是一片。」此先生知至至之始事也。及見象山陸文安公，發本心之問，舉扇訟是非以對，忽省此心之清明，忽省此心之無始末，忽省此心之無所不通。守永嘉日，《謁先聖文》謂：「自幼而學，長而始覺，覺此心澄然，虛明無體，廣大無際，日用云爲，無非變化。」此先生知終終之終事也。先生忠信篤敬，發言必由衷，信而有證。其注《孝經》，述《己易》，解《春秋》，纂《先聖大訓》，條治務最急者五，次急者八，遺文、訓語皆先生精神流動。肅觀先生手筆，齋莊中正，本古篆籀。心字必象心，學字、敎字皆從孝，又心畫之發揮。先生家於四明之慈湖，《詠春》諸詩有浴沐詠歸、灑然出塵意，花香竹影，山色水光，鶯吟鶴舞，皆道妙之形著。今玉牒侍讀文昌劉公嘗執筆於太史氏，爲先生延譽於世。即先生舊宅創書院於慈湖之濱，規模軒豁，襟佩鏘鳴，其景行前修，風厲後學，懇懇切切之心，即先生昭昭靈靈之心也。

相與事者，縣宰王君愉、提管陳君允平。秉彝好德，誰無此心，開創於前，正望增益於其後。劉公爲永嘉知名士，又嘗爲太學循理齋長習，聞先生前言往行爲詳，而及翁平生讀書以本心名齋。於先生片言隻字收拾殆盡，知之、好之、樂之，又若心交而神遇者。噫！俗流失，世敗壞，學士大夫童習白紛，謾不知心爲何物，驅血氣而角功名，決性命而饕富貴，喪精神以失虛靈者總總也。藏山之卷九千，插架之軸三萬，手不停披，口不絕吟，以是爲學，亦祇以釣聲譽、梯利祿、膏脣吻、飾竿牘而已矣。出入口耳之學，各是其是，反以心學爲非，至有疵先生之學爲禪學者，何異衆人皆醉、執獨醒者以爲狂？此先生之所以太息復太息也。書院有規，廩稍有籍，《春秋》之法常事不書，敢書其大者，以諗同志。咸淳九年良月吉日。

王應麟《重建慈湖書院記》：古者鄉有庠，黨有序，閭有塾，里居又有父師、少師之教，是以道德一而理義明。書院之設，意猶近古，睢陽白鹿爲稱首。若周、程、朱、呂治教之地，文獻尤盛，天典民彝之統紀恃以不墜。東海之濱，有大儒曰慈湖先生文元楊公。立心以誠明篤敬爲主，立言以孝弟忠信爲本，躬行實踐，仁熟道凝，盛德清風，聞者興起，可謂百世之師矣。遺老見而知之，後進聞而知之。春木之芚兮，其人若存兮。宅心知訓，上接洙泗，此書院之所爲作也。古涪文公及翁紀其事，不幸厄於浮屠氏，鞠爲荒榛。天不椓斯文，繡衣使者侍其公行部，喟然太息，選一鄉宿望曹君漢炎爲山長，而堂錄桂君應魁銳以爲己任。乃倡率善士，合志協力，舍舊而新是謀。相攸先生舊宅，熙光遺址，爰契我龜，鳩工庀材，經之營之。禮殿崇崇，祠宇奕奕，敷經之席，肄業之舍，規模視昔不愆於素。冠進衣逢，游於斯，習於斯，如詠舞雩之風，如升闕里之堂。聞金石絲竹之音，莫不油然而樂，躍如而悟，咸曰：「自堂徂基，輪奐新矣。陟降庭止，惠我光明，蓋亦勉新德而進新知乎？」於是屬應麟著石章以永教思於無窮。應麟耄未知學，辭弗獲，敢誦所聞，切磋究之。嘗謂儒以道得民，師以賢得民，師言賢不言道，身即道也。萬古一道，萬化一心。仁，人心也。人者，天地之心也。天有四時，風雨霜露，地載神氣，風霆流形，無一物而非仁，仁則純明靜虛，與天地同流。在《易》爲不遠復，在《書》爲精一，在《詩》爲無貳，在《大學》爲毋自欺，在《中庸》爲至誠篤恭。惟先生乃無意而自得之。齋莊儼恪，非禮不動，言性必曰堯舜，論治必曰三代。道學之將廢，則正色讜言，不回於群枉。道學之復行，則見幾卷懷，不汩於勢榮。耄期稱道，若武公之作懿戒，名滿天下，若君實之在西洛。本心明而外物輕，行藏語默，參諸百聖，無不合。於《己易》見先生潔淨精微焉，於《廣居賦》見先生廣大高明焉，於《過庭訓》之言學見先生自強不息焉，於《講堂訓》之言孝見先生一慣之道焉。先生之文章皆性與天道之昭著。俯川流，仰高山，心之精神，江漢秋陽之皜皜也。居先生之居，學先生之學，則何以哉！由事親從兄而盡性至命，由灑掃應對而精義入神，由內省不疚而極無聲無臭之妙。下學上達，不求人知而求天知，庶幾識其大者。夫一言一行之有愧，可以欺其鄉，不可以欺其家；可以欺其家，不可以欺其心。無體之禮，此心之敬；無聲之樂，此心之和。訓詁章句云乎哉？先生之學，文安之學也。文安講《論語》於白鹿，先辨其志，聽者竦然動心，收其放而存其良者在此。朱文公亦云：「陸子所言，專於尊德性。學者多持守可觀。」又謂：「先生之學有爲己之功。合而觀之，知入德之門矣。」覺有先後，學無古今，有能約之以省察克治，深之以薰陶涵濡，問津於辨志，尋源於尊德性，以達聖人之域。岳峙海涵，春融冰釋，默契道體。去先生之世若此其未遠也，得其學之傳，必將有人焉。濟濟多士，克廣德心，凡我同志懋敬哉！書院復建於至元丁亥春，越五年十二月成，歲在壬辰三月。

黃翔龍《重修慈湖書院本末記》：宋乾淳間，鴻儒輩出，以理學相倡和。吾明有正獻袁公、端憲沈公、文靖舒公，慈邑則有慈湖先生文元楊公。邑故有湖，先生居焉，因以自號。故邑之名昉於漢董孝君，而湖之名昉於先生。先生得象山陸文安公之學，千里心契。文安歿，學者尊而祠之，有象山書院，至今爲東南重。先生歿，邑士夫始祠於湖之濱，而未有講習之地，先生之道雖尊而未明。嘉熙間，制閫節齋趙公與𥲅改祠於中沚，地隘不可久。既又祠於邑庠，邑人以不得專奉爲歉。咸淳辛未，永嘉蒙川劉公獻來帥明，捐郡帑，得民地於僧寺之右，負山面湖，創精舍，肖像而祠之。撥濟民莊米爲奠饗廩士之資。書院之名得與鄰郡上蔡稽山齒，然禮殿猶闕也。陵谷變遷，浮屠氏攘之。至元丁亥春，繡衣使者眞定侍其公君佐行部至邑，問故，愀然曰：「是不足與較也。先生舊宅遺址故在，盍即而圖諸。」卜曰吉，於是命前貢士曹君漢炎爲之長，而堂錄桂君應魁主其役。始崇禮殿，中嚴祠庭，後闢講堂，外植門壝，旁翼兩廡。因其舊爲齋四：曰忠信、篤敬、明通、公溥。先聖、先師，咸具像設。長有署，錄、正有序，后土有祠，司閽庖湢皆有舍，歲壬辰八月落成。又度地講堂後，爲橫經庋書之所。來學於是者六十有一人，俱得占名數，復其身。先是，蒙川劉公之創始，前資政殿大學士本心先生文公爲之記。今也重建，又得前尚書厚齋先生王公復大書以紀其成。凡文元心學之要，躬踐之實，亦既發其精蘊，足以昭往而淑來矣。鄉人懼後來者於廢興本末之莫詳，復令翔龍記其粗。竊維前代儒先出處過化之地，必建書院，使學者尊慕而學其學，率由臺閫若郡邑長吏請於朝，緡錢粒粟皆出縣官，下無科率，旁無阻撓，故力省而成易。今興廢植壞，遭時方艱，我道未亢，外侮者桀，中畔者疑，觝攘謀度，堂錄桂君實身任之。郡廩既不復繼，資用無所出，自基而構，迄於墍塗丹雘，一是諸生之力，故金穀不可以緡石計，蓋其力倍勞。天幸斯文，上恩寬大，臺省交勸督，士知名義之實，始定弗搖。是役也，前令尹濮水馮君昱實謀其始，而歷山富君德庸成其終。二令尹通敏廉正，規隨一心，功賴以竟。士之捐貲多而趨事勇者，堂賓沈君湜其最著，是皆不可無記。昔吾聖人於道之行廢，必歸之天。夫天將興之，必有慈惠之師、明智之長主張綱維其上，亦惟我同志之士相與緝熙，廣於無窮。文元公之道庶其益昌乎？

《結埼亭集·杜洲六先生書院記》：慈谿縣鳴鶴鄉杜洲，童先生居易家焉。慈湖世嫡弟子，石坡而外即推童氏，累代不替。書院則先生之孫副尉金始肇造之，而得朝命於其子桂。甬上書院以杜洲爲最盛，其中爲慈湖祠，衍旁爲六先生祠，彷彿四大書院規制。

嘉靖《寧波府志》：童居易，字行簡，慈谿人。嘗從學於李龔、王休。一日參楊敬仲，與語，大奇之，遂舍所學學焉。登嘉定十六年進士，累官知廣東德慶府，歸居杜洲。學者稱杜洲先生。

案：六先生首杜洲；次童先生鐘，號松簷，杜洲子；次曹先生漢炎；次黄先生震；次嚴先生畏，號草堂；次童先生鋐，號聲伯，亦杜洲子。

〔一〕改正：此下當有脱字。考《宋史》本傳作「改正字」，亦誤。蓋其改官後上奏有「臣忝職諫省」之語，則當作「改正言」。

慈湖先生世系

後學同邑馮可鏞輯

陸九淵撰《楊承奉墓碣》殘石：楊氏其先居台之寧海黃壇，九世祖徙明之奉化。

錢時撰《慈湖先生行狀》：楊氏家世天台，十世祖自寧海徙明之奉化。

案：慈谿縣北一里慈湖書院，今爲楊氏家廟，其木主奉十世祖諱鑑爲始祖。

倫

《楊承奉墓碣》殘石：庭顯曾祖倫。《慈湖遺書·半亭高祖墓記》：倫居奉化縣忠義鄉半亭。案：《遺書》作「論」，今據石本作「倫」。

宗輔

《半亭墓記》：倫仲子徙居鄞。

演

《承奉墓碣》殘石：自倫至演，皆隱德不仕。

庭顯

《半亭墓記》：自鄞徙慈谿。

籌

庭顯長子，詳《年譜》。《遺書·伯明封志》：娶李氏，子五。

圭

《伯明封志》：籌孫圭，不詳所出。案：《慈湖學案》：慈湖七世孫圭。蓋二人而同名者。又案：危素《樂平慈湖書院記》：至正辛巳，公之五世從曾孫同翁來爲山長。同翁名與系屬俱無考，當是恬、惟諸人之後。

恬

惟

詳年譜

豚

篆

庭顯次子，詳年譜。

忯

慥

王梓材撰《慈湖從祀録》：叔中，慈湖從子，疑名慥，舒廣平稱之。

愉

袁桷《延祐四明志》：「淳祐二年，天台鄭霖撰《慈湖先生祠堂記》，先生姪愉爲之書。」《伯明封志》：「籌女三，長適顔衮，次適舒鉞，三適李竦。」

恢

案《承奉墓碣》殘石：孫男十三人，恬、恢、惟、悔、懌、忯、恪，其六人石字已泐。《象山集》作十二人，恪下有慥、愉、懎、惿、懻五人。據《伯明封志》：懻恬、惟、忯、慥、愉皆籌子，恪、懻則爲先生子，恢、悔、懌、懎、惿、□，莫詳所出，當是籌與篪、籍之子，姑列於此。

壄

垕

案：《承奉墓碣》殘石：庭顯曾孫三人，壄、垕、圭。據《伯明封志》，圭爲籌孫，則壄、垕二人當是篆與篪、籍之孫，以無所考，姑附於此。

悔
詳《年譜》。

懌
詳《年譜》。

憺

憴

案：《承奉墓碣》殘石：庭顯孫女十人，《象山集》作九人。考籌女三人，先生女三人，其四人當是篆與箎、籍女。

恪
詳《年譜》。

簡
《行狀》：庭顯三子。娶林氏，令人。

埜
《冢婦墓銘》：馮氏子三：埜、𡉀、基。

𡉀

金
《行狀》：「曾孫金。」不詳所出，姑列於此。

基

案《楊氏譜》：基，儒林郎、安福縣尉。子沂孫，迪功郎、沿海制置使。沂孫生通甫，通甫生芮，芮生伯純，伯純生圭。自圭四世至淡，淡生三子，今居慈谿。承文元祀者，皆淡後也。

楊實成化《四明志》：芮字大章，文元五世孫，文行素優。洪武初，有司特起之，以病不行。芮子伯純，伯純子圭，知南陽郟縣，世篤先訓，不喪所守。

戴良《越遊集·哭慈谿楊大章》詩：家紹文元學，身安原憲貧。

案：「芮」一作「苪」。

在

案《行狀》，先生孫男五人，埜、㞢、基下復有在、堂，當是恪之繼娶出也。

權卿

庭顯四子。《象山集·承奉墓碣》：夭。

篪

庭顯五子，詳《年譜》。

籍

庭顯六子，詳《年譜》。《承奉墓碣》殘石：庭顯女三，長適孫楷，次適馮象先，三適王洽。

憶

《行狀》：早亡。《行狀》：簡女三，長適進士孫誼，次適宣教郎、知湖州德清縣童居善，三適宜州通判舒璘子銑。

《承奉墓碣》殘石：庭顯孫男十三人。案：《象山集》作十二人，其可考者籌出五人，先生出二人，其六人恢、悔、懌、憺、愢、□俱無可考，列於篆下。

堂

陳龍川先生年譜長編

（近）顏虛心　編

據民國二十九年商務印書館排印本整理

陳亮（一一四三—一一九四），字同甫，原名汝能，後改今名，人稱龍川先生，婺州永康（今屬浙江）人。喜談兵，著《酌古論》。反對和議，隆興初以婺州以解頭薦，上《中興五論》，不報，退而力學著書十年。淳熙間先後六次詣闕上書，極論時事，直斥大臣，以醉後大言，被逮入獄，孝宗釋之。紹熙初再度入獄，以辛棄疾等解救，得不死。紹熙四年策進士，光宗親擢爲第一，授簽書建康軍節度判官廳公事，未到任而卒，年五十二。

陳亮以布衣而喜論天下事，反對偏安，又與呂祖謙、朱熹等交往，爲學重事功，反對空談性理。其文章則直擊時事，反對偏安，詩詞亦充滿愛國激情。著有《龍川文集》三十卷、《龍川詞》一卷補一卷，今人整理本有《陳亮龍川詞箋注》（人民文學出版社一九八〇年）、《陳亮集》（中華書局一九八七年）。事蹟見葉適《陳同甫墓志銘》（《水心文集》卷二四）、《宋史》卷四三六本傳。

陳亮年譜，有近人何格恩著《宋史陳亮傳考證及陳亮年譜》（一九三五年《民族雜志》三卷十一期）、童振福《陳亮年譜》（一九三六年上海商務印書館排印）等，今人姜書閣有《陳同甫年譜》（《陳亮龍川詞箋注》附）。此譜爲近人顏虚心編，臚列陳亮家世及生平事蹟，引述資料較爲豐富，對其學術活動及著作考述尤詳。本書據商務印書館排印本整理，核對引文，規範以新式標點，删去金年號及公元紀年，並按叢刊體例對原譜版式略作調整。

陳龍川年譜序

我中華民族一千年來，國家機制，社會型態，以下迄個人身心，人生概念，舉莫不受宋賢所孕毓，所範鑄，所改造，至今日而始革其命焉。大命既傾，好惡隨泯，門户云圮，功罪斯彰。吾曹始得爲之導溯淵源，綜貫流派，而達觀其本末得失之故焉。

蓋嘗論之：自巨唐弘忍慧能崛起，華嚴唯識，中邊百論，乃至毗菩沙，足發智之學，一切俱廢，唯餘五宗禪悦，涵蓋東土。禪學之影響于中華，其利五而弊亦五：「性善」之説，創于孟子，而告、郇、楊、韓俱致誹訾。慧能立旨，「始以性善，終以性善」，《柳宗元文集》卷六《曹溪六祖大鑒禪師碑》。於是近二千年所聚訟不決之説，一旦得以根株碻立，此功之首也。由是而「自我解放」，浸假「人格平等」、「人性大同」之説，得以因緣樹立，故曰「蠢動含靈，皆具佛性」。是上符孟子「人皆可爲堯舜」之旨，而下啓姚江「滿街都是聖人」之教也。此功之二也。「諸佛妙理，匪關文字」，「字即不識，經即能講」，《景德傳燈録·六祖傳》。以是學術之枷鎖解脱，俚俗而平民化，陋淺而大衆化，使貴僧紫師，不復能奇貨自居，劫持鄣制，此功之三也。由是而矕及文學，語文合流之風漸興，白太傅參坐于如滿，南嶽派馬祖大師之弟子。故《長慶》之集，老嫗都解。韓吏部從遊于大顛，青原派石頭和尚之弟子。而散文基礎，於焉永奠。此功之四也。（浩）（皓）首窮經，牖下老死，于儒則有陸元朗、孔沖遠之辛勤，于釋則有玄應、慧琳、希麟之巨業。然而於教育之方法言，則爲「注入」；於性質言，則爲「繁瑣」。至若「覓心」、「安心」之指點，「風動」、「幡動」之提覺，「淨水在瓶」，「野鵝上天」；此後宋儒「環境教育」、「體認教育」、「生活教育」，咸肇基于此，則功之五也。然而其弊則有不可勝言，言之痛疚澈心者，其害之小者三而大者二：空疏、浮躁、陋妄、愚鄙學風之養成。吾嘗謂「慧能固可敬而亦可僞，慧琳雖無可敬而絕不可僞」，罪一。誇狂，驕恣之惡習漸滋，柳州有言：「空愚失惑，縱傲自我者，皆誣禪以亂其教，冒于囂昏，放于淫荒。」《柳集·龍安海禪師碑》。罪二。躐蹋、骯髒、詐僞、瘋癲之徒，混跡以入。以穢丐爲神僧，以瘖痂爲仙果，以夢囈爲靈示，以癡談爲正覺。至于宋代市巷猥語，乃至產生所謂「濟顛活佛」其人者，釋氏流品之汙下至斯極矣。禪學未發達以前，無此現象。罪三矣。至其害之大者，則禪宗大盛以後，驅四民而盡入，既已度牒如山，而益以居士如林，生產驟落，游手激增。「農之家一而食粟之家六，工之家一而用器之家六，奈之何民不貧且盜也！」韓愈《原道》。由是而產銷見絀，供求相迕，經濟機能之毀滅破壞，日益顯露。有如所謂襄陽龐居士者：「有男不婚，有女不嫁，大家團圞坐，共說無生話。」《五燈會元》。此真國賊民蠹，治法所必誅，而反播爲美談，習爲羣尚！民族危機，朽索峻岅，黃巢、尚讓一呼，而舉天下人食人矣。下至北宋，國族元氣，歷百年而未復，此毒氛之中于物質者。其大罪一也。禪定之說昌，人人習其教而始麻木、死腐。如蠶僵眠，如蚓冬伏，不生不死，半鬼半人，「形如槁木，心如死灰」，徹底消滅民族之活力，驅使墮落于退嬰、静止、萎縮、枯槁、冷寂……之邱墓！自貞觀、開元以來，少壯民族，好勇喜動，活潑前進，豪邁無畏……之童心稚態，彈指變化，而成爲佝僂嗆咳，疲癃癱瘓，仰臥棺蓋之朽骨！此真千劫百世猶有餘痛者也。此毒氛之中於吾民族之精神者，其大罪二矣。最言其凡：則禪學之興，有大功一，「性善」説之再確立也。有大罪二，斲喪國家之元氣，消滅民族之活力是也。

及宋學之中興，其於舶來之禪學，頗能承受其菁華，而糾正其謬誤。然而其謬誤，實未能盡糾正，而酷於嬰粟之遺毒，其已先天滲入于骨髓者，宋儒亦未能自覺，而時一流露；至明儒而且及春大發，至清儒而猶深漬膏肓也。

所謂承襲其菁華者何也？則「性善」之旨，自李翱、陸參以後，遂確認而奉戴爲正宗。宋賢初祖，必推始于濂溪；而濂溪又以習之爲層冰，以二程爲巨流。李之言曰：「性，無有不善。」《復性書》中篇。周子遂立宗教人：「誠者，聖人之本；各正性命，誠斯立焉，純粹至善者也。」《通書》第一章。直氏今世，「性善」鑄成國是，已千餘年而未艾。其勢或將更傳于今後矣。所謂糾正其謬誤者何也？禪徒以出世離人爲高，以團坐無生爲業，驅生人而自入于餓鬼。雖李氏猶未能洞燭其罪。至周子始堅決明白，大聲弘播，以詔于人曰：「志伊尹之所志，學顏子之所學。」至二程而始萬語千言，以「通經致治」、「内聖外王」、「有體有用」爲教，參觀《河南程氏遺書》卷四游酢記，卷五吕大臨記，又《伊川文集·遺金閑志》。深斥「買櫝還珠」、「玩物喪志」之謬。參觀《上蔡語録》及《近思録》，引《伊川與方元寀帖》。故伊川流派，一衍而爲永嘉九子，再衍而爲鄭伯熊、薛季宣、陳傅良、葉適，乃至務致用而遺體焉。自宋迄清，下隸顧炎武、朱之瑜、黄宗羲、王夫之，凡不老守佔畢，死殉蠹簡，爲社會之先驅，作生民之喉舌，站政治之前浪，殿國族之後勁者，殆皆理學者流也。古人有言：「儒無益于人國。」荀子《儒效篇》。濂溪以後，此恥或可少雪爾。所謂糾謬未盡時一流露者何也？則元公「主静」之教也。吾嘗深惟痞歎，思易《太極圖説》之語曰「聖人定之以中正仁義而主動，立人極焉」，不亦可乎？而萬古遺憾，元公乃以「主静」爲立人極之本。西來魔劑，甘之如飴；至明而繆種廣傳，毒苗蔓延；「定修」「静悟」，捉影捕風！蘭芷不芳，生人僵死。而隆、萬以還，正歐西文藝復新，宗教革舊，稍後而科學繁興，生産革命。而東亞老帝，輿櫬待盡！遂致凌遲剮割，慘極人寰。百世追憶，猶將切齒于天竺之造疫，而中華之飲酖也。

吾浙永康陳同甫先生亮，語其學，實未盡臻于醇粹，晦翁譏其「合金銀銅鐵于一爐而共冶，致使金、鐵各失其原用」者，《晦庵集·答陳同甫書》大意。亦未嘗不中其窾竅，然曷亦試觀其天性乎，則固終其身爲一「主動」而反「主静」之健者也，則固終其身爲一髦士青年而未嘗「老」者也。精力彌滿，天真爛熳，一世之英雄盡俯，萬古之心胸遂拓。悲歌流涕，晝夜六時，思所以雪祖宗戴天之仇，復中原陸沈之土；其心雄，其志哀，其學風生而動，其義趣活潑而前進，其態度是今而非古，主進化而誹倒退。菩提達摩之鐐銬桎梏，至陳子而始碎爲微塵齏粉焉！姑舍其餘，第使陳子此旨而得顯，則吾震旦之妖霧盡蕩，天日重朗，當不俟諸他日矣。

蓋後世嘗有自號治龍川之學者，夷考其實，於此旨都不明，而反嗜其未醇粹爲晦翁所戒者，是乃掩其美瑜而彰其疵瑕也。此旨之明，殆自吾友台山顔先生希深始。希深昔從先師新會梁先生于清華，董理宋明先哲之遺業，粵人也而年又少，其天性固惟與龍川合爾。於是具創年譜，爲長編，都十餘卷，往往視余。余時創《二程年譜》，亦發視于希深。逮先師薨逝，希深亦漫遊于歐西，往來巴黎、羅馬間，轉其學于彼邦之史蹟。余之學亦轉而傾注于殷周，《二程譜稿》二十餘萬言，扃篋衍而未啓。今希深已從海外歸，《龍川年譜》，殺青行有日矣。余獨竊悲往歲以還，窮寇憑陵，宗邦孔棘。啓居不遑，室家靡盬，而余與希深，操觚成習，執戈未能，徒懍匹夫有責之大義，彌增壯夫不爲之深恥。余流離川蜀，播越西州，歐血廢居于大渡河上。聞希深亦卧疾于香港，念之甚勞。乃者，忽接其巨藁，且投函求序，愧憙交集，强起自慰，不啻杜林之獲漆書也。因撮陳十世紀來，學術思想之波應影響于國家民族者，綜其利害，核其種果，綴著成篇，以就正我希深，以弁諸陳氏年譜之首，以警覺自今以往，有講學之責者，慎毋再蹈身毒主静之覆轍，而自召環鄰蠻族之吞噬也。中華民國二十八年五月，海寧吴其昌。

自序

自孔子之死也，儒分爲八，而子路氏之儒不聞焉。此非一世之故哉！蓋自周室之東，諸侯散而不一，大抵用智於尋常，争利於毫末，其事微淺而不足以當於君子之論，故功利之習，君子羞道焉。陵夷至於戰國，縱横短長，敵謀詐用，其流愈慘矣。彼蘇、張輩，只知人間富若貴，其人尤不足道。故第佗其冠，神禫其辭，禹行而舜趨；正其衣冠，齊其顔色，嗛然而終日不言；偷儒憚事，無廉恥而嗜飲食，必曰君子固不用力者，始皆得託於子思、孟軻，而爲世所推重矣。此豈一世之故哉？自荀子之書出，而後儒者之緒論，始發揮於世，而子路氏之儒，得以接其統紀，而孔氏亦爲不死矣。李斯相秦，而後儒者之空言，始深切著明，見諸行事。李斯車裂，五十餘歲而後有腐遷。遷之死，此道不絶如縷。自是以還，天地架漏牽補度時日，蓋七百歲而後王通生焉。當此之時，孔氏之微言，汩没於記注之書者，爲不少矣，王通始一一正之。續經之作，孔氏之志也，世胡足以知之哉？王通死，又五百歲而後陳亮生。始披髮纓冠，爲生民請命，世所謂跳踉叫呼、擁戈直上者也。然亮之生於斯世也，如木出於嵌巖嶔崎之間，奇蹇艱澀，蓋未易以常理論，而人力又從而掩蓋磨滅之，欲透復縮，蓋其勢然也。亮之死，世無人矣！余譜先生年事既竟，遂集其語，書於簡端如此，并以諗世之君子云。中華民國十六年五月，顔虚心。

陳龍川年譜卷首

龍川先生之家世（集《龍川集》語）。

「余惟世系之不明久矣（《後杜應氏宗譜序》）。卿士大夫，能譜其世家，使始末可考見者，蓋僅有之，而况崛起田廬，能由其所起之祖，或至一二百年而不墜，是亦尚矣（《方元卿墓誌銘》，文集卷二十七）。昔唐貞觀中詔溫彥博等撰氏族：首皇族，次外戚，而黃門侍郎崔氏幹爲第三，凡二百九十三姓，六百九十一家。降及五季，舊本殘缺，雖有譜，猶無也。世之愚不肖，昧其先世，往往妄引貴族名賢以爲之宗。生背其親，死誣其祖，良可悲夫！」（《後杜應氏宗譜序》，文集卷十五）

先生對於譜諜之見解如是。故自《書家譜石刻後》（文集卷十六）云：

「陳氏得姓所由來甚詳，今不復載。自太丘長公以來，逵既渡江，其後中微，霸先用以爲陳，歷歷可考。及唐末五代，比於皇朝之初，陳氏散落爲民，譜不可繫。今斷自我七世祖始，從所逮聞也。」

蓋自東漢之衰，太丘長陳公名實，是爲有道君子。紀羣又克世其家，位至三公九卿。司馬氏南渡，而逵從以遷。其後家於吳興，霸先遂據全吳，用以爲陳，四世乃亡。其葬於婺之永康，曰厚陵者，或曰后陵。陵雖在，錮之以銅，不可發，莫能考其爲誰。故永康之陳，最號繁多（《先祖府君墓誌銘》，文集卷二十七）：曰龍山，曰墓西，曰石牛，曰西門，曰白巖，曰前黃，曰清渭（《陳（姓）（性）之墓誌銘》，文集卷二十七），凡七族

（《陳思正墓誌銘》，文集卷二十八），而譜諜未嘗相通也。於時，嘗有於百年屋壁間，得數紙書，言譜諜系甚詳。有曰王，曰公，曰御史大夫，曰龍虎將軍者，疑爲陳隋間也。宋咸平以後，世俗稱號曰公，則陳氏之散落爲民，久矣（《先祖府君墓誌銘》）。遠事皆不論，論其耳目所及者（《陳府君墓誌銘》，文集卷二十八），故家譜斷自七世祖始。永康之陳，大抵派自吳興。其居於邑之南四十五里曰前黃者，溯先生而數之，凡八世（《陳府君墓誌銘》）。緜縣治東北行，滿五十里，衆山迴環，若蹲若伏，其名曰龍窟。其西三數里有所謂龍門坑者。陳氏之居在龍窟之南五里，耳目所及，蓋八九世矣。先生之祖始徙居龍窟。家之西北，有寺曰普明，實據其地之勝處（《普明寺置田記》，文集卷十五）。居之南，凡二十五里，而得洞靈源福地焉。川野平衍，居民錯雜，又近在驛道之旁，非有所謂窈深不可尋究者（《重建紫霄觀記》，同上）。故國家盛時，爲百年太平之民，盡力於農畝，樂供州縣之役，鄉鄰有無相通，犯而不校，薰陶乎祖宗之德澤，不改其所以自守，事業不出乎鄉閭，遂委於尋常無聞之民（《祭三七叔祖文》，文集卷二十二）。至八世祖諱通，及其子諱隆，始自奮田間。至孫諱援，遂大其家（《先祖府君墓誌銘》），而邑人始有稱焉（《陳府君墓誌銘》）。

六世祖諱（伯）援，有子四人，長子諱文什，其三則於先生爲高祖（《先祖府君墓誌銘》，《陳府君墓誌銘》）。

高祖諱賀公，高祖妣李氏安人（《告高曾

祖文》、文集卷二十二）。高祖早世（同上），一子，曾祖也（《先祖府君墓誌銘》）。高祖母以盛年守志。於時六世祖老矣，家事悉委之長子諱文什，實能撫存孤寡，義不能以一毫自私，使高祖母兒女之累釋然，終老而不悔者，恃其夫之有兒也（《陳府君墓誌銘》）。

曾祖知元公，曾祖妣呂氏安人。宣和丙午丁未之間，以籍隸武弁，例赴京城守禦，從大將軍劉延慶死於固子門外，不復歸骨鄉井。高祖妣與曾祖妣婦姑相依，爲再世之墓（《告高曾祖文》，《先祖府君墓誌銘》）。

曾祖生二子，長子諱益，字進之，是爲先生祖。叔祖高安。祖妣黃氏，敦（五）〔武〕郎諱琫之女。祖生於崇寧二年正月五日，沒於乾道三年十有二月二十有七日。祖妣先祖考一百九十有三日而生，其沒也亦先六閱月（同上）。

祖少以志氣自豪，蓋嘗入舍選從事於科舉，一蹶終其身以爲不足復事。既，又欲以武事自奮，亦弗如其志。晚，乃浮沉里閈，自放於杯酒之間。酒酣歌呼，遇客不問誰氏，必盡醉乃止。而其仲氏則以爲其兒之志，是或一道；屢挫屢奮，窮且老而其志不休，晚從恩科得一官（《先祖府君墓誌銘》，《送叔祖序》，文集卷十五）。

父四二府君（《告祖考文》，文集卷二十二），諱次尹（《庶弟昭甫墓誌銘》），蓋寡兄弟（《祭妹夫周英伯文》，文集卷二十三）。母黃氏七八孺人（《告祖考文》）黃氏，武經郎諱大圭之女（《先妣黃氏夫人墓誌銘》，文集卷二十九）。黃公大圭，六男二女。而先生之祖妣，實外大父之女弟也，故許以女歸先生父（《祭姨母周夫人黄氏文》，文集卷二十五；《周夫人黄氏墓誌銘》，文集卷三十）。還山而葬，祔於其姑，是爲十有四歲而生子（《先妣黄氏夫人墓誌銘》，文集卷二十九）。又二年而生次子充，又二年而一男不育，明年遂生一女，自是不復有子（《祭妹文》，文集卷二十五）。比先生二十有三，而母以盛年棄諸孤而去。未終喪，而父以罥窒困於囚繫。大父大母憂思成疾，相次遂皆不起。三喪在殯（同上），乾道九年，十有二月二日，始克合葬於龍窟卧龍山之下（《先妣黄氏夫人墓誌銘》）。先生自言：方陳氏盛時，以財豪於鄉舊矣，衣食充足，推其餘以及鄉里，歲時聚會，動輒數千百人，甫五世而子孫散落，往往失其所依，死生困頓，何所不有，顧視疇昔，愴然可悲矣（《送巖起叔之官序》，卷十五；《祭三五伯祖文》，卷二十二；《陳府君墓誌銘》，卷二十八）。綜合上文，作世系表如次：

陳通—陳隆—陳援—
- 陳文什
  - 口口口
- 陳賀
  - 陳知元
    - 陳益—陳次尹
      - 陳亮
      - 陳充
    - 陳高安
  - 口口口

陳龍川先生年譜長編卷之一

台山顏虛心希深甫編纂

高宗紹興十三年癸亥

九月七日，先生生於龍窟本宅。

【文集卷十五】《普明寺置田記》云：「陳氏之居在龍窟之南五里，耳目所及，蓋八九世矣。自吾始祖徙居龍窟，徙未十年而生余。」又【文集卷十七】頁七至頁八有「垂絲釣」詞一闋，自記云：「九月七日自壽。」

先生，姓陳氏。

【文集卷十六】《書家譜石刻後》云：「陳氏得姓所由來甚詳，今不復載。自太丘長公以來，逵既渡江，其後中微，霸先用以爲陳，歷歷可考。及唐末五代，比於皇朝之初，陳氏散落爲民，譜不可繫。」

小名汝能，字同甫。

【文集卷二十二】《告祖考文》云：「皇祖妣嘗形諸夢寐：狀元爲童汝能，以爲此吾孫也。少則名亮以汝能，而字以同甫，惓惓懇懇之意，雖取笑於鄉人而不恤。」

後易名曰亮。

【文集卷二十二】《告祖考文》云：「及亮年二十有六，及易名曰亮而首貢於鄉。」

又易名曰同。

【《水心文集》卷二十四】《陳同甫王道甫墓誌銘》云：「同甫在太學，睨場屋士十餘萬，用文墨少異雄其間，非人傑也，棄去之，更名同，上書至再。」《宋史》本傳云：「當淳熙五年，孝宗即位，蓋十七年。亮更名同，詣闕上書。」

學者稱龍川先生。

【《水心文集》卷二十四】《陳同甫王道甫墓誌銘》云：「世所謂陳龍川也。」

先世由吳興來，籍永康。

【文集卷二十七】《先祖府君墓誌銘》云：「其後家於吳興。」又【文集卷二十八】《陳府君墓誌銘》云：「永康之陳，大抵派自吳興。」

至先生生，往往近二百年矣。

【文集卷二十八】《陳府君墓誌銘》云：「凡八世，亮年適四十矣。三十年得一世，其間又有過二十而得子者。陳氏於今，往往近二百年矣。」

前一年，二月，金許歸徽宗及鄭后、邢后之喪，與帝母韋氏；八月，皇太后韋氏至自金。

又前年，十月，岳飛下獄，十二月癸巳，岳飛死。宋金和約告成。

是歲，朱元晦十四歲，呂伯恭六歲。

紹興十四年甲子，二歲。

是歲夏四月丁亥，秦檜請禁野史。

十月，又戒內外師儒之官，黜程頤、張載之學，禁絕遺書，俾勿傳誦。

紹興十五年乙丑，三歲。

弟充生（《祭妹文》，文集卷二十五）。

是歲呂本中（居仁）卒。

紹興十六年丙寅，四歲。

紹興十七年丁卯，五歲。

一弟生，殤（《祭妹文》，文集卷二十五）。

是歲，趙鼎卒。

紹興十八年戊辰，六歲。

妹生。

【文集卷二十五】《祭妹文》云：「昔吾

母十四而生我，又二年而生汝次兄，又二年而一男不育，明年遂生汝。」

六月，金以完顏亮平章政事。

是歲葉夢得卒。

紹興十九年己巳，七歲。

十二月，金完顏亮弑其主亶而自立。

是歲劉勉之致中卒。

紹興二十年庚午，八歲。

是歲葉適生。

是歲，金主亮以上皇玉帶附還於宋。或曰：「此希世之寶也，不可。」亮曰：「江南之地，他日當爲我有，此特置之外府耳。」

紹興二十一年辛未，九歲。

是歲周必大登進士第。

是歲，金謀遷都於燕。

紹興二十二年壬申，十歲。

是時，先生已聞行都有所謂太學者。往往多讀書山中。

【文集卷十五】《送呂恭父知縣序》云：「兒時聞行都有所謂太學者，四方之英大抵皆聚焉。」又【文集卷十六】《普明寺置田記》云：「余稍長，往往多讀書山中。」

紹興二十三年癸酉，十一歲。

是歲，金徙都於燕。以燕爲列國之名，不當爲京師號，遂改燕京爲中都，汴京爲南京。削上京之名，止稱會寧府。又改中（原）〔京〕大定爲北京。

紹興二十四年甲戌，十二歲。

紹興二十五年乙亥，十三歲。

十月乙未，秦檜卒。

金主亮陰有南侵之意，又謀遷汴京，遣完顏長寧爲南京留守，經畫宮室。

紹興二十六年丙子，十四歲。

不自愛重，猖狂妄行，鄉里所不齒。口又嘮噪，見人說得不切事情，便喊一響（《甲辰答朱元晦書》，文集卷二十；《與應仲實》，文集卷十九；《吏部侍郎章公行狀》，文集卷二十六）。

紹興二十七年丁丑，十五歲。

是歲，金主亮御武德殿。召其羣臣說夢。言恍惚如親覿二青衣，持幢節自天降，授以幅紙，若牒，謂上帝有宣命，策上將令征某國。於是，始萌南牧之議矣。

紹興二十八年戊寅，十六歲。

從義烏何子剛讀書。不知在何年，繫於此年。

【文集卷二十三】《祭何子剛文》云：「方亮未冠時，束書就學於公之館舍，公不以凡兒待之，歲時之顧遇，杯酒之殷勤，未嘗不倍於等倫也。」

是歲，金議興兵南侵。又謀遷都於汴。

紹興二十九年己卯，十七歲。

方學爲語言，求以自見於世。

【文集卷十五】《贈樓元應序》云：「往二十五年，余方學爲語言，求以自見于世；凡世人之文章，無細巨必求觀之。」【文集卷十九】《與周葵書》云：「僕愚不肖，百無一有，顧爲文字，用以獲知於門下。」又【文集同卷】《與韓無咎尚書書》云：「亮少以狂豪馳騁諸公間，又修飾語言狂人以求知。」

文集中有《謫仙歌》一首，自是年少之作。歌有序，可以見先生此時之心境。

【文集卷十七】《謫仙歌序》云：「清夜獨坐，天地無聲，星斗移動，欣觀李白集，高吟數篇，皆古今不經人道語，騷章逸句，洒然無留意，寥寥數百年間，揚鞭獨步，吾所起敬起慕者，太白一人而已。感嘆之久，恨無人能繼太白後，因成謫仙歌，是以祝太白，舉觴以酬太白，太白有靈，其聽我聲，知我意矣。」歌曰：「李白字太白，清風肺腑明月魄。揚鞭獨步止一人，我誦太白手屢拍。嘗聞太白長庚星，夜半星在天上明。仰天高聲叫李白，星邊不見白應聲。又疑白星是酒星，銀河釀酒天上傾。奈無兩翅飛見白，王母池邊任解（醒）〔酲〕。欲游金陵自釆石，翫月乘舟歸赤壁。欲上箕山首陽顛，看白餐雪水底眠紫煙。又不知，在何處，漱瑤泉，酌霞杯，悵望不見騎鶴來，白也如今安在哉？我生恨不與同時，死猶喜得見其詩。豈特文章爲足法，凜凜氣節安可移。金鑾殿上一篇頌，沈香亭裏行樂詞。此特太白細事耳，他人所知吾亦知。脫靴奴使高力士，辭官妾視楊貴妃，此眞太白大節處，他人不知吾亦知。歌其什，鬼神泣，解使青冢枯骨立。呼其名，鬼神驚，惟有羣仙側耳聽。我今去取崑山玉，將白儀形好雕琢。四方上下常相隨，江東渭北休興思。會須乞我乾坤造化兒，使我筆下光焰萬丈長虹飛。」

是歲，金主亮謀南侵，大徵士卒，遣使籍諸路猛安部族及契丹奚人，不限丁數，悉僉之，凡二十四萬。又僉中都、南都、中原、勃海丁壯，年二十以上、五十以下者皆籍之，凡二十七萬。

紹興三十年庚辰，十八歲。

十八九歲時，慨然有經略四方之志。酒酣語及陳元龍、周公瑾事，則抵掌叫呼以爲樂。諸公不以爲不肖，雖大父行、父行往往辱與之游（《中興五論跋尾》，文集卷二；《送徐子才赴富陽序》，文集卷十五；《祭宗成老文》，文集卷二十四）。

弟昭甫（明）生。百日後，歸養張氏（《庶弟昭甫墓誌銘》，文集卷二十八）。

是歲，先生妻叔何茂恭登進士第（《何少嘉墓誌銘》，文集卷二十八）。

是歲，周葵知婺州。

是時國備大弛，而牒者傳金亮造舟調兵之事，上不深信。賀允中使金還，言金人必叛盟，亦曾不爲之備。

紹興三十一年辛巳，十九歲。

考古人用兵成敗之跡，著《酌古論》（《宋史》本傳）。

【文集卷五】《酌古論序》云：「文武之道，一也，後世歧而爲二。文士專鉛槧，武夫事劍楯。彼此相笑，求以相勝。天下無事則文士勝，有事則武夫勝。各有所長，時有所用。豈二者卒不可合耶？吾以謂文非鉛槧也，必有處事之才；武非劍楯也，必有料敵之習，才智所在，一而已矣。凡後世所謂文武者，特其名也。吾鄙人也，劍楯之事，非其所習；鉛槧之業，又非所長。獨好王伯大略，兵機利害，頗若有自得於心者。故能於前史間竊窺英雄之所未及，與夫既及之而前人未能別白者，乃從而論著之，使得失較然，可以觀，可以法，可以戒，大則興王，小則臨敵，皆可以酌乎此也。命之曰《酌古論》。」

【文集卷五】《曹公論》云：「善圖天下者無堅敵，豈敵之皆不足破哉？得其術而已矣！運奇謀，出奇兵，決機於兩陣之間，世之所謂術也。此其爲術，猶有所窮。而審敵情，料敵勢，觀天下之利害，識進取之緩急，彼可以先，此可以後，次第收之而無一不酬其意，而後可以言術矣。故得其術，則雖事變日異，沛然應之，而天下可指揮而定，漢高帝是也。失其術，則雖紛紛戰爭，進退無據，卒不免敗亡之禍者，項籍是也。至於得術之一二而遺其三四，則得此失彼，雖然雄強於一時，卒不能混天下於一統：此雖曹公之所爲，而有志之士所爲深惜也。公奮身徒步之中，舉義兵，破黄巾，走奉暹，輔帝室，深據根本，號令諸將；於是降張繡，擒呂布，斃袁紹，破烏桓，兵鋒所加，敵人授首，蓋舉無遺策，而北方略平矣。其爲患者，荆州二劉，江東孫氏，張魯擅漢，劉璋據蜀，而關西諸將，紛紛不一，此其取之不可以無術也。夫所謂術者，當審敵之強弱難易，而爲之先後。以勢度之，璋、魯弱而易，其勢在所先，孫、劉強而難，其勢在所後。夫荆州至近，表又浸弱，而有劉備在焉，故不若留之以姿備之所欲爲，而并魯取璋以孤其勢。然則欲引兵西向，而關中諸將適當其前，則如之何？蓋嘗考之，關西諸將，皆不足畏。所可憚者，惟一馬超，而公制之非其術，此所以卒爲邊患而反爲璋、魯之蕃蔽也。方騰、遂不叶，求還京畿，此其勢易服矣。騰之家屬，盡還宿衛，而獨留超，所謂養虎自爲患也。公之意，豈非以其嘗辟之不就，今雖召之而彼未必肯至耶？此亦不思之甚也。且超之所以不就者，以父子俱在關西，未欲獨至，而又辟之甚輕，不（肖）屑就也。及騰既歸宿衛，公於此時，能以前將軍召之，待以厚禮，示以赤心，命統鋭卒，常以自隨，又使超弟若休若鐵者領騰部曲，而超之果敢喜立功名，曷爲不就？超即就，則關西諸將，舉無足道。及熙、尙既平，厲兵西向，風諭諸將，使來合勢，則遂等必不敢叛，縱叛，破之易耳。然後幷兵自陳倉出散關，運奇奮擊，以討張魯，則魯可平，漢中可有。復於此時合張魯之資，乘漢中之勢，整兵臨蜀，則劉璋震恐，不能爲計，欲召劉備而無所及，備雖至，而亦不能禦。何者？備非素拊蜀，蜀人方懾吾之威，必不肯信備而拒守。上下異論，又不能爲用，璋、備異志，而潛相疑，其勢必不足以敵我。况荆州用武之國，備必不釋以與人而徑入蜀，則璋不得不降也。璋降蜀平，分慰郡縣，命夏侯淵、張郃守之。而公親自還鄴，整兵向荆，使許洛之兵衡其膺，蜀漢之兵搗其脊，絶吳之援糧，則荆州破，劉備慼，然後大會諸將，合饗士卒，傳檄江東，責貢之不入。命荆州之兵出江陵，蜀漢之兵出巴峽，合攻其上流；一軍出廣陵，一軍出皖城，合攻其下流，使之奔命不暇；而公親率精兵數萬，直抵武昌，則雖有智者，不能爲吳謀矣，周瑜、魯肅輩，雖千百何害也，江東既平，天下一統，分封諸將，撫慰士卒，迺退就臣列，光輔漢帝，招賢禮士，脩明庶政，以宰天下。雖西伯之功，不能遠過，如其不然，亦不害爲能一天下也。彼荀彧智謀百出，而不足以知天下之大計，徒見荆州四達，英雄之所必爭；而巴蜀險阻，非圖天下者之所急；及熙，尚既平，遂敎之南征荊州，責貢之不入。而不知大略之士，常留所必爭者以餌敵，而從事乎不足急者以惑之也。孫權嘗告劉備以巴漢爲曹公耳目，規圖益州，得之則荊州危。而廖立亦言先主不先定漢中而與吳人爭南三郡，三郡既失，幾亡漢中，則孫劉之所爭，蓋可見矣。蓋蜀漢者天下之右臂也，江東者天下之左臂也，安有人斷其右臂而左臂能全乎？不知斷其一臂，而從其中以衝之，則兩臂俱奮矣。此曹公之所以南失荊，西失蜀，而孫、劉爭雄，天下分裂。蓋其失，止於留馬超，取荊州，而患之不可支，卒至於此。故夫取天下之大計，不可以不先定也。且夫曹公未平徐州，而先平兗州；未擊袁紹，而先擊劉備；破張呂而後圖二袁，蓋亦得術之一二。然公巧於戰鬥，而不能盡知天下之大計，故至此而失，亦卒無有以告之者，悲夫！」

【文集卷五】《酌古論後記》云：「余於是時年十八九矣，而胸中多事已如此，宜其不易平也。政使得如志，後將何以繼之？獨曹公一論，爲之反覆數過。」

是歲，作幕於知州（癸）周葵。

《宋史》本傳云：「著《酌古論》，郡守周癸得之，奇之曰：『他日國士也。』請爲上客。」

是歲，秋，金三路入寇。十月，金立曹國公烏祿爲帝於遼陽。十一月，金亮兵敗身死。

紹興三十二年壬午，二十歲。

客臨安，與呂伯恭同試漕臺（《甲辰答朱元晦》，文集卷二十）。

閏二月己丑，集英殿修撰、知婺州周葵陞敷文閣待制。

六月丙子，高宗內禪。

是歲，辛棄疾始去金歸宋，權天平軍節度掌書記，特補右承務郎。旋因張安國殺耿京降金，棄疾執安國獻于臨安斬之，授江淮判官。時年二十三。

鄭樵卒。胡憲卒。

孝宗隆興元年癸未，二十一歲。

夏六月，周葵參知政事。

客臨安，受《中庸》、《大學》於周葵，道德性命之學漸開。

《宋史》本傳云：「及葵爲執政，朝士白事，必指令揖，亮因得交一時豪俊，盡其議論。因授以《大學》、《中庸》，曰：『讀此可精性命之學。』遂受而盡心焉。」

【文集卷二十八】《錢叔因墓誌銘》云：「紹興辛巳、壬午之間，余以極論兵事，爲一時明公巨臣之所許，而反授以《中庸》、《大學》之旨，余不能識也，而以古文自詭。於時，道德性命之學，亦漸開矣。又四五年，廣漢張栻敬夫，東萊呂祖謙伯恭，相與上下其議論，而皆有列於朝。新安朱熹元晦，講之武夷，而強立不反，其說遂以行而不可遏止。齒牙所至，嘘枯吹生。天下之學士大夫賢不肖，往往繫其意之所向背。雖心誠不樂，而亦陽相應和。若余，非不願附，而第其品級，不能高也。余亦自咎其有所不講而未敢怨。」

【附】東萊《厲齋銘》。

《陳同甫厲齋銘》：「參政周公名陳亮同甫之室曰中，陳子事斯語而知其難，更榜以厲。厲也者，所以用力而擇乎中也。其友呂某爲之銘：泝流之舟，挽之爲遲。下板之車，梶之猶馳。木火金水，燥濕不齊。有習有積，有居有移。亦能用力，蘄適其宜。凡此數者，蓋陰乘之。潛有所贄，默有所虧。是過不及，察之甚微。凛乎其嚴，岌乎其危。匪曰設誡，理則如斯。不將不迎，不留不處。敬而無失，大中之規。」（《呂東萊遺集》卷六）

【文集卷二十八】《陳春坊墓碑銘》云：「始余出國北門，彌望沮洳之地，而帶以一水，岸行不足以容車馬，湖泊往往隨在而有。舟至松江，風濤洶湧，雖余亦懼而登焉。小立垂虹之上，四顧而嘆曰：是豈戎馬馳驅之所乎！酹酒吊古。」又《宋史》本傳云：「先是，亮嘗環視錢塘，喟然嘆曰，城可灌耳。」兩事不知在何年，附於此年。

十一月垂拱殿成，進賦以頌德（《宋名臣言行録》）。

是歲，呂伯恭登進士第。年二十七。

湯思退力排衆議，與金和約，天下忻然幸得蘇息。

隆興二年甲申，二十二歲。

十一月乙酉，金兵越境陷楚州，朝議欲舍淮保江。乃罷湯思退。尋卒。

周葵罷。

孝宗乾道元年乙酉，二十三歲。

是歲，如義烏就姻。

【文集卷三十】《劉夫人何氏墓誌銘》云：「紹興之年，余客臨安，凡三歲。父母願其有室而命之歸也。義烏何茂恭欲妻以其兄之子。於是義烏之富，言何氏。茂恭兄弟俱能文，而茂恭聲問尤偉。余貧甚，懼不得當也。諸凡茂恭姻黨皆以爲不然。獨武義劉君叔向力贊其説，且語吾父趣納幣。又明年，乾道改元，余往就姻焉。」

又【文集卷二十九】《喻夫人王氏改葬墓誌銘》云：「往時義烏何茂恭以文稱。鄉人之欲銘其墓者，必屬筆於茂恭。余猶記乾道初，余就姻茂恭家。見茂恭銘其從母王夫人之墓，其文甚工。茂恭口誦一二過，余能隨記其文，復爲客道之。茂恭撫掌歡笑：『世有強記如此者！』」

又【文集卷二十二】《祭妻叔文》云：「公得官於大江之西，將行，力謂其兄必以次女歸亮，吾保其可依也。兄猶疑之。一行二千里，有便必寄書，書必以亮爲言，吾懼失此士。兄亦奮然曰：『寧使吾女不自振，無寧異日不可以見吾弟。』故次女卒歸亮。」

八月，母卒，先生居憂（《告祖考文》、《先妣黃氏夫人墓誌銘》、《先祖府君墓誌銘》，文集卷二十二、二十七、二十九）。

乾道二年丙戌，二十四歲。

纂《英豪錄》，自序寄慨。

【文集卷十三】《英豪錄序》云：「今天子即位之初，虜再犯邊，君憂臣勞，兵民死之，而財用匱焉。距靖康之禍，於是四十載矣。雖其中間嘗息於和，而養安之患滋大。踵而爲之，患猶昔也，起而決之，則又憚乎力之不足。嗟呼！事勢之極其難處，非一日也！蔡謨有言：『創業之事，苟非上聖，必繇英豪。』今上既聖矣，而英豪之士，闕乎未有聞也，余甚惑焉！夫天下有大變，功名之機也。撫其機不有人以制之，豈大變終已不得平乎？此非天意也，顧天實生之，而人不知所用耳。彼英豪者，非即人以求用者也，寧不用以死耳，而稍貶焉不可也。故飢寒迫於身，則視天下猶吾事也；見易於庸人，謂天下可勦也；信口而言，惟意之爲，禮法之不可羈也，死生禍福之不能懼也。一有事焉，君子小人，一見而得其情；是非利害之間，一言而決。理繁劇，則庖丁之解牛也；處危疑，則匠石之斲鼻也。蓋其才智，過人遠矣。然而旅出旅處，而混於不可知之間，媢之者謂狂，而實狂者又偶似之。將特自標樹，則夫虛張以求賈者又得而誤之矣。此英豪之所以困而不達，而謂無人焉者，非也。（嘆）〔嗟〕夫！承平之時，展才無所用（原本「所用」之間有「不」字，非是），職也；而困於艱難之際者獨何歟！且上之人亦過矣，獨不可策之以言而試之以事乎？雖商周之於伊呂不廢也。廢之而不務，而憂無人者，亦非也。抑余聞之：昔人有以千金求千里馬者，不得，則以五千金買其骨焉，不踰期而千里馬至者三。何則？趨其所好，人之情也。不得於生者，見其骨猶貴之，可謂誠好之矣，生者之思奮故也。故余備錄古之英豪之行事，以當千里馬之骨。誠想其遺風以求之，今未必不有得也，顧其誠好不耳。蓋晉武帝稱，安得諸葛亮者，而與之共治，正使九原可作，盍亦思所以用之！凡余所以區區於此錄者，夫豈徒哉！夫豈徒哉！」

《中興遺傳纂例》成。

【文集卷十三】《中興遺傳序》云：「初，龍可伯康游京師，輩飲市肆，方叫呼大噱。趙九齡次張旁行過之，雅與伯康不相識，俄迫止次張，牽其臂，迫與共飲。次張之父，時守官河東，方以疾聞，次張以實告。伯康曰：『毋苦！乃翁疾行瘳矣，子可人意者，爲我姑少留。』次張不得已從之。箕踞笑歌，恢諧縱謔，旁若無人，次張固已心異。一日，行城外，過廝村，觀大閱之所，伯康悖然曰：『子亦善射乎？』次張曰：『頗亦好之，而不能精也。』伯康曰：『姑試之！』次張從旁取弓挾矢以興，十發而貼中者六七，次張心頗自喜。伯康拾矢而射，一發中的，矢矢相屬，十發無一差者。次張驚曰：『子射至此乎？』伯康曰：『此亦何足道！千軍萬馬頭目轉動不常，意之所指，猶望必中，況此定的，又何怪乎？』次張吐其舌不能收。俄指其地謂次張曰：『後三年，此地皆胡人子，子姑識之，火龍騎日，飛雪滿天，此京城破日之兆。』因吁嘻長嘆，不能自禁。後三年，京城失守，其言皆驗。中原流離，伯康自是不復見矣。豈喪亂之際，或死於兵？抑有所奮而不能成也？次張每念其人，言則歎惜。紹興初，韓世忠拒虜於淮西，力頗不敵。次張獻言，乞決淮西之水，以灌虜營，朝廷易其言而不之（「之信」之「之」，王本無）信。已而虜師俄退，世忠力請留戰。虜酋使謂曰：『聞南朝決水以灌我營，我豈能落人計中。』次張言雖不用，猶足以攻敵人之心者，類如此。次張嘗爲李丞相所辟，得承務郎。督府罷，次張亦徑歸。大駕南渡，次張僑居陽羨。故將岳飛嘗隸丞相軍中，次張識其人於行伍。言之丞相，給帖補軍校，後爲統制。遇大駕巡永嘉，與諸將彷徨江上，莫知攸適，又乏糧，將謀抄掠。次張聞而竟往，説飛移軍陽羨，州給之食，飛得無他，而州境賴焉。人有言次張生平於丞相者，丞相喜，欲用之，復有譖者曰：『此人心志不可保，使其得志，必爲曹操！』丞相疑沮而止。次張度時不用，屏居不出，竟死。昔參政周公葵屢爲余言其爲人，且曰：『我嘗薦之朝廷，諸公皆詰我：子端人正士，胡爲喜言此等狂生？我因告之曰：吾儕平居談王道，説詩書，一旦得用，從容廟廊（「廊」原本作「朝」，今從別本），執持綱紀可也。至於排難解紛，倉卒萬變，此等殆不可少。吾儕既不能辦，而惡他人之能辦，是誣天下以無士，而期國事之必不成也，是惡可哉？』余嘗大周公之言，異二生之爲人，而惜其屈，嘗欲傳其事而不能詳。因歎曰：『世之豪偉倜儻之士，沈沒於困窮，不能自奮以爲世用，欲用而卒沮於疑忌，如二生者，寧有限哉？然自古亂離戰爭之際，往往奇才輩出，嶄然自赴功（「赴功」之間，別本有「于」）名之會，如建炎、紹興之間，誠亦不少。雖或屈而不用，用不大，大或不終，未四十年，已有不能道其姓字者，記事之文，可少乎哉！』自是始欲纂集異聞，爲《中興遺傳》。然猶恨聞見單寡，欲從先生故老，詳求其事，故先爲之纂例，而以漸足之。其一曰大臣，若李綱、宗澤、呂頤浩、趙鼎、張浚。其二曰大將，若种師道、岳飛、韓世忠、吳玠、吳璘。其三曰死節，若李若水、劉韐、孫傅、霍安國、楊邦乂。其四曰死事，若种師中、王稟、張叔夜、何㮚、劉竱、徐徽言。其五曰能臣，若陳則、程昌禹、鄭剛中。其六曰能將，若曲端、姚端、王勝、劉光世、劉鋭。其七曰直士，若陳東、歐陽澈、吳若。其八曰俠士，若王友、張所、劉位。其九曰辯士，若邵公序、祝子權、汪若海。其十曰義勇，若孫韓、葛進、石竱。其十一曰羣盜，若李勝、楊進、丁進。其十二曰賊臣，若徐秉哲、王時雍、范瓊。合十二冊而分傳之，總目曰《中興遺傳》，聊以發其行事而致吾之意。然其端則起於惜二生之失其傳，故序首及之。昔司馬子長周遊四方，纂集舊聞，爲《史記》一百三十篇，其文馳騁萬變，使觀者壯心駭目，顧余何人，豈能使人喜觀吾文如子長哉？方將旁求廣集以備史氏之闕遺云耳。」

是歲，先生之父因事入獄。

《宋史》本傳云：「家僮殺人於境，適被殺者嘗辱亮父次尹，其家疑事繇亮，聞於官，笞榜僮死而復蘇者數，不服，又囚亮父於州獄。」

又【文集卷二十五】《祭妹文》云：「比我年二十有三，而吾母以盛年棄諸孤而去。未終喪，而吾父以買窒困於囚繫。我王父王母，憂思成疾，相次遂皆不起，三喪在殯，而我奔走以救生者。」

友人徐木子材、胡行仲達可，聯登進士第（《孫天誠墓誌銘》，文集卷二十七。）

文錄：《謀臣傳序》、《忠臣傳序》、《高士傳序》、《辯士傳序》、《義士傳序》。

乾道三年丁亥，二十五歲。

七月祖母卒，十二月二十七日祖父卒（《告

祖考文》，文集卷二十二；《先祖府君墓誌銘》，文集卷二十七）。

乾道四年戊子，二十六歲。

四月十二日，先生之父出獄。

【文集卷二十一】《已丑與葉丞相衡書》云：「家君之故，竟於去夏四月十二日得從白免，父子團欒，喜甚至泣。」

【文集卷十八】《謝汪侍郎啓》云：「孝敬之道素虧，罹親非罪；營救之誠不至，有枉莫申。咎皆〔自〕貽，情將誰恤。何足以關君子之念，不圖而逢執法之平。一飯團欒，餘生感幸。永維天地之大義，莫先父子之至情。不可解於心，與生俱出而與死俱入；敢有愛其力，無高不即而無出不求。當其處倉皇急迫之中，不暇顧是非利害之實。開口而自道說，非以爲誇；逢人而輒呼號，庶其或遇。總是可憐之狀，出於欲脫之心。誠不形焉，人誰念者。伏維某官，經綸獨任，明允自將。當赤子入井之時，有烏獲挽綆之力。惻然拯溺，夫豈爲人。顧此久淪，乃爾幸會。戴天履地，獲自附人子之中；分死得生，無非拜大賢之賜。不知報德於何所，但覺拊心而自憐。痛定之餘，涕下而已。」

五月，叔祖廷俊卒（《陳府君墓誌銘》，文集卷二十八）。

九月，易名曰亮，貢於鄉，塡成均弟子員。

【文集卷二十一】《告祖考文》云：「及亮年二十有六，易名曰亮，而首貢於鄉。而皇祖下世已十閱月，皇祖妣蓋整一年又三月矣，皇妣且四年而未葬也。」

又【文集同卷】《又與葉丞相衡書》云：「忽去秋偶爲有司所錄，俾塡成均生員之數，未能高飛遠舉，聊復爾耳。豈敢不識造物之意，而較是非利害於榮辱之場，不自省悟？來秋決去此矣。重以三喪未葬，而無寸土可耕，甘旨之奉闕然，每一念至，幾不聊生。又羞澀不解對人説窮，愈覺費力。就使解説，其窮固亦自若也。」

是歲，陸九淵登進士第。

乾道五年己丑，二十七歲。

二月，婺州以解頭薦，應試禮部，不中。

【文集卷二十二】《祭妻叔文》云：「及冒薦於鄉，公喜特甚；翼折而歸，則以爲事終在耳。」

又【文集卷二】《中興五論序》云：「今年春，隨試禮部，僥倖一中，庶幾俯伏殿陛，畢寫區區之忠，以徹天聽。有司以爲不肖，竟從黜落，不得望清光以遂昔願。」

又《水心集》卷二十四《陳同甫王道甫墓誌銘》：「婺州方以解頭薦。」（《宋史》本傳同）

策問。

【文集卷十一】《變文法》云：「古人重變法，而變文猶非變法所當先也。天下之士，豈不欲自爲文哉？舉天下之文，而皆指其不然，則人各有心，未必以吾言爲然也。然不然之言，交發並至，而論者始紛紛矣。紛紛之論既興，則一人之力，決不能以勝衆多之口，此古人所以重變法，而尤重於變文也。然則文之弊，終不可變乎？均是變也，審所先後而已矣。夫文弊之極，自古豈有踰於五代之際哉？卑陋萎弱，其可厭甚矣。藝祖一興，而恢廓磊落，不事文墨，以振起天下之士氣，而科舉之文，一切聽其所自爲。有司以一時尺度，律而取之，未嘗變其格也。其後柳仲塗以當世大儒，從事古學，卒不能麾天下以從己。及楊大年、劉子儀，因其格而加以瑰奇精巧，則天下靡然從之，謂之『崑體』。穆修、張景，專以古文相高，而不爲駢麗之語，則亦不過與蘇子美兄弟唱和於寂寞之濱而已。故天聖間，朝廷蓋知厭之，而天下之士，亦終未能從也。其後歐陽公與尹師魯之徒，古學既盛，祖宗之涵養天下，至是蓋七八十年矣。故慶曆間，天子慨然下詔書，風厲學者以近古，天下之士，亦翕然丕變，以偁上意。於是胡翼之，孫復，石介，以經術來居太學；而李泰伯，梅堯臣輩，又以文墨議論游泳於其中，而士始得師矣。當是時，學校未有課試之法也。士之來者，至接屋以居而不倦，太學之盛，蓋極於此矣。乘士氣方奮之際，雖取三代兩漢之文，立爲科舉取士之格，奚患其不從，此則變文之時也。藝祖固已逆知其如此矣。然當時諸公，變其體而不變其格，出入乎文史而不本之以經術，學校課士之法，又往往失之太略：此王文公所以得乘間而行其說於熙寧也。經術造士之意非不美，而新學、《字說》何爲者哉？學校課試之法非不善，而『月試』『季考』何爲者哉？當是時，士之通於經術者，神宗作成之功，而非盡出於法也。及司馬溫公起相元祐，盡復祖宗之故，而不能參以熙寧經術造士之意，取其學校課試之大略，徒取快於一時而已。則夫士之工於詞章者皆祖宗涵養之餘，而非必盡出於法也。紹聖元符以後，號爲紹述熙豐，亦非復其舊矣。士皆膚淺於經而爛熟於文，其間可勝道哉？中興以來，參以詩賦經術，以涵養天下之士氣，又立太學以聳動四方之觀聽，故士之有文章者，德行者，深於經理者，明於古今者，莫不各得以自奮，蓋亦可謂盛矣。然心志既舒，則易以縱馳；議論無擇，則易以浮淺。凡其弊有如明問所云者，固其勢之所必至也。議者思所以變之，其意非不美矣，而其事則藝祖之所難，而嘉祐之所未及也。夫三年課試之文，四方場屋之所係，此豈可以一朝而變乎？然學校之士，於經則敢爲異說而不疑，於文則肆爲浮論而不顧，其源漸不可長。此則長貳之責，而主文衡者，當示以好惡而不在法也。昔慶曆有胡翼之學法，熙寧有王文公學法，元祐有程正叔學法，今當講諸朝廷，參收而用之，不專於『月書』『季考』，以作成大學之士，以爲四方之表儀，則祖宗之舊，可漸復，豈必遽變其格以驚動之哉！古人重變法，而尤重於變文，則必有深意矣。不識執事以爲何如？」

【文集同卷】《子房賈生孔明魏徵何以學異端》云：「異端之學，何所從起乎？起於上古之闊略，而成於春秋戰國之君子，傷周制之過詳，憂世變之難救，各以己見而求聖人之道，得其一說，附之古而崛起於今者也。老莊爲黃帝之道，許行爲神農之言，墨氏祖於禹，而申韓又祖於道德，其初豈自（「自」一作「有」）以爲異端之學哉？原始要終，而卒背於聖人之道，故名曰異端，而不可

【文集同卷】《中興論》云：「臣竊惟海內塗炭，四十餘載矣。赤子嗷嗷無告，不可以不拯，國家憑陵之恥，不可以不雪，靈寢不可以不還，輿地不可以不復：此三尺童子之所共知，曩獨畏其強耳。韓信有言：『能反其道，其強易弱。』況今虜首庸懦，政令日弛，舍戎狄鞍馬之長，而從事中州浮靡之習。君臣之間，日趨怠惰。自古夷狄之強，未有四五十年而不變者。稽之天時，揆之人事，當不遠矣。不於此時早爲之圖，縱有他變，何以乘之？萬一虜人懲創，更立令主；不然，豪傑并起，業歸他姓，則南北之患方始。又況南渡已久，中原父老日以殂謝，生長于戎，豈知有我？昔宋文帝欲取河南故地，魏太武以爲我生髮未燥，即知河南是我境土，安得爲南朝故地？故文帝既得而復失之。河北諸鎮，終唐之世，以奉賊爲忠義。狃于其習，而時被其恩，力與上國爲敵，而不自知其爲逆。過此以往而不能恢復，則中原之民，烏知我之爲誰？縱有倍力，功未必半。以俚俗論（一作「輸」）之，父祖質產於人，子孫不能繼贖，更數十年，時事一變，皆自陳於官，認爲故產，吾安得言質而復取之？則今日之事，可得而緩乎？陛下以神武之資，憂勤側席，慨然有澄一天下之志，固已不惑於羣議矣。然猶患人心之不同，天時之未順，賢者私憂，而姦者竊笑，是何也？不思所以反其道故也。誠反其道，則政化行；政化行，則人心同；人心同，則天時順；天不遠人，人不自反耳。今宜清中書之務以立大計，重六卿之權以總大綱，任賢使能以清官曹，尊老慈幼以厚風俗；減進士以列選能之科，革任子以崇薦舉之實；多置臺諫以肅朝綱，精擇監司以清郡邑；簡法重令以澄其源，崇禮立制以齊其習；立綱目以節浮費，示先務以斥虛文；嚴政條以覈名實，懲吏奸以明賞罰；時簡外郡之卒以充禁旅之數，調度總司之贏以佐軍旅之儲；擇守令以滋戶口，戶口繁則財自阜；揀（一作「陳」）將佐以立軍政，軍政明而兵自強；置大帥以總邊陲，委之專而邊陲之利自興；任文武而分邊郡，付之久而邊郡之守自固。右武事以振國家之勢，來敢言以作天子之氣；精間諜以得虜人之情，據形勢以動中原之心。不出數月，紀綱自定。比及兩稔，內外自實，人心自同，天時自順。有所不往，一往而民自歸。何者？耳同聽而心同服。有所不動，一動而敵自鬥，何者？形同趨而勢同利。中興之功，可蹻足而須也。夫攻守之道，必有奇變：形之而敵必從，衝之而敵莫救，禁之而敵不敢動，乖之而敵不知所如往。故我常專而敵常分，敵有窮而我常無窮也。夫奇變之道，雖本乎人謀，而常因乎地形。一縱一橫，或長或短；緩急之相形，盈虛之相傾，此人謀之所措，而奇變之所寓也。今東西彌亙，綿數千里，如（「如」一本作「知」）長蛇之橫道。地形適等，無所參錯。攻守之道，無他奇變。今朝廷鑒守江之弊，大城兩淮，慮非不深也，能保吾城之卒守乎？故不若爲術以乖其所至。至論進取之道，必先東舉齊，西舉秦，則大江之南，長淮以北，固吾腹中物。

齊、秦誠天下之兩臂也，奈（一作「夸」）虜人以爲天設之險而固守之（一有「乎」字）。故必有批元擣虚，形格勢禁之道。竊嘗觀天下之大勢矣，襄漢者，敵人之所緩，今日之所當有事也。控引京洛，側睨淮蔡，包括荆楚，襟帶吴蜀。沃野千里，可耕可守。地形四通，可左可右。今誠命一重臣，德望素著，謨謀明審者，鎮撫荆襄，輯和軍民，開布大信，不爭小利；謹擇守宰，省刑薄斂；進城要險，大建屯田；荆楚奇才劍客，自昔稱雄，徐行招募；以實軍藉；民俗剽悍，聽於農隙時講武藝。襄陽既爲重鎮，而均、隨、信、陽及光、黄（一無「黄」字），一切用藝祖委任邊將之法，給以州兵而更使自募，與以州賦而縱其自用，使之養士足以得死力，用間足以得敵情。兵雖少而衆建其助，宜雖輕而重假其權，列城相援，比鄰相望，養鋭以伺，觸機而發。一旦狂虜，玩故習常，來犯江淮，則荆襄之師，率諸軍進討；襲有唐、鄧諸州，見兵於潁、蔡之間，示必截其後；因命諸州轉城進築如三受降城法，依吴軍故城，爲蔡州，使唐、鄧相距各二百里，並桐柏山以爲固。揚兵擣壘，增坡深塹，招集土豪，千家一堡，興雜耕之利，爲久駐之基。敵來則嬰城固守，出奇制變；敵去則列城相應，首尾如一。精間牒，明斥堠，諸軍進屯光、黄、安、隨、襄、郢之間，前爲諸州之援，後依屯田之利；朝廷徙都建業，築行宫於武昌，大駕時一巡幸；虜知吾意在京洛，則京、洛、陳、許、汝、鄭之備當日增，而東西之勢分矣；東西之勢分，則齊秦之間可乘矣。四川之師，親率大軍以待鳳翔之虜，別命驍將出祁山，以截隴右；偏將由（一作「繇」）子午以窺長安；金、房、開、達之師，入武關以鎮三輔，則秦地可謀矣。命山東之歸正者往說豪傑，陰爲內應，舟師由海道以擣其脊。彼方支梧奔走，而大軍兩道並進以搗其胸，則齊地可謀矣。吾雖示形於唐、鄧、上蔡，而不再謀進，坐爲東西形援，勢如猿臂，彼將愈疑吾之有意京洛，特持重以示不進，則京洛之備愈專，而吾必得志於齊秦矣。撫定齊秦，則京洛將安往哉？此所謂批元擣虛，形格勢禁之道也。就使吾未爲東西之舉，彼必不敢離京洛而輕犯江淮，亦可謂乖其所至也。又使其合力以壓唐蔡，則淮西之師起而禁其東，金、房、開、達之師起而禁其西，變化形敵，多方牽制，而權始在我矣。然荆襄之師，必得純意於國家，而無貪功生事之心者，而後付之。平居無事，則欲開誠布信，以攻敵心。一旦進取，則欲見便擇利而止，以禁敵勢。東西之師有功，則欲制馭諸將，持重不進，以分敵形。此非陸抗、羊（祜）（祜）之徒，孰能爲之？夫伐國，大事也。昔人以爲拔小兒之齒，必以漸撼搖之。一拔得齒，必且損兒。今欲竭東南之力，成大舉之勢，臣恐進取未必得志，得地未必能守，邂逅不如意，則吾之根本撼矣。此豈謀國萬全之道？臣故曰，攻守之道，必有奇變。臣謏（一作「謏」）人也，何足以知天下之大計？姑疏愚慮之崖略，曰《中興論》，唯陛下財幸。」

是歲，呂伯恭除太學博士。

文錄：《與葉衡丞相又書》。

陳龍川先生年譜長編卷之二

乾道六年庚寅，二十八歲。

歲首，在太學。有《孟子提要》。

【《東萊集》卷五】《答陳同甫書》云：「今日早，在學中奉候，政劇延佇，伏蒙封示《孟子提要》，當細觀深考，卻得一二請教。年來甚苦共爲此學者寥落，索居蔽蒙，日以自懼。今得兄坐進於此，遂有咨訪切磨之益，喜不自勝。苟心有所未安未達，當往復論辨。蓋彼此皆己事，不敢爲膈上語也。」

秋，去臨安（《與葉衡丞相又書》，文集卷二十一）。

乾道七年辛卯，二十九歲。

嫁妹。

【文集卷二十三】《祭妹夫周英伯文》

云：「嗚呼！我先人蓋寡兄弟，而吾母惟女弟一人。零丁孤苦，相與爲命，而卒歸於周者，英伯之母也。故英伯之妹（一作「女兄」）復歸吾弟。而吾妹長英伯九歲，而吾母亦許以歸英伯者，欲使姻戚之義相聯於無窮，而親愛之至也。吾母棄諸孤七八年，英伯漸長，而吾妹竟歸之，不敢食吾母之成言也。」又【文集卷二十五】《祭妹文》云：「外表之姻，母意已久。余欲中變，孰任其咎。薄力未周，成此菲陋。汝既畢結，余終面垢。」

一下大理。

《宋史》本傳云：「家僮殺人於境，適被殺者嘗辱亮父次尹，其家疑事繇亮。聞於官，笞榜僮死而復蘇者數，不服。又因亮父於州獄，而屬臺官論亮情重，下大理。」

又【《東萊集》卷五】《答陳同甫書》云：「比聞有意外少撓，要是自反進德之階。來諭不忘惕厲，政所望者。更願益加培養爲幸！昔人謂天下之寶，當爲天下愛之，此言至可念也。」

又【文集卷十八】《謝陳侍郎啓》云：「德邁丘山，人非土石。不敢淺量君子之識，而竟失事大夫之恭。罪則奚逃，心猶可見。竊以遇人於險，必動其心。出己之恩，何嫌於謝。此不易之常理，未有知其由來。激者爲之，動輒過甚。越石求晏子而未已，叔向置祈老而自朝。第知效顰，不悟成拙。言念昔者，皇皇何以爲心；所謂伊人，望望若將浼我。五年之屈，一日而申。徒費呼號，竟由幸會。此蓋伏遇某官，置身於準繩之內，臨民有父母之心。寧失不經，忍視向隅之泣；以其所愛，曾微識面之嫌。借其力於一言，活人子於九死（「子」各本均作「父」）。捐軀未足爲報，況一至門；執筆不知所云，抑萬無地。」

乾道八年壬辰，三十歲。

是歲，始下帷授業。

【文集卷二十七】《孫貫墓誌銘》云：「有宋中興之四十六年，亮始取古今之書一二以讀之，稍稍與其可者共學。」

又【文集卷二十八】《錢叔因墓誌銘》云：「壬辰、癸巳之間，而貧日甚，欲託於講授以爲資身之策，鄉里識其素而不之信，衆亦疑其學之非也。」

又【文集卷二十一】《乙巳復黃伯起書》云：「昔之君子，生於斯世也有三：其上則以先知覺後知，以先覺覺後覺；其次則守先王之道，以待後之學者；又其次則淑其徒，以及其鄉閭。故孟子以爲中也養不中，才也養不才，故人樂有賢父兄也。如中也棄不中，才也棄不才，則賢不肖之相去，其間不能以寸。嗚呼！其上者非亮之所當論，其次者非亮之所及論，而又其次者，亦不能勉焉。雖欲勉之，而德不足以取信，言不足以取重，徒使此心耿耿而止耳。」

又【文集卷一】《戊戌上孝宗皇帝第一書》云：「辛卯、壬辰之間，始退而窮天地造化之初，攷古今沿革之變，以推極皇帝王伯之道，而得漢、魏、晉、唐長短之由。」

作經書發題以教學者。

【文集卷十】《周禮發題》云：「《周禮》一書，先王之遺制具在，吾夫子蓋嘆其郁郁之文，而知天地之功莫備於此，後有聖人，不能加毫末於此矣。世儒之論，以爲治至於周公而術已窮，窮則不可以復，繼周之後，必爲秦，吾夫子蓋逆知之而不言也。嗚呼！果其窮也，則周公之志荒矣。自伏羲、神農、黄帝以來，順風氣之宜，而因時制法，凡所以爲人道立極，而非有私天下之心也。蓋至於周公，集百聖之大成，文理密察，纍纍乎如貫珠，井井乎如畫棋局，曲而當，盡而不污，無復一毫之間，而人道備矣。人道備，則足以周天下之理，通天下之變，變通之理具在，周公之道，蓋至此而與天地同流，而憂其窮哉？夫周家之制既定，而上下維持至於八百餘年。諸侯既已擅立，周之王徒擁其虚器，蕞然立於諸侯之上。諸侯皆相顧而莫之或廢，彼獨何畏而未忍哉？豈非周公之制有以維持其不忍之心，雖顛倒錯亂而猶未亡也？當是之時，周雖自絶於天，有能變通周公之制而行之，天下不必周，而周公之術，蓋未始窮也。秦獨見其得天下之難，以爲周公之制，蓋非其所便，併與夫僅存者而盡棄之，而不知周家之制既盡，而秦亦亡矣。人道廢則其君豈能獨存哉？始夫子之言曰：『其或繼周者，雖百世，可知也。』蓋以爲後之王者，必因周而損益焉，自是變通至於百世而不窮，而豈知其至此極也？漢高祖崛起草莽而得天下，知天下厭秦之苛，思有息肩之所。故其君臣相與因陋就簡，存寬大之意，而爲漢家之制。民亦以是安之，而漢祚靈長，絶而復續者，幾與夏、商等。自是功利苟且之政，習以爲常，先王不易之制，棄而不講，人極之不亡者幾希矣。此有志之士所以抱遺書而興百世之嘆，反覆推究而冀其復見天地之大全也。然自秦火之餘，此書已非其全。而駁亂不絕之言，蓋如黑白之不相入，尚可攷而知也。雖然，『文武之政，布在方冊，其人存，則其政舉』。自周之衰，以迄於今，蓋千五百餘年矣，天獨未厭於斯乎？故將與諸君參攷同異，有以待焉。」

【文集同卷】《春秋發題》云：「聖人之於天下也，未嘗作也，而有述焉。近世儒者有言：『述之者天也，作之者人也。』《詩》、《書》、《禮》、《樂》，吾夫子之所以述也。至於《春秋》，其文則魯史之舊，其詳則天子諸侯之行事，其義則天子之所以奉若天道者，而孔子何作焉？孟子之所謂作者，猶曰整齊其文云耳。世儒遂以爲《春秋》孔子所自作，筆則筆，削則削，雖游、夏不能贊一辭於其間，言其義聖人之所獨得也。信斯言也，則《春秋》其孔氏之書乎？夫《春秋》，天子之事也，聖人以匹夫而與天子之事，此王法之所當正也。不能自逃於王法，而能正人乎？亂臣賊子其有辭矣。夫賞天命罰天討也，天子奉天而行者也。賞罰而一毫不得其當，是慢天也。慢而至於顛倒錯亂，則天道滅矣。滅天道，則爲自絕於天。夫子，周之民，傷周之自絕於天，而不忍文、武之業遂墜於地也，取魯史之舊文，因天子諸侯之行事，而一正之。賞不違乎天命，罰不違乎天討，猶曰此周天子之所以奉夫天者也。或去天稱王，或宰以名見，猶曰此周天子之所以自贖乎天者也。天之道不亡，則周不爲自絕於天，周不爲自絕於天，則天下猶有王也。天下有王，而亂臣賊子，安得不懼乎？然則《春秋》者，周天子之書也，而夫子何與焉！或曰：《春秋》而繫之以魯何也？曰：天下有王，凡諸侯之國之所記載，獨非天子之事乎？而况魯，周之宗國，其事可得而詳也！夫子曰：『如有用我者，吾其爲東周乎！』此夫子之志，《春秋》之所繇作也。是以盡事物之情，達時措之宜，正以等之，恕以通之，直而行之，曲而暢之。其名是也，其實非也，則文與而實不與。其心然也，其事異也，則誅其事而達其心。顯微闡幽，謹嚴寬裕，如天之稱物平施，如陰陽之並行不悖，文武周公之政，所以曲當乎人心者也。

而謂《春秋》孔子之所自作，宜非亮之所敢知也。《春秋》所書，無往而非天，學者以人而視《春秋》，而謂有得於聖人之意者，非也。故將與諸君以天下之公而觀之，非以一人之私而觀之，辭達而義暢，庶乎可以窺天道之合也。」

【文集同卷】《書經發題》云：「昔者聖人以道揆古今之變，取其概於道者百篇，而垂萬世之訓。其文理密察，本末俱舉，蓋有待於後之君子。而經生分篇析句之學，其何足以知此哉！亮也何人，而敢議此？蓋將與諸君共舉焉。夫盈宇宙者，無非物；日用之間，無非事。古之帝王，獨明於事物之故，發言立政，順民之心，因時之宜，處其常而不惰，遇其變而天下安之，今載之《書》者皆是也。要之，文理密察之功用，至堯而後無慊於聖人之心，是以斷諸《堯典》而無疑。由是言之，删《書》者非聖人之意也，天下之公意也。」

【文集同卷】《詩經發題》云：「道之在天下，平施於日用之間，得其性情之正者，彼固有以知之矣。當先王時，天下之人，其發乎情，止乎禮義，蓋有不知其然而然者。先王既遠，民情之流也久矣。而其所謂平施於日用之間者，與生俱生，固不可得而離也。是以既流之情，易發之言，而天下亦不自知其何若，而聖人於其間有取焉。抑不獨先王之澤也。聖人之於詩，固將使復性情之正，而得其平施於日用之間者，乃區區於章句之末，豈聖人之心也哉？孔子曰『興於詩』，章句訓詁，亦足以興乎！願與諸君求其所以興者。」

【文集同卷】《禮記發題》云：「禮者，天則也。禮儀三百，威儀三千，周旋上下，曲折備具，此非聖人之所能爲也。《禮記》一書，或雜出於漢儒之手。今取《曲禮》若《內則》、《少儀》諸篇群而讀之，其所載不過日用飲食洒掃應對之事，要聖人之極致安在？然讀之使人心愜意滿，雖欲以意增減輒不合，返觀吾一日之間，悚然有隱於中，是孰使之然哉？今而後知三百三千之儀，無非吾心之所流通也。心不至焉，而禮亦去之，盡吾之心，則動容周旋，無往而不中矣。故世之謂繁文末節，聖人之所以窮神知化者也。夫禮者，學之實地也。繇敬而後可以學禮，學理而後有所依據。三百三千而一毫之不準，皆敬之不至而吾之心不盡也。一毫之不盡，則其運用變化之際，必有肆而不約者矣。繇此言之，禮者天則也。果非聖人之所能爲也。」

【文集同卷】《論語發題》云：「《論語》一書，無非下學之事也。學者求其上達之説而不得，則取其言之若微妙者，玩而索之，意生見長，又從而爲之辭曰：『此精也，彼特其粗耳。』嗚呼！此其所以終身讀之，而墮於蓁莽之中，而猶自謂其有得也。夫道之在天下，無本末，無内外，聖人之言，烏有舉其一而遺其一者乎？舉其一而遺其一，則是聖人猶與道爲二也。然則《論語》之書，若之何而讀之？曰：用明於内，汲汲於下學，而求其心之所同然者。功深力到，則他日之上達，無非今日之下學也。於是而讀論語之書，必至通體而好之矣。亮於此書，固終身之所願學也。方將與諸君商榷其所向而戒塗焉。」

【文集同卷】《孟子發題》云：「昔先儒有言：『公則一，私則萬殊。』人心不同，如其面焉，此私心也。嗚呼！私心一萌，而吾不知其所終窮矣。先王之時，禮達分定，而心有所止。故天下之人，各識其本心，親其親而親人之親，子其子而子人之子，其本心未嘗不同也。周道衰而王澤竭，利害興而人心動，計較作於中，思慮營於外，其始將計其便安，而其終至相爭奪誅殺，流毒四方而未已。孟子生於是時，憫天下之至此極，謂其流不可勝救，惟人心一正，則各循其本，而天下定矣。况其勢已窮而將變，變而通之，何啻反掌之易。孟子知其理之甚速而時君方以爲迂，吾是以知非斯道之難行，而人心之難正也。故善觀孟子之書者，當知其主於正人心。而求正人心之說者，當知其嚴義利之辨於毫釐之際。嘗試與諸君共之。」

立保社。

【《東萊集》卷五】《答陳同甫書》云：「秋有餘暑，伏惟下帷授業，尊候萬福。……吾兄保社，今莫已就條理否？後生可畏，就中收拾得一二人，殊非小補。要須帥之以正，開之以漸，先惇厚篤實而後辯慧敏銳，則歲晏刈獲，必有倍收。然此固自吾兄所自了，固亦不待多言也。」

與應仲實書，闢佛說。

【文集卷十九】《與應仲實書》云：「與仲實別，於今八年矣。禍患奔走，自（原本無「自」字，今從一本）分死生，不相聞知。既而適有天幸，遂得比數於人。然猶於故舊之書，闕然不講，幾若自外於門下者。重惟少之時，猖狂妄行，鄉閭所不齒。仲實以儒先生，撫摩煦飲，若昆弟朋友。雖識者亦有不擇交之疑，而仲實不顧也。困苦之餘，百念灰冷，視前事已若隔世。洗心滌慮，謂可以承君子之教矣。而八年之間，話言不接，吉凶不相問弔，反有白頭如新之嫌，退而求之，敢逃其責。去年秋，羣試監中，有司以爲不肖，始決意爲息肩弛擔之計。所居僻左，有疑孰問，恃中實輩人在爾。方圖緩步造謁，遇仲實有行都之役。逡巡數月，遂聞新除。官况絕佳，職事簡少，儒先生雅宜處之，斯道之伸，此其權輿，喜甚，至於不寐。前月末，始聞來歸。暑溽如許，不敢輒詣齊閣。又思此別，相見定何時？進退首鼠，卒以其所欲求正於仲實者而寓之書。亮兩年來，方悟孟子所謂人之所以異於禽獸者幾希，仁於我何常之有？朝可跖而暮可夷也。惟聖罔念作狂，惟狂克念作聖，非聖人姑爲是訓。無若丹朱傲，無若受之酗於酒，亦非獨憂治世而危明主。人心無常，果如是也。曾子曰：『戰戰兢兢，如臨深淵，如履薄冰，今而後，吾知免夫小子。』子張曰：『君子曰終，小人曰死，吾今日其庶幾乎。』古之賢者其自危蓋如此，此所以不愧屋漏而心廣體胖也。世之學者，玩心於無形之表，以爲卓然而有見。事物之衆，此其得之淺者，不過如槁木死灰而止耳。得之深者，縱橫妙用，肆而不約。安知所謂文理密察之道，泛乎中流，無所底止？猶自謂其有得，豈不可哀也哉。故格物致知之學，聖人所以惓惓於天下後世，言之而無隱也。夫道之在天下，何物非道？千塗萬轍，因事作則。苟能潛心玩省，於所已發處體認，則知夫子之道，忠恕而已，非設辭也。亮少不自力，放其心而不知求。行年三十，始知此事。日用之間，顛倒錯亂，如理亂絲，更無着手處。日復一日，終不免於自棄。不識仲實其何以救之？近作十篇，往求隱括。置其言語，而索其理之非是，批於左方，使得於是省焉，仲實於亮可以無慊矣。切毋以故意待之，曰是曰好而已。儒釋之道，判然兩塗。此是而彼非，此非而彼是。而溺於佛者，直曰其道有吾儒所不及者。否，亦曰其精微處，吻合無間。而高明之士，猶曰儒釋深處，所差秒忽耳，此舉世所以溺焉而不自知。雖知其非者，亦如猩猩知酒之將殺己，且罵而且飲之也。近世張給事學佛有見，晚從楊龜山學，自謂能悟其非，駕其説以鼓天下學者，靡然從之，家置其書，人習其法，幾纏縛膠固。雖世之所謂高明之士，往往溺於其中，而不能以自出。其爲人心之害，何止於戰國之楊、墨也！亮不自顧，嘗痛心焉，而力薄能鮮，無德自將，有言不信，徒慨而止耳。然使賊假募士之名，得入帳下，一旦起而縛之，此李元平所以孺弄於陳希烈也。苟無儒先生駕説以闢之，則中崩外潰之勢遂成，吾道之不絶如縷耳。仲實力可以有爲者，其將何辭？胸中所懷千萬，遂爲仲實言之，而筆困紙窮，不能以究。暑伏，恐未可迎侍。上道果未有日，尚當握手一吐其肺腑，不敢以相擾動自外也。萬一便上道，恐宅眷既衆，必不免從諸應取道龍窟，過我爲一夕之款否？是所望，不敢必也。若從銅坑口取界牌，所省不能一二里，而迂曲亦不少矣。臨紙，無任惓惓。」

呂伯恭喪父，往金華哭之。

【文集卷二十二】《祭呂治先郎中文》云：「嗚呼：公以東北世家之賢，來寓吾邦，是生賢子，以淑一邦之人。位不究其所藴，而奄焉以殁，使其賢子號天叫地，如不欲生，西鄉稽首，以受一邦之吊。其爲可哀，蓋不論乎知公之與否也。亮以晚生，不及拜公於堂，間或從公之子以游。誘之掖之，蓋公之教，則今日之俯伏道旁，舉觴一慟者，誠未敢徑自附於知生之義也。孰伸而來，孰屈而往，此心昭然，庶幾其饗。」

【《東萊集》卷五】《答陳同甫書》云：「日者襄奉，遠勤慰奠，重以妙語，賁飾泉壤，此意厚矣。荒頓迷錯，悼心失圖，忽忽竟不得款語，迨今歉然也。……某更十數日，工役斷手，卻復還城中。九月末復來課督種植。是時書院中或有暇，能撥置過訪爲十日款否？君舉諸公，春夏間皆先後來唁，但哀苦中不暇晤語。君舉亦有承興命駕之約，但遲速未可期也。」

是歲，妻叔何茂恭死。

【文集卷三十】《劉夫人何氏墓誌銘》云：「茂恭罷官吉之永新，諸公爭知其才，旁觀者亦以橫飛直上爲不難也，而壬辰之春，一旦無病而死。」

是歲，陳君舉、陸九淵同登進士第。

【文集卷三十一】《與陳君舉又書》云：

「江頭之約，參差一月，何意一別遂如許久！卧病留宿妻家，又失伺候之期。繼得所留字及《括蒼書》，甚悵然也。家君甚以不能少具禮爲歉。象先遞來去年十月書，寬夫附到正月書，書辭款密周緻，愈重相念。但其間每以得失相關警，愛我則至矣，可得謂之相知耶！如我與兄及天民之相知，自以爲庶幾莫逆矣。凡所謂未能免俗之事，宜皆可以略去，獨惓惓於梔樓之説，亮於兄言，固隱然在心。因書又得猛省，此乃正合所望耳。妥齋之教良是，今不復用矣。甚欲得數語相警策，許之而未，何也？大抵朋友書，寒溫外要當有善相示，有過相告，使相去千里，常若面對講習，庶不爲無謂。監省魁中，本不足多。但世道如此，足爲吾黨之慶，喜甚至於不寐。盛名在人久矣，自此遂出其爲己者以爲人。人之望我者厚，而伺其手蹉足跌者亦不少。盛名之興，古人所戒，兄於此念之熟矣，其善處之。亮憂患之餘，百念灰冷。環顧其中，自爲且不足，天重抑之，使之稍思其自爲之道。兄出我處，要歸一是，人生豈必其同耶？猶記未試前，從子充侍郎處共飲，促膝對語，幾於達旦，平生之懷亦略盡矣。今日之事，惟當閉門讀書，追往念舊，以求其新。但三喪未舉，朝暮在目，使人肝膽摧裂，如不欲生。手未把卷，心已奪去，奈何奈何！今歲不問有無，斷當隨力襄奉云云。狀頭無以易兄，兄榮歸當決取道下里，無更以紹興故人爲辭，甚欲得一見面叙。此榜得人之盛，前此以來所未有。兄橫騖於江浙，李深卿獨步於七閩，一榜而收二虎，斯已奇矣。而况象先、元賓、子宜、益之、德修諸君子，交發而並至耶？盛事盛事！象先家事如何，此去能免作館否？東陽郭君，力欲屈致。此君抗志極可喜，往往其家甚有禮，象先不作館則已，若猶未免，宜無以易此。渠亦不敢相迫，雖五月間來無害，百里使人來求書，其意勤甚。因與象先議之，勉爲此來，幸甚！亮方欲專遣人，勿有此便。廷對在即，天下事大略可睹矣。順理而言，主於愛君憂國可也。仲舒三策，要皆其胸中事。緩而切，巽而正，可爲廷對法。此亦對君父之道。」

薛士龍、吕東萊寄《亞齋銘》。

【《東萊集》卷五】《答陳同甫書》云：「某茲被給扎之命。自惟疏遠，荷上記識，况小臣又無辭避之理。但前此求祠未報，聞命即行，則非進退之義，故復申前請。若得愈允，則可一意爲學，其益甚大。苟不獲命，亦須勉強一出。但學力未到，又復酬酢馳驅，終恐不能久安也。薛士龍願見甚久，又不知不參商否？《妥齋銘》，當作數語，掛名齋中。但亦須行止既定，有暇方可下筆爾。約酒之喻甚切。前此汎接之久，政當深局固鐍乃可耳。人回，略此附問。第恐此書到，尊兄已離輦下。故所欲言者皆不能盡。并留面剖也。」

【《浪語集》卷二十三】《答陳同甫書》云：「某自戊子入都，得左右之文於景望四三哥之舍。于四三哥、王樞使，聞賓從之學業氣志，每以未及識面，聞咳嗽之音爲歉。及趨召道宛陵，四三哥寄朋友書二，其一左右，一君舉也。洎訪舊知於學，則聞二陳之名，藉甚京師。旋沐從者獲親名理之益，從知名下無虛士之諺非虛語，私以得與從游爲喜。頃舍臨途，要無可道。然而别不及面，寧無惘惘？《妥齋銘》文，本欲相名如周公之與君奭。君舉以爲君奭王事表德，朋友之誼也，名近師道，有所不可。不然，何惜一換，試更思之。」

薛士龍《陳同甫妥齋銘》云：「妥齋，陳同甫作而居之，薛季宣隸而銘之。銘曰：有天有淵，飛躍鳶魚。妥之安之，生民保居。天之產民，無不大安。有妥之安，皇唐有焉。循物之安，妥用不集。非安惟安，摇摇岌岌。妥乎妥乎，大安不欹。有懷者居，安其豈而。子有精廬，齋居以妥。妥其安哉，神天將子可。」

(《浪語集》卷三十二)

文錄:《祭何茂恭文》。

乾道九年癸巳,三十一歲。

春,以新作寄伯恭求政。

【《東萊集》卷五】《答陳同甫書》云:「示及近作,展玩數過,不能釋手。如《鄧耿贊》,斷句抑揚有餘味,蓋得太史公筆法。《武侯贊》拈出許靖、康成事,尤有補於世教。獨於《陳思王贊》,舊於汾河之論,每未敢以爲安,當更思之。章、何兩祭文,奇作也。《廣惠祈雨文》,駸駸東坡在鳳翔時氣象。《跋喻季直文編》,語固佳,但起頭數句,前輩似不曾如此道定。……所見如此,未知中否?恃愛忘之厚,不敢不盡耳。更有一説:詞章古人所不廢,然德盛仁熟,居然高深,與作之使高,濬之使深者則有間矣。以吾兄之高明,願更留意於此。幸甚!」

七月,薛季宣(士龍)卒。有《祭薛士龍知府文》。

【文集卷二十二】《祭薛士龍知府文》云:「余行天下,竊有志於當世。其道德純明,可爲師表者,執贄進見,獲聽微言於下風。退而從磊落不羈之士,接杯酒之歡,笑歌起舞,往往自以爲一世之雄。至於山巔水涯,與夫窮閻委巷之間,抱負所有,分與世絶,足所可及,則必一見;縱力不能自致,而姓字聲音之與通。晚將歸休,始獲見公。握手一笑,話言從容。心滿意愜,俯首來東。三年之間,竟安此窮。人雖不死,寧公是逢?又殺我父,昊天鞠凶。生乃如此,實死與同。俯仰惶惶,未知所終。」

【《東萊集》卷五】《答陳同甫書》云:

「某哀苦固無生意。而私門不幸，八叔疾竟不起。……涕淚未收，而永嘉復報士龍之訃。海內遂失此人，可痛可痛！春間猶幸相聚半月，語連日夜，所欲相與肄習者，布置甚長，渠亦不謂遽至此也。此專遣人弔之，尙未回。其子雖孱弱，然志操卻可保。逝者已矣，講葺維持，政存者之責，此則吾徒所當共勉。」

十二月二日，合葬祖父、祖母、母於龍窟臥龍山。

【文集卷二十九】《孫夫人周氏墓誌銘》云：「始，余蓋七年不克葬其母矣。早夜腐心疾首，不忍聞天下之有是事。後二年，始克畢事，因顧謂其友，即塡溝壑無憾矣。」

又【文集卷二十七】《先祖府君墓誌銘》云：「先祖生於崇寧二年正月五日，沒於乾道三年十有二月二十有七日。先祖妣黃氏，敦武郎諱琫之女。其生也，先先祖一百九十有三日，其沒也，亦先六閱月。而閏後六年十有二月二日，始克合葬於龍窟臥龍山之下。」

又【文集卷二十九】《先妣黃氏夫人墓誌銘》云：「乾道九年十有二月二日，永康陳亮與其弟充，始克合葬其母夫人於龍窟臥龍山之下（「下」一作「上」），蓋家君之志也。於是亮泣血磨石而書曰：環山而葬，祔於其姑，是爲十有四歲而生子。生之二十三年而歿，歿九年乃葬。其子曰亮、充，而其出則黃氏武經郎諱大圭之女乎！不能從死，乃從以居。且暮挈妻孥以洒掃，絲竹終身不至其廬。天地無窮，不孝安贖！死則葬我墓之隅，後千百年，猶不廢爲陳氏之墓，則必遇君子長者之人乎！」

十二月二十五日，父次尹卒（《告祖考文》，文集卷二十二；《蔡元德墓碣銘》，文集卷二十七）。

既葬，移靈於道旁之居，作《先考移靈文》。

【文集卷二十三】《先考移靈文》云：「三年之喪，聖人之中制，非以人子之心至是爲已極也。某也積惡而不可掩，既已毒及我先君矣。葬不克自力，乃從人貸錢以葬。墳墓未乾，頑然欲以教人自名，求錢以償其負，因得竊衣食以苟且暮之活。至避宅以舍之，使几筵弗克即安，將以明日遷置道旁之居，（徙）〔徒〕令妻孥以供飲食，而已則安於誦聖人之書以授人，（顯）〔顧〕不識禮所謂『三日不怠，三（日）〔月〕不解』與夫『斬衰唯而不言』者，將闕之而不授乎？不然，則宇宙固不容汝矣，辜天負地，尚敢以告。」

《伊洛正源書》成，《伊洛禮書補亡》成，《三先生論事錄》成。

【文集卷十四】《伊洛正源書序》云：「濂溪周先生，奮乎百世之下，窮太極之蘊，以見天人之心，蓋天民之先覺也。手爲《太極圖》，以授二程先生。前輩以爲二程之學，後更光大，而所從來不誣矣。橫渠張先生崛起關西，究心於龍德正中之地，深思力行，而自得之。視二程爲外兄弟之子，而相與講切，無所不盡。世以孟子比橫渠，而謂二程爲顔子。其學問淵源，顧豈苟然者？《西銘》之書，明道以爲某得此意，要非子厚筆力不能成也。伊川之叙《易》、《春秋》，蓋其晚歲之立言以垂後者。間嘗謂其學者張繹曰：『我昔狀明道之行，我之道蓋與明道同。異時欲知我者，求之於此文可也。』其源流之可考者如此。集爲之書，以備日覽，目曰《伊洛正源書》。」

【文集同卷】《伊洛禮書補亡序》云：「吾友陳傅良（君舉）爲余言薛季宣（士龍），嘗從湖襄間所謂袁道潔者游。道潔蓋及事伊川，自言得《伊洛禮書》，欲至蜀以授士龍。士龍往候於蜀，而道潔不果來。道潔死，無子，不知其書今在何許？伊川嘗言：『舊修六禮，已及七分，及被召乃止，今更一二年可成。』則信有其書矣。道潔之所藏近是，惜其書之散亡而不可見也！因集其遺言中凡參考禮儀而是正其可行不可行者，以爲《禮書補亡》，庶幾遺意之未泯，而或者其書之尚可訪也。」

【文集同卷】《三先生論事錄序》云：「昔顧子敦嘗爲人言，欲就山間與程正叔讀《通典》十年。世之以是病先生之學者，蓋不獨今日也。夫法度不正，則人極不立；人極不立，則仁義禮樂無所措；仁義禮樂無所措，則聖人之用意息矣。先生之學，固非求子敦之知者，而爲先生之徒者，吾懼子敦之言，遂得行乎其間。因取先生兄弟與横渠相與講明法度者，錄之篇首，而集其平居議論附之，目曰《三先生論事錄》。夫豈以爲有補於先生之學，顧其自警不得不然耳。」

刊《程氏易傳》、《楊氏中庸解》、《胡氏春秋傳》。

【文集卷十四】《楊龜山中庸解序》云：「世所傳有伊川先生《易傳》、楊龜山

《中庸義》、謝上蔡《論語解》、尹和靖《孟子說》、胡文定《春秋傳》。謝氏之書，學者知誦習之矣。尹氏之書，簡淡不足以入世好。至於是三書，則非習見是經以志乎選舉者，蓋未之讀也。世之儒者，揭《易傳》以與學者共之，於是靡然始知所向。然予以謂不繇《大學》、《論語》及《孟子》、《中庸》以達乎《春秋》之用，宜於《易》未有用心之地也。今《語孟精義》既出，而謝氏、尹氏之書俱在，楊氏《中庸》及胡氏《春秋》，世尚多有之，而終病其未廣，別刊爲小本，以與《易傳》並行。觀者宜有取焉。」

【《東萊集》卷五】《答陳同甫書》云：「洊辱敎說，暨《易傳》、《楊氏中庸》，不勝感刻。……比遣人吊士龍，昨日方回。其子又卧病孱弱，未能支持葬地。君舉諸公方料理，尙未得入手，可念可念！……《易傳》看得猶有一兩字誤，已囑潘叔度校讎，續送去改正。《正源錄序》中說横渠以二程比孔、孟，頗似斷定。北宫黝、孟施舍優劣，一語可了。孟子必欲擬曾子、子夏，乃曰『二子之勇，未知其孰賢』，此意可見。又所謂『知崇禮卑之學』一語，亦尙合商量。《論事錄》此意甚好，但卻似汲汲拈出，未甚宏裕。昔嘗讀《明道行狀》及門人叙述，至末後邢（叔）和（叔）一段，方始縷縷說邊事軍法，向上諸公，曾無一詞及之，恐亦有說。高明以爲何如？」

又【《東萊集》卷五】《答陳同甫書》云：「前日悤悤作答，殊不究盡。洊沐手筆，從審寒暄。……《論事錄》前此固知來意。但某竊謂若實有意爲學者，自應本末幷舉，若有體而無用，則所謂體者，必參差鹵莽無疑也。特地拈出，則似有不足則夸之病，如歐陽永叔喜談政事之比。所舉邊事軍法，亦聊舉此數字以見其餘，因知其不止此也。然此書若出，於學者亦不爲無益。但氣象未宏裕耳。經世之名，卻不若論事之實也。《易傳》見令人校對。來諭謂世間事不可作意，此語誠然，吾曹須深體之，非只爲一書設也。……委曲之教，極見誠意，自此謹當奉教。向來亦非有所回互，但與世酬酢之久，雖與故舊書，有時下筆多慣耳。」

文錄：《送吳恭父序》、《書歐陽文粹後》《書家譜石刻後》、《鄧耿贊》、《武侯贊》、《陳思王贊》、《廣惠王祈雨文》、《跋（俞）〔喻〕季直文編》、《祭章德文侍郎文》、《與葉衡書》。

孝宗淳熙元年甲午，三十二歲。

四月，先生之父卒哭，有《先考卒哭文》。

【文集卷二十三】《先考卒哭文》云：「嗚呼！我先君委不肖孤而去之，於今四月朔矣，號天叫地，無所逮及。又以迫於衣食，不能時奉几筵，致其哀慕之極，得罪幽冥，死不足贖。古者父母之喪哭無時，聖人始爲之制曰：『三日不怠，三月不懈。』又曰：『士三月而葬，是月而卒哭，不欲其傷生也。』今也朝夕俯首，一號而止，其哭之卒也久矣，朝夕之外，對人如平時，於生復何所傷？及期而告於靈曰卒哭，不即愧死，猶欲自齒於人，豈不以父之愛子，死生無間，亦將曰有故，甚則曰以我故。嗚呼！欲以自解，不懼無辭，懼宇宙之不汝容耳。嗚呼羞哉！嗚呼痛哉！嗚呼已哉！」

父既卒哭，伯恭來慰，遂得一款聚。

【《東萊集》卷五】《〔與〕陳同甫書》云：「前此幸得款聚，歸塗亟欲投宿壽山，故不得復見，殊歉然也。辱手教，恭審劇暑，孝履支持。某歸後十餘日，即爲三衢之行，往返近兩旬。……此月旦日自三衢歸，陸子靜已相待累日，又留七八日，昨日始行。篤實淳直，工夫甚有力，朋游間未易多得。渠云：雖未相見識，每見吾兄文字，開闊軒翥，甚欲得相聚。覺其意勤甚，渠非論文者也。人回，略此上布，它祈厚爲遠業節抑。」

寄《祭薛士龍知府文》〔與〕伯恭，伯恭謂爲皆肝膈語。

【《東萊集》卷五】《答陳同甫書》云：「便介辱手示，區區不勝感懌。即日極署，伏維孝履支持。某碌碌如昨，近屬舅氏曾仲躬爲求祠祿，幸已得之，遂可專意讀書，殊以爲幸。前書所論，固深識之。比嘗患子子小諒者，或畏避太甚，而善意無人承領，遂至消歇；或隔限太嚴，而豪俊無以自容，遂至飛揚。惟篤於忠厚者，視世間盎然無非生意，故能導迎淑氣，扶養善端，蓋非槪然以爲近厚語言也。但向者言之略耳。然於此，蓋有則焉，又精察不可浸過也。《薛士龍墓誌》以畏暑作未成。所論行狀極切當。祭文皆肝膈語也。策問當詳讀。人回甚速，略此上布，它祈節哀自愛。」

秋，歸自天台，有《桂枝香詞》寄伯恭。

《桂枝香·觀木樨有感寄呂郎中》（文集卷

十七)：「天高氣肅，正月色分明，秋容新沐。桂子初收，三十六宫都足。不辭散落凡間去，怕羣花自嫌凡俗。向他秋晚，唤回春意，幾回幽獨？是天上餘香賸馥，怪一樹香風，十里相續？坐對花旁，但見色浮金粟。芙蓉只解添愁思，況東籬凄涼黄菊。入時太淺，背時太遠，愛尋高躅。」

【《東萊集》卷五】《答陳同甫書》云：「伏被手教，具審歸自天台，陟降安穩，極以爲慰。兩詞興寄所屬，固深感嘆。但兀然枯木朽枝，豈知有所謂春光秋色耶？甚渴得一見，得暇能命駕否？城隅窮巷，落葉滿庭，亦無異游山也。手弱不能多及，悉留面布。《士龍誌銘》，以行役擾擾，未曾下筆，數日間少定當屬稿。近得君舉書，云吾見摘行狀中數處極當，便中告示，欲得知也。」

十月，葬叔祖廷俊府君(《陳府君墓誌銘》，文集卷二十八)。

送叔祖主筠州高安簿，有序。

【文集卷十五】《送叔祖主筠州高安簿序》云：「君子之仕也，行其義也，自聖人常本諸人情而爲是言矣，其後始有爲貧之説。仕至於爲貧，而吾道奈何哉！自科舉之興，世之爲士者，往往困於一日之程文，甚至於老死而或不遇，義不能以自行，貧不能以自爲，於其間得尺寸之便，則亦甘心俯首而屑爲之，誠知夫義之所在，而貧或迫其後也。昔者吾之先祖，蓋嘗一蹶於科舉，終其身以爲不足復事，而自肆於杯酒之間。而其仲氏，則以爲吾兄之志，是或一道也，屢挫屢奮，窮且老而其志不休。晚從恩科得一官，冒寒爲數千里之行，而無懟辭怨色。蓋昔者伯夷羞與鄉人處，而柳下惠至不以袒裼裸裎爲浼，事固有大異不然者，各從其心之所安也。夫天與人每不相值，參差不齊，苟非得其所以然，能無幾微見於顔面乎？此行亦足以觀公之賢矣。公少而力學，壯而有聞於學校之間，計其所得乃如此，又足以見公之心固有所存，而不計其得之如何也。某聞尙書郎芮公、劉公，方將漕江外。芮公固研席之舊，而劉公則素厚某者。大帥龔公之賢，宇内所聞，當不以貴賤尊卑窮達而相忘。而某之師友永嘉鄭公，朝暮來總風憲，曩固嘗加惠於公矣。四公天下賢者。而邑僚則又有劉君子澄，聞其賢（白）〔舊〕矣。而張、呂二君子，交口而譽道之。往拜四公，退與君上下其議論。人生嬴糧千里，求天下賢者與處而或不遂，此行況味良不惡，度公之志可以少申。而某方謀葬公之兄，不及從公以行，書以寄劉公，使知天下之士，其窮而可歎者，至於如此。而部使者之權，足以爲時重，殆不可以一律而觀士也。不遺故舊，則民不偷。公見芮公，倘或可出此乎？相對道舊，能不慨然。鄭公之行，徐當寄書。爲某寄聲劉君，聲求氣應，何以教我？」

《類次文中子引》初稿成。

【文集卷十四】《類次文中子引》云：「初，文中子講道河汾，門人咸有記焉。其高弟若董常、程元、仇璋，蓋嘗參取之矣。薛收、姚義始綴而名之曰《中説》，凡一百餘紙，無篇目卷第，藏王氏家。文中子亞弟凝，晚始以授福郊、福時，遂次爲十篇，各舉其端二字以冠篇首，又爲之序篇焉。惟阮逸所注本有之。至龔鼎臣得唐本於齊州李冠家，則以甲乙冠篇，而分篇始末皆不同，又本文多與逸異。然則分篇序篇，未必皆福郊、福時之舊也。昔者孔氏之遺言，蓋集而爲《論語》。其一多論學，其二多論政，其三多論禮樂。自記載之書，未嘗不以類相從也。此書類次無條目，故讀者多厭倦。余以暇日，參取阮氏、龔氏，正其主文，以類相從，次爲十六篇。其無條目可入，與凡可略者，往往不錄，以爲王氏正書。蓋文中子沒於隋大業十三年五月。是歲十一月唐公入關。其後攀龍附鳳以翼成三百載之基業者大略常往來河汾矣。雖受經未必盡如所傳，而講論不可謂無也。然智不足以盡知其道，而師友之誼未成，故朝論有所不及。不然，諸公豈遂忘其師者哉？及陸龜蒙、皮日休、司空圖諸人，始知好其書。至本朝阮氏、龔氏，遂各以其所得本爲之訓義，攷其始末，要皆不足以知之也。獨伊川程氏以爲隱君子，稱其書勝荀、揚。荀、揚不足勝也，仲淹豈隱者哉？猶未爲盡仲淹者。自周室之東，諸侯散而不一，大抵用智於尋常，爭利於毫末，其事微淺而不足論。齊威一正天下之功大矣，而功利之習，君子羞道焉。及周道既窮，吳越乃稱霸於中國，孔孟之皇皇，蓋迫於此矣。戰國之禍慘矣，保民之論，反本之策，君民輕重之分，仁義爵祿之辨，豈其樂與聖人異哉？孟子固知夫事變之極，仁義之驟用，而效見之易必也。紀綱之略備，而人心之易安也。

漢高帝之寬簡，而人紀賴以再立；魏武之機巧，而天地爲之分裂者十數世。此其用具諸《春秋》，著諸《孟子》，而世之君子不能通之耳。故夫功用之淺深，三才之去就，變故之相生，理數之相乘，其事有不可載，其變有不可備者，往往汨於紀注之書。天地之經，紛然不可以復正，文中子始正之。續經之作，孔氏之志也，世胡足以知之哉！經曰：『天地設位，聖人成能。』傳曰：『天下之生久矣，一治一亂。』是以類次文中子而竊有感焉。」

【《東萊集》卷五】《答陳同甫書》云：「惠介辱示字，不勝感慰。秋色日深，伏維尊候萬福。某居山間甚安穩。但前月下旬，以葉丞相歸，略入城見之，尋即還山，他無可言者。令叔祖襄奉事，想辨護良勞。文中子序引，此意久無人知之。但其間頗有抑揚過當處。如云『荀、楊不足勝』，又云『孔、孟之皇皇，蓋迫於此矣』，又云『續經之作，孔氏之志也，世胡足以知之』。此類恐更須斟酌。蓋荀、楊雖未盡知統紀，謂之不足勝，則處之太卑。孔、孟之皇皇，畏天命而修天職也，『迫』字亦似未穩。續經之意，世誠不足以知之，但仲淹忽得之於久絶之中，自任者，不免失之過高。此意亦當說破也。某又以爲論次筆削，遂定以爲王氏正書，蓋非易事，少遼緩之爲善。《序引》亦未敢以示人也。某此月內當謀拜見，悃迫，當候面盡，亦欲細觀類次之意也。乞以時自重。」

是歲，周葵死，爲文祭文。

【文集卷二十二】《祭周參政文》云：

「嗚呼！萬夫之特，天固生之。百年之英，人實成之。堂堂故國，喬木則非。火炎崑崗，玉不易爲。民生之久，一治一亂。道大德宏，遭變則見。死生不易，況於貴賤。百聖列前，靖以自獻。宣和太學，僉曰新經。公獨不然，以自著稱。紹興初論，朝是伊洛。夫豈御史，不知而作。及其中間，人用惰安。非彼生亂，勢則容姦。權無底止，通國風靡。公以死爭，屹然中峙。所遭殊時，豈無一同。公獨何爲，樂此困窮。天定勝人，後將有考。甫三十年，爲時故老。故起自山林，而渡江諸賢，爲之避路。及晚登廊廟，而一時後進，安於前軀。進不得以遂其心，退不能以明其道。惟其忠言嘉話，上心之所獨知；至於事業崇動，人事猶有遺憾。安歸田里，一無懟言。炯炯此心，實昭於天。亮昔童稚，縱觀廢興。大放於辭，願試以兵。狂言撼公，一見而驚。借之齒牙，爰及公卿。愛均骨肉，前輩典型。《中庸》《大學》，朝暮以聽。隨事而誨，雖愚必靈。行或不力，敢忘其誠。晚以三喪不舉，無顏對公。故數年之約，而一見之不果。未幾而先人之死，與公先後。故三年喪畢，而一吊之未成。第見人事之好乖，不知墓草之幾生。苟祭酬之可遣，豈蹉跎於此行。辜天負地，長慟失聲。尙爲後圖，期以自明。」

文錄：《吏部侍郎章公行狀》、《徐婦趙氏墓誌銘》。

淳熙二年乙未，三十三歲。

是歲，呂伯恭介朱元晦、陸象山相見於鵝湖。

《三國紀年》成。

【文集卷十二】《三國紀年序》云：「自書契之興，代有注記，後聖有作，而言動之記分矣。自當時之諸侯，國各有史，一言一動，罔不畢載，故四方之志，外史掌之。天子之言動，天下之幾也，諸侯之言動，一國之幾也，合諸侯之言動，亦足以觀天下之變焉，有源有流，不可遺也。昔者孔子適周觀禮，晚而有述焉。上古之初，不可詳已，著其變之大者，《易》所載十三卦聖人是也。至於《書》，斷自唐虞，定其深切著明者爲百篇，蓋嘗欲備三代損益之禮，以待後聖。是故，之杞之宋，而典禮無復存者，故孔子屢嘆之。周封二王之後，使各修先王之禮物，庶幾後世有攷焉，夫豈知其至此極哉！於是始定周禮，又刪取周家之詩，以具其興亡，而列國之風化繫焉。然後古詩之存者，無所復用矣。初，周室東遷而霸道興。當孔子時，天下邦君，猶知有王而弗克事也，故孔子有東周之志焉。魯，周之宗國也，孔子嘗三得其幾矣。魯用天子之禮樂，非周公之心也，蓋孔子欲舉而還周而不克。三都之不便於魯久矣，大夫僭則家臣竊，故樂與三家共隳之。孟氏之不隳，非孔子之憂也。孔子之不用，奈何其不終哉！陳恆弑其君，告諸天子以及方伯而討之，可以震動天下矣。魯君之不聽，孔子傷其變之不可爲也，舉其意而寓之《春秋》。《春秋》，事幾之衡石，世變之砥柱也。故《春秋》，《易》之著者也，百王於是取則焉。漢興九十餘載，司馬遷世爲史官，定論述之體，爲司馬氏《史記》，其所存高矣。出意任情，不可法也。史氏之失其源流，自遷始矣。故自『麟趾』以來，上下千五六百年，其變何可勝道？散諸天地之間，學者自爲紛紛矣。夫善可爲法，惡可爲戒，文足以發其君子小人疑似之情，治亂與衰之迹，使來者有稽焉，愈於無史矣，豈可謂史法具於此哉？先主君臣惓惓漢事之心，庸可沒乎？魏氏之代漢也，得其幾而不以其道，變之大者也。孫氏倔強江左，自爲一時之雄，於是乎魏不足以正天下矣，陳壽之《志》何取焉！漢實有紀，其體如傳，條章不爲書也，詔疏不爲志也，志曰《漢略》，悲其君臣之志也。魏實代漢，吾以法紀之；魏之條章法度，晉承之以有天下，於是乎有書；其詔若疏也，有志；其臣若子也，有傳。吳與漢同，彼是不嫌同體也，志曰《吳略》，著其自立也。合漢、魏、吳而附之《魏書》，天下不可無正也。魏終不足以正天下，於是爲《三國紀年》終焉。嗚呼！漢之有魏，魏之有晉，晉之有五胡，讀吾書者，可以知之矣。」

【《東萊集》卷五】《答陳同甫書》云：「前日自建康還舍，得五月間教賜，昨日又辱手字，殊以感慰。夏末極暑，伏惟尊候萬福。某留建寧凡兩月餘，復同朱元晦至鵝湖與二陸及劉子澄諸公相聚切磋，甚覺有益。元晦英邁剛明，而工夫就實入細，殊未可量。子靜亦堅實有力，但欠開闊耳。《三國紀年》序引及諸贊，乍歸冗甚，未暇深攷。亦有兩三處先欲商量。紀年冠甲子，而幷列三國之年，此例甚當。既是並列，則不必云『合而附之魏書，天下不可無正』也。序引下文亦云『魏終不足以正天下』，則其初亦不必與之也。『魏實代漢，以法紀之』，『蜀實有紀，不紀以法』，未知如何是以法紀，如何是不以法紀？更望詳見諭。魏詔疏有志，不知其體制如何？蜀條章不爲書，詔疏不爲志，未成其爲天下，亦恐未安。蜀固未盡備王者之制，如條章可見者，恐亦須書。自先主孔明之心言之，固非以蜀爲成；然自論次者言之，則其續漢之義，亦不可不伸也。其餘俟稍定詳讀，續得商搉。昨日亦到郡齋，來諭所欲言者皆詳及矣。人回，略所布問，它祈節抑自愛。秋深至明招，當圖款教。」

【《龍川集》卷十二附錄】東萊又書云：

「某還舍近半月，適此酷暑，疲頓猶未甚蘇。此月二十五日，劉國華葬，須往泉溪會之，因留明招數日。聞月交乃爲入城之行，若路過內白，幸遺一介至明招問某所止，庶不參差也。《三國紀年》序引及諸贊，累日已詳看，用意高深處，亦或得其一二。但大綱體制，猶有未曉處。序云『漢曰略，魏曰書，吳曰略』，又云『魏終不足以正天下，於是爲《三國紀年》終焉』。不知《漢略》與《紀年》是一書，爲復是兩書？觀三國諸君贊，卻似遷、固史法，每君爲紀而繫贊於後者。而《三國紀年》冠以甲子，而並列漢、魏、吳，則不似合三國爲一者。所謂漢昭烈、魏武以下諸贊，必不可繫於此。既並列三國之年，必是通書三國事；今每君爲贊，必知不繫於此後，不知繫於何處？豈《三國紀年》之外，後叙每君之本末，而繫以贊耶？此皆未曉之大者也。《漢昭烈贊》論其君臣反覆於天意人事之際，所謂妙體本心；但費詩之議，卻似不達時變。漢統既絕，昭烈安得不承之，非高祖時比也。後主蓋亦甚庸，所以安之不疑者，乃諸葛公工夫耳。《武侯贊》論以國政歸丞相，甚善；但謂漢侍中、中書令、尙書令，皆宦者爲之，考之《漢書》，亦不皆如此。篇末『王者之不作，天猶以爲未疏哉』，感慨之意甚長，但不若《後主贊》所謂『天命果可畏』，辭嚴而義正也。《魏武贊》述來歷甚當，但其末『舜禹之事』兩句，未曉。魏文帝兩贊，深味辭意，予奪甚有味，但《文帝贊》意頗晦。又文帝三駕代吳，謂中國庶幾息肩，亦未協。《吳武烈贊》論漢末守文之弊，及啓桓王之翺翔，甚妙。下三贊亦然。鄙意竊謂吳四贊尤能盡其規摹之所止，殆無遺憾也。《龐統贊》論兼弱之義甚正。《關羽贊》亦穩。但來教謂『司馬子長雖高，不欲學』，而諸贊命意及筆勢而往往似之，何耶？因便並望見教。朱元晦工夫，亦謂大概如此耳。吳益恭昨日得桂陽書，云見今攝郡，卻不云攝何郡也。某近日思得著書大是難事，方將一意玩索完養，深求其所未至。雖高明之資與駑鈍者不同，然考之前作者，亦須待經歷之久，歲月之晚，然後下筆。今及此暇時，序次裒集，固亦無害。然亦不可不思有餘不敢盡之語也。人回，略此上布，餘悉俟續稟。」

七月，弟子孫貫死。九月卒〔哭〕，貫友盧任等臨葬（《孫貫墓誌銘》，文集卷二十七）。

【文集卷二十四】《祭孫冲季文》云：「嗚呼，天之生子，殆若有意。變化倚伏，惟人自致。是以君子，勉所未至。兢兢業業，天人之際。理之難知，乖其所恃。念子之初，或亦可避，彼其與之以識而偏於才，備其能而吝於德。文足以自見，而勞於成名；志足以自立，而困於無命。子憂其才之不足，余獨以德爲可貴；子方以名爲可求，余獨以命爲可畏。今余不幸而言中，使子賫恨而入地，重慈親之憂，有幼子之累。父必以咎而自歸，安在其子之有罪。然皇帝王霸之道，聖賢士君子之學，平時樂與子共之者，萬事瓦解，而余尤不自知其多涕也！嘆來者之未涯，傷疇昔之有愧。荀子之姓名，與我隱顯於百世之下，則或爲九泉之慰。」

是歲，羅點成進士。

是歲，葉衡罷。

文錄：《商夫人陳氏墓誌銘》、《孫夫人周氏墓誌銘》、《蔡元德墓碣銘》。

淳熙三年丙申，三十四歲。

刊《三先生論事錄》、《禮書補遺》、林勳《本政書》。

【文集卷十六】《書林勳本政書後》云：「右林勳《本政書》一十卷、比較二卷，徐宗武得之鞏氏家。勳嘗游宦廣中，蓋紹興初，容州所刊本也。勳爲此書勤矣，攷古驗今，思慮周密，世之爲井牧之學，所見未有能易勳者。顧其間將使隸農耕良農之田，納租視其俗之故，經賦出於良農，而隸農出軍賦，疑非隸農所利。又使他人得以告地之可闢者，而受其賞焉，有趨利起爭之漸，疑非王政所當出者。一人之智，而思慮小小不中，不足怪，大要歸於可行，則補其不及，行之者之責也。顧余有所甚疑者。古者王畿千里，定爲六鄉六遂，而祿地公邑所占之地，宜倍。千里之間，開方計之，地之所未盡者，宜尚多有。蓋王政寬大，納民於其間，不用一律以齊之，則制度雖密，人不思裂去，法可長守，而經數常齊矣。漢之民田，固已無制，大略計之，邑居道路，山林川澤，羣不可墾，蓋居三分之二；又有所謂可墾不可墾者，居其四分之一；而定墾田，直十五分之一耳。蓋雖漢法，不能盡數以齊之也。今動欲舉天下而用一律以齊之，無乃非聖人寬洪廣大之意乎，宜亦非民之所甚便也。今宜於山林川澤，邑居道路之外，以三分計之，定其一以爲經數，起貢、起役、起兵、簡教之法，悉如動所定；以其二爲餘夫閒田，及士工賈所受田。凡朝廷郡縣之官，皆使有田。參定其法，別立一官掌之；幷使其屬以掌山林川澤，大爲之制，使民得盡力於其間，而收其貢賦以佐國用，以蘇疲民，則經數常齊矣。立政以公，而示天下以廣，則民不駭而政易行，然後動所定之制，可以一定而不易，庶幾動之志也。雖然，事不習熟，則人之視聽易以驚動，驟而行之，非成順致利之道也。動之書至矣，要豈人之視聽所常習者乎。非其所常習，雖用動三年頒降之說，猶恐不能無動也。夫成順致利之道，《易》所在十三卦，聖人蓋用此道以開天地而立人極者。自漢以來，英雄特起之君，亦必用是以有爲。

惟一變之餘，安之而不思其所以善其後，此後世之所以治亂不常，而古道卒不可復也。勳之書可用於一變之後，安得其人以開其先者乎？要非察古今之變，識聖人之用，而得成順致利之道者不能知也。然則余之刊勳書，所望於世之君子蓋甚厚。」

【《東萊集》卷五】《答陳同甫書》云：「前日小舍弟不幸，特辱慰唁，不勝悲感。繼又辱教字，以方在明招營葬，故皆不得拜答，必蒙恕悉。便介又頒誨字，從審晴寒尊候萬福。前月別後一日，小舍弟疾勢頓變，遂以不救。此弟生而癎疾，先人尤憐念之，今竟不能全！近病摧慟，生意殆盡。近方還舍，擾擾猶未定也。政欲得一晤語，以釋鬱陶。承許見過，幸甚。所欲言者，悉俟面道。胡明仲《通鑑論》先附一冊去，所謂多其父兄遺論，蓋誠如此。然其間亦自有佳處。至於卓然自見於諸儒之表，則非命世之才莫之能，固不可以此例之也。天民五日離此，徑往新昌會葬。買田之約，後來語氣又似轉移。再三與之言，方始論定。又不知他時果堅確否？景元始一再相見，亦以在郡齋，不欲頻出也。《三先生論事錄》、《禮書補遺》及《本政書》續刊已了者，入城幸攜一帙來，蓋朱元晦屢書欲得之也。伊川簡，叔昌猶尋未見也。」

【文集卷十九】《與呂伯恭正字》云：「家奴歸，得所報教，發讀足慰尊仰。訊復尊覆復何似？示以《士龍墓銘》，反復觀之，布置有統，紀載有法，精粗本末，一般說去。正字雖不以文自名，近世名能文者，要何能如此？顧使若亮者參論於其間，足見用心之廣，不以人爲可狹。謹以區區之意，具如别紙，高明更詳酌之，不必其然。《本政書》版末章所望，亦任世責者平時所宜深究。世固有同好此書，同疏此事，同施此策，而其實不同者，此不可不論也。屹然横流之中而不立已者，所見惟正字一人，想決不隨世好惡以上下其聽。亮非復有求於斯世者，獨於正字未能自默耳。承教邈未有日，所冀强飯自厚。」

會呂伯恭於長樂。行李至自永嘉。

【《東萊集》卷五】《答陳同甫書》云：「長樂匆匆别去，迨今懷仰。辱手示，知旦夕入城，晤見甚近，欣慰不勝言。即日秋暑，伏惟尊候萬福。某屏居粗安，長樂與鄭丈夜話頗詳，亦恨所懷未能十分展盡耳。所諭隨高低説話之病，自省亦誠有之。蓋尋常與朋友講論，每欲俟其意到乃發，故多有將護之病，自此當力除之。但習慣已久，亦殊不自覺耳。五銘奇甚，林公材者尤妙。民謂令人欲焚筆硯也。但胡氏志，序其失意於姑自責之辭太重，更令小輕爲佳。……他悉俟面布。」

又【《東萊集》同卷】又書云：「專至，辱手字……審聞行李至自永嘉，雖未及晤語，然伸紙疾讀，馳繫之心，亦以少解。……諸公相聚，彼此相互有發明。君舉缺在何時？所謂止爲學官，則無一事，此語深有味，豈特於君舉分上切中其病，嘗折肱者尤覺有益耳。然知之非難，亦望少致意於斯也。知與象先款語，甚善！前此政慮或不甚款耳。士龍所學，固不止於所著書，但終尙有合商量處耳。正則且得有噉飯處。去歲相聚，覺其慨然有意。若到雁山，必須過存之也。所欲言者（其）〔甚〕多，不欲滯來介，尙俟後便。」

弟昭甫復歸（《庶弟昭甫墓誌銘》，文集卷二十八）。

秋，鄭景望來訪。

【文集卷二十七】《郎秀才墓誌銘》云：「淳熙三年秋，鄭婺州以召還。約其弟迓母括蒼，而語其屬邑之民永康陳亮曰：『我必取道龍窟，以趨行在所，訪子有日矣。』歸則刻期灑掃以待，然猶差半月而後至。」

丁少詹來學。

【《水心集》卷十四】《丁少詹墓誌銘》云：「又明年，變名字從陳同甫於龍窟。同甫驚曰：『是人目犖犖，神諤諤，非妥帖爲學徒者。且吾鄉里不素識，得非巖穴挺出之士耶？』」

文錄：《胡夫人呂氏墓誌銘》、《章婦胡氏墓誌銘》、《林公材墓誌銘》、《章晦文墓誌銘》。

淳熙四年丁酉，三十五歲。

上禮部，不中。

《林下偶談》云：「金華唐仲友字與正，博學工文，熟於度數。居與陳同甫爲鄰，同甫雖工文，而以強辯使氣自負，度數非其所長。唐意輕之，而忌其名盛，一日，唐爲太學公試，故出《禮記》度數題以困之，同甫技窮見黜。既揭榜，唐取陳卷示諸考官，咸笑其空疏，同甫深恨。」

【文集卷一】《戊戌上孝宗皇帝第三書》云：「去年一發其狂論於小試之間，滿學之士，口語紛然，至騰謗以動朝路，數月而未已。而爲之學官者，迄今進退未有據也。」

【呂太史外集】《與陳同甫書》云：「試闈得失，本無足論，但深察得考官卻是無意，其間猶有誤認監魁卷子爲吾兄者，亦可一笑。」

策問。

【文集卷十一】《度量權衡篇》云：「昔伏羲氏畫八卦，因象以明理，雖天地之正數，而未嘗以語人也。製器者尙其象，而豈數之云乎？象一示，而數存乎其間矣。當是時，風氣未開，人物尙朴，觀象之妙，蓋不必推數而後知也。故言數者，歸之律曆之學。而更閱羣聖，皆以觀象爲窮天地之蘊。雖孔子既知之矣，而不以爲常言也。漢至建元、元狩之間，而數家之學始盛。其說以爲數始於一，成於三，三而積之，得八十一，而黃鐘之律生焉。度，起於黃鐘之長者也。量，起於黃鐘之龠者也。權，起於黃鐘之重者也。演而爲曆，推而尙象，合而爲春秋三統四時，列而爲皇極三德五事，以五乘十而爲《大衍》之數。道，數之宗也，而道據其一，所以別道於數也。數，固四者之宗，五列而爲五，所以偶數於器也。苟非道以主之，則天下之數，何能生生而不窮？天下之器，何能分別而爲用？言數而不知道者，眞星官曆翁之學耳。寸極於九，以爲黃鐘之管。三微成著，以別度之分。上三下二，以示量之狀。寸爲十八，以極權之數。是皆數也，而有理焉。數可演而理亦可闡也。洛下閎諸人推其數。揚子雲獨因其數而闡其理。顔師古之釋，釋其數耳。不明其理，而釋其數，庸詎知其數之果不悖乎？學者當於《太玄》而求之。先儒以爲五十有五，乃天地之正數。陰無一，陽無十。陰縮陽贏，或乘或除，以盡數之變。故參天兩地，而倚數，是非數之正，而所以盡其變也。律生而爲度量權衡，制器以盡天下之變，是豈可以常法而論其相生相成之義？姑以謝明問而已。」

【文集同卷】《江河淮汴篇》云：「自洪荒以至於堯，天下之水，未有歸也，故洪水之患特甚，堯獨有憂之。當是時，天下之善治水者，未有過於鯀者也。四嶽舉之，堯不敢以其方命圮族而置之。昔者三載嘗攷績矣。其導一水，築一渠，蓋未嘗不得便利也。惟其不能以公天下之心，觀天下之大勢，合天下之水，而相其所趨，故雖有一水一渠之功，而三載之間，會衆流以課之，則終於無成而已。故曰鯀湮洪水，汨陳其五行。及禹以公天下之心，而觀天下之大勢，合天下之水，而相其所趨。水之大者莫如河，使天下之水有所歸，而河亦安流而入於海，其導河之功力爲不少矣。大要行其所無事也。故歷三代而河不爲患。自齊威公利河之地以居民，而強其國，而河始失其故道矣。禹於滎澤之下，嘗引河流以注東南，而通淮泗，蓋其肢脈猶未盛也。自秦決浚儀以灌大梁，而幷天下，而河、汴始分流矣。漢承齊、秦之後，而受河之患爲尤劇。蓋必有禹之遺智，而後可以治當時之水。然其議臣之講求，若東流、北流之說，賈生、韓生之論，雖或足以爲一時之便利，揆之古義，是皆汩陳其五行者也，烏足以動天而回河乎？及永平之間，河流既塞，始築汴渠，而又修浚儀焉。其後隋大業中，大開通濟之渠，而河、汴達於淮，泗者，始安流而無礙，是以東南轉輸，相繼而止。本朝都陳留，而宿重兵以爲固，其資東南之粟者不知幾千萬石，故置發運使以漕之，而浚渠之功爲不細矣。故本朝受河之患，無以異於漢，而受汴渠之利，則自漢以來，未之有也。豈水無常勢，而亦因時以爲利乎？今汴渠已塞矣，異時版圖之復，其言河者，豈可以往事論？其亦以公天下之心，而觀天下之大勢，合天下之水，以相其所趨，則必有以處之矣。」

【文集同卷】《國子篇》云：「國家之本末源流，大臣之所講畫，而士大夫之所共守也。公卿大夫之本末源流，子弟之所習聞，而建官設學之所教詔也。夫天下之賢才，豈固不若公卿大夫之子弟哉？國中之學，不以及天下之士者，國家之本末源流，非可以人人而告語之也。集天下之士而會之京師，非所以養其厚重質實之意也。以天下之學，養天下之士，爲之規矩準繩，命有司而賓興之，豈將以銷天下豪傑之心哉？天下而有豪傑特立之士，卓然不待教詔，而知國家本末源流者，彼固不能自掩於賓興之際矣，猶將養其實望，以待天下之既孚，然後舉而加諸上位。先王之所以處天下之士，固已無負矣。而公卿大夫之子弟，近在王朝之右者，吾既尊禮其父兄，而衆庶共見矣。其子弟猶吾之子弟也，使之共處而教之，大司樂與其屬以樂而和平其心，是成德達材之道也。師氏，天子所以長善而救失者，則又以中失之事，而語國之子弟，其於國家之本末源流，固已如身嘗而親歷之矣。故其適子往往可以繼世爲卿，而諸子之官，又集其庶子，而教之以道德，肅之以教令。平居則考其藝能，緩急則部以軍法。凡在王朝之左右者，無非可用之才也。教其子弟，而吾用之，非若漢法待其父兄任以爲郎也。雖重適以節其餘，又豈能禁其異時不舉任之哉？東漢之置五經師以教四姓小侯，唐分四學以官品而教其子弟，蓋亦足以加惠於公卿士大夫矣。教養之無法，而時變之移易，終不免假四方游士以爲盛也。東漢之衰，不足道矣，而唐之盛時已如此，奈之何其變之不亟哉！本朝監學之法，雖參以天下之士，而於國子加厚矣。蓋愛禮存羊，以有待也。呂汲公號爲傑然有識之士，不知舉先王教養國子之法，而欲於階官加左右二字，以勉勵之。不究其本，而齊其末，徒以啓後來之紛紛也！今朝廷之選用，固已無間於文武若奏補矣，因其父兄之所任，冀其自學而任使之，而教學之法，闕然不聞，故雖不學而從政者，舉世安之而不以爲異，尚烏望其習熟國家之本末源流哉？然國子猶置博士正錄，則其文之一二猶存也。今以場屋一時之弊，將使國子若待補者試之別頭，則其文從此盡廢矣。況未能復其實，而忍棄其文乎！上方以山林之士，不能習知國家之本末源流，徒爲紛紛以亂人聽，而有意於國之子弟。於斯時也，而舉先生教養國子之法，奚患不行？況其一二之遺文，豈可以其一時之弊而遂廢之哉！士大夫之囑託其子弟，太祖皇帝之所以警陶穀者，尚可覆也，何至倉卒變法，而類若亡具乎？集天下之士而養之京師，非良法也。人情之既安者，未可改也。太學之加厚於國子，猶美意也。天理之不可無者，獨可輕變乎？草茅之論，不敢以私而害公，執事不可以公而自嫌於私也，其爲今日卒言之。」

【文集同卷】《傳注篇》云：「昔孔子適周而觀禮，上世帝王之書，蓋亦無所不睹矣。包犧氏、神農氏、黄帝氏始開天地而建人極，其大者固已爲百王之所不可廢。而風俗之尚樸，法度之尚簡也，故其書不可存，而存其大者，《易》所載十三卦聖人是也。而《易》之書，則天地古今之變備矣。帝王始因時立制，可以爲萬世法程。而百王之綱理世變者，自是而愈詳，故裁而爲書。三代損益之變，後世聖人將有攷焉。而夏、商之書，杞、宋特不足徵，於是始定《周禮》。又參攷周家風俗之盛衰，與其列國離合之變，删而爲《詩》，其於周可謂詳矣。又取累聖之所以宣天地之和者，列爲《樂書》。而又傷春秋之變，遂不可爲也。齊威，晉文之伯，首變三代之故，而天地之大經，從此廢矣。聖人之所以通百代之變者，一切著之《春秋》。六經作，而天人之際，其始終可考矣。此聖人之志也，而王仲淹實知之。九師三傳，齊、韓、毛、鄭、大戴、小戴與夫伏生、孔安國之徒，其於六經之文，窮年累歲，不遺餘力矣。師友相傳，考訂是非，不任胸肊矣。而聖人作經之大旨，則非數子之所能知也。天下而未有英豪特起之士，則世之言經者，豈能出數子之外哉？出數子之外者，任胸肊而侮聖言者也。彼其說之有淵源也，歷盛衰之變也，合前後之智也，於聖人之大者猶有遺也，納天下之學者於規矩準繩之內，吾未見其舍注疏而遽能使其心術之有所止也。當漢、唐之盛時，學者皆重厚質實，而不爲浮躁儇淺之行，彼其源流，有自來矣。祖宗之初，不以文學卑陋爲當變，而以人心無所底止爲可憂，故天下之士，惟知誦先儒之說以爲據依，而不自知其文之陋也。是以厚重質實之風，往往或過於漢、唐盛時。其後景祐、慶曆之間，歐陽公首變五代卑陋之文，奮然有獨抱遺經以究終始之意，終不敢捨先儒之說，則獨惓惓於正義，蓋其源流未遠也。嘉祐以後，文日盛而此風少衰矣。極而至於熙、豐之尙同，猶未若今日之放意肆志，以侮聖人之言也。聖人作經之大旨，非豪傑特立之士不能知，而纖悉曲折之際，則注疏亦詳矣，何所見而忽略其源而不論乎？無怪乎人心之日偸而風俗之日薄也。然攷諸三朝，未嘗立法也。而天下之學者，知以注疏爲重。則人心之向背，顧上之人如何耳。夫取果於未熟，與取之於既熟，相去旬日之間，而其味遠矣。將以厚天下學者之心術，而先啓其紛紛，則又執事之所當慮也。可與樂成，難與慮始，此豈忠厚者之論乎！蓋亦思所以先之。」

【文集同卷】《銓選資格篇》云：「有察舉而後有銓選，有銓選而後有資格，天下之變日趨於下，而天下之法日趨於詳也。方漢、魏之察舉也，豈以銓選爲可行哉？察舉之不免於私，則亦嚴其課試之法而已矣。課試之有法，而其變未已，由是而加詳焉，則銓選之歸於吏部，固其勢之所必至也。及隋、唐之銓選也，豈以資格爲可用哉？銓選之不免於弊，則亦謹其注授之時而已矣。注授之有時，而其變未已，由是而加詳焉，則銓選之有資格，亦其勢之所必至也。然銓選既行，而人往往以察舉爲無用之虛名。今人浸不如古，故銓選猶不堪其弊，而欲慕無用之虛名，以求合於古，而冀得人之盛，是導之使爲私耳。向也爲漢、魏之良法，而今爲虛名，銓選有定制，則其說豈易入乎？然魏元同、沈既濟之徒，思救銓選之弊，則惓惓於郡縣之察舉，

奏疏論之，以幸一日之可復。天下方病銓選之不定，而將趨於資格，則亦何有於察舉哉？論雖不行，而識者高之。蓋天下之勞，可回而不可徇也。及資格既用，而人往往以銓選爲難守之弊法。今人浸不如古，故資格不能以盡防，而欲舉難守之弊法，以漸復前代，而謂古道之有望，是開之使無法耳。向也爲隋、唐之盛典，而今爲弊法，資格有定守，則其說豈易入乎？然慶曆間，范、富諸公，思救磨勘薦舉之弊，欲去舊例，以不次用人，而案百吏之惰。天下方病資格之未詳，而將趨於成例，亦何有於銓選哉？事雖隨廢，而論者惜之。亦以天下之變，可回而不可徇也。然則銓選資格之弊，自慶曆以來，固已患之矣。其後熙寧間，神宗皇帝思立法度以宰天下，

按《唐六典》而大正天下之官，其循名責實，固已光乎祖宗，而元祐諸臣之所不敢輕動也。然而資格尙仍祖宗之舊，而加詳焉。及夫循名責實之意既衰，而資格之弊如故。凡其大臣之所講畫，議臣之所論奏，往往因弊變法，而未必盡究立法之初意。法愈詳而弊愈極，積而至於今日，而銓曹資格之法，其弊不可勝言矣。此所以上勤聖天子宵旰之慮，而執事亦將進諸生而教之也。夫人情不易盡，而法之不足恃也久矣。然上下之間，每以法爲恃者，樂其有準繩也。以名譽取人，人或以虛誕應之，而薦舉直以文移爲據耳。天下寧困於薦舉，而終以爲名譽之風不可長者，所恃在法也。以績效取人，人或以浮僞應之，而年勞直以日月爲功耳。天下寧困於年勞，而終以績效之實不可信者，所恃在法也。天下方以法爲恃，而欲委法以任人，此雖堯舜不能一日而移天下之心也。將一意而求之於法，則今日之法亦詳矣。聖上循名責實，常以淸光照臨羣下，留意民事，尤以郡縣爲重，而其弊猶如此，則人情果不易盡，而法果不足恃矣。方慶曆、嘉祐，世之名士，常患法之不變也。及熙寧、元豐之際，則又以變法爲患。雖如兩蘇兄弟之習於論事，亦不過勇果於嘉祐之制策，而持重於熙寧之奏議。轉手之間，而兩論立焉。雖自以爲善事兩朝，將使其君何所執以爲依據哉？獨張安道始終以藝祖舊事爲言，不以兩朝而易其心，使人主能講求其立法之初意，則必因時而知所處矣。藝祖承五代藩鎭之禍，能使之拱手以趨約束。

故列郡以京官權知，三年一易，財歸於漕司，兵各歸於郡。而士自一命以上，雖郡縣管庫之微職，必命於朝廷，而天下之勢始一矣。此其圖回天下之大略，而非專恃資格以爲重也。當是時，宰相得以進退百官，而吏部尙以身言書判爲試，則猶仍銓選之舊也。取人猶採名望，而薦舉任用，磨勘遷轉，猶未有定法，凡欲使天下之勢在我而已。故朝廷尊嚴，大臣鎭重。而天下之士，不以進取爲能，不以利口爲賢。歷三朝而士之善論時政是非利害者，百不一二也，豈不盛哉？今吏部之資格日繁，而銓選之爲文久矣。廟堂方以資格從事，下人輕上爵，小臣預大計，則其徇徇苟求，浮僞偷惰之風，不當尙求之法也。愚不敏，不敢輒論時政，顧方居今而思藝祖，當資格之時，而謂銓選之可復，亦徒以謝明問而已。」

【附】朱元晦《癸卯答書》：「策問前篇，鄙意猶守明招時說。後篇極中時弊。但亦須大有更張，乃可施行。若事事只如今日，而欲廢法，吾恐無法之害，又有甚於有法之時也。如何如何？」

是歲，弟子郎景明來學（《郎秀才墓誌銘》，文集卷二十七）。

淳熙五年戊戌，三十六歲。

是歲，更名曰同（《宋史》本傳。文集卷一《上孝宗皇帝第三書》）。

正月十九日丁巳，詣闕上孝宗皇帝書。

【文集卷一】《上孝宗皇帝第一書》云：「臣竊惟中國，天地之正氣也，天命之所鍾也，人心之所會也，衣冠禮樂之所萃也，百代帝王之所以相承也，豈天地之外，夷狄邪氣之所可奸哉？不幸而奸

（李幼武《名臣言行録》「而奸」之間有「能」字）之，至於挈中國衣冠禮樂而寓之偏方，雖天命之心猶有所繫，然豈以是爲可（「以是為可」一作「所以」二字）久安而事也？使其君臣上下，苟一朝之安，而息心於一隅，凡其志慮之經營，一切置中國於度外，如元氣偏注一肢，其他肢體，往往萎枯，而不自覺矣，則其所謂一肢者，又何恃而能久存哉？天地之正氣，鬱遏於腥羶而久不得騁，必將有所發泄；而天命人心，固非偏方之所可久係也。東晉自元帝息心於一隅，而胡羯、鮮卑、氐、羌迭起中國，中國無歲不尋干戈，而江左卒亦不得一日寧。然淵、勒遂無遺種，而愍、懷之痛，猶有所諉以安也。晉之植根本無可言者，而江左諸臣，若祖逖、周訪、陶侃、庾翼之徒，皆有虎視河洛之意。而桓溫之師，西至灞上，東至枋頭，又於其間修陵寢於洛陽，蓋猶未盡置中國於度外也。故劉裕竟能一平河洛，而後晉亡。百年之間，其事既已如此，而天地之正氣，固將有所發泄矣。元魏起而承之，孝宗遂定都洛陽，以修中國之衣冠禮樂。而江左衣冠禮樂之舊，非復天命人心之所繫矣。是以一天下者卒在西北，而不在東南，天人之際，豈不甚可畏哉！一日之苟安，數百年之大患（「患」一作「禍」）也。恭維我國家二百年太平之基，三代之所無也。二聖北狩之痛，漢、唐之所未有也。堂堂中國，而蠢爾醜虜，安坐而據之；以二帝三王之所都，而爲五十年犬羊之淵藪；國家之恥不得雪，臣子之憤不得伸，天地之正氣不得而發泄也。方南渡之初，君臣上下，痛心疾首，誓不與虜俱生，卒能以奔敗之餘，而勝百戰之虜。及秦檜倡邪議以沮之，忠臣義士，斥死南方，而天下之氣惰矣。三十年之餘，雖西北（《宋史》「西北」作「江北」）流寓，皆抱孫長息於東南，而君父之大讎，一切不復關念。自非逆亮（《宋史》「逆亮」作「海陵」）送死淮南，亦不知兵戈之爲何事也。況望其憤中國之腥羶，而相卒北向以發一矢哉？丙午、丁未之變，距今尚以爲遠，而靖康皇帝之禍，蓋陛下即位之前一年也。獨陛下奮身不顧，志在滅虜，而天下之人，安然如無事時，方口議腹非，以陛下爲喜功名而不恤後患。雖陛下亦不能以崇高之勢而獨勝之，隱忍以至于今，又十有七年矣。昔者春秋之時，君臣父子相戕殺之禍，舉一世皆安之。而孔子獨以爲三綱既絕，則人道遂爲禽獸夷狄，皇皇奔走，義不能以一朝安。然卒於無所遇（「遇」一作「寓」），而發其志於《春秋》之書，猶（「猶」一作「獨」）能以懼亂臣賊子。今者舉一世而忘君父之大讎，此豈人道之所可安乎？使學者知學孔子，當導（「導」一作「迫」）陛下以有爲，決不沮陛下以苟安也。南師之不出，於今幾年矣。河洛腥羶，而天地之正氣抑鬱而不得泄。豈以堂堂中國，而五十年之間，無一豪傑之能自奮哉？其勢必有時而發泄矣。苟國家不能起而承之，必將有承之者矣。不可恃衣冠禮樂之舊，祖宗積累之深，以爲天命人心，可以安坐而久繫也。皇天無親，惟德是輔，民心無常，惟惠之懷。自三代聖人，皆知其爲甚可畏也。春秋之末，齊、晉、秦、楚皆衰，諸侯往往困於陪臣而不自振。當此之時，雖如魯、衛之邦，苟能舉大義以正諸侯，則天下可以一指麾而定也。孔子惓惓斯世，而卒莫能用。吳、越起於蠻夷之小邦，而舉兵以臨齊、晉，如履無人之地，遂伯諸侯。黃池之會，孔子之所甚痛也。天地之氣，發泄於蠻夷之小邦，可以明中國之無人矣。王通有言：『夷狄之德，黎民懷之，三才其捨諸？』此今世儒者之所未講也。今醜虜之植根既久，不可以一舉而遂滅，國家之大勞未張，不可以一朝而大舉，而人情皆便於通（知）〔和〕者，勸陛下積財養兵以待時也。臣以爲通和者，所以成上下之苟安，而爲妄庸兩售之地，宜其爲人情之所甚便也。

自和好之成，十有餘年，凡今日之指畫方略者，他日將用之以坐籌也；今日之擊毬射雕者，他日將用之以決勝也。府庫充滿，無非財也。甲胄鮮明，無非兵也。使兵端一開，則其迹敗矣。何者？人才以用而見其能否，安坐而能者，不足恃也。兵食以用而見其盈虛，安坐而盈者，不足恃也。而朝廷方幸一旦之無事，庸愚齷齪之人，皆得以守格令行文書，以奉陛下之使令。而陛下亦幸其易制而無他也，徒使度外之士，擯棄而不得騁，日月蹉跎而老將至矣！臣故曰：通和者，所以成上下之或苟安，而爲妄庸兩售之地也。東晉百年之間，南北未嘗通和也，故其臣東西馳騁而多可用之才。今和好一不通，而朝野之論，常如虜兵之在境，惟恐其不得和也，雖陛下亦不得而不和矣。昔者金人草居野處，往來無常，能使人不知所備，而兵無日不可出也。今也城郭宮室，政教號令，一切不異於中國，點兵聚糧，文移往返，動涉歲月，一方有警，三邊騷動，此豈能歲出師以擾我乎？是固不知勢者之論也。然使朝野常如虜兵之在境，乃國家之福，而英雄所用以爭天下之機也。執事者胡爲速和以惰其心乎？晉、楚之戰於邲也，欒書以爲楚自克庸以來，其君無日不討國人而訓（「訓」一本作「訊」）之于民生之不易，禍至之無日，戒懼之不可以怠；在軍無日不討（「討」王本作「討」）軍實，而申儆之于勝之不可保；紂之百克而卒無後。晉、楚之弭兵于宋也，子罕以爲兵所以威不軌而昭文德也，聖人以興，亂人以廢，廢興存亡，昏明之術，皆兵之繇也；而求去之，是以誣道蔽諸侯也。夫人心之不可惰，兵之不可廢，故雖成康之太平，猶所謂四征不庭，張皇六師者，此李沆之所以深不願眞宗皇帝之與虜（《宋史》「虜」作「遼」）和親也。况南北角立之時，而廢兵以惰人心，使之安於忘君父之大讎，而置中國於度外，徒以便妄庸之人，則執事者之失策亦甚矣。陛下何不明大義，而慨然與虜（《宋史》作「金」）絕也。貶損乘（與）〔輿〕，卻御正殿，痛自克責，誓必復讎以勵羣臣，以振天下之氣，以動中原之心。雖未出兵，而人心不敢惰矣。東西馳騁，而人才出矣；盈虛相補，而兵食見矣。狂妄之辭，不攻而自息；懦庸之夫，不卻而自退縮矣。當有度外之士起，而惟陛下之所欲用矣。是雲合響應之勢，而非可安坐而致也。臣請爲陛下陳國家立國之本末，而開今日大有爲之略；論天下形勢之消長，而決今日大有爲之機。伏惟陛下試幸聽之！

唐自肅、代（《宋史》「代」作「宗」）以後，上失其柄，（所）〔而〕藩鎮自相雄長。擅其土地人民，用其甲兵財賦，官爵惟其所命，而人才亦各盡心於其所事，卒以成君弱臣強、正統數易之禍。藝祖皇帝一興，而四方次第平定（一無「定」字），藩鎮拱手，以趨約束，使列郡各得自達於京師。以京官權知，三年一易。財歸於漕司，而兵各歸於郡。朝廷以一紙下郡國，如臂之使指，無有留難。自管庫微職，必命於朝廷，而天下之勢一矣。故京師常宿重兵以爲固，而郡國亦各有禁軍，無非天子所以自守其地也。

兵皆天子之兵，財皆天子之財，官皆天子之官，民皆天子之民；綱紀總攝，法令明備，郡縣不得以一事自專也。士以尺度而取，官以資格而進，不求度外之奇才，不慕絕世之雋功。天子蚤夜憂勤於上，以禮義廉恥嬰士大夫之心，以仁義公恕厚斯民之生，舉天下皆繇於規矩準繩之中，而二百年太平之基從此而立。然夷狄（「夷狄」，《宋史》作「契丹」）遂得以猖狂恣睢，與中國抗衡，儼然爲南北兩朝，而頭目手足，混然無別。微澶淵一（〔二〕，一本作「之」）戰，則中國之勢浸微，根本雖厚，而不可立矣。故慶曆增幣之事，富弼以爲朝廷之大恥，而終身不敢自論其勞。蓋夷狄政令，是主上之操也。天子供貢，是臣下之禮也。夷狄之所以卒勝中國者，其積有漸也，立國之初，其勢固（一作「故」）必至此。故我祖宗常嚴廟堂而尊大臣，寬郡縣而重守令。於文法之內，未嘗折困天下之富商巨室。於格律之外，有以容獎天下之英偉奇傑。皆所以助立國之勢，而爲不虞之備也。慶曆諸臣，亦嘗憤中國之勢不振矣，而其大要，則使羣臣爭進其說，更法易令，而廟堂輕矣。嚴按察之權，邀功生事，而郡縣又輕矣。豈惟於立國之勢無所助，又從而朘削之。雖微章得象、陳執中以排沮其事，亦安得而不自沮哉？獨其破去舊例，以不次用人，而勸農桑，務寬大，爲有合於因革之宜，而其大要已非矣。此所以不能洗夷狄平視中國之恥，而卒發神宗皇帝之大憤也。王安石以正法度之說，首合聖意，而其實則欲籍天下之兵，盡歸於朝廷，別行教閱以爲強也。括郡縣之利，盡入於朝廷，別行封椿（「椿」，一本疑爲「殖」之誤）以爲富也。青苗之政，惟恐富民之不困也。均輸之法，惟恐商賈（「商賈」，《宋史》作「富賈」）之不折也。罪無大小，動輒興獄，而士大夫緘口畏事矣。西北兩邊，至使大臣（「大臣」，《宋史》作「内臣」）經畫，而豪傑恥於爲役矣。徒使神宗皇帝見兵財之數既多，銳然南征北伐，卒乖聖意，而天下之勢，實未嘗振也。彼蓋不知朝廷立國之勢，正患文爲之太密，事權之太分。郡縣太輕於下（一無「於下」二字），而委瑣不足恃。兵財太關於上，而重遲不易舉。祖宗惟用前四者以助其勢，而安石竭之不遺餘力。不知立國之本末者，眞不足以謀國也。元祐、紹聖，一反一覆，而卒爲夷狄（《宋史》作「卒為金人」）侵侮之資，尙何望其振中國以威夷狄（《宋史》作「威四夷」）哉？南渡以來，大抵遵祖宗之舊。雖微有因革增損，不足爲輕重有無。如趙鼎諸臣，固已不究變通之理。而況秦檜盡取而沮毀之，忍恥事讎，飾太平於一隅以爲欺，其罪可勝誅哉！陛下憤王業之屈於一隅，勵志復讎，而不免籍天下之兵以爲強，括郡縣之利以爲富。加惠百姓，而富人無五年之積；不重征稅，而大商無巨萬之藏。國勢日以困竭。臣恐尺籍之兵，府庫之財，不足以資一旦之用也。陛下早朝晏罷，以冀中興日月之功，而以繩墨取人，以文法蒞事；聖斷裁制中外，而大臣充（「充」一作「克」）位；胥吏坐行條令，而百司逃責；人才日以闒茸，臣恐程文之士，資格之官，不足以當度外之用也。藝祖皇帝經畫天下之大略，太宗皇帝已不能盡用，臣不敢盡具之紙墨。今其遺意，豈無望於陛下也？陛下苟推原其意而行之，可以開社稷數百年之基，而況於復故乎？不然，維持之具既窮，臣恐祖宗之積累，亦不足恃也。陛下試幸令臣畢陳於前，則今日大有爲之略，必知所處矣。夫吳、蜀，天地之偏氣也。錢塘，又吳之一隅也。當唐之衰，而錢鏐以閭巷之雄，起王其地，自以不能獨立，常朝事中國以爲重。及我宋受命，俶以其家入京師，而自獻其土。故錢塘終始五代，被兵最少。而二百年之間，人物日以繁盛，遂甲於東南。及建炎、紹興之間，爲六飛所駐之地。當時論者，固已疑其不可以張形勢而事恢復也（「也」一作「矣」）。秦檜又從而備百司庶府，以講禮樂於其中，其風俗固已華靡。士大夫又從而治園囿臺榭，以樂其生於干戈之餘。上下宴安，而錢塘爲樂國矣。一隙之地，本不足以容萬乘而鎮壓。且五十年山川之氣，蓋亦發泄而無餘矣。故穀粟桑麻絲枲之利，歲耗於一歲；禽獸魚鱉草木之生，日微於一日，而上下不以爲異也。公卿將相，大抵多江、浙、閩、蜀之人，而人才亦日以凡下。場屋之士，以十萬數，而文墨小異，已足以稱雄於其間矣。陛下據錢塘已耗之氣，用閩、浙日衰之士，而欲鼓東南習安脆弱之衆，北向以爭中原，臣是以知其難也。荆、襄之地，在春秋時，楚用以虎視齊、晉，而齊、晉不能屈也（一作「楚用以虎視，齊晉不能屈也」，無「視」下「齊晉而」三字）。及戰國之際，獨能與秦爭帝。其後三百餘年，而光武起於南陽。同時共事，往往多南陽故人。又二百餘年，遂爲三國交據之地。諸葛亮由此起輔先主，荆、襄之士從之如雲，而漢氏賴以復存（一本作「育」）於蜀。周瑜、魯肅、呂蒙、陸遜、陸抗、鄧艾、羊祜皆以其地顯名。又百餘年，而晉氏南渡，荆、雍（一作「襄」）常雄於東南，往往倚以爲強，梁竟以此伐齊。及其氣發泄無餘，而隋、唐以來，遂爲偏方下州。五代之際，高氏獨常臣事諸國。本朝二百年之間，降爲荒落之邦。北連許、汝，民居稀少，土產卑薄。人才之能通姓名於上國者，如晨星之相望。況至於建炎、紹興之際，羣盜出沒於其間，而被禍尤極。以迄於今，雖南北分畫交據，往往又置於不足用。民食無所從出，而兵不可繇此而進。議者或以爲憂，而不知其勢之足用也。其地雖要爲偏方，然未有偏方之氣。五六百年而不發泄者。況其東通吳會，西連巴蜀，南極湖湘，北通關洛，左右伸縮，皆足爲進取之機。今誠能開墾其地，洗濯其人，以發泄其氣而用之，使足以接關、洛之氣，則可以爭衡於中國矣。是亦形勢消長之常數也。陛下慨然移都建業，百司庶府，皆從草創，軍國之儀，皆從簡略。又作行宮於武昌，以示不敢寧居之意。常以江、淮之師，爲虜人侵軼之備。而精擇一人之沈鷙有謀、開（割）〔豁〕無他者，委以荆、襄之任。寬其文法，聽其廢置。撫摩振勵，於三數年之間，則國家之勢成矣。至於相時弛張，以就形式者，有非書之所能盡載也。石晉失（一無「失」字）盧龍一道，以成開運之禍，蓋丙午、丁未歲也。明年藝祖皇帝始從郭太祖征伐，卒以平定天下。其後契丹以甲辰敗於澶淵。而丁未、戊申之間，眞宗皇帝東封西祀，以告太平，蓋本朝極盛之時也。又六十年，而神宗皇帝實以丁未歲即位。國家之事，於是一變矣。又六十年，而丙午、丁未，遂爲靖康之禍。天獨啓陛下於是年，而又啓陛下以北向復讎之志。今者去丙午、丁未近在十年間耳（一作「爾」）。天道六十年一變，陛下可不有以應其變乎？此誠今日大有爲之機，不可苟安以玩歲月也。臣不佞，自少有驅馳四方之志，嘗欲求天下豪傑之士，而與論今日之大計。蓋嘗數至行都，而人物如林，其論皆不足以起人意，臣是以知陛下大有爲之志孤矣。辛卯、壬辰之間，始退而窮天地造化之初，攷古今沿革之變，以推極皇帝王伯之道，而得漢、魏、晉、唐長短之繇，天人之際，昭昭然可察而知也。始悟今世之儒士，自以爲得正心誠意之學者，皆風痺不知痛癢之人也。舉一世安於君父之讎，而方低頭拱手以談性命，不知何者謂之性命乎！陛下接之而不任以事，臣於是服陛下之仁。又悟今世之才臣，自以爲得富國強兵之術者，皆狂惑以肆叫呼之人也。不以暇時講究立國之本末，而方揚眉吐氣以論富強，不知何者謂之富強乎！陛下察之而不敢盡用，臣於是服陛下之明。陛下勵志復讎，足以對天命，篤於仁愛，足以結民心，而又仁明足以臨照羣臣一偏之論，此百代之英主也。今乃驅委庸人，籠絡小儒，以遷延大有爲之歲月，臣不勝憤悱，是以忘其賤而獻其愚。陛下誠令臣畢陳於前，豈惟臣區區之願，將天地之神，祖宗之靈實與聞之。干冒天威，罪當萬死。」

書奏，孝宗赫然震動，欲榜朝堂以勵羣臣。用种放故事，召令上殿，將擢用之。左右大臣莫知所爲，惟曾覿知之，將見亮，亮恥之，踰垣而逃。覿以其不詣己，不悅。大臣尤惡其直言無諱，交沮之（本傳）。由是八日待命，未有聞焉。因再詣闕上書（《上孝宗皇帝第二書》）。

【文集卷一】《上孝宗皇帝第二書》云：

「臣嘗嘆西周之末，犬戎之禍，蓋天地之大變，國家之深恥，臣子之至痛也。平王東遷以來，使其痛內切於心，必（一無「必」字）將因臣子之憤，藉晉鄭之勢，以告哀於天下之諸侯，以大義責其興師，以獎王室，其不至者天下共誅之，則可掃蕩犬戎，洗國家之恥，而舒臣子之憤矣。然後正紀綱，修法度，親魯、衛，以和柔中國；命齊、晉爲方伯，以糾合天下之諸侯，文、武之迹可尋，東周之業可興也。今乃即安於洛邑，雖周氏賴以粗安，宗祀賴以不絕；然使其臣子忘君父之大讎，而置天下之諸侯於度外，周之名號雖存，而其實則眇然一列國耳。當平王在位之時，世之君子，尙意其猶有待也。及（「及」一作「又」）待之四十九年，而士君子望亦衰矣。天子之命令，不足以制諸侯，則其互相吞滅，蓋其勢之所必至也。天下不明於復讎之義，則其君臣父子相賊殺，習以爲常而不知怪也。孔子傷宗周之無主，痛人道之將絕，而作《春秋》。其書天王之義嚴矣，書其有所求者，明天王之不可失其柄也；其書討賊之義嚴矣，賊不討，不書葬者，明一國之無臣子也。一人討賊，而以衆書者，示夫人之皆可得而討也。天子既不能以保天下之民，而一國各自以有其民，其君之有志於民而閔雨者，必書；無志於民而不閔雨者，必書；土功必書；饑饉必書；孔子之心，未嘗不庶幾天下之民一日之獲瘳也。是君道之大端，而聖人望天下與來世者，可謂深切著明矣。臣恭維皇帝陛下，厲志復讎，不肯即安於一隅，是有大功於社稷也。而天下之經生學士，講先王之道者，反不足以明陛下之心。陛下篤意恤民，每遇水旱，憂現顔色，是有大德於天下也。而天下之才臣智士，趨當世之務者，又不足以明陛下之義。論恢復，則曰修德待時；論富強，則曰節用愛人；論治，則曰正心；論事，則曰守法。君以從諫務學爲美，臣以識心見性爲賢。論安言計，動引聖人，舉一世謂（一作「論」）之正論，而經生學士，合爲一辭，以摩切陛下者也。夫豈知安一隅之地，則不足承天命；忘君父之讎，則不足以立人道；民窮兵疲，而事不可已者，不可以常理論？爲（一本作「於」）天下之正論，而不足以明天下之大義，宜其取輕於陛下也。論恢復，則曰精間諜，結豪望；論富強，則曰廣招募，括隱漏；論治，則曰立志；論事，則曰從權。君以駕馭籠絡爲明，臣以奮勵驅馳爲最。察事見情，自許豪傑，舉一世謂之奇論，而才臣智士，合爲一辭，以撼動陛下者也。夫豈知坐錢塘浮侈之隅，以圖中原，則非其地；用東南習安之衆，以行進取，則非其人；財止於府庫，則不足以通天下之有無；兵止於尺籍，則不足以兼天下之勇怯？爲天下之奇論，而無取於辦（「辦」一作「辨」）天下之大計，此所以取疑於陛下者也。三光五岳之氣分，而人才之高者止於如此！經生學士，既揆之以大義，而取輕；才臣智士，又權之以大計，而取疑；陛下始不知所仗，而有獨運四海之意矣。故左右親信之臣，又得以窺意嚮而效忠款；陛下喜其頤旨如意，而士大夫亦喜其有言之易達也，是以附會之風浸長，而陛下之大權移矣。尋常無過之人，安然坐廟堂而奉使令，陛下幸其易制無他，而天下之人亦幸其苟安而無事也，是以遷延之計遂行，而陛下大有爲之志乖矣。陛下勵志復讎，有大功於社稷；篤意恤民，有大德於天下；而卒不免籠絡小儒，驅委庸人以遷延大有爲之歲月。此臣之所以不勝忠憤，而齋沐裁書，擇今者丁巳而獻之闕下。願得望見顏色，陳國家立國之本末，而開大有爲之略，論天下形勢之消長，而決大有爲之機，務合於藝祖皇帝經畫天下之本旨。然八日待命，而未有聞焉。匹夫匹婦，不獲自盡，民主（「民主」，王本作「明主」）罔與成厥功，使天下之言者，越月踰時，而後得報，在平安無事之時，猶且不可；今者當陛下大有爲之際，陳天下之大義，獻天下之大計，而八日不得命焉，臣恐天下之豪傑，得以測陛下之意向，而雲合響應之勢不得而成矣。陛下積財養兵，志在滅虜，而不免與之通和以俟時，固已不足以動天下之心矣。故既和而聚財，人反以爲厲民。既和而練兵，人反以爲動衆。舉足造事，皆足以致人之疑議者，惟其不明大義以示之，而後大計不可得而立也。苟又無意於臣之言，則天下愈不知所向矣。張浚始終任事，竟無一功可論，而天下之兒童婦女，不謀同辭，皆以爲社稷之臣。彼其誓不與虜俱生，百敗而不折者，誠有以合於天人之心也。秦檜專權二十餘年，東南賴以無事，而天下之兒童婦女，不謀同辭，皆以爲國之賊。彼其忘君父之讎，而置中國於度外者，其違天人之心亦甚矣。陛下將以辨（一作「辦」）夫天下之大計，而大義未足以震動天下，亦執事者之所當蚤正而預計也。臣區區之心，皆已具之前書，惟陛下財幸！」

書既上，乃有都堂審察之命（《上孝宗皇帝第三書》）。宰相臨以上旨，問所欲言。皆落落不少貶。又不合。待命十日，再詣闕上書（本傳）。

【文集卷一】《上孝宗皇帝第三書》云：「臣竊惟藝祖皇帝經畫天下之大略，蓋將上承周、漢之治。太宗皇帝一切律之於規矩準繩之内，以立百五六十年太平之基。至於今日，而不思所以變而通之，則維持之具窮矣。舉江、浙、閩、廣之士，亡慮十四五萬數，蜀不與焉。而齷齪拘攣，日甚於一日。選人之在銓者，殆以萬計，而僥倖之原，未有窮已。財用之入，倍於承平之時，而費於養兵者十之九。兵不足用，而民日以困，非必道微俗薄而至此也。蓋本朝維持之具，二百年之餘，其勢固必至此，藝祖皇帝固已逆知之矣。使天下安平無事，猶將望陛下變而通之。而况版輿之地，半入於夷狄；國家之恥未雪（「雪」下一有「而」字），臣子之痛未伸，天錫陛下以非常之智勇，而又啓陛下以北向復讎之意，乃欲因今之勢而有爲焉？此所以十有七年之間，聖慮愈勞，而取效愈遠也。羣臣既不足以望清光，而草茅賤士，不勝憂國之心。私以爲陛下春秋五十有二（王本作「三」），經天下之事變爲已多，閲天下之義理爲已熟。舉足造事，必不傷國家之大體。叩囊底之智，猶足以辨此醜虜。六十以往，顧將望一日之安，而亦何忍遺患於後人乎？臣以爲拘攣齷齪之中，其勢當有卓然自奮於草茅而開悟聖聰者，臣不自量其分之不足，而竊有志焉。是以具國家社稷之大計，質之天地鬼神而獻之闕下。陛下亦卓然拔之羣言之中，特命大臣察其所欲言之意。臣妄意國家維持之具，至今日而窮，而藝祖皇帝經畫天下之大指，猶可恃以長久。苟推原其意而變通之，則恢復不足爲矣。然而變通之道有三：有可以遷延數十年之策，有可以爲百五六十年之計，有可以復開數百年之基。事勢昭然，而效見殊絶。非陛下聰明度越百代，決不能一二以聽之。臣不敢泄之大臣之前，而大臣拱手稱旨以問，臣亦姑取其大體之可言者三事以答之，而草茅亦不自知其開口觸諱也。其一曰：二聖北狩之痛，蓋國家之大恥，而天下之公憤也。五十年之餘，雖天下之氣，銷鑠頽惰，不復知讎恥之當念。正在主上與二三大臣振作其氣，以泄其憤，使人人如報私讎，此《春秋》書衛人殺州吁之意也。若祇與一二臣爲密，是以天下之公憤而私自爲計，恐不足以感動天人之心，恢復之事，亦恐茫然未知攸濟耳。其二曰：國家之規模，使天下奉規矩準繩以從事，羣臣救過之不給，而何暇展布四體，以求濟度外之功哉？故其勢必至於委靡而不振。五代之際，兵財之柄，倒持於下；藝祖皇帝，束手於上，以定禍亂。後世不原其意，束之不已，故郡縣空虛，而本末俱弱。今不變其勢，而求恢復，雖一旦得精兵數十萬，得財數萬萬計，而恢復之期愈遠。就使虜人盡舉河南之地以還我，亦恐不能守耳。其三曰：藝祖皇帝用天下之士人，以易武臣之任事者，而五代之亂不崇朝而定。故本朝以儒立國，而儒道之振，獨優於前代。今天下之士爛熟委靡，誠可厭惡，正在主上與二三大臣反其道以教之，作其氣以養之，使臨事不至乏才，隨才皆足以用，則立國之規模，不至戾藝祖皇帝之本旨，而東西馳驅，以定禍亂，不必專在武臣也。前漢以軍吏立國，而用儒以致太平，要之人各有家法，未易輕動，惟在變而通之耳。天下大勢之所趨，非人力之所能移也。臣之所以爲大臣論者，其大略如此，而所謂數十年之策，百五六十年之大計，數百年之基，與夫恢復之形勢，事大體重，苟未決之聖心，則不可泄之大臣之前也。故止（一作「士」）陳其大略之可言者三事以答之。二三大臣，已相顧駭然，而臣亦皇恐而退。疏遠草茅，寧復有路以望清光乎！馬周，一時瑣瑣之才也，太宗喜其爲常何陳事，召使面對，未至之間，使者連數輩趣之，使有能爲太宗開禮樂法度者，其召之當不容喘矣。陛下聰明，邁越太宗，而拔臣於羣言（「言」一作「臣」）混淆之中，孤立以行一意，卒不免泯沒而止，其罪在臣之蹤跡不明，有以悞陛下也。臣本太學諸生，自憂制以來，退而讀書者六七年矣。雖蚤夜以求皇帝王伯之略，而科舉之文，不合於程度，不止也。去年一發其狂論於小試之間，滿學之士，口語紛然，至騰謗以動朝路，數月而未已，而爲之學官者，迄今進退未有據也。臣自是始棄學校而決歸耕之計矣。旋復自念，數年之間，所學云何？而陛下之心，臣獨又知之。苟徒恤一世謗，而不爲陛下一陳國家社稷之大計，將得罪於天地之神，與藝祖皇帝在天之靈而不可解。是故昧於（「於」一作「死」，一作「昧死於」）一來，舊名已在學校之籍，於法不得以上書言事。使臣有一毫攫取爵祿之心，以臣所習科舉之文，更一二試，而考官又平心以攷之，則亦隨例得之矣。何忍假數百年社稷之大計，以爲一日之僥倖，而徒以累陛下哉？世固有卻萬鍾之祿而不受者，亦有爭一錢以至於相殺者，人情相去之遠，何啻於十百千萬也。而臣欲持空言以自明，亦淺矣。然審察十日，而不得自便之命，臣將無以自見於山林之士，徒以傷陛下招致天下豪傑之道。臣今更待罪三日，而後渡江，誓將終老田畝，以弭羣論，以報陛下拔臣言於衆中之恩。故昧死拜書，以辭於闕下。臣闔門數十口，去行都無四百里，當席藁私室，以聽雷霆之誅。干冒天威，罪當萬死。」

書上，帝欲官之。先生笑曰：「吾欲爲社稷開數百年之基，寧用以博一官乎？」亟渡江而歸（本傳）。

既，答呂伯恭一書，述己上書之非獲已。

【文集卷十九】《與呂伯恭正字書》云：「比家奴回，得所答教；正則來，又承專書，副以香茶之貺，甚珍。其間所以敎篤之者，無非至言，如亮淺薄，何以堪之（「之」一作「也」）？然事不親歷，常不知其難，亮今知其難矣。孔子沐浴而有請，以常從大夫之後；孟子以布衣傳食於諸侯，蓋事變之所迫，舉一世陷溺於其中，而我獨卓然而有見焉，其勢不得而怛（「怛」一作「但」）已也。彼皆以身任道，而執寸莛以撞萬石之鐘者，可笑其不知量也。大著何不警其越俎代庖之罪，而乃疑其心測井渫不食乎？天下愚無才耳；有才之人，則索手之徒，踏一片閑田地，便可以飽食暖衣而長雄於一方一所，安在其有才而求（一本作「未」）售也？有才而求售，其才亦可知矣。大著不察其心之所憂，則亮將何所望！亮之自放於盃酒者，亦每每先爲大著憂爾。人生豈必其爲秀才，亮平生本不種得秀才緣。而春首之事，自恃從之有聲名者，固已文致於列。亮亦豈戀戀於雞肋者乎？亦恃有大著在故也。王道甫告以忌嫉之徒，乘間謗毀之可畏；潘叔度以爲三年三百綠袍子，詎可以動其心；均是人也，而好惡異心，二君殊未之知耳。亮之所敬（「敬」一作「教」）

聞者，聖賢切於憂時，而其中常若無事；不知何道而使之並行而不悖乎？此非書語之所可解，惟大著就眞實處敎之，使有以憑藉度日，其賜爲不少矣。君舉聞求金華添倅，何不早決之？其勢不可不出。大著新遷，且應從容其間耳。兼人各有力量，不可相學也。初秋，伏惟台候萬福。」

又復何叔厚書，述己上書之不得面對，乃出於人力之沮遏。

【文集卷十九】《復何叔厚書》云：「亮頓首，復書辱答示，甚慰相念之意。訊後不審侍奉復何如？承聞有失子之戚，公方盛年，正不足爲憂，他時恐患多耳。然處心平夷，亦吾人所當常念也。亮寓臨安，卻都無事。但既絕意於科舉，頗念其平生所學，不可不一泄之，以應機會。前日遂極論國家社稷大計，以徹上聽。忽蒙非常特達之知，欲引之面對。乃先令召赴都堂審察。亮一時率爾應答，遂觸趙同知之怒。亮書原不降出，諸公力請出之。書中又重諸公之怒。内外合力沮遏之，不使得面對，今乃議與一官，以塞上意。亮雖無恥，寧忍至此。只俟旦夕命下，即繳還於上而竟東歸耳。豈有欲開社稷數百年之基，乃用以博一官乎？事之不濟，此乃天也。亦豈諸公所能阻遏哉！吾友所謂紛紛可畏之論，當謂此爾。丈夫出處，自有深意。難爲共兒曹語，亦難以避人謗毁也。此懷惟呂丈知之。叔範相聚甚好，亮固已知其不凡。但世間大事，未可便認以爲是也。倉卒未暇答渠書，相見且勉以志其遠者大者。上聰明睿智，度絶百代。一見亮書，便有榜之朝堂，以勵羣臣之意。若使得對，何事不可濟。但絶江之時，已卜知天意未順。仲幾蓋與此謀也云云。」

是歲，葉正則、徐居厚、王道甫聯登進士第。

【《東萊集》卷五】《致陳同甫書》云：「分手又已四五十日，以差入殿廬，久不得作書，區區惟切馳仰。即日初夏微暑，伏惟尊候萬福。某官次粗安，但沈浮無補，祇自愧耳。乍歸田間，徜徉當有佳處。卷舒出處，蓋自有所繫，在我者政自綽綽有餘裕也。廷對四方極有忠言，大抵皆在甲乙科。既經乙覽，惟就前五名中，略加次第，其餘悉仍有司之舊。容納如此，甚盛德也。但如德遠、少望，乃復漏落，世間事往往難滿足人意耳。今因少望經從，略此問訊，它惟爲遠大業厚自保毓。」

【文集卷十九】《答呂伯恭書》云：「違去又復許久，不勝尊仰。即日首夏清和，伏惟編摩有相，台候萬福。廷試揭榜，正則、居厚、道甫皆在前列，自聞差考官，固已知其如此。然獨遺恨於德遠、應光，少望何也？正則才氣俱不在人後，非公孰能挈而成之？天民對後，有無指揮？益恭聞亦得對，計亦有遇合之理。此君蹉跎日已老矣，六十以後，雖健者不能有所爲也！辛幼安、王仲衡俱召還。張靜江無別命（「命」一作「名」）否？元晦亦有來理乎？天下事常出於人意料之外。志同道合，便能引其類。自非元惡大憝，皆可借其利心以成回復之勢。陰陽消長代謝之際，可熟玩矣。吳平之後，其慮亦自不少，況不必平乎。亮已如枯木朽株，不應與論此事，亦習氣未易頓除也。亮本欲從科舉冒一官，既不可得。方欲放開營生，又恐他時收拾不上。方欲出耕於空曠之野，又恐無退後一着。方欲俛首書冊以終餘年，又自度不能爲三日新婦矣。方欲盃酒叫呼，以自別於士君子之外，又自覺老醜不應拍。每念及此，或推案大呼，或悲淚塡臆，或髮上衝冠，或拊掌大笑。今而後，知克己之功，喜怒哀樂之中節，要非聖人不能爲（一本無「為」字）也。海內知我者，惟兄一人，自餘尙無開口處。雖浮沉里閭，而操捨不足以自救，安得有可樂之事乎！然一夫之憂懽悲樂，在天地間，去蚊虻之聲無幾，本無足云者，要不敢不自列於知我者之前耳。時節亦甚迫，譬之失火之家，衆人以爲此人實能救，則亦無所逃其責，此祕書今日之勢也。事機所係，無所多遜，況揖遜不足以救焚，此語亦有理。子約一向在侍旁否？不敢疊番爲問眷請委。尊閤宜人懿候萬福。新婦兒女再三拜起居。」

【文集卷二十一】《與吳益恭安撫》云：「亮一別不謂便如許久。中間伯恭遞到婺州所留之文，不得一見爲恨。前年蕭山道中作一書，附梁節推行，記得燈下寫時甚縷縷，今亦莫知所説何事也。正月間到臨安，又得梁節推書，始知已出廣久矣。甚念一見，深以不可得爲慮。臨行纔得與天民促膝其語。一旦，復得君舉書，亦知兄之來參差。日子極不多，人生會聚之難乃如此。回思向來大醉井亭橋上，無一時放手，固是人間樂事也。比聞有召對指揮。丈夫年踰五十，始得一面天顔，自不應復有留藏。然有君如此，亦不必量而後入也。私以爲必有非常遇合，日日以冀！忽鄭景元相訪，未及寒溫，首問此事。乃知奏疏甚偉，九重所以相期待者亦甚至，然竟不免爲邕筦之行，吾人所向類多如此。上方侍光堯萬壽，豈忍使人八十之親，重入瘴癘之鄉乎？若明以爲告，宜無有不納；乃欲待闕到（一作「到闕」）而後乞祠（「祠」一作「約」），殆不可曉。天民一見遂遇合，繼此當平步要津矣。天下無不可爲之時，無不可乘之勢，顧吾儕（一本作「濟」）之命，忒煞不是當耳！欒武子所謂不可當吾世而失諸侯，此言甚可念也。亮已爲枯木朽株矣，雖即塡溝壑固其分，但胸中所懷千萬，更無開口處，良以爲苦。四海相知，惟伯恭一人。其次莫如君舉。自餘惟天民、道甫、正則耳。此事今已一筆勾斷云云。聞見待邕州對，當以情告上，不可更待來年。當機不發，乃更求哀他人，恐他時不無遺恨耳。伯恭、君舉，於兄極相知，但其力不能有所及。在臨安亦嘗數數款語否？三四年來，伯恭規模宏闊，非復往時之比，欽夫、元晦，已朗在下風矣，未可以尋常論也。君舉亦甚別，皆應括目相待。葉正則俊明穎悟（一作「語」），其視天下事有迎刃而解之意，但力量有所不及耳。渠於亮甚厚，其於亮所厚如兄與天民，極惓惓，殆未可以科舉士人論。此君更過六（「六」一作「五」）七年，誠難爲敵，獨未知於伯恭如何耳。徐居厚卓然自要，立腳亦與其他士人不同。聞安下處甚相近，想時時得款語也。

本朝以繩墨立國，自是文法世界，度外之士，往往多不能自容。只（「只」一作「以」）如西事之興，滕宗諒、張亢，小小放手，便爲文法所繩，惟范文正公力保庇之。孫元規、滕達道、李誠之，皆一世偉人，而是非相半。世人於兄不能深相察者，固亦其勢也。然亮以爲齷齪拘攣之極，其勢必須一番痛快而後定。今日之淺狹亦極矣，兄輩不患不得少舒其意。小小起伏，顧（「顧」一作「願」）且安之。無聊賴豈有踰於老弟者乎？亦且磊磈度日，想兄亦不待亮縷縷也。」

【文集卷二十二】《與石天民書》云：「舟中夜語良款，亦足爲別去兩年之慰，猶恨歸太匆匆耳。入夏來，不審客間尊用復何似？報過二月二十七日得旨引見，竟以何日對乎？所言能開啓天聽否？當竟用三劄。對後有何指揮？曲折，幸一見報！士人於被召得對，遂可以伸眉吐氣，亦丈夫遇合之會也。益恭聞亦得對，當有遇合之理。此君蹉跎，日已老矣，六十以後，雖健者不能以有爲，殊令人念之。亦時相見否？專書往問安訊，不知在何處安下。君舉之得對，只在此幾時？對後畢竟如何？想當遂留也。使乘以邊壘，亦甚好，恐渠頗念母老耳。辛幼安、王仲衡諸人，俱被召還。新揆頗留意善類，老兄及伯恭、君舉，皆應有美除。兄於儕輩中最爲不立標準，以故不爲人所忌，他時朋輩終當得兄之力。消長回復，雖陰陽未可易判，要之不能久久平過，兄其愈思所以自廣。自非元惡大憝，豈無欲善之心乎？王道甫每言，人情不甚相遠，此意極可念。正則、居厚、道甫皆前列，但遺恨於肖望、德遠、應先耳。肖望遂不免就銓計，何以堪此！相見宜極力開釋之。但得綠衫拜親於庭，自是人間第一樂事，窮達富貴，豈有定準哉？自隆興、乾道以來，不以科甲用人，從癸未數至今榜，上三名之在朝，不過三四人。吾人本不應計較利害，使以利害計之，肖望亦可無憾。此一榜收拾之外，雖世之以一善自名者，大略不遺。獨老僕頑然不爲一世所錄，尚能盃酒叫呼以度時節。肖望視此，眞可以無恨。亮爲士，爲農，爲商，皆踏地未穩，天之困人，寧有窮已乎！」

秋，葉正則來（《與呂伯恭正字第三》）。

八月，朱元晦差知南康軍。

【《東萊集》卷五】《答陳同甫書》云：「人至，辱示字，頃審秋晚氣清，尊候萬福。某官次粗遣，一向沉迷書冊中，它無所預。雖粗可藏拙，但冗食極不遑安耳。垂喻備悉雅意，再三玩繹，辭氣和平，殊少感慨悲壯之意，極以爲喜。驅山塞海，未足爲勇，惟斂收不可斂之氣，伏槽安流，乃眞有力者也。吳益恭以其尊人不忍相捨，來乞祠，已得請矣。劉共父下世，此公實繫輕重，遺奏惓惓，殊可念也。陳應求尙辭免未來。朱元晦得南康見次，未知肯起否？石天民日來蹤跡爲人搖撼，方求去，勢須得請。君舉卻少安。韓丈再臨舊治，諸事必妥帖。所當言者已言之，但恐言輕不能有所軒輕耳。人回，匆匆作此。它祈厚爲道義護愛。」

冬，葉正則母死，爲文祭之。

【文集卷十九】《戊戌冬與呂伯恭書》云：「亮入冬無一事，與田里相忘矣。君舉、天民，一出恰好。大著未有當去之理，只得安坐。同類散落，非所當問。公家有所謂敬而無失，恭而有禮，何往而非吾類乎？去就只看自家今日地位耳。百年盛時，往往於此猶未能豁然，激成黨論，不得不歸罪於一遷也。至於二三小臣去來，豈能便干國家大體？果能通天地於一身，安有爾許擾擾？入室操戈，不罪唐突。葉正則閏月二十三日丁憂，嘗遣人慰之。連得書，極無況。居厚病未脫體。來諭誠然，誰敢爲渠言之。《文海》已編成未？子約在侍旁否。台眷上下均慶。千萬爲世道崇護。」

文錄：《中興五論跋》、《章夫人田氏墓誌銘》、《錢元卿墓誌銘》、《宗縣尉墓誌銘》、《祭葉正則母夫人文》。

陳龍川先生年譜長編卷之三上

淳熙六年己亥，三十七歲。

四月，作《米元章帖跋》。

【文集卷十六】《跋米元章帖》云：「本朝詩文字畫之盛，到元祐更無着手處。元章以晚輩，一旦馳驟諸公間，聲光燁然，此帖亦可見一斑乎。淳熙己亥四月之晦，龍川陳亮爲先友之子王晦叔書之。」

十月，送巖起叔之廣東。有序。

【文集卷二十五】《送巖起叔之官序》云：「陳氏以財豪於鄉舊矣，甫五世而子孫散落，往往失其所庇依，其盛衰相尋於無窮，豈必其人之罪哉。吾叔巖起，以未冠之年，慨然有狹鄉閭之志。奮臂出游，往來於江、淮之東西，而定居於臨安者，大較餘三十年。諸公貴人，其未達而旅處者，巖起或出力以自效。或終日相與戲游，不問其官崇卑，一接以恩意。蓋既貴而能相思憶，雖相忘而不及見者，皆所不較也。亮以是知士非有俠氣者，豈能奮空拳以自託其身於一世哉。晚得一官，將就食於廣東部使者（「者」一作「省」）之麾下。冒寒挈妻子而行。問其行裝，則曰：『我固索手自奮者也，然世態日異，此行雖我亦憂之。子嘗論交於四方，其何以爲我道地乎。』亮因告之曰，四方之豪俊，不鄙而辱與之游者，不知其幾人矣。然自索居以來，黜陟不知，書問斷絕，將何所指名而告語之。亮又力不足者，徒能淳然興懷，姑次第其語以爲送行序。道逢其與亮游者，出以示之。其藐然而無意者，必非與亮游者也。吾叔其勉之。堂堂大國，一行數千里，豈無一英特知義之人乎？使壯士困於坭塗，則其恥有歸矣。淳熙六載冬十月朔，永康陳亮書於恕齋。」

【附】呂伯恭《陳同甫恕齋銘》：「實理難精，實德難居。實責難副，實病難除。實知其難，於人則寬。惟實惟寬，惟恕之端。天地變化，草木蘩蕪。頤其實然，可求其故。陳子作齋，侑坐有勒。匪尚其通，亦尚其塞。」（《東萊集》卷六）

文錄：《周夫人黃氏墓誌銘》、《汪夫人曹氏墓誌銘》、《周叔辯夫婦祔葬墓誌銘》。

淳熙七年庚子，三十八歲。

是歲，說《易》，說《春秋》，說《周禮》，呂伯恭恨未得即聽教。

【《東萊集》卷五】《答陳同父書》云：「伏被手況，及正則書信，且審邇日視履之詳，殊以欣慰。某病體只如舊，昨日已拜祠官之命，自此遂奠枕矣。四銘皆妙，而《喻夫人志》，范蔚宗所謂筆勢縱放，實天下之奇作也。《易》、《春秋》、《周禮》，恨未得即聽教。記得《世說》載何次道學佛，阮思曠語之曰：『卿志大宇宙，勇邁終古。』何曰：『卿今日何故忽見推？』阮曰：『我圖數千戶郡尚不能得，卿乃圖作佛，不亦大乎。疾病呻吟之餘，方課諸弟辨蟲魚，讀箋（駐）〔註〕；而兄橫飛直上，凌厲千載之表，眞可謂大矣。』聊發一笑。手倦不能多作字，悉留面言，惟早命駕爲望！」

五月，周必大參知政事，與參政周必大書。

【文集卷二十一】《與周參政必大書》云：「亮不獲瞻拜（「拜」一作「望」）鈞表，於今十有餘年。尺書之間，不到記室，今又兩年矣。惟是傾心門下，始未長如一日。所望致君堯舜，使天下均被其澤，而亮也亦與一人之數。今蹉跎漸向暮景，志念不出閭里。時和豐熟，則妻子可保無虞。乃以連年大旱，中產之家，糊口之不給。細民想痛如鬼，所不忍見。今歲尚賴少稔，不爾，亮輩亦不可活。今春雨多，大似去年氣象，又復可疑。此正廟堂焦勞之秋也。參政於斯（「斯」一作「此」）時而不任其責，其將誰任之？比見所與元晦簡，惓惓於爲粥以食餓者，又慮其信用之過，給散之無節，以亮所見，此皆齊其末耳。爲元晦計則可，而非參政之所先也。渡江安靖，又五十餘年。辛巳之變，悔禍如反掌。此非人力所及，蓋天下不以是爲變故也。自淳熙改元，歲事少稔，長短相補，凡六載，而上下安之。若以爲天瑞之臻，觀此兩歲，則其氣象方勞思慮耳。論安言計，動引聖人，羣疑滿腹，衆難塞胸，此古今儒者之所同病。以朱墨爲法，以議論爲政，此又本朝規模之所獨病也。方聖賢馳騖不足之時，而課一時以爲功，孔光胡廣，亦將笑人。袞職有闕，惟仲山甫補之，猶爲平時設耳。諸賢凋落殆盡，獨參政與元晦巋然以鎮之。參政又方協贊國論於斯時也，而使亮輩憂旦暮之不得食，是則可爲恥矣。天下大計，不逃參政之所思慮經畫。亮方甘放棄，亦不當與聞此事，縱有所論，粗疏茫廣，不能自合。願參政尊其所聞而已。」

是歲，張南軒（栻）卒。

文錄：《喻夫人王氏改葬墓誌銘》。

淳熙八年辛丑，三十九歲。

五月，鄭景望還永嘉，先生與徐居厚候之於館頭（《郎秀才墓誌銘》，文集卷二十七）。

七月二十九日，吕伯恭死。越四日，赴金華哭之。

【文集卷二十三】《祭吕東萊文》云：「唯淳熙八年歲次辛丑秋七月二十九日癸卯，東萊先生以疾卒於家。越四日丙午，從表弟永康陳亮奔哭其柩。越九日辛亥朔，始西向陳薄幣於庭，再拜遺香燭恭酒之酬。嗚呼！孔氏之家法，儒者世守之，得其粗而遺其精，則流而爲度數刑名。聖人之妙用，英豪竊聞之，徇其流而忘其源，則變而爲權譎縱橫。故孝悌忠信，常不足以趨天下之變；而材術辯智，常不足以定天下之經。在人道無一事之可少，而人心有萬變之難明。雖高明之獨見，猶小智之自營。雖篤厚而守正，猶孤壘之易傾。蓋嘗欲整兩漢而下，庶幾及見三代之英。豈曰自我，成之在兄。方半夜之劇論，嘆古來之未曾。講觀象之妙理，得應時之成能。謂人物之間出，非天意之徒生。兄獨疑其未通，我引數而力爭。豈其於無事之時，而已懷厭世之情？俄遂罹於末疾，喜未替於儀刑？何以遭之太慘，曾不假於餘齡！將博學多識，使人無自立之地；而本末具舉，雖天亦有所未平耶？兄嘗誦子皮之言曰：虎帥以聽，孰敢違子？人之云亡，舉者莫勝。假設有聖人之宏才，又將待幾年而後成？孰知夫一觴之慟，徒以拂千古之膺！伯牙之琴，已分其不可復鼓；而洞山之燈，忍使其遂無所承耶！眇方來之難恃，尙既往之有靈。」

【文集卷二十】《甲辰答朱元晦書》云：「向時祭伯恭文，蓋亦發其與伯恭相處之實，而悼存亡不盡之意耳（王本無「耳」字）。後生小子，遂以某爲假伯恭以自高，癡人面前，眞是說不得夢（一作「不得說夢」）。亮非假人以自高者也。擎拳撐腳，獨往獨來，於人世間，亦自傷其孤零耳。」

岳柯《程史》云：「東萊死，同父以文祭之，朱晦翁見之，大不契意，遺婺人書曰：『諸君子聚頭磕額，理會何事，乃至有此等怪論。』同父聞之，不樂。」（《程史》卷十二，頁四五）

又朱元晦《甲辰答書》云：「向見祭伯恭文，亦疑二公何故聚頭作如此議論。近見叔昌、子約書中說話，乃知前此此話亦說成了，亦嘗因答二公書力辨其說。然渠來說得不索性，故鄙論之發，亦不能如此書之盡。」（《朱集》卷三十六）

葉水心《習學記言序目》卷五十追記云：「初，呂氏沒，龍川陳亮祭之曰云云。夫三代之英及孔氏，豈於家法之外，別有妙用，使英豪竊聞之哉？亮嘗言，程氏《易傳》似桓元起居注，呂氏黽勉答之。所謂夜半劇論者，呂氏常笑以爲自知非豪傑，被同甫差排做，蓋難之也。呂氏既葬明招山，亮與潘景愈使余嗣其學。余顧從游晚，呂氏賢俊衆，辭不敢當。然不幸不死，後四十年，舊人皆盡，呂氏之學，未知其孰傳也。」

同月，鄭景望卒。

【文集卷二十二】《祭鄭景望龍圖文》云：「嗚呼！丙午之夕，我將哭吾亡友於金華耳。銜冤籲天，謂天不明。癸卯之朝，誰尸死生！黑頭如麻，獨我良朋。哀哀不寐，躑躅而行。爲此邂逅，恍若銘旌。同（「同」一作「問」）其前驅，來自建寧。嗚呼噫嘻，得非吾鄭先生之靈耶！縱此月之多禍，豈諸賢之並傾。縱我命之不祥，豈一月之繼丁。負版之人，執手大慟。子曰無父，弟曰無兄。嗚呼噫嘻，天不欲使士有遺種，而獨不得自附於蚩蚩之氓耶！天不可以人問，命不可以力爭。念躬行之無愧，而事變之適興。八十壽母，有不順之歎。窮乏得我，有未竟之情。一世之宏議，不得自盡於其君。而六經之妙旨，又幾何時而能以道自鳴耶。已矣置之，事固難平。師儒輔導之官，舉天下皆以爲莫宜於公。而公亦庶幾出其一二，以上論三代之英。及舉手之小異，已多言之足懲。雖去國之不較，寧有志之竟成。將所存之高，而事不下接；抑道之興廢，不可以人事爲憑耶？已矣，無可言者。去年之夏，舉酒以相囑。族舍依然，不知今之酬公於冥冥也。變故相懸，道旁亦驚。未有已時，臨風涕凝。」

文錄：《方元卿墓誌銘》、《胡公濟墓碣銘》。

淳熙九年壬寅，四十歲。

春，訪朱元晦於衢、婺間。

《朱子年譜》云：「永康陳同甫來訪。同甫名亮，永康人，呂東萊特重之。至是，訪於衢、婺間，旬日而別。」

【《朱子文集》三十六】《答陳同甫書》云：「數日山間游從甚樂，分袂不勝惘然。君舉已到未？熹來日上剡溪，然不能久留，只一兩日便歸。蓋城中諸寄居力來言不可行，深咎前日衢婺之行也。如此，則山間之行，不容復踐。老兄與君舉能一來此間相聚爲幸。官舍無人，得以從容，殊勝在道間闟置車中，不得終日相語也。君舉兄不敢遽奉問，幸爲深致此意，千萬千萬。《戰國策》、《論衡》（一）（二）書并自注《田說》二小帙，并往觀之如何也。所定《文中子》，千萬攜來。陳叔達說有韓公所定《禮儀》，尚未及往借也。別後鬱鬱，思奉偉論，夢想以之。臨風引領，尤不自勝。」

【文集卷二十】《壬寅答朱元晦祕書書》云：「山間獲陪妙論，往往盡出所聞之外。世途日狹，所賴以強人意者，惟祕書一人而已。平生有坐料人物世事之癖（「癖」一本作「僻」），今而後知其不可也。別去惘然，如盲者之失杖。意每有所不通，輒翹首東望，思欲飛動而未能。方將專人問起居，乃承專翰之賜，蒙所以眷念者甚至。頑鈍爲衆所共棄，而嗜好之異，乃有甚於伯恭者耶？既以自幸，深懼爲門下知人不明之一累也。惟時春事更深，按臨有相，台候動止萬福，慰甚不可言。某頑鈍只如此。日逐且與後生尋行數墨，正如三四十歲醜女，更欲扎腰縛腳，不獨可笑，亦良苦也。《戰國策》、《論衡日注》爲貺，甚佳，敢不下拜。田說讀得一遍稍詳。若事體全轉，所謂智者獻其謀，其間可採處亦多，但謂有補於圓轉事體，則非某所知也。居法度繁密之世，論事正不當如此，此亦一述朱耳，彼亦一述朱耳。欲以文書盡天下事情，此所以爲荆揚之化也。度外之功，豈可以論說而致？百世之法，豈可以輳合而行乎？天下大物也，要是自家氣力可幹得動，挾得轉，則天下之智力，無非吾之智力。形同趨而勢同利，雖異類可使不約而從也。若只欲安坐而感動之，向來諸君子，固已失之偏矣。今欲鬬飣而發施之，後來諸君子，無乃又失之碎乎？論理論事，若箍桶然，此某所不解也。祕書挺特崇深，自拔於黨類之中，歲晚庶得一快。方自委托，豈敢懷不盡？意之所到，雖縷縷未止。有不然者，卻望見教。某不任至望。」

三月，子某生。

【文集卷二十】《答朱元晦祕書書》云：「山婦過月始免身，以初四日巳時得一男。卻幸母子完全。小下何足上勞尊念？愧感無已。」

夏大旱。婺州亦復大疫。衢州米貴，影響及於婺。

【文集卷二十】《壬寅又書》云：「不〔獲〕聽博約之誨，又復三月。起居之問，不到几格，亦復踰月矣。尊仰殆不容言。即此暑氣可畏，伏維臨按有相，台候萬福。某頑鈍只如此，但意況甚覺不佳。甚思一走門牆，解此煩憒。初只候君舉，不來，今又爲俗事所擾。加以天作旱勢，令人遂有旦暮之憂，以故要擺離未能得。今只決之六月耳。兩不兩皆非人力所能爲也。……一春多雨，五月遂無梅雨，池塘皆未蓄水，亦有全無者，麥田亦有至今全未下種者。世俗所謂會龍、分龍皆無雨（一本上「龍」字作「籠」）。今年秧尖皆赤，小民所甚忌。又俗諺『五月若無梅，黃公揭耙（「耙」

一作「抱」）歸』之說，此細民之占卜如此。以大勢論之，渡江安靜，又五十餘年，文恬武嬉，今亦甚矣。民疲兵老，今亦極矣。安靜之福，難以常幸。去年除紹興外，旱勢猶未透，其禍必集於今年。而祕書又適當此一路。若歲事少稔，或可求去。大勢既如此，所謂將恐將懼之時也。廟堂豈容去哉？富家之蓄積皆盡矣（「矣」一作「失」），若今更不雨，恐巧婦做不得無麵餺飥。百念所在，奈何奈何！婺州亦復大疫。衢州米價頓湧，四千七百文一石（「石」一作「碩」）。禍將浸淫於婺。錢守雖有愛民之心，而把事稍遲。今歲救荒，奔走上下，不遺餘力者，惟趙倅一人。所至騎從簡約，縣道諸色文字，幷不索取，窮民有請無不遂。今聞去替，只二十日耳。若失此人，婺州尚未知所倚。春來錢守奏乞用前兩任例令再任，已降在省中，廟堂只許陞擢差遣，若得一軍壘，乃是爲求人計耳，殊非婺州憂旱之地。趙倅聞此亦甚喜，彼亦未暇爲婺州之地也。只欲候滿二十日，便去討差遣耳。今旱勢已成，秘書必更被殃拷。婺州更旱，則將誰屬乎？豈能以一身而及七州也？願便申錢守所請，仍以旱勢奏陳，留使再任。專以禱旱及將來救（哭）〔災〕之事責之，不容其不效力。聞下任乃是高子演，自是不釐務，本不相妨，令其及期，自上足矣。若如此說破，廟堂亦知只爲婺州地，當無不可者。然此間事勢甚可憂，人情亦何樂於此。但期到則自去，須祕書移牒添倅廳，不得擅自離任，使之聽候指揮乃可耳。疫氣流行，人家有連數口死，只留得一兩小兒，更無人收養者。聞趙倅已處置收養五六十人，在州儘可謂有心力。萬一天意悔禍，連得大雨，如社倉義役之事，儘可以專責之，此人有心力，不患其無所濟也。況決無連大雨之理。祕書不可不早爲婺州地。臨期不知所委，徒自手忙腳亂耳。六月若一向遂無雨，田禾亦無所營救。但當去紹興請教，且求一椀現成飯吃，不能別生受。天下大計，自（一本無「自」字）責之長人，祕書何以處之？（王本無「自此以上」至「一春雨多」六百六十餘字）紹興有梅雨否？無不插之田否？旱疫之餘，而重以此，廟堂雖欲以恬然處之，可乎！大虧了主上也。當今之世，而不大更化以回天意，恐雖智者無以善其後。此不待深見遠識然後知，然而皆不知慮，何也？慮者不當，而當者不慮，是豈天下之事，終不可爲乎？亦在其人而已矣。到此亦不須大段推托，同舟遇風，亦各爲性命計耳。胸中所欲言萬端，微祕書無以發其狂。而困於（王本作「與」）俗事，又困於諸生點課。臨風引頸，徒劇此情。」

《問答》成。

【文集卷二十】《壬寅又書》云：「近有雜論十篇，聊以自娛。恨舉世未有肯可其論者。且錄去五篇，或祕書不以爲謬，當繼此（一本無「此」字）以進。然其論亦異矣。餘五篇，乃是賞罰形勢，世卿思舊，尤與世論不合。獨恐祕書不以爲異耳。前日偶說《論語》，到舜五人，周十亂，孔子所謂才難處，不覺慨然有感。自古力足以當天下之任者，多只一個兩個，便了一世事。超世邁往之才，豈可以人人求之乎？虞、周至於五人九人，眞可謂盛矣！亦古今之所無也。又因書院出『立太師太傅太保，茲爲三公，論道經邦，燮理陰陽，官不必備，惟其人』作義題，亮因爲破兩句：聖人不以才難而廢天下之大政，亦不以任重而責天下之常才，祕書以爲如何？紙尾及之，以共發五百里之一笑也。尙須續具記，千萬爲世道崇護。」

【文集卷三】《問答》云：（一）「三代以仁義取天下，本於救斯民，而非以位爲樂也。齊威挾尊周以自私，敗商、周之常經，而開爭奪簒殺之禍，其流既慘矣。秦合天下以奉一人，恣其所欲爲。陳涉因斯民之不忍，徒手大呼，而劉、項藉之以起。沛公號爲寬大長者，三章之約，足以動天下而入其心，宜本於爲民而起矣。方其窮時，縱觀秦皇帝，嘆曰：『大丈夫當如此。』其意豈出於爲民耶？天下既定，周防曲慮，如一家私物，此豈三代公天下之法耶？唐太宗與劉文靖之謀，似矣；與其父謀所以免禍，而迫脅以從之，何其舛也？尊隋之舉，代王之立，殆若濯泥於水，而明白洞達之事，僅能以九錫歸諸有司耳，其所以守之者又密於漢，則其義豈足自附於三代乎？然而國祚之久長，斯民之愛戴，曾不減於夏、商，何也？民不可欺，則其取守之道，必有可言者矣。」

「昔者生民之初，類聚羣分，各相君長，其尤能者則相率而聽命焉，曰皇，曰帝，蓋其才能德義足以爲一代之君師，聽命者不之焉則不厭也。世改而德衰，則又相率以聽命於才能德義之特出者。天生一世之人，必有出乎一世之上者以主之，豈得以世次而長有天下哉？以至於堯，而天下之情僞日起，國家之法度亦略備矣。君臣有定位，聽命有常所，非天下之人所得而自制也。朱均之不肖，非如桀、紂之足以亡天下。而堯以爲非天下之賢聖，不宜在此位，豈以法度定天下之心，而私諸不肖之子哉？取舜，禹於無所聞知之人，而歷試以事，以與天下共之，然後舉而加諸天下之上，彼其心固以天下爲公，而其道終不可常也。禹以爲苟未得非常之人，則立與子之法以定天下之心，子孫之不能皆賢，則有德者一起而定之，不必其在我，固無損於天下之公也。湯以爲天下既已聽命於一家，而吾之子孫，不擇其可與之者，而使不肖者或得以自肆於民上，則非所以仁天下也。故或世或及，惟其賢而已。不幸而與之不當其人，則天下之公議，終不以私之吾家也。武王、周公合天下之諸侯，使之小大相承，而方伯實總之，以聽命於天子。天子不能以一人之私而制天下也，故定立嫡之法，以塞覬覦爭奪之門，而君臣之定分，屹然如天地之不可干矣。此豈一世之故哉？秦以智力兼天下而君之，不師古始，而欲傳之萬世，使天下疾視其上，翻然欲奪而取之。勢力一去，則田野小夫，皆有南面稱孤之心。競智角力，卒無有及沛公者，而其德義，又眞足以君天下，故劉氏得以制天下之命。使劉氏不有以大異乎天下之姓氏，則君臣之分猶可干，而三代之統緒未可繼也。周防曲慮，豈其將以私天下哉？定于一而已。曹孟德一有私天下之心，而天下爲之分裂者十餘世。及李氏之興，則猶劉氏之舊也。彼其崛起之初，眇然一亭長耳；其盛者不過一少年子弟，安知天下之大慮，而勃然有以拯民於塗炭之心？三章之約，非蕭何所能教；而定天下之亂，又豈劉文靖之所能發哉？彼其初心，未有以異於湯，武也。而其臣凡下，無以輔相之。雖或急於天位，隨事變遷，而終不失其初救民之心，則大功大德，固已暴著於天下矣。孔孟以天下之賢聖，而適當春秋戰國之亂，卒不得行其道，以拯民於塗炭者，無其位也。《易》曰：『天地之大德曰生，聖人之大寶曰位。』又曰：『垂象著明，莫大乎日月，崇高莫大乎富貴。』苟誠其人，而欲得其位者，其心猶可察也。

使漢、唐之義不足以接三代之統緒，而謂三四百年之基業，可以智力而扶持者，皆後世儒者之論也。世儒之論不破，則聖人之道，無時而明，天下之亂，無時而息矣。悲夫！」

（二）「漢高祖起布衣以爭天下，及大業既成，而父兄故無恙也。然尊之封之，皆有所感而後發，而或者猶置餘忿於其間。唐之太宗，既已一切委命於父兄矣，己未，庚申之變，豈人道之所可安乎？舜之於瞽、象，周公之於管、蔡，夫必有其道矣。豈聖人之事，不可復見於後世，而天下冒冒然以強弱大小相爲雄長，而彼善於此者，亦可以一天下而歸之正乎？人道之不滅者幾希矣，精微委曲之際，處其所不可處，以待聖人之復起者，固不可以無論也。」

「匹夫不階尺土而有天下，此天下之大變，而古今之所無也。彼豈有熟講素定之規模？而其臣與把手以奮起草莽之間，又豈嘗學古以從事哉？仁義禮樂，先王所以維持天下之具，既已一切盡廢，而利害緩急，迫乎其前，則裂土定封，無所愛惜。至於著在人心，不可泯滅者，或有感而後發，或因以泄其餘忿，亦其勢然耳。嗟夫！此豈可謂非天哉？自黃初以來，陵夷四百餘載，夷狄異類，迭起以主中國，而民生常覬一日之安寧於非所當事之人，人道失其統紀，而天地幾於不立矣。此非有超世邁往拔出之英豪，安能掃地以求更新乎？太原之義旗一指，而天下靡然知所向矣。高祖以父而主之，可也，建成獨可以常法嗣之乎？據非所當得，而又疾其當得者，若不能以終日，此非天誅之，則人殺之耳。天未嘗不假手於人，是以太宗抽矢蹀血，忍於同氣，犯天下不義之名而不恤，彼其心以爲是天實爲之，而非吾過也。天人之厭亂極矣，豈其使建成、元吉得稔其惡以自肆於民上哉？人心蔽於自見，而天命不知所歸，是治亂安危之大幾也。昔者周公蓋憂此矣，孺子離襁褓寧幾時，而武王疾且病，周公懼其事之不可繼也，至誠委命於天，欲以身代武王之死，武王得以延數年之命，而孺子可輔以立。他日管、蔡之誅，爲天下誅之耳；要以使天命即於人心所可安之地，不然，則吾心豈能盡白於天下，而何以爲後世訓乎？天命之所在，若決江河，故檀車煌煌，牧野洋洋，雖聖人不敢以疑貳之心而承之也，顧其所以先爲之地者至矣。人欲謀我而我亦謀之，是以亂易亂也，而其地安在哉？雖其決於承天命，以脫民於塗炭，有足自解者，而終不即於人心之所安，至今論者猶不安之。嗟夫！此又可以盡歸之天哉？」

（三）「三老董公以仁義遮說漢高帝，而三軍始爲義帝縞素，項氏不復能自直於天下，名義之不可負蓋如此。儒者正名之說，雖起於管仲之尊周，而自漢以來，則以此舉爲明驗矣。然人爲萬物之靈，而仁義智數，蓋不可以雜而行也。不出於高帝之誠心，而欲以欺天下，則名義乃自外來乎？故三軍縞素，本足以納侮，而不足以形敵，然劉項同受命於義帝，坐視同列之賊其君而不問，則舉世皆不復知所謂人道矣，是三軍縞素而大義始明，高帝定天下之機，無乃眞在此乎？合內外而論之，宜必有以處此者。」

「晉奚齊義不足以君國，聖人書以爲君之子，而卓子則書君者，里克君之也。秦以夷狄之智兼天下，其亡楚尤爲無道，蓋天下欲共亡之久矣；況當天下潰亂之時，蓋不必用懷王以從民望也。項氏君之，而諸公皆稟命焉，則其君之者，非一人矣。利其爲名則君之，不利其實則害之，自立自廢，各從其私，是君臣無定位，而以強弱爲輕重，率天下之人如驅羣羊，是非可否，惟吾之所欲爲，而人亦不得裂去也，其輕天下亦甚矣。董公者，發天下之公憤，而借高帝之力以扶人道於既絕者也。揭項氏之不義於天下，使天下皆欲援弓而射之，雖微高帝猶不可以自立。蓋董公之遮說，幾於孔子沐浴之請；而高帝之義，吾不知其何心也。故孫權之自立，非義也，使魏氏不得自正於天下，則人道不至於盡廢，雖聖人不得而明權之非義也。」

（四）「三代之創業，以封先聖之後爲念；而論功行封，猶待其定也。至周則大封同姓，於其間爲國五十有三，而猶未以爲慊。武王、周公，周非以天下爲己私者，而天之立君，豈爲姬姓而設乎？漢興，患異姓之強大，而大封同姓以鎭之，其道蓋本諸此矣。七國同時舉事，黥，彭之患，不如是之倂也。誅鋤剗削，至於分裂，以各王其子弟，同姓湮微，而后族之禍又成矣。聖人之立法，本以公天下，而非以避禍亂，心有親疏，則禍福倚伏於無窮，雖聖智不得而防也。周、漢之法，豈世變之窮而至此乎？合天下而君之，疏遠無窮，雖聖智不得而防也。周，漢之法，豈世變之窮而至此乎？合天下而君之，疏遠之人，何負於國家？而周以宗強，此果何道乎？不然，漢誘之周，而周公其衰矣。」

「昔孔子論三代之損益可知，蓋自堯之親睦九族，積而至於周之大封周姓五十有三國者，亦其損益之可知者也。然其義遂窮而不可繼，故春秋之諸侯，以其子弟爲卿者，聖人皆以弟書之。獨於季友之來歸，不係以親，而書曰季子。蓋其賢者則與衆共之，其不賢者，聖人以爲有國者之私其親，而其義不通於天下也。豈非參酌四代之制，以爲萬世通行之法哉？漢高帝與諸公共起草莽，以帝天下，天下平定，諸公各已南面稱孤。帝猶疑其不可盡信也，分王子弟以據其衡，而庶孼與其不肖者，一切不問，庶幾以爲可自附於周家親親之義，而不知權勢既成，雖親者亦不可保，其可保者惟其賢也。不思天下之公義，而用其謀國之私心，是非利害，狥於目前，而使前後相矯，卒不得其正，禍亂相尋於無窮。不獨漢氏爲可憫，而魏、晉、宋、齊不能以是一日爲安者，蓋親疏之義不明也。出其子弟之賢者，以與天下共之，其不賢者，養以國家之私，使親賢參錯，而禍福治亂，一付之天下之公，而吾無容心焉，聖人之作《春秋》以待後聖者蓋如此。」

（五）「項羽喑嗚叱咤，千人皆廢，而能恭敬愛人，自屈於禮節之士，其仁與勇，可謂兼之矣。至於賞不妄與，豈不足附於惟衣裳在笥之義耶？漢高帝乃饒爵邑以來天下之頑鈍嗜利亡恥者，開國承家之初，而顧以小人先之，卒用以勝羽，羽之目當不瞑矣。使天下有疑於儒者之道，其不自高帝始邪？」

「方三代之衰，聞諸侯修德以興矣，未有崛起草野，而皆有南面稱孤之心也。當草昧之時，欲以禮義律之，智勇齊之，而不能與天下共其利，則其勢必分裂四出，而不可收拾矣。匹夫並起而爭，此非先王之常勢也。高帝能用是以合其勢，而不能用是以一日爲安，蓋其初不能參用項氏之所長，以消伏異時黨與搖動之心；此正陳平之所預見而深憂，而開國承家，小人勿用之義，何嘗一日而廢哉？蓋田横之未去，郡國豪姓之未徙，四老人者伏於商山而不可招致，高帝雖死，而目不瞑也。異姓諸侯王之憂，特衆人之所共憂耳。《易》曰：『天造草昧，宜建侯而不寧。』聖人其知之矣。」（六）「周、召、毛、畢，實佐文、武以有天下。成、康既沒，王朝之公卿，往往皆諸公之子孫，族屬比閭族黨之賢，修身飭行以自見於斯世者非一人。其卓然者，豈不可與諸公之子孫族屬共執國政哉？然而位終不得過大夫，人才之特起，不幸而非世家，則不得以任公卿之位，此果何法也？《春秋》譏世卿，而人才之特起者，終無一人得附見於册書，雖聖人之法，亦不免隨世而立歟？漢高帝與蕭、曹諸公，共起而亡秦，天下既定，非嘗更當時之事者，不以任公卿也。賈生特起之才，天子明知之而不得用，非獨絳、灌之專其寵利也。然公孫弘自海瀕而登宰相，則天下自此多事矣。唐太宗雖以房、杜爲宗臣，而天下之賢者，始雜而用之，然其後遂無世臣之可倚，更任迭用，雖賢君亦不克其終。豈君臣之際，無始終之義，則其勢必至此邪？然合天下而君之，而獨私於共事之臣，宜非聖人之公道，而周、漢之法，果可爲通行之法乎？」「君臣，天地之大義也；君臣不克其終，則大義廢而人道闕矣，此豈苟然之故哉？方天地設位之初，類聚羣分，以戴其尤能者爲之長君，奉其能者爲之輔相，彼所謂后王君公，皆天下之人，推而出之，而非其自相尊異，據乎人民之上也。

及法度既成，而君臣有定位，舜命夔以典樂，教胄子，蓋欲其君臣相與世守之，以達天地之大義。三代既以世次而有天下，其相與肇造人紀而維持其國家者，亦欲其代修祖父之業，而君臣相保，與國無窮。使天下之人，有所觀仰愛戴，而不敢窺伺其間，以覬幸國柄，橫生意見，紊亂綱紀，使天地大義有所廢闕，而厭故喜新，敗亡相尋，而不悟也。惟其子孫族屬，舉不足以當賢者之選，而後廣求天下之賢聖，以庶幾於一遇，而中接墜業，不敢有加焉。如高宗之於傅說是也。此豈君臣之常法哉？孔子之作《春秋》，其於三代之道，或增或損，或從或違，必取其與世宜者舉而措之，而不必狗其舊典，然於君臣之大義，未之有改也。其譏世卿，蓋譏其不擇世臣之賢者而用之。甚者遂使世其官，而人人輕視其上，皆有掩而取之之心，其勢必至於君臣之不相保。故惓惓於一世之賢者，悉使之附見于冊書，如蔡季、紀季、楚屈完、齊高子、魯季友、叔肸、宋子哀之徒，往往非公族則其世家之舊也。使皆得若人而用之，則何厭於世臣，而欲求天下特起之賢於不可知之際哉？至於死生恩禮之厚，而適遭變故，或不以其道終，則正色書之而無間於曹、莒之小國，所以究極天地之大義，而明示之後世者也。故孟子以爲故國必有世臣，至於不得已，而後使卑踰尊，疏踰戚，然猶必取其國人皆曰賢者。繇此言之，豈樂於君臣之不相保，而新故易，以求快一時之耳目哉？戰國朝暮反覆之禍，蓋起於君臣之不相保也。漢高帝以匹夫而有天下，視平時之等夷，無非可疑之人，故其臣不自保其首領，而天地之大義不復明矣。然猶不使後生新學得以參乎其間也。唐太宗則參而用之，更一世而盡忘其舊。甚者朝爲君臣，而暮爲路人，故以勢相臨，而不復以恩相保，緩急無一人之足依，而方顧望草萊之賢者以爲己用，豈不殆哉？惟我本朝，於天下之賢者，必使之敭歷中外，養其資望，而後至於大用，故其人往往足以重人之國家，而子孫習識其本末源流家世，守之至於一二百年而不替。嗚呼！是天地之大義，而非君臣之私恩也。天下不能皆特起之賢，則超舉顯擢，豈可率以爲常乎？朝暮不相保，則是棄爵位於草萊，大義廢而天下離矣。」

【《朱子文集》卷三十六《答陳同甫書》】

云：「君舉竟未有來期，老兄想亦畏暑，未必遽能枉顧，勢須秋涼乃可爲期。但賤跡孤危，力小任重，政恐旦夕便以罪去耳。旱勢已成，三日前猶蒸鬱，然竟作雨不成。此兩日晨夜凄涼，亭午慘然，無復更有兩意，維禱不敢不盡誠。然視州縣間政事，無一可以招和而弭災者，未知將復作何究竟也。本欲俟旬日間，力懇求去，緣待罪文字未報，未敢遽發。今遂遭此旱虐，如何更敢求自便？但恐自以罪罷，則幸甚。不然，則未知所以爲計也。不審高明將何以見教也？新論奇偉不常，眞所創見。驚魂未定，未敢遽下判語。俟再得餘篇，乃敢請益耳。婺人得錢守，比之他郡，事體不同。他人直是無一點愛人的心，無醫治處也。趙倅之去，甚可惜。鄙意亦欲具曾救荒官吏殿最以聞。以方俟罪，嫌於論功，遂不敢上，不知錢守曾再奏否？若其遂行，實可惜也。《書義》破題，眞張山人所謂著相題詩者，句意俱到，不勝嘆服。他文有可錄示者，幸幷五篇見教，洗此昏憒也。向說方巖之下，伯恭所樂游處，其名爲何？其地屬誰氏？幸批示。近刊伯恭所定古《易》，頗可觀，尚未竟，少俟斷手，即奉寄。但恐抱膝長嘯人，不讀此等俗生鄙儒文字耳。社中諸友朋坐夏安穩？山間想見虛涼，無城市（敲）〔歊〕煩之氣？此所授之次第，亦可使聞一二乎？可與立者，未可與權，願明者之審此也。」

是歲陳賈請禁道學。

六月戊戌，監察御史陳賈請禁道學。王淮以唐仲友之故怨朱熹，欲沮之。於是吏部尚書鄭炳上疏言：「近世士大夫有所謂道學者，欺世盜名，不宜信用。」帝然其說。淮又以太府丞陳賈爲監察御史。賈因面對，論道學爲假名濟僞，請明詔中外，痛革此習，帝從之。由是道學之名，貽禍於後世。

文錄：《石井祈雨文》、《佑順侯祈雨文》、《劉夫人陳氏墓誌銘》、《陳府君廷俊墓誌銘》。

淳熙十年癸卯，四十一歲。

正月，朱元晦得祠。

朱元晦按唐仲友不法，仲友嘗疑先生相譖。至是，致書元晦聲辯。

【文集卷二十】《又癸卯通書》云：「自去年七月三日得教，答之後，不惟使車入丹丘，亮亦架數間潑（「潑」，王本作「廢」）屋，自朝至暮，更不得頭舉，況能相從於數百里之外乎？徐子才云須趕到縉雲相從者，蓋意其如此（「此」，一本作「是」）也。開歲猶未畢工，又復理會些（「些」，一本作「此」）什物之類，凡五閱月，亦未得了（王本無「得了」以上至「徐子才云」四十一字）。蓋亮已爲一世所棄，只得就冷處自討個安樂道路，以故久久不得拜起居之問。每空閑時，復念四方諸人，過去見在，如祕書方做得一世人物。伯恭、欽夫，敏妙固未易及，然正大之體，挺特之氣，豎起脊梁，當時（王本無「當時」二字）輕重有無，獨於門下歸（「歸」一作「皈」）心而已。徐羨之風度凝重，猶足壓倒謝、傅諸人，況不爲羨之者乎？春間（王本無「春間」至「萬福」六十一字）嘗欲遣人問訊，不果。漏逗遂至今日，良可一笑。幾審意思悶頓時，欲裹包相尋於寂寞之濱，又復牽制而止，尊仰殆不勝情。即日秋氣澄清，伏維燕居有相，台候萬福。台州之事，是非毀譽，往往相半，然其爲震動則一也。世俗日淺，小小舉措，已足以震動一世，使秘書得展其所爲於今日，斷可以風行草偃。風不動則不入，蛇不動則不行，龍不動則不能變化，今之君子，欲以安坐感動者，是眞腐儒之談也。孔子以禮教人，猶必以古詩感動其善意，動盪（「盪」，王本作「益」）其血脈，然後以禮相入，未興於詩，而使立於禮，是眞嚼木屑之類耳。況欲運天下於掌上者，不能震動，則天下固運不轉也。此說雖粗，其理卻如此。震之九四，有所謂震遂泥者，處羣陰之中，雖有所震動，如俗諺所謂『黃泥塘中洗彈子』耳。豈有拖泥帶水，便能使其道光明乎？去年之舉，九（「九」上一有「震」字）四之象也。以祕書壁立萬仞，雖羣陰之中，亦不應有所拖帶。至於人之加諸我者，常出於慮之所不及，雖聖人猶不能不致察。姦狡小人，雖資其手足之力，猶懼其有所附託（凡「託」一本均作「托」），况更親而用之乎？物論皆以爲凡其平時鄉曲之寃，一皆報盡，秘書豈爲此輩所使（一本無「所使」以下十七字）哉？爲其陰相附託而不知耳。既爲此輩所附託，一旦出於羣疑之上，而有所舉措，豈不爲其拖帶乎。况更好人惡人，皆因其（王本無「因其」一「其」字）平時所不快而致其拖帶之意。祕書雖屹然爲壁立萬仞之舉，固不能使其道光明矣。二家各持一論，惟亮此論爲甚乎，未知秘書以爲何如？若更謂未然，不惜一往復其論也。已往之事，正不足多論。蓋謂事會之來，未有終極。秘書雖決意草野山岩之間，政恐緩急依舊被牽出來，無可辭之處耳。劉越石一世豪傑，乃爲令狐盛所附托，方知孔子所謂遠佞人者，是眞不可不遠也。如亮已爲枯株朽木，與一世並無所關涉，惟於祕書不敢不致其區區耳。且如東陽之事，此豈可放過？但當時有人，欲在中附托。亮既爲人之客，只應相勸，不應相助治人，今在秘書自決之。卻因一停房人治之，此於事理元不可。又仍（「仍」，原本作「寧」，此從王本）是當時爲人所附托耳。亮之本意，大抵欲秘書舉措洒然，使識與不識，皆當其心，而無所不滿，豈敢爲人游說乎？是眞相期之淺！此人雖幸免，卒爲天所殺，今世煩天殺者多矣。亮平生不曾會説人是非，唐與正乃見疑相譖，是眞足當田光之死矣。然窮困之中，又自惜此潑命。一笑！亮方整頓室宇，什物就緒，且更就南邊，營葺小園，架數處亭子，遂爲老死田閭之計，不敢望今世之見知見恕也。秋初得潘叔昌柬（一本「柬」作「來」，「言」屬上讀），言祕書疑某見怪。某非多事者，秘書又作此言，亮眞無所望於今世矣。」

【《朱子文集》卷三】《答陳同甫書》云：「病中不能整理别頭項文字，閑取舊書諷詠之，亦覺有味。於反身之功，亦頗有得力處，他亦不足言也。示諭，見予之意甚厚，然僕豈其人乎？明者於是乎不免失言之累矣。震之九四，向來顔魯子以納甲推賤命，以爲正當此爻，嘗恨未曉其説，今同甫復以事理推配，與之暗合如此，然則此事固非人之所能爲矣。附託之戒，敢不敬承，然其事之曲折，未易紙筆既也。叔昌所云，初實有之，蓋於老兄上未及於無情，而下決不至於不及情，是以疑其未免乎此。今得來論，乃知老兄遂能以義勝私，如此，眞足爲一世之豪矣。而區區妄意，所謂淺之爲丈夫者，又以自愧也。武夷九曲之中，比縛得小屋三數間，可以遊息。春間嘗一到，留止旬餘。溪山回合，雲烟開斂，旦暮萬狀，信非人境也。嘗有數小詩，朋舊爲賦者亦多，薄冗無人寫得，後便當寄呈求數語。韓丈亦許爲作記文也。此生本不擬爲時用，中間立脚不牢，容易一出，取困而歸。自近事而言，則爲廢斥，自初心而言，則可謂爰得我所矣。承許見顧，若得遂從容此山之間，款聽奇偉驚人之論，亦平生快事也。但聞未免俯就鄉舉，正恐自此騫騰，未暇尋此寂寞之濱耳。去年十論，大義亦恐援溺之意太多，無以存不親授之防耳。後生輩未知三綱五常之正道，遽聞此說，其害將有不可勝捄者，願明者之反之也！妄意如此，或未中理，更告反覆，幸幸！《李衛公集》一本，致几間，此公才氣事業，當以春秋戰國時何人爲比，幸一評之！早以見寄，幸甚！」

七月三十日，妻父何茂宏死（何茂宏墓誌銘，文集卷二十八）。

【文集卷二十四】《祭妻父何茂宏文》云：「嗚呼！既以有生，安得無死。自死自生，滔滔皆是。生既非眞，死亦云安。超出死生，是名實相。惟彼聖賢，其道則殊。不使生死，總之如虛。生不如生，麋鹿與俱。死則死矣，木石之枯。生事敬愛，死事哀戚。人道始終，一用其極。前賢未辦，我任其責。責苟在我，有死無易。昔公少年，相父起家。食不厭粗，衣不慕華。父死我在，事靡有他。或費或嗇，先志未遐。欲知其人，視其家道。以其餘力，發爲辭藻。兩登薦書，門戶華好。迄用有成，難弟敏妙。家日昌矣，而弟遽亡。凝有遺責，幷此乎當。同時孰在，彼俊者郎。筆硯其間，而視茫茫。既老未休，心非外慕。不耋之嗟，莫求其故。縱不尊榮，終此大數。無寧少留，觀我常度。唯公平生，皎然不欺。質直敢前，恭儉自持。無疾而逝，胡寧有疑。死生大矣，不足與移。某獨何爲，感念昔者。託我以女，匪其可且。幸能謀食，於道未也。晚蒙公知，異禮是假。言疏意拙，忠故不捨。二十年間，付之土苴。持此丹心，對越泉水。尙想音容，酒傾淚灑。」

九月十五日，壽朱元晦。

【文集卷十七】《水調歌頭》云：「人物從來少，籬菊爲誰黃？去年今日倚樓，還是聽行藏。未覺霜風無賴，好在月華如水，心事楚天長。講論參洙泗，杯酒到陶唐。人未醉，歌宛轉，擧悠揚。太平胸次，笑他磊磈欲成狂。且向武夷深處坐，對雲烟開斂，逸思入微茫。我欲爲君壽，何許得新腔？」

十一月，弟子錢廓死（《錢叔因墓誌銘》，文集卷二十八）。

是年冬，有京口之行。

【文集卷二十一】《與尤延之侍郎書》云：「比留臨安二十日，不敢數造台屏，非欲自取疏外，正以極暑必非樂客之時，不敢不識去就耳。匆匆告違，星夜便宿退居。次早即絕江。懷仰道誼，夢寐以之。侍郎又復兼領劇曹，上所委屬，眷意日隆，東西二府，非公莫宜也。鈍滯無用之人，惟當拭目以觀天下太平耳。林黃鐘得郡之明日，朱元晦得祠，廟堂行遣，甚愜人意。然元晦日以老矣，世念淡然，時賢不應終置也。幾仲、正則聞欲求外，周丈獨當政柄，何以使賢者至此乎？君擧邈然與蠻夷爲鄰，鬢毛班班，知舊滿前，而莫或念之，此固其命也。亮衰落至此，不復與世人較是非。苟可以竊旦暮之安，何氣之足論？但不容其安，而亦莫念之，此其苦殆不可言耳。亮仲冬將復有京口之行，道出修門，自當請謁。未間，敢冀崇護寢餗，以對冕旒異常之眷。亮不任至禱。」

淳熙十一年甲辰，四十二歲。

二次入獄。

【《水心集》卷二十四】《陳同甫王道甫墓誌銘》云：「鄉人爲宴會，末胡椒特置同甫羹胾中，蓋村俚敬待異禮也。同坐者歸而暴死，疑食異味有毒。已入大理獄矣。」

【文集卷二十七】《陳春坊墓誌銘》云：「甲辰之春，余以藥人之誣，就逮棘寺，更七八十日而不得脱獄。」

【文集卷二十八】《錢叔因墓誌銘》云：「甲辰之春，余亦顛倒禍患。」

五月二十五日，脱獄。

【文集卷二十】《又甲辰答朱元晦書》云：「五月二十五日，亮方得離棘寺而歸，偶在陳一之架閣處，逢一朱秀才，云：方自門下來，嘗草草附數字。到家，始見潘叔度兄弟遞到四月間所惠教，發讀恍然，時猶未脱獄也。訊後遂見秋深，伏惟燕居有相，台候動止萬福（王本無「訊後」至「萬福」二十字）。比過紹興，方見精舍雜詠，所謂《櫂歌》者。自宇宙而有茲山，卻賴羊叔子，以發洩其光輝矣。恨不得從容其間，以聽餘論，略分山水之餘味以歸（一作「皈」），徒切健仰而已。韓記陸詩，亦見錄本。深自嘆姓字日以湮沒，筆力日以荒退，不能以言語附見諸公之後塵，爲可愧耳。張果老下驢兒，豈復堪作推磨用？已矣，無可言者。司馬遷有言：『貧賤未易居，下流多謗議。』因來教而深有感（王本無

「因來」至「有感」八字）焉。亮之生於斯世也，如木出於嵌巖嶔崎之間，奇蹇艱澀，蓋未易以常理論。而人力又從而掩蓋磨滅之，欲透復縮，亦其勢然也。亮二十歲時，與伯恭同試漕臺，所爭不過五六歲。亮自以姓名落諸公間，自負不在伯恭後。而數年之間，地有（王本無「地有」二字）肥磽雨露之養，人事之不齊，伯恭遂以道德爲一世師表。而亮陸沉殘破，行不足以自見於鄉閭，文不足以自奮於場屋，一旦遂坐于百尺樓下，行路之人，皆得以挨肩疊足，過者不看，看者如常，獨亮自以爲死灰有時而復然也。伯恭晚歲，亦念其憔悴可憐，欲扶拭而俎豆之，旁觀皆（「皆」，王本作「者」）爲嬉笑，已而嘆駭，已而怒罵，雖其徒甚（「甚」，一本作「其」）親近者，亦皆睨視不平。或以爲兼愛太泛，或以爲招合異類，或以爲稍殺其爲惡之心，或以爲不遺疇昔雅故。而亮又戲笑玩侮於其間，謗議沸騰，譏刺百出，亮又爲之揚揚焉以資一笑。凡今海內之所以云云者，大略皆出於此耳。伯恭晚歲，於亮尤好，蓋亦無所不盡，箴切誨戒，書尺具存。顏淵之犯而不校，淮陰侯之俛出袴下，俗諺所謂赤梢鯉魚，齏甕可以浸殺，王坦之以爲天下之寶，當爲天下惜之，所謂克己復禮者，蓋無一時不以爲言。亮不能一一敬遵其戒，則有之，而來諭謂伯恭相處於法度之外，欲有所言，必委曲而後敢及，則當出於其徒之口耳。如亮今歲之事，雖有以致之，然亦謂之不幸可也。當路之意，主於治道學耳。亮濫膺無鬚之禍，初欲以殺人殘其命，後欲以受賂殘其軀，推獄（「獄」，王本作「鞫」。）百端搜尋，竟不得一毫之罪，而撮其投到狀一言之誤，坐以異同之罪，可謂吹毛求疵之極矣。最好笑者，獄司深疑其挾監司之勢，鼓合州縣以求賂。亮雖不肖，然口說得，手去得，本非閉眉合眼，朦瞳（「朦瞳」，王本作「懜懞」）精神，以自附於道學者也。若其眞好賄者，自應用其口手之力，鼓合世間一等官人，相與爲私，孰能禦者？何至假秘書諸人之勢，干與州縣以求賄（賄一本作「賂」）哉？獄司吹毛求疵，若有纖毫近似，亦不能免其軀矣。亮昔嘗與伯恭言：『亮口誦墨翟之言，身從揚朱之道，外有子貢之形，內有原憲之實。』亮之居鄉，不但外事不干與，雖世俗以爲甚美，諸儒之所通行，如社倉義役及賑濟等類，亮力所易及者，皆未嘗有分毫干涉。只是口嘮噪，見人說得不切事情，便喊一響（「響」，王本作「晌」，又一本作「餉」），一似曾干與耳。凡亮今日之坐謗者，皆其虛影也。惟經獄司鍛鍊，方知是虛。然亮自念，有虛形而後有虛影，不恤世間毀譽怨謗，雖可以自立，亦可以招禍。今年取金印如斗大，周伯仁猶以此取禍於王茂弘。」

【附】朱元晦來書云：「比忽聞有意外之禍，甚爲驚歎。方念未有相爲致力處，又聞已遂辨白而歸，深以爲喜。人生萬事，真無所不有也。比日久雨蒸鬱，伏惟尊候萬福。歸來想諸況仍舊，然凡百亦宜痛自收斂。此事合說多時，不當至今日遲鈍不及事，固爲可罪。然觀老兄平時，自處於法度之外，不樂聞儒生禮法之論。雖朋友之賢如伯恭者，亦以法度之外相處，不敢進其逆耳之論，每有規諷，必宛轉回互，巧爲之説，然後敢發。平日狂妄，深竊疑之，以爲愛老兄者，似不當如此，方欲俟後會從容面罄其説，不意罷逐之遽，不及盡此懷也。今茲之故，雖不知所由，或未必有以召之，然平日之所積，似亦不爲無以集衆尤而信讒口者矣。老兄剛決高明，決非吝於改過者，願以愚言思之。絀去義利雙行、王霸並用之説，而從事於懲忿窒慾，遷善改過之事，粹然以醇儒之道自律，則豈獨免於人道之禍？而其所以培壅本根，澄源正本，爲異時發揮事業之地者，益光大高明矣。荷相與之厚，忘其狂率，敢盡布其腹心，雖不足以贖稽緩之罪，然或有補於將來耳。不審高明以爲何如？悚仄，悚仄。」

又《與尤延之書》云：「陳同甫近得書，大言如昨。亦力勸之，令其稍就斂退。若未見信，即後日之患，猶或有甚於此者，甚可念也。」（《朱子大全文集》卷三十七，頁二十六）

又《答陳同甫》云：「昨聞洶洶，嘗託叔度致書奉候，時猶未知端的，不能無憂。便中忽得五月二十六日所示字，具審曲折，喜不可言。且得脱此虎口，此外是非得失，置之不足言也。林叔和過此，又得聞其事首末尤詳，是亦可歎也。已還家之後，諸況如何？所謂『少林面壁』，老兄決做不得。然亦正不當如此。名敎中自有安樂處。區區所願言者已具之前書矣。大率世間議論，不是太過，即是不及，中間自有一條平穩正當大路，卻無人向上頭立腳，殊不可曉。老兄聰明非

他人所及，試一思愚言，不可以爲平平之論而忽之也。偶有便，匆匆，未暇索言。」（《朱子大全集》卷三十六，頁二十一）

六月二日到家。一日，復遇強盜於途。

【文集卷二十】《甲辰答朱元晦書》云：「自六月二日歸到家，方欲一切休形息影。而一富盜乘其禍患之餘，因亮自妻家回，聚衆欲笞殺之，其幸免者天也。不知今年是何運數，自是雖門亦不當出矣。」

【文集同卷】《乙巳與朱元晦書》云：「自棘寺歸，閉門不與人交往。以妻弟之故，一出數日，便爲凶徒聚衆數十人而欲殺之。一命存亡，僅絲髮許。而告之州縣，漠然不應。不知今年是何運數！事發之五日，頭重而不可扶，眼閉而不可擘，冥心靜念，以一死決不免矣。」

【文集卷二十八】《庶弟昭甫墓誌銘》云：「嗟乎冤哉！疇昔之年，當路欲置我於死地，病餘而繼以繫囚，坐天獄如坐井，雖生能幾何？扶持左右，始未惟汝。未幾，爲小盜邀而欲殺之於路，卒能使薄正其罪。獨汝爲有奔走之勞。」

【文集卷十九】《與章德茂侍郎書》云：「秋中參謁，政以拜違台光逾半年，冀以釋崇仰之懷，且慶禁林之拜，爲兩地之驗。區區承教之心本不淺，乃以妻弟之撓，早夜不得安，以此遂失其始圖。且煩台慈講過厚之禮，而不得終享台意，負負何言。匆匆告違，又逾一月，四望台閎，第劇耿耿。侍郎開豁亮直，足以起士氣，高明遠達，足以壯天朝，此輿論之所共歸，不獨遊從之私也。主上有北向爭天下之志，而羣臣不足以望清光，使此恨磊磈而未釋，庸非天下士之恥乎！世之知此恥者少矣，願侍郎爲君父自厚，爲四海自振，使已棄無用之人，時得一見，時通一書，發胸中之掃滅未盡者，豈不幸甚！」

爲朱元晦作《相贊》（無攷）。

《朱晦庵畫像贊》：「體備陽剛之純，氣含喜怒之正。睟面盎背，吾不知其何樂？端居深念，吾不知其何病？置之釣臺捺不住，寫之雲臺捉不定。天地之生久矣，以聽上帝之正命。」（文集卷十）

答朱元晦書，爲漢唐之辨。

【文集卷二十】《甲辰答朱元晦書》云：「研窮義理之精微，辨析古今之同異，原心於秒忽，較禮於分寸，以積累爲功，以涵養爲正，睟面盎背，則亮於諸儒誠有愧焉。至於堂堂之陣，正正之旗，風雨雲雷交發而並至，龍蛇虎豹變見而出沒，推倒一世之智勇，開拓（「拓」，王本作「擴」）萬古之心胸；如世俗所謂粗塊大臠，飽有餘而文不足者，自謂差有一日之長。而來教乃有義利雙行、王霸並用之說，則前後布列區區，宜其皆未見悉也。海內之人，未有如此書之篤實眞切者，豈敢不往復自盡其說，以求正於長者！自孟、荀論義利王霸，漢、唐諸儒，未能深明其說，本朝伊洛諸公，辯析天理人欲，而王霸義利之說，於是大明。然謂三代以道治天下，漢、唐以智力把持天下，其說固已不能使人心服。而近世諸儒，遂謂三代專以天理行，漢、唐專以人欲行，其間有與天理暗合者，是以亦能久長。信斯言也，千五百年之間，天地亦是架漏過時，而人心亦是牽補度日，萬物何以阜蕃，而道何以常存乎？故亮以爲漢、唐之君，本領非不洪大開廓，故能以其國與天地並立，而人物賴以生息。惟其時有轉移，故其間不無滲漏。曹孟德本領一有蹺欹，便把捉天地不定，成敗相尋，更無着手處，此卻是專以人欲行，而其間或能有成者，有分毫天理行乎其間也。諸儒之論，爲曹孟德以下諸人設可也，以斷漢、唐，豈不寃哉？高祖、太宗豈能心服於冥冥乎？天地鬼神亦不肯受此架漏。謂之雜霸者，其道固本於王也。諸儒自處者，曰義曰王，漢、唐做得成者，曰利曰霸。一頭自如此說，一頭自如彼做，說得雖甚好，做得亦不惡，如此卻是義利雙行，王霸並用。如亮之說，卻是直上直下，只有一箇頭顱，做得成耳。向來十論，大抵敷廣此意。只如太宗，亦只是發他英雄之心，誤處本秒忽，而後斷之以大義，豈在其爲霸哉？發出三綱五常之大本，截斷英雄差誤之幾微，而來諭乃謂其非三綱五常之正，是殆以人觀之，而不察其言也。王霸策問，蓋亦如此耳。夫人之所以與天地並立爲三者，以其有是氣也（王本無「耳夫」至「氣也」二十字，又一本無「並立」至「也」十一字），孟子終日言仁義，而與公孫丑論勇一段，如此之詳，又自發爲浩然之氣，蓋擔當開廓不去，則亦何有於仁義哉？氣不足以充其所知，才不足以發其所能，守規矩準繩，而不敢有一毫走作，傳先民之說，而後學有所持循，此子夏所以分出一門而謂之儒也。成人之道，宜未盡於此。故後世所謂有才而無德，有智勇而無仁義者，皆出於儒者之口。才德雙行，智勇仁義交出而並見者，豈非諸儒有以引之乎？故亮以爲學者，學爲成人，而儒者亦一門戶中之大者耳。秘書不教以成人之道，而教以醇儒自律，豈揣其分量則止於此乎？不然，亮猶有遺恨也。狂瞽輒發，要得心膽盡露，可以刺剟而補正之耳。秘書勿以其狂而廢其往復，亦若今世相待之淺也。亮亦非縷縷自明者也，痛念二三十年之間，諸儒學問，各有長處，本不可以埋沒，而人人須着些針線，其無針錢者，又卻輕佻，不是屈頭肩大擔的人。所謂至公血誠者，殆只有其說耳。獨秘書傑特崇深，負孔融、李膺之氣，有霍光、張昭之重，卓然有深會於亮心者，故不自知其心之惓惓，言之縷縷也。去年承惠《李贊皇集》，令評其人，且欲與春秋戰國何人爲比。此公幹略威重，唐人罕有其比，然亦積穀做米，把纜放船（「船」，王本作「舡」）之人耳。遇事雖打疊得下，胸次尙欠恢廓，手段尙欠跌蕩，其去姚元崇（「崇」，王本作「之」）尙欠三兩級，要亦唐之人物耳，何暇論夫春秋戰國哉？管敬仲、王景略之不作久矣，臨染不勝浩嘆之至！」

朱元晦答書云：「示諭縷縷，殊激懦衷。以老兄之高明俊傑，世間榮悴得失，本無足爲動心者。而細讀來書，似未免有不平之氣。區區竊獨妄意，此殆平日才太高，氣太銳，論太險，跡太露之過。是以困於所長，忽於所短，雖復更歷變故，顛沛至此，而猶未知所以反求之端也。嘗謂天理人欲二字，不必求之於古今王伯之迹，但反之於吾心義利邪正之間。察之愈密，則其見之愈明；持之愈嚴，則其發之愈勇。孟子所謂浩然之氣者，蓋斂然於規矩準繩不敢走作之中。而其自任以天下之重者，雖賁育莫能奪也，是豈才能血氣之所爲哉？老兄視漢高帝、唐太宗之所爲，而察其心，果出義耶，出於利耶？出於邪耶，正耶？若高帝，則私意分數，猶未甚熾，然已不可謂之無；太宗之心，則吾恐其無一念之不出於人欲也。直以其能假仁借義，以行其私，而當時與之爭者，才能智術，皆出其下，又不知有仁義之可飾，是以彼善於此，而得以成其功耳。若以其能建立國家，傳世久遠，便謂其得天理之正；此正是以成敗論是非，但取其獲禽之多，而不羞其詭遇之不出於正也。千、五百年之間，正坐如此，所以只是架漏牽補過了時日。其間雖或不無小康，而堯、舜、三王、周公、孔子所傳之道，未嘗一日得行於天地之間也。若論道之常存，卻又初非人所能預。只是此箇，自是亘古亘今，常在不滅之物，雖千五百年被人作壞，終殄滅它不得耳。漢、唐所謂賢君，何嘗有一分氣力扶助得他耶？至於儒者成人之論，專以儒者之學爲出於子夏，此恐未可懸斷。而子路之問成人，夫子亦就其所及而告之，故曰亦可以爲成人，則非成人之至矣。爲子路，爲子夏，此固在學者各取其性之所近。然臧武仲、卞莊子、冉求中間插一箇孟公綽，齊手竝腳，又要文之以禮樂，亦不是管仲、蕭何以下規模也。老兄人物，奇偉英特，恐不但今日所未見。向來得失長短，正自不須更掛齒牙，向人分說。但鄙意更欲賢者百尺竿頭，進取一步，將來不作三代以下人物，省得氣力爲漢、唐分疏，即更脱灑磊落耳。李、孔、霍、張，則吾豈敢，然夷吾、景略之事，亦不敢爲同甫願之也。大字甚荷不鄙。但尋常不欲爲寺觀寫文字，不欲破例。此亦拘儒常態，想又發一笑也。寄來紙卻寫張公集句座右銘去，或恐萬一有助於積累涵養，睟面盎背之功耳。」（《朱子大全集》卷三十六，頁二十三）

是歲，曾一至會稽，訪韓子師於和平山間。甲辰朱元晦答書云：「聞曾到會稽，曾遊山否？越中山水氣象，終是淺促，意思不能深遠也。武夷亦不至甚好，但近處無山，隨分占取，做自家境界。春間至彼，山高水深，紅綠相映，亦自不惡。」（《朱集》卷三十六）《丙午與辛幼安殿撰》：「前年曾訪子師於和平山間，今亦甚念，走上饒，因入崇安」云云（文集卷二十一）。

甲辰，壽朱元晦（文集卷十七）。

《蝶戀花》：「手撚黃花還自笑。笑比淵明，莫也歸來早。隨世功名混草草。五湖卻共繁華老。冷淡家主寃得道。旖旎妖嬈，春夢而今覺。管今歲華須到了，此花之後花應少。」

文錄：《孫天誠墓誌銘》、《錢叔因墓誌銘》。

淳熙十二年乙巳，四十三歲。

是歲，仍舊教書。貧病交攻，更無一日好況（《與王丞相》，文集卷十九）。

【文集卷二十一】《與朱元晦秘書書》

云：「世途日狹，亮又一身不着行戶，宜其宛轉陷於荆榛，而無已時也。今年不免聚三二十秀才，以教書爲行戶。」一寫定《類次文中子序引》，作《書後》，并輯《附錄》。

【文集卷十四】《類次文中子引》云：「初，文中子講道河汾，門人咸有記焉。其高弟若董常、程元、仇璋，蓋常參取之矣。薛收、姚義，始綴而名之曰《中說》，凡一百餘紙，無篇目卷第，藏王氏家。文中子亞弟凝，晚始以授福郊、福時，遂次爲十篇，各舉其端二字以冠篇首，又爲之叙篇焉。惟阮逸所注本有之。至龔鼎臣得唐本於齊州李冠家，則以甲乙冠篇，而分篇始末皆不同，又本文多與逸異。然則分篇叙篇，未必皆福郊、福時之舊也。昔者孔氏之遺言，蓋集而爲《論語》。其一多論學，其二多論政，其三多論禮樂，自記載之書，未嘗不以類相從也。此書類次無條目，故讀者多厭倦。余以暇日，參取阮氏、龔氏本，正其本文，以類相從，次爲十六篇。其無條目可入，與凡可略者，往往不録，以爲王氏正書。蓋文中子沒於隋大業十三年五月，是歲十一月，唐公入關。其後攀龍附鳳以翼成三百載之基業者，大略常往來河汾矣。雖受經未必盡如所傳，而講論不可謂無也。然知不足以盡知其道，而師友之義未成，故朝論有所不及。不然，諸公豈遂忘其師者哉？及陸龜蒙、司空圖、皮日休諸人，始知好其書。至本朝阮氏、龔氏，遂各以其所得本爲之訓義，考其始末，要皆不足以知之也。獨伊川程氏以爲隱君子，稱其書勝荀、揚，荀、揚非其倫也，仲淹豈隱者哉？猶未爲盡仲淹者。自周室之東，諸侯散而不一，大抵用智於尋常，爭利於毫末，其事微淺而不足論。齊威一正天下之功大矣，而功利之習，君子羞道焉。及周道既窮，吴、越乃始稱霸於中國。《春秋》，天子之事，聖人蓋有不得已焉者。戰國之禍慘矣，保民之論，反本之策，君民輕重之分，仁義爵祿之辨，豈其樂與聖人異哉？此孟子所以通《春秋》之用者也。故事半古之人，功必倍之，孟子固知夫事變之極，仁義之驟用，而效見之易必也，紀綱之略備，而民心之易安也。漢高帝之寬簡，而人紀賴以再立；魏武之機巧，而天地爲之分裂者十數世。此其用具之《春秋》，著之《孟子》，而世之君子，不能通之耳。故夫功用之淺深，三才之去就，變故之相生，理數之相乘，其事有不可不載，其變有不可不備者。往往汩於記注之書，天地之經，紛紛然不可以復正，文中子始正之。續經之作，孔氏之志也，世胡足以知之哉？經曰：『天地設位，聖人成能。』傳曰：『天下之生久矣，一治一亂。』是以類次《中説》而竊有感焉。淳熙乙巳十一月既望，永康陳亮書。」（一本無末五字）

【文集卷十六】《書類次文中子後》云：「以《中説》方《論語》，以董常比顔子；與門人言，而名朝之執政者；與老儒老將言，而斥之無婉詞，此讀《中説》者之所同病也。今按阮氏本則曰：『嚴子陵釣於湍石，爾朱榮控勒天下，故君子不貴得位。』龔氏本則曰：『嚴子陵釣於湍石，民到於今稱之，爾朱榮控勒天下，死之日，民無得而稱焉。』故模倣《論語》者，門人弟子之過也。龔氏本曰：『出而不聲，隱而不沒，用之則成，舍之則全。』阮氏本則因董常而言，終之曰：『吾與爾有矣。』故比方顏子之迹，往往過多。內史薛公使遺書於予，予（兩「予」字一本作「子」）再拜而受之。推此心以往，其肯退而名楊素諸公哉？』薛公謂予（「予」一作「子」）曰：『吾文章可謂淫溺矣。』予（一本亦作「子」）離席而拜曰：『敢賀丈人之知過也。』謂其斥劉炫、賀若弼而不婉者過矣。至於以佛爲聖人，以無至無迹爲道，以五典潛、五禮錯爲至治，此皆撰集《中說》者抄入之，將以張大其師，而不知反以爲累。然仲淹之學，如日星炳然，豈累不累之足云乎？姑以明予類次之意如此。」

【文集同卷】《書文中子附錄後》云：「《文中子世家》，阮氏本以爲杜淹撰，龔氏本則曰福畤。福畤，福郊也？今雖不可考，而世家不可不錄，故存其錄而去其人。房、魏論禮樂，事出於福畤所錄，雖其間語言不能無飾，然參考太宗與諸公經營當時之事，宜必有此，今備存之，重去其舊也。以余觀之，魏徵、杜淹之於文中子，蓋嘗有師友之義矣，如房、杜直往來耳。故嘗事文中子於河汾者，一切抄之，曰門人弟子。其家子弟，見諸公之盛也，又從而實之。夫文中子之道，豈待諸公而後重哉？可謂不知其師其父者也。關子明之筮，同州府君實書而藏之，備其本末者，亦福時也。世往往以其筮爲怪，《易》有理有數，數出於理者也，得其理足以知百世之變，明其數足以計將來之事，而又何怪焉？如子明之論人謀天命，有世儒生之所不及知者。文中子家世之明王道，子明蓋有助焉，龔氏安得以私意易之哉？故存此三書，曰《文中子附録》。」

復祖田二百畝。

【文集卷二十】《答朱元晦秘書書》云：「有田二百畝，皆先祖先人之舊業，嘗屬之他人矣，今盡得之以耕。」

頗治苑囿亭宇。

【文集卷二十】《答朱元晦秘書書》云：「亮舊與祕書對坐處，横接一間，名曰燕坐。前行十步，對柏屋三間，名曰抱膝。接以秋香海棠，圍以竹，雜以梅，前植兩檜兩柏，而臨一小池，是中眞可老矣。葉正則爲作《抱膝吟》二首，君舉作一首，詞語甚工。然猶說長說短，說人說我，未能盡暢抱膝之意也。同床各做夢，周公且不能學得，何必一一說到孔明哉？亮又自不會吟得，使此耿耿者無以自發。秘書高情傑句，横出一世。爲亮作兩吟：其一爲和平之音，其一爲悲歌慷慨之音。使坐此屋而歌以自適，亦如常對晤也。去僕已別（王本無「别」字）賫五日糧，令在彼候五七日不妨。千萬便爲一作，至懇至懇！抱膝之東側，去五七步，作一杉亭，頗大，名曰小憩。三面臨池，兩旁植以黄菊。後植木樨八株，四黄四丹。更植一大木樨於其中。去亭可十步，池之上爲橋，屋三間，兩面皆着亮窗，名曰舫齋。過池可十四五步地，即一大池。池上作赤水堂三間。

又作箔水，正臨大池。池可三十畝。池旁又一小池。小池之旁，即驛路。去驛路百步，有一古松，甚大而茂，當是七八十年之松。赤水堂正對之，名曰獨松堂。堂後爲宇廊一間，中有大李樹。兩旁爲小廊，分趨舫齋。小廊之兩旁，即植桃。堂之兩旁，爲小齋以憩息，環植以竹。獨松堂尋赤水堂，土木未足，度與舫齋皆至秋可成。杉亭之池，如偃月。西一頭既作柏屋（「柏屋」之間，王本有「臺」字），東一頭當作六柱榧亭一間，名曰臨野。正西岸上，稍幽，作一小梓亭於其上，名曰隱見。更去西十步，即作小（王本無「作」字，又一本「作小」二字作「竹木」二字）書院十二間。前又臨一池，以爲秀才讀書之所。度二年皆可成也。兩池之東，有田二百畝。田之上有小坡，爲園二十畝。先作小亭，臨田，名曰觀稼。他時又可作一小圃，今且（「且」一本作「日」）植竹，餘未有力也。此小坡亮所居屋正對之。屋之東北，又有園二十畝，種蔬植桃李而已。『樓臺側畔楊花過，簾幙中間燕子飛』，可只作富貴者之事乎？魏公座右銘荷見教，非欲示人，而見者輒奪去，豈但妙畫爲人所寶愛，當是荒懶者無份當得此教耳。六（一本「六」上有「十」字）大字不敢强。今以妻父之葬，輒欲求六大字以光墓上。男子不敢犯分以求，而荆婦心欲其夫轉以爲請，此於理宜可許也，願便（「便」，一本作「使」）得之，爲禱。亮并欲求抱膝、燕坐、小憩六大字，干冒但劇煌恐。納紙六幅，恐不中則，書室自斥寫之，良妙。胸中所懷千

萬，而一見終未可期。已經新元，伏惟燕居有相，台候萬福。」（王本無「恐不中則」以下三十九字）

【附】朱元晦書云：「人至，忽奉誨示，獲聞即日春和，尊候萬福，感慰并集。且聞葺治園亭，規模甚盛，甚恨不得往同其樂，而聽高論之餘也。『樓臺側畔楊花過，簾幕中間燕子飛』，只是富貴者事，做沂水舞雩意思不得，亦不是躬耕隴畝、抱膝長嘯底氣象。却是自家此念未斷，便要主張將來做一般看了。竊恐此正是病根，與平日議論同一關捩也。二公詩皆甚高，而正則摹寫尤工，卒章致意尤篤，令人嘆息，所惜不曾向頂門上下一針，猶落第二義也。座右銘固知在所鄙棄，然區區寫去之意，却不可委之他人，千萬亟爲取以見還爲幸，自欲投之水火也。它所誨諭，其説甚長。偶病眼數日未愈，而來使留此頗

久，告歸甚亟，不免口受小兒，別紙奉報，不審高明以爲何如？」（《朱子大全集》卷三十六）

【文集卷二十】《乙巳又書》云：「樓臺側畔楊花過，簾幕中間燕子飛，當時論者，以爲貧人安得此景致。亮今甚貧，疑此景之可致，故以爲可只作富貴者之事業？而來諭便謂做沂水舞雩意思不得，亦不是抱膝長嘯底氣象。如此，則咳嗽亦不可矣。」

【附】葉水心《陳同甫抱膝齋》二首。其一：「昔人但抱膝，將軍擁和鸞。徒知許國易，未信藏身難。功雖愆晚歲，譽已塞世間。今人但抱膝，流俗忌長嘆。儒士所不傳，羣士欲焚删。譏訶致囚箠，一飯不得安。珠玉無先容，松柏有後艱。内窺深深息，仰視冥冥翰。勿要兩髀消，且令四

體胖。徘徊復徘徊，夜雪迷前山。」

其二：「音駭則難聽，問駭則難答。我欲終言之，復恐來撙沓。培風鵬未高，弱水海不納。匹夫負獨志，經史考離合。手捩二千年，柔條起衰颯。念烈儻天回，意大須事匝。偶然不施用，甘盡齋中榻。寧爲楚人弓，亡矢任挽搭。莫作隋侯珠，彈射墜埃塩。」（《水心集》）

與朱元晦復爲漢唐之辨。

【文集卷二十】《與朱元晦秘書書》云：「去秋辱答教，委曲具盡，足見長者教人不倦之意。謂亮書中有不平之氣，則誠有之矣。……負一世之謗，頽（一本作「頑」）然未嘗自辯，設（「設」，一本作「數」，屬上讀）死後誰當爲我明之？……強作長者一書，冀死後有能明此心者耳，豈願自敷短長於門下哉？……丘宗卿亦受羣兒謗傷之言，半間半界，州府卒歸獄於趙穿。亮以此身之存而不復問矣（王本無「丘宗」至「問矣」三十四字）。……一面治小圃多植竹木，起數處小亭子。後年隨衆赴一省試，或可僥倖一名目，遮蔽其身，而後徜徉於園亭之間，以待盡矣。其他當一切付諸能者，暇時策杖，訪長者於武夷之山。盡布腹心，以求是正，留與千百年間做箇話說，亦庶幾不枉此一生一死矣。前書大略爲死計耳。紙末之論，蓋非小故，卻只略言之而未竟，宜煩來教之辨答也（王本無「前書」至「答也」三十二字）。朋友之論，多教亮以無多聒撓長者。雖然，懷不盡於長者之前，又似不用情，理之所在，豈宜如此但（一作「但」）已？願更一言之。昔者三皇五帝，與一世共安於無事。至堯而法度始定，爲萬世之法程。禹、啓始以天下爲一家而自爲之。有扈氏不以爲是也，啓大戰而後勝之。湯放桀於南巢而爲商，武王伐紂取之而爲周。武庚挾管、蔡之隙，求復故業。諸嘗與武王共事者，欲修德以待其自定，而周公違衆議，舉兵而後勝之。夏、商、周之制度，定爲三家，雖相因而不盡同也。五霸之紛紛，豈無所因而然哉？老、莊氏思天下之亂無有已時，而歸（一作「皈」）其罪於三王，而堯舜僅免耳。使若三皇五帝，相與共安（「安」，一本作「守」）於無事，則安得有是紛紛乎？其思非不審，而孔子獨以爲不然。三皇之化，不可復行，而祖述止於堯舜。而三王之禮，古今之所不可易，萬世之所當憲章也。芟夷史籍之繁詞，刊削流傳之訛謬，參酌事體之輕重，明白是非之疑似，而後三代之文，燦然大明，三王之心迹，皎然不可誣矣（「矣」，王本作「也」）。後世之君，徒知尊慕之，而學者徒知誦習之，而不知孔氏之勞，蓋如（「如」，一本作「若」）此也。當其是非未大明之時，老、莊氏之至心，豈能遽廢而不用哉？亮深恐儒者之視漢、唐，不免如老、莊當時之視三代也。儒者之說未可廢者，漢、唐之心迹未明也。故亮嘗有區區之意焉，而非其任耳。夫心之用有不盡，而無常泯，法之文有不備，而無常廢。人之所以與天地並立而爲三者，非天地常獨運，而人爲有息也；人不立，則天地不能以獨運，捨天地，則無以爲道矣。夫不爲堯存，不爲桀亡者，非謂其捨人而爲道也。若謂道之存亡，非人所能與，則捨人可以爲道，而釋氏之言不誣矣（王本無「而釋」以下七字）。使人人可以爲堯，萬世皆堯，則道豈不光明盛大於天下；使人人無異於桀，則人紀不可修，天地不可立，而道之廢亦已久矣。天地而可架漏過時，則塊然一物也。人心而可牽補度日，則半死半活之蟲也。道於何處而常不息哉？惟聖爲能盡倫，自餘於倫有不盡，而非盡欺人以爲倫也。惟王爲能盡制，自餘於制有不盡，而非盡罔世以爲制也。欺人者人常欺之，罔世者人常罔之，烏（「烏」，王本作「焉」）有欺罔而可以得人長世者乎？不失其馳，舍矢如破，君子不必於得禽也，而非惡於得禽也。範我馳驅，而能發必命中者，君子之射也；豈有持弓矢審固，而甘心於空返者乎？御者以正？而射者以手親眼便爲能，則兩不相值，而終日不獲一矣；射者以手親眼便爲能，而御者委曲馳驟以從之，則一朝而獲十矣。非正御之不獲一，射者之不以正也；以正御逢正射，則不失其馳，而舍矢如破，何往而不中哉？孟子之論不明久矣，往往反用爲迂闊不切事情者之地。亮非喜漢、唐獲禽之多也，正欲論當時御者之有罪耳。高祖、太宗，本君子之射也，惟御者之（「御者之」一作「御之者」）不純乎正，故其射一出一入，而終歸於禁暴戢亂，愛人利物而不可掩者，其本領宏大開廓故也。故亮嘗（「嘗」，王本作「常」）有言：『三章之約，非蕭、曹之所能教；而定天下之亂，又豈劉文靖之所能發哉？』此儒者之所謂見赤子入井之心也。其本領開廓，故其發處，便可以震動一世，不止如赤子入井時，微眇不易擴耳（「此儒」至「心也」十四字及「不止」至「擴耳」十五字，王本無之）。至於以位爲樂，其情猶可以察者，不得其位，則此心何所從發於仁政哉？以天下爲己物，其情猶可察者，不總之於一家，則人心何所底止？自三代聖人，固已不諱其爲家天下矣。天下大物也，不是本領宏大，如何擔當開廓得去？惟其事變萬狀，而眞心易以汨沒，到得失枝落節處，其皎然者，終不可誣耳。高祖、太宗及皇家太祖，蓋天地賴以常運而不息，人紀賴以接續而不墜，而謂道之存亡，非人之所能預，則過矣。漢、唐之賢君，果無一毫氣力，則所謂卓然不泯滅者，果何物耶？道非（王本無「道非」至「失而」三十五字）賴人以存，則釋氏所謂千劫萬劫者，是眞有之矣。此論正在（「在」，一本作「有」）於毫釐分寸處較得失，而心之本體，實非鬬飣輳合以成。此大聖人所以獨運天下者，非小夫學者之所能知。使兩程而在，猶當正色明辨，比（「比」，一本作「此」，屬上讀）見秘書與叔昌、子約書，乃言諸賢死後，議論蠭起，有獨力不能支之意。伯恭，曉人也，自其在時，固已知之矣。天地人爲三才，人生只是要做箇人。聖人，人之極則也，如聖人方是成人。故告子路者，則曰亦可以爲成人。來諭謂非成人之至，誠是也。謂之聖人者，於人中爲聖；謂之大人者，於人中爲大；纔立個儒者名字，固有該不盡之處矣。學者所以學爲人也，而豈必其儒哉？子夏、子張、子游，皆所謂儒者也，學之不至，則荀卿有某氏賤儒之說，而不及其他。《論語》一書，只告子夏以女爲君子儒，其他亦未之聞也。則亮之說，亦不爲無據矣。管仲儘合有商量處，其見笑於儒家亦多。畢竟總其大體，卻是個人，當得世界輕重有無，故孔子曰人也。亮之不肖，於今世儒者，無能爲役，其不足論甚矣，然亦自要做個人，非專狥管、蕭以下規摹也。正欲攬金銀銅鐵，鎔作一器，要以適用爲主耳。亦非專爲漢、唐分疏也，正欲明天地常運，而人爲常不息，要不可以架漏牽補度時日耳。夫說話之重輕，亦係其人，以祕書重德爲一世所尊仰，一言之出，人誰敢非？以亮之不肖，雖孔子親授以其說，纔過亮口，則弱者疑之，強者斥之矣。願祕書平心以聽，惟理之從，盡洗天下之横竪高下，清濁白黑，一歸之正道，無使天地有棄物，四時有剩運，人心或可欺，而千四五百年之君子，皆可蓋也。故亮嘗以爲得不傳（傳一本作「得」）之絶學者，皆耳目不洪，見聞不慣之辭也。人只是這個人，氣只是這個氣，才只是這個才；譬之金銀銅鐵，只是金銀銅鐵，練有多少，則器有精粗，豈其於本質之外，換出一般以爲絶世之美器哉？故浩然之氣，百鍊之血氣也，使世人爭騖高遠以求之，東扶西倒，而卒不（「不」，王本作「無」）着實而適用，則諸儒之所以引之者亦過矣。亮方治小屋宇，更無舉頭工夫。而新婦急欲爲其父遺人，倉卒具此，又未能究所懷。秘書必未肯遽以爲然，更三五往復，則其論定矣。亮亦不敢自以爲是也。

秘書毋惜極力鋪張以見教，論不到底，則彼此終有不盡之情耳。君舉年大而學不止。正則學識日以超穎，非復向時建寧相見之正則也。亮人品庸俗，本無山水好樂。此間亦無所謂山水可樂者，且於平地，粧點些子景致，所謂隨分春者是也。徐子材常相見。不獨有可用之材，而爲學之意方篤，亦甚思得一見長者，但要出不易耳。渠木約有便即作一書，偶亮遣人倉遽之甚，不暇更於五十里外取書。亮不敢拜壽之宣教專狀，計同台眷長少一一安寧，過庭以此示之爲幸。新婦兒女附拜再四起居。柑子一庵，內有眞柑五十枚，乃是黃巖柑。聞其味頗勝溫州者，亮不能別也。大栗乾者八斤，隨至輕浼，尙幸笑留。石天民此月二十三日赴上，未曾得相見。其貧日甚，而有力者念之不以情，今者得全家飽煖也。百冗中，西望武夷，如欲飛動。而祠祿之滿，又恐秘書復被牽出。一見定何時？千萬爲世道崇護。不任區區之禱。」（王本無「君舉」以下二百八十八字）

【附】朱元晦答書：「來教累紙，縱横奇偉，神怪百出，不可正視。雖使孟子復生，亦無所容喙，況愚昧蹇劣，又老兄所謂賤儒者，復安能措一詞於其間哉？然於鄙意實有所未安者，不敢雷同，曲相阿徇，請復陳其一二，而明者聽之也。來教云云，其說雖多，然其大概，不過推尊漢、唐，以爲與三代不異；貶抑三代，以爲與漢、唐不殊。而其所以爲說者，則不過以爲古今異宜，聖賢之事，不可盡以爲法，但有救時之志，除亂之功，則其所爲，雖不盡合義理，亦自不妨爲一世英雄。然又不肯說此不是義理，故又須說天地人並立爲三，不應天地獨運而人爲有息，今既天地常存，即是漢、唐之世，只消如此，已能做得人底事業，而天地有所賴以至今。其前後反覆，雖縷縷多端，要皆以證成此說而已。若熹之愚，則其所見，固不能不與此異。然於其間，又有不能不同。今請因其所同，而核其所異，則夫毫釐之差，千里之謬，將有可得而言者矣。來書『心無常泯，法無常廢』一段，乃一書之關鍵。鄙意所同，未有多於此段者也；而其所異，亦未有甚於此段者也。蓋有是人則有是心，有是心則有是法，固無常泯常廢之理。但謂之無常泯，即是有時而泯矣；無常廢，即是有時而廢矣。蓋天理人欲之並行，其或斷或續，固宜如此。至若論其本然之妙，則惟有天理，而無人欲。是以聖人之教人，必欲其盡去人欲而復全天理也。若心則欲其常不泯，而不恃其不常泯也。法則欲其常不廢，而不恃其不常廢也。所謂人心惟危，道心惟微，惟精惟一，允執厥中者，堯、舜、禹相傳之密旨也。夫人自有生而梏於形體之私，則固不能無人心矣；然而必有得於天地之正，則又不能無道心矣。日月之間，二者並行，迭爲勝負，而一身之是非得失，天下之治亂安危，莫不繫焉。是以欲其擇之精，而不使人心得以雜乎道心；欲其守之一，而不使天理得以流於人欲。則凡其所行，無一事之不得其中，而於天下國家，無所處而不當。夫豈在人心之自危，而以有時而泯者爲當然；任道心之自微，而幸其須臾之不常泯也哉？夫堯、舜、禹之所以相傳者既如此矣，至於湯、武則聞而知之，而又反之以至於此者也。

夫子之所以傳之顔淵、曾參者此也，曾子之所以傳之子思、孟某者亦此也。故其言曰：「一日克己復禮，天下歸仁焉。」又曰：『吾道一以貫之。』又曰：『道不可須臾離也，可離非道也。是故，君子戒慎乎其所不睹，恐懼乎其所不聞。』又曰：『其爲氣也，至大至剛，以直養而無害，其塞乎天地之間。』此其相傳之妙，儒者相與謹守而共學焉，以爲天下雖大，而所以治之者不外乎此。然自孟子既没，而世不復知有此學。一時英雄豪傑之士，或以資質之美，計慮之精，一言一行，偶合於道者，蓋亦有之，而其所以爲之田地根本者，則固未免乎利欲之私也。而世之學者，稍有才氣，便自不肯低心下意，做儒家事業，聖學功夫。又見有以一種道理，不要十分是當，不礙諸般作爲，便可立大功名，取大富貴，於是心以爲利争欲慕而爲之；然又不可全然不顧義理，便於此等去處，指其須臾之間偶未泯滅底道理，以爲只此便可與堯舜三代比隆，而不察其所以爲之田地根本者之無有是處也。夫三才之所以爲三才者，固未嘗有二道也。然天地無心，而人有欲，是以天地之運行無窮，而在人者有時而不相似。蓋義理之心頃刻不存，則人道息；人道息，則天地之用，雖未嘗已，而其在我者則固即此而不行矣。不可但見其穹然者常運乎上，頽然者常在乎下，便以爲人道無時不立，而天地賴之以存之驗也。夫謂道之存亡在人，而不可舍人以爲道者，正以道未嘗亡，而人之所以體之者有至有不至耳。非謂苟有是身，則道自存，必無是身，然後道乃亡也。天下固不能人人爲堯，然必堯之道行，然後人紀可修，天地可立也。天下固不能人人皆桀，然亦不必人人皆桀而後人紀不可修，天地不可立也。但主張此道之人，一念之間，不似堯而似桀，即此一念之間，便是架漏度日，牽補過時矣。且曰，心不常泯，而未免有時之或泯，則又豈非所謂半生半死之蟲哉？蓋道未嘗息而人自息之，所謂非道亡也，幽、厲不由也，正謂此耳。惟聖盡倫，惟王盡制，固非常人所及。然立心之本，當以盡者爲法，而不當以不盡者爲準。故曰不以舜之所以事堯事君，不敬其君者也；不以堯之所以治民治民，賊其民者也。而況謂其非盡欺人以爲倫，非盡罔世以爲制，是則雖以來書之辯，固不謂其絶無欺人罔世之心矣。欺人者人亦欺之，罔人者人亦罔之，此漢、唐之治，所以雖極其盛，而人不心服，終不能無愧於三代之盛時也。夫人只是這個人，道只是這個道，豈有三代、漢、唐之别？但以儒者之學不傳，而堯、舜、禹、湯、文、武以來轉相授受之心不明於天下，故漢、唐之君，雖或不能無暗合之時，而其全體却只在利欲上。此其所以堯、舜、三代自堯、舜、三代，漢祖、唐宗自漢祖、唐宗，終不能合而爲一也。今若必欲撤其限隔，無古無今，則莫若深考堯、舜相傳之心法，湯、武反之之功夫以爲準則，而求之身；復就漢祖、唐宗心術微處，痛加繩削，取其偶合而察其所自來，黜其悖戾而容其所從起。庶幾天地之常經，古今之通義，有以得之於我，不當坐談既往之迹，追飾已然之非，便指其偶同者以爲全體，而謂其真不異於古之聖賢也。且如約法三章固善矣，而卒不能除三族之令，一時功臣，無不夷滅。除亂之志固善矣，而不免竊取宮人，私侍其父。其他亂倫逆理之事，往往皆身犯之。蓋舉其始終而言，其合於義理者常少，而其不合者常多；合於義理者常小，而其不合於義理者常大。但後之觀者，於此根本功夫自有欠闕，故不知其非，而以爲無害於理，抑或以爲雖害於理，而不害其獲禽之多也。觀其所謂學成人而不必於儒，攬金銀銅鐵爲一器，而主於適用，則亦可見其立心之本在於功利，有非辯説所能文者矣。夫成人之道，以儒者之學求之，則夫子所謂成人也。不以儒者之學求之，則吾恐其畔棄繩墨，脱略規矩，進不得爲君子，退不得爲小人，正如攬金銀銅鐵爲一器，不惟壞却金銀，而銅鐵亦不得盡其銅鐵之用也。荀卿固譏游、夏之賤儒矣，不以大儒目周公乎？孔、孟固稱管仲之功矣，不曰小器而不知禮乎？人也之説，古注得之。若以管仲爲當得一個人，則是以子産之徒，爲當不得一個人矣。聖人詞氣之際，不應如此粗厲而鄙也。其他瑣屑，不能盡究。但不傳之絶學一事，却恐更須討論，方見得從上諸聖相傳心法，而於後世之事有以裁之，而不失其正。若不見得，却是自家耳目不高，聞見不的。其所謂洪者，乃混雜而非真洪；所謂慣者，乃流徇而非真慣。竊恐後生傳聞，輕相染習，使義利之别不明，舜、蹠之塗不判；眩流俗之觀聽，壞學者之心術。不唯老兄爲有識者所議，而朋友亦且陷於收司連坐之法。此熹之所深憂而甚懼者，故敢極言以求定論。若猶未以爲然，則不若姑置是事，而且求諸身，不必徒爲譊譊，無益於道，且使下莊子之徒，得以竊笑於旁，而陰行其計也。」（《朱子大全集》卷三十六，頁二十四）

【文集卷二十】《乙巳又書》云：「比者匆匆奉狀，聊以致其平時所欲言者耳，非敢與長者辯。乃承諄復下論，所宜再拜受教。而紙末之論，尤使人惻然有感，自當一切不論。然其間亦有不可不言者。如亮之本意，豈敢求多於儒先？蓋將發其所未備，以窒後世英雄豪傑之口，而奪之氣，使知千塗萬轍，卒走聖人樣子不得。而來諭謂亮推尊漢、唐以爲與三代不異，貶抑三代以爲與漢、唐不殊，如此則不獨不察其心，亦併與其言不察矣。某大概以爲三代做得盡者也，漢、唐做不到盡者也。故曰心之用有不盡，而無常泯；法之文有不備，而無常廢。惟其做得盡，故當其盛時，三光全而寒暑平，無一物之不得其生，無一人之不遂其性。惟其做不到盡，故雖其盛時，三光明矣，而不保其常全；寒暑運矣，而不保其常平；物得其生，而亦有時而夭閼者；人遂其性，亦有時而乖戾者。本末感應，只是一理，使其田地根本無有是處，安得有來諭之所謂小康者乎？只曰獲禽之多，而不曰隨時而收，恐未免於偏矣。孔子之稱管仲曰：『桓公九合諸侯，不以兵車，管仲之力也，如其仁！如其仁！』又曰：『一匡天下，民到於今受其賜，微管仲，吾其披髮左衽矣。』說者以爲孔氏之門，五尺童子，皆羞稱五伯；孟子力論伯者以力假仁，而夫子稱之如此。所謂『如其仁』者，蓋曰似之而非也。觀其語脈，決不如說者所云。故伊川所謂『如其仁』者，稱其有仁之功用也。仁人明其道，不計其功，夫子亦計人之功乎？若如伊川所云，則亦近於來諭所謂喜獲禽之多矣。功用與心不相應，則伊川所論心迹，元不曾判者，今亦有時而判乎？聖人之於天下，大其眼以觀之，平其心以參酌之，不使當道有棄物，而道旁有不厭於心者。九轉丹砂，點鐵成金，不應學力到後，反以銀爲鐵也。前書所謂攪金銀銅鐵，鎔作一器者，蓋措詞之失耳。新婦急欲爲其父遺人，一夕引紙申筆而書，夜未半而書成，不能一一盡較語言，亦望祕書察其大意耳。王通有言：『皇墳帝典，吾不得而識矣，不以三代之法統天下，終危邦也；如不得已，其兩漢之制乎；不以兩漢之制輔天下者，誠亂也已。』仲淹取其以仁義公恕統天下，而祕書必謂其假仁借義以行之？心有時而泯可也，而謂千五百年常泯可乎？法有時而廢可也，而謂千五百年常廢可乎？至於全體只在利欲上之語，竊恐待漢、唐之君太淺狹，而世之君子有不厭於心者矣。匡章，通國皆稱其不孝，而孟子獨禮貌之者，眼目既高，於駁雜之中有以得其眞心故也。波流奔迸，利欲萬端，宛轉於其中，而能察其眞心之所在者，此君子之道所以爲可貴耳。若於萬慮不作，全體潔白，而曰眞心在焉者，此始學之事耳。一生辛勤於堯、舜相傳之心法，不能點鐵成金，而不免以銀爲鐵，使千五百年之間成一大空闕，人道泯息，而不害天地之常運，而我獨卓然而有見，無乃甚高而孤乎？宜亮之不能心服也。來書所謂天地無心，而人有欲，是以天地之運行無窮，而在人者，有時而不相似；又謂心則欲其常不泯，而不恃其不常泯，法則欲其常不廢，而不恃其常廢。此常言也，而謂指其須臾之間偶未泯滅底道理，以爲只此，便可與堯舜三代并隆，而不察其所以爲之田地根本，無有是處者，不知高祖、太宗何以自别於魏、宋二武哉？來書又謂立心之本，當以盡者爲法，不當以不盡者爲準。此亦名（「名」，一本作「明」）言也，而謂漢、唐不無愧於三代之盛時，便以爲欺罔者，不知千五百年之間，以何爲眞心乎？亮輩根本工夫，自有欠闕，來諭誠不誣矣。至於畔去繩墨，脱略規矩，無乃通國皆稱其不孝，而因謂之不孝乎？此夷、齊所以蒙頭塞眼，柳下惠所以降志辱身，不敢望一人之或知者。非敢以淺待人也，勢當如此耳。亮不敢有望於一世之儒先，所深恨者，言以人而廢，道以人而屈，使後世之君子，不免哭途窮於千五百年之間，亮雖死而目不瞑矣！心之所欲言者甚多，來戒之及，過是決不敢更有所言。但所謂不傳絶學，更須討論者，猶恐如俗所謂千錢藥卻在芭籬邊耳。許作《抱膝吟》，須如前書，得兩篇可長諷咏者爲佳，不必論到孔明抱膝長嘯。各家園池，自有各家景致，但要得語言氣味深長耳。」

【附】朱元晦答書云：「示諭縷縷，備悉雅意。然區區鄙見，常竊以爲亘古亘今，只在一體，順之者成，逆之者敗，固非古之聖賢所能獨，然而後世之所謂英雄豪傑者，亦未有能舍此理而得有所建立成就者也。但古之聖賢，從根本上便有惟精惟一工夫，所以能執其中，徹頭徹尾，無不盡善。後來所謂英雄，則未嘗有此工夫，但在利欲場中頭出頭没，其質美者，乃能有所暗合，而隨其分數之多少以有所立；然其或中或否，不能盡善，則一如已。來諭所謂三代做得盡，漢、唐做不得盡者，正謂此也。然但論其盡與不盡，而不論其所以盡與不盡，却將聖人事業、去就利欲場中比並較量，見有彷彿相似，便謂聖人樣子不過如此，則所謂毫釐之差，千里之謬者，其在此矣。且如管仲之功，伊、吕以下，誰能及之？但其心乃利欲之心，迹乃利欲之迹，是以聖人雖稱其功，而孟子、董子皆秉法義以裁之，不稍假借。蓋聖人之目固大，心固平，然於本根親切之地，天理人欲之分，則有毫釐必計，絲髮不差者。此在後之賢，所以密傳謹守以待後來，惟恐其一旦舍吾道義之正，以徇彼利欲之私也。今不講此，而遽欲大其目，平其心，以斷千古之是非，宜其指鐵爲金，認賊爲子，而不自知其非也。若夫點鐵成金之譬，施之有教無類，遷善改過之事則可。至於古人已往之迹，則其爲金爲鐵，固有定形，而非後人口舌議論所能改易久矣。今乃欲追點功利之鐵，以成道義之金，不惟費却閑心力，無補於既往，正恐礙却正知見，有害於方來也。若謂漢、唐以下，便是真金，則固無待於點化，而其實又有大不然者。蓋聖人者，金中之金也，學聖人而不至者，金中猶有鐵也。漢祖、唐宗用心行事之合理者，鐵中之金也。曹操、劉裕之徒，則鐵而已矣。金中之金，乃天命之固然，非由外鑠，陶擇不净，猶有可憾，今乃無故必欲舍棄自家光明寶藏，而奔走道路，向鐵鑪邊查礦中撥取零金，不亦誤乎。帝王本無異道，王通分作兩三等，已非知道之言。且其爲道，行之則是，今莫之禦而不爲，乃謂不得已而用兩漢之制，此皆卑陋之説，不足援以爲據。若果見得不傳底絶學，自無此蔽矣。今日許多閑議論，皆原於此學之不明，故乃以爲笆籬邊物，而不知省者爲喚鋃作鐵，亦已甚矣。來諭又謂凡所以爲此論者，正欲發儒者之所未備，以塞後世英雄之口而奪之氣，使知千塗萬轍，卒走聖人樣子不得。以愚觀之，正恐不須如此費力，但要自家見得道理分明，守得正當，後世到此地者，自然若合符節，不假言傳；其不到者，又何足與之争耶？況此等議論，正是推波助瀾，縱風止燎，使彼益輕聖賢而愈無忌憚，又何足以閉其口而奪其氣乎？熹前月初間略入城，歸來還了幾處人事，遂入武夷，昨日方歸。冗甚倦甚，目亦大昏，作字極艱。草草布此，語言粗卒，不容持擇，千萬勿過。其間亦有瑣細曲折，不暇盡辨。然明者讀之，固必有以深得其心，不待其詞之悉矣。《何文墓誌》，筆勢奇逸，三復嘆息。《抱膝吟》亦未遑致思。亦是前論未定，恐必能發明賢者之用心，又成虛設。若於此不疑，則前所云者，便是一篇不押韻，無音律的好詩，自不須更作也。如何如何？」（《朱子大全文集》卷三十六）

陳君舉調停，被歎作附勢。

【《止齋文集》卷三十六】《致陳同甫書》云：「某尋常人耳，蒙老兄拈掇最早，而晚又爲正則推作前輩行。此二三年間，雖不向進，而交遊殊未散落，皆二兄之賜。獨恨未及與晦庵游，講求餘論，如人一身血氣偏枯，以是脈絡未相貫穿。而愚見復謂千書不如一見，終當相就，不欲以紙筆呶呶其間，以辭害意，失之遠矣。老兄懸度而欲附之下風，此意厚甚，而不敢當也。往還諸書，熟復數過，不知幾年間，更有一番如此議論，甚盛甚盛！然朱丈占得地段平正，有以逸待勞之氣，老兄跳踉號呼，擁戈直上，而無修辭之功，較是輸他一着也。以不肖者妄論：功到成處，便是有德；事到濟處，便是在理，此老兄之說也。如此，則三代聖賢，枉作工夫。功有適成，何必有德；事有偶濟，何必有理。此朱丈之說也。如此，則漢祖、唐宗，賢於盜賊不遠。以三代聖賢，枉作工夫，則是人力可以獨運。以漢祖、唐宗，賢於盜賊不遠，則是天命可苟得。謂人力可以獨運，其弊，上無兢畏之君；謂天命可以苟得，其弊，下有覬覦之臣。二君子之立論，不免於驕君亂臣之地，竊所未安也。以兄之奇偉，適不如《樂毅論》之迂闊；朱丈之正大，適不如《王命論》之淺近，是尙爲有益於訓乎？且朱丈便謂兄貶抑三代，而兄以朱丈使五百年間成大空闊，至於其間，頗近忿爭。養心之平，何必及此？不得不盡情以告。然勿爲晦庵言之，徒若犯分也。」

【文集卷二十一】《與陳君舉書》云：「久別，不任懷仰。不得嗣音，亦復久矣。眼前區區，遂成因循，乃其心未嘗不在也。即日秋高氣肅，伏維需次有相，台候動止萬福。亮今年本無甚事，但隨分溷（「溷」，一本作「滚」）過時節，亦殊不覺。人生各有幾許日子，乃如此虛度，甚令人自悼（「悼」，一本作「憚」）。朋友過此，皆言尊兄進德日異一日，無不嘆服。但亮以爲尊兄向者所有，已自足以慴伏一世，課進亦非難事。小小得喪，殆浮翳耳，直到九萬里，則風斯在下地位，方可坐視羣山千萬疊，無不拱揖以爲吾用。雖其背去者，亦固吾座下物也。番來復去，彼直自勞耳。一旦風雲會合，雖左右前後，亦撈摸不着，便可以坐福一世蒼生。若極吾人今日之所有，祇足以致人之伏耳，其背去者，便無奈他何也。足以致吾君一時之喜耳，退則爲人一掃淨盡，便無一事也。雖然，此非爲一世才人智士論也。非吾兄有地步人，當不信此耳。亮與朱元晦所論，本非爲三代、漢、唐設，且欲明此道在天地間，如明星皎月，閉眼之人，開眼即是，安得有所謂暗合者乎？天理人欲，豈是同出而異用？只是情之流，乃爲人欲耳。人欲如何主持得世界？亮之論，乃與天地日月雪冤，而尊兄乃名以跳踉叫呼，擁戈直上。元晦之論，只是與二程主張門戶，而尊兄乃名之以正大，且占得地步正平，有以逸待勞之氣。嗟呼冤哉！吾兄爲一世儒者巨擘，其論已如此，在亮便應閉口藏舌，不復更下注腳。終念有懷不盡，非二十年相聚之本旨，聊復云云。更録元晦答書，與亮前日再與渠書，更爲詳復一看，莫更伸理前説。若其論終不契，自此可以一筆勾斷矣。道甫眞是一夢。象先一見甚喜，殊異流輩，渠作做不詫異，恐自此可以穩穩平進。子宜久不得差遣，胡爲而如此？大防平時無惡於人，亦復然，信哉時之難也！雪梨甜榴各一節，聊以問訊。石榴眞甜者，但苦小耳。胡君墓誌甚善，亦迥異往時，豈其進類若此耶？未有承晤之日，千萬爲世道厚自崇護，至禱。」

又君舉答書云：「自七月間病暑幾殆，凡事盡廢。奈直之到闕，欲附數字，猶未能自強也。瞻仰歎故，何可勝道！專人惠書，就審訊後，尊候萬福，慰懌之至。各年半百，餘歲不過一再相問勞，無由聚頭，又堪懊意也。某昔者何所有，今者何所進？自是老兄諸人過相拈掇。每自謂人品極是尋常，而亦礙人眼孔，端是朋友捧擁之過。近來衰惰，益見天道尚思而好安，無復更有他念。來書方以爲課進，豈以爲尙妄意當世乎？然老兄之論，要是顚撲不破，若得人之伏，不免背去求一喜之遇。隨手敗闕，只是侵徹閣合工夫，能有多少光景？往時曾與東萊語及，非來復，安得浸長？此老極以爲然。所不識亦與來意略同否？然非劣弟所當言，請置是事。元晦往復諸書，何嘗敢道老兄點當地錯？只是書中詞氣，全似衲子面捧之語，不應寫在紙上。一便傳十，百便傳千，豈可不忍耐，特擇言語，卻乃信添起後生胡亂模畫？而元晦亦趕趣出了無限不恰好話，故亦爲修辭之難，而輒進區區之見。老兄旣嘆作附勢，令人不敢再三。漢、唐事業，若設沒有分毫扶助正道，教誰肯伏？孔、孟勞忉，與管仲、百里奚分疏，亦太淺矣。暗合兩字，如何斷人！識得三兩分，便有三兩分功用。卻有全然識了，爲作不行放低一着之理，決無全然不識，橫作豎作，偶然撞着之理。此亦分曉，不須多論。但老兄任直，不能廉纖自占便宜，共間時有漏氣言語。元晦執以見攻，蓋是忠愛。然亦緣要攻老兄漏氣去處，遂把話頭脫體蹉過。此劣弟愚陋之見。若兩家元不是如此，則是智不足以知兩家耳，初非有抑揚輕重之論也。」（《止齋文集》卷三十六，頁二頁四）。

秋，壽朱元晦詞缺。結束漢唐之辨。

【文集卷二十】《乙巳又書》云：「春夏之交，辱報翰甚悉，所以勞長者之心力，而費其言語者亦不少矣，惶恐不可言。訊後又復數月，不任尊仰。即日秋氣愈肅，伏惟天生賢哲，茂對令辰，台候動止萬福。千里之遠，不能捧一觴爲千百之壽。小詞一闋，香兩片，川筆十枝，川墨一挺，蜀人以爲絕品，不能別也。幷槜蒲一緉，謾充背子用。雪梨、石榴四十棵，薄致區區贊祝之意。能爲亮自舉一觴於千里之外乎？恃愛忘分（一本作「持愛忘粗」），不以薄少輕浼爲罪而笑留，幸甚。亮自去載兩遭大變之後，意緒日以頹墮，鬚鬢亦種種矣。所幸椀飯粗足，可免營求，若得蕭散十年，高床大枕而死，夫復何憾！惜其胸中之區區，不能自明於長者之前。人微言輕，不爲一世所察。祕書雖察之而不詳，多言又非所以相浼瀆。抱此不滿，祕書謂其亦何所樂也？亮大意以爲本領宏闊，工夫至到，便做得三代；有本領，無工夫，只做得漢、唐。而祕書必謂漢、唐幷無些子本領，只是頭出頭沒，偶有暗合處，便得功業成就，其實則是利欲場中走。使二千年之英雄豪傑，不得近聖人之光，猶是小事；而向來儒者，所謂只這些子，殄滅不得，祕書便以爲好說話，無病痛乎？來書所謂自家光明寶藏者，語雖出於釋氏，然亦異於這些子之論矣。天地之間，何物非道？赫日當空，處處光明，閉眼之人，開眼即是，豈舉世皆盲，便不可與共此光明乎？眼盲者摸索得着，故謂之暗合，不應二千年之間，有眼皆盲也。亮以爲後世英雄豪傑之尤者，眼光如黑漆，有時閉眼胡做，遂爲聖門之罪人。及其開眼運用，無往而非赫日之光明，天地賴以撑柱，人物賴以生育，今指其閉眼胡做時，便以爲盲無一分眼光，指其開眼運用時，只以爲偶合，其實不離於盲。嗟乎冤哉！彼直閉眼耳，眼光未嘗不如黑漆也。一念足以周天下者，豈非其眼光固如黑漆乎？天下之盲者能幾，赫日光明，未嘗不與有限者共之。利欲汩之則閉，心平氣定，雖平平眼光，亦會開得。況夫光如黑漆者，開則其正也，閉則霎時浮翳耳。仰首信眉，何處不是光明？使孔子在時，必持出其光明以附於長長開眼者之後，則其利欲一時涴世界者，如浮翳盡洗而去之，天地清明，赫日長在，不亦恢廓洒落，閎大而端正乎？今不欲天地清明，赫日長在，只是這些子殄滅不得者，便以爲古今祕寶，因吾眼之偶開，便以爲得不傳之絕學。三三兩兩，附耳而語，有同告密，畫界而立，一似結壇，盡絕一世人於門外，而謂二千年之君子，皆盲眼不可點洗，二千年之天地日月，若有若無世界皆是利欲，斯道之不絕者僅如縷耳。此英雄豪傑所以自絕於門外，以爲立功建業，别是法門（「别是法門」，王本作「别有是法」）。這些好說話，且與留着裝景足矣。若知開眼即是箇中人，安得撰到此地位乎！祕書以爲三代以前都無利欲，都無要富貴的人，今詩書載得如此淨潔，只此是正大本子。亮以爲才有人心，便有許多不淨潔，革道止（「止」，一本作「生」）於革面，亦有不盡概聖人之心者。聖賢建立於前，後嗣承庇於後，又經孔子一洗，故得如此淨潔。祕書亦何忍見二千年間，世界塗涴；而光明寶藏，獨數儒者自得之，更待其有時而若合符節乎？遷善改過，聖人必欲其到底而後止。若隨分點化，是不以人待之也。點鐵成金，正欲祕書諸人相與洗淨二千年世界，使光明寶藏長長發見，不是只靠這些子以幸其不絕，又誣其如縷也。最可惜許多眼光抹漆者，盡指之爲盲人。而一世之自號開眼者，正使眼（王本「使眼」之下有「中」字）無翳，眼光亦三平二滿，元靠不得，亦何力使得天地清明，赫日長在乎？亮之說話，一時看得極突兀，原始要終，終是易不得耳。祕書莫把做亮說話，且看做百行俱足之人，忽如此說，祕書終不成盡棄置不以入思慮也？亮本不敢望有合，且欲因此一發，以待後來云云。」

文錄：《何茂宏墓誌銘》、《謝教授墓誌銘》、《義烏減酒額記》、《與王淮書》、《與勾熙載書》、《與章德茂侍郎書》。

淳熙十三年丙午，四十四歲。

秋，壽朱元晦。詞缺。

【文集卷二十】《丙午覆朱元晦祕書書》云：「不獲拜起居之間，又一年矣。七八月之交，子約處遞到所惠教，備細存念不忘之意。陸沈至此，如門下之着眼者幾人？遙望門牆，每欲飛動。即日秋氣清高，伏維茂對令辰，天人顯相，台候動止萬福。千里之遠，竟未能酬奉觴爲壽之願。雪梨甜榴四十棵，今歲鄉間遭大風，梨絕難得，極大者僅如此。章德茂得蜀隔織一縑，疏不甚佳，只堪粗裘用。蘇牋一百、鄙詞一闋，薄致贊祝之誠，不敢失每歲常禮耳。無佳物自效，切幸笑留。」

漢唐之辨之餘波。

【文集卷二十】《丙午復朱元晦祕書書》云：「向來往還數書，非敢與門下爭辯，聊以明不敢自屈其說，以自附和。以亮之畸窮不肖，本應得罪於一世之大賢君子。祕書獨憐其窮，不忍棄絕之，亮亦不敢自外於門下耳。世以相附和爲黨，而欲加之罪者非也。此數（王本無「此數」至「一句」一百四十三字）書，亦欲爲免死之計，見世之有力者，亦使一讀之。而秀才門見其怪甚，相與傳說流布，非有意流傳之也。亮平生不曾會與人講論，獨伯恭於空閑時，喜相往復，亮亦感其相知，不知其言語之盡。伯恭既死，此事盡廢。子約、叔昌，卒歲一番相見，不過寒溫常談，而安得有所謂講切者哉？來書問有何講論者，猶以亮爲喜與人語乎？兼之浙間議論，自始至末，亮幷不曉一句。道之在天下，至公而已矣，屈曲瑣碎，皆私意也。天下之情僞，豈一人之智慮所能盡防哉？就能防之（王本無「就能防之」二句），亦非聖人所願爲也。《禮》曰：『人藏其心，不可測度也；美惡皆在其心，不見其色也。』欲一以窮之，捨禮何以哉？惟其止於理，則彼此皆可知爾。若各用其智，則迭相上下，而豈有窮乎？聖人之於天下，時行而已矣；逆計預防，皆私意也。天運之無窮，豈一人之私智所能曲周哉？就能周之，亦非聖人之所願爲也（王本無此二句）。《易》有太極，而生兩儀，兩儀生四象，四象生八卦，八卦定吉凶，吉凶生大業，故聖人先天而天弗違，後天以奉天時。先天者，所以開此理也，豈逆計預防之云乎？世疑（王本無「世疑」以下六十三字）《周禮》爲六國陰謀之書，不知漢儒說《周禮》之過耳，非周公之本旨也。老、莊之所以深誚孔子者，豈非欲以一人之智慧，而周天下乎？不知其本於至公而時行也。祕書之學，至公而時行之學也。祕書之爲人，掃盡情僞，而一於至公者也。世儒之論，皆有官不容針、私通車馬之意，皆亮之所不曉。故獨皈心於門下者，直以此耳。有公則無私，私則不復有公。王霸可以雜用，則天理人欲，可以并行矣。亮之所以縷縷者，不欲更添一條路。所以開拓大中，張皇幽眇，而助祕書之正學也。豈好爲異說，而求出於祕書之外乎？不深察其心，則今可止矣。比見陳一之國錄，說張體仁太傅，爲門下士，每讀亮與門下書，則怒髮衝冠，以爲異說。每見亮來，則以爲怪人，輒舍去不與共坐。由此言之，此數書未能免罪於世俗，而得罪於門下士多矣。不止，則楚人又將鉗我於市，進退維谷，可以一笑也。甚欲走武夷爲旬日之款，而近來亦自多病。眼前袞袞，更擺脫不暇，且看仲冬如何。始（一本作「如」）聞生理，亦頗費力。（王本無「始聞」以下一百三十六字）葉正則以爲祕書不求容於世，吾人不當爲姑息之愛以相累，此言良有理。天下之事，豈人智所可粧做而輳合哉？要之今世學者，尙是信命不及，尙未暇其安於義也。如亮之繆戾顛倒，分與世違而無所恤，則又別論也。定叟智出於父兄之外，而卒不免，虎狼螻蟻，正未易擇。亮方爲學圃之事，亦欲治一二亭子，力所未能者甚多。其可及者，又爲風撤去。洛陽亭館是何人？吾人眞瓶中見粟之人耳。連書求作《抱膝吟》，非求祕書粧撰而排連也。只是寫眼前景物，道今昔之變。一爲和平之音，一爲慷慨悲歌，以娛其索居野處耳。信手直寫，便自抑揚頓挫，何必過於思慮，以相玩哉？去奴留待幾日，儘不妨，願試作意而爲之。壽之宣教侍旁，爲學日粹，失子之戚，今能置之否？台眷長少均慶，荆婦兒女附拜再四起居。亮不任區區之禱。」

朱元晦答書云：「方念久不聞動靜，使至忽辱手書，獲聞近況，深以爲喜。且承雅詞下逮，鄭重有加，副以蜀縑佳果

吳牋，益見眷存之厚。顧衰病支離，霜露凄惻，無可以稱盛意者，第增愧怍耳。喫緊些兒之句，尤荷高朋假借之重，然鄙儒俗生，何足語此！咏嘆以還，不知所以報也。來諭袞袞，讀之惘然。反覆數過，尙不能該其首尾。蓋神思之衰落如此，况能相與往復上下其論哉。向來讀書，頗務精熟，中間亦幸了得數書，自謂略能窺見古人用心處，未覺千載之爲遠。然亦無告語者，時一思之，以自笑耳。其間一二，有業未就。今病已矣，不能復成書矣。不知後世之子雲、堯夫，復有能成吾志者否？然亦已置之，不能復措意間也。只今日用工夫養病之餘，卻且收拾身心，從事於古人所謂小學者，以補前日粗疎脫落之咎，蓋亦心庶幾焉，而力或有所未能也。同甫聞之，當復見

笑。然韓子所謂『斂退就新懦，超營悼前猛』者，區區故人之意，尚不能不以此有望於高明也。如何如何？此外世俗是非毀譽，何足掛齒牙間。細讀來書，似於此未能無小芥蔕，何也？大風吹倒亭子，卻似天公會事發。彼洛陽亭館，又何足深羨也？嘗論孟子說大人則藐之，孟子固未嘗不畏大人，但藐其巍巍然者耳。辨得此心，即更掀卻臥房，亦且露地睡。似此，方眞是大英雄人。然此一種英雄，卻是從戰戰兢（兢）、臨深履薄處做將出來。若是血氣粗豪，卻一點使不著也。伯恭平時，亦嘗說及此否？此公今日何處得來，然其於朋友不肯盡情，亦使人不能無遺恨也。《抱膝吟》久做不成，蓋不合先寄陳、葉二詩來，田地卻被占卻，教人無下手處也。況今病思如此，是安能復有好語道得老兄意中事耶？承欲爲武夷之游，甚慰所望。但此山冬寒夏熱，不可居。惟春暖秋涼，紅綠紛葩，霜木淸脫，此兩時節爲勝游耳。今春纔得一到，而不暇宿，秋來以病未能再往。若得來春命駕，當往爲數日款也。」（《朱子大全集》文集卷三十六）

欲與元晦講切，求一定論，恨無個伯恭在中間撋就也。

【文集卷二十一】《與辛幼安殿撰書》云：「亮空閑沒可做時，每念臨安相聚之適。而一別遽如許，雲泥異路又如許！本不欲以書自通，非敢自外，亦其勢然耳。前年陳詠秀才強使作書，既而一朋友又強作書，皆不知達否？不但久遠無以慰相思也。去年東陽一宗子來自玉山，具說辱見問甚詳，且言欲幸臨教之。孤陋日久，聞此不覺起立。雖未必眞行，然此意亦非今日之諸君子所能發也。感甚不可言。即日春事強半，伏惟燕處自適，天人交相，台候萬福。亮頑鈍浸已老矣，面目稜層，氣象凋落。平生所謂學者，又皆掃蕩無餘，但時見故舊，則能大笑而已。其爲無足賴，曉然甚明。眞不足置齒牙者。獨念世道日以艱難，識此香氣者，不但人摧敗之，天亦僵仆之殆盡。四海所係望者，東序惟元晦，西序惟公與子師耳。又覺戛戛若不相入，甚思無箇伯恭，在中間撋就也。天地陰陽之運，闔闢往來之機，患人無毒眼精，硬肩脾頭耳。長江大河，一瀉千里，不足多怪也。前年曾訪子師於和平山間，今亦甚念走上饒，因入崇安。但既作百姓，當此田蠶時節，只得那過秋杪。始聞作室甚宏麗，傳到《上梁文》，可想而知也。見元晦說曾入去看，以爲耳目所未曾睹，此老言必不妄。去年亮亦起數間，大有鷦鷯肖鵾鵬之意，較短量長，未堪奴僕命也。又聞往往寄詞與錢仲耕，豈不能以一紙見分乎？偶有端便，因作此，問起居，且詢前書達否。此使一去不回，能尋便以一二字見及，幸甚。餘維崇護茵鼎，大攄所藴，以決天下大計爲禱。」

患腳氣病。

【文集卷二十】《丙午覆朱元晦秘書書》云：「入秋，腳氣殊作梗，意緒極不佳。欲作一書，數日方能下筆。又不成語言，遣僕遂以蹉跎。祕書必察其非敢謾也。」

文錄：《陳性之墓碑銘》、《元寶觀重建大殿記》。

陳龍川先生年譜長編卷之三下

淳熙十四年丁未，四十五歲。

是歲十月乙亥，高宗皇帝崩，年八十一歲。

春，上禮部，復不中。

《四朝聞見錄》云：「亮試南宮，何澹校其文而黜之。亮不能平，徧語朝之故舊曰：『亮老矣，反爲小子所辱。』澹聞而銜之。」（甲集，「天子獄」條）

二月十三日，庶弟昭甫死。入夏，腳氣復作梗。

【文集卷二十】《乙巳與朱元晦祕書書》云：「後年隨衆赴省一試，或可僥倖一名目，遮蔽其身，而後徜徉於園亭間，以待盡矣。其他當一切付之能者。」又【文集卷二十一】《與周丞相必大書》云：「今春以年，勉上禮部，……臨試，一病狼狽，拖強魂入院，僅而不死。倉皇渡江，諸弟接之江頭，攜持抵家，更一月始能噉飯。一庶弟竟染病以死，更以妻孥更番病，意緒惘惘，殆不知身世之足賴也。」又【文集卷十八】《與章茂德侍郎又書》云：「歲之二月，扶病東渡，諸弟接之江頭，相與攜手而歸。一庶弟染病以死，亮亦轗軻一月而能復常。又妻孥更番病，意緒惘惘，殆不知身世之足賴也。入夏，腳氣殊作梗。貧病相尋，天於不肖，亦云慘矣。」

策問。

【文集卷十二】《四弊篇》云：「古者官民一家也，農商一事也，上下相卹，有無相通，民病則求諸官，國病則資諸民，商藉農而立，農賴商而行，求以相補，而非求以相病，則良法美意，何嘗一日不行于天下哉？周官以司稼出斂法，旅師頒興積，廩人數邦用，合方通財利。此其事甚切，而其職甚微，所宜曲爲之防，而周家則一切付之，使得以行其意而舉其職，展布四體，通其有無；官民商農，各安其所，而樂其生。夫是以爲至治之極，而非徒恃法以爲防也。後世官與民不復相知，農與商不復相資以爲用，求以自利，而不恤其相病。故官常以民爲難治，民常以官爲厲己；農商盻盻相視，以虞其隴斷而已。利之所在，何往而不可爲哉！故朝廷立法日以密，而士大夫論其利害日以詳，然終無補於事者，上下不復相恤也。嗟乎，此其來豈一日之積哉！郡縣困匱，而其弊日又甚矣。租入加耗之無算，義倉支移之不時；利和糴之贏，取力勝之利。法禁非不嚴，議論非不切，而郡縣恬若不聞，而行之若當然者，天下之官，豈無一人有志於民哉？聖天子宵旰仄席，憂勤於上，夫亦何忍爲此？而郡縣之用，賴此僅足支吾，夫使官兵一切不論，而獨存大信於斯民，自大賢猶或難之，而況其官民農商，盻盻相顧之時乎？夫亦正其本而已矣。郡縣略就從容，而後示以官民相卹之義，不待乎事爲之法，猶可濟也。不然，則上有其意，下無其實，回環四顧，綢如凝脂，終於相蒙，而又何尤焉。雖然，善言弊事者，未有詳於今者也，而治道之不知，時變之不究，其說雖若可聽，其事雖若可行。原始要終，而卒歸於無用。譬如支撐弊屋，而不救於一日之摧，不獨於四者之弊爲然也。

財利之本源，法制之根柢，增損盈虚之變，先後參酌之宜，講究而推行之，使天下之財日以裕，郡縣之用日以足，則區區四弊，一郡官之責耳，何足以煩議臣之講論推究，與夫朝廷之文書約束，而明問復以下詢哉？張文定公以爲祥符以來，萬事隳陁，務爲姑息，漸失祖宗之舊。取士任子，磨勘遷補之法既壞，而任將養兵，皆非舊律。國用既窘，而政出一切，大商奸民，乘時射利，而茶鹽香礬之法亂矣。其後神宗皇帝獨留意於租賦之入，郡縣之藏，而常平義倉之法，尤爲詳備。元符以後，支（一作「文」）移借用，不復舊典，而神宗之法又壞矣。渡江以來，於財計之遠者大者，猶有遺恨，士大夫置而不考，而獨四弊之足言乎？方將從執事問其本末而未暇也。」

【文集卷十一】《制舉篇》云：「設科以取士，而制舉所以待非常之才也。夫決科之士滿天下，豈必皆常才，而非常之士，或亦在其中矣。獨制舉得以擅其名者，豈古之賢君，其待天下之士，如是之薄哉？彼其以一身臨王公士民之上，其於天下之故，常懼其有闕也。自公卿等而下之，以至於郡縣之小官科目之一士，莫不各得以其言自通。然猶懼其有懷之不盡也，故設爲制舉，以詔山林朴直之士，使之極言當世之故，而期之以非常之才。彼其受是名也，宜如何自異於等夷？則亦將盡去其藴，凡天下之所不敢言者，一切爲吾君言之，以報其非常之知焉。然後人主可以盡聞其所不聞，恐懼修省以無負天下之望，則古之賢君，爲是設科，以待非常之才者，其求言之意可謂切矣，豈徒爲區別而已哉？五季之際，天下乏才甚矣。藝祖一興，而設制科以待來者，至使草澤得以自舉，而不中者，猶命之以官。以藝祖之規模恢廓，固非飾法度以事美觀，誠得夫古（一有「人」字）者設制科之本意，而求言之心，不勝其汲汲也。雖當時才智之士，其所見不能有補於二朝，歷太宗、眞宗，而涵養天下之日既久，及天聖間，仁宗再復制科，而富公首薦焉。其後異人輩出，仁宗既用以自輔，而其餘者猶爲三代子孫之用。及熙寧之初，孔文仲、呂陶猶能極論新法，以伸天下敢言之氣。雖制科卒以此罷，藝祖規模宏廓，其所以庇賴後人多矣，而仁宗實當其盛時也。元祐既復之，而紹聖以後又罷之。及上皇中興，首設制舉，以行藝祖之志。而士病於記問，莫有應者。肆我主上，切於求言，而略其記問，士始奮然以應上之求。其於國家之大略，當世之大計，人之所不敢言，而上之虛佇以待者，固將無所不聞矣。而執事方以董仲舒、劉蕡所對之緩急，而論者皆有遺恨，發於問目，豈將酌其中以警夫非常之士邪？夫言之難也久矣，要之以其君爲心，則其言之緩急，無不當於時也。漢武英明願治之主也，負其雄材大略，欲挈還三代之盛，而漢家制度之變，亦其時矣。仲舒以爲漢雜霸道，以維持未安之天下，天下既安，而敎化猶未純也，勸帝以更化。而更革之際，豈可任意而爲之哉？天人相與之際甚可畏，故緩其言，使武帝舒徐容與，因天下之所同欲，而更其所當先者，豈敢以一毫奮勵之氣，而激武帝之雄心哉？仲舒之言雖緩，而實切於時者，以武帝爲心也，夫豈計其合不合哉？異時因已甘心於膠西矣。唐文宗，恭儉少決之主也。乘主威不振之後，欲有所爲，而輒復畏縮，而北司之患，至是蓋亦極矣。蕡以爲肅宗、代宗、德宗失柄於北司，元和之痛，臣子不可一朝安也，勸帝聲其罪而討之。而決斷之際，豈可以陰謀而自陷於不直哉？社稷大計非小故，故蕡急其言，使文宗奮勵果敢，因天下所同欲，而易致如反手，豈敢徐步拯溺，以待文宗之自（悮）〔悟〕哉？蕡之言雖急，而實審於時者，以文宗爲心也。夫豈計其第不第哉？彼其見黜固宜矣，而恨文宗之不一見也。論者病仲舒之不切，而咎蕡之疏直，是殆未知其心耳。夫當世之務亦多矣，必其以君爲心，然後其言緩急當於時，言之緩急當於時，而後不負於國家非常之求哉！」（《與章德茂侍郎又書》，文集卷十九）

陳君舉寄壽詩（《壽陳同甫》：「南國雨初潤，西風水微波。持酒欲勸君，奈此道阻何。天地自長久，日月良蹉跎。志士惜少年，用意矢靡他。豈無文字功，百代名不磨。胡然朝攬鏡，夜起瞻星河。思婦視貞操，驕人視勞歌。曾微強飯書，復出爲詆訶。永怔姑射神，尸居養天和。下視塵冥冥，鴻鵠謝網羅。身將世誰親，得孰與喪多。請君以尊生，我亦以養痾。」（《止齋文集》卷二）

壽朱元晦（《與章茂德侍郎又書》，文集卷十九）。朱元晦《抱膝吟》成。

《洞仙歌》：「秋容一洗，不受凡塵涴。許大乾坤這回大，向上頭些子。是鵬鶚搏空，籬底下只有黃花幾朵。騎鯨汗漫，那得人同座？赤手丹心撲不破，問唐虞禹湯文武，多少功名，猶自是一點浮雲鏟過。且燒卻一瓣海南沈，任拈取千年陸沈奇貨。」（文集卷十七）

【附】朱元晦答書：「熹衰病如昨不足言。但所見淺滯，只是舊時人。承喻正則自以爲進，後生可畏，非虛言也。想已相見，必深得其要領，恨不得與聞一二。然自度愚闇，於老兄之言，尚多未解。政使得聞，亦是曉會不得。如前書所報一二條，計於盛意必是未契。又如今書所喻過分不止之説，亦區區所未喻。如僕所見，却是自家所以自處者，未能盡絶私意之累，而於所以開導聰明者未盡其力耳。故夫以五陽之盛而比一陰，猶欲決之，故其繇曰揚於王庭，孚號有厲，自告邑不利即戎，利有攸往，蓋雖危懼自修，不極其武，則揚庭孚號，利有攸往，初不顧後患而小却也。拙詩前已拜稟。大字固當如戒。但恨未識錢君，不知所謂正與大者爲何如？未敢容易下筆也。來詩有大正志學之語，逢時報主，深悉雅志。此在高明，必已有定論，非它人所得預。然所謂不能自爲時者，則又非區區所敢聞也。但願老兄毋出於先聖規矩準繩之外，而用心於四端之微，以求乎衮公之所樂，如其所以告於巍巍當坐之時之心，則其行止忤合，付之時命，有不足言矣。就其不遇，獨善其身，以明大義於天下，使天下之學者，皆知吾道之正，而守之以待上之使令，是乃所以報不報之恩者，亦豈必進而爲撫世哉？佛者之言曰：『將此身心奉塵刹，是則名爲報佛恩。』而杜子美亦云：『四鄰耒耜出，何必我家操？』此言皆有味也。夫聖賢固不能自爲時，而仕久止速皆當其可。則其所以自爲時者，亦非它人之所能奪矣。豈以時之不合，而變吾之所守以狥之哉？」（《朱子大全集》卷三十六）

十月八日入都。

【文集卷二十二】《與周丞相必大書》云：「亮至節後，以小故一至浙西，取道行都。首當俯伏鈞屏，以究其平生欲言而未敢者。冒昧瀆尊之罪，鈞慈必有以照容之，亮下情惶懼之至。」

又【文集卷十九】《與章茂德侍郎又書》云：「亮十月八日入都。首得參覲，以究其所欲言而未能言者，尙冀台照。」

是歲，周必大爲右丞相，羅點知樞密院，朱元晦得江西憲。

文錄：《庶弟昭甫墓誌銘》、《何夫人杜氏墓誌銘》、《劉夫人何氏墓誌銘》、《陳元嘉墓誌銘》。

淳熙十五年戊申，四十六歲。

是歲，夏四月丙戌，復上孝宗皇帝書。是時孝宗將內禪，不報，由是在廷交怒，以爲狂怪（本傳）。

【文集卷二】《戊申再上孝宗皇帝書》云：「臣聞有非常之人，然後可以建非常之功。求非常之功，而用常才，出常計，舉常事以應之者，不待智者而後知其不濟也。前史有言：非常之原，黎民懼焉。古之英豪，豈樂於驚世駭俗哉，蓋不有以新天下之耳目，易斯民之志慮，則吾之所求亦泛泛焉而已耳。皇天全付予有家，而半沒於夷狄，此君天下者之所當恥也（「也」一作「者」）。《春秋》

許九世復讎，而再世則不問，此爲人後嗣者之所當憤也。中國聖賢之所建置，而悉淪於左衽，此英雄豪傑之所當同以爲病也。秦檜以和誤國，二十餘年，而天下之氣，索然而無餘矣。陛下慨然有削平宇內之志，又二十餘年，而天下之士，始知所向，其有功德於宗廟社稷者，非臣區區之所能誦説其萬一也。高宗皇帝春秋既高，陛下不欲大舉以驚動慈顏，抑心俯首以致色養，聖孝之盛，書冊之所未有也。今者高宗皇帝既已祔廟，天下之英雄豪傑，皆仰首以觀陛下之舉動。陛下其忍使二十年間，所以作天下之氣者，一但而復索然乎？天下不可以坐取也，兵不可以常勝也，驅馳運動，又非年高德尊者之所宜也。東宮居曰監國，行曰撫軍，陛下近者以宅憂之故，特命東宮以監國，天下之論，皆以爲事有是非可否，而父子之際，至難言也。東宮聰明睿智，而四十之年，不必試以事也，故東宮不敢安，而陛下亦知其難矣。陛下何不於此時命東宮爲撫軍大將軍，歲巡建業，使之兼統諸司，盡護諸將，置長史司馬以專其勞，而陛下於宅憂之餘，運用人才，均調天下，以應無窮之變，此肅宗所以命廣平王之故事也。兵雖未出，而聖意振動，天下之英雄豪傑，靡然知所向矣。天下知所向，則吾之馳驅運動，亦有所憑藉矣。臣請爲陛下論天下之形勢，而後知江南之不必憂，和議之不必守，虜人之不足畏，而書生之論不足憑也。臣聞吳會者，晉人以爲不可都，而錢鏐據之以抗四鄰，蓋自毗陵而外，不能有也。其地南有浙江，西有崇山峻嶺，東北則有重湖沮洳，而松江、震澤橫亘其前，雖有戎馬百萬，何所用之？此錢鏐所以恃之以爲安，而國家六十年都之而無外憂者也。獨海道可以徑達吳會；而海道之險，吳兒習舟楫者之所畏，虜人能以輕師而徑至乎？破人家國，而止可用其輕師乎？書生以爲江南不易保者，是眞兒女子之論也。臣嘗疑書冊不足憑，故曾一到京口、建業，登高四望，深識天地設險之意，而古今之論爲未盡也。京口連岡三面，而大江橫陳，江旁極目千里，其勢大略如虎之出穴，而非如穴之藏虎也。昔人以爲京口酒可飲，兵可用，而北府之兵，爲天下雄，蓋其地勢當然，而人善用之耳。臣雖不到釆石，其地與京口，股肱建業，必有據險臨前之勢，而非止於斬斬自守者也。天豈使南方自限于一江之表，而不使與中國而爲一哉？江旁極目千里，固將使謀夫勇士，得以振布四體，以與中國爭衡者也。韓世（宗）〔忠〕頓兵八萬於山陽，如虎羆之當道，而淮東賴以安寢，此守淮東之要法也。天下有變則長驅而用之耳，若一一欲塹而守之，分兵而據之，出奇設險，如兔之護窟，勢分力弱，反以成戎馬長驅之勢耳。是以二十年間，紛紛獻策，以勞聖慮，而卒無一成，雖成亦不足恃者，不知所以用淮東之勢者也，而書生以爲長淮不易守者，是亦問道於盲之類耳。自晉之永嘉以迄於隋之開皇，其在南則定建業爲都，更六姓而天下分裂者三百餘年。南師之謀北者不知其幾，北師之謀南者，蓋亦甚有數。而南北通和之時，則絕無而僅有。未聞有如今日之岌岌然以北方爲可畏，以南方爲可憂，一日不和，則君臣上下，朝不能以謀夕也。罪在於書生之不識形勢，併與夫逆順曲直而忘之耳。高宗皇帝於虜有父兄之仇，生不能以報之，則死必有望於子孫，何忍以升遐之哀告之仇哉？遺留報謝，三使繼遣，金帛寶貨，千兩連發；而虜人僅以一使，如臨小邦。聞諸道路，哀祭之辭，寂寥簡慢。義士仁人，痛切心骨，豈以陛下之聖明智勇，而能忍之乎？意者，執事之臣憂慮萬端，有以誤陛下也。南方之紅女，積尺寸之功於機杼，歲以輸虜人，固已不勝其痛矣。金寶之出於山澤者有限，而輸之虜人者無窮，十數年後，豈不遂就盡哉？陛下何不翻然思手足之倒置，尋即位之初心，大泄而一用之，以與天下更始乎？未聞以數千里之地而畏人者也。劉淵、石勒、石虎、苻堅，皆夷虜之雄，曾不能以終其世；而阿骨打之興，於今僅八十年，中原塗炭，又六十年矣，父子相夷之禍，具在眼中，而方畏其爲南方之患，豈不誤哉？陛下倘以大義爲當正，撫軍之言爲可行，則當先經理建鄴，而後使臨之，今之建鄴，非昔之建鄴也。臣嘗登石頭、鍾阜而望，今也直在沙嘴之傍耳。鍾阜之支隴，隱隱而下，今行宮據其平處，以臨城市，城之前，則逼山而斗絕焉。此必後世之讀山經而相宅者之所定，江南李氏之所爲，非有據高臨下，以乘王氣而用之之意也。本朝以至仁平天下，不恃險以爲固，而與天下共守之，故因而不廢耳。臣嘗問之鍾阜之僧，亦能言臺城在鍾阜之側，大司馬門，適當在今馬軍新營之傍耳。其地據高臨下，東環平岡以爲固，西城石頭以爲重，帶玄武湖以爲險，擁秦淮清溪以爲阻，是以王氣可乘，而運動如意。若如今城，則費侯景數日之力耳。曹彬之登長干，兀朮之上雨花臺，皆俯瞰城市，雖一飛鳥不能逃也。臣又嘗問之守臣，以爲今城不必改作，若上有北方之志，則此直寄路焉耳。臣疑其言雖大，而其實未切也。據其地而命將出師以謀中國，不使之乘王氣而有爲，雖省目前經營之勞，烏知其異日不垂（「垂」，一本作「無」）得而復失哉？縱今歲未爲北舉之謀，而爲經理建鄴之計，以震動天下，而與虜絕，陛下即位之初志，亦庶幾於稍伸矣。第非常之事，非可與常人謀也。陛下即位之初，喜怒哀樂，是非好惡，皦然如日月之在天。雷動風行，天下方如草之偃。惟其或失之太怯（「太怯」，一本作「大快」），故書生得拘文執法以議其後，而其眞有志者，私自奮勵以求稱聖意之所在，則陛下或未之知也。陛下見天下之士，皆不足以望清光，而書生拘文執法之說，往往有驗，而聖意亦稍衰矣。故大事必集議，除授必資格；才者以跅弛而棄，不才者以平穩而用；正言以迂闊而廢，巽言以軟美而入；奇論指爲橫議，庸論謂有典則。陛下以雄心英略，委曲上下於其間，機會在前，而不敢爲翻然之喜；隱忍事仇，而不敢奮赫斯之怒；朝得一才士，而暮以當路不便而逐；心知爲庸人，而外以人言不至而留；泯其喜怒哀樂，雜其是非好惡，而用依違以爲仁，戒喩以爲義，牢籠以爲禮，關防以爲智。陛下聰明自天，英武蓋世，而何事出此哉？天下非有豪猾不可制之姦，虜人非有方興未艾之勢，而何必用此哉？夫喜怒哀樂愛惡，人主之所以鼓動天下而用之之具也，而皇極之所謂無作者，不使加意於其間耳。豈欲如老、莊所謂槁木死灰與天下爲嬰兒，而後爲至治之極哉？陛下二十七年之間，遵養時晦，亦天下以樂其有親，而天下歸其孝行，三年之喪，一誠不變，示天下以哀而從禮，而天下服其義。陛下以一身之哀樂，而鼓天下以從之，其驗如影響矣。乙巳、丙午之間，虜人非無變故，而陛下不獨不形諸喜，而亦不泄諸機密之臣。近者非常之變，虜人略於奉慰，而陛下不獨不形諸怒，而亦不察（「察」一作「密」）其簡慢之文。陛下不以喜示天下，而天下惡知機會之可乘？陛下不以怒示天下，而天下惡知仇敵之不可安？棄其喜怒以動天下之機，而欲事功之自成，是閉目而欲行也。小臣之得對，陛下有卓然知其才者；外臣之奉公，陛下有隱然念其忠者。而已用者旋去，既去者無路以自進，是陛下不得而示天下以愛也。大臣之弄權，陛下既知其有塞路者，議人之多私，陛下既知其有罔我者，而去之惟恐傷其意，發之惟恐其悵恨不滿，是陛下不得而示天下以惡也。陛下翻然思即位之初心，豈知其今日至此乎？臣猶爲陛下悵念於既往，而天生英雄，豈使其終老於不濟乎？長江大河，一瀉千里，以苟得非常之人以共之，則電掃六合，非難治之事也。本朝以儒道治天下，以格律守天下，而天下之人，知經義之爲常程，科舉之爲正路，法不得自議其私，人不得自用其智，而二百年之太平，繇此而出也。至於艱難變故之際，書生之智，知議論之當正，而不知事功之爲何物，知節義之當守，而不知形勢之爲何用，宛轉於文法之中，而無一人能自拔者。陛下雖欲得非常之人以共斯世，而天下其誰肯信乎？臣於戊戌之春，正月丁巳，嘗極論宗廟社稷大計，陛下亦慨然有感於其言，而卒不得一望清光，以布露其區區之誠，非廷臣之盡皆見惡，亦其勢然耳。臣今者非以其言之小驗而再冒萬死以自陳，實以宗廟社稷之大計，不得不決於斯時也。陛下用其喜怒哀樂愛惡之權，以鼓動天下，使如臣者得借方寸之地，以終前書之所言，而附寸（「寸」一作「下」）名於帛竹之間，不使鄧禹笑人寂寂，而陛下得以發其雄心英略，以與四海才臣智士共之。天生英雄，殆不偶然。而帝王自有眞，非區區小智所可附會也。干冒天威，罪當萬死。」

冬，偕辛棄疾同游鵝湖，且會朱元晦於紫溪，仿乙未鵝湖故事也。元晦不至。

【《朱子文集》卷二十八】《答陳同甫書》云：「熹懇辭召令，不蒙開允，反得除用，超異非常。內省無堪，何以勝此？已上免奏，今二十餘日矣。尚未聞可報，踖踧不自勝。來書警誨，殊荷愛念。然使熹不自料度，冒昧直前，亦只是誦說章句，以應文備數而已，如何便擔當許大事？況只此倖冒，亦未敢承當。老兄之言，無乃大早計乎？然世間之事，思之非不爛熟，只恐做時不似說時，人心不似我心。孔子豈不是至公血誠，孟子豈不是麤拳大踢？到底無着手處。況今無此伎倆，自家勾當，一個身心尚奈何不下。所以從前不敢輕易出來，蓋其自知甚審。而世間一種不相識有公論底人，亦莫不知之。只是吾黨中，有相知日久，相愛過深者，好而不知其惡，誤相假借，以爲粗識廉恥，而又年紀老大，節次推排，遂有無實之名，以至上誤君父之聽，有此叨竊。每中夜以思，悚懼慚怍，無以少答上下之望，未嘗不發汗沾衣也。不意以老兄之材器識略，迥絕流輩，而亦下同流俗，信此虛聲，將欲彊僬僥以千鈞之重，而不憂其覆跌狼狽，以誤知人之明也。辭免人行已久，旦夕必有回報。似聞後來廟論，又有新番。從官已有以言獲罪而去者，未知事竟如何。封事雖無高論，然恐無降出之理。萬一果如所傳，則孤踪尤是不可復出。自今以往，牢關固拒，尚恐不免於禍，況敢望入帝王之門乎？彼去都城不遠，想已見得近日爻象矣。萬一再辭不得，則不免束裝裹糧，爲生行死歸之計。承許見訪於蘭溪，甚幸。但恐無說話處。向來子約到彼，相守三日，竟亦不能一吐所懷。或先得手筆數行，略論大意，使未相見間，預得紬繹，而面請其曲折，庶幾猶勝悤悤說話不盡，只成閒追逐也。」

【稼軒集】《賀新郎》小序云：「陳同父自東陽來，過余留十日。與之同遊鵝湖，且會朱晦庵於紫溪，不至，飄然東歸。既別之明日，余意中殊戀戀，復欲追路，至鷺鷥林，則雪深泥滑，不得前矣。獨飲荒村，悵然久之，頗恨挽留之不遂也。

夜半投宿吳氏泉湖四望樓，聞鄰簫悲甚，爲賦《乳燕飛》以見意。又五日，同甫書來索詞，心所同然者如此，可發千里一笑。」

賀新郎（懷陳同甫）　辛棄疾

把酒長亭說，看淵明、風流酷似，卧龍諸葛。何處飛來林間鵲，蹙踏松梢殘雪。安破帽、多添華髮。賸水殘山無態度，被疏梅、料理成風月。兩三雁，也蕭瑟。

佳人重約還輕別。悵清江、天寒不渡，水深冰合。路斷車輪生四角，此地行人消骨。問誰使、君來愁絶，鑄造而今相思錯？料當初、費盡人間鐵。長夜笛，莫吹裂（《稼軒詞》）。

賀新郎（寄辛幼安和見懷韻）　陳同甫

老去憑誰說！看幾番、神奇臭腐，夏裘冬葛。父老長安今餘幾？後死無仇可雪。猶未燥、當時生髮。二十五絃多少恨，算世間、那有平分月。胡婦弄，漢宮瑟。

樹猶如此堪重別。只使君、從來與我，話頭多合。行矣置之無足問，誰換妍皮癡骨？但莫使伯牙絃絶！九轉丹砂牢拾取，管精金、只是尋常鐵。龍共虎，應聲裂（文集卷十七）。

賀新郎（同甫見和再用韻答之）　辛棄疾

老大那堪說，似如今、元龍臭味，孟公瓜葛。我病君來高歌飲，驚散樓頭飛雪。笑富貴、千鈞如髮。硬說盤胸誰來聽？記當時、只有西窗月。重進酒，換鳴瑟。

事無兩樣人心別。問渠儂、神州畢竟，幾番離合。汗血鹽車無人顧，千里空收駿骨。正目斷、關河路絶。我最憐君中宵舞，道男兒、到此心如鐵。看試手，補天裂（《稼軒詞》）。

賀新郎（酬辛幼安再用韻見寄）陳同甫

離亂從頭說，愛吾民、金繒不愛，蔓藤纍葛。壯氣盡消人脆好，冠蓋陰山觀雪。虧殺我、一星星髮。涕出女吴成倒轉，問魯爲齊弱何年月？丘也幸，由之瑟。斬新換出旗麾別，把當時一椿大義，拆開收合。據地一呼吾往矣，萬里摇肢動骨。這話欛只成癡絶。天地洪爐扇鞲，算於中、安得長堅鐵。淝水破，關東裂（文集卷十七）。

是歲王淮罷，林栗攻朱熹。

文録：《姚漢英母夫人墓誌銘》。

淳熙十六年己酉，四十七歲。

是年二月，孝宗内禪，光宗即位。

初夏至金陵，晤章德茂。五月自金陵歸，正則來宿一日而行。六月往哭石天民，七月大病幾死。此行，在京口購得屋子。

【文集卷二十一】《與范東叔龍圖書》云：「亮自頃一望台光，蒙所以溫接獎與之意甚厚。連歲到行都，自顧踪跡日以陸沈，無顔數詣台屏，但時與令姪問訊啓處之詳，慰此尊仰。初夏嘗一至金陵，與章丈侍郎甚款。相羊泉石間，每玩所留字，必相與詠頌悵望良久。章丈亦言，有司甚遲其來，失此良款，良用怏悒。亮自七八月之交，一病垂死。今幸苟存殘喘，百念皆已灰滅。但尊敬大賢君子耿然猶在耳。」

【文集卷十九】《復陸伯壽書》云：「五月末間，竟以雨甚，不能遂湖上之集，兼又新得罪於人，意況不佳。雖欲陪款語，而歸心如飛。破雨東渡，但劇悵仰。伏惟台翰恭審即目晚秋喜晴，拜命之餘，神人共相，台候萬福。舍試揭曉，伏承遂釋褐於崇化堂前，衆望所歸，此選增重。凡在朋友之列者，意氣爲之光鮮。壽皇在位二十七年，與此選者六人，自明夭折，純叟中廢，何以強人意！新天子龍飛，而兄首膺此選，遂使新政有光，甚盛甚盛。方圖專馳尺楮上慶，遂成先辱，皇恐不可言。時事日以新，天意未易測度，但看人事對副如何耳。泛泛君子，不足以承當好運，猶庸庸小人，不足以究向陰之時也。好惡只看屋下郎，此乃觀時運眞法門。今之專靠天者，自不肯信耳。兄以爲如何？英傑滿朝，無爲醜虜所欺，若其叔姪兄弟，猶相啣持，尚可偷且夕之安。不爾，則虜情未可測也。亮自七月二十五日，一病不知人者兩月。自此日裏不能喫飯，夜間不能上床，凡二十餘日，方漸漸較可。入九月，喫飯打睡，始能自齒相平人。然未至五更，便睡不着。望見暮景，已自如此，不如早與一死爲快脆也。自餘皆非所宜言，託契之厚，不覺狂態又發也。勿使他人見之，幸甚幸甚！」

【文集卷十九】《復呂子約書》云：「二月間怱怱告違，即有金陵、京口之役。五月（王本無「五月」至「萬福」四十七字）二十四日抵家，人事衮衮，未能拜起居狀。乃承惠翰，存問死生，感激不可言。訊後再作梅溽，恭審進德有相，台候萬福。亮已交易得京口屋子，更買得一兩處蘆地，便爲江上之人矣。地廣則可以藏拙，人僕茂則可以浮沉，五七年後，庶幾成一不刺眼人也。周丞相之護其身，如狐之護其尾，然終不免，則智果未可護身矣。彼其於亮，乃趙平叔（「平叔」，一本作「同知」）所謂『臣於修，蹤跡素疎，而修之待臣亦薄』者，而諫疏首以見及，么麽之踪，遂累大筆，第可付之一笑耳。謝昌國忽有此除，何哉？騎牆而下，自今可以信其不足爲智矣。朱丈辭職得遂，此廟堂處事之善者也。葉正則近過此，宿（「宿」，一本作「留」）一日而行。云二（王本無「云二」至「便然」五十四字，「近嘗」至「台懇」五十九字）十七日吳石方試，渠以此日渡江，不知試得竟如何？城中想已有所聞，千萬一報。仲權亦佳士，曾識之否？叔晦減得一政，亦良便。然近來朋友，皆向老成，而生意絶少。雖叔晦亦既老成矣。近嘗作書與朱丈云：『侍講平生事業，只謂眼生，若又隨隊入熟事沓，亮當爲小人之歸無疑矣。』契兄以爲如何？正則甚念得一見，迫於歸覲其親，再三託導意，亦嘗以簡示之，約六月半再過此，并懇台照。天民竟不起，友朋凋落殆盡，亦何用生爲！念之令人氣塞。稍定則往哭之，雖六月極熱，不敢辭也。尊兄進德，日異一日，不但朋友有所取則，亦足以慰亡者于地下。如亮輩去死寧幾時，不足復論，惟兄勉之。更十日尚當一去見，匆匆，姑此謝來辱。」

【文集卷二十四】《祭石天民知軍文》云：「嗚呼！高才辯智，孰與強力爲善；博學多能，孰與蘊藉風流？故天下之士，有以自負而取名，自足而善謀，未若無挾而好修，淡然而不忮不求者也。嗚呼！天下而有若人，則薄劣不能汙，纖碎不能留；小諒不能表其孑孑，鄉愿不能致其綢繆。當與一世混流而揚波，枝葉婆娑而根是培。屹然而山立，儵然而天遊者也。嗚呼！此吾天民所以單行於士林之表，平平而坦坦，容容而休休者乎？英風義概，足以激懦而起偷；美意仁心，足以律貪而鎮浮。書册未嘗不親，而書味厭飫而優柔；事體未嘗不具，而事情反覆而咨諏。聖賢不傳之學，豪傑經遠之猷，兼該衆美，而歉然以未善爲憂。推先一輩，退然與後學爲儔。此吾夫子所以歎任重而道遠，而韓子貴於責己重以周也。嗚呼天民，豈復有一事之可憾，而不足以乘一障於遐陬乎？樞庭一囑，與夫治中別駕，乃足以盡其平生而酬之乎？吾不得質諸幽也。嗚呼！得兄凶問，京口行舟。審吾元卿，北關渡頭。歸未弛擔，負薪是尤。賢子訃告，我病不瘳。日卧於床，自夏徂秋。亶其既安，困於敵讎。二年之間，一半爲囚，自餘奔走，人扼其喉。兄喪既終，我頭未抽。墓有宿草，老淚漸收。我雖僅存，豺虎是投。來飲我酒，尚如生否。生死遺憾，付之牢愁。跡雖易考，事終可羞。兄亦慨然，歸安此邱。」

詞紀金陵（文集卷十七）。

《念奴嬌》：「江南春色，算來是多少，勝遊清賞。妖冶廉纖，只做得飛鳥向人偎傍。地闢天開，精神朗慧，到底還京樣。人家小語，一聲聲，近清唱。因念舊日山城，箇人如畫，已作中州想。鄧禹笑人，無限也，冷落不堪惆悵。秋水雙明，高山一弄，着我些悲壯。南徐好住，片帆有分來往。」

上皇帝《鑒成箴》，不報（《名臣言行録》）。

【文集卷十】《上光宗皇帝鑒成箴》云：「五閏失序，僞主僭竊。綱常絲棼，宇縣分裂。干戈日尋，湯沸火熱。元元憔悴，無所存活。藝祖勃興，天爲民設。受命之日，兵仞不血。痛茲版圖，尙爾割截。丙夜不安，往就普說。獨立門外，衝冒風雪。謀定戈指，莫我敢遏。首征揚州，重進誅殛。旋征澤潞，李筠就殺。復掩湖南，保權力屈。爰取荆南，繼冲悚慴。一鼓孟昶，蜀城斷拔。徂征嶺南，劉鋹面縛。馳使江南，李煜踧踖。傳檄吳越，錢俶納國。十餘年間，憂慮危慄。頭若蓬葆，雨沐風（節）〔櫛〕。東征西伐，天下始一。解兵收貢，降王在列。施袴麻鞋，緣布衣褐。訓練六軍，法度陛級。太宗繼之，乾乾夕惕。親征河東，督勵士卒。人百其勇，城無全堞。下詔寬赦，繼元乃伏。收復漳泉，洪進屏息。眞宗嗣之，二祖是法。契丹來寇，人心業業。決意親征，俯從準策。親御（案）〔鞍〕馬，躬秉黃鉞。白旄一麾，王師奮發。我氣既盈，虜氣斯竭。稽首請和，干戈載戢。譬以禍福，實賴臣弼。於皇仁祖，善繼善述。未幾元昊，在西復悖。謀臣勇將，連年討伐。邊民既困，國用亦乏。厥後智高，忽爾猖獗。南嶺東西，擾擾數月。以時討平，狄青之力。靖康之難，言之汗浹。二帝北狩，狼巢熊窟。沙漠萬里，風霜冽冽。胡塵撲面，驚弦慘骨。國祚若旒，誰任其責。賴有高宗，克紹前烈。匆遽渡江，心膽欲折。皇天降監，風濤安帖。所至城市，暫都於浙。奪亮凶燄，震撼六合。投箠釆石，意謂無越。

幸而倒戈，自取夷滅。壽皇履位，求賢如渴。崇事高宗，孝心尤切。二十八載，始終無缺。高宗上僊，哀號哽咽。四方來觀，其容慘怛。王業艱難，坦然明白。今皇嗣位，祖宗是則。無湎於酒，無沈於色，色能荒人之心，酒能敗人之德。以宰相爲腹心，以臺諫爲耳目，以將帥爲爪牙，以尙書爲喉舌。登崇俊良，斥退姦枿。勿謂天高，常若對越；勿謂民弱，實關治忽。勿俾禍起於蕭牆，勿使患生於倉卒。勿私賞以格公議，勿私刑以虧國律。勿悔老成之人，勿貴無益之物。勿妄費生靈之財，勿妄興土木之役。勿謂嚬笑之微而莫我知，勿謂號令之嚴而莫我逆。盡孝乃明主之治，論相乃人主之職。聖言不可侮，人心不可咈。傾耳乎公卿之言，游心乎帝王之術。勿謂和議已成而不慮乎遠圖，勿謂大位已得而不恤乎小失。當效禹王，寸陰是惜；當效文王，日昃不食。勿效夏桀，瑤臺瓊室；勿效商紂，斮涉剖直。如履薄冰，深虞沒溺；如御六馬，切虞奔軼。勿謂微過，當絕牙蘖；勿謂小患，當窒孔穴。左右前後，當用賢哲。王惟戒茲，民罔不悅。草茅作箴，敢告司闕。」

五月，周必大罷。八月，王淮卒。

文錄：《金元卿墓誌銘》、《陳思正墓誌銘》、《復樓大防郎中》、《陳春坊墓誌銘》。

光宗紹熙元年庚戌，四十八歲。

是歲，辨道學。

【文集卷十五】《送王仲德序》云：「昔祖宗盛時，天下之士，各以其所能自效，而不暇及乎其他。自後世觀之，而往往以爲朴陋，而不知此盛之極也。其後文華日滋，道德日茂，議論日高，政事日新，而天下之士，已不安於平素矣。衆賢角立，互相是非，家家各稱孔、孟，人人自爲稷、契，立黨相攻，以求其說之勝，最後章、蔡諸人，以王氏之說一之，而天下靡然，如黃茅白葦之連錯矣。至渡江以來，天下之士，始各出其所能；雖更秦氏之尚同，能同其詇，而不能同其說也。二十年之間，道德性命之說一興，迭相唱和，不知其所從來。後生小子，讀書未成句讀，執筆未免手顫者，已能拾其遺說，高自譽道，非議前輩，以爲不足學矣。世之爲高者，得其機而乘之，以聖人之道爲盡在我，以天下之事無所不能，能麾其後生以自爲高。而本無有者，使惟己之向，而後欲盡天下之說，一取而教之，頑然以人師自命。雖聖天子建極於上，天下之士，猶知所守，吾深惑夫治世之安有此事乎，而終懼其流之未易禁也。王仲德於亮爲鄰人，少有俊才，不自滿足，翻然往從葉正則學問。盡交永嘉之俊秀，而猶未以爲足也，又將從正則於吳門，以畢其業。蓋其學日進而未可量，其所成就，夫豈獨異於後生之爲高者？雖頑然以人師自命者，不能衒之而使移也。亮老矣，將賴其鄰以自強，於其行也，爲說以先之。其歸也，必有以復我。」

【文集同卷】《送吳元成運幹序》云：「往三十年時，亮初有識知，猶記爲士者必以文章行義自名，居官者必以政事書判自顯，各務其實，而極其所至，人各有能有不能，卒亦不敢強也。自道德性命之說一興，而尋常爛熟無所能解之人，自託於其間，以端慤靜深爲體，以徐行緩語爲用，務爲不可窮測，以蓋其所無。一藝一能，皆以爲不足自通於聖人之道也，於是天下之士，始喪其所有，而不知適從矣。爲士者恥言文章行義，而曰盡心知性；居官者恥言政事書判，而曰學道愛人。相蒙相欺，以盡廢天下之實，則亦終於百事不理而已。及其徒既衰，而異時熟視不平者，合力共攻之，無鬚之禍，濫及平人，固其所自取，而出反之慘，乃至此乎！三山吳元成少以氣自豪。出手取科目，隨輒得之。來尉永康，遇事風生。一日枉車過余，講客主之禮，若見所畏。且語余：『子所交皆一世老蒼，至等輩已是第三四行人。葉名適（一作「葉同年」）爲我言如此。我家世以官爲家者也，我父自力於官事，而與世爲忤，子盍爲我誦數前輩聞，而言其所以致此者？』余惘然失歎，意以爲雖知所從來而不敢言也。自是相與往來如舊故，縱臾其所長，以暴白於一時。雖老於吏道者，亦知敬其人。文章行義，政事書判，并舉兼能而不可掩，而道德性命之說，政自不相妨也。於其中間，余受無鬚之禍最慘。而元成亦深察余心，左右扶持，雖慘不至於極，以此猶相歡而無間也。及其去永康，余將叙其本末以累其行李，而多病因循，念之耿耿，後三年，克爲之。蓋新天子龍飛之十二月九日也。而元成方俛首於將漕糟丘之職，若新爲吏者，其志嚮豈有窮哉？」

【文集卷十九】《與韓無咎尚書書》云：「本朝二百年之間，學問文章，政事術業，各有家法，其本末源流，班班可考。於兩漢無所不及，而或過之。前輩遞相授受，厥有準繩。渡江諸賢，收拾遺餘，無所墜失。不幸三四十年之間，廢置不講。後生小子，不獲聞前輩緒論，皆以爲天下安有定法，各出意見，自立尺度，惟平者爲合律，奇者爲出倫耳。豈不悲哉！豈不痛哉！」

跋朱晦庵《送寫照郭秀才序後》。

【文集卷十六】《跋朱晦庵送寫照郭秀才序後》云：「往時廣漢張敬夫、東萊呂伯恭，於天下之義理，自謂極其精微，而世亦以是推之。雖前一輩，亦心知其莫能先。余猶及見二人者，聽其講論，亦稍詳其精深紆餘，若於物情無所不致其盡。而世所謂陰陽卜筮、書畫技術，及凡世間可動心娱目之事，皆斥去弗顧，若將浼我者。晚從新安朱元晦游，見其論古聖賢之用心，平易簡直，欲盡擺後世講師相授，流俗相傳，既已入於人心而未易解之説，以徑趨聖賢心地，而發揮其妙，以與世人共之。其不得見於世，則聖賢之命脈猶在，而人心終有時而開明也。其於經文，稍不平易簡直，則置而不論，以爲是非聖賢之本旨，若欲刊而去之者。余爲之感慨於天地之大義，面抱大不滿於秦、漢以來諸君子，思欲解其沈痼，以從新安之志而未能也。然而於陰陽卜筮、書畫伎術，凡世所有，而未易去者，皆存而信之，乃與張、呂異。其於郭叔瞻之能，尤愛而喜之之不厭，豈悦物而不留於物者，固若此乎？抑世所謂畫師之能，皆未能窺叔瞻之心地，而不可棄乎？故余於叔瞻無舊故，而爲諸公道其所長不容已，亦因以見秦、漢以來諸君子，猶煩新安之刊剟，而後聖賢之心事可得而盡白也。叔瞻力求余跋，因叙其本末如此，試以呈新安云。」

書趙永豐訓之《行錄》後。

【文集卷十六】《書趙永豐訓之行錄後》云：「太史公論婢妾之引決，出於計畫無理之甚，而英雄俯仰以全一死者，將以有爲也。而孟子論義有重於死，雖聖賢不得而避。人固難于一死，而一死之難又如此。國家遭陽九之厄，能以死拒虜者，固自有數。而禁卒內潰，人不知義極矣。身爲宗室，以當百里之寄，不愛一死，以明大義，此聖賢所不得而避者，其死豈不壯哉！方天下太平，天子有事邊功，使守在四夷，而公獨知其爲禍亂之萌。及金虜剪中國如枯槁，公又欲率義師以阻遏其鋒。推公之志而揆公之才，固非自分於一死者，義之所在，不約而自隱其中之所存耳。此天下之所知，而人之所以尚其子孫者也。張巡之死義，豈不甚明？而猶有待於韓、李之秉筆者。朝廷之旌死節不逾時，豈待人言而後明哉？殆未請耳。天人報應，尚隨渺茫，上下融合，實關勵勸。天下士固不少爲趙公誤也。公之孫彥檽，出其始末以示亮，因書以歸之，新天子龍飛之十日也。」

正月，浙西提點刑獄瑞安陳傅良出爲吏部員外郎。

【文集卷二十一】《與范東叔龍圖又書》云：「亮竊維提刑右司，西州人物之英，一朝簪紳之表。文章議論，爲時宗工，道德風流，在王左右。禁林兩地，漢廷莫之或先，翩然而去，不可復駐。雖高節凜然，而徘徊戀主之義，尚有可思者。持節湖外，彼民何其幸也。族兄君舉，遂獲同僚，託契至厚，今茲游處其間，樂當不可涯。使軺聯翩得賢，仁定仁聞，交發并見。無從一游其間，睹此盛事，悵恨而已。時事反覆無常，天運所至，亦看人事對副如何。泛泛君子，不足以承當好運，猶庸庸小人，不足以究向陰之時。人不自力，而一委之於天，豈不殆哉？亮一親戚梁銳，爲（彬）〔郴〕陽判官，道出麾下，義當伏謁。渠雖北人，今與亮爲鄰，且三四十年矣。亮非敢以一書爲之先容。倘賜溫顏垂接，孤寒小官，生死萬幸。渠蹉跎選調，不善俯仰，蒞官十四五考，而舉者只一二人，生硬自信，可爲一笑。右司加意憐之，固其所願而不敢望也。亮開歲又隨衆一到春官，包羞至此，只欲爲遮欄門戶計。若更不遂，且當浮沈里閈，與田夫野老爲伍，無所復望於今世矣。新天子龍飛，寤寐英賢，決非湖外所能久留。綸渙一下，鋒車鼎來。更冀崇護寢餗，終爲四海一出素蘊，不勝千萬之禱。」

妻弟何少嘉死。

【文集卷二十八】《何少嘉墓誌銘》云：「少嘉何氏，名大猷，少嘉其字也。父恢，茂宏。叔父恪，茂恭。嘗從余學，而其姊以爲吾弟何所求於子而汲汲若此，盍有以大慰其心？予笑謂其姊：『越雞不能化鵠卵，惜吾之非魯雞也。』其姊曰：『我不解子書語，吾弟滿意而去，則吾之願也。』未幾，當路欲以事見殺。少嘉自比於子弟，而營救不愛其力。浙江風濤之險，一日往復兩涉之，幾至覆舟不悔。」

十二月，獄事再急。

【文集卷十二八】《何少嘉墓誌銘》云：「紹熙改元冬十有二月，獄事再急。月之六日，少嘉無疾而死。予爲之驚呼曰：我其不免於詔獄乎！少嘉死，是惡證也。」

文錄：《凌夫人何氏墓誌銘》。

紹熙二年辛亥，四十九歲。

二月，辛棄疾爲安撫使。

三次入獄。

【文集卷二十八】《何少嘉墓誌銘》云：「紹熙改元冬十有二月，獄事再急，二年興獄，而僅以不死。」

【文集卷二十八】《喻夏卿墓誌銘》云：「紹熙辛亥八月十有九日，余猶繫三衢獄中。」

【文集卷十九】《與章德茂侍郎書》云：「最是八月二十三日，正囚繫囹圄中。忘其項上及手中之爲何物，卻倒在匣床，猶欲牽綴小詞。雖牢落困頓，終不能成，亦無奈是耿耿者何！」

紹熙三年壬子，五十歲。

二月，出獄。

【文集卷二十八】《喻夏卿墓誌銘》云：「紹熙辛亥，余繫三衢獄中，明年二月出獄。」

【《朱子大全集》卷三十六】《答陳同甫書》云：「自聞意外之患，既解而益急；地遠無從詗知洞息，親舊書來，亦不能言其詳，第切憂嘆而已。數日前得沈應先書，乃報云云，自是必可伸雪。今日忽見使人，得所惠書，乃知盲料亦誤中也。急拆疾讀，悲喜交忹。又念常年此時，常蒙惠問，不謂今歲彼此况味乃如此，又益以悼歎也。觀望既息，黑白自分，千萬更且寬以處之。天日在上，豈容有此冤杜事也？」

【《止齋文集》卷三十六】《與陳同甫第三書》云：「自兩壻入館，繼以遷徙。少定，欲遣人問，應之報有意外之撓。方謝絶人事，無從問訊。其道遠不詳本末，無着力處，但與老妻日夜懸念，長吁短歎而已。子約來，言事已明白，不墮小人阱中，盡室驚喜。嗟乎怪哉，老兄直至此也！天之生才，不遇則亦已矣，閭巷蟣蝨之徒，時欲置之罪罟。若非朝廷以不殺士爲國是，法令明具，有司□□□放手生事耶，兄當未易免禍。吾輩平時，每欲望人度外□，寬繩墨以便功名之士。由今觀之，□士以此免不知幾人，則議論誠難事耳。又况朋友滿世，一旦有緩急，束手無策。若衰朽尤荷親愛，亦不過叫冤叫苦，與坐視者無異。即知老兄負謗負累，奔走鄉曲之急，直是枉卻。舉此兩端，方服前輩遵守三尺，不敢放閒一線，穩便話頭。又居鄉如處女，雖親戚在縲絏之中，或不營救，洒是知時識勢，非苟然也。老兄數年以來，再脫於禍。目今只得還他本朝學者轍樣，將秦漢間士大夫公案，一切封起。未嘗其位，屈着頭，合着眼，杜門燕坐以養和平之福而已。浙西別業，稍有倫序，漸爲擇鄉之計，尤所願望，某腐生之說，雖可厭薄。然不到老兄之前，他誰敢言者。急時坐視，慢時以空言相切，某則自知罪矣，幸察至望！」

出獄謝啓（文集卷十七、八）

《謝陳同知啓》云：「某少覽古書，恐遂流於無用；晚更世故，始漸見於難通。豈求田問舍之是專，亦閉門造車之可驗。一毫以上，通緩急於里閭；終歲之間，僅飽煖其妻子。怨之所在，明者不知。苟有邪心，雖路人亦甘於就縶；至遭毒手，蓋坐客竟知其爲寃。第以當路之見憎，況復旁觀之共謗。怨家白撰於其外，獄吏文致於其中。儼然凶人，無一可免，置之詔獄，凡百謂何。詰其來繇，可爲驚駭。逮風波之既定，亦事狀之皦然。多取天地之虛名，所宜受罰；猶有鬼神之明證，終賴持平。」

《謝羅尙書啓》云：「某暗於涉世，拙於謀身。直情徑行，視毀譽如風而不恤；跋前疐後，方進退維谷以堪驚。向也路人，俄而重關。晚木索之皆具，寧髪膚之可全。苟以疑似殘其軀，豈敢爲當塗而自愛；至於羅織勦其命，亦恐成聖世之失刑。竟不察於人言，爰特興於詔獄。半毫以上，皆鑿空無據之詞；十目之間，有左驗甚明之實。平心以察兩造，低首而聽一成。獄情既眞，物論惟允。死生異道，天地鬼神之鑒臨；骨肉成圍，父子夫婦之感泣。」

《謝梁侍郎啓》云：「某身名不競，時命皆非。豪於里閭，所得寧幾？迫於妻子，無策自資。孰爲龍斷之登，羞作墦間之乞。推平生之作計，擇禍欲輕；及晚歲之多艱，轉身無所。重以當塗之切齒，加之羣小之鑿空。衆口莫調，但承虛而接響；十目共睹，嘆因誤以成訛。昭然行道之夫，徒爾迫人於險。」

《謝鄭侍郎啓》云：「某少嘗有志於當世，晚乃自安於一廛。身名俱沉，置而不論；衣食纔足，示以無求。人眞謂其有餘，心固疑其克取。而況奴僕射日生之利，子弟爲歲晏之謀。怨有所歸，謂可從於無恤；內常無歉，豈自意其難明。俄而積世之寃，端若從天而下。塗人相殺，罪及異鄉；當路見憎，勘從旁郡。恟恟之勢可畏，炎炎之焰若何。」

《謝曾察院啓》云：「某本無他長，恥居人下。常想英豪之行事，隨乃塵凡；頗知聖賢之用心，雜之泥滓。宜身名之不競，謾衣食之是謀。志念不出里閭，下流多謗；姓字何干朝宁，厚祿誤人。合成悔尤，莫可湔洗。雖明知其非罪，孰肯昌言？」

《謝何正言啓》云：「某徒有凌高厲空之志，本無應時適用之才。同故舊之戚休，乃名任俠；通里閭之緩急，見謂豪強。欲爲飽煖之謀，自速摧殘之禍。謗出事情之外，百喙莫明；變生意料之餘，三肱并折。友朋私憂其身後，兒女環泣於生前。吾道非邪，一窮至此；男兒死耳，正命謂何！」

《謝王丞相書》云：「某性固小異，命亦多奇。縱居不擇級，豈爲惡人之道地；使行或由徑，寧通小吏之金錢？不察以世俗之常情，敢望以君子之大道。吏文雜治，但知鍛鍊之無端；口語橫生，當信吠聲之可畏。所幸聖賢之在上，不使煢獨之向隅。雖木索加焉，失明哲保身之術；然杖笞免矣，皆照臨及物之功。」

《謝留丞相啓》云：「某暗於自知，甘於受謗。屬饜而已，誦說云乎。推平生志念之無他，欲尊主庇民而未可。嗟晚歲口語之可畏，謂殺人伏法以何疑。不圖事狀之皦然，猶待詔獄而後定。風波洶湧，尚餘勢之未平；日月照臨，幸容光之無蔽。使不及此，其將若何！」

《謝葛知院啓》云：「人小有才，未知死所；世皆欲殺，要豈公心？惟愛士出於至誠，則恤刑視其大體。門牆舊物，螻蟻微生。嗚其積寃，納之洪造。伏念某少持跌岩，久遂闊疏。學劍何止不成，徒存逸想；讀書非求甚解，第採高標。謾曰古心，不入俗眼。既置身於無用，宜取禍於離明。下流而致縉紳之見推，從何自取；窮居而使衣食之粗足，似若無因。謂其豪强，處以任俠，加虛謗於實事，入信語於疑心。内揣甚安，譽不爲喜而毁不爲沮；外傳大甚，惡欲其死而愛欲其生。醞在平時，合成奇禍。重以當塗之立意，加之衆怨之鑿空。人與千金，未能半信；家置一喙，猶有後言。遂煩詔獄之興，允謂事情之審。不勝讒者，尚及今兹。非廟論之至平，蓋殘生之永已。」

《謝胡參政啓》云：「某立志雖廣，受才則疎。少不如人，所向牆壁；老之將至，乃罣網羅。苟有一跡之可疑，豈逃十目之所指。自嗟命薄，適値途窮。一口傳虛，縶路人而爲罪；三年置對，任獄〔吏〕之便文。不思訟者之謂誰，但使仇人之逞志。鞠之又鞠，疑於無疑。殺一不辜，懼損奕世無疆之福；凡百君子，易生私憂過計之心。欲究盡於物情，終上干於廟論。」

避宅京口。

【文集卷十九】《與章德茂侍郎第四書》云：「敬惟侍郎以西州之英，負一世之望。漢廷諸公，莫之敢先。遂膺天寵，遠持從橐。於今東西二府，非公莫宜。聖上方欲發揚壽皇北向之志，借公風采於留都，以震動中州。上流須人，則又奉命而馳。東西歘歷，無所擇於天地之間。心事落落，固因隨時而見也。亮已爲天所擯棄，而門下獨提拂獎與，如世間不可少之人。雖荷眷私之隆，祇以重其罪耳。黄、范二公，一見如舊交，得非門下誑之太過而至此乎？范於亮尤不遺餘力，世既有望而惡之者，則必有望而喜之者。此乃所謂對待法，而亮遭之特分明。鄉間豈可復居，京口亦恐惹人閑話。今只當買一小業於彼，卻於垂虹之旁，買數間茅屋，時以扁舟訪范、張、陸輩於吳淞江上，以終殘年。其他一筆勾斷，不復作念矣。張定叟拯拔其禍患尤力，而事乖人意，薄命所招，無可言者。君舉、象先皆將漕，而徐子宜又持畿内小節，正則亦得淮郡近闕。飽飯以及妻子，而行些小志念以及物，正自不惡。天運人事，看到那裏，亦非一手一足之所能及也。過武昌必須與象先、元善小款。吾人要一聚首，良不易得。舊部當尊重之人，相馬不失之瘦，采葑采菲取節焉，誠有使人不能忘懷者。『玉色』正不足論，向見其歌門下偉詞，抑揚高下，一一可聽。彼亦知世間有所謂人品者，門下豈亦以此假之詞色耶？滂漉紅塵，終恐不能自別於凡流，士之不遇，亦若此耶？一笑。荆公數小詩，極佳。一鄉僧收得，共二十餘詩。其親寫

《太史遷史贊》，亦二十來篇。若有能刻之，亦金陵一段奇事。番羅縠子，又爲門下費，下拜良劇愧感！恭惟奬諭詔旨，有見軍政之舉。而有勞必念，亦以新吾君之聖，甚盛甚休。所欲言者無限，聊見一二，率略之甚。」

是歲鄭景元卒（《祭鄭景元提幹文》）。

文錄：《喻夏卿墓誌銘》、《姚唐佐墓誌銘》。

紹熙四年癸丑，五十一歲。

是歲成進士。

《林下偶談》云：「陳龍川自大理獄出赴省試。試出，過陳止齋，舉第一場義破，止齋曰：『又休了。』舉第二場《勉強行道有大功論》破云：『天下豈有道外之功哉？』止齋笑曰：『出門便見哉，然此句卻有理。』又第三場策起云：『天下大勢之所趨，天地鬼神不能易，而易之者人也。』止齋曰：『此番得了。』既而果中選。」（知不足齋叢書）

【文集卷二十二】《告高曾祖文》云：「紹熙癸丑之夏，天子親閲禮部進士於庭，拔一卷子於衆中，許以淵源而置之選首。折其號，則亮也。」

又【文集同卷】《告祖考文》云：「亮年二十有六，易名曰亮，而首貢於鄉。越二十六年，始見錄於禮部。及對策大庭，天子拔諸衆中而置之首選，曾不涉於有司。」

又【文集卷二十二】《祭妻叔文》云：「今年之夏，竟以累舉見錄於春官，使得奉大廷之對。天子躐取於衆中，許以淵源而置之選首，衆讙曰宜。」

廷對（文集卷十一）。

「朕以涼菲，承壽皇付託之重，夙夜祗翼，思所以遵慈謨，蹈明憲者，甚切至也。臨政五年於茲，而治不加進，澤不加廣，豈教化實未著，而號令之意未孚耶？士大夫，風俗之倡也。朕所以勸勵其志者，不爲不勤，而偷惰之習，猶未盡革。獄，民之大命也。朕所以選任其官者，不爲不謹，而寃之弊，或未盡除。意者狃於常情則難變，玩於虛文則弗畏乎？且帝者之世，賢和於朝，物和於野，俗固美矣。然讒說殄行，迺以爲慮。畫衣冠，異章服，而民不犯，刑既措矣，然怙終賊刑，必使加審，何也？得非薰陶訓厲自有旨歟？今欲爲士者精白承德，而趨向一於正；爲民者，遷善遠罪，而訟歸於平。名賓於實，而是非不能文其僞；私滅於公，而愛惡莫可容其情。節儉正直之誼，興行於庶位，哀矜審克之惠，周浹於四方，果何道以臻此乎？子大夫待問久矣，咸造在廷，其爲朕稽古今之宜，推治化之本，凡可以同風俗，清刑罰，成泰和之效者，悉意而條陳之，朕將親覽。」

「臣對：臣聞人主以厚處其身，而未嘗以薄待天下之人。故人皆可以爲堯舜。而昔人謂其以己而觀之者，天地之性本同也。夫天祐下民，而作之君，作之師，禮樂刑政，所以董天下而君之也。仁義孝弟，所以率先天下而爲之師也。二者交修而并用，則人心有正而無邪，民命有直而無枉，治亂安危之所由以分也。堯、舜三代之治，所以獨出於前古者，君道師道，無一之或闕也。後世之所謂明君賢主，於君道容有未盡，而師道則遂廢矣。夫天下之事，孰有大於人心之與民命者乎？而其要則在乎一人之心也。人心無所一，民命無所措，而欲論古今沿革之宜，究兵財出入之數，以求盡治亂安危之變，是無其地而求種藝之必生也，天下安有是理哉？臣恭惟皇帝陛下謙恭求治，常若不及。深念乎人心之不易正，而民命之未易全也。進臣等布衣於廷，而賜以聖問曰：『朕以涼菲，承壽皇付託之重，夙夜祇翼，思所以遵慈謨，蹈明憲者，甚切至也。』臣切歎陛下之於壽皇蒞政二十有八年之間，寧有一政一事之不在聖懷？而問安視寢之餘，所以察詞而觀色，因此而得彼者，其端甚衆。亦既得其機要，而見諸施行矣。豈徒一月四朝，而以爲京邑之美觀也哉？而聖問又曰：『臨政五年於茲，而治不加進，澤不加廣，豈教化之實未著，而號令之意未孚耶？』臣於是知陛下求治若不及之心，如天之運而不已也。臣聞禹立三年，百姓以仁遂焉。推其本源，則曰克儉克勤，不自滿假而已。今時和歲豐，邊鄙不聳，亦幾古之所謂小康者。陛下猶察其治之不加進，澤之不加廣，而欲求其所謂教化之實，號令之意者，蓋深知人心之未易正，民命之未易生存也。臣請爲陛下誦君道師道，以副陛下求治不已之心焉。夫所謂教化之實，則不可頰舌而動之矣。仁義孝悌，以盡人君之所謂君道，可也。所謂號令之意，則不可以權力而驅之矣。禮樂刑政，以盡人君之所謂君道，可也。夫天下之學，不能以相一，而一道德以同風俗者，乃五皇極之事也。極曰皇，而皇居五者，非九五之位，則不能以建極也。以大公至正之道，而察天下之不協於極，不羅於咎者，悉比而同之，此豈一人之私意小智乎？無偏無黨，無反無側，以會天下於有極而已。吾夫子列四科，而廁德行於言語、政事、文學者，天下之長，俱得而自進於極也。然而德行先之者，天下之學，固由是以出也。周官之儒，以道得民，師以賢得民，亦以當得民之二條耳。而二十年來，道德性命之學一興，而文章政事，幾於盡廢。其說既偏，而有志之士，蓋嘗患苦之矣。十年之間，羣起而沮抑之，未能正其偏去其僞，而天下之賢者，先廢而不用，旁觀者亦爲之發憤以昌言，則人心何由而正乎？臣願陛下明師道以臨天下，仁義孝悌交發而示之，盡收天下之人才，長短小大，各見諸用。德行、言語、政事、文學，無一之或廢，而德行常居其先，蕩蕩乎與天下共由於斯道，則聖問所謂『士大夫風俗之倡也，朕所以勸勵其志者，不爲不勤，而偷惰猶未盡革』，殆將不足憂矣。若使以皇極爲名，而取其偷惰者而用之，以陰消天下之賢者，則風俗日以偷，而天下之事去矣。夫天下之情，不能以自盡。而執八柄以馭臣氏者，乃六三德之事也。(疆)〔彊〕弱異勢，而隨時弛張者，人主所以獨運陶鈞，而退藏於密者也。用玉食不可同之勢，而察威福之有害於家，凶於國者悉取而執之，此豈臣下之所得而褻用乎？沈潛剛克，高明柔克，以期刑法之適平而已。吾夫子爲魯司寇，民有犯孝道者，不忍置諸刑，其說以爲教之不至，不可一朝居也。周官之刑，平國用中典，蓋不欲自爲輕重耳。而二三十年來，罪至死者，不問其情，而皆附法以讞，往往多至於幸生。其事既偏，而平心之人，皆不以爲然矣。數年以來，典刑之官，遂以殺爲能。雖可生者，亦傅以死，而廟堂或以爲公，而盡從之。凡天下奏讞之事，長案碎款，盡使上諸刑寺。其情之疑輕者，駁就寬典，至其無可出者，而後就極刑，皆據案以折之，不得自爲輕重。則聖問所謂『獄民之大命也，朕所以選任其官者，不惟不謹，而寬濫之弊，或未盡除』，殆將不足憂矣。若使以福威而已，而欲一日盡去其寃濫，人之私意，固不可信，而吾能自保其無私乎？不如付諸有司之猶有準繩也。而聖問又曰：『意者狃於常情則難變，玩於虛文則弗畏乎？』臣聞爲人主以厚處其身，而未嘗以薄待天下之人，安有吾身之既至，而天下之終不可化乎？』臣願陛下明君道師道，以先之而已。此所謂教化之實，號令之意者也。臣伏讀聖策曰：『且帝者之世，賢和於朝，物和於野，俗固美矣。然讒說殄行，迺以爲慮。』臣有以見陛下深知人心之未易正也。昔者堯、舜以師道臨天下，苟可以救之者，無所不用其至矣。而說之橫入於人心者，謂之讒說；行之高出於人心者，謂之殄行。人心之危，說有以橫入之則受矣，行有以高出之則伏矣。此所謂震驚，而堯，舜之所憂也。故必有納言之官，使王命民言，交出迭入，而得以同歸於道，而天下之學一矣。及周之衰，天下之學，爭起肆出，不能相下。而向之所謂讒説殄行者，一變而爲鄉原，務以浸潤於人心，自納於流俗。天下之學，既不能以相一，而其勢不屈而自歸。孔、孟蓋深畏之，以其非復堯、舜之時所嘗有也。願陛下之畏鄉原甚於堯、舜之畏讒説殄行，則人心之正有日矣。臣伏讀聖策曰：『畫衣冠，異章服，而民不犯，刑既措矣。然怙終賊刑，必使加審，何也？』臣有以見陛下深知民命之未易生存也。方堯、舜以君道幸天下，禹平水土，稷降播種，民固已樂其有生矣。而皋陶明刑以示之，塞其不可由之塗，使得優游於契之教、伯夷之禮。天下之人，皆知禹、夷、稷、契之功，而皋陶之所以入於人心者，隱然而不可誣也。後世之爲天下者，刑一事而已矣。寬簡之勝於微密也，溫厚之勝於嚴厲也，

其功皆可言。而皋陶不言之功，則皆廢矣。夫鞭作官刑，朴作教刑，金作贖刑，眚災肆赦，怙終賊刑。官刑既如彼，教刑又如此，情之輕者釋以財，情之誤者釋以令，凡可出者悉皆出之矣，其所謂怙終賊刑者蓋其不可出者也。天下之當刑者能幾人？後世之輕刑，未有如堯、舜之世者也。願陛下考堯、舜所以輕刑之由，則民命之全可必矣。而聖策又曰：『得非薰陶訓厲，自有旨歟？』臣之所以反覆爲陛下言之者，苟盡師道，則薰陶在其中；苟盡君道，則訓厲不足言矣。堯、舜之所以治天下者，豈能出吾道之外哉？仁義孝悌，禮樂刑政，皆其物也。臣伏讀聖策曰：『今欲爲士者，精白承德，而趨向一於正；爲民者遷善遠罪，而訟訴歸於平。』臣有以見陛下之

未嘗以薄待天下之人也。彼亦何忍以異類自爲哉？而聖策又曰：『名賓於實，而是非不能文其僞。私滅於公，而愛惡莫可容其情。』則聖意不免於稍疑矣。然而天下之學貴乎正，天下之情貴乎平，其終固未嘗不歸於厚也。夫今日之患，正在夫名實是非之未辨，公私恩愛之未明，其極至於君子小人之分猶未定也。伊尹論有『言逆於汝心，必求諸道，有言遜於汝志，必求諸非道』，其說近矣。而漢之谷永，其言未嘗不逆；唐之李泌，其言未嘗不順，則人心庸有定乎？孟子論『國人皆曰賢，必察見其賢而後用之。國人皆曰可殺，必察見其可殺而後殺之』，其說密於伊尹矣。然爲人主者，何從而得國人之論也？凡今之進言於陛下之前者，孰不自以爲是，而自以爲公哉？陛下亦嘗察輿論之曰賢者而用之矣。然而人之分量有限，其心未能盡平也，未能舉無私也。小人乘間，而肆言以爲公，力抵以爲直，陛下亦不能不惑之矣。遂欲兩存之以爲平，薰蕕決無同器之理也。名實是非，當日以淆，而公私愛惡，未知所定，何望夫風俗之正，而刑罰之清哉？陛下見其賢而用之，舉動之小偏，則勿行而已耳，君臣固當相與如一體也，何至存肆譏之人以恐懼其心志，而徊徨其進退哉？陛下苟能明辨名實是非之所在，公私愛惡之所歸，則治亂安危，於是乎分，而天下之大計略定矣。風俗固不期而正，刑罰固不期而清也。清白承德，遷善遠罪，直其細耳。而聖策又曰：『節儉正直之誼，興行於庶位；哀矜審克之惠，周浹於四方，果何道以臻此？』其要在於辨名實是非之所在，公私愛惡之所歸，其道則以厚處其身，而未嘗以薄待天下之人而已。陛下三載一策多士，宜若以踵故事也，宜若以爲文具也，草茅亦以故事視之，以文具應之。過此一節，則異時高爵重祿，陛下不得而靳之矣。陛下圖其名，而草茅取其實，此豈國家之所便哉？正人心以立國本，活民命以壽國脈，二帝三王之所急先務也。陛下用以策士，則既不鄙夷之矣。於其末文（一作「又」，屬下讀），復策臣等曰：『子大夫待問久矣，咸造在廷，其爲朕稽古今之宜，推治化之本，凡可以同風俗，清刑罰，成泰和之效者，悉意而條陳之，朕將親覽。』臣有以見陛下必欲正人心，全民命，以盡君師之道，以自達於二帝三王之治而後已。顧臣何人，豈足以奉大對？臣竊觀陛下以厚處其身，而未嘗薄待天下之人，既得正人心、全民命之本矣，而猶欲稽古今之宜，推治化之本。夫以厚處身之道，豈有窮哉？使天下無一人之有疑焉可也。陛下之聖孝，雖曾、閔不過，而定省之小奪於事，則人得以疑之矣。陛下之即日如故，而疑者不愧。其望陛下之以厚自處爲無已也。陛下之英斷自天，不借左右以辭色，而廢置予奪之不常，則人得以疑之矣。陛下之終無所假，而疑者亦不愧其望陛下之以厚自處爲無已也。『雲上於天，需君子以飲食宴樂。』而九五之需於飲食者，待時以有爲，當於此處乎需也。豈以陛下之聖明，而有樂乎此哉？然而人心不能無疑也。『明兩作離，大人以繼明照四方。』而六五之出涕沱若，戚嗟若，兩明相照，撫心自失，而不敢以敵體也。豈以陛下之英武而肯鬱鬱於此哉？然而人心不能無疑也。臣願聖孝日加於一日，英斷事踰於一事，奮精明於宴安之間，起心志於謙抑之際，使天下無一人之有疑，而陛下終爲壽皇繼志而述事。則古今之宜，莫便於此，治化之本，莫越於此。同風俗以正人心，清刑罰以全民命，明效大驗，可以爲萬世無窮之法。其本則止於厚處其身而已。《詩》不云乎：『維天之命，於穆不已，文王之德之純。』而子思亦曰：『純亦不已。』夫以厚處其身，豈有窮哉？臣昧死謹上愚對。」

【文集卷九】《勉強行道大有功論》云：「天下豈有道外之事（功）哉？而人心之危，不可一息不操也。不操其心，而從容乎聲色貨利之境，以泛應乎一日萬機之繁，而責事之不效，亦可謂失其本矣。此儒者之所大懼也。夫道非出於形氣之表，而常行於事物之間者也。人主以一身而據崇高之勢，其於聲色貨利，必用吾力焉，而不敢安也。其於一日萬機，必盡吾心焉，不敢忽也。惟理之徇，惟是之從，以求盡天下賢者之心，遂一世人物之生。其功非不大，而不假於外求，天下固無道外之事（功）也。不恃吾天資之高，而勉強於其所當行而已。漢武帝好大喜功，而董仲舒言之曰『勉強行道大有功』，可謂責難於君者矣。請試申之。昔者堯、舜、禹、湯、文、武汲汲，仲尼皇皇，彼皆大聖人也，安行利行，何所不可，又復何求於天地之間，而若此其切哉？蓋人心之危，道心之微，出此入彼，間不容髮，是不可一息而怛已也。夫喜怒哀樂愛惡欲之所以受刑於天地，而被色以生者也。六者得其正則爲道，失其正則爲欲。而況人君居得致之位，操可致之勢，目與物接，心與事俱，其所以取吾之喜怒哀樂愛惡者不一端也，安能保事事物物之得其正哉？一息不操，則其心放矣。放而不知求，則惟聖罔念之勢也。夫道豈有他物哉，喜怒哀樂愛惡得其正而已。行道豈有他哉，審喜怒哀樂愛惡之端而已。不敢以一息而不用吾力，不盡吾心，則勉強之實也。賢者在位，能者在職，而無一民之不安，無一物之不養，則大有功之驗也。天祐下民，而作之君，豈使之自縱其欲哉？雖聖人不敢不念，因其理也。武帝雄才大略，傑視前古，其天資非不高也。上嘉唐、虞，下樂商、周，其立志非不大也。念典禮之漂墜，傷六經之散落，其意亦非止於求功夷狄，以快吾心而已。固將求功於聖人之典，以與三代比隆，而爲不世出之主也。而不知喜怒哀樂愛惡一失其正，則天下之盛舉，皆一人之欲心也，而去道遠矣，有功亦止於美觀耳。堯、舜之都俞，堯、舜之喜也，一喜而天下之賢智悉用也。湯、武之誥誓，湯、武之怒也，一怒而天下之暴亂悉除矣。此其所以爲行道之功也。經典之悉上送官，非武帝之私喜也，用爲私喜，則眞僞混淆，徒爲虛文耳。夷狄之侵侮漢家，非武帝之私怒也，用爲私怒，則人不聊生，徒爲世戒耳。使武帝之勉強行道，以正用之，則表章而聖人之道明，必非爲虛文也，誅討而夷狄之勢定，必不爲世戒也，其功豈可勝計哉？武帝奮其雄材大略，而從容於聲色貨利之境，以泛應乎一日萬機之繁，而不知驚懼焉，何往而非患也？説者以爲武帝好大喜功，而不知勉彊學問，正心誠意，以從事乎形器之表，溥博淵泉，而後出之，故仲舒欲以淵源正大之理，而易其膠膠擾擾之心，如鑿之不相入，此武帝所以終棄之諸侯也。夫淵源正大之理，不於事物而達之，則孔孟之學，眞迂闊矣。非時君不用之罪也。齊宣王之好色好貨好勇，皆害道之事也，孟子乃欲進而擴充之。好色人心之所同，達之於民無怨曠，則勉強行道，以達其同心，而好色必不至溺，而非道之害也。好貨人心之所同，而達之於民無凍餒，則勉強行道，以達其同心，而好貨必不至於陷，而非道之害也。人誰不好勇？而獨患其不大耳。人心之所無，雖孟子亦不能以順而誘之也。不忍一牛之心，孟子欲其擴充之，以至於五十之食肉，六十之衣帛，八口之無饑，而謂之王道。孟子之言王道，豈爲不切於事情？梁惠王問利國，未爲戾於道也，移民移粟，未爲無意於民也。孟子皆不然之，而力與仁義爲言。蓋計較利害，非本心之所宜有，其極可以至於忘君沒親，而無可達於事物之理，非好色好貨之比，而況不忍一牛之心乎！聖賢之所謂道，非後世之所謂道也。爲人上者，知聲色貨利之易溺，而一日萬幾之可畏，勉彊於其所當行，則庶幾仲庶之意矣。夫天下豈有道外之事（功）哉！」

【文集卷十七】廷對應制詩云：「皇朝鋭

意急英賢，廣據中原七十年。際遇風雲凡事別，積功日月壯心愆。管籥器小誰能識？孔孟人存用則傳。慚負壽皇勤教育，奏篇半徹冕旒前。」

【文集同卷】《及第謝恩和御賜詩韻》云：「雲漢昭回倬錦章，爛然衣被九天光。已將德雨分平布，更把仁風與奉揚。治道修明當正宁，皇威震疊到遐方。復讎自是平生志，勿謂儒臣鬢髮蒼。」

【文集同卷】《皇帝正謝表》云：「伏以天之生材，實繫國家之造；人之用世，亦關時運之興。濟濟朋來，班班穎脫。以須選擇，不使棄遺。臣亮等恭惟皇帝陛下以聖人之大材，行天下之正道。韜英武於盛際，對《易》之需；據君師之至尊，爲《書》之《範》。眷言問寢，重於復讎。固將與時以偕行，詎有撫機而不發？安靜和平之福，用以宅心；發揚蹈厲之功，期以得士。臣亮等仰知聖意，俯誦謏聞。本末後先，寧無失策；短長高下，孰有遁情！悉俟聖裁，盡從官使。自今以始，寧敢竊爵祿以苟歲時；如日之升，或可依風雲而效尺寸。臣亮等下情無任激切屏營之至，謹奉表稱謝以聞。」

【文集同卷】《重華宮正謝表》云：「伏以教育之功，易世乃見；選掄之道，惟時是逢。雖三歲之故常，而一日之特異。無非自獻，蓋有由來。臣亮等恭惟壽皇聖帝陛下，對越在天，倦勤與子。以不出世之資，而歸之淡泊；以大有爲之志，而宅以和平。昔者論天下大計之小臣，亦嘗動聖人隱憂之良會。一時排擯，十五載之多奇；末路遭逢，四百人之自見。

共幸奮身於今日，獨知回首於當年。不肖姓名，再關天聽。已輸患款，盡出聖謨。載惟精一之傳，無非正大之實。設科取士，雖舊貫之尙仍；陳力復讎，亦大義之難廢。共茲一轂，合彼衆材。付託得人，爰上唐家之壽；陟降在帝，孰知文后之聲。臣亮等下情無任激切營屏之至，謹奉表稱謝以聞。」

《謝留丞相啓》云：「數十年窮居畎畝，未諧豹變之懷；五千言上徹冕旒，誤中龍頭之選。顧今自喜，論古良慚。雖欲有言，莫知所謝。如亮者，才不逮於中人，學未臻於上達。十年璧水，一几明窗。六達帝廷，上恢復中原之策；兩譏宰相，無輔佐上聖之能。荷壽皇之兼容，恢漢光之大度。留張齊賢以遺主上，裨宋廣平而冠羣儒。靜言叨冒之多，知自吹噓之力。亮青年立志，白首奮身，敢不益勵初心，期在重溫舊業。出片言而悟明主，尙愧古人；設三表以繫單于，請從今日。若徐求其可稱，必更得於所圖。」

又《謝葛丞相啓》云：「平生險阻，寧一事之稱心；晚節遭逢，當上聖之信目。況更新於爰立，方共聳於具瞻。適丁斯時，當甚有幸。亮少不自量，謂功名差易耳；晚更多難，雖性命其何如！忽從死灰之中，騰上烈燄之表。栽培傾覆，天亦何心；噓枯吹生，人焉有助？猥以門牆之舊物，加之場屋之陳人。忍使白頭，尙作如新之態；當令赤手，曾微直上之嫌。爲知己而誑言，亦無心於任運。」

又《謝趙同知啓》云：「念昔少年，及

見前輩。素所自喜，兵法《六韜》；已而飫聞，《中庸》《大學》。坐想百年之舊，疾趨一世之雄。荏苒歲時，牽連禍患。人皆欲殺，付微命於鴻毛；公不我遺，脫殘年於虎口。況遇持於文柄，欲稍復於古初。使膺清問，盡致公言。上亦念其論之平，竟以先此時之選。願當聖世，合天下之異以爲同；豈無厲階，非斯人之徒而誰與。」

又《謝羅尙書啓》云：「伏念亮少張虛氣於萬夫，晚付微軀於一髮。老之將至，鄧禹笑人。人亦有言，孔子主我。得失有命，行藏信天。零落殘生，猶動諸公之至念；崎嶇拙計，誤分上聖之洪私。其使終焉，未可知也。」

又《謝曾察院啓》云：「劫火不燼，玉固如斯。死灰復燃，物有待爾。豈是非之頓異，蓋得失之無常。衆口會同，一力推挽。不期而合，獨知所歸。伏念亮寂寞壯心，凋零餘命。藏身新進，奈種種於鬢毛；回首舊游，已班班於從列。知天人之未易合，而今之莫能同。死蟹護臍，欲去不可；生龜脫殼，正爾良難。乃於斯時，有此大幸。」

秋七月，授建康軍節度判官廳公事。

《宋史》本傳云：「光宗策進士，問以禮樂刑政之要，先生以君道師道對。且曰：『及周之衰，天下之學，爭起肆出，不能相下。而向之所謂邪說殄行者，一變而爲鄉愿。務以浸潤於人心，自納於流俗。二十年來，道德性命之學一興，而文章政事，幾於盡廢。其說既偏，而有志之士，固嘗患苦之矣。十年之間，羣起而沮抑之，未能去其偏，止其僞，而天下之賢者先廢而不用。』又曰：『竊嘆陛下之於壽皇，涖政二十八年之間，寧有一政一事之不在聖懷？而問安視寢之餘，所以察詞而觀色，因此而得彼者，其端甚衆，亦既得其機要以見諸施行矣，豈徒一月四朝，爲京邑之美觀哉？』時光宗不朝重華宮，羣臣更進迭諫，皆不聽。得亮策，迺大喜，以爲善處父子之間。奏名第三，御筆親擢第一。既知爲亮，則大喜曰：『朕親擢果不謬！』孝宗時在南內，寧宗在東宮，聞之皆喜。授建康軍節度判官。賜誥云：『三歲大比，人徒知爲布衣進身之途。藝祖皇帝有言曰：設科取士，本欲得賢以共治天下。大哉皇言！朕所當法也。廷策者再，乃始得汝。爾早以藝文首賢能之書，旋以論奏動慈宸之聽。親閱大對，嘉其淵源，擢置舉首，殆天留以遺朕也。尚循故事，往佐帥幕，益茂遠業，以須登用。』」

送諸生赴補，有序。

【文集卷十五】《送諸生赴補序》云：「今年夏，進士既題名，於是成均闕弟子員，有司將羣四方之士而擇其可者，而從余游，告余以行者四人耳。問其不行者，則曰：『度無道以得之，往將何濟？』問其行者，則曰：『心知其不可得，直未能免俗耳。』余以爲不然。古之君子，盡其在我者，以聽其在命者，得失非吾事也。然既已應之矣，而謂無心於得，亦豈情也哉？居者勉吾學，而非以畏失也，失亦何害，而吾則未至也；行者竭吾力，而非以志得也，得之固佳，而吾不敢必也。如是而居，如是而行，吾無憾矣。皆曰：不敢不勉。已而行者曰：『行非居比也。行都英俊之藪，無非可學事者。有如不得其門，則終日枵然，誰實食之？其何以自視於居者！』余曰：『四方之英，余不得而究識者。有爲臨安校官石夫子者，吾友也，子往拜之，虛往實歸，吾待子於此矣。』謂盧子曰：『子以通爽往。』謂陳子曰：『子以惇謹往。』謂何子曰：『子以開警往。此子之資，而非學也。求學於夫子，而不子告者，他日吾將問之。』小何子徐而進曰：『準獨遺矣？』余笑曰：『彼苟不遺夫二三子者，子則何憂！』并以吾之所常言者，而問其當否焉！彼如唯唯，則告之曰：『先生謂我，不得一言則勿已。』五月之朔，書於妥齋。」

衆祭孔子、顏子、孟子，作《告先聖文》、《告先師文》、《告鄒國公文》。

【文集卷二十二】《告先聖文》云：「天下之理具於《易》，治道之本末著之《洪範》。而《詩》之喜怒哀樂，蓋學者所以用功於平時，舉而措之大端，而當時之學者，載而爲《論語》。後世之羣儒，終日講論而不到其地，則未免於爭者也。帝王繼世之用，《書》載之明矣，而三王之損益，夏、商文獻之不足，而周道獨詳焉。夫子之所深嘆。而《春秋》所以備四王之制，百世以俟聖人而不惑者也。人才短長高下之不齊，而學力淺深中否之或異，豈能出規矩準繩之外哉？秦、漢以來，世有所謂英雄豪傑者，自矜其智力於夫子之外，亦可嘆也已。亮等於夫子之書，各知用其力而不能齊也。今天子各命以官，使得以夫子之書從事。

淺深中否，非他人所能與。俯而拜，仰而視，敢有不盡其志以負天子之顯休命者，夫子實鑒臨之。」

【文集同卷】《告先師文》云：「陋巷簞瓢，有何可樂！而吾先師實樂之。近世諸儒，求其樂而不可得，而曾點之浴沂，遂得因吾夫子以自進於此焉。四代之禮樂，亦可端坐以待時命之行也。亮等皆知有疑於此矣，然而何以異於漆雕開也？服天子之命服，以拜吾先師，而求其所以自進於此者，庶幾可以無負。惟吾先師實啓之。」

【文集同卷】《告鄒國公文》云：「用力於四端之微，舉而措之喜怒哀樂之大，較其極，至於與造化同功，而天下之治亂，無不在其掌握者，此鄒公所以自達於天子者也。事半古之人而功則倍之者，豈當時百家衆說之所能知哉？亮等以隨時科舉之文，而竊國家之一命，冀得稍自見於斯世，非乞靈於鄒公，則平生之志荒矣。」

家祭，作《告高曾祖文》、《告祖考文》。

【文集卷二十二】《告高曾祖文》云：「維紹熙四年歲次癸丑，秋七月乙丑朔，十有三日丁丑，孝玄孫承事郎新簽書建康軍節度判官廳公事陳亮，同妻何氏，男沆、淪、沃、渙、涵，女繆、繪，謹以家殺常饌，致奠於我高祖考賀公、高祖妣李氏安人，曾祖考知元公、曾祖妣呂氏安人之靈而言曰：我高祖蚤世，高祖妣以盛年守一子而克有立。丙午、丁未之間，赴京城守禦，隨大將劉延慶死於固子門外，不復歸骨於鄉井。故我高祖妣與曾祖妣婦姑相依，爲陳氏再世之

旣久。惸然一身，又將誰咎？天地無窮，頂踵蒙恩，沒有論報，報君勿替。七十年間，大責有歸。非畢大事，心實恥之。惟我再世，忘其不逮。尙想此心，愆或有在。贍天子詔，焚諸九原。幽冥共相，溥溥淵源。我皇祖、皇祖妣、皇考、皇妣必不爲此一飯之安也。」

九月，壽朱元晦。詞缺。

【《朱子全集》】《答陳同甫書》云：「自聞榮歸，日欲遣人致問未能。然亦嘗附鄰舍陳君一書，於城中轉達，不知已到

始粗能食，然亦未能如舊。且少寬旬月，未即死耳。新詞宛轉，說盡風物好處。但未知常程正路，與奇遇是同是別？進御與不進御，相去又多少？此處更須得長者自下一轉語耳。老兄志大宇宙，勇邁終古，伯恭之論，無復改評。今日始於後生叢中，出一口氣，蓋未足爲深賀。然出身事主，由此權輿，便不碌碌，則異時事業亦可卜矣。但來書諸論，鄙意頗未盡曉。如云『無動何以示易』，不知今欲如何其動，如何其易？此其區處，

必有成規，恨未得聞其詳也。又如二者相似而實不同處，亦所未喻。若如鄙意，則須是先得吾身好，黨類亦好，方能得吾君好，天下國家好。而所謂好者，又有虛實大小久近之不同。若自吾身之好而推之，則凡所謂好者，皆實皆大，而又久遠。若不自吾身推之，則彌縫掩覆，雖可以苟合於一時，而凡所謂好者，皆爲它日不可之病根矣。蓋修身事君，初非二事，不可作兩股看。此是千聖相傳正法眼藏，平日所聞於師友而竊守之。今老且死，不容改易。如來諭者，或是諸人事宜，非老僕所敢聞也。不知象先所論，與此如何？向見此公，差強人意，恨未得款曲盡所懷耳。」

十月，作《劉和卿墓誌銘》。

【文集卷二十八】《劉和卿墓誌銘》云：「金華劉範十年前名淵。嘗與二三子從予學。居無何，其母死，葬邑之慶雲鄉杉塘原，求余銘其墓。其後余久不見範，範能入太學爲諸生。與一時英俊相先後。一日，其父和卿名大聲訪余寶婺觀，爲余道範近事，喜甚。今年夏秋之交，余得第東歸，趨本郡謝，則聞君死矣。入弔君喪甚悲。未幾，範衰絰跌行，與其同舍生袁州州學教授徐君正夫所述君行來告曰：『我父將以十月己酉合葬。往嘗辱銘吾母矣，可不哀吾父乎？』余自投老，蒙上誤恩，擢先衆俊，精神筋力，往往盡矣，愧無以報稱也。將遺落世事，痛自畜養，以庶幾萬一焉。而敢費心思於文字間，以重其羞。然聞範言，則拒之有所不忍。蓋世有常言，爭名於朝，爭利於市。金華距行都一水，水湍流時，

與[illegible]高安郎[illegible]十年之間，亮兩以罪繫棘寺，實爲我祖先之羞。紹熙癸丑之夏，天子親閱禮部進士於廷，拔一卷子於衆中，許以淵源，而置諸選首，拆其號則亮也。亮之不肖，安能欺上聖之耳目，豈亦有天乎？墓眞能爲福乎？再世不能自有其墓，而集其遺澤於亮身乎？心所不安，推其所自。高祖之魂，隨禱而至。伉儷同食，享於乃位。異時亮榮，視所招至。孫祖綿邈，先緒恐墜。履冰之敬，非以爲僞。水陸之品，豈不欲備。力所未能，則再三四。」

饌，致奠於我皇祖三六承節、皇祖妣黃氏八孺人，皇考四二府君、皇妣黃氏七八孺人之墓而言曰：昔皇妣之生我，年才十有四。皇祖、皇祖妣鞠我而教以學，冀其必有立于斯世也，而謂其必能魁多士也。故嘗形諸夢寐，狀元爲童汝能，以爲此吾孫也。少則名亮以『汝能』而字以『同甫』，惓惓懇懇之意，雖取笑於鄉人而弗恤。及亮年二十有六，易名曰亮，而首貢於鄉，而皇祖下世已十閱月，皇祖妣蓋整一年又三月矣，皇妣且四年而未葬也。越二十六年，始見錄於禮部。

舟昨發今日至。行都無試則已爾，有則金華之士必多。君嘗學爲其文，而衆中未嘗有君之跡，孝友自將，祈無愧於鄉黨而已。君世居都城，乃傍城築室瞰溪，而南山森列，一望甚遠，縱横不過二三丈許外，未免於利名交關，而過數步，則幽人逸士之居也。然君與人無甚交涉怨惡，亦以是取足而無他營。晚始作大室天寧寺傍，亦取其不涉闠市耳。君氣（逸）〔貌〕偉然，宜於世無所不可，而名利之場，宜至死不休也。去朝密邇而不往爭名，出入於市而不就利，則其可書者衆矣。君卒於紹熙四年六月壬寅，得年五十有七。曾大父賜。大父肇。父從政，先娶陳氏；繼季氏，贈朝議大夫池之女。子男三人，長箕，次範也，少簡。女三人，適楊頤、李召甫、夏煥。孫男四人，女一人，皆幼。銘曰：人生何爲，爲其有欲。欲也必爭，惟日不足。粗足而休，惟君也獨。抱此入土，吉不必卜。」

文錄：《祭周賢廬文》、《何少嘉墓誌銘》、《黄夫人樓氏墓誌銘》、《俞德載墓誌銘》、《祭俞德載知縣文》。

紹熙五年甲寅，五十二歲。

二月，作《呂夫人夏氏墓誌銘》。

【《水心集》卷十四】《呂君墓誌銘》云：「昔余過陳同甫，同甫以所述夏氏銘示余，因使余題其墓。余笑曰：『吾字書不能分偏傍，將安取此？』同甫滋欲必得，余強許之。同甫使其僕隨余至漁浦，取書而去。」

【文集卷三十】《呂夫人夏氏墓誌銘》云：「夫人夏氏，世居婺之永康。曾大父恭，大父開，父琛。年二十有七，嫁同邑呂君師愈。呂君先娶夏氏，生一男一女而沒，蓋夫人同族女兄也。夫人初歸呂氏，家道未爲甚裕。呂君不遺餘力，經理其家，至有田近數千畝，遂甲於永康。夫人節嗇於內，課女工甚悉，以輔成呂君之志。又贊呂君教其前母之子約，必使自見於士林。取其女若夫置屋旁，使能自昌其家，蓋繼爲人母者之所難也。及夫人所生之子浩，以賑濟得官，夫人不爲動。及用是而獲貢於漕臺，乃始爲之喜曰：『汝父本非私汝，直爲今日耳。更能自力以明父之志，乃吾心也。』約爲怨家所告，幾陷不測，詔連呂君。浩詣闕告哀，請以所得官贖父兄之罪，朝廷義而許之。里閭族黨，咸以浩年少不知事體，爲人所戲弄，自喪失一官。浩亦慚見其母。母語之曰：『汝今日不怠，自力於學，已能明父之心矣。尚將何求？』其後既許約居外以事生產，亦許浩自讀書於外，獨與少子源俱。曰：『汝歷事未多，讀書未廣，自力家事，以代父之勞，所得亦既多矣。』婦人女子之不溺於愛，區處其子，切於事情，而無違夫之志，若夫人者能幾？而享年止於六十有四，以紹熙三年十二月二十七日卒，五年二月二十七日葬於趙侯祠南山之原。孫男五人，季魯、季殊、季時、季懷、季恂。女三人，尚幼。前事，約、浩、源扣余門而哭，盍亦哀吾母得而賜之銘，且吾父之志也。余方叨被誤恩，褒加之語，非所宜蒙。訓誡之辭，不遑寧處。思所以休息暮年，而報稱天地之造者，懼末之逮，而敢言文乎。獨欲使一世知余無所怨惡，而鄉閭幽閨之微，往往具知之。故勉從約、浩之情，而繫之銘。銘曰：婦貴於拙，拙不害成。母主於愛，愛惟其平。彤管所書，幽閨曷稱。因所自見，庶幾平生。爾後之克紹，豈余言而後明。一石易朽，遺志可憑。深藏厚覆，莫之變更。」

是年，先生卒。

《皇朝名臣言行錄》云：「紹熙四年舉進士，上親擢第一，授建康軍節度判官，次年卒。」

本傳亦云：「授僉書建康軍判官廳公事，未至官，一夕卒」。

【附録】朱子年譜

淳熙十一年甲辰，五十五歲。

是歲辨浙學。

【年譜】先生還自浙東，見其士習馳鶩於外，每語學者，且觀孟子道性善、求於心兩章，務收斂凝定，以致克己求仁之功，而深斥其所學之誤。以爲舍六經、《論》、《孟》而尊史遷，舍窮理盡性而談世變，舍治心修身而幸事功，大爲學者心術之害。力爲呂祖儉、潘景愈、孫應時輩言之。

【文集】《答呂子約書》云：「大抵此學以尊德性求放心爲本，而講於聖賢親切之訓以開明之。此爲要切之務。若通古今，攷世變，則亦隨力所至，推廣增益以爲補助耳。不當以彼爲重，而反疑凝定收斂之實，少聖賢親切之訓也。若如此說，則是學問之道，不在於己而在於書，不在於經而在於史。爲孟子、子思則孤陋狹劣而不足觀，必爲司馬遷、班固、范曄、陳壽之徒，然後可以造於高明正大，簡易明白之域也。夫學者既學聖人，則當以聖人之敎爲主。今六經、《論》、《孟》、《中庸》、《大學》之書具在，彼以了悟爲高者，既病其障礙，而以爲不可讀。此以記覽爲重者，又病其狹小，而以爲不足觀。如是，則是聖人所以立言垂訓者，徒足以誤人，而不足以開人，孔子不賢於堯、舜，而達磨、遷、固賢於仲尼矣。毋乃悖之甚耶？」（甲辰）

《又答呂子約書》云：「頃來議論一變，如山移河決，使學者震蕩回撓，不問智愚，人人皆有趨時徇勢馳鶩功名之心，令人憂懼，故不得不極言之。漢、唐本體，只是智力就中有暗合處，故能長久。如此言之，卻無過當。但若講得聖門學問分明，則此固無足言者。而正道正理，未嘗一日而可無者，亦不待引此，然後爲有徵也。設若接引下根，亦只須略與說破，仍是便須救拔得他跳出功利窩窟，方是聖賢立教本指。今乃深入其中，做造活計。不惟不能救得他人，乃并自己陷入其中而不能出，豈不誤哉！」（乙巳）

又《答呂子約書》云：「世路險窄，已無可言。吾人之學聖賢者，又將流而入於功利變詐之習。其勢不過一傳再傳，天下必有受其禍者，而吾道益以不振。此非細事也。」（癸卯）

《又答呂子約書》云：「孟子一生，忍窮受餓，費盡心力，只破得枉尺直尋四字。今日諸賢，苦心勞力，費盡言語，只成就枉尺直尋四字。不知淆訛在什麽處？此話無告訴處，只得仰屋浩歎也。」（乙巳）

《答路德章書》云：「又謂倘遇漢祖、唐宗，亦須有爭不得，且放過處，亦是舊時意思，尚在方寸之地，只有一毫此等見識，便是枉尺直尋的根株。直須見得正當，道理分明，不容些兒走作，即自然無復此等意思。雖欲宛轉回護，亦有所不可得矣。古之聖賢，以枉尺直尋爲大病。今日議論，乃以枉尺直尋爲根本。若果如此，則孟子果迂闊，而公孫衍、張儀眞可謂大丈夫矣。」

《答沈叔晦書》云：「前日務爲學而不觀書，此固一偏之論。然近日又有一般學問，廢經而治史，略王道而尊霸術。極論古今興亡之變，而不察此心存亡之端。若只如此讀書，又不若不讀之爲愈也。」

《又答沈叔晦書》云：「子約爲人，固無可疑。但其門庭，近日少有變異，而流傳已遠，大爲學者心術之害，故不得不苦口耳。近日一派，流入江西，蹴踏董仲舒，而推尊管仲、王猛。又聞有非陸贄而是德宗者，尤可駭異。」（癸卯後）

《答劉子澄書》云：「伯恭無恙時，愛説史學。身後爲後生輩糊塗説出一般惡口小家議論，賤王尊霸，謀利計功，更不可聽。子約立腳不住，亦曰吾兄蓋嘗言之云爾，中間不免極力排之，今幸少定。然其強不可令者，猶未肯豎降旛也。」（乙巳）

《又答劉子澄書》云：「婺州自伯恭死後，百怪都出。至如子約，别説一般差異的話，全然不是孔、孟規模，卻做管、商見識，令人駭歎。然亦是伯恭有些拖泥帶水，致得如此，又令人追恨也。」（乙巳）

《答孫季和書》云：「子約漢、唐之論，在渠非有私心，然亦未免程子所謂邪心者，卻是教壞後生。此甚不便。近年以來，彼中學者，未曾理會讀書修己，便先懷取一副當功利之心；未曾出門踏着正路，便先做取落草由徑之計。相引去私語密傳，以爲奇特，直是不成模樣，故不得不痛排斥之。不知子約還知外面氣象如此否耳？」（甲辰）

《答潘叔昌書》云：「《六國表》議論，乃是衰世一種卑陋之説。吾輩平日講誦聖賢，何爲卻取此等議論以爲標的，殊不可曉。此恐是日前於根本上不曾大段用功，以便於討論世變處着力太深，所以不免此弊。向答子約一書，亦極言之。正恐赤幟已立，未必以爲然耳。熹老矣，不復有意於此世，區區鄙懷，猶欲勉率同志之士，熟講勤行，以趨聖賢之域。不謂近年議論蠭起，高者溺於虛無，下者淪於卑陋，各執己見，不合不公，使人憂歎，不知所以爲計。而今而後，亦不復敢以此望於今世之人，姑抱遺經以待後之學者而已。」（甲辰後）

《答耿直之書》云：「頃歲入浙，從士大夫游。數月之間，凡所聞者，無非枉尺直尋、苟容偷合之論，心竊駭之。」（癸卯）

《答潘端叔書》云：「子約所守，固無可疑，但其論甚怪，教得學者相率而舍道義之塗，以趨功利之域。充塞仁義，率獸食人，不是小病，故不免極力陳之。以其所守，言之固有過當，若據其議論，則亦不得不說到此地位也。」（乙巳）

《答黃眞卿書》云：「婺州近日一種議論愈可惡，大抵名宗呂氏，而實主同甫，深可憂歎，亦是伯恭有以啓之。」（《續集》庚戌）

淳熙十二年乙巳，五十六歲。

春二月，祠秩滿，復請祠，夏四月，差主管華州雲臺觀。辨陸學之非，辨陳學之非。

【年譜】同父以文雄浙中，自負王霸之略，任俠豪舉。先生與書，箴其義利雙行、王霸并用，且謂漢、唐行事，非三綱五常之正，以風切之。同父有書辨難，先生累與書極力開諭。同父雖不能改，未嘗不心服焉。每逢先生生辰，雖居千里外，必遣人問遺，歲以爲常。

【文集】《與陳同父書》三（癸卯）、《書》四、《書》六（甲辰）、《書》七、《書》八（乙巳）、《書》十（丙午）。

【附】陳同父甲辰答書、乙巳三書。

【語録】說同父，因爲伯恭焉得爲無罪！恁地橫論，卻不與他剖說打教破，卻和他都自被包裹在裏。今來伯恭門人，卻亦有爲同父之說者，二家打成一片。可怪君舉只道某不合與說，只是他見不破。天下事，不是是，便是非，直截兩邊去，如何恁地含糊鶻突。某向來與說許多，豈是要眼前好看？青天白日在這裏，而今人雖不見信，後世也須有人看得此說，也須回轉得幾人（葉賀孫）。同父才高氣粗，故文字不明瑩。要之，自是心地不淸和也（楊道夫）。同父在利欲膠漆盤中（李閎祖）。因言陳同父讀書，譬如人看劫盜公案，看了須斷得他罪，及防備禁制他，教做不得。它卻不要斷他罪及防備禁制他，只要理會得許多做劫盜的道理，待學他做（輔廣）。陳同父學已行到江西，浙人信向已多，家家談王霸，不說張良、蕭何，只說王猛。不說孔、孟，只說文中子。可畏可畏（鄭可學）。或問：同父口說皇帝王霸之略，而一身不能自保。先生曰：「這只是見不破。只說個是與不是便了。若做不是，恁地依阿苟免以保其身，此何足道。若做得是，便是委命殺身，也是合當做底事。」（葉賀孫）

【年譜】先生嘗曰：「海內學術之弊，不過兩說，江西頓悟，永康事功。若不極力爭辯，此道無由得明。」

雲莊劉文簡公年譜

（宋）沈僩　原編
（明）鄭京　校正
吴洪澤校點

清抄本《雲莊劉文簡公文集》卷首

劉爚（一一四四—一二一六），字晦伯，號雲莊，建陽（今屬福建）人。乾道八年進士，授山陰主簿，歷饒州録事，知蓮城、閩縣。慶元中，調贛州坑冶司主管文字，嘉定初知德慶府，歷提舉廣東常平、浙西提刑。召爲國子司業，遷祭酒，除刑部侍郎，累官工部尚書。嘉定九年卒，年七十三，謚文簡。

劉爚受學於朱熹，嘗從吕祖謙、張栻遊，慶元中又隨朱熹於武夷山講道受學，爲當時著名的儒者。所著有《奏議》、《史稿》、《經筵故事》、《東宮詩解》、《禮記解》、《講堂故事》、《雲莊外稿》，已佚。今傳《雲莊集》二十卷，爲其九世孫朱輝所裒集，有明刻本、《四庫全書》本，然集中詩文與真德秀《西山集》相同，顯然不可信。事蹟見真德秀《劉文簡公神道碑》（《西山真文忠公集》卷四一）、《宋史》卷四〇一本傳。

本譜爲宋沈僩編，附於清抄本《雲莊劉文簡公集》卷首，叙其從學、仕宦、歷官奏議及父兄子事等，較簡略。前有按語，稱引《雲莊劉文簡公年譜》，則此譜已非沈氏原編。舊署明鄭京校正，當屬可信。

雲莊年譜

按《雲莊劉文簡公年譜》曰：先生諱爚，字晦伯，建州建陽縣崇泰里人。曾大父諱□，補太學進士。大父諱熹，贈承事郎。父諱懋，字子勉，終信州判官，累贈金紫光祿大夫。母連氏，吳郡夫人；熊氏，蜀郡夫人。

高宗皇帝紹興十四年甲子

十月十二日，公生。

十六年丙寅

八月，仲弟昺生。

二十三年癸酉

公習《書》大義。十月，丁母吳郡夫人連氏憂。某月某日，葬母吳郡夫人。

二十八年戊寅

公與弟韜仲始受學於晦庵先生朱文公。

三十一年辛巳

公入郡學。

三十二年壬午

與鄉貢。

孝宗皇帝隆興元年癸未

四年戊子

正月，公娶李氏。

十二月，子垕生。

五年己丑

正月，丁母蜀郡夫人熊氏憂。某月某日，葬母蜀郡夫人。

六年庚寅

公與弟韜仲從文公遊於寒泉。

七年辛卯

再與鄉貢。

八年壬辰

試禮部。以文公書，受學於東萊先生呂成

公。登進士第，授迪功郎，調紹興府山陰縣主簿。

淳熙元年甲午

金紫公之官會昌。

二年乙未

公至自會昌。五月，從朱文公、呂成公遊於寒泉。公以文公、成公介見南軒先生張宣公，宣公大奇之。

三年丙申

公如會昌覲省。

四年丁酉

公侍金紫公至自會昌。

五年戊戌

二月，之官山陰。

八年辛丑

公任滿參部，關陞從政郎，調饒州録事參軍。

九年壬寅

二月，之官饒州。

十年癸卯

公在饒州入幕。

十一年甲辰

公在饒州。洪丞相舉公改官，公辭。

十二年乙巳

公任滿，至自饒州，如信州覲省。參部，調汀州蓮城令。

十月，之官蓮城，罷添給錢及綱運例錢，免上供銀錢及綱本、甲葉、鈔鹽、軍期米等錢〔一〕。公遣子垕覲省金紫公於家，如南劍受學於韜仲。

十四年丁未

公在蓮城，大修學校，申諸監司乞行經界。

十五年戊申

春，以郊恩轉奉職郎，賜緋魚袋。是歲金

紫公乞致仕，轉通直郎。

光宗皇帝紹熙元年庚戌

二月，磨勘轉承議郎。

文公守漳州，乞行經界，請於漕司，檄公爲屬。冬，公如漳州。

二年辛亥

春，公至自漳州。八月，之官閩縣。

三年壬子

公在閩縣。

四年癸丑

公在閩縣。

四月，磨勘轉朝奉郎。

五年甲寅

九月，至自閩縣。公如京師。

十一月，覃恩轉朝散郎，差通判潭州軍州事。

寧宗皇帝慶元元年乙卯

春，至自京師。

二年丙辰

金紫公以朝奉大夫致仕。五月，終於正寢。

三年丁巳

十二月，葬金紫公。

四年戊午

公從文公遊武夷精舍，即其旁創雲莊山房。

七月，除服，創新居，八月落成。西山先生蔡季通歿於道州，訃至，公設位哭之。

九月，公於京師，調贛州坑冶司主管文字。

十二月，之官贛州。

五年己未

公在贛州。

七月，磨勘轉朝請郎。

九月，女章生。

六年庚申

公在贛州。

三月，文公晦庵先生歿，訃至，偕秘書楊子直設位於僧舍哭之。

嘉泰元年辛酉

公在贛州。

十二月，女貢生。

二年壬戌

五月，公至自贛州。如京師。

八月，差知德慶府。陛辭奏事，論縣邑銷注簿書及州縣役使兵級之弊。

三年癸亥

七月，磨勘轉朝奉大夫。

四年甲子

十二月，孫男欽生。之官德慶府。

開禧元年乙丑

二月，視郡事，首大修學校。

八月，奏便民五事。

三年丙寅

公在德慶府。奏罷兩縣無名租錢，糾集武勇鄉兵。

四年丁卯

六月，受代歸。

八月，磨勘轉朝散大夫。

十月，任滿，上殿奏事。

十一月，除提舉廣東常平茶鹽事。

嘉定元年戊辰

五月，之官廣東，覈實常平義倉，撥公使、公用二庫贏錢補鹽司逋欠。

十一月，奏便民五事。

二年己巳

二月，召赴行在。

八月，上殿奏事。

九月，除尚左郎官。魯國夫人李氏薨於里第。奏乞節內外冗費以收楮帛。

十月，輪對，奏乞於經筵講讀，特加訪問

事。

三年庚午

正月，輪對，奏乞收拾人才及修明軍政等事，與典春班、改官人選事。

五月，除兩浙西路提點刑獄公事。

十二月，除國子司業。葬魯國夫人。

四年辛未

正月，公造朝供職，奏乞開僞學禁，奏乞以朱熹白鹿洞規頒於太學，刊朱熹《四書》於太學，奏乞重浙西根本。

八月，磨勘轉朝請大夫。

九月，兼國史院編修官、實錄院檢討官。

十一月，接伴金國賀正使於盱眙軍。

十二月，至自盱眙軍。內引奏事，乞經理兩淮屯田，行內政府兵之法。

五年壬申

正月，送金國賀正使出境。

二月，除國子祭酒，兼侍立修注官。

五月，面對，論貢舉五弊。

九月，經筵徹章，轉朝議大夫。

十月，兼權兵部侍郎，改兼權刑部侍郎。

十一月，面對，論經筵講讀，乞加訪問，乞頒示文體，乞定州郡例冊。郊祀恩，特封建陽縣開國男，食邑三百戶，賜紫金魚袋。

六年癸酉

四月，除權刑部侍郎，兼國子祭酒。

五月，兼太子左諭德。

七月，陞同修國史、實錄院同修撰。撰《律曆志》。

九月，上殿奏事，論君子小人和同之異，乞擇諸州縣獄官。

冬十月，雷，上恐懼，公面對，乞訪求民政得失，乞擇沿邊將帥。

十二月，兼工部侍郎。奏乞措置江淮民兵。

七年甲戌

正月，同知貢舉。

五月，奏乞城沿邊州郡。

七月己丑，奏乞罷遣賀正使。

八月，磨勘轉中大夫，除試刑部侍郎，兼職依舊，賜對衣金帶，辭，不允。

九月，講堂徹章，轉太中大夫，辭，不允。乞致仕。

十月己丑，奏乞絕金虜歲幣。

八年乙亥

正月，再乞致仕。

二月己丑，奏乞建制置司於歷陽以援兩淮。

四月，旱，應詔奏乞將中外書疏付給舍講究施行。

八月，乞罷瑞慶聖節錫宴，謝絕虜使。

九月，明堂大禮，進封建陽縣開國子，食邑二百戶，改奏子壹承務郎，監湖州嘉興府烏青鎮。

十月，除權工部尚書，賜衣帶鞍馬。

十一月，兼太子右庶子，仍兼左諭德，辭，不允。編次《禮記解》。弟韜仲歿於家。

八月，公以慶元姦臣誣朱文公、蔡西山移學事白宰相，復建陽縣學。

九年丙子

正月，三乞致仕。

二月，公寢疾。戊戌，薨於位。贈光祿大夫。

十年丁丑

十月庚戌，葬公，墓在邵武軍邵武縣仁澤鄉之桂林。工部郎中陳公孔碩撰公行狀，上太常請謚。

十四年辛巳

六月，賜謚文簡。

十五年壬午

八月，賜謚尚書文簡公劉爚從祀建陽縣學五賢祠。建陽縣知縣蕭之敏立碑，禮部侍郎、直學士院眞公德秀撰神道碑銘，煥章閣待制、沿江制置副使李公壆序公文集。

十七年甲申

子垕陞朝堂恩贈銀青光祿大夫。閏八月，贈金紫光祿大夫。

理宗皇帝寶慶三年丁亥

贈特進。

紹定三年庚寅

贈開府儀同三司。

紹定六年癸巳

贈少保。

端平三年丙申

贈少傅。

嘉熙三年己亥

贈少師。

〔一〕甲葉：《宋史》卷四〇一本傳作「二税甲葉」。